Kurt
Bätz
Heinz
Schmidt

Dreiunddreißig Unterrichtseinheiten für den Religionsunterricht im 9./10. Schuljahr der Realschule und des Gymnasiums

1. Halbband

Calwer Verlag Stuttgart

Im Auftrag der RELIGIONSPÄDAGOGISCHEN PROJEKTENTWICKLUNG IN BADEN UND WÜRTTEMBERG (RPE) herausgegeben von Klaus Deßecker, Karlsruhe, Direktor des Religionspädagogischen Instituts der Evangelischen Landeskirche in Baden, und Gerhard Martin, Stuttgart, Direktor des Pädagogisch-theologischen Zentrums der Evangelischen Landeskirche in Württemberg.

CIP-Kurztitelaufnahme der Deutschen Bibliothek

Bätz, Kurt:
Dreiunddreissig Unterrichtseinheiten für den Religionsunterricht im 9., 10. [neunten, zehnten] Schuljahr der Realschule und des Gymnasiums / Kurt Bätz; Heinz Schmidt. [Im Auftr. d. Religionspädag. Projektentwicklung in Baden u. Württemberg (RPE) hrsg. von Klaus Dessecker u. Gerhard Martin. Erarb. u. erprobt unter Mitarb. von Walter Bach ...]. Stuttgart: Calwer Verlag
Ausg. für d. 7./8. Schuljahr u.d.T.: Schmidt, Heinz: Siebenundzwanzig Unterrichtseinheiten für den Religionsunterricht im siebten, achten Schuljahr.
NE: Schmidt, Heinz:
Halbbd. 1. – 1980
ISBN 3-7668-0663-7

Der Calwer Verlag ist Mitglied des Verlagsring Religionsunterricht (VRU)

ISBN 3-7668-0663-7

Druck: Kösel, Kempten

Kurt Bätz / Heinz Schmidt

33 Unterrichtseinheiten für den RU im 9./10. Schuljahr der Realschule und des Gymnasiums 1. Halbband

erarbeitet und erprobt unter Mitarbeit von

Walter Bach
Manfred Beuther
Dieter Bürkle
Eduard Bungter
Walter Dietz
Dietrich Elsner
Christoph Epting
Wilhelm Epting
Friedrich Goedeking
Eugen Hämmerle
Helmut Hanisch
Christoph Herrmann
Urs Jaeggi
Gerhard Kraft
Gerhart Kürn
Gerhard Liedke
Albrecht Lohrbächer
Eckhart Marggraf
Ulrich Mörbt
Hans Reusch
Eberhard Röhm
Gerald Rosenfeld
Joseph Schneider
Friedemann Schuchardt
Robert Schütz
Kurt Schwan
Friedrich Schwedes
Rainer Starck
Gerhard Stephan
Jörg Thierfelder
Hans-Martin Tramer
Reinhold Wagner
Paul Gerhard Walter
Michael Widmann

INHALTSVERZEICHNIS

Unterrichtseinheiten zum Lernschwerpunkt II

VORWORT

Die anhaltende Nachfrage nach den 28 und 27 Unterrichtseinheiten[1] für das 5. - 8. Schuljahr veranlaßte uns, auch dieses zweibändige Handbuch für den Religionsunterricht im 9./10. Schuljahr an Realschulen, Gymnasien und Gesamtschulen vorzulegen. Es ist unter ähnlichen Bedingungen entstanden wie seine Vorgänger. Über die auf der Titelseite genannten Mitarbeiter hinaus wären wieder alle zu nennen, die durch Erprobung, Kritik, Diskussion und Verbesserung der Versuchsmaterialien das Vorliegende in vielen Einzelpunkten gestaltet haben. Auch die in den Vorworten der beiden Vorgänger-Bücher genannten Gremien, Einrichtungen und Persönlichkeiten haben in bewährter Weise geholfen, andere sind hinzugekommen. Man möge uns nicht verübeln, daß wir sie nicht mehr alle mit Namen aufführen können.

Ebenfalls um Nachsicht müssen wir alle die bitten, deren Anregungen in der endgültigen Fassung nicht mehr erscheinen. Manchmal sind es Platzgründe, oft aber das komplizierte Spiel vieler konkurrierender oder gegenläufiger Voten, die schließlich einst akzeptierte Vorschläge wieder zu Fall bringen. Aufgrund der vielen kontroversen Vorschläge und auch der vielen Mißverständlichkeitsmöglichkeiten dieser Handbücher haben wir es bei diesem Buch genauso gehalten wie bei den Vorgängern. Alle Vorlagen wurden nach Entwurf, Erprobung, Rückmeldung - und erst nach der Genehmigung der daraus erwachsenen Lehrpläne in Baden-Württemberg[2] - noch einmal von den Autoren gründlich durchgearbeitet, zum Teil völlig neu geschrieben. Dazu zwangen zum einen die Erprobung, zum andern neue Gesichtspunkte in der Diskussion über die Vorlagen. Somit ist klar, daß alle Inhalte dieses Lehrerhandbuchs weder

1) Heinz Schmidt, Jörg Thierfelder: 28 Unterrichtseinheiten für den Religionsunterricht im 5./6. Schuljahr, Stuttgart 1976
diess., 27 Unterrichtseinheiten für den Religionsunterricht im 7./8. Schuljahr, Stuttgart 1978

2) Lehrplan für das Fach Evang. Religionslehre in den Klassen 9 und 10 der Realschulen sowie der Gymnasien ..., Lehrplanheft 13/1979 von Kultus und Unterricht, Gemeinsames Amtsblatt des Ministeriums für Kultus und Sport und des Ministeriums für Wissenschaft und Kunst Baden-Württemberg

staatlich oder kirchlich autorisiert sind noch von irgend jemand anders letztlich verantwortet werden als von den beiden auf dem Titel genannten Autoren dieses Buches[3]. Hier hat es im Vergleich zu den Vorgängern eine Veränderung gegeben. An die Stelle von Jörg Thierfelder, der wegen beruflicher Veränderung seine Mitarbeit reduzieren mußte, ist Kurt Bätz vom Religionspädagogischen Institut Karlsruhe getreten. Da Heinz Schmidt im Sommer 1979 ebenfalls den Arbeitsplatz wechselte, mußte Kurt Bätz schließlich die Hauptlast der Bearbeitung übernehmen. Das volle Einvernehmen zwischen beiden Autoren blieb gewährleistet.

Die in diesem Band zusammengefaßten "Unterrichtseinheiten" sind den gleichen fachdidaktischen und curricularen Grundlagen verpflichtet wie seine Vorgänger. Sie folgen auch in Anlage und Darstellungweise dem schon bewährten Schema[4]. Obwohl viele Gründe dafür sprächen, die bisher gebrauchten curricularen Strukturen zu modifizieren, haben wir uns um der Verständlichkeit willen entschlossen, am Gewohnten festzuhalten. Wir nehmen dabei weiter Mißverständnisse in Kauf, etwa wir seien auf Lernzielhierarchien und kognitive Lehrabsichten eingeschworen, oder die Unterrichtseinheiten seien Unterrichtsverlaufspläne und nicht - wie schon mehrfach unterstrichen - multiple Strukturmodelle für Unterricht. Der Verzicht auf eine Modifikation der Grundlagen und Strukturen fällt uns deshalb nicht schwer, weil dieses Buch nicht die Absicht verfolgt, die Theoriediskussion neu zu beleben, sondern eine breite Palette möglicher Inhalte und Verfahren für den Unterricht im 9./10. Schuljahr so aufzubereiten, daß verantwortliche Lehrer didaktisch und methodisch begründete Planungsentscheidungen treffen können. Dieser Grund war auch ausschlaggebend, das bisher geübte Verfahren, einen begrenzten obligatorischen Minimalplan vorzuschlagen, beizubehalten. Bei sei-

3) Es gab immer wieder Anfragen oder gar Vorwürfe an Kirchenleitungen oder Mitarbeiter von Kollegen und Eltern, wenn im Unterricht der eine oder andere Vorschlag der Handbücher mißglückte oder mißverständlich verwendet wurde. Daher erlauben wir uns hier die Bitte, derartige Rückmeldungen in Zukunft den Autoren direkt oder dem Verlag zuzuleiten.
4) Vgl. die entsprechenden Hinweise in: 27 Unterrichtseinheiten, S.2 und 37 f.

ner Festlegung wurde zunächst wieder von der schon bewährten Zahl 6 für zwei Schuljahre ausgegangen. Für Schulen, insbesondere Realschulen, die wegen der "Mittleren Reife" am Ende des 10. Schuljahrs einige Unterrichtswochen verlieren, legte sich eine Konzentration der Inhalte von zwei Unterrichtseinheiten nahe, so daß hierfür 5 vorgeschlagen sind.

Mit Rücksicht auf die wichtigsten Inhalte des Unterrichts in der gymnasialen Oberstufe sind zudem einige Themen nur für Gymnasium, einige nur für Realschule festgelegt[5).]

Wie schon beim 27er Buch stehen auch hier die Ziele und Inhalte der Unterrichtseinheiten in enger Beziehung zum Kursbuch Religion[6)], d.h. der Lehrer findet für die wichtigsten Ziele und Inhalte der entsprechenden 16 Kapitel dieses Buches die notwendigen Texte und Bilder im Kursbuch Religion 9/10[7)]. Wer aber nicht mit dem Kursbuch Religion 9/10 arbeiten möchte, findet in diesem Buch außerdem zu jedem Teilziel andere Materialien, die auch - soweit sie nicht leicht zugänglich oder AV-Medien sind - in Anlagen abgedruckt sind. Die Absicht, dem Lehrer auch ohne Lehrbuch genügend Materialien anzubieten, verursachte neben der größeren Zahl der Unterrichtseinheiten die nur noch in zwei Bänden unterzubringende Seitenmenge. Es kommt hinzu, daß viele der im 9./10. Schuljahr zu behandelnden Texte wegen der Komplexität ihrer Inhalte länger sein müssen als in vorangegangenen Schuljahren. Die Autoren haben oft schon bis hart an die Grenze des Zumutbaren gekürzt. Die größere Zahl der angebotenen Unterrichtseinheiten folgt mit Notwendigkeit aus der differenzierteren Interessenlage, dem erweiterten Horizont und der gestiegenen Verantwortlichkeit der Schüler. Es ist auch zu bedenken, daß

5) Die entsprechenden Bestimmungen sind in Baden-Württemberg Lehrplaninhalt. Übersichten siehe unter S. 23 - 29
6) Kursbuch Religion 9/10, von G. Kraft, D. Petri, H. und H. Schmidt und J. Thierfelder, Stuttgart/Frankfurt 1979
7) Gelegentlich unterscheiden sich die Kapitelüberschriften, das entsprechende ist jedoch leicht zu identifizieren. Zwei Hinweise sind notwendig: Kursbuch Religion 9/10 behandelt "Arbeit und Freizeit" in zwei getrennten Kapiteln (hier in einem); die wichtigsten Aspekte der UE "Ihr seid das Salz der Erde - Bergpredigt" finden sich im Kap. Jesus Christus des Kursbuchs Religion 9/10. Kursbuch Religion H9 hat ein eigenes Bergpredigtkapitel.

für viele Schüler das 9./10. Schuljahr den Abschluß einer regelmäßigen Beschäftigung mit religiösen und theologischen Fragen darstellt und deshalb Gelegenheit gegeben sein sollte, die wichtigsten Inhalte christlichen Glaubens und Lebens zu behandeln.

Auch die beiden vorliegenden Bände haben neben dem größeren Umfang einige Besonderheiten gegenüber ihren Vorgängern aufzuweisen. Zunächst ist der Anhang (1. Band) hervorzuheben, in dem neben Liedvorschlägen und neuveröffentlichten Liedern dieses Mal didaktische Überlegungen zum Umgang mit Bildern und Filmen[8)] verzeichnet sind. Die Benutzer der jetzt vorliegenden 4 Bücher werden sich über das Register (2. Band) freuen. Es erfaßt die Bibelstellen und wichtigsten Namen sowie Schlagworte zu allen vier Büchern. Der großen Mühe seiner Erstellung haben sich die Herren Kurt Bätz und Walter Dietz unterzogen.

Ganz besonders hilfreich erscheinen uns die zu jedem AV-Medium in die Anlagen zu den Unterrichtseinheiten eingefügten Kurzbeschreibungen. Der Lehrer kann sich mit ihrer Hilfe ein erstes Urteil bilden, ob das vorgeschlagene Medium für seinen Unterricht geeignet ist. Die Beschreibungen wurden - soweit nicht anders vermerkt - vom Leiter der Evangelischen Medienzentrale in Stuttgart, Friedemann Schuchardt, und von seinen Mitarbeitern, dankenswerterweise zur Verfügung gestellt.

Im Rahmen dieser Vorbemerkungen wurden die schon bekannten Überlegungen zur Schülersituation und die methodischen Hinweise weitergeführt sowie die thematischen Übersichten und die Vorschläge zur Jahresplanung abgedruckt. Eine Liste der verwendeten Abkürzungen findet sich wieder am Schluß des Buches.

8) In 28 Unterrichtseinheiten finden sich Vorschläge zum Erarbeiten von Liedern, in 27 Unterrichtseinheiten Vorschläge zum Spielen im Unterricht

1. Zur Situation der Jugendlichen

Mit 15/16 Jahren ist die erste Phase der sog. "Pubertät" heute meist schon abgeschlossen. Die eigenen Gedanken und Gefühle werden auf die Reaktionen der Umgebung abgestimmt. Die Jugendlichen stehen vor der Aufgabe, mit einer neu gewonnenen Emotionalität, einer stabilisierten formalen Denk- und Urteilsfähigkeit (sie können von einer neutralen Position aus eigene und andere Standpunkte erfassen und beurteilen), ihre sozialen Beziehungen eigenständig zu organisieren und ihren Lebensweg langfristiger zu planen. Die traditionellen sozialen Anforderungen und die kulturell überlieferten "Werte" sind nicht mehr - wie in der Kindheit - selbstverständlich. Sie müssen ihren Wert für die Ausbildung der eigenen sozialen und kulturellen Identität erst "im Vollzug" unter Beweis stellen. Ihre Verläßlichkeit und Belastbarkeit muß sich "testen" lassen. Die manchmal schroffe Abneigung gegen herkömmlichen Lebensstil und bewährte Grundüberzeugungen wird von vielen Eltern, Lehrern oder Vorgesetzten falsch interpretiert, als wollten Jugendliche jede Kommunikation abbrechen. In der Regel ist das Gegenteil der Fall. Sie fordern durch schockierendes Verhalten die Erwachsenen heraus, endlich überzeugend Stellung zu beziehen, und erproben mit ätzender Kritik deren Kompetenz. Durch Gelassenheit und deutliche Stellungnahmen bei gleichzeitiger Großzügigkeit gegenüber genommenen Freiheiten, die niemandem schaden, überzeugen Erwachsene als Gesprächspartner. Jugendliche brauchen - so die EKD-Synode vom November 1978 - "Begleitung, Verständnis und Widerspruch von Erwachsenen, an denen sie sich orientieren und mit denen sie sich teilweise identifizieren können, deren Lebensstil sie aber nicht unbesehen und widerspruchslos übernehmen müssen."

Die Autorität der Eltern, bisher sinnvermittelnd und verhaltenssteuernd, wird in dieser Altersstufe manchmal in Frage gestellt. Oft verzichten Vater und Mutter auf jedes korrigierende Eingreifen, d.h. sie überlassen die jungen Menschen sich selbst. Andere Eltern tun sich mit dem gewandelten Verhältnis zwischen ihnen und ihren Kindern schwer. Sie wollen wie bisher alles wissen und mit klaren Verhaltensregeln vor

Gefahren bewahren. Oft kommt es in diesen Familien früher oder später zu schweren Autoritätskonflikten. Jugendliche wollen das Elternhaus verlassen, suchen Anschluß an Wohngemeinschaften und fliehen gelegentlich die Schule. Leistungsverweigerung kann ein Symptom für derartige Entwicklungen sein. Der schwindende direkte Einfluß der Eltern täuscht über das bleibende Gewicht der Herkunftsfamilie hinweg. Selbst bei völligem Bruch bleiben in der Regel sozial-kulturelle Grundorientierungen positiv oder negativ bestimmend. Manche Erwachsene machen sich zu spät klar, daß ihr dringlicher Wunsch, alles von ihren Kindern zu wissen und bei allem mitreden zu können, nicht nur dem berechtigten Wunsch entspringen kann, vor Fehlentwicklungen zu bewahren. Unbewußte und unerfüllte Wünsche der eigenen Person, vergangene Lebenschancen, ungelöste Probleme können in der Beziehung zum jungen Menschen weiterleben. Die Jungen sollen es nicht nur besser haben und besser machen, sie sollen auch den Erwachsenen "nachbessern", der sich in ihnen wiederfindet oder bekämpft. Hinter spürbarem Leistungsdruck aus Elternhäusern steht gelegentlich dieses Motiv. Auch Lehrer sind vor solchen unbewußten "Projektionen" nicht bewahrt - besonders bei Schülern, die ihnen sympathisch oder unsympathisch sind.

An die Stelle der gesetzten treten die (auf Zeit) gewählten Autoritäten. Dies hat sich auch in der Gegenwart nicht geändert. Jedoch haben der Schwund gesellschaftlicher Traditionsorientierung, die beschleunigten kulturellen Wandlungen, die fortschreitende Differenzierung und Verwissenschaftlichung aller Lebensbereiche überlieferte Vorbilder in ihrer Wirkung abgeschwächt. Zusätzlich relativiert die Einsicht in soziale Zusammenhänge die Größe von Einzelpersonen. Es ist weder wirksam noch pädagogisch sachgemäß, dieses Verblassen der Vorbilder zu beklagen oder mit Nachdruck überlebte Vorbilder aufzupolieren. Die Relativierung der Vorbilder hat auch gefährliche Ideale und zwanghafte Fixierungen zerstört. Gewiß sind Jugendliche heute u.a. deshalb in komplexen Situationen häufiger allein gelassen. Grundlegende Lebensorientierung und ein sinnvolles Lebensziel sind schwieriger zu erwerben, d.h. ihr Erwerb ist zu einer eigenen Aufgabe geworden. Neue Vorbilder treten in großer Zahl auf und sind kurzlebiger.

Die Massenmedien sind an ihrer Produktion und ihrem Schicksal wesentlich beteiligt. Solche Vorbilder als Idole der Massengesellschaft sollen nicht unüberlegt abgewertet werden. Jeder Mensch in der modernen Gesellschaft bildet auf verschiedenen Gebieten Bedürfnisse und Ansprüche unterschiedlicher Qualität aus. Deshalb haben kurzlebige Idole der Massengesellschaft auch positive Funktionen. Sie entlasten vom Druck, an jedem Teilgebiet eigenständige Reflexion und Orientierung erst leisten zu müssen. Gefährlich sind einlinige Fixierungen und ein unkritisches Verhältnis zu den eigenen Idolen. Pädagogisch ist ein Training des kritischen Umgangs mit den Idolen der Massengesellschaft erforderlich. Vergleiche mit "klassischen" Vorbildern sind hierfür ebenso hilfreich wie die Veranschaulichung von Lebenshaltungen, die von den Idolen der Massengesellschaft nicht abgedeckt werden.

Gruppen und informelle Kontakte

Die Entwicklung eines eigenen Lebensstils, neuer Interessen und der Erwerb von besonderen Fähigkeiten beginnt in der frühen Adoleszenz. Die veränderte Rolle der Eltern und die gewandelte Funktion der Vorbilder haben diese Aufgabe nicht beseitigt. Bezugspersonen und Beziehungsarten haben sich jedoch verändert. Cliquen oder Gruppen sind jetzt ebenso wichtig wie die Herkunftsfamilien. In ihnen erfahren die Jugendlichen Anerkennung, erproben soziale Rollen und erkennen die Relevanz kultureller Inhalte. Hier werden auch die ersten intensiven zwischengeschlechtlichen Beziehungen aufgenommen. Lehrer oder Eltern sind in solchen Gruppen besonders dann als Gesprächspartner willkommen, wenn sie ein Gefühl für angemessene Distanz und Nähe entwickelt haben. Ihre eigentliche erzieherische Funktion üben die Erwachsenen nicht im unmittelbaren Gespräch mit den Freunden und Bekannten ihrer Kinder aus, sondern mit der selbstverständlichen, aber zurückhaltenden Bereitschaft, über die Probleme und Konflikte in diesen Beziehungen mit sich reden zu lassen. Versuche, heimlich die Kontakte der Jugendlichen zu steuern, werden nur begrenzte Wirkung haben. Unmittelbare Eingriffe in die Beziehungen der Heranwachsenden taugen nur zur Abwendung akuter Gefahren. Vom Umgang der Jugendlichen miteinander sind für den einzelnen im hohen Maß Selbsteinschätzung und Selbstwertgefühl abhängig. Noch immer ist die eigene Person der wichtigste Gegenstand des Interesses. Man glaubt sich ständig im Mittelpunkt eines kritisch beobachtenden imaginären Publikums, woraus sich eine erhöhte Verletzbarkeit erklärt.

Zugleich setzt der Jugendliche oft voraus, daß die anderen die gleichen Empfindungen und Gedanken haben müßten wie er, weshalb er wenig Verständnis für die Mißbilligung von Erwachsenen hat. Der Egozentrismus dieser Phase verhindert gelegentlich sogar intensivere freundschaftliche Beziehungen zwischen den Geschlechtern. Man gibt sich alle Mühe, anderen Jungen oder Mädchen zu gefallen, kann aber die entsprechenden Mühen der anderen weder sehen noch anerkennen. "Wenn sich diese jungen Menschen dann tatsächlich treffen, ist jeder mehr damit beschäftigt, gesehen zu werden als zu sehen." (David Elkind, Egozentrismus in der Adoleszenz, in: Entwicklung des Ichs, S.175). Die eigenen Gedanken, Gefühle, Freude und Schmerz werden unheimlich wichtig genommen bis zur Annahme, die anderen könnten das, was einen selbst bewegt, nie erfassen.

Ein Glaube an Gott kann in dieser Phase als persönlichste Ich-Du-Beziehung aus- bzw. aufgebaut werden. Gott ist dann Gesprächspartner in allen Fragen, besonders in einsamen Stunden.

Vor der Sinnfrage

Von der Suche nach möglichen "Identitäten" ist die Sinnfrage nicht zu trennen. Sie stellt sich - versteckt oder offen - ständig bei der Gestaltung der eigenen Lebenswelt (Nahbereich) wie bei der Auseinandersetzung mit gesellschaftlichen Strukturen und Prozessen. Da die moderne Industriegesellschaft aus sich selbst vorwiegend ökonomische oder statusorientierte Antworten auf die Sinnfrage produziert, flüchten manche, denen derartige Errungenschaften unerreichbar oder nicht erstrebenswert erscheinen, in sogenannte negative Identitäten, d.h. sie suchen Ich-Erlebnisse im Rausch, durch Drogen oder durch das Risiko schockierender bzw. krimineller Aktionen.

Viel weniger auffällig - aber auch Anlaß zur Sorge - sind solche Jugendliche, die bereits in diesen Schuljahren beginnen, ihr Leben ausschließlich mit Hilfe der Ziele Konsum, beruflicher und sozialer Erfolg zu organisieren. Sie lernen und arbeiten das, was sich in Noten oder anderen Belohnungen auszahlt. Selbst Beziehungen zu anderen Menschen geraten unter das Diktat solcher Kriterien. Diese Schüler werden nur schwer Zugang zu den Inhalten des RU finden, wenn es nicht gelingt, über die Erarbeitung thematischer Zusammenhänge die Einseitigkeit der unreflektiert übernommenen Zielrichtungen zu zeigen. Das Sinndefizit der modernen Gesellschaft, die mannigfachen Konflikte und Anpassungsschwierigkeiten sowie das Vorherrschen sachorientierter Beziehungen ohne emotionale Wärme bringen bei vielen die Sehnsucht nach bergenden Gruppen hervor, bei denen klare Autoritätsverhältnisse, eindeutige Verhaltensanweisungen und einfache Glaubensinhalte gelten. Jugendreligionen und extreme ideologisch geprägte Gruppen verstehen es vorzüglich, sich in dieser Situation als Gegenkulturen zu präsentieren. Sie scheinen widerspruchsfreie Grundorientierungen und Gelegenheit zu einem sinnvollen Engagement zu bieten. Gewiß kann der RU nicht allein die Fähigkeit zum Aushalten von Widersprüchen und kränkenden Erfahrungen hervorbringen. Jedoch genügt es auch nicht, durch die Behandlung einer Unterrichtseinheit vor Jugendreligionen oder ähnlichen Gruppen zu warnen. Man muß bei vielen Themen immer wieder geduldig an der Unterscheidung von vermeidbarem und unvermeidbarem Leiden arbeiten, Möglichkeiten sinnvollen Engagements gegen das Leid aufzeigen und immer wieder die Gaben des Glaubens ausbreiten - nicht als billige Antworten auf alle Fragen, sondern als Hilfen und Ermutigungen, um täglich neu zu beginnen.

Im Religionsunterricht an Realschulen, Gymnasien und Gesamtschulen

In allen angesprochenen Punkten lassen sich keine allgemeingültigen Unterschiede zwischen Realschülern und Gymnasiasten feststellen. Lehrer beider Schularten berichten von besonderen Schwierigkeiten im 8. und 9. Schuljahr, ein Thema kontinuierlich zu bearbeiten. Auch von den Schülern selbstgewählte Unterrichtsinhalte vermögen die Aufmerksamkeit meist nicht länger als zwei Unterrichtsstunden zu fesseln. Manche versuchen sich der Mühe eines tieferen Eindringens in eine Fragestellung dadurch zu entziehen, daß sie den Unterricht als langweilig bezeichnen und ständigen Themenwechsel fordern. Störungen sind relativ häufig. Zu empfehlen ist eine flexible Handhabung der thematischen Planung - etwa durch Unterteilen von Themen und Kursen in kleinere thematische Einheiten oder durch gelegentliches Anknüpfen an aktuelle Fragen. Bei aller Flexibilität sollte man jedoch beharrlich an den getroffenen Absprachen festhalten und über thematische Sonderwünsche selbständig entscheiden bzw. sie als freiwillige Aktivitäten anbieten.

Im 10. Schuljahr ist es im allgemeinen wieder etwas leichter, die Unterrichtsinhalte zu erarbeiten. Bei einer Reihe von Schülern stößt man jetzt gelegentlich auf Spezialkenntnisse aus selbständig erschlossenen Interessengebieten. Die Einstellungen zu Religion, Glaube und Überlieferung konturieren sich deutlicher. Neben kleinen Gruppen von engagierten jungen Christen und von bewußt areligiösen, aber sozialethisch motivierten Jugendlichen steht die größere Zahl derer, die in Glaubens- und Sinnfragen unbeholfen sind und ihr Verhalten nach anerkannten Konventionen bzw. an gängigen Erfolgskriterien orientieren.

Für alle Jugendlichen spielt die Person des Religionslehrers eine wichtige Rolle. Kann er seine eigene Überzeugung glaubwürdig vertreten? Sind seine Meinungen und seine Maßnahmen gut begründet? Läßt er andere Überzeugungen zu, bzw. hilft er auch ihnen, sich zu entwickeln? Gewiß liegt es nicht in der Hand des Lehrers, aus Gleichgültigen engagierte Christen zu machen. Doch kann er Zugänge öffnen, die verschlossen scheinen, und Barrieren abbauen, wo es niemand erwarten würde.

In Real- und Gesamtschulen ist über Themenwahl und die Intensität der Behandlung manchmal leichter zu entscheiden, weil die Profilierung der Realschuloberstufe besondere Interessen und Kenntnisse in den einzelnen Lerngruppen vermuten läßt. Insgesamt wird die Leistungsbereitschaft in Realschulen höher eingeschätzt als in Gymnasien, was mit dem näheren Schulabschluß zusammenhängen mag.

In Gymnasien dominieren im 9./10. Schuljahr entweder die Fremdsprachen oder die Naturwissenschaften. Oft scheitern Schüler an erhöhten Anforderungen. In manchen Fällen verhindern Orientierungsschwierigkeiten und Rollenprobleme die notwendige Konzentration bzw. regelmäßige Arbeit.

2. Zur Unterrichtsgestaltung

Einige Grundsätze, an denen sich der RU schon in den vorangegehenden Schuljahren orientierte, sollten auch im 9./10. Schuljahr Beachtung finden. Dazu gehört zunächst eine möglichst intensive Beteiligung der Schüler an Planung, Durchführung und Reflexion des Unterrichts. Am Anfang des Schuljahrs hat es sich bewährt, den Schülern die Liste der Themen und Kurse für das 9. und 10. Schuljahr vorzulegen. Angesichts des wechselnden Interesses ist zu empfehlen, zunächst nur etwa ein Drittel des Schuljahrs fest zu planen, damit man sich später erneut verständigen kann. Auch bei der Planung der einzelnen Unterrichtseinheiten sollten sich Schüler beteiligen können. Die Übersicht über die Grobziele und Inhalte der Unterrichtseinheit eignet sich als Grundlage für Planungsgespräche. Dabei kann schon geklärt werden, welche unterrichtlichen Beiträge die Schüler selbst einbringen wollen. Zu denken ist etwa an Erkundungsgänge (z.B. zu kirchlichen Organisationen), Interviews mit Straßenpassanten bzw. Eltern und Verwandten bei strittigen Themen oder Kurzreferate zu bestimmten Fragestellungen.

Im Unterrichtsgeschehen versucht jeder Lehrer, die Schüler zu aktiver Beteiligung anzuregen. Dazu eignet sich neben Einzelarbeit vor allem die in den früheren Schuljahren schon eingeübte Gruppenarbeit. Klare Anweisung für die Gruppenarbeit und eine sinnvolle Auswertung der Ergebnisse sind Bedingung für ihren Erfolg. Streitgespräch und Diskussion können sich im 9./10. Schuljahr zu eigenständigen Unterrichtsformen entwickeln.

Beim Streitgespräch lernen die Schüler, sich vorübergehend auf einen bestimmten Standpunkt zu stellen. Das dient nicht nur zur Konsequenz der Gedankenführung, sondern verhilft auch zu einem besseren Verstehen fremder Standpunkte. Bei kontroversen oder schleppenden Diskussionen fällt es dem Lehrer oft schwer, sich längere Zeit zurückzuhalten. Daher ist es hilfreich, die Diskussionsleitung Schülern zu übertragen. Auch die Neigung zu hyperkritischen Angriffen gegen Fehler und Wirkungen von Institutionen und ihren Vertretern (Kirche, Schule, Lehrer, Beamte) sollte nicht dazu verleiten, Schwächen zu vertuschen. Der Lehrer, der in kritischer Solidarität zu den gesellschaftlichen Einrichtungen steht, wird Vorurteile korrigieren, Irrwege beim Namen nennen, aber verletzende Ungerechtigkeiten zurechtrücken. Sehr sinnvoll ist eine kritische Reflexion des Unterrichtsgeschehens, etwa durch die Besprechung der Lernwege und Arbeitsweisen einer Unterrichtsstunde. Unterrichtsprotokolle sind nicht nur dafür bewährte Gedächtnisstützen, sie könnten auch den Blick für das Erkennen von Lehr- und Lernmethoden schärfen, ja sogar Hinweise auf die Leistungsfähigkeit angewandter Methoden erbringen (etwa Beteiligung bei Gesprächen, Rolle des Diskussionsleiters, Ergebnisse einer Gruppenarbeit im Vergleich usw.). Über die Reflexion rationaler Prozesse hinaus kann es im Unterricht durchaus auch zur Aufarbeitung von affektiven und sozialen Prozessen kommen. Im ganzen gesehen gibt solcher "Unterricht über Unterricht" den Schülern die Möglichkeit, Lernen nicht wie eine Art verhängtes Schicksal zu erleiden, sondern zum einen die Intentionen des Lehrers zu erkennen, zum andern die eigenen Interessen zu klären, zu artikulieren und dadurch den weiteren Verlauf des Unterrichts mitzubestimmen. Längerfristig wird solcher "Unterricht über

Unterricht" den Schülern auch zu "Mündigkeit" und "Offenheit" in Fragen des Glaubens helfen.

Von großer Wichtigkeit ist eigenständiges Arbeiten. Im Blick auf die Sekundarstufe II bzw. auf die an die Mittlere Reife sich anschließende Berufsausbildung sollten die Schüler am Ende des 10. Schuljahres vor allem beim "Lernen des Lernens" ein Stück weit vorangekommen sein. Im Anfertigen von Unterrichtsprotokollen können sie sich üben, Wesentliches von Unwesentlichem zu unterscheiden. Freilich ist die Lernfähigkeit der einzelnen Schüler unterschiedlich. Lernt der eine Schüler mehr im intensiven Gespräch und in der Diskussion mit Lehrer und Klasse, so der andere mehr in der Ausarbeitung eines Referats oder einer schriftlichen Hausarbeit.

Zu warnen ist schließlich vor jedem Methodenmonismus. Man sollte sich im Unterricht der Vielfalt von Methoden, die sich heute im Unterricht allgemein finden, auch bedienen. Zu nennen sind neben den mehr traditionellen Methoden - wie Lehrerdarbietungen und Unterrichtsgespräch, die ihren Platz im Religionsunterricht behalten werden - vor allem die Arbeit mit Texten, die Herstellung von Texten, die Arbeit mit Bildern, das Erstellen von Collagen und - in Zusammenarbeit mit dem Kunsterzieher - das Anfertigen von Bildern. Die Vielzahl von alten und neuen Kunstbildern in Diareihen und in den neuen Arbeitsbüchern ermöglicht eine qualifizierte Bildbetrachtung, für die sich eine Klasse auf jeden Fall genügend Zeit lassen sollte. Im Steigen begriffen ist die Anzahl guter Unterrichtsfilme, die zur Information über schwierige Sachverhalte (z.B. Probleme der Dritten Welt) bzw. zur Einstimmung in ein Thema (etwa mit Hilfe von Trickfilmen) hervorragend geeignet sind. Allerdings darf die Filmbetrachtung nicht an die Stelle der Erarbeitung von Sachverhalten treten.

3. Vorschläge zur Jahresplanung

Die folgenden Vorschläge zeigen beispielhaft, wie die Unterrichtseinheiten im 9./10. Schuljahr hintereinander behandelt werden könnten. Die Religionslehrer jeder Schule (oder gegebenenfalls die eines Kirchenbezirks) sollen sich durch diese Vorschläge zu einem gemeinsamen Jahresplan anregen lassen.

Der Minimalplan bildet das Gerippe jedes der folgenden Vorschläge eines Jahresplans. Seine Unterrichtseinheiten sind graphisch durch dicke Umrandung hervorgehoben.

Bei einer durchschnittlichen Dauer von 6 bis 10 Stunden pro Einheit können nur ca. 7 bis 9 Themen in einem Schuljahr behandelt werden. Da am Ende der 10. Klasse der Realschule/Gesamtschule wegen der Abschlußprüfungen Stunden ausfallen, ist bei diesen Vorschlägen jeweils eine Unterrichtseinheit weniger aufgeführt.

Die beiden Vorschläge (je zwei für Realschule/Gesamtschule und Gymnasium) sind eine Auswahl und zeigen mögliche Zuordnungen einzelner Unterrichtseinheiten, wobei immer die folgenden Gesichtspunkte beachtet wurden:

- Berücksichtigung des Minimalplans
- gegenseitige Abhängigkeit und Bezogenheit der Unterrichtseinheiten
- Verknüpfung von Themen und Kursen.

Realschule/Gesamtschule Klassen 9 bis 10 (1)

Klasse 9

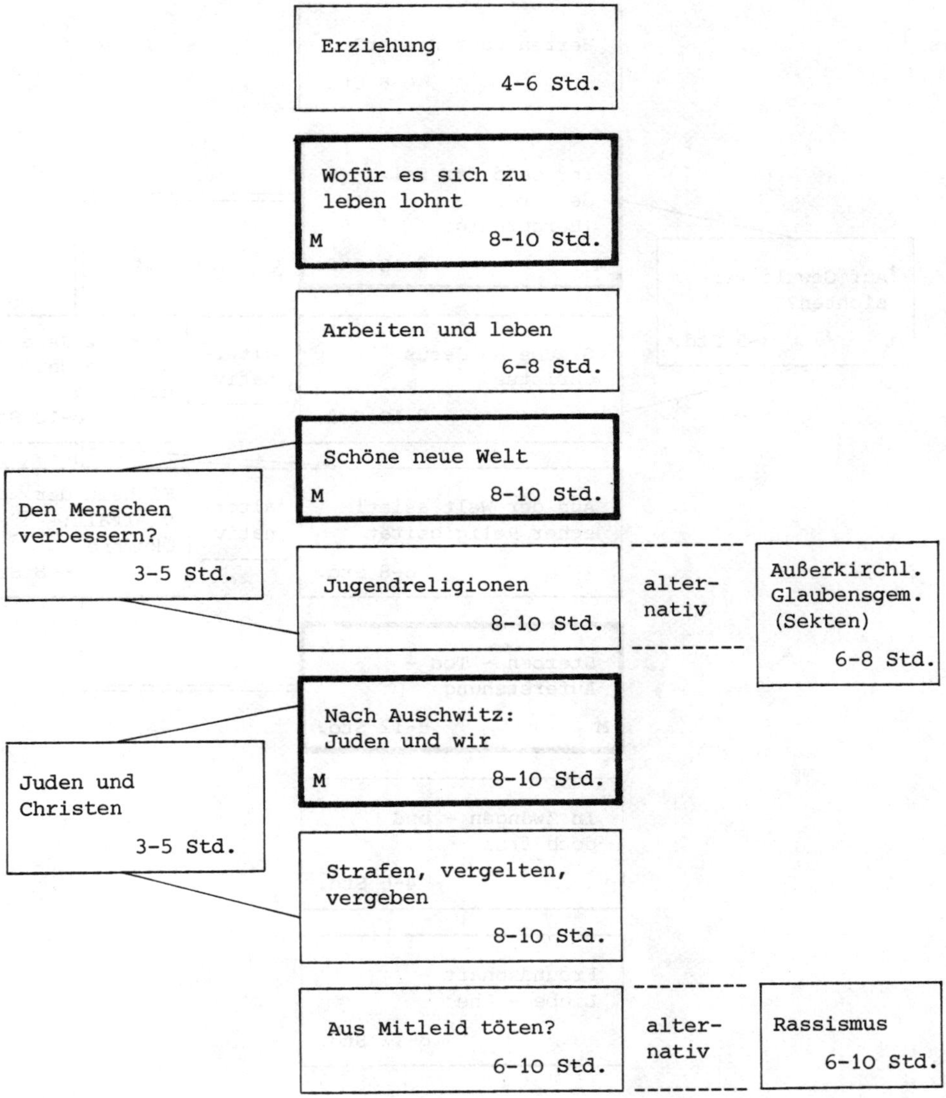

Realschule/Gesamtschule Klassen 9 bis 10 (1)

Klasse 10

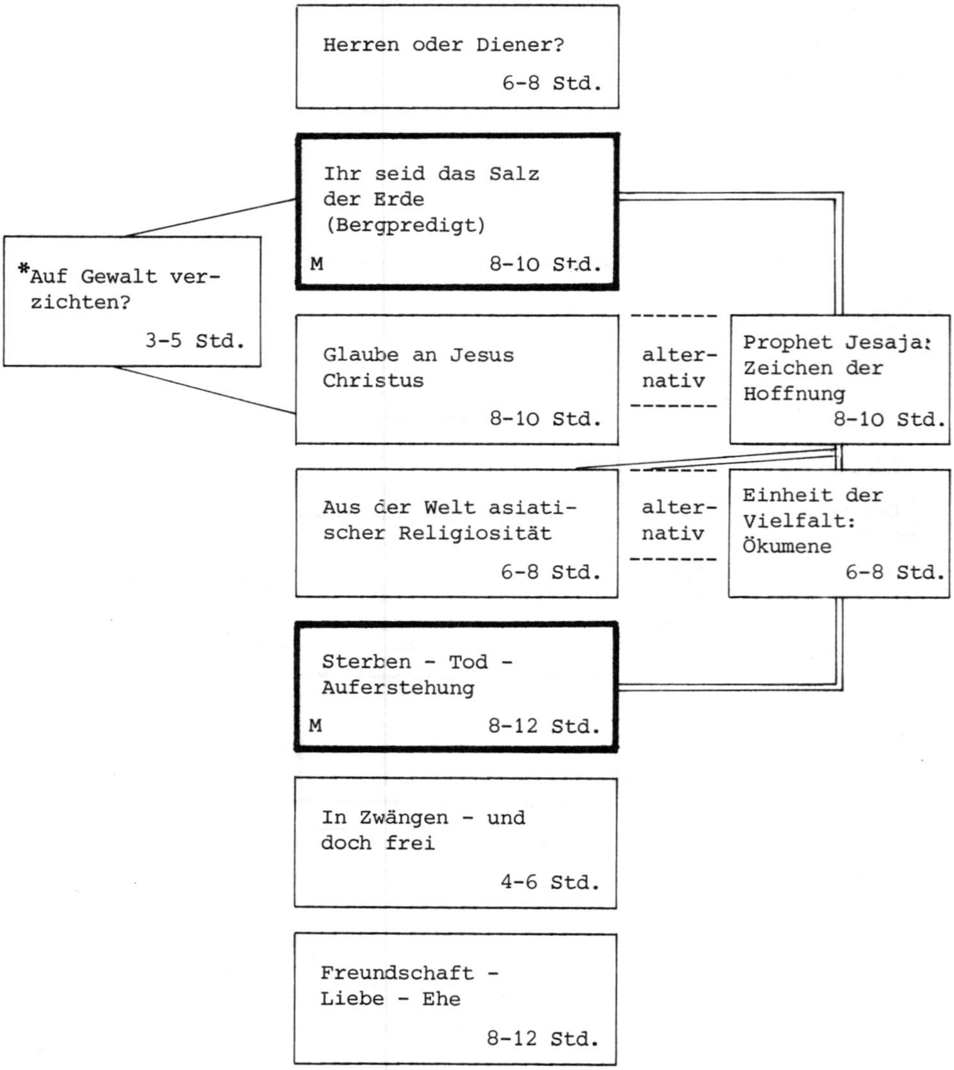

*Bei Ergänzungen von Haupteinheiten nur ausgewählte Teile und beide Einheiten zusammen nicht über 12 bis 14 Stunden

Realschule/Gesamtschule Klassen 9 bis 10 (2)

Klasse 9

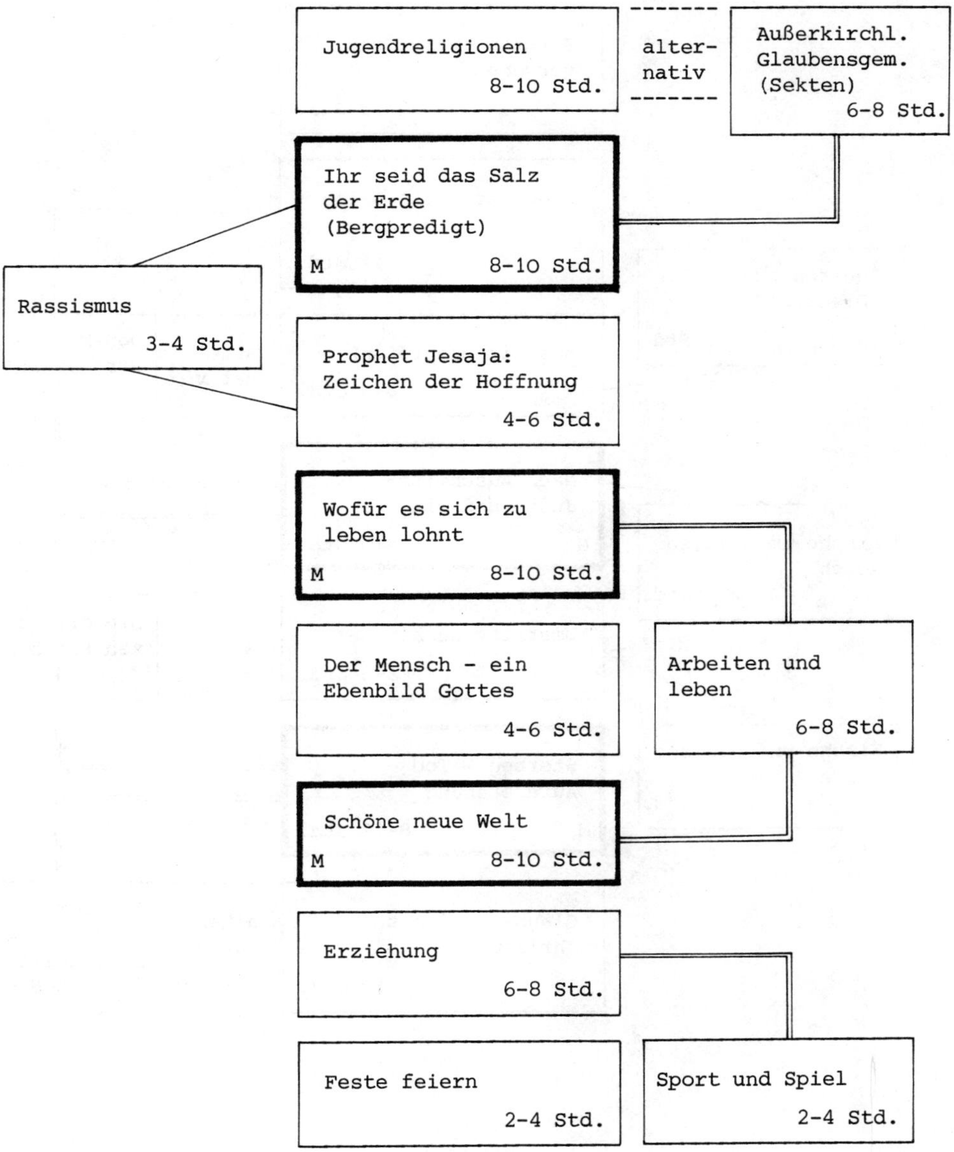

Realschule/Gesamtschule Klasse 9 bis 10 (2)

Klasse 10

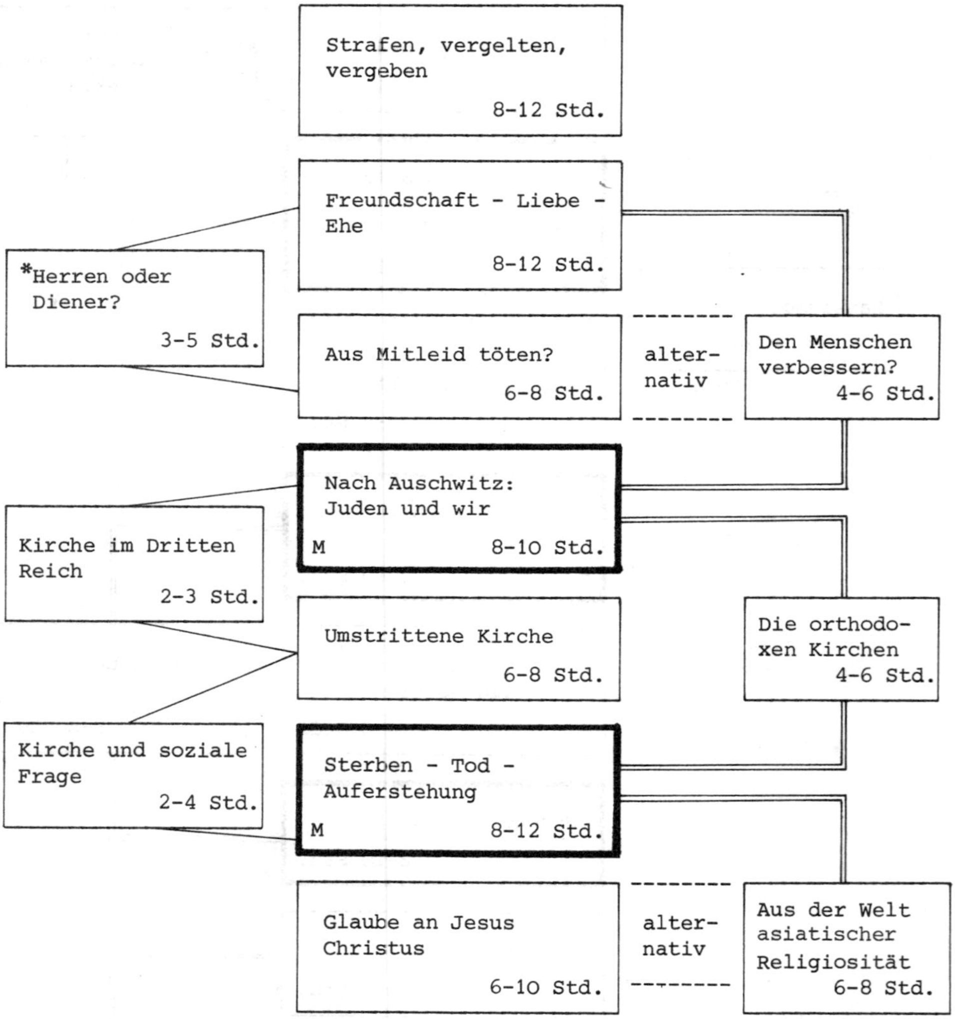

*Bei Ergänzungen von Haupteinheiten nur ausgewählte Ziele und beide Einheiten zusammen nicht über 12 - 14 Stunden

Gymnasium Klassen 9 bis 10 (1)

Klasse 9

Erziehung
6-8 Std.

Glaube an Gott
M 7-10 Std.

Umstrittene Kirche
6-8 Std.

Jugendreligionen
8-10 Std.

alter-
nativ

Außerkirchl.
Glaubensgem.
(Sekten)
8-10 Std.

Ihr seid das Salz
der Erde
(Bergpredigt)
M 8-12 Std.

Auf Gewalt ver-
zichten?
3-4 Std.

Strafen, vergelten,
vergeben
8-10 Std.

Nach Auschwitz:
Juden und wir
M 6-10 Std.

Juden und
Christen
3-5 Std.

Feste feiern
2-4 Std.

Gymnasium Klassen 9 bis 10 (1)

Klasse 10

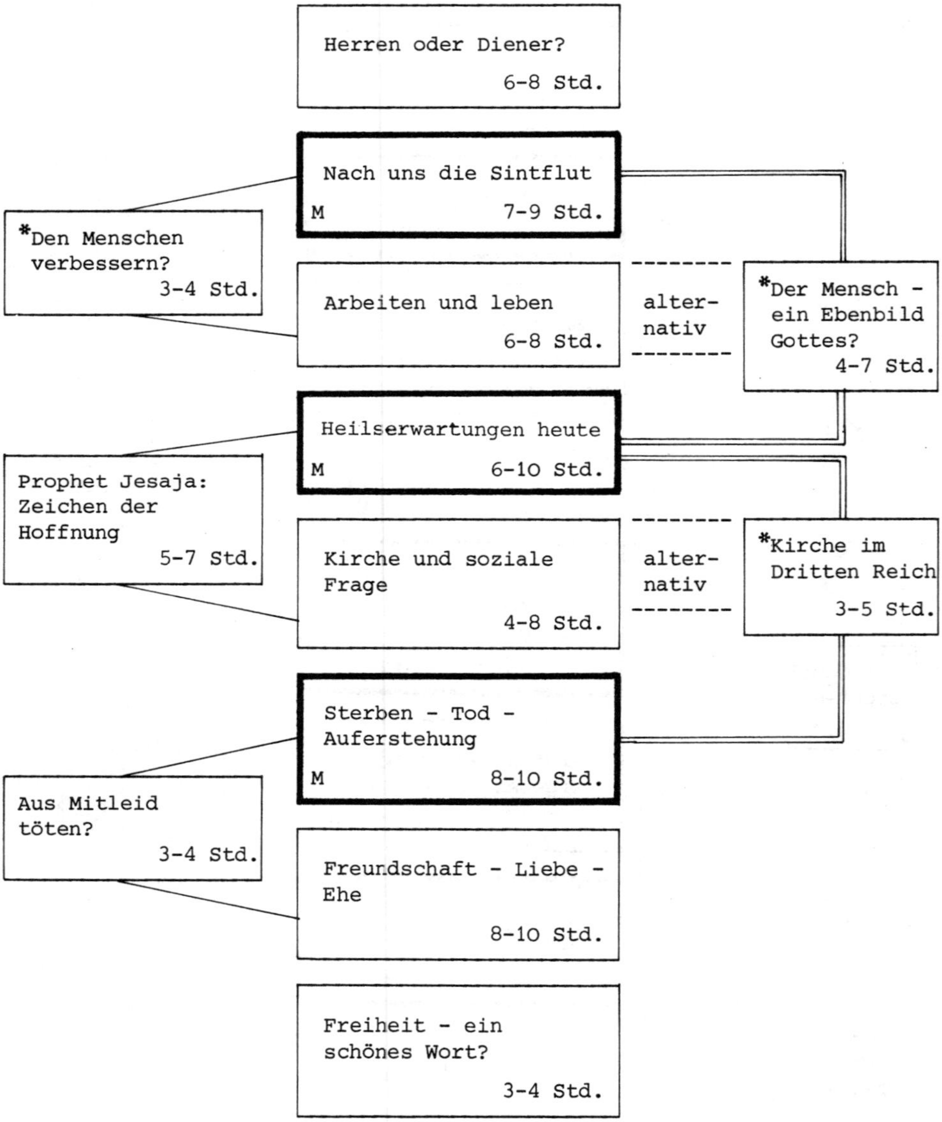

*Bei Ergänzungen von Haupteinheiten nur ausgewählte Ziele und beide Einheiten zusammen nicht mehr als 14 bis 16 Stunden

Gymnasium Klassen 9 bis 10 (2)

Klasse 9

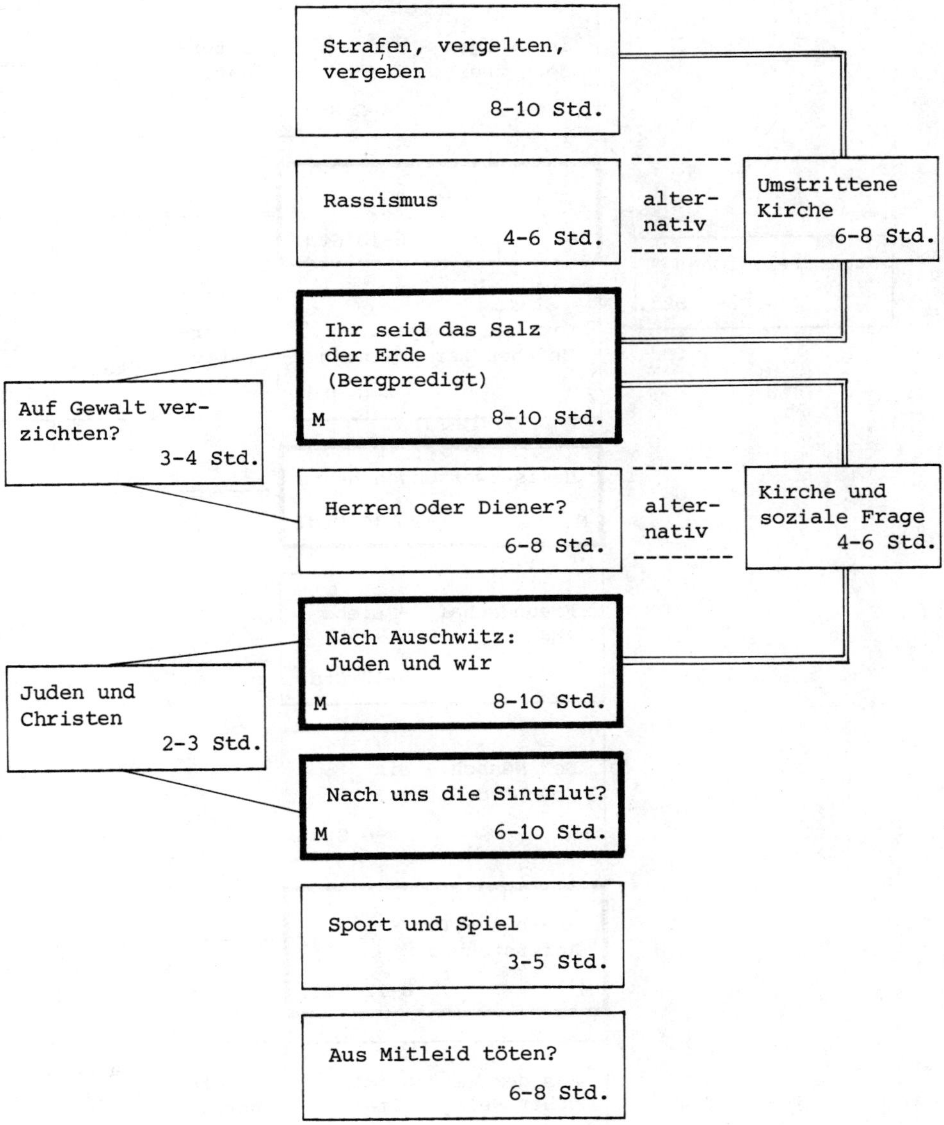

Gymnasium Klassen 9 bis 10 (2)

Klasse 10

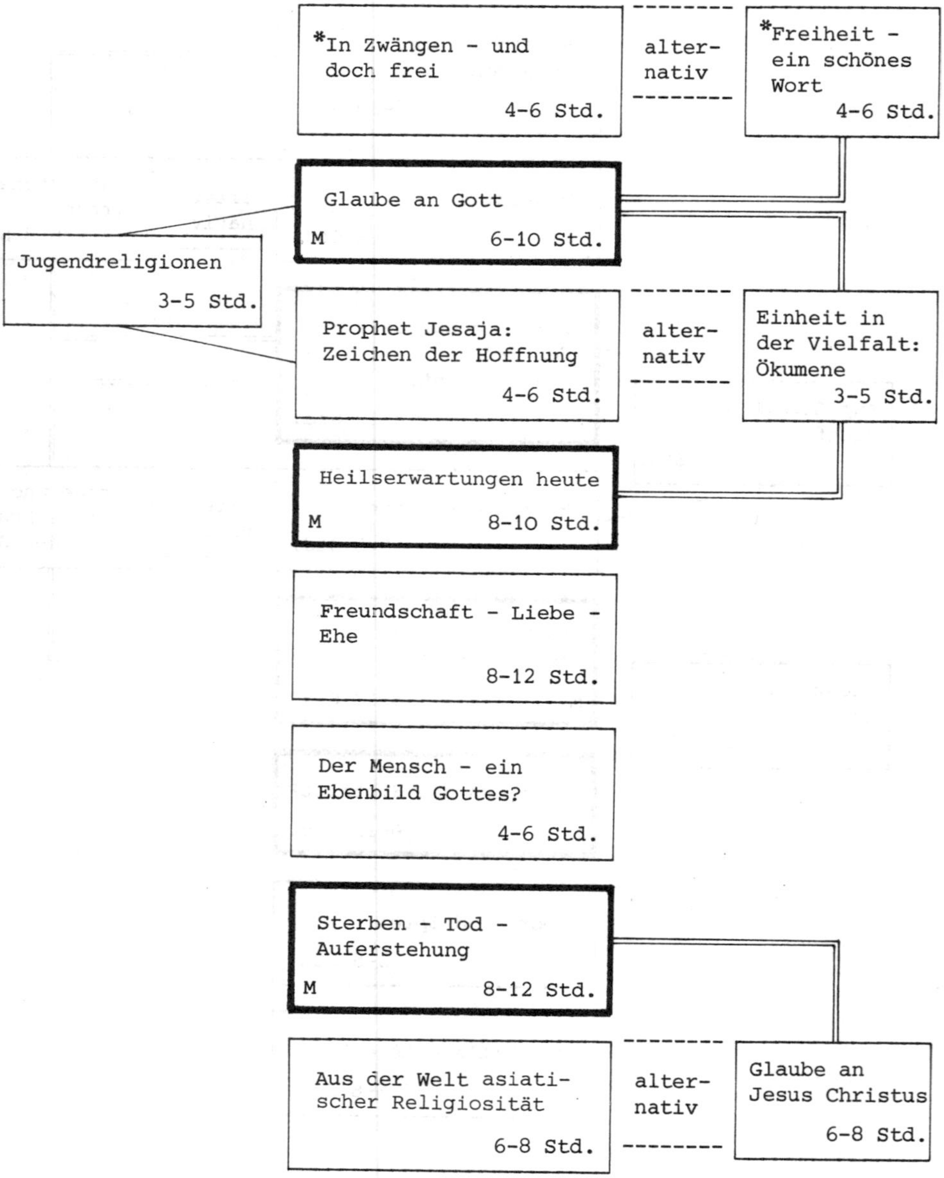

*Bei Ergänzungen von Haupteinheiten nur ausgewählte Ziele und beide Einheiten zusammen nicht mehr als 14 bis 16 Stunden

ÜBERSICHT ÜBER DIE THEMEN UND KURSE

Lernschwerpunkt I: Glauben und Leben angesichts der physischen Bedingungen, Grenzen und Möglichkeiten

T H E M E N	K U R S E
Schöne neue Welt - Utopie und Fortschritt - Leiden und Zerstörung der Lebenswelt - Biblische Weisungen und Verheißungen - Modelle des Umgangs mit der Natur (- Marxismus als eine Antwort auf die soziale Frage) I.1 Nur Realschule	**Nach uns die Sintflut?** - Wissenschaftlich-technische Weltgestaltung - Ursachen für die Zerstörung der Lebenswelt - Biblische Weisungen und Verheißungen - Modelle des Umgangs mit der Natur I.3 Nur Gymnasium
Den Menschen verbessern? - Folgen biologischer Veränderungen - Gefahren und Mißbräuche wissenschaftlicher Erkenntnisse - Ethische Fragen zur biologischen Forschung - Ziele und Grenzen biologisch-medizinischer Veränderungen I.2 Realschule/Gymnasium	**Der Mensch - ein Ebenbild Gottes** - Mensch und Tier - Biblische Aussagen - Infragestellung der Gottesebenbildlichkeit des Menschen heute - Vertrauen und Zuwendung - Zeichen der Gottesebenbildlichkeit I.4 Realschule/Gymnasium
Sport und Spiel - Möglichkeiten der Begegnung - Gesellschaftliche Funktionen und Entartungen - Spaß, Schönheit, Erfolg - Leistungsfähigkeit und Annahme von Grenzen - Verantwortung für den Körper I.5 Realschule/Gymnasium	

Lernschwerpunkt II: Glauben und Leben angesichts der heutigen politisch-sozialen Wirklichkeit

THEMEN

Arbeiten und leben

- Hoffnungen/Befürchtungen angesichts des Berufslebens
- Belastungen und Gefährdungen durch Arbeit
- Sinn des Arbeitens
- Hilfe für Benachteiligte im Arbeitsleben

II.1 Realschule/Gymnasium

Strafen, vergeben, vergelten

- Sinn des Strafens
- Pro und contra Todesstrafe
- Biographie eines Straftäters
- Biblische Weisungen
- Konsequenzen für den Strafvollzug

II.2 Realschule/Gymnasium

Umstrittene Kirche

- Erwartungen und Kritik an der Kirche
- Kirche als Gemeinschaft in der Nachfolge Christi
- Freiwilligkeitskirche: Chancen und Gefahren
- Volkskirche: Chancen und Gefahren
- Auftrag der Kirche: wie zu erfüllen?

II.3 Realschule/Gymnasium

KURSE

Ihr seid das Salz der Erde - Bergpredigt

- Antithesen
- Beispiele für Verhalten nach der Bergpredigt
- Sorget nicht!
- Gelebte Feindesliebe
- (- Aufbau der Bergpredigt)

II.7 Realschule Gymnasium

Nach Auschwitz - Juden und wir

- Antisemitismus heute
- Leidensgeschichte der Juden (Beispiele)
- Rassistische Ideologie im Dritten Reich
- Verhalten von Christen zu Juden im Dritten Reich
- Jüdisches Leben heute

II.8 Realschule/Gymnasium

Der Prophet Jesaja - Zeichen der Hoffnung

- Angst oder Zutrauen auf Jahwes Hilfe?
- Nähe Gottes (Berufung)
- Gericht über die Ungerechten
- Hoffnungsbilder und Verheißungen

II.9 Realschule/Gymnasium

THEMEN	KURSE
Rassismus - Beispiele für Rassismus - Unvereinbarkeit des Rassismus mit dem christlichen Glauben - Versuche zur Abschaffung von Rassismus - Vorurteile gegen Minderheiten bei uns II.4 Realschule/Gymnasium	**Kirche und soziale Frage** - Soziale Mißstände im 19. Jh. - Verhalten der Kirche zu der sozialen Not der Arbeiterschaft - Modelle für soziales Engagement - Privateigentum und soziale Verpflichtung - Freiheit und Gefährdung im Umgang mit Eigentum II.10 Realschule/Gymnasium
Herren oder Diener? **(Christen und die Dritte Welt)** - Soziale Gegensätze und kulturelle Entwurzelung in der Dritten Welt - Die Kolonialzeit und ihre Folgen - Rolle der Mission früher und heute - Unterschiedliche Entwicklungsmodelle - Lebensstil angesichts der Probleme in der Dritten Welt II.5 Realschule/Gymnasium	**Kirche im Dritten Reich** - Konflikte mit dem Staat - Totalitärer Charakter des NS-Regimes - Erwartungen der Evang. Kirche an Hitler - Anpassung und Widerstand bei den Kirchen - Stellung der Kirche zur Politik nach dem 2. Weltkrieg II.11 Realschule/Gymnasium
Auf Gewalt verzichten? - Gewaltverzicht und Leiden als christliche Forderungen - Stellungnahme zum Bauernkrieg - Notwendigkeit und Grenzen staatlicher Gewalt - Der Dienst mit der Waffe? II.6 Realschule/Gymnasium	

Lernschwerpunkt III: Glauben und Leben auf der Suche nach personaler Idendität

T H E M E N

Wofür es sich zu leben lohnt
- Anerkennung und Erfolg
- Wünsche und Leitbilder
- Scheitern und Suche nach einem Lebenssinn
- Orientierungshilfen des christlichen Glaubens

III.1 Nur Realschule

Sterben, Tod und Auferstehung
- Alltägliche Reaktionen auf Sterben und Tod
- Verhalten gegenüber Sterbenden
- Sterbeberichte und Auferstehungshoffnung
- Sterben und Auferstehen: Leben von Christen

(- Verhalten gegenüber Trauernden)

III.2 Realschule/Gymnasium

Aus Mitleid töten?
- Aktive Sterbehilfe
- Euthanasie
- Schutz des Lebens
- Tötung auf Verlangen?

III.3 Realschule/Gymnasium

K U R S E

Glaube an Gott
- Glaube/Unglaube
- Gottesglaube und Schöpfung
- Gottesglaube und Erlösung
- Christusgeschehen und Gottesglaube
- Gottesglaube und Nachfolge

(- Gottesglaube und Nihilismus)

III.6 Minimalplan nur im Gymnasium, sonst auch Realschule

In Zwängen - und doch frei
- Leistung, Erfolg, Zwang
- Luthers Erfahrung und Rechtfertigung
- Formen der Christusbegegnung heute
- Christliche Freiheit in Zwängen der Gegenwart

III.7a Realschule/Gymnasium

Freiheit - ein schönes Wort?
- Freiheit und Unfreiheit heute
- Individuelles Freiheitsrecht und soziale Gerechtigkeit
- Freiheit und Gebundenheit im christlichen Glauben
- Christliche Freiheit angesichts drohenden Freiheitsverlusts heute

III.7b Nur Gymnasium

T H E M E N

Erziehung zu Freiheit und Gemeinschaft - Erzieherische Einflüsse - Religiöse und weltanschauliche Elemente - Tradition und Autorität - Experiment und Kritik - Erziehung zur Mündigkeit
III.4 Realschule/Gymnasium

Freundschaft - Liebe - Ehe - Geliebtwerden und lieben - Partnerschaft von Mann und Frau nach Gottes Willen - Sexualverhalten und Liebe - Partnerschaft und Liebe - Freundschaft Jugendlicher
III.5 Realschule/Gymnasium

Lernschwerpunkt IV: Glauben und Leben angesichts heutiger Religiosität und kirchlicher Wirklichkeit

T H E M E N	K U R S E
Heilserwartungen heute - Sehnsucht nach einer besseren Welt - Utopischer Entwurf - Marxismus als Antwort auf die soziale Frage - Politische Umsetzung der Reich-Gottes-Hoffnung? - Persönliche Umkehr und Weltveränderung IV.1 Nur Gymnasium	Glaube an Jesus Christus - Stellungnahmen zu Jesus Christus - Jesu Liebe - Passion Jesu und menschliche Schuld - Jesu Auferstehung und Gegenwart in der Kirche - Christusbekenntnisse IV.6 Realschule/Gymnasium
Außerkirchliche Glaubensgemeinschaften (Sekten) - Leben in einer Sekte - Merkmale einer Sekte - Landeskirche/Freikirche/Sekte - Anspruch und Wirklichkeit der Sekten - Sekten als Herausforderung an die Kirchen IV.2 Realschule/Gymnasium	Einheit in der Vielfalt: Ökumene - Vielfalt der Konfessionen/ Die wahre Kirche - Einheit der Kirche als neutestamentliche Forderung - Ökumenische Einheitsbewegung - Aussagen der Ökumene zu globalen Fragen - Ökumenische Veranstaltungen vor Ort IV.7 Realschule/Gymnasium
Jugendreligionen - Leben in Jugendreligionen - Strukturmerkmale der Jugendreligionen - Anspruch und Wirklichkeit der Jugendreligionen - Jugendreligionen als Herausforderung an die Kirchen IV.3 Realschule/Gymnasium	Die orthodoxen Kirchen - Ikonen und Ikonostase - Kirche: Gebäude und Gottesdienst - Liturgie - Aufbau der orthodoxen Kirchen - Wirken der Kirche in der Sowjetunion IV.8 Realschule/Gymnasium

THEMEN	KURSE
Feste feiern - Gelungene, mißlungene Feste - Gemeinsame Erinnerung/Stillung menschlicher Grundbedürfnisse - Der Sabbat - Jesu Einladung zum Feiern - Fest im Sinne Jesu (- Vorbereitung eines Festes) IV.4 Realschule/Gymnasium	**Juden und Christen** - Grundlegende Elemente des Judentums - Jüdische Wurzeln des christlichen Glaubens - Streit um die Messianität Jesu - Leidensgeschichte des Judentums - Ansätze zur Verständigung nach 1945 IV.9 Realschule/Gymnasium
Aus der Welt asiatischer Religiosität - Faszination und Fremdheit indischer Religiosität - Hinduistische Frömmigkeit - Lebensauffassung des Hindu - Leben des Buddha und Grundzüge des Buddhismus - Christlicher Glaube und indische Religiosität IV.5 Realschule/Gymnasium	

SCHÖNE NEUE WELT

Religionspädagogische Überlegungen zum Thema

Die Unterrichtseinheit ist in dieser Form nur für die Realschule entworfen. Im gymnasialen Unterricht entsprechen ihr die beiden UEn 'Nach uns die Sintflut?' (I 3) und 'Heilserwartungen heute', (IV 1), auf die im folgenden Entwurf mehrfach verwiesen wird (vor allem bei den Anlagen). Demgemäß hat die Unterrichtseinheit zwei Schwerpunkte. Sie handelt von den Heilserwartungen, die den Menschen in Geschichte und Gegenwart prägten und prägen, und gibt in diesem Rahmen Raum für die Besprechung von gestaltgewordenen Utopien wie der des Marxismus. Sie greift aber auch die ökologische Krise auf, die sich aller Wahrscheinlichkeit nach in den 80er Jahren zuspitzen wird. Vom Schüler gesehen ist beides so weit nicht voneinander entfernt. Lebenswirklichkeit und Träume haben meist einen engen Zusammenhang. Das allgemeine Unbehagen an unserer westlichen Kultur und Zivilisation drängt nach neuen Sinnsetzungen, bei denen utopische Entwürfe eine wichtige Rolle spielen.

Wunschgeleitetes Tagträumen, das Erfülltsein davon, daß man das Leben noch vor sich hat, daß man es besser, gerechter, schöner gestalten kann und will, daß die Türen in die Zukunft noch offen sind, daß man nicht von Traditionen und der vorausgehenden Generation vereinnahmt werden will - das alles sind selbstverständliche Einstellungen und Vorrechte des Jugendlichen. Auffallend ist auch das große Interesse für utopische Möglichkeiten, futurologische und popularwissenschaftliche Zukunftsvisionen und im Zusammenhang damit das Interesse an Science-fiction-Literatur. Schließlich ist ganz allgemein die Frage nach der Zukunft in den letzten Jahren überraschend aktuell geworden. Sowohl rasante Entwicklungen im Bereich der technisch-naturwissenschaftlichen Forschung als auch das sensationell empfundene Aufbrechen der Überlebensfragen der Menschheit zwingen jeden denkenden Menschen mehr als früher zur Auseinandersetzung mit den Zukunftsfragen.

Die Glaubensreflexion wird hier unter zwei biblischen Aspekten vorgenommen: zum einen fragt die Unterrichtseinheit nach der Funktion des Glaubens an Gott den Schöpfer angesichts des ökologischen Problems, zum andern nach der Funktion göttlicher Verheißungen für die Gestaltung der Zukunft und für die Einstellung des Menschen zum Leben.

Man hat dem Christentum weitgehend die Schuld an der Umweltkrise anlasten wollen mit dem Hinweis auf die im Schöpfungsauftrag enthaltene Zuordnung von Mensch zu Natur als die des unumschränkten Herrschers zum vollständig Beherrschten. Zweifellos kann man darin eine Wurzel für den objektivierenden Umgang des Menschen mit der Natur sehen. Doch ist nicht zu bestreiten, daß andere Dimensionen des christlichen Schöpfungsglaubens in nachaufklärerischer Zeit verschüttet wurden. Diese gilt es wieder zu entdecken. Sie sind angedeutet im

Auftrag an den Menschen, den Garten Eden zu "bebauen" und zu "bewahren" (1 Mose 2,15). Das Eingebundensein des Menschen in die Kreatur, wie es in der Tradition des Franz von Assisi oder in der Ethik der "Ehrfurcht vor dem Leben" (Albert Schweitzer) gesehen und gelebt wurde, muß für einen neuen christlichen Lebensstil kennzeichnend sein. Mitmenschlichkeit wird erst durch Mitkreatürlichkeit und Mitgeschöpflichkeit realisiert, weil sie dann "Versöhnung mit der Erde" einschließt.

Eine Haltung der Mitgeschöpflichkeit wird sich nur schwer durchhalten lassen. Christlicher Glaube steht und fällt mit der in Gottes Verheißung begründeten Hoffnung auf eine Vollendung der Schöpfung. An zahlreichen Situationen der Niederlage des Gottesvolkes wurde der Glaube an die göttliche Verheißung bewährt. Daß Hoffnungsbilder den Menschen aus Resignation und Depression reißen und ihm Kraft zu schöpferischer Tat verleihen können, ist bekannt. Man sollte nicht jedes Hoffnungsbild als bloße Träumerei und puren Schein abtun. Darin ist das relative Recht aller Utopien und Menschheitsträume zu sehen. Freilich wußten die Glaubenden darum, daß solche Bilder nicht einfach in die Wirklichkeit umzusetzen waren. Sie erwarteten die Wende zum Besseren bei aller eigenen Anstrengung doch von Gott her. In diesem Sinn sind kritische Anfragen an die Marxsche Position zu stellen. Das gilt auch generell für die moderne Einstellung, dem Menschen sei alles möglich, er müsse nur wollen.

Aus dem Gesagten ergibt sich der Aufbau der Unterrichtseinheit. Während LZ 1 die Funktion von Utopie, Menschheitsträumen und biblischen Verheißungen untersucht und Gemeinsames und Trennendes markiert, wenden sich die LZ 2 und 3 der ökologischen Frage mit Schwergewicht zu. Aus der Betrachtung der biblischen Perspektiven der LZ 1 und 3 werden die Handlungsmotivationen deutlich, die in LZ 4 im einzelnen anzusprechen sind. LZ 5 wirkt in diesem Zusammenhang recht sperrig. Sein Ort dürfte zwischen den LZ 1 und 2 sein, wenn nämlich die Frage ansteht, wo die Grenzen jeder Utopie im Gegensatz zu der göttlichen Verheißungszusage zu ziehen sind.

<u>Literatur</u>

a) Zur Information des Lehrers:

G. Altner, Atomenergie. Herausforderung an die Kirchen, Neukirchen-Vluyn 1977 (Neukirchener Verlag)

G. Altner, Schöpfung am Abgrund, Neukirchen-Vluyn 1974 (Neukirchener Verlag)

R.F. Behrendt, Was wird morgen anders sein?, München 1972 (Deutscher Taschenbuch Verlag)

Evangelischer Erwachsenenkatechismus, Gütersloh 1975 (Gütersloher Verlagshaus Gerd Mohn), S.281-290. 861 ff.

G. Liedke, Im Bauch des Fisches. Ökologische Theologie, Stuttgart 1979 (Kreuz Verlag)

K. Lubkoll, Der Traum vom besseren Leben, Stuttgart 1974 (Kreuz)

Th. Morus, Der utopische Staat, Hamburg 1968 (Rowohlt)

A. Ohler, Die biblischen Erzählungen von Sintflut und Turmbau in der Katechese, Stuttgart 1975 (Verlag Katholisches Bibelwerk)

F. Vester, Das Überlebensprogramm, Frankfurt 1975 (Fischer Taschenbuch)

C. Westermann, Schöpfung, Stuttgart 1971 (Kreuz Verlag)

b) Arbeitsmaterial für den Unterricht:

K.H. Berg/F. Doedens, Umweltschutz, Fortschritt ist für den Menschen da, Frankfurt 1973 (Diesterweg)

D. Brummack, Anpassung oder Wagnis, Frankfurt 1973 (Diesterweg)

H. Gutschera/J. Thierfelder, Brennpunkte der Kirchengeschichte, Paderborn 1976 (Schöningh)

A. Huxley, Schöne neue Welt, Frankfurt 1953 (Fischer Taschenbuch)

G. Kraft u.a., Kursbuch Religion 9/10, Stuttgart/Frankfurt 1979 (Calwer Verlag/Diesterweg)

G. Orwell, 1984, Konstanz 1950 (Diana Verlag)

<u>AV-Medien</u>

Filme:

Buttercup, EMZ 1: F 467; EMZ 12: KF 211

Das Pflaster, EMZ 12: KF 261

Söhne der Erde, EMZ 1: F 472; EMZ 12: KF 267

Zu Ihrem Vergnügen, EMZ 1: F 322; EMZ 12: KF 117

Tondiaserien:

Das gestörte Gleichgewicht, EMZ 1: TD 121; EMZ 12: TB 160

Teufelskreise, EMZ 1: TD 166; EMZ 12: TB 146

Vergiftete Umwelt, EMZ 1: TD 282; EMZ 12: TB 128

Diaserien:

Alle Jahre wieder saust der Preßlufthammer nieder, EMZ 12: 19.24

Thomas Morus, EMZ 12: 20.82

Welche Zukunft steht uns ins Haus?, EMZ 1: D 905, EMZ 12: 20.39

Übersicht über die Unterrichtseinheit

Lernziele	Inhalte
1. In utopischen Entwürfen die Sehnsucht nach einer besseren Welt entdecken und mit prophetischen Visionen vergleichen	Träume vom besseren Leben: Science fiction, Fortschrittsglaube am Beispiel utopischen Denkens Biblische Verheißungen, z.B. Jes 25,6-12; Jes 2,1-5; Offbg 21,1-7
2. Begreifen, daß das Streben nach Lebensverbesserung gleichzeitig Leiden und Zerstörung der Lebenswelt zur Folge hat	Beispiele für die "Schöpfung am Abgrund" Falsches Verständnis des Schöpfungsauftrags 1 Mose 1,28 ff.: Von der Naturbeherrschung zur schrankenlosen Verwertung
3. Biblische Weisungen und Verheißungen für den Umgang mit der Schöpfung auf die Gegenwart beziehen	Die Verantwortung des Menschen: Bebauen und Bewahren (1 Mose 2,15 als sachgemäße Näherbestimmung von 1 Mose 1,28 f.)
4. Modellhaft Ansätze eines verantwortlichen Lebens mit der Natur kennenlernen und eigene Handlungsmöglichkeiten erörtern	Das Warten der Schöpfung auf die Erlösung (Röm 8,19-22) Auf der Suche nach einem neuen Lebensstil: Ansätze zu eigenem Handeln
Möglicher Zusatz:	
5. Die sozial-utopischen Ziele des Marxismus als eine Antwort auf die Leiden der Arbeiterschaft im 19. Jahrhundert verstehen	Politisch-ökonomische Situationen im Frühkapitalismus Klassenkampf statt Vertröstung Die Utopie einer klassenlosen Gesellschaft

Minimalplan in R I 1

Lernziele	Inhalte	Medien/ Verfahren	Didaktische Hinweise
1. In utopischen Entwürfen die Sehnsucht nach einer besseren Welt entdecken und mit prophetischen Visionen vergleichen		Zum Gesamten: Kursbuch Religion 9/10, S.193-198	Die grundlegende Bedeutung menschlicher Hoffnungsträume im Blick auf Lebensziele und Lebensgestaltung des einzelnen wie der Gesellschaft bildet den einen Schwerpunkt dieses Lernzieles, die Aufdeckung des Wesens biblischer Verheißungen den anderen. Dabei wird vor allem auf die positive Funktion der Hoffnung abzuheben sein. Die Breite der zu besprechenden Utopien sollte von sozial-ethischen Grundgedanken bis zu technischen Phantasien reichen. Dabei wird deutlich, daß zwischen den Inhalten der Utopie und der Lage der Autoren eine enge Verbindung besteht, vgl. vor allem Thomas Morus.
1.1 Menschheitsträume von einem besseren Leben kennen	Paradiesvorstellung; Atlantis; Reich der Gerechtigkeit; Thomas Morus' Utopia; science fiction; Zentrale Inhalte: Sehnsucht nach Harmonie und Frieden in einer Welt von Einsamkeit, Ungerechtigkeit und Krieg; Fortschrittsgläubigkeit	Schülerberichte über Science-fiction-Bücher und -Filme Das Märchen vom Schlaraffenland (UE IV 1, Anlage 1) Zu Morus: Diaserie Thomas Morus, 16 Dias, Farbe Stadt von morgen (UE IV 1, Anlage 4)	
1.2 Um Zukunftsentwürfe des Alten und Neuen Testaments wissen	Friedensreich und neues "Jerusalem" Jes 25,6-12 Jes 2,1-10 Offbg 21,1-7	Arbeitsblätter zu den drei Texten (UE IV 1, Anlage 5-7); Bildhafte Darstellung durch Schüler; Bildmeditation zu Hicks, Das friedvolle Königreich (Kursbuch, S.199)	Auch die biblischen Verheißungen haben historische Ursprungssituationen, die Absicht und Inhalt der Verheißungen genauer definieren lassen. Trotzdem gibt es zwischen biblischen Texten und weltlichen Utopien wichtige Unterschiede, wie vor allem UE IV 1, Anlage 8, zeigt.
1.3 Die biblischen Verheißungen mit den utopischen Entwürfen vergleichen	Inhaltliche und formale Parallelen Zusage Gottes oder Machbarkeit durch Menschen	Vergleich zwischen Utopie und Reich Gottes (UE IV 1, Anlage 8)	

Lernziele	Inhalte	Medien/ Verfahren	Didaktische Hinweise
2. Begreifen, daß das Streben nach Lebensverbesserung gleichzeitig Leiden und Zerstörung der Lebenswelt zur Folge hat		Zum Gesamten: Kursbuch Religion 9/10, S.206 ff.	Der Wunsch und später der Glaube, wissenschaftlich-technische Weltbeherrschung mache die Umsetzung von Utopien in die Wirklichkeit möglich, ist heute Zweifeln ausgesetzt. Wissenschaft und Technik erfährt der moderne Mensch als ambivalent: einerseits ist seine Angewiesenheit darauf unübersehbar und löst beides nach wie vor große Faszination aus, andererseits machen die Folgen zunehmend betroffener, s. dazu UE Nach uns die Sintflut, LZ 2 Didaktische Hinweise. Der Film "Söhne der Erde" kann als Leitmedium für dieses Lernziel dienen, zumal wenn auch mit dem Textblatt (UE I 3, Anlage 12) gearbeitet wird. Da er aber eine ästhetische Komponente hat, wird der Lehrer abwägen müssen, ob die Klasse sich darauf einläßt. Im Zweifelsfall kann er sich auch auf das Textblatt beschränken.
2.1 Über Vorteile und Gefahren des technisch-wissenschaftlichen Fortschritts im Alltag nachdenken	einerseits Verbesserung des Lebens (Medizin/ technische Machbarkeit) Erhöhung des Lebensstandards und der Freizügigkeit; andererseits: Gefahr totaler Vereinsamung und Planbarkeit; Angst vor unbeherrschbarer Technik; Umweltzerstörung	Anfertigung einer Collage, von Szenenfolgen auf Plakaten oder Foto-Text-Plakaten zum Thema. Filme: Buttercup, Das Pflaster, Söhne der Erde, Zu Ihrem Vernügen (UE I 3, Anlage 8, 1, 11, 2); Tondiaserien: Das gestörte Gleichgewicht, Teufelskreise, Vergiftete Umwelt (UE I 3, Anlagen 3-5); Diaserien: Alle Jahre wieder ..., Welche Zukunft steht uns ins Haus? (UE I 3, Anlagen 6 und 7)	
2.2 Beobachtungen aus dem Alltag nennen, die das Umweltbewußtsein schärfen	Verschmutzte und verseuchte Flüsse und Seen, Smog-Alarm in Städten Rohstoffverknappung, z.B. bei Öl oder Edelmetallen	Arbeitsblatt: Titanic auf Kollisionskurs (UE I 3, Anlage 9); G. Orwell, 1984, A. Huxley, Schöne neue Welt (Schülerlektüre mit Kurzreferat, Auszüge vorlesen lassen)	
2.3 Reaktionen auf Umweltaktionen diskutieren	Zwiespältigkeit bei der Frage nach der Herrschaft des Menschen über Natur und Mensch	Presseberichte zu Umweltaktionen mit Tendenzen zu Ängsten, Resignation, Überdruß über das "Krisengerede", Gleichgültigkeit oder Abwehr	

Minimalplan in R I 1

Lernziele	Inhalte	Medien/ Verfahren	Didaktische Hinweise
3. Biblische Weisungen und Verheißungen für den Umgang mit der Schöpfung auf die Gegenwart beziehen			Dem Christentum wird der Vorwurf gemacht, die ökologische Misere gründe in den geistigen Traditionen des jüdisch-christlichen Glaubens. Eine Klärung dieses Vorwurfs, seiner teilweisen Berechtigung, aber auch den notwendigen Korrekturen von Auslegungstraditionen von 1 Mose 1,28 ff. dient LZ 3.1. Die angegriffene priesterschaftliche Tradition wird daher explizit verhandelt (LZ3.2), und zwar am Vergleich von 1 Mose 1 und 9. Dabei legt sich ein Vorgehen nahe, das zeigt, wie der Konflikt zwischen Mensch und Natur zu lösen ist: Anstelle der absoluten Machterweiterung des Menschen sollte sein relativer Machtverzicht treten, der der Natur die Chance der Behauptung dem Menschen gegenüber läßt. In der jahwistischen Tradition 1 Mose 2 (LZ 3.3) wird dies an der partnerschaftlichen Zuordnung von Mensch und Tier deutlich, die unsere Einstellung zu diesem Problem infragestellt. Namensgebung durch den Menschen bedeutet zugleich Schutzverpflichtung.
3.1 Über die Einseitigkeit der Auslegung des biblischen Schöpfungsauftrags in der abendländischen Tradition nachdenken	Das Umschlagen von Verwerten zur Ausbeutung 1 Mose 1, 26-28 im Blick auf - das Ausbeuten von Bodenschätzen - die Umgestaltung von Landschaften nach Nützlichkeitserwägungen - den hemmungslosen Umgang mit der Tierwelt, z.B. medizinische Tierversuche, Ausrotten von Tieren	Arbeitsblatt: Aufbau der Schöpfungserzählung 1 Mose 1 (Priesterschrift) (UE I 3, Anlage 10) dazu Arbeitsauftrag für Gruppenarbeit: Prüft, inwiefern diejenigen Recht haben, die in der Umweltkrise die "gnadenlosen Folgen" des Schöpfungsglaubens sehen Erinnerung an einschlägige Fernsehserien von Stern, Grzimek und Siehl	
3.2 Den biblischen Schöpfungsauftrag, die Welt zu bewahren und zu gestalten, ernst nehmen	Vergleich von 1 Mose 1, 28-30 und 9,1-7 als Auslegung von 2,15: im Blick auf die Nahrungsmittelverteilung und im Blick auf den Herrschaftsauftrag; Schutz der Tiere vor dem Menschen und umgekehrt;	Einzelarbeit am Arbeitsblatt: Der Herrschaftsauftrag an den Menschen (UE I 3, Anlage 13) und gesprächsweise Erarbeitung von möglichen Verhaltensweisen des Menschen im Sinne der Bibel. 3.2 und 3.3 lassen sich im Gespräch miteinander verbinden	

Lernziele	Inhalte	Medien/ Verfahren	Didaktische Hinweise
	Verbot der Zerstörung der Natur		3.2 und 3.3 können auch alternativ behandelt werden.
3.3 Über die Zuordnung von Mensch und Tier nach der biblischen Schöpfungserzählung nachdenken	Das Tier als dem Menschen zugeordneter Partner: 1 Mose 2,18-25 Solidarität mit dem Tier: Stärkung seiner Überlebenschancen Bedeutung des Tiers im ökologischen Gleichgewicht	vgl. zu 2.2	
4. Modellhaft Ansätze eines verantwortlichen Lebens mit der Natur kennenlernen und eigene Handlungsmöglichkeiten erörtern			In Ansätzen sollen Gesichtspunkte einer "Umweltethik" gewonnen werden, die von folgenden theologischen Grundeinsichten geleitet sind: Der Mensch steht nicht über der Schöpfung, keine unbeschränkte Verfügungsgewalt (Ausbeutung). - Grenzen der Menschheit gegenüber dem technischen Machbarkeitswahn (er darf nicht alles machen, was er kann). - Gleichheit der Menschen. Verantwortung des Geschöpfs gegenüber dem Schöpfer "Bebauen" und "Bewahren" (1 Mose 2,15) als Beschreibung des Um-
4.1 Maßstäbe für einen "neuen Lebensstil" suchen	Selbstaussagen, Programme und Ziele von Initiativgruppen, z.B. Ökumenische Initiative EINE WELT oder Aktion e des Diakonischen Werkes der EKD	Zu Versuchen alternativen Lebensstils und der Erhebung der Maßstäbe für solche Gruppen: D. Ptassek, Auf der Suche nach einem neuen Lebensstil (UE I 3, Anlage 16). Theologische Argumentation bietet auch: Zweiter Brief an das Volk Gottes (UE I 3, Anlage 17)	

Lernziele	Inhalte	Medien/ Verfahren	Didaktische Hinweise
4.2 Die Situation des heutigen Menschen auf die Deutung der Lebenslage des Christen durch Paulus beziehen	Röm 8,19-25: Vom Untergang in die Freiheit der Kinder Gottes	Unter dem angegebenen Motto läßt sich ein Foto-Text-Plakat erstellen; der Text könnte einer neueren Bibelübersetzung oder auch der Paraphrase J.Zinks entnommen werden (Foto in: Photos-symboliques; Exemplarische Bilder oder Fotosprache)	gangs mit der Schöpfung. "Versöhnung mit der Erde". Der Paulustext demonstriert eine Haltung, mit der sich der moderne Mensch identifizieren kann. Im Grunde handelt es sich um eine neutestamentliche Parallele zur Sintflutgeschichte (vgl. UE I 3, LZ 3.3). Eine Gestaltungsaufgabe erleichtert den Schülern den Zugang zu dem etwas schwierigen Bibeltext.
4.3 Die gewonnenen Maßstäbe auf ein Fallbeispiel anwenden	Beispiel: Energiegewinnung durch Kernkraftwerke	Gemeinsamer Brief der kath. und ev. Bischöfe in Baden-Württemberg zu Fragen der Kernenergie (UE I 3, Anlage 18). Zu Wyhl: Chronologie, Dokumente und Kommentar bei G. Altner, Atomenergie, S.25-90; befürwortend: Kernenergie. Eine Bürgerinformation oder Werbematerial der Unternehmen	Es kann in 4.3 nicht um die Behandlung der Gesamtproblematik "Kernenergie" gehen. Es geht vielmehr um die Anwendung ethischer Maßstäbe in einem gesellschaftlichen Konfliktsfall. Dabei ist wichtig, die Argumente der Kontrahenten auf ihre Interessen hin zu befragen. Immer stärker rückt dabei die Frage nach dem Verzicht in den Mittelpunkt.
4.4 Möglichkeiten eigenen Engagements suchen und planen	Liste möglicher Aktivitäten im eigenen Lebensbereich	Vgl. auch 4.1 - Kritisch: Kursbuch 9/10, S.204 ff.	

Lernziele	Inhalte	Medien/ Verfahren	Didaktische Hinweise
Möglicher Zusatz: *5. Die sozial-utopischen Ziele des Marxismus als eine Antwort auf die Leiden der Arbeiterschaft im 19. Jahrhundert verstehen*		Zum Gesamten: Kursbuch Religion 9/10, S.200/201	Die für unsere Welt mit bedeutendste Utopie wurde in der marxistischen Theorie entwickelt. Das Lernziel versucht, auf dem Wege historischer Aufbereitung Bedeutung, Recht und Grenze der marxistischen Theorie und Praxis ins Blickfeld zu bekommen. Dies kann natürlich nur eklektisch geschehen. Ausgegangen wird von den historischen Ursprungssituationen im 19. Jh. (5.1). Die Problematik von Ziel und Weg dazu fassen LZ 5.2 (implizit) und 5.3 (explizit) ins Auge. Ein methodisches Problem besteht in den stark textlich ausgerichteten Materialien. Doch dürften deren gedankliche Klarheit bzw. bildhafte Darstellungsweise die Erarbeitung erleichtern. Dem unterrichtlichen Gespräch zur Bewußtseinsbildung in dieser Sache ist breiter Raum zu gewähren. Zum ganzen Lernziel vgl. auch UE 'Kirche und soziale Frage'.
5.1 Das soziale Elend im 19. Jahrhundert darstellen und seine Gründe nennen	Die Lage der Arbeiterschaft und ihrer Familien in der Industriellen Revolution Die Wirtschaftsordnung zu dieser Zeit	Brennpunkte der Kirchengeschichte S.194-198	
5.2 Marxistische Vorstellungen von der künftigen Kommunistischen Gesellschaft beschreiben	Der utopische Endzustand der kommunistischen Gesellschaft im Gegensatz zur Gegenwart	Marx' Utopie vom Kommunismus (UE IV 1, Anlage 10) Reich der Freiheit (UE IV 1, Anlage 11) Thesen: Hoffnung des Kommunismus (UE IV 1, Anlage 12)	
5.3 Positive Anstöße und negative Auswirkungen der marxistischen Utopie erkennen	Berechtigte Forderungen - problematische Wege; Ideale Zielsetzungen - in der Praxis scheiternde Durchsetzung	Die Linke und die Utopie (UE IV 1, Anlage 13)	
5.4 Über die Zustände nachdenken, die trotz wissenschaftlich-technischen	Inhalte von LZ 2.1	Anmerkung: Wird LZ 5 nach LZ 1 eingeschaltet, sozusagen unter der Fragestellung "Realisation einer Utopie", so erhält es folgendes Gefälle: 5.3 erhält die Schlüsselstellung. Auch die marxistische Utopie scheitert. Sie löst - selbst angesichts des wissen-	

Lernziele	Inhalte	Medien/ Verfahren	Didaktische Hinweise
Fortschritts in Ost und West gemeinsam eingetreten sind		schaftlich-technischen Fortschritts, wie etwa Lenin meinte - die Probleme nicht. Ost und West stehen vor analogen Aufgaben, wie LZ 5.4 = 2.1 zeigen möchte.	

DEN MENSCHEN VERBESSERN?

Religionspädagogische Überlegungen zum Thema

"Vielleicht war die Chance für die Kirchen noch selten in der Neuzeit so groß, wieder gefragt zu werden. Es wäre für die Kirchen wohl verhängnisvoll, wenn sie es versäumen würden, sich um sinnvolle Antworten zu bemühen." So der Ulmer Humangenetiker H. Baitsch in einem Interview zur Problematik von Genchirurgie und Menschenzüchtung.

Sich um sinnvolle Antworten zu bemühen, kann freilich nicht bedeuten, daß die Theologie besserwisserisch für das Problem eindeutige Lösungen in der Tasche hätte. Auch sie wird zunächst aufmerksam die Fakten zur Kenntnis nehmen und beim jeweiligen Vorgehen nach Zielsetzungen zu fragen haben. Ihre Aufgabe ist es, darüber nachzudenken, wie weit solche Zielsetzungen den Leitbildern christlichen Glaubens folgen, mit ihnen vereinbar sind oder aber widersprechen. Dann wird sie Vorbehalte anmelden müssen. Freilich sind nicht nur die Zielsetzungen, auch die Methoden und Folgen an diesen Maßstäben zu messen. Wo Menschenwürde gefördert wird, kann bestärkt, wo sie gewahrt wird, kann zugestimmt, wo sie aber verletzt wird oder werden könnte, muß Einspruch angemeldet werden.

Die Anlage der Unterrichtseinheit will dieses Verfahren im Blick auf Schüler der Abschlußklassen in Real- und Gesamtschule bzw. der 10. Klasse des Gymnasiums einüben. Der Unterrichtsgegenstand dürfte auf lebhaftes Interesse stoßen. Schüler sind fasziniert durch die ungeheuren Möglichkeiten der Biogenetik. Die Vielzahl von hervorragenden Fernsehsendungen (wie etwa die von R. Proske) und das Aufgreifen dieser Probleme im Biologieunterricht legen eine Behandlung auch im Religionsunterricht nahe. Eine enge Zusammenarbeit mit dem Biologielehrer ist unerläßlich. Wo sie gelingt, kann LZ 1 wesentlich entlastet werden. Bei nachdenklichen oder auch literarisch interessierten Schülern mag die Faszination auch in Erschrecken umschlagen, sobald sie die möglichen Folgen vor Augen haben. In dieser emotionalen Ambivalenz will die Unterrichtseinheit Orientierung bieten.

LZ 1 möchte ein Problembewußtsein schaffen, das dem Stand der Forschung heute angemessen ist. Das gilt nicht nur für die spektakulären Ergebnisse der Biogenetik, sondern vor allem für die Rückwirkungen solchen Wissens in den Alltag des Bürgers. Grundsätzliche, von Tagesereignissen unabhängige ethische Grundfragen sollen angestoßen werden. Sie erwachsen vor allem durch die Auseinandersetzung mit den möglichen Folgen (LZ 2). Über die Berechtigung von Tierexperimenten ist ebenso nachzudenken wie über notwendige klinische Erprobung von Arzneimitteln. In Deutschland kann dies zudem nicht geschehen, ohne die medizinischen Experimente in den Konzentrationslagern des Dritten Reiches zur Sprache zu bringen. Da - wie die Geschichte lehrt - wissenschaftliche Forschung am Menschen und insbesondere die genetische stets die Wissenschaft im eigentlichen Sinn übergreift, sollte der Schüler sich die diversen Interessen unterschiedlicher in die Biogenetik verwickelter Gruppen vor Augen führen. Erst dann kann sinnvoll gefragt werden, welche Kriterien ein Christ in das gemeinsame Gespräch einzubringen hat und in welcher Weise dies geschehen soll (LZ 3/4). LZ 3 setzt sich mit den Kriterien selbst auseinander, während LZ 4 eher mit ihrer Anwendung für den Einzelnen und im gesellschaftlichen Ganzen zu tun hat.

Christen werden bei dem Stichwort "Verbesserung des Menschen" immer aufhorchen. Woher weiß die Menschheit so genau, was besser sei? In welchen Zusammenhängen entwickelt sie ihr Verständnis von 'gut' und 'schlecht'? Demgegenüber verweist der Christ auf die Notwendigkeit konkreter Hilfe in Notfällen: die Zuwendung zum Kranken z.B. steht vor jeder Form der Züchtung eines 'besseren Menschen'. Menschenwürde - christlich gesehen in der Gottesebenbildlichkeit des Menschen begründet - hängt nicht von dem genetischen Bestand des Einzelwesens ab, sondern ist jedem, auch dem Beschädigten und Leidenden gegenüber zu wahren. Menschlichem Forscherdrang bei allen Geschöpfen sind daher Grenzen gesetzt. Als Geschöpf unter Geschöpfen leben Mensch wie Tier von Gottes Liebe und Gnade. So sehr christlicher Glaube medizinische Hilfe für Kranke und insofern alle damit zusammenhängende Forschung als Vollzug des Schöpfungsauftrags Gottes zu bestärken hat, so eindeutig muß er sich gegen jede Form von rücksichtsloser Forschung um ihrer selbst willen wehren. Die christliche Kirche hat sogar die Pflicht, dafür zu sorgen, daß ihre ethischen Argumente in die öffentlichen Entscheidungen einfließen.

Literatur

a) Zur Information des Lehrers:

J. Hübner, Biologie und christlicher Glaube, Gütersloh 1973 (Gütersloher Verlagshaus Gerd Mohn)

U. Gerber u.a., Was ist der Mensch?, Gütersloh 1979 (Gütersloher Verlagshaus Gerd Mohn)

J. Illies, Anthropologie des Tieres, München 1973 (Piper)

R.W. Kaplan, Der Ursprung des Lebens, Stuttgart 1972 (Thieme)

U. Kattmann, Biologie und Religion, Stuttgart/München 1972 (Calwer Verlag/Kösel)

E.R. Koch/W. Keßler, Am Ende ein neuer Mensch? Medizinische Forschung im Zwielicht, Stuttgart 1974 (Deutsche Verlagsanstalt)

G. Schwarberg, Der SS-Arzt und die Kinder. Bericht über den Mord am Bullenhuser Damm, Sternbuch, Hamburg 1979 (Gruner + Jahr)

b) Arbeitsmaterial für den Unterricht:

A. Huxley, Schöne neue Welt, Frankfurt 1953 (Fischer Taschenbuch)

AV-Medien

Filme:

Aufbau der DNS, FWU 8F 51

Replikation der DNS, FWU 8F 52

Protein-Biosynthese, FWU 8F 53

Chemie der Zelle II: Funktion von DNS und RNS bei Proteinsynthese, FWU FT 926

Diareihe:

Mutationen bei Tier und Mensch, FWU R 749

Übersicht über die Unterrichtseinheit

Lernziele	Inhalte
1. Biologische Veränderungsmöglichkeiten kennenlernen und über ihre Folgen für den Menschen nachdenken	Beispiele der Genetik: Manipulationen an Bakterien und höheren Lebewesen Versuche, Erbkrankheiten zu beseitigen
2. Gefahren und Mißbräuche erörtern, die sich aus wissenschaftlichen Möglichkeiten ergeben können	Erbmanipulationen am Menschen, z.B. Eugenik-Programm Hitlers Unkontrollierbare Folgen bei Experimenten, Selbstüberhebung des Menschen Tierexperimente
3. Verschiedene Stellungnahmen zu biologisch-medizinischen Forschungsvorhaben mit Gesichtspunkten christlicher Ethik vergleichen	Stellungnahmen aus Wissenschaft, Politik, Presse Gesichtspunkte christlicher Ethik: - Erhaltung der Gottesebenbildlichkeit und Menschenwürde - Arbeit zum Wohl des Menschen und der Welt - Annahme der leidenden Kreatur (z.B. das mißhandelte Tier)
4. Ziele und Grenzen biologisch-medizinischer Veränderungen bedenken	Orientierung wissenschaftlicher Vorhaben auf - Hilfen für konkrete Leiden - Hilfe zu einem gelingenden Leben

Lernziele	Inhalte	Medien/ Verfahren	Didaktische Hinweise
1. Biologische Veränderungsmöglichkeiten kennenlernen und über ihre Folgen für den Menschen nachdenken			Ohne Kenntnis der biologischen Tatsachen und Möglichkeiten ist eine Diskussion der Themenfrage nicht möglich.
1.1 Richtungsweisende genetische Experimente in Zoologie und Mikrobiologie kennen	Embryone in der Retorte; Kloning; Genisolierung und -synthese; Transduktion durch Bakterien	Ausgabe von Anlage 1 mit dem Auftrag, in Gruppen über die Bedeutung dieser Experimente nachzudenken; Fragen dazu: 1) Welche Chancen zur Verbesserung der Lage des Menschen eröffnen die biologischen Manipulationen? 2) Mit welchen Problemen sind solche Manipulationen verbunden? - Gen-Einbau - eine Hilfe für die Medizin? (Anlage 3)	Deshalb muß der Inhalt dieses Lernziels mit dem Biologielehrer abgestimmt werden. Die Entwicklung der Wissenschaft auf dem Gebiet der Genetik schreitet sehr schnell voran; um den jeweils angemessenen Stand der Diskussion zu gewährleisten, sollte beim Fachmann nachgefragt werden. In aller Regel kommt das Thema ohnehin vom Biologieunterricht her in den Religionsunterricht.
1.2 Genetische Funktionen der Entstehung (menschlichen) Lebens beschreiben	Vererbung und ihre Funktionsweise (Chromosomen, Gene, DNS und RNS)	Lehrerinformation bei Hübner, Biologie, S.93 ff. Filme: Aufbau der DNS/Reduplikation der DNS/Proteinbiosynthese; Chemie der Zelle II: Funktion von DNS und RNS bei der Proteinsynthese (evtl. zusammen mit dem Text in Anlage 2) entsprechende Abschnitte aus den Biologie-Büchern	In LZ 1 geht es zunächst darum, ein Bewußtsein von Möglichkeiten und Gefahren zu schaffen, ohne diesen Fragen im einzelnen nachzugehen. Deshalb werden mit Ausnahme der rein informativen Teile Arbeitsformen vorgesehen, bei denen die Schüler selber aktiv sind.
1.3 Über die Gründe für biologische Manipulation nachdenken	Neugier, Forschertrieb, Weltverbesserung Faszination und Schrecken	Gruppenarbeiten als Wettbewerb: Darstellung der Kenntnisse und Stellungnahmen; Wettbewerb bei der Präsentationsform	Während LZ 1.3 auch die emotionalen Gründe für die Macht der wissenschaftlichen Forschung auf diesem Gebiet andeutungsweise und die ambivalenten Gefühle des Alltagsmenschen dieser Wissenschaft

Lernziele	Inhalte	Medien/ Verfahren	Didaktische Hinweise
		A. Huxley, Schöne neue Welt u.U. Magazine: Bild der Wissenschaft; Kosmos für Lehrer: Umschau in Naturwissenschaft und Technik Naturwissenschaftliche Rundschau	gegenüber zur Sprache bringt und LZ 1.1 und 1.2 reine Sachziele sind, bereitet LZ 1.4 das LZ 2 vor, indem es die dort im einzelnen aufzuschlüsselnden Fragen vorwegnimmt. - Zu den Sachinformationen s. Theo Löbsack in Anlage 2.
1.4 Chancen und Probleme genetischer Manipulation am Menschen heute bedenken	Mensch als Objekt: Gefahr des Mißbrauchs; Komplexität des menschlichen Genoms; unkontrollierbare Anwendung von Kenntnissen; Behebung von Erbkrankheiten u.a.m.	Im Plenum: Diskussion zur Befürwortung oder Ablehnung solcher Experimente mit anschließender Abstimmung, u.U. sind besondere Bedingungen für ein Ja festzulegen	
2. Gefahren und Mißbräuche erörtern, die sich aus wissenschaftlichen Möglichkeiten ergeben können			Der Akzent dieses Lernziels liegt bei der Herausarbeitung der Gefahr. Doch darf deshalb nicht pauschal jede wissenschaftliche Neuerung und jedes auf Grenzen zugehendes Forschungsprojekt verteufelt werden. Andererseits ist bedenkenlose Experimentiererei an Tier und Mensch im öffentlichen Bewußtsein zu ächten. Um die Berechtigung von Tierversuchen geht es in LZ 2.1.
2.1 Die Bedeutung des Tierexperiments feststellen und über die notwendigen Grenzen nachdenken	Tierversuche in Medizin und Pharmazie; Tier als Mitgeschöpf; Grenzen von Tierexperimenten: Tierquälerei; Relation zum Erkenntnisgewinn	Zu Tierversuchen: Kritische Bemerkungen (Anlage 4); außerdem: Horst Sterns Filmreihe zu Tierversuchen im Fernsehen	

Lernziele	Inhalte	Medien/ Verfahren	Didaktische Hinweise
2.2 Die Fragwürdigkeit von Experimenten am Menschen feststellen und über ihre Berechtigung nachdenken	Selbstversuch von Ärzten; Rekrutierung des "Patientenmaterials" (Hitlers Eugenik-Programm); Klinische Versuche mit Medikamenten; Notwendigkeit und Begrenzung solcher Versuche; Voraussetzung: Aufklärung und Zustimmung der Patienten	Zu Hitlers Versuchen an Menschen: Anlage 5. Gesprächsrunde mit Problemanalyse z.B. Notwendigkeit solcher Versuche im Rahmen von medizinischer Grundlagenforschung? Wissenschaftsethos des Mediziners? Rechte der Versuchspersonen? u.a.m. Arbeitsblatt 1 (Anlage 6) in Einzelarbeit mit anschließendem Bericht	Nicht nur der Gesichtspunkt der Zweckmäßigkeit darf über die Zulässigkeit entscheiden; es gilt, im Tier das Mitgeschöpf zu sehen. Zum Problem vgl. auch Anlage 3. - Zwar wird am KZ-Experiment der Naziärzte das Problem überaus deutlich, zugleich sollte aber der Zwiespalt bewußt gemacht werden, der in jedem Fall auftritt: Recht auf Unversehrtheit einerseits - Notwendigkeit der Erprobung von z.B. Arzneimitteln andererseits.
2.3 Unterschiedliche Interessen erkennen, die auf die genetische Forschung Einfluß haben	Interesse der Forschung: Erkenntnisgewinn; - der pharmazeutischen Wirtschaft: Absatz; - der Politik: Friedenssicherung und militärische Stärke; - der Medizin: Hilfe für Patienten	Arbeitsgleiche Gruppenarbeit zu: An genetischen Versuchen sind verschiedene Institutionen interessiert: Forschung, Medizin, Wirtschaft (Pharmazie) und Politik. 1. Welche Interessen haben sie? 2. Bewerte die Berechtigung der Interessen! Zur Information des Lehrers: G. Altner, Kontrolle der Forschung (Auszug; Anlage 7)	Auch wenn das subjektive gute Gewissen solche Aktionen "um des Fortschritts willen" sanktionieren möchte, gilt doch der kritische Einspruch gegen Zweckrationalität. Bis zu welchem "Preis" ist das Experiment zu verantworten? (LZ 2.2). Hinzu kommt, daß bei jeder Neuerung Interessen diverser gesellschaftlicher Pressure-groups im Spiel sind. Auch hier gilt es, differenzieren zu lernen (LZ 2.3). Ins-
2.4 Fragen, welche Konsequenzen aus der heutigen Situa-	Frage nach den Kriterien und Entscheidungsträgern;	Nach kurzer Zusammenfassung der Probleme durch den Lehrer (mit Tafelanschrift): Über-	besondere bei den umfassenden Möglichkeiten in der Genetik wird Vorsicht am Platze sein müs-

Lernziele	Inhalte	Medien/ Verfahren	Didaktische Hinweise
tion zu ziehen sind	Kontrollgremien und ihre Zusammensetzung	legen, wie dem Problem zu steuern wäre	sen. Die Schüler sollten nach dem gewonnenen Überblick die Frage nach Kriterien und Organisation einer Kontrolle der Entwicklung in der Genetik stellen (LZ 2.4) und damit LZ 3 vorbereiten.
3. Verschiedene Stellungnahmen zu biologisch-medizinischen Forschungsvorhaben mit Gesichtspunkten christlicher Ethik vergleichen			In einem ersten Schritt geht es um die in den praktizierten und veröffentlichten Haltungen implizit gesetzten Kriterien. Dabei wird die Unsicherheit der Fachvertreter ebenso deutlich wie die Unbekümmertheit von Schriftstellern, die noch ganz im Fortschrittsoptimismus zu Hause sind (LZ 3.1). Demgegenüber macht LZ 2 mit dem Hinweis auf die verfassungsmäßig garantierte Menschenwürde deutlich, was der Mensch auf sich nimmt, wenn er an seiner Erbsubstanz herum-"verbessert". Die Frage, was "besser" sei, ist überhaupt nur im Einzelfall, aber nicht generell zu beantworten (LZ 3.2). Auf keinen Fall darf Verbesserung als manipulative Züchtung zweckrational ausgelegt werden. Der Einspruch des christ-
3.1 Aus öffentlichen Stellungnahmen zur Frage nach der biologischen Manipulation Kriterien der Beurteilung erheben	z.B. Freiheit der Forschung; Ruf nach gemeinsamer Verantwortung; Berechtigung zur Durchführung alles Machbaren oder Selbstbeschränkung; Ethische Aspekte	Gruppenarbeiten zu Anlagen 8-10 F. Vogel (Anlage 8) G. Altner (Anlage 9) H. Schirmbeck (Anlage 10)	
3.2 In der Wahrung von Menschenwürde ein unerläßliches Kriterium für die Handhabung biologischer Veränderung erkennen	Recht auf körperliche Unversehrtheit; Berechtigung des "Unperfekten"; Gottesebenbildlichkeit des Menschen	Zu LZ 3.2 und 3.3: Wo UE I 4 behandelt, Rückgriff auf LZ 4, s. die dortigen Materialien Wo möglich Textarbeit zu Anlage 5 (Auszüge) und W.D. Marsch: Gottesebenbildlichkeit (Anlage 11)	

Lernziele	Inhalte	Medien/ Verfahren	Didaktische Hinweise
3.3 In der Zuwendung zur leidenden Kreatur die Besonderheit christlichen Glaubens erkennen	Heilung von Erbkranken, aber nicht Züchtigung von "Super"- oder "Unter"-Menschen	Medien dazu vgl. LZ 1.4	lichen Glaubens geht dahin, die Zuwendung zum konkret Hilfsbedürftigen hier und jetzt, z.B. bei Erbkrankheiten, von jeder weitergehenden Forschung um ihrer selbst oder der angeblichen Verbesserung des Menschen willen zu stellen. Dabei ist die Orientierung an Jesus als dem Bild Gottes hilfreich. Sie zeigt Möglichkeiten und Grenzen.
4. Ziele und Grenzen biologisch-medizinischer Veränderungen bedenken			LZ 4.1 versucht, den Kontext persönlicher und gesellschaftlicher Entscheidungen auf diesem Gebiet vorzubereiten.
4.1 Begreifen, daß die biologische Forschung sich nach den Notwendigkeiten in der Welt ausrichten sollte	Forschung nicht spielerischer Selbstzweck; Bewahrung des Lebens in der Welt; Verbesserung der Überlebensbedingungen	Arbeitsblatt 2: Was soll heute weltweit zuerst geschehen? (Anlage 12) als Hilfe zu einem Klassengespräch	Dabei kommt auch die Weltlage als ganze in ihrer Verflochtenheit in Blick. Die Frage nach der Berechtigung der biologischen Genforschung und ihrer Anwendung ist dabei nicht aus
4.2 Über die persönliche Entscheidung eines Genetikers angesichts der Forschungslage nachdenken	Persönlicher Rückzug von der Forschung - Lösung der Grundfrage?	Shapiro (Anlage 13) Diskussion der Frage nach 1. der Wertung von Shapiros Schritt für ihn persönlich und im Blick auf die gesellschaftliche Wirkung 2. der Wirksamkeit solcher Schritte zur Problemlösung	dem Blickfeld gerückt. Wer wie Shapiro seine Aufgabe beendet, setzt damit ein heilsames Zeichen für die Öffentlichkeit. Insofern ist sein Schritt über die persönliche Entlastung hinaus bedeutsam (LZ 4.2). Damit aber die vordringlichen Aufgaben (LZ

Lernziele	Inhalte	Medien/ Verfahren	Didaktische Hinweise
4.3 Einen Vorschlag zur Regelung biologischer Forschungsprojekte diskutieren	Genehmigung und Kontrolle von Forschungsprojekten durch die Öffentlichkeit	Zu LZ 4.3 und 4.4 Podiumsdiskussion: Lösung des Problems durch Kontrolle - welche Voraussetzungen sind unerläßlich? Frage der Durchführbarkeit dazu G. Altner (Anlage 14)	4.1) und die gefährlichen Bedingungen der Genforschung (LZ 4.2) stets bedacht bleiben, müssen institutionelle Formen installiert werden, die wirksam Kontrolle üben. Vorschläge in dieser Richtung gibt es in LZ 4.3. Die Schüler sollen Chancen und Schwierigkeiten in einer Podiumsdiskussion (anschließend zum Plenum hin öffnen!) erörtern, und dabei sowohl die Frage nach der äußeren Form wie die nach den inhaltlichen Zielsetzungen im Auge behalten.
4.4 Die Notwendigkeit gemeinsamer Zielsetzung bei den gegenwärtigen Möglichkeiten der biologischen Manipulation einsehen	Kriterium: Gelingendes Leben unter Einschluß von Versagen; Anstreben breiter internationa- Abkommen zur Verhinderung der Selbstvernichtung des Menschen		

Biologische Manipulationen — Anlage 1

Experiment 1

1971 gelang es, in eine menschliche Zellkultur, die keine Galaktose abbauen konnte, mit Hilfe eines Virus ein fremdes Gen einzuschleußen. * *Dieser Stoffwechseldefekt war anschließend behoben, die Zellen konnten Galaktose abbauen*

Experiment 2

1973 schaffte es ein indischer Genetiker, ein Gen aus 126 Nukleotiden (3-er-Anordnungen der Basen in der DNS) künstlich herzustellen. Es wurde in eine lebende Zelle eingeschleußt und funktionierte hier.

Experiment 3

Zwei Melbournern Gynäkologen glückte es 1973, einen laborgezeugten, menschlichen Embryo in der Gebärmutter einzunisten und 9 Tage am Leben zu halten.

Experiment 4

In Trinkwasser kann ein Hormonzusatz gegeben werden, dessen empfängnisverhütende Wirkung nur mit einem Gegenmittel aufgehoben werden kann.

Experiment 5

Schon 1966 gelang es, aus einer Darmzelle eines Frosches den Kern zu entfernen und in eine unbefruchtete Eizelle einzusetzen, deren Kern zerstört worden war. Die auf diese Weise entwickelten Frösche waren untereinander genau erbgleich.

Experiment 6

In der Viehzucht wird die künstliche Befruchtung im großen Maßstab durchgeführt. In Bayern werden über 70 % der Rinder künstlich besamt. Ein Bulle kann in einem Jahr für 2000 Kühe liefern. Bei -196°C hält sich das Sperma jahrelang lebensfähig.

Beispiel Viehzucht

In der Viehzucht wird die künstliche Befruchtung in großem Maßstab durchgeführt. In der BRD Deutschland werden etwa 60%, in Bayern sogar über 70% der Rinder künstlich besamt. Ein Bulle kann in einem Jahr den Samen für 2000 Kühe liefern. Tiefgekühlt (bei -196°) kann Samen jahrelang lebensfähig erhalten werden. Dies wäre auch beim Menschen möglich.

---

*Zum Vorgang im einzelnen s. Anlage 3

Erbgut nach Wahl

An dieser Möglichkeit haben sich in den letzten Jahren alle möglichen Spekulationen entzündet. Wie wäre es, wenn man den Samen berühmter Männer - man hat Einstein und Mozart genannt - sammelte, einfröre und für eine erbliche Verbesserung der Menschheit zur Verfügung stellte? Intelligenz ist freilich nur zu einem Teil und auch nur als Anlage erblich: Ohne erhebliche Förderung der Anlage und entsprechende Ausbildung käme sie gar nicht zur Ausprägung, und umgekehrt kann gutes Intelligenztraining auch weniger gute Anlagen zu Höchstleistungen bringen. Immerhin könnte Erbgut, das sich als gesund erwiesen hat, auf diese Weise verbreitet werden. Auch besondere Anlagen ließen sich so konservieren, und man könnte sich aussuchen, welche man für seine Kinder haben wollte. Man hat im übrigen versucht, durch Zentrifugieren die Spermien mit den Anlagen für Jungen und Mädchen zu trennen - wenn dies oder ein anderes Verfahren gelänge, könnte man sich wünschen, Kinder welchen Geschlechts man haben will.

Befruchtung im Reagenzglas

Auch weibliche Eizellen kann man künstlich gewinnen - allerdings ist dazu ein größerer Eingriff nötig, der nicht ohne Risiko ist. Auch hier wird eines Tages eine längere Aufbewahrung möglich sein. Das eröffnet die Perspektive von "Befruchtungen im Reagenzglas". Erste solche künstlichen Befruchtungen scheinen auch beim Menschen bereits gelungen zu sein. Die künstlich befruchteten Eier einer schwarzen Kaninchenrasse hat man in den Uterus eines weißen Weibchens eingepflanzt: Seine Jungen waren schwarz, wie seine wirklichen Eltern.

Babys aus der Retorte

Der nächste Schritt wäre, nicht nur Eier künstlich und also wohl kontrolliert außerhalb des Mutterleibes zu befruchten und dann in die weibliche Gebärmutter einzupflanzen, sondern auch die Entwicklung des Embryos außerhalb stattfinden zu lassen. "Babys aus der Retorte" wären das Ergebnis. An ihnen könnte man nach Wunsch frühzeitig die verschiedensten Manipulationen vornehmen. Es ist vorläufig auch nicht entfernt möglich, die vielfältigen Funktionen des Mutterleibes nachzuahmen, die für die normale Entwicklung eines Embryos notwendig sind. Man hat jedoch immerhin eine künstliche Plazenta ("Mutterkuchen", Organ für den Stoffaustausch zwischen Mutter und Kind) konstruiert, mit deren Hilfe ein 26 Wochen alter menschlicher Fetus doch 5 Stunden am Leben erhalten werden konnte. Man kann heute bestenfalls kleine Bruchstücke des natürlichen Zusammenhangs künstlich überbrücken, von "Menschenzucht" kann keine Rede sein. Doch die Erkenntnisse wachsen, mit ihnen die Möglichkeiten; auch an leitenden Spekulationen fehlt es nicht. Viele von ihnen könnten eines Tages ohne Zweifel in die Tat umgesetzt werden.

Ableger aus Körperzellen

Man kann sich noch eine andere Möglichkeit vorstellen, besondere Begabungen auf die nächste Generation zu vererben. In Oxford gelang folgendes Experiment: Aus einer Darmzelle eines Frosches wurde der Zellkern isoliert. Gleichzeitig hatte man den Zellkern eines unbefruchteten Frosches durch ultraviolette Strahlung zerstört. Nun verpflanzte man den Zellkern der Darmzelle in das Plasma des Eis. Die so manipulierten Eier entwickelten sich zu einem guten Teil wie normale Eier nach der Befruchtung bis zum Kaulquappenstadium, und aus den Kaulquappen wurden dann ganz normale Frösche. Erblich gesehen waren die so entstandenen Wesen eine genaue Kopie des Tieres, aus denen der Kern stammte. Hier hatte also ungeschlechtliche Fortpflanzung stattgefunden, so, wie wenn wir Begonien durch Stecklinge vermehren. Auch stark spezialisierte Körperzellen enthalten demnach noch die genetische Information für das ganze Lebewesen, und unter geeigneten Bedingungen kann man diese sogar wieder so weit aktivieren, daß ein neues Individuum daraus wird. Das gilt wenigstens für die Erbanlagen, die im Zellkern enthalten sind.

Menschliche Klone

Solche ungeschlechtlichen, aus Körperzellen entstandenen "Ableger" eines Lebewesens nennt man "Klone", und eine mögliche "cloning"-Technik hat auch für den Menschen weitreichende Spekulationen ausgelöst. Es ist bereits möglich, aus menschlichen Körperzellen Zellkulturen anzulegen. Es rückt durchaus in den Bereich des Denkbaren, aus menschlichen Körperzellen ganze Individuen wachsen zu lassen. Gelänge das, würden erbliche Kopien und Vervielfältigungen von Menschen, menschliche Klone möglich.

nach: J. Hübner, Biologie und christlicher Glaube, S.136 ff.

<u>Aufbau des Lebens</u> — <u>Anlage 2</u>

Um die Intimvorgänge des Mutationsgeschehens zu verstehen, muß man sich ein paar Tatsachen aus der Vererbungswissenschaft vergegenwärtigen. Aus zahlreichen Versuchen, vor allem mit Bakterien und Viren, ist in den letzten Jahren bekannt geworden, daß es kompliziert zusammengesetzte Stoffe sind, die in den Zellkernen sozusagen die Regie über alle Lebensvorgänge führen. Chemisch gesehen handelt es sich um Nucleinsäuren. Man weiß heute, daß die chemischen Bauelemente, aus denen die Nucleinsäuren bestehen, in einer Art Schrift angeordnet sind. Die Zelle kann diese Schrift gewissermaßen entziffern und übersetzen, der "Text" beschreibt den Bau- und Funktionsplan des betreffenden Lebewesens. Er enthält, wie man sagt, die Erbinformation.

Unsere Erbanlagen oder Gene wären in diesem Bild nichts anderes als mehr oder weniger lange Abschnitte auf den Molekülen der Nucleinsäuren; allerdings sind sehr komplizierte, durch Enzyme gesteuerte Vorgänge dafür verantwortlich, daß die Erbinformation der Gene abgelesen und umgesetzt wird in das, was wir letztlich die "Eigenschaften" eines Lebewesens nennen.

Nach der Theorie von James Watson und Francis Crick haben die Nucleinsäuremoleküle, von denen hier die Rede ist, die Form von Doppelwendeln. Unsichtbar für das Auge bestehen sie aus zwei Strängen, die umeinander gewunden und miteinander durch Stege verbunden sind, eine Struktur, die einer um ihre Längsachse verdrillten Strickleiter ähnelt.

Genauere Untersuchungen haben ergeben, daß in der eigentlichen Erbsubstanz, der Desoxyribonucleinsäure oder DNS, vier verschiedene Bauelemente vorkommen, die man Nucleotide nennt. Die vier Nucleotid-Typen unterscheiden sich allein an ihrem Basenbestandteil. Sie besitzen entweder eine der Purinbasen Adenin bzw. Guanin oder eine der Pyrimidinbasen Thymin bzw. Cytosin. Hunderttausende von Nucleotiden setzen die DNS-Strickleiter zusammen, und sie tun dies auf eine verhältnismäßig einfache Weise. Jeweils zwei Basen bilden nämlich eine "Sprosse", indem sie - eine von links und eine von rechts kommend - rechtwinklig zur DNS-Achse nach innen stehen und sich auf der Mitte sozusagen die Hände reichen. Dabei ist jeweils eine Purin- mit einer Pyrimidinbase gepaart: Adenin mit Thymin oder Cytosin mit Guanin. Die "Hände" wären in unserem Vergleich als Wasserstoffbrücken-Bindungen zu denken. Das sind verhältnismäßig schwache Bindungskräfte, die einen losen Kontakt zwischen Wasserstoffatomen und anderen Molekülen ermöglichen. Solche Wasserstoffbrücken sorgen also für den Zusammenhalt der Basenpaare, und zwar verbindet sich Adenin über zwei Wasserstoffbrücken immer mit Thymin, Guanin über drei Wasserstoffbrücken mit Cytosin.

Die Erbanlagen sind in diesem Bild als eine chemisch verschlüsselte Information zu denken, auf Grund derer die Zelle zu bestimmten individuellen Leistungen veranlaßt wird. Die Grundlage dafür ist die Aufeinanderfolge der Basen auf einem DNS-Wendel, also etwa die Folge A-A-T-G-C-G-C-usw. - der sogenannte genetische Code. Dazu sei hier nur noch soviel gesagt, daß je drei aufeinanderfolgende Basen das "Codewort" für je eine von 21 Aminosäuren im Zellplasma bilden, die als Bausteine für Eiweißstoffe, insbesondere Enzyme, dienen und deren Herstellung eine Hauptaufgabe der Zelle ist. Indem sie Eiweiße produziert, hilft die Zelle mit, die Erbmerkmale auszuprägen.

Man kann nun einen Schritt weitergehen und sagen: Eine einzelne Erbanlage oder ein Gen umfaßt jeweils diejenige Anzahl von Basen-Dreiergruppen, die notwendig ist, um einen Eiweißkörper vollständig zu programmieren oder zu "codieren". Wenn ein Enzym also beispielsweise aus zweitausend Aminosäuren zusammengesetzt ist, so besteht auch das Gen für dieses Enzym aus zweitausend aufeinanderfolgenden Dreiergruppen von Nucleotidbasen eines DNS-Stranges. Fehlt auch nur ein einziger "Buchstabe" (eine einzige Base), ist eine Base vertauscht oder hat sich eine zusätzliche Base eingeschmuggelt, so stimmt die Produktionsanweisung für das Enzym nicht mehr und die Zelle oder der Organismus kann erkranken. Damit sind wir wieder bei den Mutationen oder Erbsprüngen.

"Mutationen", so nennt man entweder Veränderungen im molekularen Aufbau der DNS, Verlagerungen von Chromosomenstücken, Vermehrung einzelner Chromosomen oder ganzer Chromosomsätze, oder Veränderungen innerhalb bestimmter Strukturen im Zellplasma.

Das ist so zu verstehen: Normalerweise werden die Erbanlagen durch die Selbstverdoppelung der DNS-Moleküle unverändert von einer Zelle zur anderen und von einer Generation an die nächste weitergegeben. Dazu werden die beiden DNS-Stränge wie bei einem sich öffnenden Reißverschluß voneinander getrennt und jeder Strang als Vorlage für die Synthese eines zweiten benutzt.

Nun wissen wir aber, daß die Selbstverdoppelung der DNS nicht immer fehlerlos verläuft. So kann es passieren, daß ein schädlicher Stoff in die Zelle eindringt und einzelne chemische Teilchen auf dem DNS-Riesenmolekül auf unplanmäßige Weise reagieren läßt oder daß ein Röntgenstrahl Verwirrung stiftet. Dabei kann der ursprüngliche "Sinn" der chemischen Schrift verändert werden oder die Bausteine der DNS, die Nucleotide, passen am Ende nicht mehr "auf Nut und Feder" zusammen. So entstehen Druckfehler in der Erbinformation (Punktmutation). Die Folge sind falsche Produktionsanweisungen für die Zelle. Krankheiten oder gar der Tod des betreffenden Lebewesens können die Folgen sein. Es kann aber auch vorkommen, daß ganze Chromosomen zerbrechen oder einzelne sich verdreifachen - all das zum Nachteil des betreffenden Lebewesens.

Einige der als mutagen erkannten Chemikalien, von denen anfangs die Rede war, reagieren unmittelbar mit der DNS, dem genetischen Informationsträger im Zellkern. Unter ihnen sind die Alkylsulfonate, das Hydroxylamin und die vom Natriumnitrit unter bestimmten Bedingungen freigesetzte Salpetrige Säure, deren mutagene Wirkung im Bakterienversuch festgestellt wurde. Auch das Bromuracil und andere, dem Pyrimidin und dem Purin verwandte Substanzen gehören hierher. Alle diese Verbindungen erzeugen zunächst sogenannte Primärmutationen. Das heißt, sie verändern einen Strang des DNS-Doppelwendels, ohne damit für den Organismus sofort erbändernd zu wirken. Erst wenn die DNS bei der Zellteilung sich selbst reproduziert, erst dann werden die Änderungen bei denjenigen DNS-Molekülen zu endgültig sich auswirkenden Mutationen, die aus dem primär mutierten Strang hervorgegangen sind. Diese neu entstandenen DNS-Moleküle enthalten dann falsche, zu viele oder auch gar keine Basen, so daß die chemisch verschlüsselte Schrift der Gene an diesen Stellen verzerrt, verstümmelt oder verfälscht wird. Die Folge sind fehlerhafte genetische

Informationen für die Zelle, deren Eiweißproduktion fortan gestört ist.

aus: Th. Löbsack, Medizin als Gefahr, München 1970 (Deutscher Taschenbuch Verlag), S. 192-197

Gen-Einbau - eine Hilfe für die Medizin? Anlage 3

Im Experiment ist es mittlerweile gelungen, Gene in Bakterienzellen einzubauen, die die Insulinproduktion steuern. Dabei erwies sich, daß die Bakterien von nun an zur Herstellung des Insulins fähig waren. Dies läßt Mediziner hochgestimmt werden. Insulinmangel ist bekanntlich die Ursache der Zuckerkrankheit. Bisher versorgte man die Menschen mit Insulin, das von Rindern produziert wird. Eine Insulingewinnung über Bakterien wäre einfacher. Noch läßt eine industrielle Auswertung auf sich warten, aber das kann sich bald ändern.

Die Hoffnungen mancher Wissenschaftler gehen aber weiter. Sollte es etwa möglich werden, auf vergleichbarem Weg dem Menschen wie jetzt den Bakterien das die Insulinproduktion steuernde Gen in die Zellen einzubauen? Dann könnte nicht nur Insulin gewonnen, sondern die Zuckerkranken könnten an der Wurzel ihrer Krankheit geheilt werden. Freilich sind menschliche Zellen komplexer als die von Bakterien. Aber soll man deshalb die Hoffnung aufgeben? Ist die Wissenschaft nicht zur Weiterentwicklung aufgerufen?

Am schwierigsten sind bekanntlich Erbkrankheiten in den Griff zu bekommen. Gelänge es, durch Einbau funktionsfähiger Gene die kranken Steuerzentren in den Zellen auszuschalten, so wäre nicht nur die Schlacht, sondern der Krieg gegen manche Krankheit gelungen: das ermutigt - auch zu gewagten Schritten!?

Kritische Bemerkungen über Tierversuche Anlage 4

Das größte Problem, durch das die erschreckende Ausbreitung der Tierversuche begünstigt wird, ist die immer noch vorhandene Wissenschafts- und Fortschrittsgläubigkeit der Laienbevölkerung, der noch dazu eine bedenkliche Engstirnigkeit, Unbeweglichkeit, Gefühlsarmut und Prestigesucht der betreffenden Wissenschaftler gegenübersteht. ...

"Tierversuche müssen sein!" ... Auch die verantwortlichen

Politiker, Juristen und Geisteswissenschaftler unterliegen dem gleichen Autoritätsmechanismus wie der Nichtakademiker und leisten so der ständigen Ausweitung der Tierversuche in kritikloser Weise Vorschub. Tierversuche - so hört man - geschehen immer zum Wohle der Menschheit. Diese Behauptung wäre einer Untersuchung wert. ...

Die wissenschaftliche Forschung - und nicht zuletzt die medizinische - ist im Gegenteil so lebensfeindlich geworden, daß sie den Menschen bzw. den Patienten schon fast völlig aus dem Blickfeld verloren hat. ... Mindestens 40 000 Tiere werden in der Bundesrepublik täglich einem "Versuch" unterworfen, im Jahr sind das 12 bis 15 Millionen. Für die ganze Welt schätzt man pro Jahr 150 - 300 Millionen. Die Angaben darüber schwanken, und die Dunkelziffer ist sicher außerordentlich hoch.

Tierversuche werden hauptsächlich in der Pharma-Industrie sowie an medizinischen, tierärztlichen, technischen Hochschulen, psychologischen Instituten, Max-Planck-Instituten und in der Wehrforschung vorgenommen. Sie stellen praktisch immer eine Körperverletzung und Quälerei dar, die früher oder später mit dem Tode endet und nur durch die Ausnutzung der Arg- und Wehrlosigkeit der Opfer überhaupt ermöglicht wird.

Die Bundesrepublik ist das Land mit der höchsten Medikamentenproduktion. Für ca. 60 000 Präparate werden Tierversuche gemacht. Außerdem müssen erst 10 000 Stoffe ausprobiert werden, um vielleicht einen einzigen neuen zu finden. Gleiche Medikamente werden von verschiedenen Firmen unter anderen Warenbezeichnungen herausgebracht. Ein völlig überflüssiger Luxus, den auch wieder Millionen von Tieren mit ihrem Leben bezahlen müssen.

Die Motive für diese Tierversuche sind in erster Linie Profitstreben, sogenannte "Freude am Experiment" und vor allen Dingen Alibifunktion für auftretende Schäden beim Menschen. Man muß sich nebenbei vor Augen halten, daß die Pharma-Industrie eine gewaltige Umweltbelastung darstellt - z.B. für den Rhein, Hollands einziges Trinkwasserreservoir. ...

Überhaupt sind die Ergebnisse der Tierversuche für den Menschen weder gültig noch zuverlässig. Sie sind auch unter den Tierarten selbst ganz verschieden, denn jede Art reagiert anders - ganz zu schweigen natürlich von individuellen Abweichungen. Die Tieropfer sind umsonst. ...

Die Versuchstier-Einrichtungen innerhalb der Hochschulen erweisen sich geradezu als Legebatterien für akademische Titel. Da ist es ganz gleich, ob die Versuche "notwendig" sind, ob etwas dabei herausgekommen ist und ob sie von anderen Wissenschaftlern schon hundertmal gemacht wurden. Die Flut der Veröffentlichungen übersieht ohnehin keiner mehr. ...

Leider genießen sie (die Experimentatoren) sozusagen akademische Immunität und bewegen sich "im Rahmen des Gesetzes".

Wenn auch nicht unbedingt zu Recht, denn über die "Notwendigkeit" der meisten Tierversuche ließe sich ganz gewiß streiten. Doch das Tierschutzgesetz schützt Versuchstiere nicht. Zumindest kann jeder, dem es nicht am Titel, sondern lediglich an den seelischen und sittlichen Qualitäten gebricht, Tierversuche machen. ...

In seinem Buch "Wissenschaft ohne Menschlichkeit" schreibt Mitscherlich von einer "Abstumpfung des ethischen menschlichen Empfindens". Er weist darauf hin, daß die wegen Medizinverbrechen in Nürnberg angeklagten Wissenschaftler in der Mehrzahl völlig unbescholtene Forscher gewesen waren. Die gesamte experimentelle naturwissenschaftliche Medizin hat den grausamen Menschenversuchen nicht unwesentlich Vorschub geleistet. "Daß diese Abstumpfung in Korrelation zur inneren Entwicklung der naturwissenschaftlichen Medizin steht", das ist Mitscherlichs Überzeugung und noch heute eine bedrückende Sorge.

Dr. med. Herbert Stiller und Dr. med. Margot Stiller, Bund gegen den Mißbrauch der Tiere e.V. (vorm. Bund gegen die Vivisektion e.V.), Landesgeschäftsstelle Niederrhein-Ruhr, Germendonskamp 45, 4130 Moers 1

KZ-Experimente im Dritten Reich — Anlage 5

Viele körperlich noch gesunde Juden wurden neben ihrer Arbeit in den Rüstungsfabriken auch noch für medizinische Experimente herangezogen. Eine große Schar von Ärzten nutzte das reichhaltige "Menschenmaterial" in den Konzentrationslagern zu allen möglichen lebensgefährlichen und qualvollen Versuchen, indem sie Testpersonen mit bestimmten Krankheitserregern infizierten und dann verschiedene Behandlungsmethoden ausprobierten. So erforschte ein Team in Dachau die Malaria, ein anderes in Buchenwald das Fleckfieber und eines in Ravensbrück Gasbrand und Tetanus.

Die größte Gruppe arbeitete in Auschwitz an Sterilisationsverfahren, durch die man ohne aufwendige operative Eingriffe Männer und Frauen unfruchtbar machen konnte. Die Auschwitzer Ärzte gingen von dem Gedanken aus, sie müßten die Arbeitskraft der Juden erhalten, ihre Vermehrung aber gewaltsam verhindern. Es waren Ärzte und Ärztinnen, die diese Versuche machten, promoviert und approbiert, viele auch Professoren und alle durch den hippokratischen Eid gebunden, der zu Menschlichkeit verpflichtet, zum Helfen und Heilen.

Der Gynakologe Dr. Clauberg etwa arbeitete an einem Verfahren, Frauen durch Einspritzen ätzender Substanzen in die Gebärmutter zu sterilisieren. Der Radiologe Dr. Schumann bestrahlte die Hoden von 20- bis 24jährigen Juden fünfzehn Minuten lang mit Röntgenstrahlen, vierzehn Tage später ließ er sie kastrieren und schickte die Präparate seinen zuständigen Kollegen zur histologischen Untersuchung. Wenn danach die Arbeitsleistung der Versuchspersonen in den Rüstungsfabriken nachließ, gab er sie zur Vergasung frei.

aus: L. Sievers, Juden in Deutschland, Stern-Bücher, Hamburg 1978 (Gruner + Jahr), S.268

Arbeitsblatt 1: Anlage 6

Medizinische Versuche mit Menschen?

Sind medizinische Versuche an und mit Menschen unumgänglich?

Die Praxis zeigt, daß dies der Fall ist. Auf den Packungen zahlreicher Arzneimitteln steht "klinisch erprobt". Damit will der Hersteller dem verschreibenden Arzt und dem einnehmenden Patienten versichern, daß keine Gefahr bei diesem Mittel besteht und daß es für den angezeigten Fall auch wirksam ist. Dies hat aber zur Voraussetzung, daß experimentelle Erfahrung in Kliniken damit gemacht worden ist. Überlege, was hinter der Bezeichnung "klinisch erprobt" steht!

___

___

___

Aus den USA wurde vor einiger Zeit bekannt und heftig kritisiert, daß an Soldaten im Rahmen militärischer Programme gezielte medizinische Versuche unternommen wurden, indem man der einen Patientengruppe bestimmte Mittel gab, der anderen diese vorenthielt. Die Soldaten wurden über den Vorgang nicht unterrichtet.

Wie könnten Mediziner und Pharmakologen ihre Handlungsweise begründen?

___

___

___

Worin besteht die Berechtigung der öffentlichen Kritik an diesen Praktiken?

____

____

____

Zu welchem unaufhebbaren Konflikt führen die beiden Interessen, die des Mediziners und Pharmakologen und die des behandelten Patienten?

____

____

____

Probleme der Biogenetik

Anlage 7

(Lehrerinformation)

Problematisch sind die zu erwartenden Eingriffe in die menschliche Reproduktionsbiologie. Dabei geht es um eine Vielzahl ethisch relevanter Beeinflussungen. Wie weit dürfen Ungeborene zu Versuchszwecken zellbiologischer Forschung gemacht werden? Darf die genetische Individualität beliebig veränderbar gemacht werden? Ist Klonierung des Menschen zulässig? Für die Haustier- und Nutztierforschung sind alle diese Fragen scheinbar längst als irrelevant abgewiesen, wenn sie überhaupt je gestellt wurden. Ich weise unter Umkehrung des unter manchen Genetikern üblichen Übertragungsverfahrens - von der Haustierzucht schnell hinüber zum Menschen - darauf hin, daß ich die zunehmende Inbetriebsetzung der Haustiere als Brut- und Variierungsmaschinen als monströs empfinde.

Problematisch sind alle genetischen und zellbiologischen Tests und Sortierungen der Arbeiterschaft, die mit dem Ziel unternommen werden, unter dem Primat von Produktionsinteressen zu einem möglichst effektiven Arbeitseinsatz zu kommen und so die Behebung von Schadstoffbelastungen am Arbeitsplatz zu umgehen.

Problematisch ist die unter Vertretern der synthetischen Biologie bestehende Neigung, das biotechnische Manipulationspotential - handle es sich um mikrobielle, medizinische oder genetische Erkenntnisdetails - apolitisch als neutrales Expertenwissen auszugeben. Die Beispiele der Atomenergienutzung und Hochleistungsmedizin machen deutlich, daß privatwirtschaftliche, industrielle und politische Interessen schon früh die Konzipierung der Grundlagenforschung beeinflussen und dann schnell zu einem folgenreichen Transfer in den Produktionssektor Anlaß geben können. Die Frage nach der öffentlichen und sozialen Akzeptanz solcher Entwicklungen und Transferprozesse kann dann nur noch verspätet und meist vergeblich gestellt werden. Im Falle der Ausuferung der genetischen Manipulation des Menschen wäre ein solches Zuspätkommen besonders schwerwiegend.

Problematisch und sozialethisch von großer Bedeutung ist schließlich die tiefgreifende Veränderung des Artenspektrums, die im Gefolge der Gentechnik stattfinden könnte. Hier wäre nicht nur an mikrobielle Verseuchung zu denken, sondern insbesondere auch an das Auswuchern genetisch variierter Typen in den verschiedensten Bereichen der tierischen und pflanzlichen Systematik. Im Hinblick auf die ohnehin schon durch Artenschwund geschwächten ökologischen Systeme der Erde wäre dies unter Umständen ein zusätzlicher Belastungsfaktor. Ökologisch geurteilt sind die über die Zivilisationsfolgen wirksamen Umweltveränderungen hinsichtlich der ökologischen Gleichgewichte sehr ernst zu nehmen. Es kann nicht ausgeschlossen werden, daß sich nun auf der Schiene der Erbänderungen durch Gentechnik ein zweiter unabsehbarer Belastungsfaktor auf den gesamtirdischen Lebenshaushalt auszuwirken beginnt.

aus: G. Altner, Kontrolle der Forschung, in: Evangelische Kommentare 7/1979, S.385 f.

Stellungnahmen zur Frage der Biogenetik

Friedrich Vogel, Genetiker: Anlage 8

"Als vor einiger Zeit in Deutschland die Gesellschaft für Genetik sich neu konstituiert hat, wollte man in die Satzung die Verpflichtung für alle Mitglieder aufnehmen, sich nicht an Arbeiten zu beteiligen, die zur Entwicklung von B-Waffen führen könnten. Das war gewiß gut gemeint, aber völlig unpraktikabel. Wissenschaftler als Gruppe stehen sittlich nicht höher als irgendeine andere Gruppe von Menschen. Wenn der eine für sich persönlich bestimmte Forschungen ablehnt, dann wird sie gewiß ein anderer aus Ehrgeiz oder sonst welchen Gründen durchführen. Mit Verboten ist nichts zu erreichen, weil die Verbote nicht kontrolliert werden können. Forschung spielt sich wesentlich im Kopf des Forschers ab, und praktische Versuche im Labor lassen sich so gut wie immer vor Außenstehenden abdecken. Wir müssen uns auf eine Welt einstellen, auch wenn es uns schwerfällt, in der alle diese Dinge früher oder später tatsächlich stattfinden werden. Was wir tun können, ist die öffentliche Diskussion aller dieser

Probleme zu fördern mit dem Ziel der Aufklärung der Gesellschaft über das, was in diesem Bereich auf uns zukommt."

aus: G. Wendt, Genetik und Gesellschaft, Stuttgart 1970, S.142 f.

Günter Altner, Biologe und Theologe: Anlage 9

"Die biomedizinischen Wissenschaften brauchen einen neuen Eid, der auf die enge Zusammengehörigkeit von Erkennen, Heilen und Planen verpflichtet. Der wissenschaftliche Nachwuchs braucht eine Ausbildung, in der diese Verpflichtung interdisziplinär eingeübt wird. Und die Gesellschaft braucht Kontrollgremien, die den wissenschaftlichen Fortschritt auf seine Angebote für Heilung und Erneuerung überprüfen. Je umfassender und differenzierter solche Selbstkontrolle des Menschen auf dem Weg in die Zukunft erfolgt, desto größer ist die Chance für eine wachsende Humanität. Hier sollte keine Disziplin und keine Weltanschauung von vornherein ausgeschlossen sein."

Heinrich Schirmbeck, Schriftsteller: Anlage 10

"Auch die Anwendung biologischer und genetischer Erkenntnisse mit dem Ziel der eugenischen Höherzüchtung liegt nicht außerhalb des Willens der Natur. Sie züchtet sich selbst zu einer höheren Stufe der Komplexität empor und benutzt als Instrument dazu das Gehirn des Menschen, das schneller und potenzierter zu synthetisieren vermag als das erste genetische System. Das Gehirn als das zweite genetische System kompensiert in kybernetisch-regulatorischer Funktion die Schwerfälligkeit und Unvollkommenheit des ersten genetischen Systems. Das ist der unüberhörbare Auftrag der Natur."

aus: H. Schirmbeck, Ihr werdet sein wie Götter, Düsseldorf/ Köln 1966, S.311 f.

Gottesebenbildlichkeit Anlage 11

Was hat sie zu bedeuten? Wenn das Neue Testament Christus als das Ebenbild Gottes nennt, dann heißt das, daß mit der humanitas dieses Jesus etwas Neues und der Schöpfung Gottes von nun an Unverlierbares eingestiftet, in sie hineingekommen ist - und zwar des gekreuzigten: der für die Leidenden und Gesetzlosen aus der jüdischen Rechtsgemeinschaft Ausgestoßenen und an der frommen Ordnung Zerbrochenen eintrat und dafür mit dem Tode bestraft wurde. Zum Weiter-Gehen, der Schöpfung Gottes wird also dies unabdingbar hinzugehören: daß sie weiterhin evolutiv offen ist für das Leiden an den Negationen und Differenzen, für das Nicht-haben und für den Mangel, für das Unheil, dem zugleich Heil und Gegenwart im Namen dieses Jesu mitgeteilt werden kann. -

Den Namen "Ebenbild Gottes" verdient der Mensch nur dann und so lange, als er hierzu bereit ist, mit welchen Mitteln und unter welchen technisch-politischen Bedingungen auch immer. Nicht das hygienisch einwandfreie, alters- und armutslose, chemisch und biochemisch hochgepäppelte, heiter gedopte Wesen "homo sapientissimus" dürfte der in der Bibel gemeinten Gottesebenbildlichkeit entsprechen, sondern vielmehr der Mensch, der die Züge, die einst an Jesus wahrnehmbar waren und die jener an seinen Mitmenschen wahrnahm, noch wahrzunehmen vermag...

... Bestand die imitatio Christi einstmals vornehmlich darin, daß den Armen Brot gegeben und der Zu-kurz-Gekommene charitativ betreut wurde, so wird das Ebenbild Gottes sich heute in der Christus-Nachfolge auch darin bewähren, wie es sich zu dem Abenteuer der Selbstmanipulation verhält: Reagiert es nur mit der gewiß verständlichen, vielleicht gar fromm motivierten Angst, hier werde Heiligstes verlorengehen, oder mit der Flucht zu ideologischen Bildern eines "heilen und wahren Menschseins", die sowohl historisch als auch naturwissenschaftlich nicht zu halten sind? Oder wird es mit dem hoffnungsvollen Mut begabt, der einst Jesus aus den "Gesetzen" seiner Zeit ausbrechen und zum "Rebellen der Liebe" für eine noch ungefundene Einheit des Menschen mit seiner Welt werden ließ (Ernst Bloch)?

... Er bleibt Ebenbild, sofern und solange er weiß, was er tut: solange er das Warum, Wozu und Wofür seines Manipulierens zu reflektieren vermag.

Worterklärungen: humanitas = Menschwerdung
evolutiv = sich entwickelnd
imitatio = Nachfolge
charitativ = mildtätig

aus: W.-D. Marsch, Christliche Anthropologie und biologische Zukunft des Menschen, in: Die Theologie vor den Fragen der Biochemie, Religion Studienstufe, Stuttgart 1971 (Calwer Verlag) (Auszug)

Arbeitsblatt 2: Anlage 12

Was soll heute weltweit zuerst geschehen?

Häufiger kritisieren Fachleute den übergroßen Aufwand für Forschungszwecke im Vergleich zu den Aufwendungen für die weltweite medizinische Versorgung, vor allem in der Dritten Welt. Dort sterben die meisten Patienten an durchaus bekannten und mit bekannten Mitteln heilbaren Krankheiten; aber es fehlt an der nötigen Versorgung. Soll man die Forschung zugunsten besserer weltweiter Versorgung zurückstellen?

____

____

____

____

Kritiker der Medizin sagen: allzuhäufige und allzuschnelle Anwendung hochwirksamer Arzneimittel führen zu nachlassender Wirkung, da sich resistente Erregerstämme herausbilden. Die Folge ist der Einsatz immer stärkerer Mittel, die Erforschung immer problematischerer Arzneien. Soll man daraus eine Spirale ohne Ende werden lassen oder nicht lieber mit leichteren Mitteln arbeiten und gegebenenfalls Krankheiten hinnehmen, als immer perfektere, aber auch gefährlichere Mittel zu entwickeln?

____

____

____

____

Die biogenetische Forschung birgt in sich die Gefahr, das Gleichgewicht im Haushalt der Natur noch mehr durcheinanderzubringen. Soll man angesichts der Tatsache, daß sogenannte negative Mutationen unser aller Leben in Gefahr bringen und unseren Lebensraum zerstören können, soll man im Blick auf die Zerstörungskraft biologischer Waffen nicht grundsätzlich auf jede biogenetische Forschung verzichten?

____

____

____

____

Anhänger der medizinischen Forschung weisen darauf hin, daß ein Großteil von Krankheiten noch nicht ausreichend erforscht ist, um hier wirksam helfen zu können. Medizinische Forschung sei unerläßlich, auch wenn Fehler passierten und unliebsame Begleiterscheinungen in Kauf zu nehmen seien. Wie ist diese Meinung zu beurteilen?

____

____

____

____

Fachleute behaupten, wenn Erbkrankheiten überhaupt jemals geheilt werden könnten, dann nur über Änderung des individuellen genetischen Programms. Dazu sei "Genchirurgie" notwendig. Soll man um des guten Zweckes willen nicht die Gefahren der Biogenetik auf sich nehmen? Und was macht man gegebenenfalls mit dem genetischen "Ausschuß"?

____

____

____

____

Shapiro — Anlage 13

"'Die Biochemiker fangen an, Gott zu spielen', so umschrieb es schon vor einigen Jahren der amerikanische Nobelpreisträger Severo Ochoa. Und zumindest einigen unter den Eingeweihten ist schon vor dieser ihrer Gottähnlichkeit bange geworden, bis zur Resignation. 'Ich glaube nicht, daß wir unbedingt das Recht haben, uns auf die Schulter zu klopfen', erklärte Ende letzten Jahres der amerikanische Biochemiker James Shapiro, 27, als er vor Pressevertretern eine wichtige biochemische Entdeckung, er hatte ein Gen isoliert und unter dem Mikroskop sichtbar gemacht, erläuterte, an der er mitgewirkt hatte. 'Die Arbeit, die wir getan haben, könnte üble Folgen haben, die sich unserer Kontrolle entziehen.' Shapiro zog wenige Wochen später die Konsequenz: Er stellte die Forschungsarbeit ein und wechselte die Tätigkeit."

aus: SPIEGEL 52/1970

Shapiro in einem Schreiben an eine naturwissenschaftliche Zeitung über die politische Relevanz ihrer Forschungen:
"... All denen, die des Glaubens sind, wir hätten genug Zeit gehabt, uns mit diesen Problemen zu beschäftigen, möchten wir entgegenhalten, daß zwischen Becquerels Entdeckung der Radioaktivität (1896) und dem Gebrauch von atomaren Waffen gegen Menschen (1945) weniger als 50 Jahre vergangen sind. Über genetische Manipulationen können wir überhaupt noch nichts voraussagen. Und wer hätte 1896 etwas von den Massenvernichtungsmitteln wissen können, die uns heute bedrohen?"

aus: E.R. Koch/W. Keßler, Am Ende ein neuer Mensch? Medizinische Forschung im Zwielicht, Stuttgart 1974, Deutsche Verlagsanstalt, S. 32/33

Kontrolle der Forschung — Anlage 14

Eine weitgehende Öffentlichkeit der Kontrolle sollte gewährleistet sein. Auch hier ließe sich wieder der Ausbau der Atomenergienutzung als negatives Kontrastbeispiel anführen. Mit der Einrichtung eines interdisziplinär besetzten Science-Court allein wäre es nicht getan. Im Hinblick auf die im Falle der synthetischen Biologie betroffenen vielfältigen Interessensubjekte bedarf es einer sehr weitgehenden Einbeziehung der Öffentlichkeit. Ohne daß hier schon über die Institutionalisierung einer solchen öffentlichen Kontrolle gesprochen werden kann, ist es doch wichtig zu unterstreichen, daß die wirtschaftlichen Implikationen der synthetischen Biologie gerade auch eine ständige Überprüfung der Umsetzung von Forschungsergebnissen in den Produktionsprozeß notwendig machen werden.

Der mit einer solchen Kontrolle verbundene bürokratische Aufwand muß ins Verhältnis zu den möglicherweise bestehenden Risiken gesetzt werden: Lieber mehr Bürokratie und weniger Gefahren als unkorrigierbare Schäden im Gefolge einer unkontrollierten Interessenpolitik und Produktionspraxis. Die Tatsache, daß wir uns heute nach immensen Aufwendungen der öffentlichen Hand und nach immensen Gewinnen der Privatwirtschaft verspätet Gedanken über einen menschengemäßen Basisgesundheitsdienst machen, sollte uns veranlassen, ähnliche Fehlentwicklungen auf dem Gebiet der synthetischen Biologie zu vermeiden.

Es geht nicht an, daß die Forschungsförderung und die Forschungskontrolle gegenüber der synthetischen Biologie institutionell in den gleichen Händen liegen. Hier muß es zu einer prinzipiellen Trennung der Instanzen kommen. Im Zusammenhang mit der genetischen Manipulation und den durch sie bedingten Problemen ist wieder einmal die Grundsatzfrage nach der Forschungskontrolle akut.

In dem Maße, in dem die ethische Erwägung zu Einzelschritten und Einzelergebnissen der Forschung durch die in der Gesamtentwicklung liegenden Trends und Tendenzen relativiert wird, verschärft sich die Notwendigkeit für die Einrichtung eines auf die gesamte Entwicklung bezogenen Prüfinstrumentariums. Dadurch werden ethisch bedingte Detailüberlegungen nicht überflüssig, aber sie erhalten einen übergeordneten Bezugsrahmen. Die Fortschritte in der synthetischen Biologie bedürfen hinsichtlich ihrer weitgreifenden Folgen einer öffentlich und partizipativ gehandhabten Kontrolle. Die beste Voraussetzung für die Kontrolle ist nicht allein das Erkenntnisinteresse der Wißbegierigen und auch nicht allein das Produktionsinteresse der wirtschaftlich Einflußreichen, sondern die Emotion der Betroffenen. Wie anders sollen wir uns der Gefahr einer allseits um sich greifenden Machbarkeitseuphorie erwehren können?

aus: G. Altner, a.a.O., in: Evangelische Kommentare 7/1979, S.386

NACH UNS DIE SINTFLUT?

Religionspädagogische Überlegungen zum Thema

Die Unterrichtseinheit schließt an die beiden Einheiten des Lernschwerpunkts I des 5. und 6. Schuljahrs an. Dort war von 1 Mose 1 und 2 und vom Schöpferlob ausgehend der Versuch gemacht, Möglichkeiten des Schöpfungsglaubens in der Gegenwart zu erschließen. Dieser Ansatz wird nun vertieft durch die Konfrontation mit der Umweltproblematik, die als Konsequenz des Auftrags an den Menschen "Macht euch die Erde untertan" verstanden werden kann.

Sowenig die ökologische Krise aus dem alttestamentlichen Schöpfungsbericht einlinig ableitbar ist, sowenig ist zu bestreiten, daß in der neuzeitlichen Auslegung viele Dimensionen des Schöpfungsglaubens verschüttet wurden. Diese gilt es wieder neu zu entdecken. Sie sind angedeutet im Auftrag an den Menschen, den Garten Eden zu "bebauen" und zu "bewahren" (1 Mose 2,15) oder auch im Segensspruch am Ende der Sintflut-Erzählung: "Solange die Erde steht, soll nicht aufhören Saat und Ernte, Frost und Hitze, Sommer und Winter, Tag und Nacht." (1 Mose 8,22). Das Eingebundensein des Menschen in die Kreatur, wie es in der Tradition des Franz von Assisi oder in der "Ehrfurcht vor dem Leben" (Albert Schweitzer) gesehen und gelebt wurde, muß für einen neuen Lebensstil kennzeichnend sein. Zur Mitmenschlichkeit muß die Mitkreatürlichkeit und Mitgeschöpflichkeit, die "Versöhnung mit der Erde" hinzutreten, so daß wir in unserem Verhalten "von der Ausbeutung zur Kooperation" (G. Liedke) finden. Ihre Mitte findet die Unterrichtseinheit in der Beschäftigung mit der Sintfluterzählung, die durch ihre gleichzeitige Parallelität und Fremdheit erschreckende und befreiende Aktualität gewinnt. Der Impuls zum Handeln "solange die Erde steht" sollte aufgenommen und in Ansätzen zu einer "neuen Ethik" umgesetzt werden. Dabei muß allerdings die Spannung gewahrt bleiben, die die beiden folgenden Zitate aussprechen:

"Jene Ethik ist, so dringend notwendig sie indoktriniert, propagiert, mit allen Meinungs-Machtmitteln der Kirche und aller vernünftigen Institutionen gemacht werden müßte, nicht machbar. Denn sie setzt voraus, daß der Homo faber in und mit seiner Umwelt ein anderer werden kann, daß ihm noch etwas bevorsteht, was er selbst nicht ist - auch nicht mit Hilfe aller propagandistischen aktiv-moralischen und massenmanipulatorischen Möglichkeiten, die er hat. Im christlichen Erbe nannte man dies 'Neuschöpfung in Christus', meinte damit einen Anfang, der des Menschen Möglichkeiten grundsätzlich übersteigt, obwohl und gerade weil er ein fundamentalmenschlicher ist." (D. Marsch)

"Aber den Optimismus als Willen zur Zukunft soll niemand verächtlich machen, auch wenn er hundertmal irrt; er ist die Gesundheit des Lebens, die der Kranke nicht anstecken soll. Es gibt Menschen, die es für unernst, Christen, die es für unfromm halten, auf eine bessere irdische Zukunft zu hoffen, und sich auf sie vorzubereiten. Sie glauben an das Chaos, die Unordnung, die Katastrophe als den Sinn des gegenwärtigen Geschehens und entziehen sich in Resignation oder frommer Weltflucht der Verantwortung für das Weiterleben, für den neuen Aufbau, für die kommenden Geschlechter. Mag sein, daß der Jüngste Tag morgen anbricht, dann wollen wir gern die Arbeit für eine bessere Zukunft aus der Hand legen, vorher aber nicht." (D. Bonhoeffer)

Literatur

a) Zur Information des Lehrers:

G. Altner, Atomenergie. Herausforderung an die Kirchen, Neukirchen-Vluyn 1977 (Neukirchener Verlag)

G. Altner, Schöpfung am Abgrund, Neukirchen-Vluyn 1974 (Neukirchener Verlag)

R.F. Behrendt, Was wird morgen anders sein?, München 1972 (Deutscher Taschenbuch Verlag)

Evangelischer Erwachsenenkatechismus, Gütersloh 1975 (Gütersloher Verlagshaus Gerd Mohn), S.281-290. 861 ff.

G. Liedke, Im Bauch des Fisches. Ökologische Theologie, Stuttgart 1979 (Kreuz Verlag)

A. Ohler, Die biblischen Erzählungen von Sintflut und Turmbau in der Katechese, Stuttgart 1975 (Verlag Katholisches Bibelwerk)

F. Vester, Das Überlebensprogramm, Frankfurt 1975 (Fischer Taschenbuch)

C. Westermann, Schöpfung, Stuttgart 1971 (Kreuz Verlag)

b) Arbeitsmaterial für den Unterricht:

H.K. Berg/F. Doedens, Qualität des Lebens - Umweltschutz und Theologie, Frankfurt/München 1973 (Diesterweg/Kösel)

H.K. Berg/F. Doedens, Umweltschutz. Fortschritt ist für den Menschen da, Frankfurt 1973 (Diesterweg)

D. Brummack, Anpassung oder Wagnis, Frankfurt 1973 (Diesterweg)

G. Kraft, Kursbuch Religion 9/10, Stuttgart/Frankfurt 1979 (Calwer Verlag/Diesterweg)

AV-Medien

Filme:

Buttercup, EMZ 1: F 467; EMZ 12: KF 211

Das Pflaster, EMZ 12: KF 261

Söhne der Erde, EMZ 1: F 472; EMZ 12: KF 267

Zu Ihrem Vergnügen, EMZ 1: F 322; EMZ 12: KF 117

Tondiaserien:

Das gestörte Gleichgewicht, EMZ 1: TD 121; EMZ 12: TB 160

Teufelskreise, EMZ 1: TD 166; EMZ 12: TB 146

Vergiftete Umwelt, EMZ 1: TD 282; EMZ 12: TB 128

Diaserien:

Alle Jahre wieder saust der Preßlufthammer nieder, EMZ 12: 19.24

Grießhaber, Sintflut, EMZ 1: D 896; EMZ 12: 19.52

Welche Zukunft steht uns ins Haus?, EMZ 1: D 905; EMZ 12: 20.39

Tonkassette:

Bruce Low, Der Herr sprach zu Noah, Ariola-Kassette 49149

Übersicht über die Unterrichtseinheit

Lernziele	Inhalte
1. Wissenschaft und Technik als Mittel zur Gestaltung und Verletzung der Lebenswelt begreifen	Beispiele für Lebenssicherung durch Wissenschaft und Technik Beispiele für die "Schöpfung am Abgrund"
2. Nach Ursachen für die Zerstörung der Lebenswelt durch den Menschen fragen	Einseitiges Verständnis des Schöpfungsauftrags (1 Mose 1, 28 f. und 9,1 ff.) als ein Anstoß zur Ausbeutung der Natur Wandel in der Neuzeit: Von der Naturbeherrschung zur schrankenlosen Verwertung Das grenzenlose Wachstum in den Industrienationen
3. Biblische Weisungen und Verheißungen für den Umgang mit der Schöpfung auf die Gegenwart beziehen	z.B.: Aus der Sintflutgeschichte: Die Arche als Zeichen der Rettung (1 Mose 6,5-7,4; 8,1-9,7) Die Verantwortung des Menschen: Bebauen und Bewahren (1 Mose 2, 15) Das Tier als Partner des Menschen (1 Mose 2,18-25) Sabbatjahr (3 Mose 25,1-7)
4. Modellhaft Ansätze verantwortlichen Lebens mit der Natur kennenlernen und eigene Handlungsmöglichkeiten erörtern	Das Warten der Schöpfung auf Erlösung (Röm 8,14-22) Auf der Suche nach einem neuen Lebensstil: Ansätze zu eigenem Handeln Alternative Gruppen Ermutigung zu kleinen Schritten

Minimalplan in G I 3

Lernziele	Inhalte	Medien/ Verfahren	Didaktische Hinweise
1. Wissenschaft und Technik als Mittel zur Gestaltung und Verletzung der Lebenswelt begreifen		Zu LZ 1/2: Kursbuch Religion 9/10, S.206-210; Diaserie: Probleme des Menschen VI	Wissenschaft und Technik erfährt der moderne Mensch ambivalent: einerseits ist sein Angewiesensein darauf unübersehbar, löst beides nach wie vor große Faszination aus, zumal bei Jugendlichen, andererseits machen die Folgen zunehmend betroffener. Es ist wichtig, daß die Schüler sich beides vergegenwärtigen. Dies geschieht nachdrücklicher bei Gestaltungsaufgaben. Zur Vorbereitung und Nacharbeit können AV-Medien eingesetzt werden. Die empfohlenen eignen sich alle - teilweise freilich nur in Auszügen, s. dazu die dazugehörigen Anlagen -, um ein Problembewußtsein zu schaffen. Man wird dann im Laufe der Unterrichtseinheit darauf zurückkommen. Der Lehrer sollte sich aber auf *ein* derartiges Medium für die LZ 1/2 beschränken. Dabei kann er auf die ganze Breite der Phänomene abheben, wenn er die Unausweichlichkeit des Betroffenseins herausstellen möchte; hebt er auf den Zusammenhang von Ursachen und Folgen ab, so sollte er sich auf ein Phänomen exemplarisch beschränken.
1.1 Durch Wissenschaft und Technik erreichte Fortschritte benennen	Verbesserungen des Lebens, z.B. durch Medizin und technisches Können im Alltag Erhöhung des Lebensstandards und der Freizügigkeit	1.1 und 1.2: gesprächsweise Vorbereitung einer Collage, von Szenenfolgen auf Plakaten oder Foto-Text-Plakat. Aussage der Gestaltungsarbeit: Ambivalenz des Fortschritts	
1.2 Anzeichen der Kehrseite von wissenschaftlichem und technischem Fortschritt darlegen	Angst vor unbeherrschbaren technisch-wissenschaftlichen Erkenntnissen und Anwendungen, z.B. bei Physik (Atomkraft) und Medizin Umweltzerstörung: Luft, Wasser, Landschaft u.a.m.	Filme: Das Pflaster (Anlage 1), Zu Ihrem Vergnügen (Anlage 2); Tondiaserien: Das gestörte Gleichgewicht (Anlage 3), Teufelskreise (Anlage 4), Vergiftete Umwelt (Anlage 5); Diaserien: Welche Zukunft steht uns ins Haus? (Anlage 6), Alle Jahre wieder saust der Preßlufthammer nieder (Anlage 7)	
1.3 Reaktionen heutiger Menschen auf den wissenschaftlich-technischen Fortschritt diskutieren	Ängste, Resignation, Überdruß ("Alle reden von der Umwelt"), Gleichgültigkeit oder Abwehr; Zwiespältigkeit der "Beherrschung" der Natur		

Lernziele	Inhalte	Medien/ Verfahren	Didaktische Hinweise
2. Nach Ursachen für die Zerstörung der Lebenswelt durch den Menschen fragen			Die Frage nach den Ursachen ist auf drei Ebenen zu stellen: das ist einmal der Ursache-Wirkungszusammenhang, der am Beispiel eines Phänomens, etwa der Luft- oder Wasserverschmutzung (s. LZ 1) verfolgt werden kann; die Schärfe erhält das Problem aber erst, wenn begriffen wird, daß wir als in die Welt eingebundene Geschöpfe, auf diese angewiesen sind: wo wir sie zerstören, zerstören wir unsere Lebensgrundlage und damit letztlich uns selbst (Titanic-Blatt). Damit stehen wir vor der Frage nach der Grundhaltung des abendländischen Menschen, die in geistigen Traditionen gründet. Im Religionsunterricht ist unbedingt der Beitrag der christlich-jüdischen Tradition - Auslegung 1 Mose 1 - zu klären (LZ 2.2). Der Unterschied wird besonders deutlich, wenn man die Einstellung anderer Kulturen heranzieht, in denen ein partnerschaftliches Verhalten des Menschen zur Natur im Vordergrund steht wie bei den Indianern (Anlage 12). Der Film "Söhne der Erde" kann für LZ 2
2.1 Wichtige Ursachen für die allmähliche Veränderung des Umweltbewußtseins bei uns kennen	Verschmutzte und verseuchte Flüsse und Seen, Smog-Alarm in Städten Rohstoffverknappung, z.B. bei Öl und Edelmetallen	Zur Verschmutzung und den Folgen: Symbolfilm Buttercup (Anlage 8) Inhaltliche Aussagen und Auswertung der Club-of-Rome-Studien in Arbeitsblatt 1: Titanic auf Kollisionskurs (Anlage 9)	
2.2 In der einseitigen Auslegung des Schöpfungsauftrags Gottes *eine* Wurzel für den ausbeuterischen Umgang mit der Natur erkennen	Das Umschlagen von der Verwertung zur Ausbeutung 1 Mose 1, 26-28 im Blick auf - das Ausbeuten von Bodenschätzen - die Umgestaltung von Landschaften unter reinen Nützlichkeitserwägungen - den hemmungslosen Umgang mit der Tierwelt, z.B. medizinische Tierversuche, Ausrotten von Tieren	Arbeitsblatt 2: Aufbau der Schöpfungserzählung 1 Mose 1 (Priesterschrift) (Anlage 10) dazu Arbeitsauftrag für Gruppenarbeit: Prüft, inwiefern diejenigen recht haben, die in der Umweltkrise die "gnadenlosen Folgen" des Schöpfungsglaubens sehen Erinnerung der Schüler an die einschlägigen Fernsehserien von Stern, Grzimek, Siehl u.a.	
2.3 Die abendländisch-technische Einstellung zur Umwelt mit	Naturverhalten der Indianerkultur: Natur und Tier als Partner	Film: Die Söhne der Erde (Anlage 11) Textblätter zum Film liegen als Kopiervorlagen dem	

Lernziele	Inhalte	Medien/ Verfahren	Didaktische Hinweise
der einer anderen Kultur vergleichen		Film bei, Abdruck in Anlage 12	als Leitmedium verwendet werden. An ihm lassen sich auch LZ 1 und 4 z.T. erarbeiten. Auf keinen Fall darf er als bloßes Demonstrationsobjekt betrachtet werden.
3. Biblische Weisungen und Verheißungen für den Umgang mit der Schöpfung auf die Gegenwart beziehen			Die biblischen Traditionen sind vielfältig: an drei Inhalten kann das demonstriert werden. 1. Die priesterschriftliche Tradition (3.1) legt ein Vorgehen nahe, das zeigt, wie der Konflikt zwischen Mensch und Natur zu lösen ist: anstelle der absoluten Machterweiterung sollte der relative Machtverzicht treten, der der Natur die Chance der Behauptung dem Menschen gegenüber läßt. 2. Dies wird in der jahwistischen Tradition (3.2) an der partnerschaftlichen Zuordnung von Mensch und Tier deutlich, die unsere Einstellung zu diesem Problem infragestellt. Dabei kann 1. und 2. auch alternativ im Unterricht behandelt werden. 3. Die Sintfluterzählung spiegelt eine Urerfahrung der Menschheit von der Bedro-
3.1 Den biblischen Schöpfungsauftrag, die Welt zu bewahren und zu gestalten, ernst nehmen	Vergleich von 1 Mose 1,28-30 mit 9,1-7 als Auslegung von 2,15 - im Blick auf die Nahrungsverteilung und - im Blick auf den Herrschaftsauftrag: Schutz der Tiere vor den Menschen und umgekehrt; Verbot der Zerstörung der Natur	Einzelarbeit am Arbeitsblatt 3: Der Herrschaftsauftrag an den Menschen (Anlage 13) und gesprächsweise Erarbeitung von möglichen Verhaltensweisen des Menschen im Sinne der Bibel. 3.1 und 3.2 lassen sich im Gespräch miteinander verbinden	
3.2 Über die Zuordnung von Mensch und Tier nach der biblischen Schöpfungserzählung nachdenken	Das Tier als dem Menschen zugeordneter Partner: 1 Mose 2,18-25 Solidarität mit dem Tier: Stär-	Vgl. zu 2.2	

Lernziele	Inhalte	Medien/ Verfahren	Didaktische Hinweise
	kung seiner Überlebenschancen Bedeutung des Tiers im ökologischen Gleichgewicht		hung der Welt durch Zerstörung. In dieser Erzählung wird eine Antwort auf die Frage versucht, warum es zu dieser Zerstörung gekommen ist und daraus Folgerungen für den Menschen gezogen.
3.3 Die Sintfluterzählung als Ermutigung zur Bewältigung der gegenwärtigen Gefahren für den Menschen verstehen	Gottes Verheißung für den Menschen trotz ausweglos scheinender Situation Arche und Gottesbund (Regenbogen) als Zeichen für Gottes Rettungswillen	Diaserie: Grießhaber, Sintflut (Anlage 14). Hier Versuch einer Aktualisierung der biblischen Aussagen auf den Horizont der ökologischen Krise; Tonkassette: Bruce Low, Der Herr sprach zu Noah (Ariola); zur Erarbeitung der biblischen Erzählung, s. Arbeitsblatt 4: Die Geschichte von der Sintflut (Anlage 15). Das Arbeitsblatt ist Grundlage für Gruppenarbeiten mit anschließender Auswertung im Gespräch	Als Ansatzpunkte zur Erörterung ergeben sich a) die totale Bedrohung des Menschen durch die Sintflut, b) das Fragen nach menschlicher Schuld (die biblische Aussage 1 Mose 6,1 ff. sollte nicht thematisiert werden; das Fragen nach Schuld gilt damals wie heute), c) Reaktion der Mitmenschen auf Noahs Vorgehen, d) die Rettung der Tierwelt in der Arche, e) die Bedeutung von Verheißung Gottes und Bundesschluß (nach P) nach der Sintflut.
3.4 Am Beispiel des Sabbatjahrs zeigen, wie Israel Gottes Verheißung und Auftrag in den Alltag übersetzte	Sabbatjahr (3 Mose 25, 1-7) als Restaurierungsangebot des Menschen für die Natur		Unter Rückgriff auf alte Traditionen haben spätere Schriftsteller das Sabbatjahr postuliert. In diesem Vorgehen des Menschen wird ein neues Verhalten zur Natur manifest: nicht Ausbeutung, sondern Chance zur "Erholung".

Lernziele	Inhalte	Medien/ Verfahren	Didaktische Hinweise
4. Modellhaft Ansätze unverantwortlichen Lebens mit der Natur kennenlernen und eigene Handlungsmöglichkeiten erörtern			Gesichtspunkte einer "Umweltethik", Verantwortung des Geschöpfs gegenüber dem Schöpfer "Bebauen" und "Bewahren"
4.1 Maßstäbe für einen "neuen Lebensstil" suchen	Selbstaussagen, Programme und Ziele von Initiativgruppen, z.B. Ökumenische Initiative EINE WELT oder Aktion e des Diakonischen Werkes der EKD	Zu Versuchen alternativen Lebensstils (Anlage 16) Theologische Argumentation bietet auch: Zweiter Brief an das Volk Gottes (Anlage 17)	(1 Mose 2,15) als Beschreibung des Umgangs mit der Schöpfung. - Keine unbeschränkte Verfügungsgewalt (Ausbeutung). Grenzen des technischen Machbarkeitswahns, Gleichheit zwischen Menschen, belebter und unbelebter Natur. - "Versöhnung mit der Erde."
4.2 Die Situation des heutigen Menschen auf die Deutung der Lebenslage des Christen durch Paulus beziehen	Röm 8,19-25: Vom Untergang in die Freiheit der Kinder Gottes	Unter dem Motto läßt sich ein Foto-Text-Plakat erstellen; der Text könnte einer neueren Bibelübersetzung oder auch der Paraphrase von J. Zink entnommen werden (Photos symboliques oder Exemplarische Bilder oder Fotosprache u.ä.)	Der Paulustext kann als eine neutestamentliche Parallele zur Sintflutgeschichte gelten. Eine Gestaltungsaufgabe erleichtert den Schülern den Zugang zu dem etwas schwierigen Bibeltext.
4.3 Die gewonnenen Maßstäbe auf ein Fallbeispiel anwenden	Beispiel: Energiegewinnung durch Kernkraftwerke	Gemeinsamer Brief der kath. und ev. Bischöfe zur Kernenergie (Anlage 18) - Zu Wyhl: Chronologie, Dokumente und Kommentar bei G. Altner, Atomenergie, S.25-90; Befürwortend: Werbematerial der Unternehmen, z.B. Zeitschrift Atomwirtschaft/Atomtechnik	Es geht um die Anwendung ethischer Maßstäbe in einem gesellschaftlichen Konfliktfall. Es ist wichtig, die Argumente der Kontrahenten auf ihre Interessen hin zu befragen. Immer stärker rückt dabei die Frage nach dem Verzicht in den Mittelpunkt.

Lernziele	Inhalte	Medien/ Verfahren	Didaktische Hinweise
4.4 Möglichkeiten eigenen Engagements suchen und planen	Liste möglicher Aktivitäten im eigenen Lebensbereich	Anregungen dazu bei Grießhaber, Sintflut; vgl. auch zu 4.1 kritisch: Kursbuch 9/10, S.204 ff.	

Film: Das Pflaster Anlage 1

8 Min., Farbe, Zeichentrickfilm

Eine Parabel über die verheerenden Folgen der zunehmenden Industrialisierung. Die Zivilisation fordert gepflasterte Straßen, deren Ausbreitung den Menschen immer mehr der natürlichen Lebensbedingungen beraubt. Wir pflastern die Erde zu und werden am Ende das Opfer solcher Maßnahmen.

Film: Zu Ihrem Vergnügen Anlage 2

4 Min., Farbe, Trickfilm

Im Zeitrafftempo wird ein beschauliches Landschaftsbild William Turners, eines englischen Malers der ersten Hälfte des 19. Jahrhunderts, in eine technisierte Stadtlandschaft mit hektischem Verkehr verwandelt. Das natürliche Gleichgewicht wird zerstört.

Tondiaserie: Das gestörte Gleichgewicht Anlage 3

90 Dias, 30 Min., Farbe

Der erste Teil zeigt, wie das Leben der Erde auf das Gleichgewicht der Natur angewiesen ist: auf den Nahrungsmittelkreislauf, den Luftkreislauf, den Wasserkreislauf, auf die Aufbereitung des Bodens durch Bakterien.

Der zweite Teil zeigt die Eingriffe des Menschen und seine Störungen des Gleichgewichts durch Beseitigen des Pflanzenwuchses, durch Chemikalien, Luft- und Wasserverunreinigung.

Der dritte Teil zeigt die Möglichkeiten, das Gleichgewicht der Natur wieder herzustellen und weist darauf hin, was Behörden, Industrien, aber auch jeder einzelne zum Umweltschutz beitragen können.

Die Serie ist auch in Auszügen sehenswert. Der letzte Teil eignet sich erst zum vierten Lernziel.

Tondiaserie: Teufelskreise — Anlage 4

36 Dias, 27 Min., Farbe

Die Reihe setzt sich mit Problemen der Industrialisierung, des Rohstoffabbaus, der Nahrungsmittelproduktion, des Bevölkerungswachstums und der Umweltzerstörung auseinander. Sind die Grenzen des Wachstums in den Industrieländern erreicht?

Für unseren Zusammenhang nur auswahlweise geeignet. Bilder und Grafiken sind teilweise ohne Ton brauchbar. Das Ansprechen der ganzen Vielfalt der Probleme erweckt leicht einen Erwartungshorizont, der später unterrichtlich nicht eingelöst werden kann.

Tondiaserie: Vergiftete Umwelt — Anlage 5

96 Dias, 40 Min., Farbe

Ausgangspunkt dieser Tonbildreihe sind drei Problemkreise: Luft, Boden und Wasser. Die Serie zeigt die Verursacher der Verschmutzung (Industrie, Autos u.a.) sowie ihre Auswirkungen auf Menschen, Tiere und die gesamte Gesellschaftsstruktur.

Für unseren Zusammenhang ist eine Beschränkung auf einen der drei angesprochenen Kreise sinnvoll.

Diaserie: Welche Zukunft steht uns ins Haus? — Anlage 6

30 Dias, s/w und Farbe

Umweltverschmutzung, Energieverbrauch und Armut der Dritten Welt gehören zueinander. Die Einsicht in die Endlichkeit der vorhandenen Rohstoffvorkommen wächst, die Suche nach alternativen Energiequellen (z.B. Wind und Sonne) nimmt ständig zu. "Aktion e" heißt eine von "Brot für die Welt" ins Leben gerufene Aktion, die zum verantwortlichen Umgang mit der Schöpfung aufruft.

Diareihe: Alle Jahre wieder saust der Preßlufthammer nieder

Anlage 7

24 Dias, Farbe

Bilder aus dem gleichnamigen Buch von Jörg Müller. - Die Menschen haben sich auf der Erde ausgebreitet. Alles wird verändert. Vieles überbaut. Was aus einstmals schöner Landschaft geworden ist, zeigen die letzten Bilder: eine Betonwüste ohne Leben.

Zu dem Buch gibt es auch Poster vom Verlag.

Film: Buttercup

Anlage 8

11 Min., Farbe, Dokumentarfilm

Leichter Nebel, ein glitzernder Gebirgsbach mit einer Butterblume, die auf der silbrigen Oberfläche schwimmt. Die goldene Blüte gleitet an Wasserschneidern, einem Skunk und einem Waschbären vorbei. Sie wirbelt über einen Wasserfall und passiert langsam einen Nachtfrosch. Dämmerung. Der Bach wird ruziger und breiter. Die Butterblume treibt an weidenden Pferden vorbei und wird dann plötzlich von Gestank, Schlamm und Abfall des industriellen Menschen verschluckt. ...

Der ausschließlich mit Musik und Originalgeräuschen unterlegte Film erzeugt im Betrachter eine große Anteilnahme und Betroffenheit.

Arbeitsblatt 1 Anlage 9

Titanic auf Kollisionskurs

Der australische Naturwissenschaftler Charles Birch hat in einer Rede vor der 5. Vollversammlung des Ökumenischen Rates der Kirchen in Nairobi 1975 die Situation der Erde mit einem Schiff verglichen, das direkt auf einen Eisberg zuläuft.

Den fünf Spitzen des Eisbergs gab Charles Birch folgende Namen:

1. Bevölkerungsexplosion
2. Nahrungsmittelknappheit
3. Rohstoffe gehen aus, die nicht mehr wiedergewonnen werden können
4. Umweltverschlechterung
5. Krieg

1. Bevölkerung:

Alle 15 Jahre leben auf der Erde eine Milliarde Menschen mehr = Verdoppelung der Menschheit in 35 Jahren (im Jahr 2000).

Beispiel:
Afrika 1975: 400 Millionen Bewohner; Afrika 1995: 800 Millionen Bewohner. Gleichzeitig rückt die Wüste vor, so daß Jahr für Jahr mehr bewirtschaftetes Land verlorengeht, als durch Bewirtschaftung neu hinzugewonnen werden kann.

2. Nahrung:

1975 konnten 300 Millionen Menschen nur zwei Drittel ihres Mindestproteinbedarfs decken. 2010 werden das nicht weniger als eine Milliarde Menschen sein.

3. Rohstoffe und Energie:

Der Energieverbrauch hat sich alle 11 Jahre verdoppelt.
75 % des Weltenergiebedarfs entfallen auf die 10 großen Industriestaaten der Welt. 35 % der 75 % verbrauchen allein die Vereinigten Staaten.

4. Umweltverschmutzung:

Die weltweite Umweltverschmutzung verdoppelt sich alle 14 Jahre. Alle 2000 Jahre wird der gesamte Sauerstoff der Erde durch die lebenden Organismen im Kreislauf vollständig erneuert.
Alle 300 Jahre wird die Kohlensäure erneuert.
Alle 22 Millionen Jahre wird das Wasser erneuert.

5. Krieg:

USA lagern über 15.000 Megatonnen Atombomben = 1 Million Hiroschimas.
UdSSR hat nur unbedeutend kleinere Atombombenlager. Fast die Hälfte aller Wissenschaftler und Techniker der Welt arbeitet für militärische Forschung und Entwicklung.

Die umweltfeindliche Gesamtwirkung aller Erdbewohner ergibt sich aus 3 Faktoren, die man auf einfachste Weise so darstellen könnte:

Gesamtbevölkerung X Rohstoffverbrauch pro Kopf

=

Umweltverschlechterung pro Kopf

Jeder Faktor dieser Gleichung ist wichtig. Mit der Zahl der Menschen, dem Verbrauch an Rohstoffen und der Verschlechterung der Umwelt erhöhen sich die Auswirkungen. Jeder Faktor der Gleichung entwickelt sich progressiv. Das Ergebnis dieser Entwicklung ist eine übermäßige und kontinuierlich wachsende Belastung der Umwelt durch den Menschen, eine Entwicklung, die ohne schwerwiegendste Folgen sowohl für die Menschheit als auch für die übrige Schöpfung kaum so weitergehen kann.

Nach Charles Birch, Schöpfung, Technik und Überleben der Menschheit, in: Der Überblick, Nr. 1/76, S. 3

Arbeitsblatt 2 Anlage 10

Aufbau der Schöpfungserzählung
1 Mose 1 (Priesterschrift)

Erschaffung der Lebensräume	Erschaffung der Lebewesen
HIMMELSGEWÖLBE Vers: ________	GESTIRNE Vers: ________
MEER Vers: ________	WASSERTIERE Vers: ________
(LUFTRAUM) Vers: ________	VÖGEL Vers: ________
ERDE (UND IHR PFLANZENKLEID) Vers: ________	LANDTIERE Vers: ________
	MENSCHEN Vers: ________

1. Trage die dazugehörigen Verszahlen aus 1 Mose 1 ein.
2. Vergleiche die fünf Begriffe in der Spalte "Lebewesen" im Bezug zu den "Lebensräumen". Beschreibe deine Beobachtungen!
3. Es gibt Forscher, die sagen: in Gottes guter Schöpfung ist ein Konflikt eingebaut. Versuche diesen Satz zu erklären!

Film: Die Söhne der Erde Anlage 11

22 Min., Farbe, Dokumentarfilm

1855 teilt der amerikanische Präsident Franklin Pierce dem Stamme der Duwamish-Indianer mit, daß er dessen Land zu kaufen gedenke. Der Häuptling Seattle antwortet ihm. Ein Auszug dieses Antwortschreibens liegt dem Film zugrunde. Der Indianer meditiert in einer ebenso einfachen wie bildhaften Sprache über das unterschiedliche Lebensverständnis der Roten und der Weißen. Dabei geht es um ihr Verhältnis zum Besitz, zur Natur, zu den Toten, zur Kreatur, zum Wasser, zum Land, zu den Städten, zur Luft, zu den Tieren, zur Erde als Kosmos, zu Gott. Er spricht über den Untergang der Roten und prophezeit den der Weißen; denn die Menschen sind Brüder und können "der gemeinsamen Bestimmung nicht entgehen". Er fragt, welche Vorstellungen von der Zukunft der weiße Mann habe, der sich als Herr der Natur fühle und der doch nur eine Faser in ihrem Gewebe sei.

Diese meditativ vorgetragenen Überlegungen werden mit Bildern belegt, die den verbalen Aussagen konform sind oder in starker Spannung zu ihnen stehen. Sie geben den Worten des Indianers von 1855 den Charakter einer beinahe schon erfüllten Prophezeiung.

aus: Besprechung von Hans May in der Begleitkarte von FWU zum Film

Der Filmtext zu: Söhne der Erde (gekürzt) Anlage 12

Erzählung nach einer Rede des Häuptlings Seattle vom Stamme der Duwamish im Gebiet Washington, 1855: ...

Der große Häuptling in Washington sendet Nachricht, daß er unser Land zu kaufen wünscht.
Der große Häuptling sendet uns auch Worte der Freundschaft und des guten Willens. Das ist freundlich von ihm, denn wir wissen, er bedarf unserer Freundschaft nicht. Aber wir werden sein Angebot bedenken, denn wir wissen - wenn wir nicht verkaufen - kommt vielleicht der weiße Mann mit Gewehren und nimmt sich unser Land.

Wie kann man den Himmel kaufen oder verkaufen - oder die Wärme der Erde? Diese Vorstellung ist uns fremd. Wenn wir die Frische der Luft und das Glitzern des Wassers nicht besitzen - wie könnt Ihr sie von uns kaufen?

Jeder Teil dieser Erde ist meinem Volk heilig, jede glitzernde Tannennadel, jeder sandige Strand, jeder Nebel in den dunklen Wäldern, jede Lichtung, jedes summende Insekt ist

heilig in den Gedanken und Erfahrungen meines Volkes. Der Saft, der in den Bäumen steigt, trägt die Erinnerung des roten Mannes. ...
Wir sind ein Teil der Erde, und sie ist ein Teil von uns. Die duftenden Blumen sind unsere Schwestern, die Rehe, das Pferd, der große Adler - sind unsere Brüder. Die felsigen Höhen - die saftigen Wiesen, die Körperwärme der Ponys - und des Menschen - sie alle gehören zur gleichen Familie. ...

Glänzendes Wasser, das sich in Bächen und Flüssen bewegt, ist nicht nur Wasser - sondern das Blut unserer Vorfahren. Wenn wir Euch Land verkaufen, müßt Ihr wissen, daß es heilig ist und Eure Kinder lehren, daß es heilig ist und daß jede flüchtige Spiegelung im klaren Wasser der Seen von Ereignissen und Überlieferungen aus dem Leben meines Volkes erzählt. Das Murmeln des Wassers ist die Stimme meiner Vorväter. Die Flüsse sind unsere Brüder - sie stillen unseren Durst. Die Flüsse tragen unsere Kanus und nähren unsere Kinder. Wenn wir Euch Land verkaufen, so müßt Ihr Euch daran erinnern und Eure Kinder lehren: Die Flüsse sind unsere Brüder - und Eure - und Ihr müßt von nun an den Flüssen Eure Güte geben, so wie jedem anderen Bruder auch.

Der rote Mann zog sich immer zurück vor dem eindringenden weißen Mann - so wie der Frühnebel in den Bergen vor der Morgensonne weicht. Aber die Asche unserer Väter ist heilig, ihre Gräber sind geweihter Boden und so sind diese Hügel, diese Bäume, dieser Teil der Erde uns geweiht. Wir wissen, daß der weiße Mann unsere Art nicht versteht. Ein Teil des Landes ist ihm gleich jedem anderen, denn er ist ein Fremder, der kommt in der Nacht und nimmt von der Erde, was immer er braucht. Die Erde ist sein Bruder nicht, sondern Feind, und wenn er sie erobert hat, schreitet er weiter. Er läßt die Gräber seiner Väter zurück - und kümmert sich nicht. Er stiehlt die Erde von seinen Kindern - und kümmert sich nicht. Er behandelt seine Mutter, die Erde, und seinen Bruder, den Himmel, wie Dinge zum Kaufen und Plündern, zum Verkaufen wie Schafe oder glänzende Perlen.
Sein Hunger wird die Erde verschlingen und nichts zurücklassen als eine Wüste. Ich weiß nicht - unsere Art ist anders als die Eure. Der Anblick Eurer Städte schmerzt die Augen des roten Mannes. Vielleicht, weil der rote Mann ein Wilder ist und nicht versteht? ...

Die Luft ist kostbar für den roten Mann - denn alle Dinge teilen denselben Atem - das Tier, der Baum, der Mensch - sie alle teilen denselben Atem.
Der weiße Mann scheint die Luft, die er atmet, nicht zu bemerken, wie ein Mann, der seit vielen Tagen stirbt, ist er abgestumpft gegen den Gestank.
Aber wenn wir Euch unser Land verkaufen, dürft Ihr nicht vergessen, daß die Luft uns kostbar ist. Der Wind gab unseren Vätern den ersten Atem und empfängt den letzten. Und wenn wir Euch unser Land verkaufen, so müßt Ihr es als ein besonderes und geweihtes schätzen, als einen Ort, wo auch der weiße Mann spürt, daß der Wind süß duftet von den Wiesenblumen.

Das Ansinnen, unser Land zu kaufen, werden wir bedenken, und wenn wir uns entschließen anzunehmen, so nur unter einer Bedingung: Der weiße Mann muß die Tiere des Landes behandeln wie seine Brüder.
Ich bin ein Wilder und verstehe es nicht anders. Ich habe tausend verrottende Büffel gesehen, vom weißen Mann zurückgelassen - erschossen aus einem vorüberfahrenden Zug. Ich bin ein Wilder und kann nicht verstehen, wie das qualmende Eisenpferd wichtiger sein soll als der Büffel, den wir nur töten, um am Leben zu bleiben.
Was ist der Mensch ohne die Tiere? Wären alle Tiere fort, so stürbe der Mensch an großer Einsamkeit des Geistes. Was immer den Tieren geschieht - geschieht bald auch den Menschen. Alle Dinge sind miteinander verbunden. Was die Erde befällt, befällt auch die Söhne der Erde. ...

Das Ansinnen des weißen Mannes, unser Land zu kaufen, werden wir bedenken. Aber mein Volk fragt, was denn will der weiße Mann kaufen? Wie kann man den Himmel oder die Wärme der Erde kaufen oder die Schnelligkeit der Antilope? Wie können wir Euch diese Dinge verkaufen - und wie könnt Ihr sie kaufen? Könnt Ihr denn mit der Erde tun, was Ihr wollt - nur weil der rote Mann ein Stück Papier unterzeichnet - und es dem weißen Manne gibt? Wenn wir nicht die Frische der Luft und das Glitzern des Wassers besitzen - wie könnt Ihr sie von uns kaufen? Könnt Ihr die Büffel zurückkaufen, wenn der letzte getötet ist? ...

Das Ende des Lebens und der Beginn des Überlebens.

Gott gab Euch Herrschaft über die Tiere, die Wälder und den roten Mann aus einem besonderen Grund - doch dieser Grund ist uns ein Rätsel.
Vielleicht könnten wir es verstehen, wenn wir wüßten, wovon der weiße Mann träumt - welche Hoffnungen er seinen Kindern an langen Winterabenden schildert - und welche Visionen er in ihre Vorstellungen brennt, so daß sie sich nach einem Morgen sehnen?

Aber wir sind Wilde - die Träume des weißen Mannes sind uns verborgen. Und weil sie uns verborgen sind, werden wir unsere eigenen Wege gehen.
Das ist nicht viel, was uns verbindet.

Doch eines wissen wir - unser Gott ist derselbe Gott. Diese Erde ist ihm heilig. Selbst der weiße Mann kann der gemeinsamen Bestimmung nicht entgehen. Vielleicht sind wir doch Brüder. Wir werden sehen.

Arbeitsblatt 3 | Anlage 13

Der Herrschaftsauftrag an den Menschen
Eine Regel zur Lösung von Konflikten

Ihr habt gesehen, daß sich Landtiere und Menschen in einen Lebensraum teilen müssen. Damit ist zwischen den Menschen und die belebte und unbelebte Natur ein Konflikt gesetzt. Im folgenden wollen wir sehen, wie sich die biblischen Autoren eine Lösung dieses Konflikts vorstellen:

1 Mose 1,28-30

		Natur
M E N S C H	"herrscht über ..."	
Verantwortung Sorge	T I E R E (außermenschliche Natur)	

		Nahrung
Getreide	Gras	

1 Mose 6-8: "Gewalt" kommt auf die Erde und als Folge die

SINTFLUT

1 Mose 9,1-7: Neuordnung der Welt nach der Flut

		Nahrung
M E N S C H	"____________________"	
______________ ______________	T I E R E	

	Nahrung
______________ Getreide	

1. Vergleicht die Wiederholung des Herrschaftsauftrags in 1 Mose 9 mit 1 Mose 1!
2. An die Stelle des Wortes "herrscht..." tritt in 1 Mose 9 ein anderer Ausdruck. Tragt ihn an der entsprechenden Stelle ein!
3. Bei der Nahrung des Menschen hat sich etwas geändert!
4. Der "Konflikt" hat sich verschärft. Versucht aus Mose 9,1-7 herauszufinden:
   a) Wodurch ist das Leben der Tiere vor den Menschen geschützt?
   b) Wodurch ist das Leben des Menschen vor den Tieren geschützt?
   c) Von einem weiteren Schutz wird auch noch gesprochen!
5. Was ist die zentrale Bestimmung für das Verhältnis von Tier und Mensch? Tragt den Begriff in das Schema ein, wo in 1 Mose 1 "Verantwortung" - "Sorge" stand.

Anlage 14

Diaserie: HAP Grießhaber, Sintflut

6 Dias, Farbe

Das von Jürgen Schwarz zusammengestellte "Medienpaket" enthält HAP Grießhabers Sintflutbilder sowie Texte und Dokumente zur ökologischen Krise. Dabei ergibt sich die Frage, inwieweit die Zerstörung unserer Umwelt nicht die Sintflut ist, die uns heute bedroht.

Die Sintflutgeschichte sollte nach der jahwistischen Fassung bearbeitet werden. Es empfiehlt sich der nachstehende Arbeitsauftrag:

1. Welche Ursachen für die Menschheitskatastrophe nennt die Sintfluterzählung?
   Vergleiche mit der Ursache für die Umweltkatastrophe!
2. Welche Rettung nennt die biblische Erzählung? Welche Rettung gibt es für uns?

Textblatt:

Flutgeschichte nach J mit Zwischenüberschriften:
1 Mose 6,5-8

Gottes Auftrag
1 Mose 7,5 und 7,1-4

Beginn der Flut und Einzug in die Arche
1 Mose 7,7; 7,16 b; 7,10; 7,12

Verlauf der Flut
1 Mose 7,17; 7,22-23

Ende der Flut
1 Mose 8,2 b, 8,3 a

Aussendung der Vögel
1 Mose 8,6; 8,8-12; 8,13 b

Auszug aus der Arche
1 Mose 8,20-22

Arbeitsblatt 4 | Anlage 15

Die Geschichte von der Sintflut

Lest die folgende Geschichte genau durch!

Als aber der Herr sah, daß die Bosheit der Menschen auf Erden groß war, daß alles Dichten und Trachten ihres Herzens nur böse war, da reute es den Herrn, daß er den Menschen auf Erden geschaffen hatte und es bekümmerte ihn tief. Und der Herr sprach: Ich will die Menschen, die ich geschaffen habe, vom Erdboden vertilgen, die Menschen und das Vieh, die Kriechtiere und die Vögel des Himmels; denn es reut mich, daß ich sie gemacht habe.

Noah aber hatte Gnade gefunden vor dem Herrn. Und Gott sprach zu Noah: Geh in die Arche, du und dein ganzes Haus! Denn ich habe dich gerecht vor mir gefunden unter diesem Geschlecht. Nimm dir von allen reinen Tieren je sieben, Männchen und Weibchen, auch von den Vögeln des Himmels je sieben Männchen und Weibchen, damit auf der ganzen Erde Nachwuchs am Leben bleibe. Denn ich will auf die Erde 40 Tage und Nächte lang regnen lassen und will alle Wesen, die ich gemacht habe, vom Erdboden vertilgen. Und Noah tat, wie ihm der Herr befohlen hatte. Er ging mit seinen Söhnen und seiner Frau und seinen Schwiegertöchtern vor den Wassern der Sintflut in die Arche. Von den reinen und unreinen Tieren, von den Vögeln und von allem, was auf Erden kriecht, ging je ein Paar, Männchen und Weibchen, zu Noah in die Arche, wie Gott dem Noah befohlen hatte.

Und nach sieben Tagen kamen die Wasser der Sintflut über die Erde. Und der Regen strömte auf die Erde 40 Tage und Nächte lang. Alles, was Lebensluft atmete, was auf dem Trockenen war, starb. So vertilgte der Herr alle Wesen, die auf dem Erdboden waren. Nur Noah blieb übrig und was mit ihm in der Arche war. Schließlich wurde dem Regen gewehrt und die Wasser verliefen sich nach und nach von der Erde.

Nach 40 Tagen öffnete Noah das Fenster der Arche, das er gemacht hatte. Noah wartete sieben weitere Tage, dann ließ er eine Taube fliegen, um zu sehen, ob sich die Wasser vom Erdboden verlaufen hätten. Da aber die Taube keine Stätte fand, wo ihr Fuß hätte ruhen können, kam sie wieder zu ihm in die Arche; denn noch war Wasser auf der ganzen Erde. Da streckte Noah seine Hand aus, faßte die Taube und nahm sie wieder zu sich in die Arche. Darauf wartete er nochmals sieben Tage; dann ließ er die Taube wieder fliegen. Da kam sie um die Abendzeit zu ihm zurück, und siehe da, sie hatte ein frisches Ölblatt im Schnabel. Da merkte Noah, daß sich die Wasser auf der Erde verlaufen hatten. Nach weiteren sieben Tagen ließ er die Taube wieder ausfliegen; sie kehrte aber nicht zurück.

Da tat Noah das Dach von der Arche, und sieh da, der Erdbo-

den war trocken. Noah aber baute dem Herrn einen Altar; dann nahm er von allen reinen Tieren und von allen reinen Vögeln und brachte Brandopfer auf den Altar. Und der Herr roch den lieblichen Duft und sprach bei sich selbst: Ich will die Erde weiterhin um der Menschen willen nicht mehr verfluchen, auch wenn ihr Trachten von Jugend auf böse ist. Ich will weiter nicht mehr schlagen, was da lebt, wie ich es getan habe. Solange die Erde steht, soll nicht aufhören Saat und Ernte, Frost und Hitze, Sommer und Winter, Tag und Nacht.
(Übersetzung von M. Luther, Revision 1975)

Aufgaben:

1. Zur Zeit, als die Sintflut geschah, sahen die Menschen darin die vollständige Bedrohung ihres Lebens und hatten daher große Angst. Auch heute sprechen manche Leute davon, daß uns eine Sintflut bevorstehe. Was können sie dafür anführen?

___

___

___

2. Der biblische Schriftsteller gibt für die Sintflut Gründe an:

___

___

3. Überlege, welche Gründe wir für eine Sintflut heute nennen könnten!

___

___

4. Welche Maßnahmen muß Noah ergreifen, um zu überleben?

___

___

5. Wie mag das Volk auf Noahs Tun reagiert haben?

___

___

6. Auch heute gibt es Menschen, die versuchen, so zu leben, daß sie eine zukünftige Katastrophe verhindern. Zählt auf, was sie tun können, und was die Leute dazu meinen!

___

___

___

7. Noah verläßt sich auf die Verheißung Gottes. Das hat Bedeutung für die Zeit, die er in der Arche leben muß. Wie reagiert er auf die Tatsache, daß die Erde in der Flut versinkt?

____

____

8. Überlege, was der Glaube an die Zusage Gottes am Ende der Geschichte für uns heute bedeuten könnte!

____

____

____

Auf der Suche nach einem neuen Lebensstil — Anlage 16

In letzter Zeit sind in der BRD und weltweit Gruppierungen, Initiativen und Kreise entstanden, die je nach politisch-ideologischem oder religiös-therapeutischem Couleur unterschiedliche Beispiele geben, wie man sich auch gegen die Zwänge der Zeit durchsetzen und in einem alternativen Stil leben kann. Einige Gruppen sollen im folgenden kurz vorgestellt werden.

☐ Ziel der Gruppe "Ökumenische Initiative EINE WELT", einem Zusammenschluß verantwortlicher Christen in der BRD, ist es, Modelle eines ökumenischen und daher weltgerechten, einfachen, solidarischen und gesprächsbereiten Lebens zu erproben und andere zu ähnlichem anzustiften. Die Verpflichtungen betreffen das eigene Konsumverhalten, die eigene finanzielle Situation und die persönliche Zivilcourage:

1. Wir werden Entwicklungen verlangen und unterstützen, durch die bisher Benachteiligte in ihren Lebenschancen gefördert werden. Wir werden uns um Modelle bemühen, an denen in ökumenischer Gemeinschaft gelernt werden kann, Mitverantwortung im entwicklungspolitischen und umweltpolitischen Bereich wahrzunehmen.

2. Wir werden unseren Konsum überprüfen: Wir werden ihn einschränken und in ein vertretbares Verhältnis zu den begrenzten Vorräten der Erde, dem Bedarf der Benachteiligten und der Umweltzerstörung bringen. Wo immer möglich, werden wir ihn auf Waren umstellen, deren Ertrag die Produzenten in Entwicklungsländern eigenständiger macht.

3. Wir werden einen spürbaren Teil unseres Geldes im Sinne dieser Initiative verwenden, in der Regel wenigstens 3% des Nettoeinkommens. Persönliche Umstände können eine andere Selbsteinschätzung nach oben oder unten notwendig machen. Wir werden das Geld folgenden Zwecken zuführen: entwicklungspolitischen Modellen, durch die die Eigenständigkeit und Handlungsfähigkeit derer gefördert wird, die in Armut und ohne eigene Gestaltungsmöglichkeiten leben müssen, bewußtseinsbildenden und politischen Aktionen in der BRD.

☐ Die ökumenische Aktionsgruppe "Brot und Fische" wurde 1972 im schwedischen Västeras gegründet. Heute gehören etwa 25 Leute unterschiedlichster Bildung zwischen 18 und 51 Jahren dazu. Sie leben in Groß- oder normalen Familien in einem der vier Häuser. Jedes Mitglied hat Anrecht auf freie Unterkunft, Verpflegung und Gesundheitsfürsorge. Für die privaten Ausgaben (auch Kleidung) erhält jeder noch ca. 150,- DM. Die Motivation liegt für diese Gruppe in der christlichen Botschaft der Liebe, der Gerechtigkeit und der Bruderschaft. ... Die Finanzierung der Arbeit geschieht durch Sammeln und den Handel mit Gebrauchtwagen, d.h. mit Konsumgütern, die in unserer Überflußgesellschaft nicht mehr gebraucht werden. ...

Um Menschen die Möglichkeit zu geben, sich in einer "anderen" Atmosphäre zu begegnen, wird am Ort ein Café unterhalten. ...

☐ Bekannt sind die Umweltschützer- und Bürgerinitiativen, deren Erfolge (Wyhl) und Gefahren (Brokdorf) deutlich vor Augen stehen. Wichtig wäre für die Zukunft die Überleitung von Demonstrationen und Besetzungen mit ihrem polarisierenden Freund-Feind-Effekt in eine differenziertere Verantwortung unter Mitbeteiligung auf der Meinungsbildungsebene: z.B. ständiges autorisiertes Bürgerforum, Bürgerversammlungen ad hoc und stadtteilbezogene Bürgervereine mit Detailkompetenz.

Welche Chancen haben nun solche und andere Initiativen? Leisten sie nicht dem bekannten Vorwurf Vorschub, hier würde mit der leidigen "Ohne-uns-Devise" das eigene seelische, therapeutische, wirtschaftliche Harmonie-Gärtlein gepflegt, und zwar auf Kosten derer, die den alten Lebensstil beibehalten?

Die Initiatoren verstehen sich nicht so. Sie vertrauen mit Recht darauf, daß andere sie nur dann ernst nehmen, wenn sie selbst ihre besseren Einsichten nicht nur haben, sondern sichtbar verwirklichen. Sie vertrauen auch darauf, daß Lernen, Umdenken und Umschwenken seine Zeit braucht. Diese Zeit, an aufkommenden Initiativen umzulernen, muß man sich selbst und den anderen geduldig geben.

aus: D. Ptasseks gleichnamigem Artikel in: entwurf 4/1977, S.27ff.

Zweiter Brief an das Volk Gottes, geschrieben von einer Gruppe des Konzils der Jugend zusammen mit Frère Roger Schutz — Anlage 17

Kalkutta - Chittagong, 1. Dezember 1976

In Asien sind wir in der Gewißheit bestärkt worden, daß die Wunden, die die Menschheit zerreißen, geheilt werden können. Diese Überzeugung möchten wir unmittelbar allen mitteilen, die der Meinung sind, daß sie innerhalb ihres Engagements, die Welt menschlicher zu gestalten, alle ihre Möglichkeiten vergeblich zum Einsatz gebracht haben.

Wir sind mit dem Bewußtsein hierhergekommen, daß viele Menschen die Erfahrung der Ohnmacht und der Erschöpfung mit sich tragen: die einen geben auf und resignieren, die anderen fallen in die Gewalttätigkeit derer, die ohne Hoffnung sind.

Mit einer Entdeckung reisen wir von hier wieder ab: die überraschende Lebenskraft eines Volkes inmitten tiefsten Elends. Wir haben Zeugen einer anderen Zukunft für uns alle getroffen.

Um einen Beitrag für diese Zukunft zu leisten, hat das Volk Gottes eine Möglichkeit, die nur ihm offensteht: über die ganze Erde verstreut, kann es in der Menschheitsfamilie ein Gleichnis des Miteinanderteilens setzen. Dieses Gleichnis wird genügend Kraft enthalten, sich so auszubreiten, daß es Strukturen, seien sie noch so festgefahren, erschüttern und Gemeinschaft in der Menschheitsfamilie schaffen kann.

Um das Volk Gottes in diese Radikalität des Evangeliums mithineinzunehmen, zögere nicht, wenn du, jung oder alt, diesen Brief liest, aus deinem eigenen Leben durch konkretes Handeln ein Gleichnis des Miteinanderteilens zu machen, was auch immer es dich kosten mag.

Auf diesem Weg gehen dir in Asien viele voraus, besonders unter den Armen.

Mit anderen zusammen das Gleichnis des Miteinanderteilens zu verwirklichen, betrifft zunächst die materiellen Güter. Der Beginn dazu liegt in der Umgestaltung deiner Lebensgewohnheiten. ...

Teile alles, was du hast, du wirst darin Freiheit finden.

Widerstehe dem Konsumzwang: je mehr du kaufst, desto abhängiger wirst du. In der Anhäufung von Rücklagen für dich oder für deine Kinder liegt der Beginn von Ungerechtigkeit.

Gerechtes Aufteilen setzt voraus, daß man sich gleichwertig gegenübersteht und keine Abhängigkeit schafft. Das gilt für einzelne Menschen wie auch für Staaten.

Es ist nicht möglich, seinen Lebensstandard innerhalb eines Tages zu ändern. Deshalb richten wir an die Familien, Kirchengemeinden, Gemeinschaften und an die Verantwortlichen der Kirchen die dringende Bitte, innerhalb von sieben Jahren schrittweise alles, was nicht unbedingt erforderlich ist, aufzugeben, angefangen bei Ausgaben aus Repräsentations- und Prestigebedürfnis. Und wie könnten wir in diesem Zusammenhang den Skandal der Prestigeaufwendungen der Staaten stillschweigend übergehen!

Das Miteinanderteilen wird dich auch dazu führen, deine eigenen Wohnverhältnisse zu ändern.

Mache deine Wohnräume zu einem Ort, an dem andere immer willkommen sind, zu einem Haus des Friedens und des gegenseitigen Verzeihens.

Vereinfache deine Wohnung, aber fordere deshalb das gleiche nicht auch von alten Leuten, deren Zimmer voller Erinnerungsstücke sind... Im hohen Alter eröffnen sich Einsichten über Gott, die Jüngeren weiterhelfen.

Du hast Nachbarn im Treppenhaus, im Wohnviertel. Nimm dir Zeit, immer wieder auf sie zuzugehen und mit ihnen Verbindungen zu knüpfen. Du wirst dabei oft auf große Einsamkeit stoßen und feststellen, daß die Grenze der Ungerechtigkeit nicht nur zwischen Kontinenten, sondern nur einige hundert Meter von deiner Wohnung entfernt verläuft.

Lade andere zum Essen ein. Das Fest wird eher bei einem einfachen als bei einem übertriebenen Mahl entstehen.

Als konkretes Zeichen der Solidarität wechseln einige ihre Wohnung oder ihr Wohnviertel, um unter den von der Gesellschaft Zurückgestoßenen zu leben: den Alten, den ausländischen Arbeitern... In jeder Großstadt grenzen die Armenviertel mehr oder weniger offensichtlich an die Wohngebiete der Reichen.

Das Gleichnis des Miteinanderteilens bezieht sich auch auf deine Arbeit.

Setze deine Kräfte dafür ein, daß für alle eine Angleichung der Löhne und menschenwürdige Arbeitsbedingungen erreicht werden.

Wenn es dir bei deiner Arbeit nur auf Karriere, Konkurrenz, hohes Gehalt und die Erfüllung deiner Konsumerwartungen ankommt, bist du nahe daran, andere auszubeuten oder selbst ausgebeutet zu werden.

Arbeite, um das Lebensnotwendige zu verdienen, niemals um Geld anzuhäufen.

Das Miteinanderteilen schließt die ganze Menschheitsfamilie ein. Es ist unerläßlich, gemeinsam zu kämpfen, um die Güter der Erde neu aufzuteilen. Eine Neuverteilung des Reichtums erfordert nicht nur, daß die Industrieländer ihren Überfluß abgeben. Strukturen, die die internationale Ungerechtigkeit aufrechterhalten, müssen um jeden Preis geändert werden. Maßstab sind die tatsächlichen Bedürfnisse aller Menschen bis hin zu den Allergeringsten, und nicht die Befriedigung der Bedürfnisse der westlich orientierten Menschen.

Woraus die Energien der Liebe schöpfen, um so viele Wagnisse einzugehen bis zum letzten Atemzug?

Kann einer, der menschliche Liebe nicht kennt oder sie anderen nicht entgegenbringt, den Kampf für den Menschen und ein Leben in Gemeinschaft mit Gott verstehen?

Das Gebet ist für dich eine Quelle der Liebe. Das Bildnis Gottes im Menschen ist Brennen einer Liebe. In unendlicher Absichtslosigkeit überlaß dich selbst, deinen Geist und deinen Körper. Nimm täglich einige Worte aus der Schrift in dich auf, um dich einem anderen als dir selbst, dem Auferstandenen, gegenüberzustellen. Laß im Schweigen ein lebendiges Wort von Christus in dir aufsteigen, um es sogleich in die Tat umzusetzen. Mache für das Gebet mit dem Volk Gottes aus der Kirche an deinem Wohnort einen Platz, wo jeder willkommen ist. ...

Jetzt, wo wir Kalkutta und Chittagong verlassen, möchten wir mit Buchstaben aus Feuer schreiben, was wir in den letzten Jahren auf der ganzen Erde entdeckt haben: in das Klagelied so vieler leidender Menschen mischt sich schon eine andere Melodie, ein Lied der Hoffnung. Dieses Lied haben wir in Asien deutlich vernommen. Diese Melodie, noch unterdrückt und verborgen, ist das Lied einer Gemeinschaft, die der ganzen Menschheit versprochen ist. Und genau dort wird das Volk Gottes seinen unersetzbaren Platz haben. ...

Wenn die Kirche sich von allem trennt, was sie nicht unbedingt braucht, wenn sie nur der Gemeinschaft und dem Teilen aller Menschen untereinander dienen möchte, beteiligt sie sich am Heilungsprozeß der verwundeten Menschheitsfamilie. Sie wird die Strukturen der Ungerechtigkeit ins Wanken bringen, die Wellen des Pessimismus brechen und uns aus der gegegenwärtigen Vertrauenskrise in den Menschen herausführen.

Durch das Gleichnis des Miteinanderteilens wird die Kirche in der auseinandergerissenen Menschheitsfamilie zu einer Saat, die einen ganz anderen gesellschaftlichen Entwicklungsprozeß hervorbringen wird. Sie wird zur Trägerin einer Hoffnung, die kein Ende kennt.

Gemeinsamer Brief der katholischen und evangelischen Bischöfe in Baden-Württemberg zu Fragen der Kernenergie

Anlage 18

... Ohne Zweifel ist die überwiegende Mehrheit derer, die den Bau von Kernkraftwerken ablehnen, bestimmt durch die Sorge, daß unsere Umwelt in nicht wiedergutzumachender Weise gefährdet und menschliches Erbgut unwiderruflich geschädigt wird. Wir teilen diese Sorge. Der Mensch ist Gott verantwortlich für das, was er aus dieser Welt macht. Er darf nicht, um einem augenblicklichen Notstand zu begegnen, die Schöpfung ausbeuten und möglicherweise für Jahrtausende vergiften.

Ob die Kernenergie diese Folge nach sich zieht, ist eine Frage, die, so sehr sie uns bedrängt, von den Kirchenleitungen nicht verbindlich beantwortet werden kann. Wohl aber stellen wir fest, daß die hierüber vorliegenden Fachgutachten nicht übereinstimmen. Der Energiebedarf scheint sich nicht exakt berechnen zu lassen. Ähnliches gilt für den Umfang der vorhandenen Energiequellen. Für Transport, Wiederaufbereitung und Zwischenlagerung der radioaktiven Materialien sind zwar kurzfristige Übergangslösungen gefunden. Ob aber eine zufriedenstellende endgültige Lösung in den nächsten Jahren gefunden wird, ist nicht sicher. Was wird sein, wenn diese Erwartung sich als trügerisch erweisen sollte!

Darum können wir nicht abseits stehen, auch wenn wir in technischen und wirtschaftlichen Einzelfragen nicht kompetent sind. Wir sind mit der Landesregierung im Gespräch, vor allem über Sicherheitsfragen der Kernenergie, und werden mit Vertretern der Wirtschaft sprechen, vor allem über die Erschließung anderer Energiequellen und bessere Nutzung der vorhandenen.

An unsere Gemeinden aber richten wir die dringende Bitte:...

☐ Bleiben Sie nüchtern gegenüber jeglicher Schwarzmalerei, von welcher Seite auch immer sie erfolgt. Es ist nicht wahr, daß eine Katastrophe unvermeidlich ist. Es ist auch nicht wahr, daß ohne Kernenergie zwangsläufig die Lichter ausgehen. Lassen Sie sich ebenso wenig beeindrucken von der Fortschrittsgläubigkeit, die blind ist für die Risiken eines bedenkenlosen Wirtschaftswachstums! ...

☐ Im übrigen ist ein neues Energiebewußtsein unabdingbar. Gehen Sie verantwortungsbewußt um mit Strom und jeder anderen Energie! Beachtenswerten Berechnungen zufolge würde in den kommenden Jahren die Energielücke nicht in dem befürchteten Umfang entstehen, wenn schon in den Haushalten und öffentlichen Gebäuden die Energie rationeller verwendet und nicht durch Unachtsamkeit vergeudet würde. Wahrscheinlich müßte die Industrie ihren Energieverbrauch nicht einschränken und damit auch auf keine Arbeitsplätze verzichten, wenn es gelänge, die Haushalte zu einem sorgsamen Umgang mit Energie zu bewegen. Dazu kann ein jeder an seiner Stelle mithelfen.

Die Frage der Kernenergie muß in einem größeren Zusammenhang gesehen werden. Die Menschheit befindet sich in einer entscheidenden Stunde ihrer Geschichte. Was immer wir tun, wir stellen damit eine Weiche, auch für andere. Wenn wir eine lebenswerte, menschenwürdige Zukunft wollen, müssen wir einen neuen Stil des gegenseitigen Umgangs gewinnen. Gefordert ist:

- mehr Information,
- mehr Selbstkritik,
- mehr Achtung vor dem Andersdenkenden,
- mehr Eigeninitiative,
- mehr Sinn für das Gemeinwohl,
- mehr Rücksicht auf die kommenden Generationen.

Zugleich geht es um das Hegen und Pflegen der dem Menschen anvertrauten Schöpfung.

Unser Herr Jesus Christus hat uns dazu befreit und verpflichtet.

Stuttgart, 15. Februar 1977

Hermann Schäufele
Erzbischof von Freiburg

Georg Moser
Bischof von Rottenburg

Helmut Claß
Landesbischof - Stuttgart

Hans-Wolfgang Heidland
Landesbischof - Karlsruhe

DER MENSCH - EIN EBENBILD GOTTES

Religionspädagogische Überlegungen zum Thema

Die Schüler haben durch öffentliche Medien und Unterricht von sinnlosen Morden in den kriegerischen Auseinandersetzungen, von der Propaganda und von Maschinen des Atomzeitalters, die die Würde des Menschen zerbrechen, Kenntnis. Daher klingen ihnen Worte, die die unvergleichliche Würde und Größe des Menschen rühmen, oft wie Hohn. Einleuchtender erscheint schon die Meinung, der Mensch sei ein Lebewesen wie jedes andere auch. Diese Auffassung soll auch in LZ 1, untermauert durch die Lehre von der Abstammung des Menschen und durch einen Verhaltensvergleich, zu Wort kommen. Jedoch widersprechen gerade die menschlichen Grausamkeiten einer Gleichstellung von Mensch und Tier. So empfiehlt es sich, die Sonderstellung des Menschen zur Sprache zu bringen, wobei die spezifischen Fähigkeiten und Unfähigkeiten des Menschen seine Sonderstellung belegen.

Die angesprochene Dialektik (Mensch - Tier - Sonderstellung des Menschen) kommt auch in der biblischen Botschaft von der Gottesebenbildlichkeit (vgl. LZ 2) zum Ausdruck. Beide Schöpfungsgeschichten zeigen einerseits, wie nahe Tier und Mensch nebeneinanderstehen, andererseits heben sie in sehr betonter Weise den Menschen vom Tier ab. Die Sonderstellung des Menschen gehört zwar zur Gottesebenbildlichkeit, ist aber nicht mit ihr gleichzusetzen. Die Gottesebenbildlichkeit beruht auch nicht auf einer <u>wesenhaften Ähnlichkeit</u> des Menschen mit Gott. Sie verdankt sich einer <u>einzigartigen Beziehung</u>, die Gott mit dem Menschen eingeht. Der Unterrichtende sollte Wert darauf legen, daß die Meinung, der Mensch sei seiner natürlichen Abstammung nach gottverwandt, nicht der biblischen Aussage entspricht. Ebenso muß der häufig vertretenen Auffassung, der Mensch sei nur in seinen geistigen Fähigkeiten Abbild Gottes, entgegengetreten werden. Die Erzähler der biblischen Schöpfungsgeschichten sind weniger an dem "worin" als vielmehr an dem "wozu" der Gottesebenbildlichkeit interessiert. Und hier steht eindeutig die Beauftragung des Menschen zum Weltverwalter im Mittelpunkt. Dieser Herrschaftsauftrag muß aber vor dem Mißverständnis einer willkürlichen Ausbeutung der Schöpfung durch den Menschen und einer Herrschaftsausübung von wenigen Einzelmenschen geschützt werden.

Nachdem das biblische Verständnis der Gottesebenbildlichkeit in seinen Grundzügen herausgestellt ist (LZ 2), sollten die Schüler darüber nachdenken, inwieweit diese Aussage Maßstab und Hilfe angesichts des derzeitigen Sinnverlustes sein kann. Wenn von den Gefährdungen der Gottesebenbildlichkeit die Rede ist, muß der Unterrichtende immer die Ergebnisse von LZ 2 als positives Gegenbild im Auge behalten und auf sie verweisen. In der Gegenwart ist etwa das Menschsein des Menschen gefährdet, wenn

- der Mensch sich selbst und die übrige Kreatur zerstört
- Menschen über Menschen herrschen
- der Mensch in einem Bild festgelegt und manipuliert wird
- die Herrschaft über die Kreatur zu einem Beherrschtwerden führt und alles Machbare um seiner Machbarkeit willen produziert wird
- der Mensch in dem Wahn lebt, alles herstellen zu können und darüber sein Angewiesensein vergißt
- der Mensch in Selbstzerstörung verfällt

Bei LZ 3 kann auf die UEn "Nach uns die Sintflut" und "Schöne neue Welt" verwiesen werden. LZ 3.4 ist sehr anspruchsvoll, eignet sich aber für aufgeschlossene Klassen. Die Schüler interessieren sich für das Problem des Menschenbildes, und das vorgeschlagene Medium hat eine starke Aussagekraft. Es bleibt der Entscheidung des Lehrers überlassen, welche der unter LZ 3 angeführten Gefährdungen des Humanum er bevorzugt behandeln will.

LZ 4 zeigt, wie vom Neuen Testament her Gottesebenbildlichkeit an Jesus Christus konkret wird. Gottes besondere Beziehung zu diesem Mann kann auf dreifache Weise zum Ausdruck kommen: in dem bedingungslosen Vertrauen Gottes zu ihm und umgekehrt, in der Zuwendung Gottes zu den Gescheiterten eben durch ihn, in dem Auf-sich-Nehmen des Leidens um der Wahrheit willen. Gerade so wird deutlich, daß trotz aller Gefährdungen der Gottesebenbildlichkeit des Menschen durch den Menschen die alte Zusage Gottes nicht aufgehoben wird: wo immer Menschen in Jesu Nachfolge treten, tragen sie ein Stück der Wirklichkeit Gottes und damit sein Antlitz in diese Welt hinein. Denn in Jesus Christus wurde der angesagte neue Mensch Wirklichkeit (LZ 4.4; Jer 31). An ihm können wir Bestimmung und Ziel der ganzen Menschheit erfahren. Ein eindrucksvolles Beispiel für die unablässige und unaufhebbare Zuwendung Gottes zum Menschen sind die Worte Jesu zum Schächer am Kreuz. Geeignet ist auch die Erzählung von der Begegnung Jesu mit der Ehebrecherin, falls diese Geschichte nicht schon zu bekannt ist.

<u>Literatur</u>

a) Zur Information des Lehrers:

U. Gerber u.a., Was ist der Mensch?, Gütersloh 1979 (Gütersloher Verlagshaus Gerd Mohn)

H.J. Kraus, Reich Gottes, Reich der Freiheit, Neukirchen-Vluyn 1975 (Neukirchener Verlag)

J. Moltmann, Mensch, Themen der Theologie, Stuttgart 1971 (Kreuz Verlag)

G. v. Rad, Theologie des Alten Testaments, Bd.1, München 1957 (Chr. Kaiser)

H.W. Wolff, Anthropologie des Alten Testaments, München 1973 (Chr. Kaiser)

b) Arbeitsmaterial für den Unterricht:

Anstoß Nr. 51 + 67, Blätter zum Mitdenken, Gelnhausen/Berlin o.J. (Burckhardthaus Verlag)

B. Brecht, Leben des Galilei, Frankfurt 1976 (Suhrkamp)

F. Dürrenmatt, Die Physiker, Zürich o.J. (Arche Verlag), S.60 f.

I Eibl-Eibesfeldt, Der vorprogrammierte Mensch, Wien/München/ Zürich 1973 (Molden)

M. Frisch, Ausgewählte Prosa, Frankfurt 1972 (Suhrkamp), S.60 ff.

Herausforderungen, Bd. I, Dortmund 1970 (Crüwell)

A. Huxley, Schöne neue Welt, Frankfurt 1953 (Fischer Taschenbuch), S.252 f.

G. Martin, Aus Mitleid töten?, Stuttgart/München 1972 (Calwer Verlag/Kösel)

H.-M. Thelemann u.a., Horizonte des Glaubens, Frankfurt 1973 (Diesterweg)

W. Trutwin u.a., Menschenbilder, Göttingen/Düsseldorf 1974 (Vandenhoeck & Ruprecht/Patmos Verlag)

AV-Medien

Filme:

Evolu, EMZ 12: KF 193

Übersicht über die Unterrichtseinheit

Lernziele	Inhalte
1. Gemeinsamkeiten und Unterschiede zwischen Mensch und Tier nennen	Nähe des Menschen zum Tier Sonderstellung des Menschen: Überlegenheit des Menschen trotz und wegen mangelnder Spezialisierung
2. Biblische Aussagen kennen, nach denen Gott den Menschen sein Ebenbild in der Welt sein läßt und ihn mit der Verwaltung der Welt betraut	1 Mose 2, Ps 8: Sonderstellung des Menschen Der ganze Mensch ist Bild Gottes Berufung des Menschen zum Verwalter und zum Vollstrecker des Willens Gottes
3. Erscheinungen in der Gegenwart beobachten, die die Gottesebenbildlichkeit des Menschen in Frage stellen	Selbstzerstörung, z.B.: Suchtkrankheiten, Gefährdung des werdenden Lebens. Ausbeutung, Herrschaft von Menschen über Menschen. Festlegung des Menschen auf ein Bild
4. Am Leben und Werk Jesu zeigen, daß sich die Gottesebenbildlichkeit des Menschen in Nachfolge und Zuwendung ausdrückt	Jesus - Ebenbild Gottes: - bedingungsloses Vertrauen auf den Vater (Sorget nicht, Mt 6,25 ff.) - bedingungslose Zuwendung zum Gescheiterten (Lk 23,39 ff.; Joh 8,3 ff.) - Leiden und Sterben aus Ausdruck des Dienstes Jesu (Mk 10,42-45) Verheißung des neuen Menschen (Jer 31,31 ff.)

Lernziele	Inhalte	Medien/ Verfahren	Didaktische Hinweise
1. Gemeinsamkeiten und Unterschiede zwischen Mensch und Tier nennen		Zu LZ 1 und LZ 3: Film Evolu (Anlage 1)	Als Beweis für die enge Verbindung von Mensch und Tier wird häufig die Abstammung des Menschen von einem affenartigen Wesen angeführt. Die Schüler werden diesen Aspekt sicher einbringen. Zur Untermauerung können die angegebenen Texte führen. Beim Vergleich Mensch - Tier muß auch zur Sprache kommen, daß der Mensch, biologisch gesehen, ein Mängelwesen ist. Zur Sonderstellung des Menschen kann man ein Zitat Herders anführen: "Das Tier ist ein gebückter Sklave, der Mensch dagegen der erste Freigelassene der Schöpfung". Vgl. dazu besonders Moltmann, Mensch, S.15-19.
1.1 Die enge Verbindung von Mensch und Tier an der Evolutionstheorie aufzeigen	Abstammung des Menschen von einem affenartigen Wesen	Lehrer- und Schülergespräch Texte: Herausforderungen, Bd.1, S.10 A. Butenandt und C.F. v.Weizsäcker	
1.2 Die enge Beziehung des Menschen zum Tier im Bereich der Verhaltensforschung belegen	Verhaltensvergleich Gemeinsamkeiten, z.B. Sozialverhalten Aggressionsverhalten Außenseiterreaktion	Mensch und Tier (Anlage 2)	
1.3 Die jeweils speziellen Fähigkeiten von Mensch und Tier an Beispielen aufzeigen	Überlegenheit des Tieres in mannigfacher Hinsicht, z.B. bessere Ausrüstung des Körpers und der Instinkte - bessere Anpassungsfähigkeit an die Umwelt - Dagegen: Vielseitigkeit des Menschen: "der Mensch ein Spezialist von Hand und Gehirn"	Text: Herausforderungen, S.12 + 13 C.F. v.Weizsäcker (ebd., S.14)	
1.4 An Beispielen aus der Verhaltensfor-	z.B. Sprachliche Kommunikation ermöglicht	Texte und Bilder: Eibl-Eibesfeldt, S.144 ff. (Anlage 3)	

Lernziele	Inhalte	Medien/ Verfahren	Didaktische Hinweise
schung spezifische Fähigkeiten des Menschen bestimmen	differenzierteres soziales Leben; Verhinderung des sozialen Konflikts durch Ortsbindung über Mythen; Funktionszuteilung an die verschiedenen territorialen Gruppen; Innere Repräsentation komplexer Zusammenhänge		
2. Biblische Aussagen kennen, nach denen Gott den Menschen sein Ebenbild in der Welt sein läßt und ihn mit der Verwaltung der Welt betraut			Wichtig ist der Hinweis, daß es sich bei den Bibelstellen nicht um naturwissenschaftliche Aussagen im Sinne der neuzeitlichen Forschung handelt. Es geht hier vielmehr um eine Ahnung von einer letzten Gemeinsamkeit von Mensch und Tier. Der Inhalt der Aussage von der Gottesebenbildlichkeit des Menschen soll in weiteren Lernzielen erarbeitet werden. - Hier muß der irrigen Meinung entgegengetreten werden, als sei nur das geistige Wesen des Menschen Gottes Abbild (etwa seine Würde, Per-
2.1 Aus den biblischen Schöpfungsberichten die Aussagen heraussuchen, die auf Gemeinsamkeiten zwischen Mensch und Tier hinweisen oder die Sonderstellung des Menschen unterstreichen	Priesterschriftlicher Bericht (1 Mose 1): Erschaffung am gleichen Tag; Auch Tiere werden durch einen Segensspruch zur Vermehrung ermächtigt; Mensch und Tier wird dieselbe Nahrung zugewiesen;	1 Mose 1,24-29 1 Mose 2,7.18-20 Lesen der Texte Gemeinsamkeiten von Mensch und Tier herausstellen! Worin unterscheidet sich der Mensch vom Tier?	

Lernziele	Inhalte	Medien/ Verfahren	Didaktische Hinweise
	Besonderer Auftrag des Menschen Jahwistische Erzählung (1 Mose 2): Tier und Mensch werden aus der Ackererde geschaffen; Besondere Anrede für den Menschen		sönlichkeit usw.). Die moderne Anthropologie bestätigt das biblische Menschenbild, wonach das Geistige und Leibliche nicht so einfach auseinandergerissen werden dürfen. Der gewaltige Auftrag des Menschen muß deutlich herausgearbeitet werden. Freilich darf nicht davon abgesehen werden, daß das gottähnliche Herrschen nur von Gott abgeleitet und nur recht verstanden werden kann, wenn der Mensch um seine Beauftragung weiß (vgl. LZ 2.4). Nicht in Willkür, sondern als verantwortlicher Geschäftsträger sollte er seine Aufgabe wahrnehmen.
2.2 An den biblischen Schöpfungsaussagen feststellen, daß Gott den ganzen Menschen zu seinem Ebenbild macht und nicht nur Teile des Menschen	Priesterschrift: Erschaffung des Menschen auf Grund eines Selbstentschlusses Gottes ohne Mitbeteiligung der Erde; Mensch wird Ebenbild Gottes genannt; Jahwist: Der Mensch wird von Gott angeredet; der Mensch gibt dem Tier Namen		
2.3 Feststellen, daß auch in Ps 8 der ganze Mensch Gottes Abbild genannt wird	Das leibliche und geistige Wesen des Menschen ist Gottes Abbild; Geistige Fähigkeiten gründen sich im Körperlichen	Lehrerinformation: Zäläm = Standbild. In Ps 8,6 schließen "Glanz" und "Schmuck" auch die leibliche Gestalt des Menschen ein; vgl. auch das Wortfeld: sehen und greifen (Umsicht, Rücksicht, begreifen, eingreifen)	

Lernziele	Inhalte	Medien/ Verfahren	Didaktische Hinweise
2.4 Den Zweck der Gottesebenbildlichkeit aus den biblischen Berichten erheben	Zweck der Gottesebenbildlichkeit ist Einsetzung des Menschen zum Weltverwalter; Gültigkeit des Herrschaftsauftrags in erster Linie für die menschliche Gemeinschaft, nicht für den Einzelnen	1 Mose 1,26-29 Ps 8,7-9 Hinweis auf den Plural "damit sie herrschen"	
3. Gefährdungen der Gottesebenbildlichkeit in der Gegenwart erörtern		Die Formen der Gefährdung lassen sich in einer Wandzeitung gut dokumentieren; zur Erarbeitung der Elemente: arbeitsteilige Gruppenarbeiten.	Das Lernziel fordert zu gestalterischer Bearbeitung heraus. Arbeitsteilige Gruppenarbeit ist angezeigt. Die Wandzeitung dient später als Ausgangs- und Bezugsort für eine folgende Klassendiskussion. -
3.1 Beispiele für den Mißbrauch des Herrschaftsauftrags an den Menschen anführen	Der Mensch als Wesen mit der stärksten Neigung zur Zerstörung und Grausamkeit: Der Mensch dem Menschen ein Wolf; der Wolf dem Wolf kein Wolf	Zu 1) Krieg und Zerstörung, Impulse dazu: Anstoß Nr.51 "Die Herren der Schöpfung" Anstoß Nr.67 Kampf der Wölfe; Dostojewski: Der grausame General (Anlage 4)	Zu LZ 3.1 und 3.2: Die Aussage von Anstoß Nr. 67, nach der der Mensch im Unterschied zum Tier den Gegner, wenn er die "demütige Haltung" einnimmt, nicht schont, darf freilich nicht zu einseitig betont werden. Eibl-Eibesfeldt hat auf S.94f. dargestellt, daß bei Kindern wie bei Erwachsenen eine Reihe von beschwichtigenden Verhal-

Lernziele	Inhalte	Medien/ Verfahren	Didaktische Hinweise
3.2 Machtausübung von Menschen über Menschen als eine Verletzung der Gottesebenbildlichkeit begreifen	Die Herrschaft des Menschen über Menschen widerspricht der Bestimmung des Menschen; Hitlers Pädagogik: Vernachlässigung intellektueller Erziehung	Zu 2) Hitlers Pädagogik, in Trutwin, Menbilder, S.36 f. Bearbeiten des Textes, dazu: a) Worauf wird bei der Erziehung Wert gelegt? b) Welche Eigenschaften muß der junge Mensch verkörpern? c) Wie steht es mit der Freiheit dieses Menschen? d) Welche Absicht verfolgt Hitler mit dieser Erziehung?	tensweisen anzutreffen sind, die den Überlegenen in der Ausübung seiner Aggressivität hemmen. - Zu 3.3: Auf die schwierigen Fragen im Zusammenhang mit dem Schwangerschaftsverhalten, auch Schwangerschaftsabbruch, sollte nur im Beisein des Lehrers eingegangen werden (Lehrer als Gruppenteilnehmer oder im Plenum). - Man wird zugeben müssen, daß wir ohne Bilder nicht leben
3.3 An Beispielen der Selbstzerstörung des Menschen eine Verletzung der Gottesebenbildlichkeit des Menschen erkennen	z.B. Suchtkrankheiten; Zerstörung und Gefährdung werdenden Lebens; Leben als Gottesgeschenk zur Erfüllung eines Auftrags für die Welt schließt Selbstvernichtung aus	Bei Gruppenarbeit ohne Lehrer: Beschränkung auf Suchtgefahren; Schüler sammeln Beispiele aus Illustrierten und fertigen Geschichten an (Bild/Text); Vorbereitung von Plakattexten, dazu: 1 Mose 1,27 f. und 2,7	können. Eine Freundschaft bleibt beispielsweise im Abstrakten, ohne Erinnern, wenn man sich vom andern kein Bild macht. Macht man sich dagegen ein Bild, so läuft man Gefahr, den andern zu fixieren, zu manipulieren. Der Text von Frisch macht deutlich, wie das Bild den jungen Menschen formt und versklavt. Jeder
3.4 Die Feststellung des Menschen auf ein bestimmtes "Bild" als Verletzung der Gottesebenbildlichkeit begreifen	Sinn und Folgen des Bildverbots	Zu 4) Schülerreferat mit Diskussion M. Frisch: Andorra oder Lesen und Besprechen des Textes Anlage 5 a) Können wir ohne Bilder überhaupt leben? b) Welche Gefahren bringen Bilder mit sich?	Fortschritt muß den Menschen im Auge behalten. Sonst wird er zum "Fortschreiten von der Menschheit" (Brecht). Das Beispiel aus dem Problemkreis der Euthanasie kann deutlich machen, wie sehr der Mensch zum Versuchsobjekt degradiert werden kann. Schüler selbst

Lernziele	Inhalte	Medien/ Verfahren	Didaktische Hinweise
3.5 Uneingeschränkte Ausübung des Herrschaftsauftrags als Gefährdung der Gottesebenbildlichkeit verstehen	Der Fortschritt darf nicht zu einer Beherrschung des Menschen durch die Technik führen. Nicht alles Machbare darf verwirklicht werden	Brecht: Leben des Galilei, S.129 Dürrenmatt: Physiker, S.60 R. Röttgen: Das Recht zu sterben, in: Aus Mitleid töten, Nr.15 b A. Huxley: Schöne neue Welt;, besonders S.193 ff.	können die Beispiele vermehren. Der "Wilde" (Huxley) hat erkannt, daß man in der "schönen, neuen Welt", in der nicht nur Maschinen und Apparate genormt sind, sondern auch Menschen mit ihren Gedanken und Gefühlen, nicht leben kann. Eine "vollkommene" Welt ohne Freiheit, Liebe und Gott tritt und hier entgegen.
4. Am Leben und Werk Jesu zeigen, daß sich die Gottesebenbildlichkeit des Menschen in Nachfolge und Zuwendung ausdrückt			Besonders abgehoben werden sollte auf das einzigartige Vertrauensverhältnis Jesu zu Gott, seinen Gehorsam und seine befreiende Zuwendung zum Nächsten (LZ 4.1/4.2). Als mögliche Erweiterung ist eine Besprechung von Kreuz und Auferstehung unter den Aspekten "Krise und Wiederherstellung" der Gottesebenbildlichkeit denkbar. - Dabei ist wichtig, daß Jesus ans Kreuz kam, weil er Gottes Willen auf die Erde bringen wollte. In diesem Gotteswillen wird die Liebe Gottes zur Welt deutlich, die auch das Opfer des Sohnes einschließt. Wer
4.1 An Jesu Verhältnis zu Gott und zu den Menschen sehen, daß vorbehaltloses Vertrauen und vorbehaltlose Zuwendung Merkmale der Gottesebenbildlichkeit sind	Jesus das wahre Abbild Gottes: das einzigartige Vertrauensverhältnis Jesu zu Gott; vorbehaltlose Annahme seiner Mitmenschen: Mt 6,25 ff.; 2 Kor 4,4	Schüler-Lehrergespräch: a) Wie stand Jesus zu Gott? b) Wie verhielt er sich seinen Mitmenschen gegenüber? vgl. Sorget-nicht-Wort (Mt 6,25 ff.)	
4.2 Ein biblisches Beispiel kennen, das auch dem gescheiterten Menschen die	Festhalten der Bibel an der Hoheit des Menschen auch in seinem Scheitern;	1 Mose 9,6 Verbot und Ahndung des Tötens von Menschen wird mit Gottesebenbildlichkeit begründet. Diese Bestim-	

Lernziele	Inhalte	Medien/ Verfahren	Didaktische Hinweise
Gottesebenbildlichkeit zuspricht	Annahme der Ehebrecherin (Joh 8,3-11) und des Schächers am Kreuz (Lk 23,39.43)	mung ist gegenwärtig gültig und kann nicht zerstört werden	Jesu Weg geht mit der Konsequenz des Martyriums, verdeutlicht damit, was der Auftrag Gottes für die Menschen will. Insofern teilt er das Bild Gottes in Jesus Christus mit. So hat er auch an der Verheißung teil. -
4.3 In der Einwilligung zum Martyrium die letzte Konsequenz der Nachfolge Jesu erkennen	Passion Jesu als letzte Konsequenz der Vollendung des göttlichen Willens für die Welt; gegenwärtiges Beispiel solcher Haltungen, z.B. Max Kolbe	Mk 10,42-45 zu M. Kolbe vgl. UE II 7	Zu Jer 31: Gott wendet sich also auch dem von ihm abgefallenen Menschen zu und entläßt ihn nicht aus seiner Partnerschaft. Zuerst ist darauf hinzuweisen, daß Israel an seinem Gott gescheitert ist.
4.4 Den Grund für die Unverlierbarkeit der Gottesebenbildlichkeit in der immer neuen Zuwendung Gottes zum Menschen und in der Verheißung eines neuen Menschen sehen	Befähigung des Menschen, in Übereinstimmung mit dem Willen Gottes zu leben (Jer 31,31ff.); Herz im Alten Testament als Sitz des Gefühls, des Verstandes und des Willens; "Gott erkennen" als rechtes Zugewandtsein des Menschen zu Gott	Jer 31,31-34: Beispiele anführen lassen für das Scheitern Israels an Gott und seinem Willen; Nimmt Gott seinen Willen zurück? Wie sieht Jeremia den neuen Menschen?	Inwieweit der Bund gebrochen wurde, ist nicht angeführt, ist also vom Propheten als bekannt vorausgesetzt und könnte im Sinne Jeremias zusammengefaßt werden: in seinem politischen Sicherheitsverlangen fing Israel an, sich auf irdische Machtfaktoren (Bündnisse) statt auf Gott zu verlassen. In gleicher Weise entzog sich Israel auf dem Gebiet der inneren Ordnung den göttlichen Geboten.

Film: Evolu

Anlage 1

7 Min, Farbe, Zeichentrickfilm

Der Film zeigt in mehreren Abschnitten die allmählich fortschreitende Entwicklung der Lebewesen von niedrigen zu höheren Formen. Er konzentriert sich dabei auf das menschliche Antlitz. Der physiognomische Wandel spiegelt die Fülle geistig-seelischer und physiologischer Vorgänge. Ein von Konsum und Gewalt geprägter Weg des Menschen hinterläßt unübersehbare Spuren.

Für den Betrachter stellt der Film hohe Anforderungen an Aufmerksamkeit und Analysevermögen. Für sehgewohnte Gruppen ist er aber zu LZ 1 und 3 recht passend.

Mensch und Tier

Anlage 2

Wickler zählt fünf kritische Stellen im Leben der sozialen Tiere auf, in denen durch zusätzliche Sicherungen gewährleistet werden muß, daß für das Gruppenleben schädliche Reaktionen verhindert werden:

1. Traditionsübermittlung und Autorität, die Achtung der Alten
2. Das Töten von Artgenossen
3. Die sexuellen Partnerbeziehungen
4. Besitz und Eigentum
5. Zuverlässige, "wahre" Verständigung.

Wickler weist darauf hin, daß diese "wunden" Punkte der Sozietäten auch in der menschlichen Gesellschaft durch Gebote markiert sind. "Das Sozialverhalten der Tiere ist wie durch Gebote geregelt, und die Verhaltensforschung ist unter anderem darum bemüht, herauszufinden, welches die physiologischen und anderen biologischen Gesetzmäßigkeiten dieses moral-analogen Verhaltens sind." - Wie im einzelnen das Soll-Verhalten erreicht wird, das wechselt. Eine Tötungshemmung wird meist über beschwichtigende Signale aktiviert, auf die ein angeborener Auslösemechanismus anspricht. Dem Inzesttabu dagegen scheint eine prägungsartige Lerndisposition zugrunde zu liegen.

aus: I. Eibl-Eibesfeldt, Der vorprogrammierte Mensch, München 1973 (Molden), S. 63

Vergleichende Untersuchungen zeigten schließlich, daß aggressives Verhalten bei Affen und Menschen gleicherweise bevorzugt in folgenden Situationen auftritt:

a. Bei Konkurrenz um Nahrung
b. Bei Verteidigung eines Jungen
c. Beim Kampf um die Vormachtstellung zwischen etwa zwei Gleichrangigen
d. Bei Weitergeben erlittener Aggressionen an Rangniedrigere
e. Bei Wahrnehmung eines sich abwechselnd verhaltenden Gruppenmitgliedes
f. Beim Wechsel im Ranggefüge
g. Bei der Paarbildung
h. Eindringen eines Fremden in eine Gruppe
i. Als Rauben von Gegenständen, typisch für das Kleinkind.

ebd., S.94

Auch der Hinweis, aggressives Verhalten (z.B. Fordern nach Nahrung, Betreuung usw.) führe ein Kind überall zum Erfolg und trainiere so aggressives Verhalten - was sicher stimmt -, beweist noch keineswegs, daß es deshalb keinen primären Aggressionstrieb gäbe. Man könnte zwar eine solche Erklärung nach dem Sparsamkeitsprinzip als einfachste Hypothese zunächst einmal akzeptieren, gäbe es nicht Befunde der Nervenphysiologie, die eine andere Interpretation nahelegen. Man hat beim Menschen u.a. neurogene Wutanfälle nachgewiesen, die auf das spontane Feuern von Zellen im Hirnstamm und Schläfenlappen zurückgehen. Die spontanen Wutanfälle sind von typischen hirnelektrischen Aktivitäten dieser Regionen begleitet, und durch ihre elektrische Reizung lassen sich solche Wutanfälle auch reproduzieren. Da auch der Gesunde über die gleichen Strukturen verfügt und man auch bei ihm durch Reizung der gleichen Regionen Aggressivität wachrufen kann, und da man schließlich weiß, daß jede Ganglienzelle eine Spontaneität aufweist, ist die Hypothese, daß die menschliche Aggression in diesen automatischen Strukturen ihre Grundlage hat, keineswegs so leicht vom Tisch zu wischen, wie das gelegentlich in Diskussionen geschieht.

ebd., S.99

(Eine Forscherin) erzählt zunächst, wie die gesunden Schimpansen reagierten, als ihr an Polio erkranktes Gruppenmitglied Pepe zum ersten Mal wieder im Lager erschien:

"Als zum Beispiel Pepe sich, mit dem Gesäß auf dem Boden rutschend und den gelähmten Arm nachziehend, den Hang zum Futterplatz hinaufschleppte, starrten die Schimpansen, die bereits dort waren, einen Augenblick lang zu ihm hinüber und umarmten und beklopften sich dann gegenseitig mit einem breiten Grinsen der Angst auf den Gesichtern, um sich Mut zu machen, ohne dabei den unglücklichen Krüppel aus den Augen zu lassen. Pepe, der offensichtlich nicht ahnte, daß er selber der Anlaß ihrer Furcht war, zeigte ein noch breiteres Angstgrinsen und schaute wiederholt über die Schulter zurück - vermutlich, um herauszufinden, was seinen Genossen eine solche Furcht einjagte. Schließlich beruhigten sich die anderen, aber obgleich sie immer wieder zu ihm hinüberspähten, kam ihm keiner näher, und er schleppte sich, wiederum sich selbst überlassen, fort. Nach und nach gewöhnten sich die anderen Tiere an Pepe, und bald waren seine Beinmuskeln stark genug, daß er aufrecht gehen konnte, wie es Faben von Anfang an getan hatte.

Der Zustand des alten McGregor jedoch war weit schlimmer. Zu der Tatsache, daß er sich auf eine höchst abnorme Weise fortbewegen mußte, kamen der Uringeruch, das blutende Hinterteil und der Schwarm von Fliegen, der ihn verfolgte. Als er am ersten Morgen nach seiner Rückkehr ins Camp in dem hohen Gras unterhalb des Futterplatzes saß, liefen die ausgewachsenen Männchen, eines nach dem anderen, mit gesträubtem Fell zu ihm hin, starrten ihn an und verfielen in ihr Imponiergehabe. Goliath griff das gequälte alte Männchen, das weder die Kraft hatte zu fliehen noch sich auf irgendeine Weise zu verteidigen, sogar an, und McGregor blieb nichts anderes übrig, als sich mit angstverzerrtem Gesicht zu ducken, während Goliath auf seinen Rücken einhämmerte. Als ein zweites Männchen sich anschickte, über McGregor herzufallen und mit wild gesträubten Haaren einen gewaltigen Ast herumwirbelte, stellten Hugo und ich uns vor den Krüppel, und zu unserer Erleichterung ließen die Männchen von ihm ab.

Nach zwei oder drei Tagen gewöhnten sich die Schimpasen an McGregors sonderbares Aussehen und an seine grotesken Bewegungen, aber sie näherten sich ihm nie. Der, von meinem Standpunkt aus gesehen, allerschmerzlichste Augenblick der ganzen zehn Tage kam eines Nachmittags. Acht Schimpansen hatten sich in einem Baum versammelt, der etwa sechzig Schritt von dem Schlafnest entfernt war, in dem McGregor lag, und lausten sich gegenseitig. Das kranke Männchen sah unentwegt zu ihnen hinüber und ließ dann und wann ein leises Grunzen vernehmen. Schimpansen widmen normalerweise einen großen Teil ihrer Zeit der sozialen Hautpflege, und das alte Männchen hatte seit dem Ausbruch seiner Krankheit auf diesen wichtigen Kontakt verzichten müssen.

Schließlich erhob sich McGregor mühsam von seinem Lager, ließ sich auf den Boden hinab und machte sich, wieder und wieder innehaltend, auf den langen Weg zu seinen Artgenossen. Als er endlich den Baum erreichte, ruhte er eine Weile im Schatten aus und zog sich dann mit letzter Kraft hinauf, bis ihn nur noch ein kurzes Stück von zwei der Männchen trennte. Mit einem lauten Grunzer der Freude streckte er grüßend die Hand nach ihnen aus, aber noch bevor er sie berührt hatte, sprangen sie, ohne sich nach ihm umzusehen, fort und setzten ihre Hautpflege auf der anderen Seite des Baumes fort. Volle zwei Minuten lang saß der alte Gregor regungslos da und starrte ihnen nach. Dann ließ er sich langsam wieder zur Erde herab." (van Lawick-Goodall 1971)

Auch wir Menschen neigen dazu, Mitmenschen, die sich von der Norm abweichend verhalten oder abweichend aussehen, zu verspotten und anzugreifen. Der Dicke, der Stotternde oder der

Rothaarige sind Zielscheibe des Spottes in Schulklassen. Das Verhalten erzwingt die Angleichung des Außenseiters, sofern ihm das möglich ist. Die gegen die Außenseiter gerichtete Aggression hat in diesem Sinne eine normerhaltende Funktion, und das mag in den Kleingruppen der Altsteinzeit adaptiv gewesen sein. Heute gilt das sicher nicht. Unsere Gesellschaft profitiert gerade von den Außenseitern, die oft besonders begabte Kulturträger sind.

Die Außenseiterreaktion ist dem Menschen sicher angeboren. Darauf weist einerseits die Tatsache hin, daß sie bei den Schimpansen so ausgeprägt ist. Sie ist ferner universell. Auch Waika-Indianer und Buschleute lachen über den, der sich absonderlich benimmt. Ungeschick wird ebenfalls verspottet, es löst Auslachen aus. Ferner lachen bereits knapp über ein Jahr alte Kinder herzlich, wenn eine ihnen vertraute Person sich in auffälliger Weise verändert, sei es im Aussehen oder in den Bewegungen. Auch sind viele Verhaltensweisen des Spottes ... Universalien. Über jemanden zu lachen ist übrigens stark lustbetont. Die Witzblätter haben diesen Markt schon lange entdeckt. Man muß um solche Neigungen wissen, will man sich und andere Menschen vor deren Ausartungen schützen.

ebd., S.104 f.

Die Verhinderung territorialen Konflikts bei zentralaustralischen Stämmen

Anlage 3

Die zentralaustralischen Stämme haben territoriale Konflikte so gut wie gänzlich ausgeschaltet, und zwar durch eine Ortsbindung über Mythen und eine Funktionszuteilung an die verschiedenen territorialen Gruppen, die bewirkt, daß jede Gruppe für die andere wichtig wird. Die mythische Ortsbindung ist schon seit langem bekannt, während auf die Funktionsteilung in diesem Zusammenhang meines Wissens noch nicht hingewiesen worden ist.

Bereits Megitt (1962) erwähnt, daß die patrilinealen Gruppen der Walbiri auf Grund von Mythen emotionell stark an bestimmte Lokalitäten gebunden sind. Jede Gruppe führt ihre Existenz auf halb tierliche und halb menschliche Totem-Ahnen zurück, die in grauer Vorzeit (der sogenannten Traumzeit) das Land bevölkerten und deren Tätigkeit Spuren in Form von Bergen, Felsen, Höhlen, Wasserlöchern und dergleichen hinterließ. Runde Felsen werden als Eier oder Ausscheidungen gedeutet, Höhlen als Orte, an denen sie aus der Erde kamen oder auch nur gruben, und dergleichen mehr (siehe auch Mountford 1968). Diese Totem-Ahnen haben nun der jeweiligen Gruppe das Gebiet zugeteilt, in dem sie heute lebt. Die betreffenden Menschen sind in gewissem Sinne deren Nachkommen. Die Orte, an denen die Totem-Ahnen ihre Spuren hinterlassen haben, werden als heilige Stätten zu kultischen Zwecken (Initiation) regelmäßig besucht (Abb. 53, 54). Die Bindung an diesen Ort - den

Abb. 53: Die heilige Stätte der Totem-Schlange Jarapiri bei Ngama (Zentralaustralien), eine Totemstätte der Walbiri

Abb. 54: Felsmalerei, die heilige Schlange darstellend (Foto: Eibl-Eibesfeldt)

übrigens nur Männer des Totemclans und ausdrücklich eingeladene Gäste besuchen dürfen - ist gefühlsbetont. Die Eigentümer des Gebietes sprechen von ihrem Land. Jeder erwachsene Mann besitzt als symbolische Repräsentation der Stätte ein heiliges Brett oder einen heiligen Stein. Diese Objekte sind sowohl Wappen der Lokalität als auch der Person. Auf ihnen sind in stilisierter Weise die markanten Punkte der heiligen Stätten und die Wanderungen der Totem-Ahnen verzeichnet. Konzentrische Kreise und Spiralen deuten Hügel, Wasserlöcher oder Personen an, Striche die Wanderwege und Halbbögen die Lager, die der Ahne errichtete. Die Eingeborenen können die Zeichen interpretieren. Mitunter sind die Darstellungen jedoch so extrem stilisiert, daß der Interpretierende zuerst wissen muß, welchem Clan der Besitzer des Objektes angehört (Abb. 55, 56). Die heiligen Bretter und Steine werden sorg-

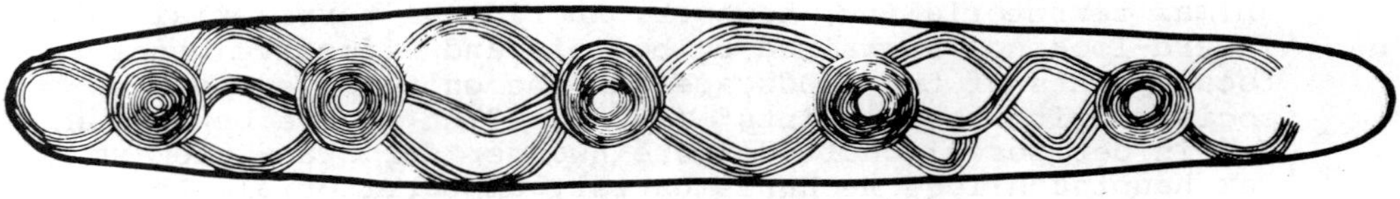

Abb. 55: Heiliges Holzbrett eines zum Jarapiri-Schlangen-Totem gehörenden Mannes. Die Mäanderlinien und -bögen symbolisieren die Spuren der mythischen Schlange Jarapiri, die konzentrischen Kreise die Wanbanbiri-Leute, die der Sage zufolge die Schlange auf ihrer Reise nach Ngama begleiten. (Aus Mountford 1968)

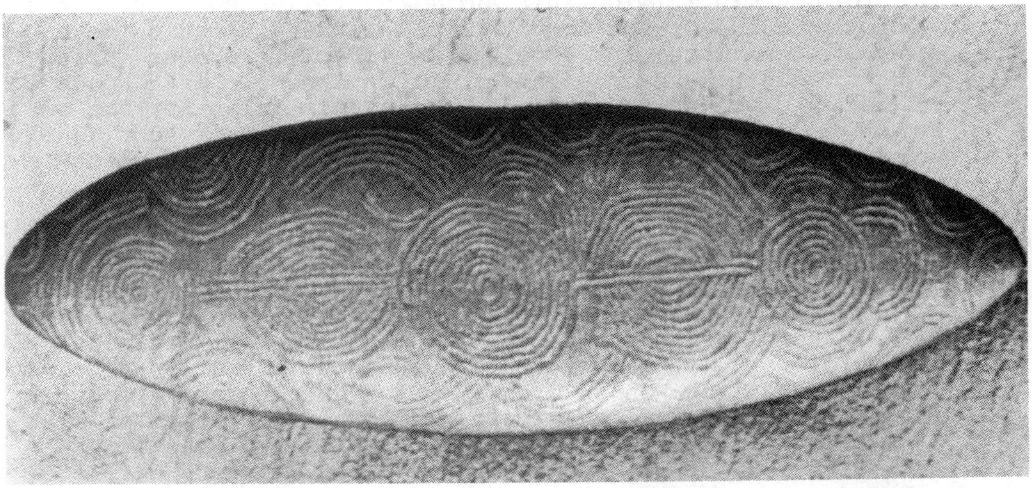

Abb. 56: Ein heiliger Stein des Honigameisenclans (Walbiri). Die drei konzentrischen Kreise stellen Berge dar. Die sie verbindenden Geraden geben die unterirdisch vom Totemtier (Honigameise) gelaufenen Strecken an, von diesen abgehende Halbbögen bezeichnen die Strekken, die der Totemahne auf der Suche nach Honig zurückgelegt hat und die frei verteilten Halbbögen Orte, an denen er lagerte (Foto: Eibl-Eibesfeldt)

sam gehütet und nur bei den Zeremonien vor den anderen gezeigt. Sie verkörpern den Träger und werden nach dessen Tod als heilige Ahnenbretter weiter gepflegt.

Die Zentralaustralier sind über diese Symbole und über die Rituale, die sie an den heiligen Stätten abhalten, an ihr Land gebunden. Zu anderen Lokalitäten fehlen entsprechende Bindungen, und Megitt weist darauf hin, daß jede Eroberung eines fremden Gebietes die Eroberer daher in größte Verlegenheit bringen würde. Die mythische Landbindung haben auch Strehlow (1970) und Peterson (1972) hervorgehoben. Peterson spricht ganz richtig von ritualisierter Territorialität. An den heiligen Stätten präsentiert sich die Gruppe als Eigentümer und achtet auf strikte Einhaltung aller Tabus. "I would suggest that clan totemism is the main territorial spacing mechanism in Aboriginal society. By contrast with animal territoriality, however, Aboriginal territoriality is inward-looking, sustained by beliefs and affective bonds to focal points of the landscape and the cultural symbols associated with these points" (S.23). ("Ich möchte behaupten, daß in der Gesellschaft der Ureinwohner der Clan-Totemismus der hauptsächliche Mechanismus ist, um territoriale Abgrenzungen herbeizuführen. Im Gegensatz zur Territorialität der Tiere ist jedoch die Territorialität der Ureinwohner einwärtsgewandt und wird genährt durch den Glauben und gefühlsmäßige Bindungen an bestimmte Brennpunkte der Landschaft und an kulturelle Symbole, die mit diesen Punkten verbunden sind").

Die verschiedenen territorialen Gruppen sind überdies durch für die Gesamtheit wichtigen Aufgabenzuteilungen miteinander verbunden. Jede Gruppe sorgt durch besondere Rituale, daß die von ihrem Totem-Ahn abgeleiteten Totemtiere oder -pflanzen gut gedeihen und dies nicht nur in ihrem Gebiet, sondern im ganzen Umkreis. So sorgt der Honigameisenclan für das Gedeihen der Honigameisen, der Emuclan für die Emus, der Känguruhclan für die Känguruhs usw. Ja, es gibt sogar einen Regenclan, der für den Regen verantwortlich ist. Damit hat jede Gruppe für die Gesamtheit eine wichtige Funktion, und es wäre geradezu unsinnig, würde eine Gruppe die andere ausrotten. Ich glaube, daß die Mythenbindung erst mit dieser Aufgabenteilung die territoriale Aggression wirksam blockierte. Es muß ferner durch Geburtenkontrolle dafür gesorgt werden, daß die Bevölkerung auf ungefähr dem gleichen Niveau gehalten wird, was u.a. auch durch das späte Heiratsalter erreicht wird. Schließlich können sich stabile Verhältnisse dieser Art nur in Gegenden mit relativ gleichförmigen stabilen Klimaverhältnissen herausbilden. Wo rasche klimatische Änderungen Völker und Stämme zu Wanderbewegungen zwingen, dürfte es schwerfallen, den Frieden zu erhalten.

Das Beispiel ist aber dennoch von großem Interesse, weil es belegt, daß der Mensch das Bedürfnis hat, Frieden zu halten, und ihm dies über besondere kulturelle Erfindungen auch gelingt. Ganz sind die Zwischengruppenkonflikte damit allerdings auch in Australien nicht beseitigt. Man raubt einander z.B. gelegentlich die Frauen, und dann gibt es Strafexpeditionen, bei denen es auch Tote geben kann. Auch Tabuverletzungen werden streng geahndet. Mörderischen Eroberungskriegen ist jedoch ein wirksamer Riegel vorgeschoben.

aus: I. Eibl-Eibesfeldt, a.a.O., S.144-147

Der grausame General — Anlage 4

Es war da zu Beginn dieses Jahrhunderts ein General, ein General mit großen Beziehungen und ein sehr reicher Gutsbesitzer, und er gehörte zu jenen, die, wenn sie in den Ruhestand traten, fast überzeugt waren, daß sie das Recht über Leben und Tod ihrer Untergebenen erdient hatten. Da lebt nun der General auf seinem Gute von zweitausend Seelen, tut groß, behandelt seine ärmeren Nachbarn wie Schmarotzer und wie seine Hofnarren. Einen Hundestall hält er mit Hunderten von Hunden und an die hundert Hundewärter, alle uniformiert und alle zu Pferde. Und da hat nun einmal ein achtjähriger Knabe eines Hofleibeigenen beim Spielen einen Stein geschleudert und zufällig des Generals Lieblingshetzhund am Bein verletzt. "Weshalb hat mein Lieblingshund zu hinken angefangen?" Man berichtet ihm, daß dieser Knabe da mit dem Stein auf den Hund warf und ihm das Bein verletzte. "Aha, das bist du!" sprach der General, indem er ihn von oben bis unten musterte. "Packt ihn!" Man faßte den Knaben, man nahm ihn der Mutter fort, die ganze Nacht saß er im Arrestlokal; am Morgen bei Tagesanbruch zieht der General mit seiner ganzen Parade auf die Jagd. Er stieg zu Pferde inmitten seiner Meute, um ihn herum seine Schmarotzer, Hundewärter und Jägermeister, alle zu Pferde. Ringsherum waren die Hofleibeigenen versammelt, zu ihrer Erbauung, allen voran steht die Mutter des schuldigen Knaben. Man führt den Knaben aus dem Arrestlokal heraus. Es ist ein finsterer, kalter, nebliger Herbsttag, so recht für die Jagd geeignet. Der General befiehlt, den Knaben auszukleiden. Man kleidet das Kindchen ganz aus. Es steht nackt da und zittert vor Kälte, ist sinnlos vor Angst und wagt nicht zu mucksen. "Hetzt ihn!" befiehlt der General. "Lauf! Lauf!" schreien ihm die Hundewärter zu. Der Knabe läuft. "Ihm nach", brüllt der General und läßt auf ihn die ganze Meute der Windhunde los. Er hetzt das Kind vor den Augen der Mutter, und die Hunde haben es dann auch in Fetzen gerissen.

aus: F. Dostojewski, Die Brüder Karamasoff

Der andorranische Jude

Anlage 5

In Andorra lebte ein junger Mann, den man für einen Juden hielt. Zu erzählen wäre die vermeintliche Geschichte seiner Herkunft, sein täglicher Umgang mit den Andorranern, die in ihm den Juden sehen: das fertige Bildnis, das ihn überall erwartet. Beispielsweise ihr Mißtrauen gegenüber seinem Gemüt, das ein Jude, wie auch die Andorraner wissen, nicht haben kann. Er wird auf die Schärfe seines Intellektes verwiesen, der sich eben dadurch schärft, notgedrungen. Oder sein Verhältnis zum Geld, das in Andorra auch eine große Rolle spielt: er wußte, er spürte, was alle wortlos dachten; er prüfte sich, ob es wirklich so war, daß er stets an das Geld denke, er prüfte sich, bis er entdeckte, daß es stimmte, es war so, in der Tat, er dachte stets an das Geld. Er gestand es: er stand dazu, und die Andorraner blickten sich an, wortlos, fast ohne ein Zucken der Mundwinkel. Auch in Dingen des Vaterlandes wußte er genau, was sie dachten; sooft er das Wort in den Mund genommen, ließen sie es liegen wie eine Münze, die in den Schmutz gefallen ist. Denn der Jude, auch das wußten die Andorraner, hat Vaterländer, die er wählt, die er kauft, aber nicht ein Vaterland wie wir, nicht ein zugeborenes, und wie wohl er es meinte, wenn es um andorranische Belange ging, er redete in ein Schweigen hinein, wie in Watte. Später begriff er, daß es ihm offenbar an Takt fehlte, ja, man sagte es ihm einmal rundheraus, als er, verzagt über ihr Verhalten, geradezu leidenschaftlich wurde. Das Vaterland gehörte den andern, ein für allemal, und daß er es lieben könnte, wurde von ihm nicht erwartet, im Gegenteil, seine beharrlichen Versuche und Werbungen öffneten nur eine Kluft des Verdachtes; er buhlte um eine Gunst, um einen Vorteil, um eine Anbiederung, die man als Mittel zum Zweck erkannte. So wiederum ging es, bis er eines Tages entdeckte, mit seinem rastlosen und alles zergliedernden Scharfsinn entdeckte, daß er das Vaterland wirklich nicht liebte, schon das bloße Wort nicht, das jedesmal, wenn er es brauchte, ins Peinliche führte. Offenbar hatten sie recht. Offenbar konnte er überhaupt nicht lieben, nicht im andorranischen Sinn; er hatte die Hitze der Leidenschaft, gewiß, dazu die Kälte seines Verstandes, und diesen empfand man als eine immer bereite Geheimwaffe seiner Rachsucht; es fehlte ihm das Gemüt, das Verbindende; es fehlte ihm, und das war unverkennbar, die Wärme des Vertrauens. Der Umgang mit ihm war anregend, ja, aber nicht angenehm, nicht gemütlich. Es gelang ihm nicht, zu sein wie alle andern, und nachdem er es umsonst versucht hatte, nicht aufzufallen, trug er sein Anderssein sogar mit einer Art von Trotz, von Stolz und lauernder Feindschaft dahinter, die er, da sie ihm selber nicht gemütlich war, hinwiederum mit einer geschäftigen Höflichkeit überzuckerte; noch wenn er sich verbeugte, war es eine Art von Vorwurf, als wäre die Umwelt daran schuld, daß er ein Jude ist.

aus: M. Frisch, Ausgewählte Prosa, Frankfurt a. M. (Suhrkamp), S. 60 f.

SPORT UND SPIEL

Religionspädagogische Überlegungen zum Thema

Das Thema stößt bei Schülern i.a. auf lebhaftes Interesse. Eine relativ große und sich ständig vergrößernde Zahl von Jugendlichen treibt neben dem Schulsport auch privat Sport. Hinzu kommt die breite Anteilnahme am organisierten und kommerzialisierten Sportgeschehen vom Fußball angefangen bis zu den olympischen Disziplinen.

Der Akzent dieser Unterrichtseinheit liegt auf dem Nachdenken über die Rolle des Sports im eigenen Leben und in der Gesellschaft. Besonders wichtig ist die Frage nach den originären christlichen Beiträgen auf diesem Gebiet. Sowohl im Blick auf die tatsächliche Lage der meisten Schüler wie auch aus theologischen Überlegungen geht es zuerst um die sportliche Betätigung des einzelnen, um den Breitensport, nicht so sehr um den Hochleistungssport. So wird meist der Blickwinkel des Sport betreibenden "Normalbürgers" eingenommen. Die Frage ist, was für ihn Sport bedeuten kann und wie er sportliche Betätigung vornehmen soll, um den besonderen Forderungen des christlichen Glaubens nachzukommen. Das schließt freilich ein, daß seine Rolle als Zuschauer organisierter Sportveranstaltungen bedacht wird.

Demgegenüber tritt die kritische Auseinandersetzung mit dem Sportgeschäft und dessen gesellschaftliche Hintergründe zurück. Allerdings werden die Fragen nach der Berechtigung von Hochleistungssport, wie er heute weithin betrieben wird, aufgegriffen, ebenso die Wechselwirkung von Politik und internationalem Sport. Sie sind auf das notwendigste beschränkt, ohne das sich das Sportgeschehen in unserer Welt nicht begreifen läßt.

Es mag auffallen, wie breit Versehrten- und Behindertensport in dieser Unterrichtseinheit zur Sprache kommen. Das hat seinen Grund darin, daß gerade dabei die vom christlichen Glauben herkommende Bemühung um das Miteinander, insbesondere die Beachtung der "Schwachen" zum Tragen kommt. Zudem erfahren hier unsportliche Schüler, daß die Gemeinsamkeit vor allem spielerischen Erlebens ebenso wichtig sein kann wie sportlicher Wettkampf mit Höchstleistungen. Das ermutigt manchen, der im Schulsport nicht so gut mithalten kann.

Der Anfang der Unterrichtseinheit arbeitet diese Komponente heraus. Das Miteinander in Sport und Spiel bleibt auch da bestehen, wo sich Sprach- und Denkgrenzen ansonsten für eine gute Kommunikation hinderlich auswirken. Oft mag dies dann die einzige Ebene sein, wo das Miteinander gut klappt, wie etwa das Göttinger Modell zeigt. Die verbindende Kraft des Sports spielt auch beim internationalen Sport eine wichtige, wenn auch nicht immer unproblematische Rolle (LZ 1).

Die Entwicklung weltpolitischer Probleme wird oft schmerzhaft empfunden: Regierungen mißbrauchen Olympiaden und Weltmeisterschaften als Gelegenheit zu positiver Selbstdarstellung und Ablenkung von eigenen Menschenrechts- und Völkerrechtsverletzungen. Sport wird zum Gegenstand politischer Sanktionen. Aber auch im organisierten Sport selbst wirken Geschäftsgebahren und Finanzinteressen oft stärker als die vielgerühmte sportliche Fairneß. Der einzelne Sportler bekommt das - vor allem - beim "Abstieg" zu spüren (LZ 2).

Dies alles kann die elementare, in der Geschöpflichkeit des Menschen begründete Freude am Sport nicht zerstören. In einer Welt, die notgedrungen immer stärker unmittelbare Naturbegegnung und Ausleben von Energie verunmöglicht, ist sportliche Betätigung als unverzichtbarer Ersatz zu werten. Dadurch haben wir an der Schönheit von Gottes Schöpfung teil (LZ 3). Dies gilt unabhängig davon, wo unsere individuell bedingten Leistungsgrenzen liegen. Sich erproben, auch die Grenzen erfahren und annehmen, muß ebenso gelernt werden, wie die Grenzen des Mitsportlers und Mitspielers zu akzeptieren (LZ 4).

Die Verantwortung für den eigenen Körper stellt uns heute vor die Aufgabe, Sport zu treiben; doch geschieht dies recht unterschiedlich: Für die Teilnehmer am Breitensport wird die Ausgleichsfunktion zum beruflichen Alltag wichtig sein; der Amateursportler wird um des sportlichen Erfolgs willen Verzicht auf sich nehmen und die Grenzen seiner Belastbarkeit hinauszuschieben suchen, ohne die Gesundheit grundlegend zu gefährden; für den Hochleistungssportler, der quasi beruflich sich dem Sport verpflichtet weiß - später wechselt er meist in den Profisport über -, geht es um kalkuliertes Risiko. Bei den Gruppen sind jedenfalls unterschiedliche Maßstäbe anzusetzen (LZ 5).

Literatur

a) Zur Information des Lehrers:

Evangelischer Erwachsenenkatechismus, Gütersloh 1975 (Gütersloher Verlagshaus Gerd Mohn), S.663-671

M. Hörrmann, Sport - Kirche - Gesellschaft, Arbeitstexte Nr. 10, Stuttgart 1972 (Evang. Zentralstelle für Weltanschauungsfragen)

Sport, Mensch und Gesellschaft, Sozialethische Studie der EKiD, Gütersloh 1972 (Gütersloher Verlagshaus Gerd Mohn)

b) Arbeitsmaterial für den Unterricht:

H. Döring/G. Martin, Menschen im Sport - Menschen vor Gott, Stuttgart/München 1979 (Calwer Verlag/Kösel)

Herausforderungen Band 2, Dortmund 1972 (Crüwell), S.113-126

L. Schmalfuß, Schritte - Arbeitsbuch für ev. RU in der 8. Klasse Gymnasium, München 1977 (Chr. Kaiser)

AV-Medien

Filme:

Athleten im Rollstuhl, EMZ 12: KF 144

Freizeitpädagogik, EMZ 12: KF 168

Das Göttinger Modell, EMZ 12: KF 578

Tondiaserien:

Der kämpfende Mensch, EMZ 1: TD 133, EMZ 12: TB 33

Rekorde oder Sport für alle, EMZ 12: TB 119

Diaserie:

Sport und Religion, EMZ 12:18.56

Übersicht über die Unterrichtseinheit

Ziele	Inhalte
1. Sport und Spiel als wichtige Möglichkeiten der Begegnung mit anderen erörtern	Begegnungsmöglichkeiten im Wettkampf, z.B. "Jugend trainiert für Olympia" Überwindung von Alters- und Sprachbarrieren Breiten-, Familien und Altensport als Chance der Begegnung Sport in gemeinsamen Gruppen von Gesunden und Behinderten (Biblischer Impuls: Gal 6,2)
2. Gesellschaftliche Erscheinungsformen des Sports kritisch bedenken	Pro und contra Leistungssport, z.B. Sport und Nationalismus Sport und Politik (etwa Olympiade) Sport und Geld Sport und Unterhaltung Fußball als Ersatzreligion
3. Von erfreulichen Erfahrungen bei Spiel und Sport berichten	Spaß und Freude an Bewegung und Anstrengung Erfahrungen mit Luft, Wasser und Sonne Schönheit des Körpers und seiner Bewegung Wettkampf und Erfolgserlebnis Faszination der Höchstleistung Fair play als Ausdruck gegenseitiger Achtung
4. Sich mit Möglichkeiten und Grenzen der eigenen Leistungsfähigkeit auseinandersetzen	Beherrschung des eigenen Körpers Wille zur Überschreitung der jeweiligen "Grenzen", z.B. beim Leistungssport Annahme konstitutionsbedingter Grenzen Körperliche Fähigkeiten als Gaben Gottes
5. Die Verantwortung für den eigenen Körper wahrnehmen	Vernachlässigung oder Überforderung des Körpers Mißbrauch von Genußmitteln und Drogen, z.B. Rauchen, Doping, Alkohol u.ä. Gefährdung beim Leistungssport, z.B. einseitige Beanspruchung und Überforderung

Lernziele	Inhalte	Medien/ Verfahren	Didaktische Hinweise
1. Sport und Spiel als wichtige Möglichkeit der Begegnung mit anderen erörtern			Eine für Sport und Spiel zentrale Funktion ist die Kommunikation. Sie unterscheidet sich von der eines Gesprächs etwa dadurch, daß weniger spezielle Fähigkeiten und Fertigkeiten unabdingbar sind. Spiele können so modifiziert werden, daß auch Schwächere gut integriert sind. Oft kann alleine auf dieser Ebene eine für alle gewinnbringende Begegnung geschehen, wie die Sportvereine zeigen. In LZ 1 wird als besonderes Beispiel darüber hinaus der gemeinsame Sport mit Behinderten (Göttinger Modell) dargestellt. Das Lernziel setzt ganz bei den üblichen Möglichkeiten der Schüler ein und macht auf die großen Chancen aufmerksam, die Sport und Spiel eröffnen. Erst in einem weiteren Schritt soll dann auch über die Verständigung durch internationalen Sport nachgedacht werden. Dabei ist deutlich, daß auf diesen Ebenen das Wettbewerbsdenken immer stärker in den Mittelpunkt drängt und u.U. die Kommunikation zwischen den Sportlern empfindlich stört.
1.1 In Sport und Spiel eine Form des geselligen Miteinanders entdecken	Unterschiedliche Formen des Breitensports; Sportvereine Göttinger Modell: Eingliederung von Behinderten	Menschen im Sport, S.12 f.; 28-32 Schritte, S.204 ff. Film: Athleten im Rollstuhl (Anlage 1) Film: Das Göttinger Modell (auch zu LZ 1.2)	
1.2 Besonderheiten des Miteinanders in Sport und Spiel beschreiben	Sportliches Fair-play; Nachordnung der sprachlichen Fähigkeiten; Spielerische Begegnung	Menschen im Sport, S.14 f.; 40 f. Schritte, S.215	
1.3 Über die Bedeutung von Wettkampf und Sieg für Sport und Spiel nachdenken	Selbstbestätigung durch Fairneß und Leistung; öffentliche Anerkennung	Menschen im Sport, S.18-23 Schritte, S.216-218 Herausforderungen Bd.2, S.118 Tondiaserie: Rekorde (Anlage 2) Zu 1.3-2.3: Tondiaserie: Der kämpfende Mensch (Anlage 3)	
1.4 Die Chance der Völkerbegegnung beim internationalen sportlichen Wettbewerb entdecken	Olympiaden und Weltmeisterschaften als Chancen der Völkerverständigung	Herausforderungen Bd.2, S.123 Zu 1.4-2.2: Diaserie: Sport und Religion (Anlage 4)	

Lernziele	Inhalte	Medien/ Verfahren	Didaktische Hinweise
2. Gesellschaftliche Entscheidungsformen des Sports kritisch bedenken			Es ist verständlich, daß Schüler dieses Alters auch die gesellschaftspolitische Seite des Sportgeschehens bedenken möchten. Dabei wird man aus dem Angebot des LZ 2 eine Auswahl treffen, sollte aber auf keinen Fall auf LZ 2.4 und 2.5 verzichten, da dort die Situation zahlreicher Schüler zur Sprache kommt und zugleich die unkritische Identifikation mit einem Star hinterfragt werden. Die LZ 2.1-2.3 greifen problematische Erscheinungen im Sport heraus. Dabei ist darauf zu achten, daß sich trotz der Fehlentwicklungen im einzelnen das Vorgehen als ganzes bewährt hat. Dies gilt insbesondere für die organisatorischen Rahmenbedingungen des Leistungs- und Profisports. Es gilt auch für zahlreiche Auflagen, die den Hochleistungssportlern gemacht werden. Die Verquickung von Sport und Politik stellt ein Feld ständiger Auseinandersetzung dar. Eine Trennung beider Bereiche um jeden Preis wäre ebenso naiv wie der Glaube, mit dem Sport Politik treiben zu können.
2.1 Bedingungen des Leistungssports erörtern	Sportorganisation; Zwänge und Auflagen für Leistungssportler	Tondiaserie: Rekorde (Anlage 2) Gruppenarbeit zur Bedeutung des Organisatorischen im Sport: 1. Wie wird der Fußballsport organisiert (vom Regionalspiel bis zur WM)? 2. Wie wird man zu einem Hochleistungssportler?	
2.2 Über die Verflechtung von Politik und Sport nachdenken	Olympische Spiele 1980 in Moskau?	Schritte, S.221 f. Pro und Contra-Spiel zu "Boykott der olympischen Spiele in Moskau 1980" (Anlage 5)	
2.3 Die Rolle des Geldes im Sportgeschäft kritisch bedenken	Der Verein und seine Finanzen; Der Spieler und sein Gewinn; Skandale in der Bundesliga	Schalke erstickt in Schulden (Anlage 6) Viel gewonnen... (Anlage 7) Schritte, S.207 f.; 211 Herausforderungen Bd.2, S.121 f.	
2.4 Über die Bedeutung der Zuschauer in sportlichen Veranstaltungen diskutieren	Die Rolle des Fans für den Sportler; Sport als Unterhaltung	Schritte, S.208ff. Herausforderungen Bd.2, S.114 f. Das Glück des Läufers (Anlage 8)	
2.5 Die Situation des absteigenden Sportlers erörtern	Schock des Absteigens - Bewältigungsversuche; Rolle der Außenstehenden; Annahme des	Schreibmeditationen zu: 1) Ich bin am Ende - was soll ich tun? (Hochleistungssportler muß aufhören) 2) Mein Star hat versagt - und nun?	

Lernziele	Inhalte	Medien/ Verfahren	Didaktische Hinweise
	Versagers als Forderung des christlichen Glaubens	Tondiaserie: Rekorde (Anlage 2) Menschen im Sport, S.24 f. Schritte, S.225-229; S.219 f. Herausforderungen Bd.2, S.120 S. Lenz, Der Läufer (Anlage 9) H. Eisenreich, Der Weg hinaus (Anlage 10) Die Schreibmeditationen können mit einer der drei Erzählungen kombiniert werden	Daß vor allem der Profisport eine gesunde finanzielle Grundlage braucht, ist einsichtig; nicht aber die Brutalisierung auf diesem Sektor, wie sie in den letzten Jahren - z.B. in der Bundesliga - um sich gegriffen hat. In diesem Zusammenhang ist vor allem die Rolle des Zuschauers von Bedeutung. Zwischen ihm und dem Aktiven sind Verbindungen zu sehen, die ihrerseits ein Nachdenken lohnend machen.
3. Von erfreulichen Erfahrungen bei Sport und Spiel berichten			LZ 3 ist die Mitte der Unterrichtseinheit. Sie will ganz die Freude am Sport
3.1 Über die Faszination der Zuschauer bei Sport und Spiel nachdenken	Im Stadion, z.B. Der Fußballfan	Eigene Beiträge der Schüler im Brain-storming-Verfahren; vgl. auch Anlage 8. Zu LZ 3.2-3.4: Collage zum Thema "Freude am Sport" - "Lebensfreude/ Sport und Freizeit" oder Foto-Text-Plakat zum gleichen Thema	hervorheben. Deshalb sollte auch die Erarbeitung dieses Zieles Freude bereiten. Die zentralen Gesichtspunkte lassen sich alle in kreativen Verfahren ermitteln. Zeitschriften, Jugendmagazine, eigene Urlaubsbilder der Jugendlichen,
3.2 Die Faszination beschreiben, die von einem eigenen sportlichen Erfolg ausgeht	Auf dem Weg zum Sieg; Bei der Siegerehrung: Freude über den Lohn der Anstrengung	Tondiaserie: Rekorde (Anlage 2) Menschen im Sport, S.18-23 Das Glück des Läufers (Anlage 8)	oft auch Fotos aus einem Landschulheimaufenthalt ermöglichen die Herstellung von Collagen - einzeln oder in Gruppen - und Foto-Text-Plakaten. Es lohnt sich, allenfalls grobe

Lernziele	Inhalte	Medien/ Verfahren	Didaktische Hinweise
3.3 Elemente der Freude an der sportlichen Betätigung beschreiben	Schönheit des Körpers; Freude an der Bewegung; Erleben der Natur; Spielen	Menschen im Sport, S.6-13 Schritte, S.203-205 Zu LZ 3.3 und 3.4: Film: Freizeitpädagogik (Anlage 11)	Strukturierungen abzusprechen und die detaillierte Problemdarlegung den Schülern zu überlassen. - Ps 104 ist ein Schöpfungspsalm, der den Schülern schon begegnet sein kann (Grundschule/Orientierungsstufe). Die ausgewählten Verse, die Gottes Schöpfertat und damit ihn selber lobpreisen, geben Stimmungen wieder, in denen sich Freude am Sport wiederfinden kann.
3.4 In Sport und Spiel einen Ausdruck der Lebensfreude erkennen	Freude am Leben als Gottesgeschenk: Ps 104, 31-34	Wenn Collage oder Foto-Text-Plakat kann auch der Psalm als Textgrundlage für die Gestaltung dienen	
4. Sich mit Möglichkeiten und Grenzen der eigenen Leistungsfähigkeit auseinandersetzen			Jugendliche, die körperlich im Sport benachteiligt sind, leiden oft sehr darunter. Und spöttische Bemerkungen ihrer Klassenkameraden und noch stärker deren Ablehnung, sie beim Spielen einzubeziehen, führen manchmal zu einem Teufelskreis. Deshalb ist die Einsicht in die eigenen Grenzen und deren Annehmen ebenso wichtig wie Phantasie der Gruppe, auch solche Mitglieder gewinnbringend einzubeziehen. Dabei kann auf zahlrei-
4.1 Möglichkeiten und Grenzen der körperlichen Leistungsfähigkeit und ihre Bedeutung für den Menschen erörtern	Der Sportliche und der Unsportliche; Der Behinderte; Der alte Mensch; Die Trimm-dich-Bewegung	Zu LZ 4.1 und 4.2: Menschen im Sport, S.4 f.; 16 f.; 48-51 insbesondere S.33-39 Schritte, S.205 f. Herausforderungen Bd.2, S.116	
4.2 Die Notwendigkeit erörtern, eigene Grenzen anzunehmen	Geschenkcharakter der Fähigkeiten; Vermeintliche und echte Grenzen	Zu 4.2 außerdem: Medien zu LZ 2.5	

Lernziele	Inhalte	Medien/ Verfahren	Didaktische Hinweise
4.3 Die Reaktionen der Umwelt auf sportliche Unzulänglichkeit kritisch beurteilen	Ausschluß oder Aufnahme; Benachteiligte in einer Gruppe; Der Breitensport - Die Sportelite	Schritte, S.215 f.	che Modelle des Breitensports hingewiesen werden, wo eben dies zunehmend besser glückt. Das schließt ein, daß sich die Jugendlichen nicht mehr nur am Sieg und an den Anforderungen der Weltspitze orientieren. Hier sollte auch der Schulsport gründlich umdenken lernen: seine Leistungsansätze sind hoch problematisch.
5. Die Verantwortung für den eigenen Körper wahrnehmen			So sehr die Forderung nach der Verantwortung für den eigenen Körper einleuchtet, so sehr muß vor Gleichmacherei gewarnt werden. Das Problem stellt sich für den "Normalbürger" anders als für den Amateur und für diesen auch anders als für den Profi. Gefährlich wird es, wenn diese Unterschiede unbeachtet bleiben, wenn z.B. Breitensport in Training für Hochleistung ausartet (z.T. bei Jogging) oder der sich auf die olympischen Spiele vorbereitende Amateur am Maßstab des Breitensport betreibenden altersgleichen Jugendlichen gemessen wird.
5.1 Die Verantwortung für den eigenen Körper im Breitensport	Förderung der Gesundheit durch sportlichen Ausgleich	Zur Darstellungbringen der drei Sportarten in einer Wandzeitung; Vorbereitung in Gruppen: Schüler sammeln Materialien aus Zeitungen, Zeitschriften u.ä. Jede Gruppe erhält die Aufgabe, die Bedeutung des Sports für ihre Zielgruppe (Allgemeinheit - Amateure - Profis) zu charakterisieren und das besondere Problem darzustellen. Über die Wandzeitung findet eine abschließende Diskussion statt	
5.2 im Amateursport	Sportlicher Ehrgeiz; Doping-Frage		
5.3 im Hochleistungs- und Profisport wahrnehmen	Sport als Beruf; Grenzen der Belastbarkeit ohne gesundheitliche Gefährdung		

Film: Athleten im Rollstuhl — Anlage 1

22 Min., Farbe, Dokumentarfilm

Über tausend Behinderte, vorwiegend Querschnittsgelähmte, trafen sich vom 2. - 9. August 1972 in Heidelberg zu ihren eigenen olympischen Wettkämpfen. Der Film berichtet über den Sportanlaß, zeigt die sportlichen Möglichkeiten und ihre therapeutische Wirkung. Gleichzeitig erfahren wir einiges über die Probleme der Behinderten in der Gesellschaft. Am Beispiel eines Medaillengewinners wird auf die Probleme der beruflichen Umschulung hingewiesen.

Tondiaserie: Rekorde oder Sport für alle? — Anlage 2

25 Dias, 9 Min., s/w

Der Hochleistungssport verlangt immer größere Opfer für die Aktiven. Wie weit ist dieser Sport noch human? Ist der Ausbau des Breitensports ohne Rekorde nicht wichtiger?

Die Serie will eine Diskussion anregen, nicht fertige Antworten geben.

Tondiaserie: Der kämpfende Mensch — Anlage 3

41 Dias, 26 Min., s/w

Leistung und Wettbewerb - Kampfcharakter - Sieg und Niederlage - Hochleistung und Spitzensport - Kommerzialisierung des Sports - am Beispiel der Olympischen Spiele: Chance und Gefährdung zeigt diese im ganzen gut aufbereitete Serie.

In unserem Zusammenhang kann sie als Leitmedium für weite Teile von LZ 1 und 2 dienen.

Diaserie: Sport und Religion — Anlage 4

26 Dias, Farbe

Ist der olympische Gedanke noch lebendig? Ursprung und Sinn der olympischen Spiele, die olympischen Spiele in der Antike, Verfall, Neuanfänge im Mittelalter, Gegenwart.

Die Informationen sind vor allem dann hilfreich, wenn auf die Diskussion von Sinn und Zweck der olympischen Spiele im Rahmen von LZ 2 genauer eingegangen werden soll.

Boykott der olympischen Spiele in Moskau 1980 Anlage 5

Der Vorgang:

Ende 1979 besetzten russische Truppen nach einem von ihnen unterstützten oder ausgelösten Staatsstreich Afghanistan. Eine Weltkrise zeichnete sich ab, da die USA den Griff der UdSSR zu den vorderasiatischen Ölfeldern am Persischen Golf befürchteten. Der Westen und die Dritte Welt forderten einhellig den Abzug der russischen Truppen.

Als der Kreml nicht reagierte, drohte Präsident Carter (USA) mit dem Boykott der für Sommer 1980 vorgesehenen olympischen Spiele in Moskau. Zugleich bemühten sich die USA um weltweite Unterstützung für ihren Boykott und sondierten, ob eine Gegenolympiade an einem anderen Ort stattfinden könne.

Das Internationale Olympische Komitee war sich einig, daß eine Verlegung der Spiele so wenig in Frage käme wie ihre Annullierung. Nun mußten sich die Nationalen Olympischen Komitees entscheiden, und sie entschieden sich z. T. - oft nolens volens - für die Vorschläge ihrer Regierungen und diese wieder ihren politischen Gesamtinteressen entsprechend.

Die Beurteilung

Folgende Gesichtspunkte spielten bei den Entscheidungsprozessen eine Rolle:

(1) Die olympische Idee gründet in der Völkerverständigung. Kann man in einem Land olympische Spiele feiern, das seinen neutralen Nachbarn überfällt?

(2) Jede Olympiade dient auch zur Selbstdarstellung und Aufwertung des gastgebenden Landes. Das war 1936 in Berlin so, das ist in Moskau 1980 nicht anders. Darf man aber ein Land, das noch gegen Völkerrecht verstößt, öffentlich aufwerten?

(3) Der Boykott der olympischen Spiele in Moskau ist in den USA äußerst populär; man müsse den Sowjets endlich klare Grenzen zeigen. Und in den USA ist Wahlkampf!

(4) Die Wirksamkeit eines Boykotts der Spiele ist zweifelhaft. Eher zerstört man die olympische Idee. Ob nach einem solchen Boykott in Moskau jemals wieder eine Olympiade stattfinden kann?

(5) Die geschäftlichen Investitionen überall in der Welt sind auf die Moskauer Feiern abgestellt. Milliardenverluste in allen Ländern sind zu befürchten. Nicht nur die Sowjets sind betroffen.

(6) Wer einer Weltmacht mit einer politisch vergleichsweise

harmlosen Sanktion ultimativ droht, muß den Mißerfolg als sicher ansehen: Keine Weltmacht läßt sich erpressen.

(7) Im Osten gibt es Politisierung des Sports seit jeher. Muß jetzt auch der Westen mit diesem zweifelhaften Gebahren anfangen? Die strikte Trennung von Sport und Politik ermöglicht einen zwar begrenzten, aber doch schätzenswerten Spielraum für internationale Begegnungen.

<u>Schalke erstickt in Schulden</u> <u>Anlage 6</u>

Fast zwei Millionen Mark Defizit
in einem einzigen Geschäftsjahr!

"Unbestritten beachtlich", nannte es Dr. Hans-Joachim Fenn, der Präsident des FC Schalke 04 - und meinte damit das Minus, das der Gelsenkirchener Fußballbundesligist 1979 machte: Bei Einnahmen von rund 8,878 und Ausgaben von rund 10,826 Millionen DM waren es auf den Pfennig genau 1 947 933,92 DM! Damit wuchs der Schuldenberg der Königsblauen nach dem abgelaufenen Geschäftsjahr auf stattliche 2 928 699 DM!

Das große Loch in der Kasse will der Schalker Vorstand bis 1981 gestopft haben. "Bei einem Zuschauerschnitt von 28 500 und auch ohne den UEFA-Cup können wir Jahr für Jahr eine Million abtragen", präsentierte Dr. Fenn, als Vorsitzender seit Dezember 1979 im Amt, das "Sanierungskonzept" seiner Führungsmannschaft. Durch Einsparungen im Feldspielerbereich und eine schrittweise Umstellung auslaufender Verträge auf an Zuschauerzahlen, Punktgewinnen und Tabellenständen orientierte, leistungsbezogene Verträge soll es geschafft werden. "Unsere Rechnung ist realistisch", glaubt der Schalker Vorsitzende, daß es bei der Lizenzvergabe durch den Deutschen Fußballbund keine Probleme geben wird. Erst einmal wird er das jedoch den 3500 Mitgliedern des Traditionsclubs begreiflich machen müssen, denn am Donnerstag steht die mit viel Spannung erwartete und sicher wieder turbulent verlaufende Jahreshauptversammlung auf dem Terminkalender. Ex-Präsident Dr. Karl-Heinz Hütsch will erst "vor Ort" entscheiden, ob er selbst sich als Gegenkandidat zur Verfügung stellen wird.

Rüdiger Stecher, in: Sportkurier Baden-Württemberg 23/1980, Sieglindenstraße 6, Postfach 102364, 8900 Augsburg 1

Viel gewonnen, nur nicht Gold Anlage 7

Der pfeifende Sound der Startmaschine zählt den Countdown nieder: "Piep. Piep. Piep ..." Die Oberschenkel des Schweizer Peter Müller, Favorit gemeinsam mit Ken Read bei der heutigen Olympiaabfahrt von Lake Placid, spannen sich an. Seine "Hufe" bäumen sich auf wie bei einem Mustang. "Piep.Piiiiiieep!!". Beim letzten, langen Ton des Zeitzeichens ist es dann soweit: der Flachländer aus Zürich katapultiert sich durch die elektrische Lichtschranke, wütet brutal mit den Stöcken, beschleunigt mittels verhementer Schlittschuhschritte - dann ist er verschwunden.

... Champ Müller wurde in der Olympiaabfahrt nur Vierter. Sein Landsmann Andreas Sprecher (4. in Sapporo 1972): "Der vierte Platz ist der dreckigste von allen!" ...

Müller selbst hingegen trug es mit Fassung: "Einer kann heute lachen, zwei weitere sind zufrieden - und ich muß das Rennen so schnell wie möglich vergessen...".

Der 4. Rang war eine verdammt bittere Pille, wenn man bedenkt, daß...

... Müller den Abfahrts-Weltcup 1978/79 gewonnen hatte,

... er beim vorolympischen Lake Placid-Rennen immerhin bereits Zweiter gewesen war,

... er vor der entscheidenden Olympiaabfahrt den gesamten Winter 79/80 über nur einmal (in Kitzbühel) schlechter placiert gewesen war, als dann in Lake Placid (Sturzrennen mal ausgeklammert).

Sein Abfahrtstrainer, Hans Schlunegger: "Hut ab, wie er diesen Tiefschlag verdaut und sich als fair verlierender Sportsmann erwiesen hat!". Und der Schweizer Ski-Chef Rolf Hefti: "Er ist halt immer noch kein Routinier - sondern für mich immer noch der liebe Peter, der sich die Hörner noch nicht ganz abgestoßen hat...".

Müller - der liebe Peter? Das war nicht immer so. "Er ist ein unguter Typ und keiner mag ihn", hatte noch im Herbst 1977 der Österreicher Franz Klammer in einem Zeitungsinterview getönt. Erst bei Kaffee und Kuchen nach einem Weltcuprennen versöhnten sich die beiden.

Was Klammer zu dieser Bemerkung veranlaßt hatte, war der unbändige Ehrgeiz des "Bombers", der den anderen sauer aufstieß. Müller war damals nicht zu schade, sich selbst nach vorne und die anderen des Teams in den Hintergrund zu rücken. Und skifahrerisches Können wurde ihm gar gänzlich abgesprochen: was Paul Breitner vor dieser Saison über Dieter Hoeneß verbreitete ("Ein Anti-Fußballer"), machte im Skizirkus einst auch über Müller die Runde: "Ein Anti-Talent!".

Die olympische Niederlage hat - nimmt man alles in allem - den "Menschen" Müller vielleicht weiter vorangebracht als je ein Ereignis zuvor.

Und finanziell war der Rückschlag auch zu verkraften: statt 60 000 Franken, die der nationale Skipool für Gold hätte bezahlen müssen, kassiert Müller nun 50 000 Franken: für den Gewinn des Abfahrtsweltcups 1979/80. "Aber am Start", so der Zürcher, "denkt ohnehin keiner ans Geld."

Jupp Suttner, in: Kicker Sportmagazin 22/80, Olympia Verlag, Postfach, 8500 Nürnberg

Das Glück des Läufers — Anlage 8

Auch Fred lief jetzt aus der Hüfte heraus, sein Schritt wurde ein wenig leichter und länger, und sein Oberkörper richtete sich auf. Er kam sich frei vor und stark, als er unter dem Rufen der Sprechchöre und dem rhythmischen Beifall in die Kurve ging, und er hatte das Gefühl, daß der Beifall ihn trug und nach vorne stieß, der prasselnde Beifall ihrer Hände, der Beifall der organisierten Stimmen in den Chören, die seinen Namen riefen und ihn skandiert in den Wind und in das Brausen des Stadions schrien, und dann der Beifall der einzelnen, die sich über die Brüstung legten und ihm winkten und ihm ihre einzelnen Schreie hinterher schickten. Sein Herz war leicht und drückte nicht, es machte noch keine Schwierigkeiten, und er lief für ihren Beifall, lief und empfand ein heißes, klopfendes Gefühl von Glück.

Er kannte dieses Gefühl und dieses Glück, er hatte es in hundert Läufen gefunden, und dieses Glück hatte ihn verpflichtet und auf die Folter genommen, es hatte ihn stets bis zum Zusammenbruch laufen lassen, auch dann, wenn seine Gegner überrundet und geschlagen waren; er war mit einer siedenden Übelkeit im Magen weitergelaufen, weil er wußte, daß er auch gegen alle abwesenden Gegner und gegen die Zeit lief, und jeder seiner Läufe hatte in den letzten Runden wie ein Lauf ums Leben ausgesehen.

aus: S. Lenz, Der Läufer, aus: Jäger des Spotts, Geschichten aus dieser Zeit, Hamburg 1958 (Hoffmann & Campe)

Der Läufer — Anlage 9

Und Fred zog durch die Kurve, zusammengesackt und mit schweren Armen, und stampfte die Gegengerade hinab. Er hörte, wie sie die letzte Runde einläuteten, und er trat noch einmal scharf an, um sich zu befreien, aber der Befehl, der im Kopf entstand, erreichte die Beine nicht, sie wurden um nichts schneller. Sie hämmerten schwer und hart über die Aschenbahn in gnadenloser Gleichförmigkeit, sie ließen sich nicht befehlen. El Mamin kam immer noch nicht. Auch er kann nicht mehr, dachte Fred, auch El Mamin ist fertig, sonst wäre er schon vorbei, er hätte den Endspurt früher angesetzt, wenn er die Kraft gehabt hätte, aber er ist fertig und läßt sich nun ziehen. Aber plötzlich glaubte er den Atem des Marokkaners deutlich zu spüren. Jetzt ist er neben mir, dachte Fred, jetzt will er vorbei. Er sah die nußbraune Schulter neben sich auftauchen, den riesigen Schritt in den seinen fallen: der Marokkaner kam unwiderstehlich auf. Sie liefen Schulter an Schulter, in keuchender Anstrengung, und dann erhielt Fred den Schlag. Es war ein schneller, unbeweisbarer Schlag, der ihn in die Hüfte traf, er hatte den Arm des Marokkaners genau gespürt, und er taumelte gegen die Begrenzung der Aschenbahn, kam aus dem Schritt, fing sich sofort: und jetzt lag El Mamin vor ihm. Einen Meter vor sich erblickte Fred den Körper des nußbraunen Athleten, und er lief leicht und herrlich, als wäre nichts geschehen. Niemand hatte die Rempelei gesehen, nicht einmal Ahlborns Frettchengesicht, und der Marokkaner bog in die Zielgerade ein.

Hundert Meter, dachte Fred, er kann nicht mehr, er kann den Abstand nicht vergrößern, ich muß ihn abfangen. Und er schloß die Augen und trat noch einmal an; seine Halsmuskeln sprangen hervor, die Arme ruderten kurz und verkrampft, und sein Schritt wurde schneller. Ich habe ihn, dachte er, ich gehe rechts an ihm vorbei. Und als er das dachte, stürzte der Marokkaner mit einem wilden Schrei zusammen, er fiel der Länge nach auf das Gesicht und rutschte über die nasse Schlacke der Aschenbahn.

Fred wußte nicht, was passiert war, er hatte nichts gespürt; er hatte nicht gemerkt, daß sein Nagelschuh auf die Ferse El Mamins geraten war, daß die Dornen seines Schuhs den Gegner umgeworfen hatten, er wußte nichts davon. Er lief durch das Zielband und fiel in die Decke, die Ahlborn bereit hielt. Er hörte nicht die klare, saubere Stimme im Lautsprecher, die ihn disqualifizierte, er hörte nicht den brausenden Lärm auf den Tribünen; er ließ sich widerstandslos auf den Rasen führen, eingerollt in die graue Decke, und er ließ sich auf die nasse Erde nieder und lag reglos da, ein graues, vergessenes Bündel.

aus: S. Lenz, ebd.

Der Weg hinaus Anlage 10

Keine zehn Minuten mehr waren zu spielen, so lange noch mußten sie dieses Ergebnis halten; mit ihrem Tor verteidigten sie den Titel, der ihnen in der Pause schon sicher gewesen war. Und da kam schon wieder der Flügel durch, täuschte ihn, paßte kurz zur Mitte, wie mit Zirkel und Lineal gezeichnet, so lief der Ball von Mann zu Mann, kam noch einmal heraus, er verfehlte ihn, wieder war der andere schneller gewesen, lief nun vor ihm her und flankte. Der Tormann fing, aber das sah er schon nicht mehr; er sah nur noch den andern ihm davonlaufen, hörte die Menge rundum rasen, wußte, daß dies nicht ihm, sondern dem andern galt, der ihn ausgespielt, der ihn kaltgestellt, von dem er sich hatte düpieren lassen, dem er nun - einmal noch schneller als jener - blindlings nachlief und den er jetzt, da jener den Ball schon zur Mitte gegeben hatte, einholte; und so, wie er auf ihn zulief, so sprang er ihn mit vorgestrecktem Fuße von hinten an. Der Getroffene schrie auf, stürzte zu Boden, schrie noch immer; aber dieses kleine Schreien verlor sich wie ein Tropfen Wasser in der Sturzflut von Geschrei, die sogleich über ihn hereinbrach; und wie um sich dagegen zu wehren, trat er noch einmal auf den in Schmerzen sich Krümmenden ein, bis ein harter Griff ihn zurückriß, Ellbogen ihn zur Seite stießen. Die Eigenen waren's, die ihn abdrängten, fluchend. Das Stadion röhrte. Mit ausgestrecktem Arm kam der Schiedsrichter auf ihn zugelaufen, gestikulierte, rief ihm aus rotgeschwitztem Gesicht etwas zu, das er gar nicht verstand. Sanitäter trugen den Verletzten vom Platz, ihm gab jemand einen Stoß ins Kreuz, der setzte ihn in Bewegung; er begann zu gehen, quer übers Spielfeld ging er auf den Kabineneingang zu, der sich als ein dunkler Halbkreis an der Längsfront gegenüber abzeichnete. Noch standen ringsum die Schleusen der Empörung sperrangelweit offen: ein Brei von Lärm fiel über ihn, klatschte ihm ins Gesicht, an den Körper. Alles, was mit ihm geschah, kam ihm unheimlich fremd vor, klar war ihm nur das eine: daß er ausgeschlossen war, ausgeschlossen eben jetzt, da es galt, nur noch ein paar schleichende Minuten lang das Resultat zu halten, das Resultat, das den Meistertitel bedeutete.

So ging er vom Feld. Der Schiedsrichter pfiff, der Lärm ebbte ab. Hinter ihm wurde der Freistoß getreten, er hörte das metallharte Schlagen des Stiefels gegen das pralle Leder. Wenig später hörte er die Leute klatschen; das hieß, daß der, den er niedergetreten hatte, zurück aufs Spielfeld kam; daß sie nun also mit nur zehn Mann gegen deren elf spielen mußten, und diese elf waren vorher schon besser gewesen, hatten die ganze zweite Halbzeit lang auf den Ausgleich gedrängt und würden es jetzt also schießen, das dritte Tor, das sie brauchten, um den Titel nach Hause zu tragen. Sie würden es schießen nach einem Angriff von der Seite her, wo er nun fehlte. Er hatte ja gar nicht schlecht gespielt; gewiß noch nicht wieder so gut wie früher, aber wahrhaftig nicht schlechter als so viele andere; sein Gegenspieler war einfach schneller gewesen als er, hatte ihn glatt überrannt, hatte mehr Luft im Balg gehabt als er, die kräftigeren Muskeln und den flinkeren Blick für die Situation, den besseren Riecher - all das, was auch er einst gehabt hatte, all das, was die Leute früher an ihm bewundert hatten. Das war's und weiter nichts! Und das alles hätte er noch ertragen; er war kein schlechter Verlierer, weiß Gott, das war er nicht! Aber die Hyänen rundum, die würstelfressenden Zuschauer auf ihren Plattfüßen rund um das Spielfeld, die hatten ihn fertiggemacht mit ihren Pfiffen, ihrem Gelächter und Gejohle, wenn der andere ihn stehenließ und mit dem Ball davonzog.

Und er allein wußte, daß er diesmal um mehr als nur um den Sieg seiner Mannschaft, daß er in Wahrheit um sein Leben spielte; denn auch Erika würde lachen und höhnen, wenn er endgültig aufhörte, das zu sein, was sie sich angeheiratet hatte: der gefeierte Sportler, der Star seines Clubs, der Held aus neunundvierzig Länderspielen, das Idol der Masse: ein Mann, den zu besitzen allein schon deshalb wertvoll war, weil tausend andere Männer, indem sie sein wollten wie er, bekundeten, daß sie weniger waren als er, und weil tausend andere Frauen, indem sie ihn anhimmelten, ihr bestätigten, wie reich sie war, die ihn besaß. Als er das erste Tor nicht hatte verhindern können, wurde er ausgepfiffen; sie pfiffen weiter, als ihm wieder eine Abwehr mißlang; und je mehr sie pfiffen, desto mehr verpatzte er. Und dann, als er gleich zweimal hintereinander von diesem wieselflinken Burschen ausgespielt wurde, und als sie dem zujubelten und für ihn wieder nur ein paar Pfiffe übrig hatten: da fuhr's ihm in das Bein, und das Bein trat hin, wo ein Widerstand sich bot: ohne Haß gegen den, den es traf, ohne Wut über den, der besser spielte als er und so seines Unglückes Schmied ward, sondern blind und ohnmächtig gegen irgend etwas, das eigentlich gar nicht zu fassen, gar nicht zu treffen war, und so traf sein Stiefel nur den, der da vor ihm lief, den Ball zur Mitte spielte und stehenblieb. Den säbelte er um. Und trat ihn noch einmal, als jener erste Tritt, in einen massigen Wutschrei verwandelt, auf ihn zurückfiel.

aus: H. Eisenreich, Der Weg hinaus, aus: Die Freunde meiner Frau, Zürich 1978 (Diogenes)

<u>Film: Freizeitpädagogik</u> <u>Anlage 11</u>

19 Min., Farbe, Dokumentarfilm

Der Film zeigt anhand einiger Bauspielplätze in Dänemark, welche Bedeutung diese nicht fest reglementierten Spielgelegenheiten für die psychische Entwicklung von Kindern haben.

Der Film ist in unserem Zusammenhang nur mit Vorbehalt einzusetzen. Seine lehrhafte Ausrichtung stört den unbefangenen

Charakter des Spielens, auf den es in LZ 3 vor allem ankommt. Trotzdem mag er dann hilfreich sein, wenn die Schüler Anregungen für eine Collage oder dergl. benötigen.

ARBEITEN UND LEBEN

Religionspädagogische Überlegungen zum Thema

Zahlreiche Schüler in Realschule und Gymnasium sehen in den Klassen 9/10 Berufswahl und Arbeitsleben unmittelbar vor sich. Angesichts der gegenwärtigen Schwierigkeiten bei der Stellensuche überwiegen dabei Unsicherheit und Ängste. Von freier Berufswahl kann kaum noch die Rede sein, wenn jedermann froh ist, überhaupt eine Lehrstelle zu bekommen. Verständlicherweise haben es dabei solche Schüler am schwersten, die sich in der schulischen Ausbildung am wenigsten qualifiziert haben.

Vordringliches Ziel ist also, zu helfen, auch bei scheinbarer Ausweglosigkeit nicht den Mut zu verlieren. Doch kann bedrohlichen Situationen nicht einfach ein Wolkenkuckucksheim entgegengesetzt werden. Im Gegenteil sollten möglichst viele Schwierigkeiten zur Sprache kommen, denen die Schüler ausgesetzt sind. Dabei sollten die Lehrer die unterschiedlichen Möglichkeiten ihrer Schüler bedenken.

Die Unterrichtseinheit führt unweigerlich in ein Überschneidungsfeld mit der Gesellschaftslehre/Gemeinschaftskunde. Das erfordert Absprachen zwischen den Lehrkräften. Für den Religionsunterricht bedeutet dies, daß er manche der im Entwurf ausführlicher dargestellten Detailziele ohne weiteres raffen kann, wenn die Inhalte anderwärts schon behandelt wurden. Trotzdem ist eine breitere Entfaltung in dem vorliegenden Entwurf gerechtfertigt, um Akzentsetzungen zu ermöglichen.

In LZ 1 muß der Schüler die Möglichkeit erhalten, neben Erwartungen und Hoffnungen auch eigene Sorgen auszusprechen und sich Erleichterung zu verschaffen. Dies geschieht, wenn man ihm Perspektiven vermittelt, die ihn Mut schöpfen lassen. So sind u.U. unmittelbare Ängste abzubauen, indem man z.B. ein Einstellungsgespräch simulieren läßt und damit dem Jugendlichen Sicherheit für eine für ihn ungewöhnliche Situation vermittelt.

Die Angst vor dem Arbeitsleben kommt nicht von ungefähr. Die Erwachsenen reden vom "Ernst des Lebens"; Jugendliche erfahren von den innerbetrieblichen Zwängen, die sich durch die Industrieproduktion zwangsläufig ergeben können. Hinzu kommt die Anonymität in Großbetrieben und manche Berichte von Bekannten über ein schwieriges Arbeitsklima. LZ 2 nimmt diese Sorgen auf, zeigt die zweifelsohne problematischen Punkte im Arbeitsleben und in der Einstellung des einzelnen zur Arbeit, informiert über die sozialistisch-kommunistische Sicht und konfrontiert dieses Bild mit biblischen Perspektiven, die ihrerseits als Korrektive und Impulse dienen können.

LZ 3 ergänzt diese Negativbilanz durch positive Aussagen über den Sinn des Arbeitens. Damit will es einen Beitrag zur

Stabilisierung leisten. Die scheinbar triviale Aussage, daß Arbeit zum Lebenserwerb dient und in einem Arbeitsverhältnis seinen Grund hat, bei dem Sozialpflicht des Arbeitgebers und Wertarbeit des Arbeitnehmers aufeinander zu beziehen sind, ist auf dem historischen Hintergrund alles andere als selbstverständlich. Dazu s. die UE Kirche und soziale Frage.
Der Christ erkennt, daß hier uralte biblische Anliegen zum Ziel gekommen sind, die etwa die Ausbeutung des Menschen und seiner Arbeitskraft verbieten (z.B. Jer 22,13). Zugleich ist Arbeit für den Arbeitenden eine Chance, seinen Beitrag für die Gemeinschaft zu leisten.

Die Frage allerdings, wie weit sich heute Menschen in ihrer Arbeit selbst verwirklichen können, ist wohl im Blick auf unterschiedliche Berufe auch unterschiedlich zu beantworten. Auch wo dies in der Arbeit nicht der Fall sein dürfte, kann aber Selbstverwirklichung durch den großen Freiraum geschehen, den unsere Arbeitswelt mit der Freizeit dem einzelnen zunehmend läßt.

Der Standort der Christen trifft sich in manchem mit dem von Wirtschaft, Gewerkschaften und staatlichen Tendenzen. Dies wird in LZ 4 angesprochen. Besonders wichtig ist freilich die Behandlung der Tatsache, daß sich in Notzeiten statt Solidarität mit den Benachteiligten eher die Suche nach Sündenböcken einstellt. Hier sind Rückfragen an das Verhalten des Einzelnen, von Gruppen wie auch der Gesellschaft als ganzer zu stellen. Wo statt Schuldige zu suchen die eigene Verantwortlichkeit gesehen und mit vorwärtsweisenden Initiativen wahrgenommen wird, ist ein besonders erfreulicher Weg eingeschlagen (LZ 4).

Im letzten Lernziel ist das Verhältnis Arbeit - Freizeit zu besprechen und insbesondere die Freizeit selber zu reflektieren. Dazu gehört neben Bestandsaufnahmen und Vorschlägen zur Gestaltung auch das kritische Bedenken des derzeitigen Freizeitverhaltens. Das Lernziel berührt sich eng mit der UE Feste feiern. Dort sind entsprechende Hilfen gegeben, von denen auszugsweise Gebrauch zu machen ist (LZ 5).

Literatur

a) Zur Information des Lehrers:

K.P. Kruber, Konsum und Arbeit, München 1977 (Reinhardt, UTB 660)

E. Küng, Arbeit und Freizeit, Tübingen 1971 (Mohr)

J. Moltmann (Hrsg.), Recht auf Arbeit - Sinn der Arbeit, München 1979 (Chr. Kaiser)

E. Pilz, Das System der sozialen Marktwirtschaft, München 1974 (Reinhardt, UTB 330)

E. Scheuch/R. Meyersohn, Soziologie der Freizeit, Köln 1972 (Kiepenheuer & Witsch)

E. Schröder, Außerschulische Jugendbildung, München 1977 (Reinhardt, UTB)

b) Arbeitsmaterial für den Unterricht:

Herausforderungen Bd.1, Dortmund 1970 (Crüwell)

G. Kraft u.a., Kursbuch Religion 9/10, Stuttgart/Frankfurt 1979 (Calwer Verlag/Diesterweg)

H.H. Petzold, Jugend ohne Berufsperspektive, Weinheim 1976 (Beltz)

AV-Medien

Filme:

Isoliert am Arbeitsplatz, EMZ 1: F 414; EMZ 12: KF 214

Lebenswerk, EMZ 12: KF 191

Montagmorgen, EMZ 12: KF 488

Der Tod der Ratte, EMZ 1: F 426; EMZ 12: KF 222

Rosinen im Kopf, EMZ 12: KF 403

Tondiaserie:

Die da oben und die da unten, EMZ 1: TD 237; EMZ 12: TB 182

Übersicht über die Unterrichtseinheit

Lernziele	Inhalte
1. Hoffnungen und Befürchtungen Jugendlicher angesichts des Berufslebens aussprechen	Berufswünsche und -träume; Unsicherheit bei der Berufswahl Verhaltensunsicherheit und Enttäuschungen bei der Stellensuche Die Risiken des Arbeitsmarktes Die Situation weiblicher Arbeitnehmer
2. Belastungen und Gefährdungen des modernen Menschen durch die Arbeit erörtern und mit der biblischen Sicht über die Arbeit vergleichen	z.B. Zwänge am Arbeitsplatz Flucht in die Arbeit Prestige(-verlust) durch Arbeit Menschliche Arbeitskraft als Ware (Entfremdung) Arbeit als Auftrag und Mühsal (1 Mos 2,15; Kol 3,17; 1 Mos 3,1-19)
3. Den Sinn der Arbeit als Lebenssicherung, Selbstverwirklichung, Dienst an der Gemeinschaft verstehen	Lebenssicherung durch angemessene Entlohnung (z.B. 3 Mos 19,13) Verurteilung der Ausbeutung (z.B. Jer 22,13) Selbstverwirklichung durch Entfaltung der eigenen Fähigkeiten im Dienst an der Gemeinschaft
4. Maßnahmen zugunsten Benachteiligter am Arbeitsplatz und Hilfen für arbeitslose Jugendliche diskutieren	Das Netz der sozialen Sicherheit Mitbestimmung am Arbeitsplatz Umgang mit Kollegen und Behinderten, mit ausländischen Arbeitnehmern Aktivitäten für arbeitslose Jugendliche, Arbeitslosenhilfe Neue Modelle kirchlicher Diakonie
5. Feststellen, daß Freiheit und Menschlichkeit in Arbeit und Freizeit auf dem Spiel stehen	Arbeit als einziger Lebenssinn? Möglichkeiten und Zwänge der Freizeitgesellschaft Sonntag und Werktag (2 Mos 20,8-11) Freizeit als Chance zur Entfaltung brachliegender Begabungen Gestaltung "erzwungener" Freizeit

Lernziele	Inhalte	Medien/ Verfahren	Didaktische Hinweise
1. Hoffnungen und Befürchtungen Jugendlicher angesichts des Berufslebens aussprechen		Zum Gesamten: Kursbuch Religion 9/10, S.97-101	Zahlreiche Realschüler und Gymnasiasten beenden die Schulzeit mit dem 10. Schuljahr. Dabei hat ein Teil recht präzise Vorstellungen von seinen beruflichen Wünschen und Zielen, steht aber oft vor der Situation, daß entsprechende Angebote an Stellen fehlen. Und nicht einmal alles, was ihm prinzipiell offensteht, läßt sich aufgrund seines Abgangszeugnisses erreichen. Oft ist er gezwungen zu nehmen, was regional angeboten wird. Zudem spielen die Beziehungen der Eltern oft eine große Rolle. - Der andere Teil weiß keine Ziele und ist in der Wahl unsicher. - Bei einem dritten Teil fallen Neigungen und Fähigkeiten zu sehr auseinander. Hinzu kommt, daß der Übergang vom schulischen ins Arbeitsleben relativ schwer fällt. Das beginnt schon mit Äußerlichkeiten wie Bewerbungsschreiben und Lebenslauf sowie der betrieblichen Vorstellung. Hier werden im Deutschunterricht konkrete Hilfen angeboten; der Religionsunterricht kann sie ergänzen. Für LZ 1 ist Orien-
1.1 Erwartungen und Ziele von Jugendlichen für ihr berufliches Leben darstellen	Berufswünsche und -ziele; Frage nach der Realisierbarkeit: Risiken des Arbeitsmarktes	Zu LZ 1.1 und 1.2: Wandzeitung, erstellt in arbeitsteiliger Gruppenarbeit; mögliche Themen: Was für Berufe finden wir attraktiv? - Ich will wer sein im Beruf! - Bewerbung und Absagen / Beziehungen muß man haben! - Mein Zeugnis und meine Aussichten - Der Arbeitsmarkt - Kein Warenhaus mehr! u.ä.m.	
1.2 Die gegenwärtige Lage der Jugendlichen bei der Stellensuche beschreiben	Unklarheit über die eigenen Ziele und Möglichkeiten; persönliche Unsicherheit über die Wahl; Jugendarbeitslosigkeit; Auf Stellensuche: Unterschiedliche Chancen von männlichen und weiblichen Jugendlichen		
1.3 Angesichts der Unsicherheiten bei der Berufswahl Entscheidungshilfen kennenlernen	Exemplarische Darstellung von Berufsbildern; Instanzen für die Entscheidungshilfe	Kursbuch S.99 ff.: Ausbildungsbeispiele; Beratungsstellen BfA u.a.; Schwierigkeiten, die aufgegriffen werden sollten: 1. Das schnelle Ausweichen in scheinbar gute Verdienstmöglichkeiten (Annoncen), 2. Stellensuche, manchmal ein Spießrutenlaufen.	
Möglicher Zusatz: 1.4 Durch praktische Übungen	Simulation von Situationen, die		

Lernziele	Inhalte	Medien/ Verfahren	Didaktische Hinweise
Ängste bei der Stellensuche überwinden	als beängstigend empfunden werden, z.B. bei der Bewerbung für eine Lehre; Einstellungsgespräch und Reflexion darüber	Hilfe dazu: Spielszenen entwerfen und spielen lassen; Bewerbungsschreiben und Lebenslauf u.ä.m. (wo dies nicht schon im Deutschunterricht passiert ist)	tierungshilfe das eine Ziel. Vertrautwerden mit der Realität des Arbeitsmarktes, aber auch mit den verbliebenen Chancen ermutigt oft sehr. Wo dies nötig wird, müssen auch emotionale Barrieren der Umstellung überwunden werden (LZ 1.4).
2. Belastungen und Gefährdungen des modernen Menschen durch die Arbeit erörtern und mit der biblischen Sicht über Arbeit vergleichen		Zum Gesamten: Kursbuch Religion 9/10, S.102-108	Arbeit ist nach biblischen Verständnis ambivalent zu sehen: Notwendigkeit des Lebenserwerbs und als solche Chance zur Verwirklichung von Lebensmöglichkeiten (LZ 3), aber auch Last und Fluch Gottes über den sündig gewordenen Menschen (LZ 2.4). Dennoch steht er unter Gottes Schutz und hat sich nach seinen Geboten zu richten. Die kritische Funktion biblischer Traditionen ist in LZ 2 vornehmlich avisiert. Dabei soll von zahlreichen Phänomenen ausgegangen werden, die das Arbeiten heute kennzeichnen und es zur Last werden lassen können, zunächst noch ohne Wertung (LZ 2.1). Problematische Einstellungen zur Arbeit und Reflexion
2.1 An Beispielen aufzeigen, wo Arbeit zur Last wird	Leistungsstreß am Arbeitsplatz; Eingespanntsein in ein "Zeitkorsett"; Anonymität der Arbeitsabläufe; Arbeitsklima: Vorgesetzte - Untergebene; Innerbetriebliche Zwänge und Notwendigkeiten	Film: Isoliert am Arbeitsplatz (Anlage 1) Tondiaserie: Die da oben und die da unten (Anlage 1) Neben eigenen Erfahrungen Jugendlicher (mit Arbeitsfreude und Arbeitsverdruß) können durch Interviews mit Eltern und Verwandten sowie mit Jugendlichen im Arbeitsleben die wichtigsten Erscheinungsformen gesprächsweise erarbeitet werden	
2.2 Gefahren gegenwärtiger Arbeitswelt im Blick auf	Menschliche Arbeitskraft als Ware (Entfremdung);	Die drei Aspekte in arbeitsteiliger Gruppenarbeit: Kursbuch, S.106-108; K. Martis	

Lernziele	Inhalte	Medien/ Verfahren	Didaktische Hinweise
den Sinn der Arbeit darstellen	Selbsteinschätzung auf Grund des beruflichen Erfolgs; Flucht in die Arbeit	Gedicht: Betrauern wir... in: Kursbuch 9/10, S.67 Kursbuch S.105: Gedicht	von unzureichenden Arbeitsbedingungen heute werden in LZ 2.2 diskutiert. Dabei wird deutlich, daß die im Arbeitsleben erworbenen Haltungen und Einsichten bis ins Private und Intime weiter wirken können (LZ 2.3). Dieses Ziel wird in LZ 5 weitergeführt und ergänzt. Von der biblischen Tradition aus (LZ 2.4) sind kritische Wertungen an persönlicher Einstellung und Struktur der Arbeitswelt vorzunehmen. Dabei werden manche Ziele, die die Bibel im Auge hat, nur gebrochen in unsere Wirklichkeit umsetzbar sein, uns aber zugleich im Persönlichen und Strukturellen Unzulänglichkeiten deutlich machen und so unser Denken für neue Impulse öffnen.
2.3 Über Veränderungen nachdenken, die das heutige Arbeitsleben bei Menschen bewirken kann	Unfähigkeit zur Selbstfindung, z.B. nach der Pensionierung; Abhängigkeit von Beruf auch im privaten Leben; Übernahme von Verhaltensmustern des Arbeitslebens in die Familie u.a.m.	Film: Lebenswerk oder Film: Der Tod der Ratte (Anlage 2) Kursbuch, S.105 f.: Neapel sehen Tonbandprotokoll (Anlage 3)	
2.4 Das gegenwärtige Erscheinungsbild von Arbeit mit biblischen Aussagen konfrontieren	Arbeit als Auftrag Gottes zur Gestaltung der Welt (1 Mose 1, 28 f.; 2,15); Arbeit als Fluch und Last (1 Mose 3,17-19); Arbeitsleben unter Zusage und Gebot Jesu (Kol 3, 17); Impulse zur Verbesserung der gegenwärtigen Arbeitsbedingungen	Textarbeit zu den angegebenen Stellen; außerdem könnten herangezogen werden: Mt 6, 25-41; Mt 10,9 f.; Spr 24,30-34. - Die unterschiedlichen Textintentionen motivieren zu einem Gespräch über die Bedeutung des Arbeitens, s. LZ 3	

Lernziele	Inhalte	Medien/ Verfahren	Didaktische Hinweise
3. Den Sinn der Arbeit als Lebenssicherung, Selbstverwirklichung, Dienst an der Gemeinschaft verstehen		Zum Gesamten: Kursbuch Religion 9/10, S.109-111	LZ 3 ergänzt LZ 2 nach der positiven Seite: Arbeiten bedeutet für den Menschen ein hohes Gut der Selbstverwirklichung, sei es als Grundlage für Familie und Wohlstand, sei es als Selbstbestätigung und Möglichkeit, sich zu verwirklichen. Letzteres ist freilich in unserer industrialisierten Gesellschaft für diverse Gruppen nur unterschiedlich möglich. Handwerker, frei praktizierende Berufe und geistig Arbeitende haben hier zweifelsohne größere Chancen. Entsprechend wichtig ist die Erkenntnis, daß erst Arbeit und freie Zeit zusammen das Leben ausmachen (LZ 5). - Jeder, der arbeitet, sollte die Dankbarkeit dieser Situation begreifen; Arbeitslosigkeit verdeutlicht das am besten. In der Arbeit kommt zum Ausdruck, daß der Mensch in einer Gemeinschaft lebt und mit dieser und für sie Arbeit leistet. Das Stichwort "Arbeitsverhältnis" charakterisiert dabei gegenseitiges Geben und Nehmen, und nur in dieser Gegenseitigkeit kann es als gottgewollt betrach-
3.1 Darlegen, daß Menschen arbeiten, um leben zu können	Arbeit als Gelderwerb; soziale Verpflichtung des Arbeitgebers; Arbeitsleistung und Lohn als Gegenwert; Regelung des Alten Testaments bei Tagelöhnern 3 Mose 3,19	Rundgespräch zum Thema: Wozu soll man arbeiten? - evtl. auch als Podiumsdiskussion mit vorbereitender Gruppenarbeit: Sinn des Arbeitens - was ist ein "Arbeitsverhältnis"? - Sozialpflicht des Arbeitgebers - 3 Mose 3,19 und Jer 22,13 als biblische Belege für Umgang von Arbeitgeber und -nehmer	
3.2 In der Arbeit das Mittel sehen, sich selbst zu verwirklichen	Arbeitenkönnen und Selbstwertgefühl; Freude am Arbeitsergebnis; Arbeit als Ausdruck der Persönlichkeit - unterschiedliche Möglichkeiten in unterschiedlichen Berufen	Unerträgliche Arbeitslosigkeit (Anlage 5) Kreisgespräch zu Fragen wie: Arbeit - Selbstverwirklichung oder Job?; Kursbuch S.110 f.	
3.3 Aufzeigen, daß die eigene Arbeit auch als Dienst an der Gemeinschaft zu verstehen ist	Arbeit als Beitrag des einzelnen für das Wohl der Gesellschaft; Arbeitsteilung als Grundlage von mensch-	Kursbuch, S.109: Erarbeitung der wichtigsten Gesichtspunkte: der Mensch als Teilnehmer an Gottes Schöpfung; Solidarität durch gemeinsame Arbeit; Beitrag des ein-	

Lernziele	Inhalte	Medien/ Verfahren	Didaktische Hinweise
	licher Gesellschaftsordnung	zelnen für die Gemeinschaft mit der Aufgabe, diese Perspektiven beispielhaft zu erläutern	tet werden. Von daher erklärt sich die Pflicht des Arbeitgebers zum fairen Lohn wie umgekehrt die des Arbeitnehmers zu qualitätsvoller Arbeit. Arbeitsmoral ist adäquater Ausdruck dafür.
4. Maßnahmen zugunsten Benachteiligter am Arbeitsplatz und Hilfen für arbeitslose Jugendliche diskutieren		Zum Gesamten: Kursbuch Religion 9/10, S.111-114	Das Lernziel umgreift verschiedenartige Elemente, die nur schwer aufeinander beziehbar sind. Der Versuch
4.1 Die Situation der Arbeitslosen beispielhaft darstellen	Jugendarbeitslosigkeit; Lange währende Arbeitslosigkeit; Folgen für die Einstellung zur Gesellschaft, zum Beruf und im privaten Leben	Kursbuch, S.111 f.; vgl. auch Anlage 4 Film: Rosinen im Kopf; eine arbeitslose Jugendliche schildert ihr Schicksal	geht hier davon aus, die Lage vornehmlich jugendlicher Arbeitsloser zu reflektieren (LZ 4.1). Beängstigend ist, daß in sozial angespannten Verhältnissen von allen Seiten schnell Sündenböcke gesucht werden - und das eigene Verhalten kaum reflektiert wird.
4.2 Die Gefahr durchschauen, Sündenböcke für die eigenen Schwierigkeiten zu suchen	Verschiebungen und aggressive Verdrängungen: bei arbeitslosen Erwachsenen etwa Gastarbeiterhaß; bei arbeitslosen Jugendlichen etwa Zusammenschluß in Rockerbanden	Erstellung einer Wandzeitung mit Aussprüchen von Arbeitslosen zur Frage nach der Schuld (Stammtisch-Interviews u.ä.) und Bildern und Berichten von jugendlichen Randalierern - Gespräch über die Bedeutung dieses Verhaltens	Dies soll beispielhaft in LZ 4.2 geschehen. Solche Problemverschiebungen verhindern Solidarität und gehen immer zu Lasten von Minderheiten, die sich nicht oder schlecht wehren können. Christlicher Glaube tritt für die Solidarität mit diesen "Lasttragenden" ein. Er begrüßt jede Anstrengung, die in die richtige Richtung gegenseitiger

Lernziele	Inhalte	Medien/ Verfahren	Didaktische Hinweise
4.3 In gesellschaftlichen Maßnahmen einen ersten Schritt zur Wahrnehmung der Verantwortung gegenüber den Schwachen erkennen	Christliches Prinzip: Eintreten für die Schwachen (Gal 6,2); Mitbestimmung der Arbeitnehmer im Betrieb; Eintreten der Personalvertretung für Benachteiligte als Ausdruck von solidarischer Hilfe; Arbeitslosenversicherung und -unterstützung	Rückgriff auf das Wissen von Gesellschaft- bzw. Gemeinschaftskunde	Hilfe führt (LZ 4.3). Insofern sind staatliche Maßnahmen ebenso zu bedenken wie solche der Wirtschaft und von Kirchen und freien Verbänden. Noch wesentlicher dürften aber Eigeninitiativen der Betroffenen sein, da sie den Lebenswillen am deutlichsten dokumentieren.
4.4 Maßnahmen zur Behebung von Arbeitslosigkeit aufzeigen	Bemühungen der Arbeitsämter: Kurse u.ä. Angebote; Verstärkte Bereitstellung von Ausbildungsplätzen durch Industrie, Handwerk und Handel; Initiativen der Kirchen und anderer Träger; Eigeninitiativen Jugendlicher	Kursbuch, S.113 f. Zeitungs- und Zeitschriftenartikel Materialien der Arbeitsämter evtl. in arbeitsteiliger Gruppenarbeit mit Vorstellung vor der Klasse (originellste Form prämieren)	

Lernziele	Inhalte	Medien/ Verfahren	Didaktische Hinweise
5. Feststellen, daß Freiheit und Menschlichkeit in Arbeit und Freizeit auf dem Spiel stehen		Zum Gesamten: Kursbuch Religion 9/10, Thema: Freizeit - endlich frei sein?, S.81-96	Das Lernziel ergänzt LZ 2.3 und hat enge Berührung zur UE Feste feiern. Vor allem geht es hier um die Reflexion, wie weit Arbeit und Freizeit miteinander verbunden sind und sich gegenseitig bedingen. Wo das eine sich als ungeordnet und Verzweiflung schaffend zeigt, ist auch das andere nicht in Ordnung. Dies macht der Film Montagmorgen besonders deutlich. Umgekehrt wirkt sinnvolle Freizeitgestaltung auch auf die Arbeit zurück. Was dabei als sinnvoll angesehen werden kann, soll am Sabbatverständnis des Judentums entwickelt werden. - Es legt sich nahe, die Intention dieses Lernzieles dadurch zum Tragen zu bringen, daß man zusammen mit der Klasse ein Fest vorbereitet und durchführt. Dabei zeigt sich auch, wie weit eine positive Veränderung des Unterrichtsklimas möglich ist - sozusagen als Nagelprobe auf die Absicht der Unterrichtseinheit.
5.1 Über Erfahrungen mit Freizeit nachdenken	Freizeit in eigener Gestaltung oder als Marktangebot; Freizeitträume und Realität von Freizeiten: Langeweile, Streß, Konsumhaltung, Flucht vor der Leere gegen Abwechslung, Ausruhen, Kreativität und Selbstentfaltung	Eigene Erfahrungen der Jugendlichen Tonbandprotokoll (Anlage 3) Film: Montagmorgen (Anlage 5)	
5.2 Freizeit als Erfüllung der menschlichen Sehnsucht nach Lebensentfaltung begreifen	Sabbat als Vorbild für Freizeit (2 Mose 20, 8-11): Schutz für Niedriggestellte, Tag der Ruhe zur Regeneration und zum Feiern; Freizeit als Möglichkeit zur Regeneration nach der Arbeit; als Möglichkeit zum kreativen Schaffen; als Möglichkeit zum Feiern in der Gemeinschaft	Zu LZ 5.2 und 5.3 Vgl. UE Feste feiern; dort Materialien zum Sabbat Veranstaltungskalender in einer großen Kirchengemeinde: Kursbuch, S.96 Auswertung von Reiseprospekten unter den Fragen: Welche Angebote haltet ihr für welche Personen für sinnvoll? Was fehlt eurer Meinung nach? Wogegen würdet ihr euch wehren?	

Lernziele	Inhalte	Medien/ Verfahren	Didaktische Hinweise
5.3 Sinnvolle Möglichkeiten von Freizeitgestaltung erörtern	Planung eines Festes; Gestaltungselemente von Freizeit		

Film: Isoliert am Arbeitsplatz — Anlage 1

10 Min., Farbe, Kurzspielfilm

In einem großen handwerklichen Betrieb muß sich ein Vorarbeiter den Vorwurf gefallen lassen, daß in seinem Arbeitsbereich zu viel Ausschuß produziert wird. Er wird von der Firma unter Druck gesetzt. Der Sohn des Vorarbeiters ist im gleichen Betrieb beschäftigt. Mit anderen Lehrlingen opponiert er gegen die mangelnde Ausbildung. Der Vater will dem Sohn dies verbieten. Dabei kommt es zu harten Auseinandersetzungen in der Familie.

Der Film ist bewußt parteiisch gestaltet: er stellt sich unter die Optik der Arbeitnehmer. Trotz dieser Einseitigkeit bietet er faire Gesprächsmöglichkeiten.

Tonbildreihe: Die da oben und die da unten

18 Dias, 11 Min., Farbe

Die Tonbildreihe will die weit verbreitete Einordnung des Menschen in diese oder jene Gruppe und damit zusammenhängende Vorurteile ansprechen. Am Beispiel eines Automobilwerkstattbetriebes versucht sie deutlich zu machen, welche Probleme menschlichen Fehlverhaltens und Versagens ausgeschlossen werden können. Zu dieser Reihe gehören Rollenspielkarten und ein Rollenheft.

Film: Lebenswerk — Anlage 2

2 Min., Farbe, Zeichentrickfilm

Das Lebenswerk eines Menschen: Ein Mann pflanzt einen Baum, er hegt und pflegt ihn - schließlich erhängt er sich an demselben.

Oder:

Film: Der Tod der Ratte

6 Min., s/w, Kurzspielfilm

Das immer hektischer werdende Tempo in Industriebetrieben erzeugt bei den Arbeitern Aggressionen. Diese entladen sich - wie der Film zeigt - nach Feierabend zuhause bei der Familie und eröffnen damit eine Aggressionskette, die über das Kind, den Hund und die Katze zum Tod der Ratte führt.

Tonbandprotokoll Anlage 3

Georg H., Werkzeugmacher, arbeitet als Einsteller an einer Karosseriepresse.

Ich bin Einsteller an der Presse und habe zwanzig Leute unter mir, denen ich immer Maschinen umbauen muß, Material herschaffen und das alles.

Ich arbeite acht Stunden am Tag, arbeite aber Schicht, von sechs Uhr früh bis halb drei nachmittags und von halb drei bis zwölf Uhr. Wenn ich nach Hause komme, bin ich sehr müde, bei uns ist sehr viel Krach, also ungefähr 92 Phon und mit zwanzig Leuten, wo du jedem rechtmachen mußt, irgendwie, ist fast unmöglich, also ich bin fertig am Abend, müde, am liebsten hinlegen, waschen, hinlegen und schlafen.

Das Abschalten ist fast so automatisch, wenn man mal raus ist aus der Firma. Sobald man gestempelt hat und ist aus der Firma raus, daß der Krach nicht mehr da ist, dann schaltet man direkt ab, also das ist irgendwie, als wenn du in eine ganz andere Welt reingehst. Da ist der Autolärm auch gar nichts, den faßt man gar nicht mal so auf, wie bei der Arbeit den Krach. Also zu Hause dann nur hinlegen, irgendwie waschen und dann schlaf ich eine Stund, daß du am Abend ein bißchen frisch bist, daß man wenigstens weggehen kann oder sich irgendwie unterhalten kann mit Leuten. Damit man vielleicht in ein Lokal gehen kann, daß man unter Leute kommt.

In der Arbeit kannst' fast nicht reden, haben wir nur Ausländer und die arbeiten ja alle in Akkord, mit denen kann man sich nicht unterhalten, die müssen schauen, daß sie ihre Zeit zusammenbringen, und wann soll man das überhaupt machen, kann man nur am Abend, wenn man irgendwie in ein Lokal geht, und da trifft man dann fremde Leute, meistens, und ich unterhalte mich ganz leicht, ich komme leicht ins Gespräch.

Ja, die Zeit reicht mir eigentlich nicht, am liebsten so, wenn ein Tag Urlaub oder wenn irgendein Feiertag ist, dann in die Berge fahren, zwei, drei Tage in die Berge, aber sonst, Samstag, Sonntag ist genauso schlecht. Also am Samstag, das ist der schönste Tag, da weiß ich ganz genau: am Sonntag brauch ich nicht aufzustehen. Da kann ich am Abend noch weggehen, kann ich zum Kegeln vielleicht oder irgendwas am Abend anfangen oder zum Tanzen oder irgendwas. Ich brauch am Sonntag jedenfalls nicht mehr aufstehen, kann ich ausschlafen. Am Sonntag, beim Mittagessen, da geht's schon wieder los, da denkst du schon wieder an Montag, hast alles richtig gemacht am Freitag, kann nichts passieren, dann bist du schon wieder mit dem ganzen Geist in der Arbeit drin.

Unerträgliche Arbeitslosigkeit Anlage 4

Der Diplomkaufmann Dr. Hans G., 52 ("Bitte schreiben Sie meinen Namen nicht, das wäre der Karriere nicht dienlich") hat seinen klugen Kopf hinter der FAZ versteckt. In seinem maßgeschneiderten Flanellanzug und dem schwarzen Lacklederkoffer wirkt er fremd auf dem trostlosen Behördenflur, einsam und gedemütigt: "Mit der Arbeitslosigkeit ist es wie mit dem Krebs. Freunde und Bekannte gehen daran zugrunde. Man selbst aber glaubt immun zu sein. Ich war mal eine sogenannte Führungskraft. Plötzlich war ein Jüngerer da. Ich habe noch eine Abfindung bekommen. Auf die Erfahrung von uns Älteren legt man ja keinen Wert mehr."

Seit einem Dreivierteljahr ist er arbeitslos. Lange war er zu stolz, zum Arbeitsamt zu gehen. Er versuchte es lieber auf eigene Faust: "Viele Firmen lehnen das Arbeitsamt ab. Wenn einer vom Arbeitsamt geschickt wird, heißt es doch gleich, mit dem kann nicht viel los sein." 54 Bewerbungen hat G. geschrieben. Einmal stellte er sich in Stuttgart vor. Als er einige Tage später seine Spesenrechnung schickte, war die Firma leider pleite.

Schließlich ging G. doch zum Arbeitsamt. Die Abfindung war aufgebraucht. Er beantragte Arbeitslosenunterstützung. Statt seines Monatsgehaltes von 5000 Mark bezieht er jetzt wöchentlich 264,60 Mark. Dafür braucht er Bescheinigungen von seinem alten Arbeitgeber. "Das war ein Spießrutenlaufen, wie die geschaut haben..." Heute war er wieder vergebens beim Arbeitsamt. "Noch immer nichts", sagt er und verabschiedet sich schnell, er habe jetzt eine wichtige Verabredung. Zehn Minuten später treffen wir ihn in einem Kellerlokal; er kippt den dritten Cognac.

Bisher verordnete Opel nur Kurzarbeit und verringerte die Belegschaft durch Einstellungsstops und Abfindungen von 20 000 auf 18 000 Menschen. Einer der Abgefundenen ist der 60jährige Fließbandarbeiter Willy Richter. 14 Jahre hängte er Seitenwände in Autos, pro Schicht etwa 1400. Seine freiwillige Kündigung honorierte Opel mit 10 000 Mark: "Wenn ich nicht drauf eingegangen wäre, hätten die mich sowieso im September 'rausgeschmissen', ich bin zu alt für die." Richter kann mit seiner Freizeit nichts anfangen, er hat eben immer nur malocht. Seine Arbeitslosigkeit empfindet er als Schande. Jetzt sitzt er meist still am Küchentisch und grübelt. "Das ist das Ende", seufzt er. Seine Frau Klara klagt: "Wir haben noch nie Stempelgeld bezogen. Hoffentlich erfahren das unsere Verwandten in der Ostzone nicht."

Ganz anders hat der Schmelzermeister Erwin Arndt, ebenfalls 60 Jahre alt, reagiert, als er zum Jahresende von den Bochumer Walzwerken entlassen wurde. Er glaubt, er habe es gut getroffen: Denn jetzt kassiert er Arbeitslosenunterstützung und seine Firma überweist ihm noch 65 Prozent der alten Bezüge nebst Sonderleistungen wie Weihnachts- und Urlaubsgeld.

Und das ein Jahr lang. Dann hat er - falls das Arbeitsamt ihm keine Arbeit vermitteln kann - und das ist so gut wie unmöglich -, Anspruch auf vorgezogenes Altersruhegeld. Sollte sich aber doch eine neue Anstellung für ihn finden, so würde er sofort - das ist intern zwischen Betriebsrat und Walzwerk ausgekungelt worden - seinen alten Posten wiederbekommen. Arndt: "Wir sind alle begeistert von dieser Regelung."

Nicht alle; Walter Tönissen beispielsweise, Oberamtsrat im Bochumer Arbeitsamt, sieht das ein wenig anders: "Von der Industrie wird die Situation auf dem Arbeitsmarkt eiskalt ausgenutzt. Auf diese Tour verschrotten die Tausende von alten Arbeitnehmern auf Kosten des Versicherungszahlers und des Staates. Wir können aber nichts dagegen machen."

Das ist nicht Tönissens einziger Ärger. Im Ruhrgebiet wird nichts verschenkt. "Wenn es ums Geld geht, ist jedes Mittel recht." Der Beamte schimpft: "Aus allen Löchern und Asylen kommen jetzt die Penner, die wissen, daß wir sie nicht vermitteln können und kassieren Arbeitslosenunterstützung."

"Ein guter Mann", so Tönissen, "ist auch jetzt noch unterzubringen, aber er darf nicht zu alt sein, gesundheitlich nicht angeschlagen, seinen Arbeitsplatz nicht zu oft gewechselt haben, und auch sonst darf er nicht unangenehm aufgefallen sein." Kollege Karl Vossnacke, Vermittler im Baugewerbe, sagt: "Was wir momentan erleben, ist erst ein Reinigungsprozeß. Während der Hochkonjunktur haben sich die Firmen aufgebläht und alles genommen, was so aussah wie ein Mensch, auch wenn der Mann drei Tage in der Woche blau war. Jetzt kommt die Rache dafür."

aus: ZEITmagazin Nr.37, 6. Sept. 1974

<u>Film: Montagmorgen</u> <u>Anlage 5</u>

15 Min., s/w, Kurzspielfilm

Am Montagmorgen erzählen sich im Büro vier Frauen gegenseitig phantasievolle Geschichten über ihre Erlebnisse am Wochenende, und eine beneidet die andere um ihr Glück. Parallel zu ihren Berichten zeigt der Film den wahren Verlauf des Wochenendes: Enttäuschungen, Langeweile und Einsamkeit.

STRAFEN, VERGELTEN, VERGEBEN

Religionspädagogische Überlegungen zum Thema

Die Unterrichtseinheit ist dem zweiten Lernschwerpunkt zugeordnet, da sie an die Probleme der Gesellschaft im Umgang mit ihren straffällig gewordenen Gliedern heranführen möchte. Gängige Strafauffassungen und Strafpraxis, Ursachen für Straffälligkeit und Bemühungen um eine Besserung der Verhältnisse aus christlichen und anderen Motiven stehen zur Diskussion. Das Problem der Todesstrafe kann außerdem Gegenstand der Auseinandersetzung sein.

Fragen um Kriminalität und Strafe finden erfahrungsgemäß bei den Schülern ein reges Interesse. Das mag mit der lebensgeschichtlichen Umbruchsituation zusammenhängen, in der das persönliche Normengefüge einer Relativierung unterliegt und große Spannungen mit anderen sowie im eigenen Antriebs- und Motivationsgefüge ausgehalten werden müssen. Viele Jugendliche spüren selbst Neigungen, die sie in die Nähe von Straftaten bringen. Außerdem verlockt das Risiko der kriminellen Handlung, die für manche als Abenteuerersatz in einer langweiligen Umwelt dienen muß.

Die eigenen Bedürfnisse, die bei der Beschäftigung mit dem abweichenden Verhalten von Straftätern wirksam sind, bekämpft man am nachhaltigsten durch strenge Strafen. Die Härte der Strafforderungen insbesondere bei Sexualstraftaten ist ein Beleg dafür. Daneben spielen Unsicherheiten und Ängste sowie elementare Rachegefühle eine große Rolle, wenn eigene Lebensmöglichkeiten oder die von Identifikationsmöglichkeiten und -objekten (Personen, Gruppen und Normen) in der Umwelt bedroht erscheinen. Das LZ 1 beginnt mit solchen Strafforderungen und versucht, die Schüler zu einer Distanzierung von unmittelbarer Betroffenheit durch eine rationale Diskussion der gesellschaftlich virulenten Strafauffassungen zu veranlassen. Damit ist ein Weg eingeschlagen, der auch im Alltagsleben immer wieder nötig ist, wenn unter dem unmittelbaren Eindruck grausamer Verbrechen Betroffenheit in Racheforderungen umschlägt.

In solchen Situationen pflegt der Ruf nach der Todesstrafe immer erneut anzuschwellen (LZ 2). Während in ruhigen Zeiten die Zahl ihrer Befürworter in der Bundesrepublik weit unter ein Drittel abgesunken ist, läßt sich in krisenhaft erlebten Zeiten ein rapides Ansteigen - auch bei Jugendlichen - beobachten. In der Zeit der Terroranschläge etwa hätten nach Ausweis verschiedener Umfragen wieder weit mehr als die Hälfte der Bevölkerung für die Wiedereinführung der Todesstrafe gestimmt. Der Versuch, das übermächtig Böse mit Gewalt auszumerzen, dürfte sich solange wiederholen, wie Menschen sich über die eigenen Grenzen und Fehlsamkeiten hinwegtäuschen.

Die Ursachen, daß Christen die Todesstrafe nicht früher entschiedener bekämpften, sind vielfältig:

- Aus der Bibel läßt sich direkt keine eindeutige Ablehnung der Todesstrafe ableiten.
- Ein metaphysisches Staatsverständnis bewirkte, daß der Obrigkeit auch die Aufgabe zuerkannt wurde, als Stellvertreter Gottes Verbrechen gegebenenfalls auch mit dem Tod des Übeltäters zu sühnen.
- Schließlich wird die zum Teil massive Befürwortung der Todesstrafe bis in die Gegenwart hinein ihre Ursache in jener Verbindung von ängstlicher auf Sicherheit bedachter Frömmigkeit auf der einen und Intoleranz auf der anderen Seite haben, die so häufig in der Geschichte des Christentums zu beobachten ist.

Die den Christen heute gebotene Position hat der Jurist E. Schmidhäuser so formuliert: "Die jahrhundertealte Tradition der Todesstrafe nötigt dazu, sie im Für und Wider der Auffassungen darzustellen, als könne man die Todesstrafe so gut befürworten wie ablehnen. Man darf sich dadurch nicht darüber täuschen lassen, daß die Todesstrafe heute unerlaubt ist: denn aller ursprüngliche Glaube, daß nur durch die Todesstrafe Gerechtigkeit und Versöhnung möglich werde, und alles Vertrauen, daß durch die Todesstrafe das Unheil in der Welt vermindert werde, sind dahin. Die Frage ist nicht mehr, was dem Übeltäter zukommt, sondern nur, was wir ihm zufügen dürfen. Daß er getötet hat, heißt aber nicht, daß wir töten dürfen... Wo wir nur irgend beginnen können, nicht mehr zu töten, da müssen wir damit beginnen." (RGG, 3.Aufl. Sp.926)

Bereits bei der Diskussion der Todesstrafe, noch mehr beim folgenden Lernziel (LZ 3), sollten die Schüler Gelegenheit erhalten, sich soweit in das Schicksal von Straftätern "einzuleben", daß sie ein Verständnis für seine Taten gewinnen, den Grad seiner persönlichen Schuld realistischer abschätzen und sachgemäßer über geeignete Maßnahmen des Strafvollzugs (LZ 5) nachdenken lernen. Man soll dabei - gerade im Religionsunterricht - nicht unterschlagen, daß Verständnis für gesellschaftlich und biographisch begründete Fehlentwicklungen weder die Schuld des Täters eliminiert noch das Böse allein zur Folge unglücklicher Entwicklungen verharmlost. Gerade ein tieferes Eindringen in die schicksalhaften Verflechtungen, die zu Straftaten führen, kann die Abgründe des Bösen erspüren lassen, dessen Macht Umwelt und Individuum, aber auch Richter und zu Richtende ergreift. LZ 4 richtet mit den Hinweisen auf das Neue Testament den Blick auch auf die - d.h. uns alle -, die urteilen sollen bzw. müssen und motiviert eine Strafpraxis, die Möglichkeiten des Neuanfangs erschließen hilft und damit das Geschenk der Vergebung nicht verschüttet.

Literatur

a) Zur Information des Lehrers:

E. Benda u.a., Hat Strafe Sinn?, Freiburg 1974 (Herder)

M. Buchhorn, "Sie haben es nicht anders verdient...", Zur Diskussion um die Todesstrafe, Weinheim 1979 (Beltz)

W. Lindenberg, Zwischen Gerichtssaal und Gefängnis, Freiburg 1965 (Herder-Taschenbuch)

R. Pfisterer, Zwischen Kasernenhof und Schlaraffenland, Gladbeck 1973 (Schriftenmissionsverlag)

E. Schmidthäuser, Vom Sinn der Strafe, Göttingen 1971 (Vandenhoeck & Ruprecht)

b) Arbeitsmaterial für den Unterricht:

V. Göhrum u.a., Zur Strafe, MRU 6, Stuttgart/München 1975 (Calwer Verlag/Kösel)

G. Kraft u.a., Kursbuch Religion 9/10, Stuttgart/Frankfurt 1979 (Calwer Verlag/Diesterweg)

F. Rickers u.a., Vergeltung und Vergebung, rp-modelle 5, Frankfurt/München 1973 (Diesterweg/Kösel)

AV-Medien

Filme:

Als Kleinkind im Heim (FWU) FT 943

Bestraft für immer, EMZ 12: KF 440

Jugendstrafvollzug, EMZ 1: F 411; EMZ 12: KF 269

Das mühsame Leben des Georg Wandel, EMZ 1: F 308; EMZ 12: KF 123

Urlaub auf Ehrenwort, EMZ 12: KF 302

You're no good (FWU) FT 961

Tonbänder:

Der hat gesessen, EMZ 12: HS 22

Interview mit einem jugendlichen Mörder, EMZ 12: HF 154

Übersicht über die Unterrichtseinheit

Lernziele	Inhalte
1. An Beispielen verschiedene Auffassungen von Strafe in der Gesellschaft bedenken	Eine Straftat und ihre Folgen: Haftstrafe, z.B. lebenslange Haft Strafe als Sühne, Vergeltung und/oder "Resozialisierung" Schutz der Gesellschaft
2. Gründe für die Forderung nach Wiedereinführung der Todesstrafe kritisch bedenken	Warum Menschen die Todesstrafe fordern, z.B.: - Abschreckung - Keine Möglichkeit zur Erpressung des Staates? - Angst, dem unbegreiflichen Bösen wehrlos ausgesetzt zu sein bzw. selbst zu verfallen Warum Todesstrafe abgelehnt wird, z.B.: - Wirkungslosigkeit der Abschreckung - Gefahr des Justizirrtums u.a. Biblische Aspekte: - Vergeltungsprinzip (Gen 9,6) - Mörder unter Gottes Schutz 1 Mos 4,1-16 (13-16) - Tendenz: Vergeben statt vergelten
3. An einem Fallbeispiel Hintergründe für das Zustandekommen von Straftaten erheben und über die Verantwortlichkeit der Schuldigen nachdenken	Biographie eines Straftäters Kette von außergewöhnlichen und belastenden Umwelteinflüssen Das Rätsel des Bösen Verantwortlichkeit des Schuldigen
4. Überlegen, welche Konsequenzen die Botschaft von der Vergebung für das Verständnis von Strafen hat	Verzicht auf Vergeltung (Röm 12,17-21) Bereitschaft zur Vergebung (Mt 18,21-35) Möglichkeiten und Grenzen der Resozialisierung
5. Überlegen, welche Konsequenzen die Botschaft von der Vergebung für die Gestaltung des Strafvollzugs und für eigenes Verhalten hat	Strafvollzug an Beispielen Hilfe für die Angehörigen von Straftätern Verhalten gegen Strafentlassene

Lernziele	Inhalte	Medien/ Verfahren	Didaktische Hinweise
1. An Beispielen verschiedene Auffassungen von Strafe in der Gesellschaft bedenken		Zum Gesamten: Kursbuch Religion 9/10, S.30 f. und 36	Bei unmittelbaren Reaktionen auf Straftaten werden von Betroffenen oder beteiligten Lesern oft unverhältnismäßig hohe Strafen gefordert. Bei distanzierter Betrachtung regiert meist das Prinzip gleichwertiger Vergeltung. Einige beziehen eine Würdigung der Motive und pädagogische Überlegungen zur Strafe mit ein. Bei Schülern dürften alle Spielarten vertreten sein, insbesondere wenn ganz aktuelle Vorfälle zur Verfügung stehen. Die Schülervorschläge sollen auf ihre "impliziten" Straftheorien befragt (LZ 1.2) und mit den meistdiskutierten Auffassungen in Beziehung gesetzt werden (LZ 1.3 + 1.4). Es geht nicht um eine theoretische Diskussion der heute sehr differenzierten Straftheorie, sondern um die lebenspraktisch relevanten Überzeugungen, genauer um ihre jeweiligen Konsequenzen. U.U. muß man von LZ 1.1 gleich zu LZ 2 übergehen, wenn dort bei einem Mordbeispiel die Todesstrafe ins Zentrum der Diskussion rückt.
1.1 Verbreiteten Straftaten gängige Strafen zuordnen	z.B. Diebstahl, Mord, Sexualdelikte	Straftaten aus der Zeitung (Anlage 1) Diskussion möglicher Strafen	
1.2 Über mögliche Strafzwecke nachdenken	z.B. Abschreckung, Sühne, Schutz, Besserung	Harte Strafe für Überfall auf Rentnerin (Anlage 2) Gruppendiskussion: Welchen Zwecken können welche Strafen dienen?	
1.3 Die Strafzwecke "Sühne/Vergeltung" und "Resozialisierung" erörtern	Sühne als Rache; Sühne als Chance der Selbstfindung; Resozialisierung als Hilfe oder als Manipulation?	Zeitungsbericht: Ich zeige Reue, abgedruckt in MRU 6: Zur Strafe (auch Anlage 3)	
1.4 Über Recht und Grenzen des gesellschaftlichen Schutzbedürfnisses nachdenken	Von der Blutrache zur Abschreckung	Beispiel für Blutrache in RP-Modell Nr. 5 Strafe und Vergeltung (Anlage 4) Diskussion über Leistungsfähigkeit der Abschreckung (Rückgriff auf Anlage 2)	

Lernziele	Inhalte	Medien/ Verfahren	Didaktische Hinweise
2. Gründe für die Forderung nach Wiedereinführung der Todesstrafe kritisch bedenken		Zum Gesamten Kursbuch Religion 9/10, S.31 f.	Die angegebenen Materialien zu LZ 2.1 sind nur als Ergänzungen gedacht, wenn die Schüler nicht
2.1 Argumente für und gegen die Todesstrafe nennen	Für: - Abschreckung - angemessene Vergeltung bzw. Sühne - Lebenslang schlimmer als Hinrichtung - Haftstrafe zu teuer Gegen: - keine Abschreckung - Förderung der Aggressivität - Justizmorde - Überschreitung menschlicher Grenzen	Ein fiktiver Mordfall mit Reaktionen. Schüler diskutieren: Pro und Contra Todesstrafe Ergänzende Materialien Anlage 5-8	in der Lage sind, die wichtigsten Argumente allein zu formulieren. Zu beachten ist, daß die Forderung nach Todesstrafe immer dann verstärkt auftritt, wenn grausame Ereignisse einzelne oder Gruppen erschüttern. Sie ist ein Zeichen von Hilflosigkeit, nicht schon von Verrohung. Ziel des Rollenspiels ist es, daß die Schüler lernen, über die häufig von der Boulevardpresse geschürte Abscheu und Empörung gegenüber Mördern hinauszukommen und zu einer sachlicheren Abwägung der Schuldfähigkeit des Kriminellen befähigt werden.
2.2 Am Beispiel der Biographie eines Mörders über dessen Schuld nachdenken und geeignete Maßnahmen diskutieren	Beziehungsschwächen; Benachteiligungen; Gesteigerte Aggressivität bei Frustrationen	Fall Jörg H. (Anlage 9) Rollenspiel: Gerichtsverhandlung über Jörg H. mit Vorinformation über Aufgaben und Rechte der Prozeßbeteiligten. Vorbereitung der Rollen (mit Zeugen und Geschworenen!) in Gruppen	Beim Rollenspiel sollte darauf geachtet werden, daß die die Schuldfähigkeit einschränkenden Faktoren gebührend Beachtung finden (s. Spalte Inhalte). - Zur Zeit des AT und NT wird die Todesstrafe selbstverständlich geübt. Jesus selbst ist ihr Opfer.
2.3 In den biblischen Aussagen zur Strafe eine Tendenz von der Vergeltung zur	Vergeltungsprinzip (1 Mos 9,6); Kain und Abel: Mörder unter Gottes Schutz	Ein Christ für die Todesstrafe (Anlage 10) Christliche Argumente gegen die Todesstrafe (Anlage 11)	Eine direkte Auseinandersetzung mit der Todesstrafe findet sich in der Bibel nicht. Jedoch läßt sich eine Tendenz zur Brechung des

Lernziele	Inhalte	Medien/ Verfahren	Didaktische Hinweise
Vergebung entdecken, die eine Ablehnung der Todesstrafe begründen kann	(1 Mose 4, 1-16); Jesus: Rettung der zum Tod verurteilten Ehebrecherin (Joh 8,1-11); Feindesliebe statt Vergeltung (Mt 5,38-48)		Vergeltungsdenkens aus den angegebenen Texten ablesen. Jedoch kann nicht verschwiegen werden, daß es auch Christen gibt, die die Todesstrafe befürworten, was jedoch meist mit einer biblizistischen Argumentation gestützt wird.
3. An einem Fallbeispiel Hintergründe für das Zustandekommen von Straftaten erheben und über die Verantwortlichkeit der Schuldigen nachdenken		Zum Gesamten: Kursbuch Religion 9/10, S.34 f.	Bereits das vorangegangene Lernziel nötigte zu einer Beschäftigung mit der Lebensgeschichte von Straftätern. Dieser Ansatz soll nun differenziert weitergeführt werden. U.U. genügt es, die Ergebnisse des Falls Jörg H. (LZ 2.2) zusammenzufassen und mit LZ 3.4/ 3.5 fortzusetzen. In manchen Klassen legt sich die Einführung eines neuen Fallbeispiels nahe. Das Beispiel W. Werner spiegelt extrem negative Heimsituationen aus den 50er Jahren, die heute nicht mehr typisch sind. Es nennt jedoch eine Reihe typischer Erziehungsdefizite, wie sie so deutlich nur in wenigen anderen Fällen gegeben sind. Dieses holzschnitt-
3.1 Den Verlauf des Falles darstellen	Fallbeispiel eines jugendlichen Straftäters: äußerer Verlauf seines Lebens, soziale und psychologische Bedingungen seiner Kindheit, Folgen seiner Entwicklung für seinen weiteren Lebensweg	Als Beispiele können Verwendung finden: Interview mit einem jugendlichen Mörder aus: MRU 6 Zur Strafe, S.6-8 oder Tonband: Interview mit einem jugendlichen Mörder oder Anlage 12: Werner, Vom Waisenhaus ins Zuchthaus Film: You're no good (Anlage 13)	
3.2 Die psychischen und sozialen Bedingungen erheben, die den Täter geprägt haben			
3.3 Über einen idealtypischen Verlauf der Persönlichkeitsent-	Stufen des Erwachsenwerdens und ihre spezifischen Ausprägungen	Lehrervortrag anhand von MRU 6 Nr.7 Tabelle (Stufen der Persönlichkeitsentwicklung) und Nr. 9	

Lernziele	Inhalte	Medien/ Verfahren	Didaktische Hinweise
wicklung Auskunft geben		(Gesicht und Gesichtskreis) mit Tafelanschrift oder Tabelle zur Persönlichkeitsentwicklung, in: Kursbuch Religion 9/10, S.18	artige Vorgehen erleichtert den Vergleich mit "normalen" Entwicklungen. Durch Gegenüberstellung einer positiv verlaufenden kindlichen Sozialisation mit der eines Straftäters wird erreicht, daß die Sozialisationsdefizite deutlicher hervortreten. Die Lernzielpaare 3.1/3.2 und 3.3/3.4 ergänzen einander und können im Unterricht mit oder nacheinander behandelt werden.
3.4 Am Beispiel Defizite der Persönlichkeitsentwicklung eines Straftäters zeigen	z.B. Fehlen des Urvertrauens; kein Verhältnis zu den Werten; fehlende Sensibilisierung für Schuld; Defizite in der Gewissensbildung; Unfähigkeit zum Triebverzicht; Frustrationstoleranz u.ä.	Dazu Filme: "Das mühsame Leben des Georg Wandel" oder "Als Kleinkind im Heim" (Anlage 14 und 15) Anfertigung einer "Tapete" mit zwei Lebensläufen "Der Begünstigte" und "Der Straftäter"	
3.5 Darüber nachdenken, warum auch Menschen Böses tun und straffällig werden, die günstige Lebensumstände hinter sich haben	Straftaten bei voller Schuldfähigkeit und günstiger Persönlichkeitsentwicklung; Menschliche Antriebe, die zu Unrecht verleiten; Das Böse als Macht	Bei LZ 3.5 kein neues Beispiel einführen, sondern nur auf den Umstand hinweisen, daß es auch Straftäter ohne besonders negative Lebensumstände gibt. Dann Rundgespräch über die Gründe	
4. Überlegen, welche Konsequenzen die Botschaft von der Vergebung für das Verständnis von Strafen hat			Die biblischen Texte gelten dem Verhältnis des "richtenden" Christen zum Schuldiggewordenen, stellen aber nachdrücklich die Frage nach dem
4.1 Feststellen, daß	Beispiele für die Not-	In Gruppenarbeit: Mt 5,21-26;	

Lernziele	Inhalte	Medien/ Verfahren	Didaktische Hinweise
die christliche Überlieferung die Rechtsordnung stützt, um das Zusammenleben zu erleichtern	wendigkeit der Erhaltung des Gesetzes: Mt 5,21-26; Mt 7,24-27	Mt 7,24-27: Was läßt sich aus diesen Texten über die Notwendigkeit entnehmen, Gebote einzuhalten?	Selbstverständnis des Richtenden. Nicht die Rechtsordnung ist für die Bibel problematisch, sondern der Mensch - also wir - im Umgang mit der Rechtsordnung. Dies
4.2 Ablehnung von Vergeltungsdenken und Warnung vor Selbstgerechtigkeit als Motive christlichen Rechtsdenkens erfassen	Solidarität statt Selbstgerechtigkeit: Mt 7,1-5; Röm 12,17-21	Mt 7,1-5 Röm 12,17-21: Wie beurteilt die Bibel menschliche Richtertätigkeit?	schließt gegebenenfalls einen kritischen Umgang mit Rechtsnormen ein, die dem Liebesgebot widersprechen. Zur Erarbeitung der Texte unter den angegebenen Leitfragen ist Gruppenarbeit zu empfehlen, deren Ergebnisse entsprechend der LZ 4.1 -
4.3 Am neutestamentlichen Umgang mit Schuldigen ein Verfahren ermitteln, das von der Absicht geleitet ist, einen Neuanfang eröffnen und Schuld vergeben können	Vergeben als Zeichen des Reiches Gottes: Mt 18,21-35	Mt 18,21-35: Welches Verhältnis einem Schuldigen gegenüber erwartet Jesus vom Christen? Wo sind die Grenzen?	4.3 Grundlage der weiterführenden Diskussion zu LZ 4.4 sein könnten. Die hier anzusprechenden Aspekte werden schon auf die Beispiele des folgenden LZ 5 hinweisen. Man sollte aber auch die "normalen" Maßnahmen des Strafrechts, die eine helfende Absicht verfolgen (z.B. Bewährungsfrist), unter den Gesichtspunkten von
4.4 Möglichkeiten und Grenzen des neutestamentlichen Verfahrens in heutiger Zeit erörtern	Strafe auf Bewährung mit Hilfen - ein Weg im Sinne des Neuen Testaments?; Verzicht auf Strafe zugunsten therapeutischer Maßnahmen?	Diskussion: Kann man die neutestamentlichen Hinweise in die Praxis umsetzen? Wie - welche Risiken?	Mt 18,21 ff. diskutieren. Wie sollte eine Bewährungsfrist im Sinne von Mt 18,21 ff. gestaltet werden?

Lernziele	Inhalte	Medien/ Verfahren	Didaktische Hinweise
5. Überlegen, welche Konsequenzen die Botschaft von der Vergebung für die Gestaltung des Strafvollzugs hat		Zum Gesamten: Kursbuch Religion 9/10, S.36-42	Vom Ziel der Unterrichtseinheit her soll das LZ 5 nicht Zustände geißeln, sondern Augen öffnen und mögliche Hilfswege durchdenken. Dabei sind die Perspektiven von LZ 4 leitend. LZ 5.1-5.3 sind alternativ gemeint. Auf keinen Fall kann die ganze Breite bei einer Klasse aufgenommen werden. Wie weit sich aus den - wohl in einer abschließenden Diskussion gewonnenen - Überlegungen in LZ 5 Projekte ergeben, muß aufgrund der jeweiligen Situation Lehrern und Schülern überlassen bleiben. - LZ 5.5 nimmt einen immer noch ungelösten Aspekt der aktuellen Diskussion auf. Kann man auf die lebenslange Haftstrafe verzichten?
5.1 An Beispielen Schwierigkeiten und Möglichkeiten gegenwärtigen Strafvollzugs erörtern	z.B. Leistung der Jugendstrafe; Offene Anstalten	Wo sie sich gegenseitig die Hölle bereiten (Anlage 16) Schweden (Anlage 17) Filme: Jugendstrafvollzug/Urlaub auf Ehrenwort (Anlage 18)	
5.2 Die Folgen des Strafvollzugs für die Angehörigen des Straftäters aufzeigen	Gesellschaftliche Diskriminierung; finanzielle Sorgen; Zerrüttung der Ehe usw.	Sippenstrafe (Anlage 19) Hörspiel: Der hat gesessen	
5.3 Verhalten entlassener Strafgefangener gegenüber aus christlicher Sicht beurteilen	Bewährungshilfe; Arbeitsverhältnisse; soziale Absicherungen u.ä.	Film: Bestraft für immer (Anlage 20) MRU 6, Nr.59, S.38 ff.;	
Möglicher Zusatz: 5.4 Die Problematik einer lebenslangen Haftstrafe erörtern	Massenmörder, keine Besserungsaussichten?; Abstumpfung	Kursbuch Religion 9/10, S.33 Das langsame Sterben (Anlage 21)	

Straftaten aus der Zeitung Anlage 1

"Mein Mann, das Schwein, hat mich geschlagen. Der macht mich tot!" Das soll Irena Krzikawski ihren Kolleginnen erzählt haben, als sie wieder einmal "grün und blau geschlagen" in die Firma kam. Irena Krzikawski ist tot; am 17. September 1977 wurde die 50jährige mit einer Schnur erdrosselt. Vor dem Schwurgericht muß sich jetzt - wie berichtet - ihr geschiedener Ehemann Erich Krzikawski verantworten. Er ist angeklagt, die Frau erdrosselt zu haben, weil er die Lebensversicherungssumme in Höhe von 20 000 DM kassieren wollte.

Fünf als Polizisten verkleidete Räuber überfielen in der belgischen Kleinstadt Zoersel in der Provinz Limburg einen Postwagen und raubten fünf Postsäcke mit über 17 Millionen Franken (etwa eine Million DM).

Zwei 15- und 17jährige Brüder haben in Hamburg gestanden, die 14jährige Schülerin Anja Priess aus Hamburg-Wilhelmsburg ermordet zu haben. Das Mädchen war am 19. Januar nach einem Besuch im Wilhelmsburger "Haus der Jugend" verschwunden und am 12. Februar nur wenige hundert Meter von der elterlichen Wohnung entfernt in einem Hinterhof tot aufgefunden worden.

Mindestens zehn Frauen hat ein 23jähriger unsittlich belästigt, der am vergangenen Donnerstag von der Polizei - wie bereits kurz berichtet - festgenommen werden konnte. Beamte des Polizeipostens Dotzheim faßten den Klarenthaler, kurz nachdem er sich mittags in der Zugspitzstraße vor einer 31 Jahre alten Frau entblößt hatte. Nach dem Vorfall hatte die Frau sofort die Polizei alarmiert, so daß die Beamten den 23jährigen nach einer kurzen Verfolgung an der Ecke Zugspitzstraße/Watzmannstraße stellen konnten.

Wie er dann in seiner Vernehmung gestand, hat er im Raum Klarenthal und Dotzheim in den vergangenen Wochen mindestens zehn Frauen belästigt oder sie unsittlich berührt. Die Polizei vermutet jedoch, daß sich eine ganze Reihe von Frauen oder Mädchen noch nicht gemeldet haben, die der 23jährige belästigte.

Aufgabe:

Diskutiert mögliche Strafen und begründet sie!

Harte Strafe für Überfall auf Rentnerin

Anlage 2

Trio zu drei, dreieinhalb und vier Jahren Haft verurteilt / Gericht will "öffentliche Abschreckung"

Die fundierten Plädoyers der fünf Verteidiger verfehlten zumindest bei der 1. großen Strafkammer des Landgerichtes ihre Wirkung. Nach neun Verhandlungstagen wurden gestern die Urteile verkündet, die weitgehend der Anklage entsprachen. Wegen gemeinschaftlichen Raubes und gefährlicher Körperverletzung sollen Rainer Körppen (32), Thilo Wettlaufer (33) und Michael Domas (21) für vier, dreieinhalb und drei Jahre ins Gefängnis. Damit findet ein Überfall Bestrafung, bei dem eine Rentnerin mit einem Hammer niedergeschlagen worden war.

Obwohl die Täter eine größere Geldsumme in der Wohnung der Frau am Zietenring zu erbeuten hofften, blieb dem Trio letztlich nur die Flucht. Weitgehend Klarheit brachte der Prozeß darüber, daß Körppen seine Kumpane angestiftet hatte und schließlich Gewalt angewendet wurde, als der Trick, als Monteure eine Leitung überprüfen zu wollen, aufzufliegen drohte. Während Wettlaufer die über 70jährige am Schreien hinderte, schlug sie der damals jugendliche Domas nieder.

Das Gericht wertete die Tat als Verbrechen, für das eine öffentliche Abschreckung erfolgen müsse. In der Urteilsbegründung wurde nicht auf die Plädoyers der Anwälte eingegangen, wonach nur eine Verurteilung wegen Diebstahlsversuch und Körperverletzung erfolgen könne. Obwohl die Kammer einräumte, der Hammer sei nicht zur Gewaltanwendung mitgenommen worden, sondern zur Vortäuschung einer quasi amtlichen Kontrolle. Auch kam in der Urteilsbegründung nicht zur Sprache, daß die Gutachter sowohl Alkoholeinfluß als auch Handeln im Affekt festgestellt hatten.

Ein Häftling schreibt: Ich zeige Reue

Anlage 3

Wenn andere helfen ...

"Ich möchte Sie nur bitten, meinen Lebenslauf nicht mit Genuß zu lesen und mein Skript über die Resozialisierung nach dem Lesen nicht als machbares Heimatlied eines Ganoven abzutun."

Dies stand in einem Brief, der an die Redaktion der ZEIT adressiert war. Der Absender ist ein 27jähriger junger Mann, Wolfgang Gabel, der in Stuttgart in Untersuchungshaft sitzt. Was er zur Frage der Resozialisierung schreibt, scheint uns nachdenkenswert. Vorausschicken wollen wir seinen beigefügten Lebenslauf, in dem es heißt: Ich bin 1942 in Königsberg geboren. Mein Vater soll Kaufmann gewesen sein und eine Freundin gehabt haben, die der Scheidungsgrund wurde. Ich kenne beide nicht. Nachdem mich meine Mutter 1949 durch den Bach getragen hatte, war ich ein Flüchtling, weil der Bach eine Grenze ist. Es fand sich keine Wohnung, und meine Mutter, die von morgens sechs bis abends acht arbeiten mußte, weshalb sie meistens ein bißchen müde war, freute sich, daß sich ein Heim für mich fand. Dort waren Schwestern. Sie lehrten mich beten. Als ich 1954 für kurze Zeit und wider meinen Willen aufs Gymnasium wechselte, konnte ich beten und war der Waisenhäusler, dem man in der Pause eine Brezel schenken konnte. Und im Garten wuchs Unkraut, das man jäten mußte. Als ich 1956 auch Unkraut geworden war, kam ich in das andere Heim. Dort wurde ich volksschulentlassen, für eine Lehre bestimmt und in das nächste Heim gebracht. Flucht, dachte ich, sei mein Recht und ein Ausweg. Ich stahl ein Fahrrad, einen Pullover und fünfzehn Mark und radelte zu meiner Mutter. Unterwegs aß ich Kirschen. Als ich aus dem Gefängnis zu Hause ankam, war ich fremd und vorbestraft. Ich kam dann noch oft ins Gefängnis. Immer hatte ich gestohlen. Und obwohl man mir frühzeitig sagte, ein Fürsorger, kopfschüttelnd, sagte das, ich müßte bei meinem Gesicht und meiner strafverschärfenden Intelligenz eigentlich ein Betrüger sein, kam ich zuletzt als Dieb im Zuchthaus an.

Angst vor der Resozialisierung

Strafe muß sein. Als Maßnahme, die mir mein Verschulden zum Bewußtsein bringt und mich Schuldigen vor erneutem Schuldigwerden abschreckt. Meine Strafe schützt auch die Gesellschaft vor mir. Resozialisierung nennt man das. Und ich habe Angst davor. Sehr große Angst. Weil ich weiß, wie das ist: Resozialisierung.

Zum Fürsorger kann man gehen, deshalb und auch so. Und zum Pfarrer. Und zum Lehrer. Und zum Arzt, wenn man krank ist.

Zum Pfarrer gehe ich. Ich müsse, sagt der zu mir, meine Strafe im Bewußtsein meiner Schuld tragen und dürfe nie an Gott irre werden. Dann würde nämlich auch ich nie verzweifeln. Gott, sagt er, würde mir meine Schuld verzeihen, wenn ich reuig bin. Weil ich möchte, daß mir wenigstens einer verzeiht, zeige ich Reue und rauche die Zigarette, die er mir anbietet. Er schenkt mir auch eine Bibel, in der ich zu lesen verspreche und die ich jeden Tag aufgeschlagen auf meinen Zellentisch legen werde.

Ich kann zum Fürsorger gehen. Der sagt auch "Herr" zu mir, gibt mir auch seine Hand und vielleicht auch eine Zigarette. Denn er will mein Vertrauen. Ohne Vertrauen kann er mir nicht helfen. Ich schenke es ihm, denn es ist ohnedies sinnlos, zu lügen zu versuchen, weil er alle meine Akten kennt. Nein, die Wahrheit und nur die Wahrheit muß ich sagen, auch wenn ich mich ihrer schäme. Ich darf nicht lügen, weil ich mich schäme, sonst glaubt er es mir nicht, daß ich mich schäme. Ich muß meine Reue zeigen. Der Fürsorger sagt zu mir, ich müsse ein neues Leben beginnen. Er weiß nicht, daß man kein neues Leben anfangen kann. Weil es verboten ist. Weil das alte in Schubladen aufbewahrt wird. Weil es kein Ende gibt, an dem man anfangen könnte.

Er zählt alle meine Fehler auf, die ich gemacht habe, alle. Aber diese Fehler kenne ich; ich will jemanden haben, der mir sagt, wie ich diese Fehler nicht mehr zu machen brauche. Aber das interessiert ihn nicht, obwohl ich wirklich resozialisiert sein möchte, wenn die Strafe herum ist. Er schreibt sich meine Antworten auf, gewissermaßen als Beleg dafür, daß er mich erzogen hat. Und, sagt er noch zu mir: Sie passen gar nicht in ein solches Haus. Aber das sagt er zu jedem. Das gehört zur Erziehung, weil es den Ehrgeiz weckt. Er ist ja nicht nur Fürsorger, nein! Auch Psychologe ist er und Pädagoge, deshalb weiß er das.

Weil er es will, bewundere ich ihn, denn er wird meinen Führungsbericht schreiben. Und sage auch ja zu allem. Aber er weiß auch, daß ich nach meiner Entlassung genau wie der andere sein werde, der sich nicht resozialisieren lassen wollte. Der nicht zum Pfarrer ging. Der keine Bibel auf seinen Zellentisch legte.

Denn draußen bedeutet es nicht viel, daß ich im Gefängnis lernte, im Chor zu singen und Geige zu spielen.

Kein Chor wird mich aufnehmen, wenn ich rauskomme. Und die Geigen werden zu teuer sein. Nein, das bedeutet alles nicht viel.

Wolfgang Gabel, in: Die Zeit Nr. 35/1970

<u>Blutrache lähmt ein Dorf</u>

<u>Anlage 4</u>

Die Gemeindeverwaltung des Dorfes Oraovica (Jugoslawien) sieht sich einem Problem besonderer Art gegenüber. Ein Großteil der Felder bleibt unbestellt, viele Familien schicken ihre Kinder nicht mehr zur Schule, der Markt wird kaum noch besucht, und Männer sieht man nur wenige auf den Straßen. Dies alles wird durch eine seit über drei Monaten schwelende Blutfehde hervorgerufen.

Es begann mit einem Streit der Freunde Aslan Avdija und Riza Aidini, in dessen Verlauf Aslan Riza erschoß. Ein Vetter Rizas - in dieser Gegend im Osten Jugoslawiens wird jeder Verwandte "Vetter" genannt - feuerte seinerseits auf Aslan, der jedoch unverletzt entkam. Obwohl Aslan mittlerweile verhaftet und des Totschlags angeklagt wurde, bleibt für die Familie Rizas die Blutschuld so lange ungesühnt, bis ein Mitglied der Familie Aslans der Blutrache zum Opfer gefallen ist.

Das Gespenst der Blutrache hält nun mehr als 80 Männer dieser Familie in ihren Häusern gefangen, denn draußen lauert vielleicht der Tod... Die Frauen werden zwar allgemein bei solchen Auseinandersetzungen verschont, aber sie lassen ihre gefährdeten Männer ungern allein. Diese wiederum - überwiegend Mohammedaner - fristen ein zermürbendes Leben.

Da die gesamte Einwohnerschaft unter dieser Blutfehde zu leiden hat, versucht die Gemeindeverwaltung Oraovicas zu vermitteln. Die Familie Rizas ist auch bereit, die "Besa" zu schwören, das geheiligte Versprechen, daß alles Blutvergießen ein Ende haben soll. Doch kein "Vetter" Aslans ist bisher bereit, das Risiko des Bittgangs auf sich zu nehmen.

Man kann nur hoffen, daß auch hier zu guter Letzt die Vernunft siegt wie in dem Bergdorf Burince, wo im letzten Jahr endlich das "Friedensbrot" gebrochen wurde und die Blutrache nach 100 Jahren und 51 Toten abgeschafft wurde.

Ivan Stefanovic in Bunte 30/68

<u>Todesstrafe - Pro und Contra</u> <u>Anlage 5</u>

1. "Ich las vor längerer Zeit eine Notiz, wonach sich einige Leute freiwillig als Henker zur Verfügung gestellt haben, falls die Todesstrafe in Deutschland wieder eingeführt werden sollte. Eine solche freiwillige Meldung für ein solches Amt scheint mir auch für alle andern Befürworter der Todesstrafe die genaueste Konsequenz zu sein. In Ländern, in denen die Todesstrafe eingeführt ist, wäre ich dafür, daß die Justizminister sie selbst ausführen. Nur damit könnten sie deutlich demonstrieren, daß das Amt des Henkers ein ehrenwertes ist." (Ilse Aichinger, Schriftstellerin)

2. "Ich bin gegen die Todesstrafe, weil ich Gelegenheit hatte, ihrer Vollstreckung in mehreren Fällen beizuwohnen. Wer dieses Erlebnis auch nur einmal gehabt hat und auch nur den Rest eines funktionierenden Gewissens sein eigen nennt, muß jenseits von allen theoretischen Erörterungen gegen die Todesstrafe sein. Sie ist nichts weiter als staatlich erlaubter Mord durch einen oder mehrere für diesen Zweck vom Staat bezahlte Mörder." (Heinrich Albertz, ehemaliger Regierender Bürgermeister von Berlin)

3. "Ich bin für die Todesstrafe, da wir uns gegen die brutalen Verbrecher nur dadurch erwehren können, wenn sie bestimmt wissen, daß es den Kopf kostet. Warum sollen wir dieses Gesindel einsperren, ernähren und erziehen zu angeblich besseren Menschen, was letzten Endes doch in den allermeisten Fällen verlorene Liebesmühe ist. Befreien wir uns von diesem Ballast und Unrat, das Volk gewinnt

nur dabei und wird gesünder. Diese Art der Abschreckung ist auch ein deutlicher Fingerzeig für die heranwachsende Jugend und rüttelt das Gewissen auf. Justizirrtümer müssen dabei in Kauf genommen werden." (Hermann Buhmann, Stadtrat, Arbeitsrichter)

4. "Nach meiner Ansicht kann Kapitalverbrechen (Raubüberfälle, schwerer Einbruch, Sexualverbrechen in Verbindung mit Mord, Spionage) nur durch schwere, möglichst rasch nach der Tat erfolgende Bestrafung und die durch sie erreichte Abschreckung gesteuert werden. Kaltblütige Mörder aber haben nur vor dem Tod Respekt und außerdem kann, wer mit dem Tod bestraft wird, niemand mehr umbringen... Ich schlage also folgendes vor: die Todesstrafe ist wieder einzuführen:
1. Bei vorsätzlichem Mord und Raubmord. 2. Bei Überfällen und Einbrüchen unter Mitnahme von Waffen, auch wenn deren Anwendung verhindert wurde oder nicht nötig war. 3. Bei Spionage und Landesverrat. 4. Bei erpresserischer Kindesentführung. 5. Bei Tötung oder Verletzung von Polizeikräften... Auch Jugendliche, die bei den unter 1 bis 5 angeführten Verbrechen gefaßt werden, sollen wie die Erwachsenen bestraft werden." (Erich Becht, Gymnasialprofessor)

5. "Ich bin gegen die Todesstrafe... Ich frage die Befürworter der Todesstrafe, die in der Hinrichtung ein Mittel der Abschreckung sehen: Seid ihr bereit, die Exekution auf offenem Platz vollziehen zu lassen? Seid ihr bereit, das Zuschauen zur Staatsbürgerpflicht zu erklären, anläßlich einer jeden Hinrichtung die Schulen zu schließen und die Kinder hinzuführen, die Kleinsten in die vorderste Reihe?... Vergeßt nicht, daß auch die Mörder zur Schule gehen, ehe sie Mörder werden, und die Sextaner sind leichter und nachhaltiger zu erschrecken als die Halbstarken." (Ernst Schnabel, Schriftsteller)

6. "Erhöht man die Sicherheit der Strafverfolgung etwa um 10 Prozent, so wirkt das abschreckender als eine zehnprozentige Erhöhung des Strafmaßes... Übersehen wird von den Verfechtern der Todesstrafe auch der folgende Tatbestand: Fast 50 Prozent aller Mordtaten sind Affekthandlungen im weitesten Sinne, etwa aus Eifersucht, ehelicher Zwist, Familienstreitigkeiten usw. Von den ca. 100 bis 150 jährlich im Bundesgebiet verurteilten Tätern handeln etwa 75 aus der Wut des Augenblicks heraus, blind für eine Vorstellung der möglichen Straffolge, nur diese Tat und ihre Durchführung vor Augen. Diese Affekttäter sind weder durch diese noch durch jene Strafdrohung abzuschrecken."

7. "Ich bin für die Todesstrafe, weil der Strafzweck der Sühne durch die Todesstrafe einzig und allein erreicht wird. Das bewußte Auslöschen des Lebens eines Mitmenschen erfordert als Sühne auch dessen Auslöschen." (Helmut Hagen, Amtsgerichtsrat)

Die Stellungnahmen wurden entnommen der von Armand Mergen herausgegebenen Dokumentation über die Todesstrafe

Eine billige Lösung? Anlage 6

... Die Verwahrung eines Terroristen kostet den Steuerzahler, alle Bürger unserer Gemeinschaft viel Geld. Der Staat wendet es auf, weil es unser Recht und unser Gesetz verlangen. Ökonomisch betrachtet ist selbstverständlich ein toter Terrorist vorteilhafter für den Staat und die Gesellschaft. Er kostet nichts mehr. Schade, daß man hier nicht vom Wirtschaftlichkeitsprinzip ausgehen kann, und wir es hinnehmen müssen, daß Terroristen vor ihrem Selbstmord volkswirtschaftlichen Schaden verursachen durch illegale Aktivitäten, die gar kein politisches Ziel haben. Bis ein Terrorist schließlich verhaftet und verurteilt werden kann, kostet er die Öffentlichkeit Geld, seine Verwahrung löst zusätzlichen, über den für normale Häftlinge hinausgehenden Aufwand aus. Dabei lohnen sich diese Aufwendungen nicht, weil Terroristen kaum resozialisierbar sind, vielmehr wieder straffällig werden und dann erneut Geld kosten. Terroristen zu unterhalten ist, wie man sieht, teuer und nutzlos. ...

aus: Leserbrief in der Süddeutschen Zeitung vom 8.12.1977
von Maria-Gabr. Geissler

Hinrichtungen fördern sadistische Triebe und die Gewöhnung an das Gräßliche Anlage 7

Andrang zum Exekutionskommando

Der Amerikaner Gary Mark Gilmore muß weiterhin auf seine Todesstrafe warten. Der 36jährige Mörder eines Motel-Managers, der sich lieber erschießen lassen will, als "sein ganzes Leben" hinter Gittern verbringen zu müssen, wird nicht wie vom Obersten Gerichtshof von Utah vorgesehen, am kommenden Montag vor ein Erschießungskommando treten können. Denn der Gouverneur des Staates Utah - ein Anhänger der Todesstrafe - hat beschlossen, daß die Urteilsvollstreckung aufgeschoben wird, bis sich der Begnadigungsausschuß des Staates mit diesem Fall befaßt hat. Dies soll am nächsten Mittwoch geschehen.

Neben der in den USA neuentflammten Diskussion um die Todesstrafe wird unterdessen ein hartes Ausscheidungsrennen zwischen den Freiwilligen für das fünfköpfige Erschießungskommando ausgetragen. Bei den zuständigen Behörden in Utah liefen in den vergangenen Tagen die Telefondrähte heiß, weil sich so viele Bewerber für diese Aufgabe meldeten. Dafür sollen jedoch nach Auskunft der Behörden nur "solide Bürger" berücksichtigt werden.

Der Psychologe Paul Cameron wertete den Ansturm laut AP in

einem Interview als Anzeichen dafür, daß in den Vereinigten Staaten eine Grundtendenz besteht, "alles einmal zu versuchen". Da viele Menschen nie die Gelegenheit hätten, einen anderen Menschen zu töten, wollten sie die legale Möglichkeit dazu wahrnehmen.

Cameron, der am Priesterseminar von Pasadena lehrt, sagte weiter, daß die große Zahl der Freiwilligen, die einen anderen erschießen wollen, auch belege, wie weit die amerikanische Gesellschaft vom Wunsch zu töten beherrscht sei. Wenn die Gesellschaft die Tötung von Rechts wegen erlaube, würde sich auch eine Gruppe bilden, die Vergnügen daran fände. Besonders besorgt zeigte sich Cameron über die Wirkung, die das legale Töten auf Kinder haben könnte, und über den "Preis" des menschlichen Lebens, wie er durch die Entlohnung der Todesschützen festgesetzt werde. Jeder der fünf Schützen des Exekutionskommandos erhält 175 Dollar (etwa 438 Mark).

aus: Süddeutsche Zeitung vom 13./14. November 1976

Die Todesstrafe schreckt nicht ab — Anlage 8

Das Beispiel der Bundesrepublik

Aus Statistiken läßt sich eundeutig belegen, daß Mordfälle bezogen auf vergleichbare Zeiträume und Gegenden nach der Abschaffung der Todesstrafe nicht etwa zugenommen haben. Erstaunlich ist vielmehr, daß sich eine deutliche Abnahme von Kapitalverbrechen feststellen läßt. Dies gilt insbesondere für das Territorium der Bundesrepublik Deutschland nach dem Zweiten Weltkrieg.

Das Beispiel USA und Schweiz

Die amerikanischen Bundesstaaten sowie die schweizerischen Kantone mit Todesstrafe hatten keineswegs eine niedrigere Verbrechensrate als die Bundesstaaten und Kantone, in denen die Todesstrafe bereits abgeschafft war.

Der US-Staat Michigan hat bereits 1847 die Todesstrafe abgeschafft. Seither hat er keine höhere Zahl von Kapitalverbrechen als die anderen US-Staaten.

Das Beispiel der Taschendiebe in England

Zu der Zeit, als in England Taschendiebstahl mit der Todesstrafe geahndet wurde, stellte der die Deliquenten begleitende Geistliche fest: Von 167 Taschendieben hatten 161 die Hinrichtung eines Taschendiebes miterlebt, ohne daß sie deshalb selber vor einem Taschendiebstahl zurückgeschreckt wären.

Hauptverhandlung gegen Jörg H. (24) wegen Mords an Gabriele (18) — Anlage 9

Jörg H. ist das fünfte Kind eines Pfarrers in Niedersachsen. Fünf Jahre alt erkrankt er an Kinderlähmung. Äußerlich halten sich die Folgen der Krankheit in Grenzen. Sein Brustkorb ist ein wenig nach links verdreht, das Schreiben mit der rechten Hand macht ihm Schwierigkeiten.

Für seine innere Entwicklung jedoch ist die Erkrankung ein Einschnitt. Er ist fortan benachteiligt, und wo er es nicht tatsächlich ist, wie etwa im Sportunterricht, da empfindet er dennoch Benachteiligung. Diese Empfindung wird eine Grundstimmung seines Wesens. Es ist ihm etwas zugestoßen, wovor andere bewahrt blieben. Der Schock eines - wenn auch nur zeitweiligen - Gelähmtseins, mit fünf Jahren erlitten, hinterläßt eine Spur.

Auf eine tatsächlich vorhandene Benachteiligung haben sich dann "neurotische Erscheinungen aufgepfropft", wie der Psychiater Professor Erhard Phillip, 54, feststellt. Das Bedürfnis, tatsächlich vorhandene (oder auch nur, aber was heißt da "nur", empfundene) Mängel zu überkompensieren, ist eine solche neurotische Folgeerscheinung. Und eine Folge ist auch ein in übergroße Eigenliebe mündendes Selbstmitleid; ist eine Ichbezogenheit, die einem Mangel an Ich entspringt.

In der Auseinandersetzung mit dem Vater ist Jörg H. buchstäblich wie gelähmt. Er kann nur "bockig" sein, nur renitent. Und da es ihm nicht möglich ist, sich auseinanderzusetzen, wird er auch nicht fähig zu Bindungen. Er lernt es nicht, eine menschliche Beziehung einzugehen, sie aufzubauen und über eine längere Zeit zu tragen. Er ist in erheblichem Grade kontaktunfähig, er ist selbstmordgefährdet, er befindet sich in einer Verfassung, "die zu personalen Katastrophen führen kann" - und so geht gerade er Kontakte ein, die ihn nur immer intensiver gefährden.

Er ist 21 Jahre alt und Student der Informatik in Karlsruhe, als er im Dezember 1973 ein vier Jahre jüngeres Mädchen heiratet. Im März 1975 trennt man sich, im März 1976 wird die

Ehe geschieden. Er hat sich in dieser Ehe nicht als "Vaterfigur" empfunden, aber es liegt nahe, daß er gerade diese Figur zu spielen versucht hat. Und schon während der Trennung von seiner ersten Frau geht er eine neue Beziehung zu einem sechs Jahre jüngeren Mädchen ein, das Gabriele heißt.

Aus der Beziehung wird rasch "eine sehr feste, intime Freundschaft, die uns beiden viel gegeben hat", wie er aussagt. Doch was kann er geben? Und was will Gabriele, die noch zur Schule geht und bei den Eltern lebt, überhaupt von ihm? Man vereinbart, "ganz offen darüber zu sprechen, wenn einer von uns andere Beziehungen eingehen" will. Und es gibt dann auch, noch während Jörg H. in Karlsruhe lebt, Anlaß, ganz offen zu sprechen, zuerst von ihr, dann ("wohl Trotzreaktion") auch von ihm aus.

Im April 1976 zieht er nach West-Berlin. Er hat eine Zwischenprüfung nicht bestanden. Gabriele hilft ihm beim Umzug, beim Einrichten. Die Beziehung soll trotz der räumlichen Trennung fortbestehen, doch das Ziel dieser Beziehung soll "offen sein", denn er meint, er habe "von der Ehe die Nase voll", und sie kann sich eine Beziehung auf Dauer nicht vorstellen.

Früher als von Gabriele erwartet, besucht er sie in Karlsruhe. Trotzdem hat man "in ausgelassener Stimmung" schöne Tage. Doch Anfang Mai, knapp zehn Tage später, erzählt ihm Gabriele am Telephon, sie habe einen sympathischen Mann kennengelernt, zu dem sie eine Bindung eingehen wolle. Er reagiert "impulsiv", sagt, das würde ihn kränken, er reagiert "traurig und verletzt". Und er eilt schon wieder nach Karlsruhe.

Gabriele meint, man hätte sich auch telephonisch aussprechen können. Er will ihr gesagt haben, es sei nicht so schlimm, wenn sie sexuelle Kontakte zu anderen hätte, "wenn unsere Beziehung darunter nicht leiden würde". Jörg H. und Gabriele spielen Federball mit Dynamit, alle beide, denn er bleibt zwei Tage "auch nachts". Ende Mai will sie ihn besuchen, als er abfährt. Doch dann erfährt er am Telephon von ihr, sie sei noch am Abend nach seiner Abreise zu dem anderen gegangen und habe mit ihm geschlafen.

Er will, daß sie nach West-Berlin kommt, daß man noch einmal spricht. Ihre Schwester rät ihr ab: Das sei doch für beide eine Quälerei. Trotzdem fährt sie schließlich. Nach Mitternacht kommt sie an. Er hat Blumen bereitgestellt. Sie sprechen bis sechs Uhr früh. Sie liegen dabei getrennt voneinander jeder auf einer Liege.

Am Mittag des folgenden Tages, solange hat sie geschlafen, sprechen sie dennoch weiter. Selbst wenn sich Gabriele von dem anderen trennen würde: Zu Jörg H. will sie nicht zurück. Er beschwört sie, er brauche die Beziehung zu ihr, so einsam wie er jetzt in West-Berlin sei. Verzweifelt versucht er sie zu umarmen, sie stößt ihn zurück, die Umarmung geht in Drükken, in Würgen über, sie nennt ihn einen Erpresser, weil er mit Selbstmord droht, sie schreit: "Was tust du da?!", und als er von ihr abläßt, will sie nun sofort abreisen.

Er rennt in die Küche, er mußte sich bewegen, sagt er aus. In der Küche sieht er das Messer, nimmt es, verbirgt es im Gürtel unter dem Pullover, geht wieder hinein, er will keine Absicht dabei gehabt haben. Er spricht wieder auf sie ein, sie ist jetzt auch erregt und außer sich, es kann sein, daß er sich vor ihr niederwirft. Sie drängt sich an ihm vorbei, kniet auf einer der Liegen, will packen, dreht ihm den Rükken zu - und da zieht er das Messer. Der erste Stich trifft sie im Rücken, 15 weitere treffen sie in die Brust. Sie stirbt.

Er geht aus, kauft Whisky, trinkt eine halbe Flasche und nimmt Tabletten, doch er versucht vergeblich, sich zu erhängen. Er ruft seinen Vater an. Der beschwört ihn, sich nicht zu töten. Auf Rat seines Vaters bittet er Pastor Albertz telephonisch um Beistand. Der kommt, gewinnt den Eindruck einer "unglaublichen Verzweiflung" und benachrichtigt die Polizei. Vor der sagt Jörg H. aus, was ihm in seinem verzweifelten Bemühen, sich selbst das ihm Unerklärliche zu erklären, einfällt. Doch als er in der Hauptverhandlung immer wieder bedrängt wird, warum er dies getan und was er sich bei jenem gedacht habe, da sagt er, was man ihm glauben darf: "Wenn ich's wüßte, hätt' ich's nicht getan".

aus: Der Spiegel vom 1. November 1976 (gekürzt)

Ein Christ für die Todesstrafe beruft sich auf 1 Mos 9,6: "Wer Menschenblut vergießt, dessen Blut soll auch durch Menschen vergossen werden" — Anlage 10

Während ich diese Zeilen schreibe (Anfang September 1977), machen wieder einmal brutale Terroristen durch Mord und Entführung von sich reden. Alle Welt empört sich über die alle paar Wochen in Deutschland wiederkehrenden Gewalttaten. Wenn es so weiter geht, müssen unsere führenden Politiker bald in jedem Monat in der Frankfurter Paulskirche zu einem Staatsbegräbnis zusammenkommen, weil wieder eine führende Persönlichkeit ermordet wurde. Man beklagt in lauten Worten die weitgehende Ohnmacht des Staates gegenüber solchem terroristischen Treiben, beteuert aber gleichzeitig, daß an die Wiedereinführung der Todesstrafe natürlich nicht zu denken sei. Denn ihre abschreckende Wirkung sei gering oder gleich null.

Die Frage der Todesstrafe für Mörder ist aber nicht in erster Linie eine Frage ihrer Wirkung als Abschreckungsmittel (die so gering gar nicht sein dürfte - außerdem kann es für einen Getöteten auch keine erpresserischen Befreiungsversuche mehr geben), sondern eine Frage des Gehorsams gegen Gottes Wort. (Siehe auch Römer 13,4!)

Das oben angeführte Gotteswort steht in 1. Mose 9,6. Es geht auf den Bund Gottes mit Noah zurück, ist also wesentlich älter als das Israel gegebene Gesetz vom Sinai. Nirgendwo in der Bibel ist diese Gottesordnung für die Völkerwelt aufgehoben worden. Jesu "Ich aber sage euch... Liebet eure Feinde!" ist Ordnung für die Jüngergemeinde, nicht für die Völkerwelt. Und das Gebot "Du sollst nicht töten!" richtet sich an potentielle Mörder, nicht aber an den Staat, der Mörder zu bestrafen hat.

Leider fallen Menschen und Völker immer von einem Extrem ins andere. Hitlers Millionen-Verbrechen haben dazu geführt, daß Freiheit - Liberalismus - Toleranz - Humanität in der Bundesrepublik Deutschland großgeschrieben werden. Dafür sind wir einerseits sehr dankbar, schließt doch diese Freiheit auch die Freiheit der Meinungsäußerung und die Versammlungsfreiheit ein, und das bedeutet die freie Möglichkeit der Verkündigung des Wortes Gottes. Traurig aber ist es, daß dieser "Humanismus" wiederum zu einem anderen Ungehorsam geführt hat: Gottes Ordnung sieht die Todesstrafe für bewußten Mord vor. Wer das als Staat nicht respektiert, und statt dessen in den Hungerstreik tretende Mörder gar noch zwangsernährt, schwächt sich selber und mißachtet Gottes Wort. Das aber schafft weitere Unruhe.

Heinz Schumacher

Was wäre zu antworten?

Christliche Argumente gegen die Todesstrafe — Anlage 11

1. Die Todesstrafe darf nicht als Sühne gefordert werden, denn die "vergeltende Gerechtigkeit Gottes hat sich ja nach christlicher Erkenntnis schon ausgewirkt; die von ihm geforderte Sühne für alle menschliche Übertretung ist

ja schon geleistet, die geforderte Todesstrafe des menschlichen Rechtsbrechers ist ja schon vollzogen, indem Jesus Christus für die Sünde der Welt gestorben ist und Gott eben damit ein für allemal über die Sünde aller Menschen Gericht geübt hat." (Karl Barth, in: Christliche Daseinsgestaltung, S.403)

2. Die Todesstrafe ist ein Eingriff in die Verfügungsgewalt Gottes, dem allein es zusteht, über Beginn und Ende des Lebens zu entscheiden.

3. Die Todesstrafe ist abzulehnen, weil die Gesellschaft an jedem Verbrecher mitschuldig ist. Von daher ist der Vergeltungsgedanke einseitig und "pharisäisch". Er schiebt dem Verbrecher die Alleinschuld zu.

4. Das seelsorgerliche Motiv muß mitbeachtet werden. Die Nichtrevidierbarkeit der Todesstrafe würde die Möglichkeit späterer Einsicht und Reue von vornherein abschneiden und unbarmherzig die Gnadenfrist verkürzen.

Es ist eine ethische Aufgabe, auf die Todesstrafe zu verzichten, denn der Verzicht fordert von uns Selbstüberwindung, Überwindung der Angst und der Rachsucht.

Das Gebot der Feindesliebe und die Bereitschaft zur Vergebung sind Grundelemente des christlichen Glaubens!

Zusammenfassend spricht gegen die Todesstrafe:

1. Das christliche Gottesverständnis: Gott ist gekommen, um die Menschen zu erlösen. Von daher kann man dem Menschen kein Recht zugestehen, über das Leben zu verfügen.

2. Aufgrund unseres Glaubens, daß wir von Gott erschaffen sind und zur Teilnahme am Leben berufen sind, ist das Leben aller wertvoll. Jeder Einzelne steht in Beziehung zu Gott. Einen Menschen töten bedeutet, einzugreifen in das Verhältnis Gott - Mensch.

<u>Vom Waisenhaus ins Zuchthaus</u> — <u>Anlage 12</u>

Mein Name: Wolfgang Werner - 27 Jahre alt - am 17. März 1942 in Wuppertal geboren. Mein Vater ist mir völlig unbekannt.

Meine Mutter, die ein sehr bewegtes Leben führte, gebar mich als uneheliches Kind. Das Jugendamt der Stadt Wuppertal, welches den Lebenswandel meiner Mutter zu gut kannte, beugte vor und entzog ihr die Erziehungsrechte. Man übergab mich als Säugling einem Waisenhaus, bis ich etwa im Alter von zwei Jahren von fremden Leuten als Pflegekind übernommen wurde. Dieselben wohnten auch in Wuppertal.

Was mit mir in dieser Zeit alles geschah, kann ich leider nicht mehr genau angeben. Auf jeden Fall kam ich eines Tages wieder in ein Heim, welches ungefähr 10 - 15 Kilometer von meinen Pflegeeltern entfernt lag. Vom Heimweh geplagt, fand ich mich dort nicht zurecht. Ich konnte nicht mit den anderen Kindern spielen und hielt mich allein und in versteckten Winkeln auf. Es tat mir weh, zu sehen, wenn andere Kinder Besuch von ihren Eltern bekamen. Dieses Heim lag unmittelbar an einer Kleinbahnstrecke, mit der ich fuhr, als man mich ins Heim brachte. Für mich war diese Bahnstrecke ein Anziehungspunkt und immer, wenn es möglich war, lief ich dort hin und schaute mit Tränen in den Augen den Zügen nach, die die Richtung meines Elternhauses fuhren. War der Zug aus meinem Blickfeld, schaute ich noch lange nach und dachte an eine Mutter, die mich hätte gerne haben sollen. Oft so dasitzend, merkte ich nicht, daß die Erzieherin hinter mir stand. Erst nachdem man mich am Arm emporriß, kam ich wieder zu mir. Ich schrie nach meiner Mutter und bat die Erzieherin, mich nach Hause laufen zu lassen. Mit einigen Hieben versuchte man, mich zur Vernunft zu bringen. Abends im Bett lag ich noch Stunden wach und weinend hörte ich auf den vorüberfahrenden Zug. Ich mußte die dortige Dorfschule besuchen. Auf dem Weg zur Schule sah ich immer Kinder mit ihren Eltern Hand in Hand durch die Straßen gehen.

Eines Tages, ich ging zur Schule, hörte ich, wie eine Frau meinen Namen rief. Ich war sehr erschrocken, lief aber zu ihr hin. Da erkannte ich meine Pflegemutter, die zu mir sagte: "Komm schnell, wir fahren nach Hause." Ich freute mich und ging mit ihr. Als sie einen Untermieter aus dem Hause, wo sie wohnte, kennenlernte, kam ich wieder in ein Heim, es war in K. nahe der holländischen Grenze. Dort verbrachte ich ungefähr 1 1/2 Jahre, ging auch dort in die Dorfschule.

Von dort kam ich wieder in ein anderes Heim, warum weiß ich nicht mehr. Es war ein Heim in Düsseldorf mit verschlossenen Stationen. Dort lernte ich Kinder kennen, die schon älter und erfahrener waren. Auch waren solche darunter, die schon einige kleinere Diebstähle zu verzeichnen hatten. Es wurde damit geprahlt. Ich kam auf eine Station, die verschlossen war, man trug Holzschuhe. Auch sollte ich dort die Heimschule besuchen. Ich war durch den ständigen Wechsel der Schulen weit zurück, aber das versuchte man mit Schlägen auszugleichen. Ein Erzieher, dessen Name ich nie vergessen werde, schlug besonders gerne. Er hatte einen ziemlich festen Schlag, so daß, wenn er schlug, die Backe einige Tage geschwollen war und man starke Kopfschmerzen verspürte. Ich konnte es dort einfach nicht mehr aushalten und flüchtete. Kam jedoch nicht weit und wurde zurück ins Heim gebracht. Wieder im Heim, bekam ich so Schläge, daß ich glaubte, er schlüge mich tot. Nun versuchte ich es immer wieder. Eines Tages lief ich mit einem Älteren abermals fort. Es waren genau 31 Kilometer bis Wuppertal. Wir brauchten für diese Strecke bald vier

Tage. Ich hatte immer Angst und wurde von dem andren ausgelacht. Wir schliefen des Nachts in Kohlfeldern, es war eisig kalt. Endlich war ich zu Hause und freute mich schon auf ein Wiedersehen mit meiner Pflegemutter. Aber auch sie empfing mich mit Schlägen. Sofort ging sie mit mir zum Jugendamt, welches mich sofort in ein anderes Heim gab. Vorläufig kam ich für kurze Zeit in ein Kinderheim in Wuppertal. Wie ich erfuhr, war es auch das Waisenhaus, in dem ich als Säugling schon war. Eine meiner Halbschwestern war auch dort, ich durfte aber nie mit ihr zusammenkommen. Zur Schule konnte ich dort nicht gehen. Eine Frau vom Jugendamt kam eines Tages zu mir, um mich zu holen. Wieder kam ich in ein anderes Heim. Es ging mit dem Zug nach N. Ich war 12 Jahre alt, als ich dort hinkam, um genau 4 Jahre dort zu bleiben. Es war ein großes Kinder- und Erziehungsheim. Mädchen und Jungen in allen Altersklassen waren dort. Dort gab es auch eine Heimschule, in der man aber viel weiter war als in den anderen Schulen, wo ich bisher war. Man erzählte mir, daß man, wenn man dort fortlief, eine Glatze geschnitten bekäme. Es liefen vereinzelte mit einer solchen herum. Auch dort gab es Schläge wie in jedem anderen Heim auch. Schnell hatte man Beziehung zum weiblichen Geschlecht und man traf sich in versteckten Winkeln miteinander.

Mittlerweile kam der Tag, an dem ich aus der dortigen Heimschule aus dem 7. Schuljahr entlassen wurde. Ich hatte an Schulfächern nicht viel gelernt, dafür aber auf sittlichem Gebiet. Einmal blieb ich sitzen. Mit dem Tag meiner Schulentlassung wurde ich auf eine andere Station verlegt, die aus Heranwachsenden bestand. Ich wurde in eine Arbeitsgemeinschaft eingegliedert. Es war eine Schuhmacherei, wo ich bald schon neue Schuhe anfertigen konnte. Auch da, wie überall, gab es mehr mit dem Spannriemen als wirklich verdient. Es wurden dort die Schuhe von den einzelnen Stationen repariert und wenn ein Schwung fertig war, schlug man sich um das Fortbringen. Denn auf diesem Weg konnte man sich mit den Küchenmädchen im Küchenflur treffen. Von der Schuhmacherei kam ich in die Gärtnerei, die ein Diakon beaufsichtigte. Auch er schien vom Jähzorn befallen, denn er schlug gleich mit dem Spaten, ob mit scharfer Kante war ihm egal, oder zertrat einen bald am Boden. Alles Schreien und Wimmern nutzte nichts. Leute blieben an den Zäunen stehen und schüttelten mit dem Kopf. Aber keiner half, oder unternahm etwas zu unserer Hilfe.

Man erklärte sich untereinander, wie man Diebstähle am besten ausführt und anderes. Eine Geschichte nach der anderen wurde zum Besten gegeben und man lernte mehr als in der Schule. Vorbestrafte gab es auch, und man wurde Zeuge, wie die Polizei mit Verbrechern umging. Es war einer unter uns, der einen Erzieher schlug und die Flucht ergriff. Aber zuerst stahl er Geld vom Erzieher, indem er in dessen Zimmer einbrach. Dann hielt er sich in der Gärtnerei versteckt während ihn die Polizei schon suchte. Wir hielten ihn für einen Helden und verschwiegen sein uns bekanntes Versteck und schmuggelten ihm Essen zu. Man spürte ihn aber eines Tages dort auf. Von Polizei und Gärtnermeister gejagt, versuchte er sich der Gefangenschaft zu entziehen, indem er um sich schlug in aller Verzweiflung. Schließlich hatte man ihn und er wurde in Handschellen abgeführt. Für uns war er ein nicht zu vergessender Held.

Eines Tages kam ich wieder in eine andere Arbeitsstelle, es war eine Gruppe von drei Mann, die sich Anstreicher nannten. Der Erzieher, ein ehemaliger Spieß, hatte den Meisterbrief und lernte uns ein wenig im Anstreichen an. Wenn wir am Morgen zur Arbeit gingen, mußte man sich auf dem Hof aufstellen. Dort warteten wir auf die Arbeitserzieher, die uns gegenüber Aufstellung nahmen. Eines Morgens, ich weiß nicht mehr wie es kam, schlug mich im Beisein anderer der Anstreichermeister. Ich tat in diesem Moment etwas, was ich bisher noch nie tat. Ich schlug zurück. Vor lauter Haß und Ekel wußte ich nicht mehr was ich tat. Ewig bekam ich Schläge, ich hielt es einfach nicht mehr aus. Dieser Erzieher hat mich auch nie mehr geschlagen. Zur Strafe wurden mir aber 20 Hiebe mit der Hundepeitsche auferlegt, die mir ein anderer gab. Ich konnte nicht mehr sitzen. Auf Grund des Vorfalls wurde ich wieder in ein anderes Heim geliefert. Es war Solingen. Ein Fürsorgeerziehungsheim unter dem Namen Halfeshof. Dort waren nur männliche Zöglinge in unterschiedlichem Alter. Es gab dort zuhe und offene Stationen, auch ein Zellenhaus mit richtigen Zellen fand man dort. Die Anstaltskleidung war der Gefängnis- und Zuchthauskleidung gleich, nur in grau. Jacken, Hosen, Hemden - gestreift - und Schuhe waren mit einem Erkennungszeichen versehen. Auf Jacke, Hemd und Hose waren drei große Buchstaben gedruckt P.E.S., welches Provinzial-Erziehungsheim-S. bedeutete. Die Heiminsassen sagten immer zu dieser Bezeichnung Panzer-Einheit-Solingen, welches auch gut zu passen schien, denn es herrschte dort militärischer Drill. Wir mußten morgens, mittags und abends, von der Arbeit kommend oder gehend marschieren. Und das in Dreier-Reihe, im Gleichschritt. Die Schuhe waren mit einer unübersehbaren silbernen Niete versehen. Als ich dort hinkam, traf ich schon einige, die mit mir auch in anderen Heimen waren. Sie machten alle den selben Weg wie ich. Vom Waisenhaus ins Zuchthaus.

Auszug aus: W. Werner: Vom Waisenhaus ins Zuchthaus, Frankfurt 1972 (Suhrkamp)

<u>Film: You're no good</u> <u>Anlage 13</u>

28 Min., s/w, Dokumentarfilm

Der Film zeigt Ausschnitte aus dem Leben eines Jugendlichen (Arbeitsplatz, Freizeit, Elternhaus, Freundin etc.), der sich von der Gesellschaft benachteiligt fühlt und immer mehr zum Außenseiter wird. Hilfe findet er weder bei den Eltern noch bei Freunden. Erst ein Fürsorger kümmert sich um ihn und bietet ihm immer wieder seine Hilfe an. Der Regisseur versucht, vorschnelle Urteile über das 'kriminelle' oder aggressive Verhalten Jugendlicher in Frage zu stellen. Nicht, um kriminelle Taten zu verharmlosen oder zu entschuldigen, sondern um nach ihren Gründen zu fragen und einer einseitigen und vorschnellen Beantwortung der Schuldfrage vorzubeugen.

H.H. Strube/H. May, in: AV-Medien Religion 1, S.85 (FWU)

Film: Das mühsame Leben des Georg Wandel — Anlage 14

30 Min., Farbe, Kurzspielfilm

Der 16jährige Georg Wandel ist auf dem Weg zur Lehrstelle, nachdem er zweieinhalb Jahre in einem Heim verbracht hatte. Der Film will aufzeigen, wie es soweit kommen konnte. Die Mutter hatte wenig Verständnis für ihr Kind, das total den Mut verlor. Den Kindergarten besuchte Georg nur kurze Zeit. In der Schule gab es neue Schwierigkeiten. Der Junge wurde von seinen Mitschülern abgelehnt. Einzig sein Onkel hatte Zeit und Geduld, sich mit Georg abzugeben. Nach dem Tode dieses Onkels verschlimmerte sich die Situation. Als letzte Möglichkeit blieb die Einweisung in ein Heim.

Film: Als Kleinkind im Heim — Anlage 15

23 Min., s/w, Dokumentarfilm

Der Film - eine tschechische Produktion - verdeutlicht die Probleme abgelieferter, alleingelassener Kinder. Ein materiell noch so gut ausgestattetes Heim kann die für die gesamte Entwicklung notwendige Sicherheit und Wärme nicht ersetzen, die nur in einem positiven und kontinuierlichen Verhältnis zu einer Bezugsperson entstehen kann. Der Wechsel von Passagen aus der Familien- und aus der Heimerziehung macht eindrucksvoll deutlich, was ein Heim leisten kann und was es nicht leisten kann.

Wenn sich die im Film gezeigte Situation auch nicht verallgemeinern läßt, so zeigt sie doch typische Symptome bei den Erziehungsinstitutionen auf.

H.H. Strube/H. May, in: AV-Medien Religion 1, S.9 (FWU)

Zum Strafvollzug

Anlage 16

"... wo sie sich gegenseitig die Hölle bereiten"

James, der Butler, muß für alles herhalten. Doch sein Name steht nicht für den wohlentlohnten Nobeldiener, sondern für den Letzten, den die Hunde beißen. James, "das sind die, wo alles machen", erklärt ein jugendlicher Häftling im sogenannten Besserungsvollzug, das ist das - manchmal willfährige - Opfer angesammelter "Knastwut", der "kleine Idiot", der schikaniert und ausgebeutet werden kann, auch sexuell. Denn: "Der Knast hat seine eigenen Gesetze, die Jugendlichen folgen ihren eigenen Regeln - von James und den sexuellen Abhängigkeiten über Alkohol und Drogen bis zum schwungvollen Schmuggel und Handel." Die Erkenntnis, daß der "Besserungsvollzug" für Jugendliche sich von der Praxis alter "Knastbrüder" nur wenig unterscheidet, bestätigte jetzt eine Untersuchung des Deutschen Jugendinstituts in München.

Die Wissenschaftler wollten eine soziale Antwort auf die Frage finden, "wie die Bedingungen der öffentlichen Erziehung im Besserungsvollzug geändert werden müssen, damit das Ziel der Resozialisierung besser erreicht werden kann". Denn noch immer werden mehr als die Hälfte der jungen Gestrauchelten rückfällig, kommen nicht heraus aus einem Teufelskreis, der meist schon von der Herkunft bestimmt wird. ...

Die meisten der untersuchten Lebensgeschichten zeigen, daß den jungen Gefangenen aufgrund ihrer Herkunft aus zerrütteten oder zerstörten Familien soziales Lernen gar nicht möglich war. Nun sollen diese schwerwiegenden Versäumnisse ausgerechnet in der Umgebung der Vollzugsanstalt nachgeholt werden, wo oft genug Wut und Haß als Schutzschild gegen eigene Depressionen dienen. "Sie liegen auf Einzelhaft, zu zweien oder zu dritt in der Zelle oder im Saal mit vielen. Eines ist so bedrohlich wie das andere, doch am schlimmsten wohl der Saal, wo sie sich gegenseitig ihre Einsamkeit und ihre Hölle bereiten", heißt es im Bericht der Arbeitsgruppe. Selbstmordversuche, so erfuhren die Wissenschaftler weiter, sind nicht selten, "echte wie provokante". ...

... wenn man berücksichtigt, daß es in der Haft nur selten zum Abschluß einer Berufsausbildung kommt. Die Projektstudie bemängelt hier fehlende Einrichtungen und Fachkräfte und konstatiert andererseits eine durch das schlechte "Betriebsklima" verursachte Ablehnung durch die Jugendlichen selbst. So fehlen auch die Chancen für einen neuen Anfang nach der Entlassung, der überdies in vielen Fällen durch ein weiteres Handikap erschwert ist: Versicherungen, die die Schäden von Einbrüchen und Diebstählen beglichen haben, bitten nun ihrerseits den dafür verurteilten Jugendlichen als Verursacher zur Kasse.

"Wenn ich's Arbeiten anfang, krieg ich Lohnpfändung..., mein Leben lang müßt ich zahlen." Die Schadensersatzansprüche reichen dabei bis zu einer halben Million Mark.

"Diese Aussichtslosigkeit der Resozialisation, der Eingliederung ins Arbeitsleben hat die Diskussion über die 'Jugendkriminalität', die Folgen jugendlichen Fehlverhaltens überhaupt noch nicht aufgenommen", heißt es im Report des Deutschen Jugendinstituts. Um die Kapitulation der jungen Leute "draußen" zu verhindern, müsse man ihnen Mut zur Rückkehr ins zivile Leben machen und ihnen Perspektiven einer Lebensplanung eröffnen, raten die Wissenschaftler. Sie schlagen vor, die Arbeitsleistung in der Haft normal zu entlohnen, diesen Betrag zur Begleichung der Schulden zu verwenden und dabei auf einen erträglichen Vergleich hinzuwirken.

aus: Stuttgarter Zeitung vom 10. August 1977

Schweden — Anlage 17

Aage Horsten, ein Sohn eines wohlhabenden Geschäftsmannes war auf die schiefe Bahn geraten, wurde Trinker und vom Vater aus dem Geschäft entlassen. Er beging schließlich einen heimtückischen Raubmord an einem Mädchen. Alle Anzeichen sprachen dafür, daß es die Tat eines Psychopathen war. Das Gericht verurteilte Aage Horsten zu zehn Jahren Gefängnis.

Nach dem Urteil kam Horsten in eine feste, geschlossene Anstalt, mit hohen Mauern, die speziell für Psychopathen vorgesehen ist, mit nur 100 Insassen, so daß jeder persönlich beobachtet und beeinflußt werden kann. Von Anfang an bekam er als ein Mann höherer Schulbildung einen Posten im Verwaltungsbüro. Von Anfang an wußte er, daß es ihm bei guter Haltung möglich sein würde, eines Tages in eine offene Anstalt verlegt zu werden.

Nachdem drei Jahre verbüßt waren, wurde Horsten in eine andere Anstalt verlegt, die ein geschlossenes, ein halboffenes und ein offenes Haus hatte.

Es stellte sich heraus, daß er einer der Menschen war, die, wenn der Motor ihres Wagens nicht anspringt, stundenlang daran basteln, die das Mittagessen vergessen können, bis sie den Fehler gefunden haben. Horsten hatte weniger am Autofahren als an den technischen Seiten des Autos Interesse. Also bekam er technische Bücher, um sich weiterzubilden, arbeitete praktisch in der Maschinenhalle, später in der Garage. Bei dieser Arbeit fühlte er sich wohl.

Es gibt keine erzwungene Unterwürfigkeit. Der Direktor ist Herr Soundso, der Gefangene heißt Herr Horsten. Das Selbstbewußtsein soll nicht gebrochen, sondern gestärkt werden.

Horsten machte seinen Weg über das halboffene Haus, wo nur noch nachts eine Bewachung existierte, bis er im offenen Haus ohne Bewachung war. Ein besonders häufiger Grund für die Demoralisierung ist während der Gefangenschaft der fehlende Kontakt mit der normalen Welt draußen.

Alle Gefangenen, die zu Freiheitsstrafen - ganz gleich wie lange - verurteilt sind, können einen Urlaub von drei Tagen erhalten, wenn sie sechs bis zehn Monate in Haft gewesen sind. Von dann ab gibt es den Urlaub gewöhnlich alle vier Monate. Er kann nach Belieben in jedem Teil Schwedens verbracht werden.

Entweichungen sind so gut wie nie vorgekommen. Rückfälle niemals. Horsten verbrachte seinen Urlaub im Hause eines Professors, der einmal sein Lehrer gewesen war. Dort befand sich ein jüdisches Mädchen aus Ungarn, das in einem deutschen KZ gewesen war, als Erzieherin der Kinder. Er brachte es nicht fertig, ihr zu erzählen, weswegen er im Gefängnis sei, aber er schrieb es ihr nachher ausführlich. Anläßlich eines neuen Urlaubs verlobte sich Aage Horsten mit ihr. Ein Jahr später bekam er einen Extraurlaub, und das Paar wurde in der Dorfkirche getraut.

Ein Besucher von Horsten berichtet: "Sein Zimmer war nett ausgeschmückt mit Blumenvasen, Kissen auf den Stühlen, einem Radioempfänger usw. Horsten zeigte mir ein Foto von seiner Hochzeit während des Urlaubs. ... Es war ganz einfach, das Gespräch von einer Stunde im Büro bewilligt zu bekommen, mit ihm allein. Während wir im Büro saßen, kam ein telefonischer Anruf. Mein Gesprächspartner ging an den Apparat und nahm ein Gespräch für den Direktor entgegen. Diese kleine Übung in verantwortlichem Handeln war eine erfreuliche Stärkung der Persönlichkeit. ... Wir gingen ein Stück über ein Feld zu dem Gebäude, wo die Beamten mit ihren Familien leben. Ein blondes Kind von etwa sieben Jahren (Tochter eines Beamten) lief auf Horsten zu und sprach mit ihm, es gab ihm die Hand und ging ein Stück mit ihm."

Horsten wurde nach gründlicher Prüfung und Beratung in Freiheit gesetzt, nachdem er neun Jahre in Haft verbracht hatte, also ein Jahr vor Ende seiner Strafe. Von den zehn Psychopathen, die in Schweden zwischen 1930 und 1945 verurteilt wurden, konnten sieben in Freiheit entlassen werden. Daß ein solcher Mann nachher wieder einen Mord begangen hätte, ist seit Jahrzehnten nicht vorgekommen. - Ganz besonders wichtig ist aber, was geschieht, um dem Mann das Leben in der Freiheit zu erleichtern. Horsten hatte einen neuen Beruf erlernt, und es wurde für ihn eine Autogarage in einer Stadt besorgt, wo ihn niemand kannte, niemand von seiner Tat wußte außer dem Besitzer der Garage. Es wurde ihm gestattet, seinen Familiennamen zu ändern.

aus: Heinz Kraschutzki, Die Untaten der Gerechtigkeit, München 1966, S.336 f.

Film: Jugendstrafvollzug | Anlage 18

20 Min., s/w, Dokumentarfilm

Der Film stellt den Strafvollzug bei Jugendlichen dar. Exemplarisch steht dafür die Jugendstrafvollzugsanstalt Schwäbisch Hall. Der Film soll den Betrachter zu Diskussionen anregen über Einzelhaft, Gemeinschaftszelle, Arbeit im Strafvollzug, Resozialisierung straffälliger Jugendlicher und Reformen im Strafvollzug.

Film: Urlaub auf Ehrenwort

20 Min., s/w, Dokumentarfilm

Ein Sträfling, der viele Jahre seines Lebens in der Strafanstalt verbracht hat, erhält über die Weihnachtstage Urlaub auf Ehrenwort. Der Film schildert realistisch, was in diesem jungen Mann vorgeht, als ihm nach langen Jahren der Haft dieser Urlaub gewährt wird. Er zeigt auch den Konflikt, der entsteht, wenn die wenigen Tage der Freiheit zu Ende gehen.

Sippenstrafe | Anlage 19

Sippenstrafe? Das gibt es bei uns nicht!, sagen die Bürger im Brustton der Überzeugung. Sippenstrafe kennen wir aus der unseligen Nazizeit, in der die Frauen und Kinder der Widerstandskämpfer verhaftet und verschleppt wurden. Es war eine grauenvolle Zeit und eine grauenvolle Gesinnung. In der Demokratie gibt es keine Sippenstrafe. - Wenigstens auf dem Papier gibt es sie nicht. In Wirklichkeit gibt es sie doch, nur ist niemand da, der seine Stimme dagegen erheben würde. ...

Manche gehen Tag für Tag an einem Gefängnis vorbei. Manchmal denken sie: "da sitzen die Strolche". Aber die Vorstellungskraft reicht nicht aus, sich auszumalen, daß dort lebendige Menschen wie du und ich, die irgendwann irgend etwas gegen die Gesetze getan haben, sitzen; und ebenso wird nicht bedacht, daß jeden Tag Menschen aus jenen eisernen Toren wieder in die Freiheit hinausgehen und daß es weitgehend von der Gesinnung der Gerechten abhängt, ob sie als Geheilte und Gebesserte oder als Rückfallverbrecher unter uns leben werden. ...

Verbrechen geben immer einen anregenden Gesprächsstoff ab, um so mehr, je näher der Tatort. Der Verbrecher wird gefaßt, verhaftet und den polizeilichen Untersuchungen zugeführt. In der Regel ergeht ein Durchsuchungsbefehl für seine Wohnung.

Die gesamte Nachbarschaft nimmt regen Anteil an solchen Maßnahmen. Der Rechtsbrecher aber hat Eltern, eine Ehefrau, Kinder, Freunde und Arbeitskameraden. Wie sollen sich die nächsten Angehörigen verhalten, und wie verhält sich die Straße, die Nachbarschaft zu ihnen? Die einen strafen sie mit Verachtung, die anderen begegnen ihnen mit Mitleid, wieder andere, und dazu gehören die meisten, sind einfach neugierig und wollen aus erster Hand etwas erfahren.

Jedenfalls vergehen die Angehörigen vor Scham, die Kinder des Angeklagten werden hemmungslos von den Mitschülern befragt. Die anderen Eltern verbieten ihren Kindern, mit einem Kind eines Verbrechers zu spielen. Die seelischen Schäden, die den Angehörigen zugefügt werden, sind unermeßlich.

Dazu kommt noch die wirtschaftliche Not. Der Ernährer der Familie sitzt im Gefängnis, die Einkünfte aus seiner Arbeit entfallen. Nicht jede Ehefrau arbeitet mit, und wenn sie es auch tat, wird sie nicht in der Lage sein, allein ihre Familie zu ernähren. Wenn sie aber über das Maß des Sozialsatzes hinaus verdient, wird ihr keine Hilfe von seiten des Sozialamtes zuteil. Und wenn sie auch eine Hilfe erhält, so deckt diese nur den dürftigsten Bedarf und entspricht in den seltensten Fällen dem effektiven Verdienst des Ernährers. Je besser er sozial gestellt war, je höher seine wirtschaftlichen und kulturellen Ansprüche waren, um so tiefer sinkt das Niveau.

Mit der Verhaftung beginnt die Not, sie dauert Monate oder Jahre, und sie endet noch lange nicht mit der Entlassung des Verurteilten aus dem Gefängnis. Denn dann beginnt die ängstliche Suche nach neuer Arbeit, neuen Berufsmöglichkeiten; Demütigungen, Abweisungen, Verachtung, Ablehnung erwarten den Vorbestraften. An allen diesen Dingen nimmt die Familie teil, sie leidet mit, und sie kann sich nicht wehren.

Erst vor kurzem ist ein Gesetz erlassen worden, wonach die Kinder von Schwerverbrechern ihren Namen ändern dürfen. Das bedeutet eine gewisse Hilfe. Aber je größer der Wirkungskreis eines Verurteilten war, um so mehr kannte man ihn und seine Familie. Der Angehörige müßte dann konsequenterweise den Wohnort oder gar das Land verlassen, wenn er trotz der Namensänderung nicht als mit dem Verbrecher verwandt gemieden werden will.

Die Angehörigen eines Sträflings kommen sich vor wie Parias, und sie sind es auch und werden dementsprechend behandelt. Besonders schlimm wirkt sich das auf die Kinder aus, die schwere seelische Schäden davontragen.

Läßt sich so etwas wie diese ungeschriebene Sippenstrafe ändern? Sicherlich nicht von Staats wegen. Es wäre die Aufgabe einer gerechten und nicht selbstgerechten Gesellschaft, den unschuldig Unglücklichen zu helfen und ihnen beizustehen.
Daß so etwas möglich ist, weiß ich aus meiner Heimat, dem alten Rußland. Dort wurde der Rechtsbrecher - jeder, der krimi-

nelle und der politische - als "Ungücklicher" angesehen. Man maß also nicht ihm allein die Schuld an seiner Tat zu, sondern betrachtete ihn als einen, der das Unglück hatte, eine solche Tat zu begehen und dafür von den irdischen Mächten bestraft worden zu sein. Aus dieser Gesinnung heraus umgab das einfache Volk und ebenso die Aristokraten die Angehörigen des Unglücklichen mit besonderer Liebe und Fürsorge. Man erlaubte auch meistens den Frauen und Kindern, den in die Zuchthäuser Sibiriens Verbannten zu folgen und sich in ihrer Nähe anzusiedeln.

aus: Wladimir Lindenberg, Richter, Staatsanwälte und Rechtsbrecher, München 1965, (E. Reinhardt), S.205-207

Und danach ... (AV-Medien) Anlage 20

Film: Bestraft für immer

13 Min., Farbe, Dokumentarfilm

Der Film läßt junge Strafgefangene und deren Angehörige zu Wort kommen. Die meisten treten nur mit einer Maske vor dem Gesicht auf, aus Angst vor Nachteilen im Beruf und im Freundeskreis. Der Film läßt deutlich werden, daß Strafgefangene nach ihrer Entlassung zur Lüge und zum Vertuschen gezwungen sind, um nicht von Beruf und sozialer Umgebung ausgeschlossen zu werden. Die Angehörigen von Strafgefangenen fühlen sich stigmatisiert; z.T. mußten sie auch berufliche Nachteile in Kauf nehmen. Der Film macht deutlich, daß es sich hier um das Problem einer großen Gruppe von über 200 000 Angehörigen handelt.

Tonband: Der hat gesessen

23 Min., Hörspiel

Der Bauarbeiter Anton Müller sucht vergeblich seine Geldbörse. Er und seine Kollegen haben rasch die Erklärung: das kann nur Helmut gewesen sein, der hat schon einmal "gesessen". Helmuts Beteuerungen seiner Unschuld nimmt niemand ernst, zu Anfang auch seine eigene Mutter nicht. Als sich später herausstellt, daß die Geldbörse zu Hause liegen geblieben ist, sind die Kollegen nicht bereit, die Ungerechtigkeit zuzugeben: Wie kann einer, der schon einmal schuldig geworden ist, jetzt noch auf Vertrauen hoffen?

Das langsame Sterben Anlage 21

Bevor Punkt 22 Uhr die Lichter in den Gefängniszellen der Vollzugsanstalt Münster verlöschen, kritzelt der "Lebenslängliche" Karl-Heinz K., 56, ein kleines Kreuz an die Wand und ist froh, wieder einen Tag seines Lebens hinter sich gebracht zu haben. Die weiß gekalkten Mauern seiner neun Quadratmeter großen Zelle sehen aus wie Luftaufnahmen eines Soldatenfriedhofs: 7342 dünne Bleistiftkreuze bedecken den Putz zwischen dem vergitterten Fenster und der schweren Eisentür. Jedes Kreuz ein Symbol für 24 Stunden Unfreiheit. Karl-Heinz K. nennt seine Zellenwände in der Landesvollzugsanstalt Münster "Sterbemauern, denn jeden Tag gehe ich hier ein Stück zugrunde".

Vor 7342 Tagen, im Frühjahr 1956, hatte das Landgericht in Dortmund den Schweißer wegen "heimtückischen Mordes" an seiner Frau zu lebenslangem Zuchthaus verurteilt. Noch unter dem Schock des Urteils - K. hatte sich eine begrenzte Zeitstrafe wegen Totschlags erhofft - wurde er in das Gefängnis gebracht, damals noch ein Zuchthaus. Die ersten sechs Monate dienten "der Eingewöhnung des Gefangenen", so wie es die alte Vollzugsordnung vorschrieb: Verschärfte Isolierhaft mit striktem Besuchs-, Schreib- und Leseverbot. Sogar die Bibel kam auf den Index. Zwei Photos seiner Kinder und eine Pakkung "Juno" nahm man ihm schon beim Empfang ab, denn Bilder und Zigaretten galten als "besondere Vergünstigung", die ein zu lebenslangem Zuchthaus Verurteilter erst nach "guter Führung" beantragen durfte.

Neun Stunden am Tag mußte K. in seiner Zelle Blumenkörbe aus Bast flechten. Wochenlohn 1,15 Mark. Zwischen 13 und 13.15 Uhr dreht er allein auf dem Gefängnishof seine Runden. Mitgefangene schrien dann manchmal durch ihre Zellenfenster: "Rübe runter!" Sonntags lag Karl-Heinz K. auf seiner Pritsche, das Gesicht im Kopfkissen vergraben, und weinte. Nach zwei Monaten, knastüblich, der "Zuchthausknall": K. schrie plötzlich verzweifelt um Hilfe, riß seine Matratze in Stücke und rannte wie toll mit dem Kopf gegen die Tür. In der Beruhigungszelle kam er wieder zu sich, ein Routinefall für seine Wärter.

"Lebenslänglich, das ist wie lebendig begraben", sagt Karl-Heinz. "Wir sind dazu verurteilt, hinter Gittern zu sterben. Was uns bleibt, ist die vage Hoffnung auf eine Begnadigung in zehn oder in 20 oder vielleicht erst in 30 Jahren, wer weiß?" Von diesem Hoffnungsschimmer zehrt K. nun seit zwei Jahrzehnten. Um den Ministerpräsidenten von Nordrhein-Westfalen, der bei dem "Lebenslänglichen" das Gnadenrecht ausübt, gnädig zu stimmen, flicht K. bis zu 30 Prozent mehr Blumenkörbe als vorgeschrieben, er mäkelt nie, wie andere, am Essen herum, und jeden Sonntag dient er sogar als Küster in der Anstaltskirche. "Nach zehn Jahren hatten die mich so weit, daß ich den Meßwein verwaltete, ohne auch nur einen Schluck aus der Pulle zu nehmen. Nach 15 Jahren fühlte ich mich in meiner Scheiß-Zelle irgendwie zuhause, und heute denke ich nur noch mit gemischten Gefühlen an das Leben draußen", sagt K.: "Für die Freiheit bin ich doch fast schon zu kaputt." Der Prozeß der "Eingewöhnung des Gefangenen", vor 20 Jahren begonnen, scheint nun abgeschlossen.

Auszug aus: Michael Holzach, Das langsame Sterben in der Zelle A-1-2, Zeitmagazin, Hamburg 2/1976

UMSTRITTENE KIRCHE

Religionspädagogische Überlegungen zum Thema

Bei 15 - 17jährigen kann es vorkommen, daß sie plötzlich engagiert über die Kirche diskutieren: "Die Kirche ist zu reich! Die Kirchensteuer sollte abgeschafft werden! Die Kirchen mischen sich zu viel in die Politik ein. Die Kirchen haben schon öfter die Waffen gesegnet!" Diese als ärgerlich empfundenen 'Kennzeichen' der Kirche geben freilich nur ein oberflächliches Bild wieder. Dahinter verbergen sich recht unterschiedliche persönliche Erfahrungen: gute und hoffnungsvolle, aber auch niederschmetternde, langweilende und ärgerlich empfundene. Um solche nach außen zu bestätigen, werden die Argumente herangezogen, die auch in der öffentlichen Diskussion und am Stammtisch zu fallen pflegen. Der aggressive Ton, in dem das gelegentlich vorgebracht wird, hat dabei eher den Zweck, den Lehrer - der hier als Vertreter einer Institution betrachtet wird - herauszufordern, ihn zu einem persönlichen Urteil zu nötigen. Die Jugendlichen wollen sich über ihre Erfahrungen aussprechen, geben damit aber zugleich die Chance, die Frage neu zu bedenken, und der Lehrer sollte sich dem stellen. Aus diesem Grund darf das LZ 1 einen unverhältnismäßig breiten Rahmen einnehmen.

Die meisten Jugendlichen stoßen sich nicht etwa an den zahlreichen Aktivitäten der Kirche auf örtlicher Ebene. Die Zahl derer, die hier sinnvolle Angebote erwarten, ist vielmehr recht hoch. Ihre Kritik geht vor allem auf die Kirche als Institution. Die verfaßte Kirche, die Amtskirche, mit ihrer immer wieder spürbaren Macht bildet den Anlaß zum Ärgernis. Entsprechend hofft man auf eine von solchen Strukturen freie Kirche und wünscht sich eher eine Freiwilligkeitskirche. Die Jugendlichen überschauen nicht, daß sich dabei das Problem nur verschiebt, nicht aber aus der Welt zu schaffen ist. Jede Form gesellschaftlicher Aktivität von Dauer - und das sind alle Religionsgemeinschaften - brauchen eine Verfassung, sei sie gesetzlich festgelegt oder durch Tradition bestimmt. Auch die Freiwilligkeitskirche kennt ihre besonderen Spielregeln. Sie haben sich unter den spezifischen historischen und gesellschaftlichen Bedingungen herausgebildet, und sie sind auch nicht ohne weiteres aufzugeben, will man nicht das Ende der Sache riskieren.

Die Kirchenordnung hat in der Geschichte ganz unterschiedliche Gestalten gefunden. So stellt sich die Frage nach der Angemessenheit der jeweiligen Form. Es liegt nahe, dabei an den altkirchlichen Traditionen anzuknüpfen und aus ihnen die "Ur-Verfaßtheit" von Kirche abzuleiten. Dieser Weg ist ja auch historisch bei Neugründungen von kirchlichen Gemeinschaften immer wieder einmal beschritten worden. Freilich zeigt sich, daß zwischen der historischen Situation und der jeweiligen Kirchenordnung ein enger Zusammenhang besteht, der eine einfache Übertragung in andere Zeiten nicht erlaubt. Demgegenüber gilt es aber bestimmte Kennzeichen von Gemeinde und Kirche festzuhalten, die als Maßstäbe zur Prüfung verwendet werden können. In der Einheit sind sie auf die Begriffe Zeugnis, Gemeinschaft und Dienst gebracht - drei Grundaussagen, die heute in der Ökumene eine wichtige Rolle spielen. Sie werden vom Neuen Testament her erläutert (LZ 2).

Zwei weitere Lernziele (LZ 3/4) versuchen am Beispiel zweier unterschiedlicher Typen kirchlicher Ordnung, die im Lebensbereich der Schüler anzutreffen sind und doch weltweit von Bedeutung sein dürften, die Problematik zu veranschaulichen: an der Freiwilligkeitskirche und an der Volkskirche. Für die erste werden dabei die Baptisten herangezogen (übrigens auch im LZ 5), da sie weltweit mit die bedeutendste Gruppe von Protestanten umfassen. An ihnen werden Vor- und Nachteile dieser Strukturen erklärt. Die Volkskirche der Bundesrepublik steht im Mittelpunkt des zweiten Beispiels. Hierbei werden die Kirchensteuerfrage ebenso wie die Organisationsformen bedacht. Wichtig erscheint dabei vor allem die deutlich sichtbare Wendung von einer hierarchischen Ordnung zu mehr demokratischen Strukturen (Aufwertung der Rolle der Synoden).

Wer die jeweilige Verfassung einer Kirche fair beurteilen will, muß die entsprechende historische und gesellschaftliche Situation beachten. Generell kann heute gesagt werden, daß die christliche Kirche weltweit eine Minderheit darstellt, wenngleich eine sehr wichtige. Sie hat sich örtlich recht verschieden mit unterschiedlichen Fronten auseinanderzusetzen: dem in allen Industrienationen bestimmenden Säkularismus, der Ideologie des Kommunismus und zunehmend mit den anderen Weltreligionen. Sie bleibt dabei an ihren Auftrag gebunden, in der Nachfolge Jesu zu stehen, und jede ihrer Formen wird daran zu messen sein, wie weit Jesus bezeugt oder verraten oder verschwiegen wird. Die Volkskirche hat die Chance uneingeschränkter Entfaltungsmöglichkeit, wird sich aber vor institutioneller Erstarrung und Entmündigung der "Basis" hüten müssen; die Freiwilligkeitskirche etwa amerikanischen Musters hat den Vorzug großen Engagements der Basis, droht aber in zahllose untereinander uneinige Splittergruppen zu zerfallen, wo kein gemeinsames Miteinander mehr möglich ist; den Kirchen im Osten bleibt die Wahl erspart: sie müssen in den vorgegebenen Rahmenbedingungen ohne Aufgabe ihrer Identität zu überleben und zu überzeugen versuchen. Die Frage, welche Form die beste sei, ist vielschichtig und eigentlich unbeantwortbar. Was bleibt, sind Anstrengungen, die Formen zu entdecken, die vom Gegebenen her bessere Wahrnehmung des christlichen Auftrags ermöglichen - ein lohnendes Geschäft, zu dem auch die Schüler - wenngleich im beschränkten Rahmen - einen wichtigen Beitrag leisten können (LZ 5).

Literatur

a) Zur Information des Lehrers:

Evangelischer Erwachsenenkatechismus, Gütersloh 1975 (Gütersloher Verlagshaus Gerd Mohn)

H. Frör, Spielend bei der Sache, München 1972 (Chr. Kaiser)

Handbuch Religiöse Gemeinschaften. Freikirchen. Sondergemeinschaften, Gütersloh 1978 (Gütersloher Verlagshaus Gerd Mohn)

W. Hollenweger, Konflikt in Korinth und Memoiren eines alten Mannes, München 1978 (Chr. Kaiser)

W. Huber, Kirche, Stuttgart 1979 (Kreuz Verlag)

H. Motel, Glieder an einem Leib, Die Freikirchen in Selbstdarstellungen, Konstanz 1975 (Bahn)

b) Arbeitsmaterial für den Unterricht:

I. Baldermann u.a., Arbeitsbuch Religion 7/8, Düsseldorf 1974 (Bagel)

H. Gutschera/J. Thierfelder, Brennpunkte der Kirchengeschichte, Paderborn 1976 (Schöningh)

Herausforderungen Band 2, Dortmund 1972 (Crüwell)

G. Kraft u.a., Kursbuch Religion 9/10, Stuttgart/Frankfurt 1979 (Calwer Verlag/Diesterweg)

D.A. Wolf, Kirchen - Freikirchen - Sekten, Paderborn 1978 (Schöningh)

AV-Medien

Filme:

Freikirchliche Pfingstbewegung, EMZ 1: F 508

Kommunitäten - Herausforderung an die Gemeinden, EMZ 1: F 138; EMZ 12: KF 31

17. Deutscher Evangelischer Kirchentag, EMZ 1: F 526

Tonbildreihen:

Taizé - Kampf und Kontemplation, EMZ 1: TD 3; EMZ 12: TB 158

Taizé erlebt, EMZ 12: TB 263

Schallplatten:

Paulus und die Korinther, EMZ 1: S 83

Übersicht über die Unterrichtseinheit

Lernziele	Inhalte
1. Gute und enttäuschende Erfahrungen mit der Kirche benennen und mit eigenen Erwartungen in Verbindung bringen	Sehnsucht nach Gemeinschaft, nach Geborgenheit, Identifikationsmöglichkeiten, Geben und Nehmen
2. Kirche als Gemeinschaft begreifen, in der Christen die Nachfolge Jesu versuchen	Zeugnis, Gemeinschaft und Dienst nach: 1 Kor 12,1-12, Röm 12,9-15 Konkretionen für Lebensorientierung durch Beratung Verkündigung des Glaubens Diakonische Einrichtungen
3. Chancen und Gefahren der Freiwilligkeitskirche im Zusammenhang mit den historisch-gesellschaftlichen Bedingungen erörtern	Am Beispiel einer Freikirche aus der Bundesrepublik, in den USA oder Frankreich: Organisation von der Einzelgemeinde her Hohe Einsatzbereitschaft und größere Spontaneität Abhängigkeiten von Geldgebern
4. Chancen und Gefahren der Volkskirche im Zusammenhang mit den historisch-gesellschaftlichen Bedingungen erörtern	Kirchen in der Bundesrepublik Übergreifende Organisationsformen mit den wichtigsten Entscheidungsbefugnissen Recht auf Steuern und Gesamthaushalt Größere Effektivität gesellschaftsbezogener Aktivitäten Schwer mobilisierbare Mitglieder Bildung von 'Kerngemeinden' Bürokratisierung Wohlverhalten gegenüber dem Staat
5. Darüber nachdenken, mit welchen Strukturen die Kirchen dem Auftrag Jesu besser entsprechen können	Organisationsformen von Kirche auf den Ebenen Gemeinde, Region, Land und Bund mit Leitungsorganen Eventuell Vergleich mit einer Kirche in einem weltanschaulich geprägten Staat

Lernziele	Inhalte	Medien/ Verfahren	Didaktische Hinweise
1. Gute und enttäuschende Erfahrungen mit der Kirche benennen und mit eigenen Erwartungen in Verbindung bringen		Zum Gesamten: Kursbuch Religion 9/10, S.129-134	Zur Information des Lehrers: EEK 921-943
1.1 Von Begegnungen mit der Kirche erzählen	Schüleräußerungen; Die verschiedenen Bedeutungen des Begriffs Kirche: - Gebäude - Gottesdienst - Institution - Konfession - Ökumene	Die Schüler erhalten die Möglichkeit, spontan ihre Erfahrungen mit Konfirmation, Gottesdienst, Jugendarbeit usw. zu artikulieren und zu vergleichen, oder das Gespräch geht an vorgegebenen Thesen entlang, vgl. Anlage 1	Wenn sich das Gespräch nicht von selbst entwickelt, empfiehlt sich die Bearbeitung von Anlage 1. Dieser Arbeitsbogen deckt alle Feinziele ab und bringt auch Gesichtspunkte ins Gespräch, die die Schüler vielleicht nicht alleine finden. - In der Regel werden die Schüler eine Reihe festgeprägter kritischer Argumente vortragen. Man darf sie nicht übergehen, kann sie aber passenden späteren Lernzielen zuordnen. An dieser Stelle empfiehlt sich neben dem Sammeln der Argumente auch eine Analyse ihrer Motivation. - Bei Klassen, die sich schwer tun, positive Erfahrungen zu artikulieren, greife man auf Fremdmedien zurück. LZ 1.2 und 1.3 sollten gleichgewichtig bearbeitet werden.
1.2 Enttäuschungen über die Kirche erörtern	z.B. Schüleräußerungen gegen Langeweile im Gottesdienst, gegen Reichtum, Einfluß, Anpassung, Leibfeindlichkeit, Intoleranz und fehlendes soziales Engagement der Kirche	Vgl. Anlage 1 Den Impuls von LZ 1.1 kanalisieren, die Gesichtspunkte entsprechend der LZ 1.2 und 3 ordnen. Fragestellung: Handelt es sich bei den jeweiligen "Enttäuschungen" um: a) Mißverständnisse/Vorurteile? b) Schuld der Kirche? c) Widerspruch gegen den christlichen Glauben? d) anderes Glaubensverständnis als bei der Kirche? Impuls: Wer kennt kirchenkritische Literatur?	
1.3 Gute Erfahrungen mit der	Schüleräußerungen; Gemeinschaft	vgl. dazu Anlage 1 Interviewauftrag:	

Lernziele	Inhalte	Medien/ Verfahren	Didaktische Hinweise
Kirche und positive Erwartungen an sie bedenken	und Geborgenheit; Orientierungshilfe; Diakonie und soziales Engagement	a) bei Eltern: Warum seid ihr dafür, daß ich den Religionsunterricht besuche? b) bei Kirchgängern: Was hat Ihnen am Gottesdienst gefallen? Wozu ist die Kirche da/gut?	
2. Kirche als Gemeinschaft begreifen, in der Christen die Nachfolge Jesu versuchen			Zur Information des Lehrers: EEK 908-920
2.1 Christen als Menschen verstehen, die die Nachfolge Jesu versuchen	Röm 12,9-15	Partnerarbeit: Verfaßt in Anlehnung an Röm 12 eine tendenziöse Reportage über die antike christliche Gemeinde in Rom: a) wohlwollend b) ablehnend und verständnislos Anlage 2; Brennpunkte der Kirchengeschichte, S.17 ff. vgl. auch Hollenweger: Konflikt in Korinth	In LZ 2 soll der Schüler begreifen lernen, daß es nicht nur die konkret erfahrbare, z.T. ärgerliche Seite der Kirche gibt, sondern auch die im Glauben gründende Vorstellung davon, was Kirche ist, sein soll und sein will. LZ 2 versucht das, an Texten aus dem Ursprung der Kirche zu zeigen. Bloße Lektüre der Texte genügt nicht. Die Schüler sollen motiviert werden, mit
2.2 Das Bild von der Kirche als Leib Christi mit verschiedenen begabten Gliedern erläutern	1 Kor 12, 4-12; Lied: Ein Schiff, das sich Gemeinde nennt...	Kursbuch Religion 9/10, S.140 Arbeitsbuch Religion 7/8, S.35, 107 und 119 Orientierung Religion, S.72 Schallplatte: Paulus und die Korinther Mögliche Erarbeitungsweisen:	den Texten zu gestalten und zu arbeiten. Die mythische Komponente des Bildes vom Leib Christi wirkt (nicht nur) auf Schüler sehr befremdend. Die ethische Interpretation des Bildes (vgl. Erarbeitungsvorschlag 4)

Lernziele	Inhalte	Medien/ Verfahren	Didaktische Hinweise
		1. Kreisschema über die verschiedenen Funktionen in der korinthischen Gemeinde anfertigen 2. Was ist das Besondere am Bild vom Leib Christi gegenüber den Bildern Hirt und Herde (Joh 10), Weinstock und Reben (Joh 15), Schiff (Mt 14)? 3. Ähnliche Bilder erfinden 4. "Ihr seid Christi Hände..." Herausforderungen 2, S.37; dazu Anlage 2	"Verhaltet euch also auch als Glieder Christi" wird am leichtesten verstanden. Die befreiende, evangelische Interpretation darf jedoch nicht unterschlagen werden: "Ihr gehört zu Ihm, Er steht zu euch, Er identifiziert sich mit euch!" - LZ 2.3 lenkt den Blick auf die Gegenwart und die Funktionen der Kirche heute. Es sollte deutlich werden, daß jeder Christ die Kirche (gut oder schlecht) repräsentiert und daß jede Generation sich den Glauben neu aneignen muß, ihn aber auch verfälschen kann.
2.3 Kirche im Bild des Baumes mit drei Ästen (Zeugnis, Gemeinschaft und Dienst) beschreiben	Zeugnis: z.B. Predigt, kirchliche Presse, Mission ...; Gemeinschaft: z.B. Gottesdienst, Abendmahl, Gemeindekreise, Feste ...; Dienst: z.B. Diakonie, Brot für die Welt usw. ...; Nächstenliebe	Schüler erstellen Plakate mit Baumschema als Konkretionen des gegenwärtigen kirchlichen Lebens Impuls: Überlege, welche Rolle Du in der Kirche hast und welches Deine Gaben und Aufgaben sind!	

Lernziele	Inhalte	Medien/ Verfahren	Didaktische Hinweise
3. Chancen und Gefahren der Freiwilligkeitskirche im Zusammenhang mit den historisch-gesellschaftlichen Bedingungen erörtern			Zur Information des Lehrers über Säuglings- und Glaubenstaufe: EEK 1074
3.1 Den historischen Hintergrund und Impuls zur Gründung einer Freikirche beschreiben	z.B. Baptisten; Erwachsenentaufe und Organisation von der Einzelgemeinde her	Impuls: Schaut im Telefonbuch (Stichwort: Kirchen) nach, welche verschiedenen (Frei)Kirchen es an eurem Ort und in der nächsten größeren Stadt gibt! Evtl. Interviews; Anlage 3 Lektüre, Referat oder Lehrervortrag Film: Freikirchliche Pfingstbewegung	Viele Schüler, vor allem wenn ihre Distanz zur Kirche größer ist, werden sich durch bloße verbale Information keine lebendige Vorstellung von einer Freikirche machen können. Darum sollte der Lehrer Erkundungsimpulse seiner Schüler bei Freikirchen oder bei verwandten landeskirchlichen Gruppen fördern. Die Schüler sollten jedoch nicht ohne behutsame Vorbereitung auf mögliche befremdende Erfahrungen bleiben.
3.2 Unterscheidungsmerkmale freikirchlicher Frömmigkeit gegenüber der Volkskirche erarbeiten	Bewußte Glaubensentscheidung; Hohe Einsatzbereitschaft; Überschaubare Gemeindegröße; missionierende Gemeinde; Freiwillige Beiträge	Partnerarbeit: Analyse von Anlage 4 unter der Fragestellung: 1) Gemeindegröße 2) Beitrittsbedingungen 3) Finanzierung 4) Gottesdienstbesuch 5) Mitarbeit in der Gemeinde 6) Verantwortungsbewußtsein für die Gemeinde 7) Bereitschaft, für den Glauben zu werben	Es empfiehlt sich, LZ 3.3 zusammen mit LZ 4.4 zu erarbeiten. Die Vergleichsaufgabe ist motivierender. Tendenz des Vergleichs sollte sein: Die ideale kirchliche Struktur gibt es nicht, aber bestimmte Organisationsformen behindern den Geist Gottes in konkreten historischen Zusammenhängen mehr, als daß sie ihn fördern.
3.3 Nachteile freikirchlicher Organisationsformen bedenken	Abhängigkeit von Geldgebern und Spendeneingang; Reiche oder arme, schicht- und rassenorientierte Ge-	Aufgabenstellung: a) Welche kirchenfremden Interessen können sich bei Finanzierung der Kirche durch freiwillige Spenden im Gegensatz zur Kirchensteuer durchsetzen?	

Lernziele	Inhalte	Medien/ Verfahren	Didaktische Hinweise
	meinden; Zersplitterung und Denominationalismus	b) Welche negativen Unterschiede und Spannungen zwischen Gemeinden können entstehen, wenn im Unterschied zur Volkskirche jede Gemeinde völlig selbständig ist? Vgl. Bild in Arbeitsbuch Religion 7/8, S.108 Vgl. Kursbuch Religion 9/10, S.138 f.	
4. Chancen und Gefahren der Volkskirche im Zusammenhang mit den historisch-gesellschaftlichen Bedingungen erörtern			LZ 4.1 hat die Funktion, vorhandene Kenntnisse der Schüler zu aktivieren und zu vertiefen. Der Unterricht soll helfen, sie unter dem Begriff Volkskirche zu ordnen. Erste kritische Gesichtspunkte klingen an, die in LZ 4.4 fortgeführt werden. In diesem Zusammenhang pflegt Kirchensteuer eine wichtige Rolle zu spielen. Lehrerinformation dazu: EEK 941 ff. Ein Grundwissen über den organisatorischen Aufbau der jeweiligen Landeskirche und EKD sind unverzichtbar, sollten aber zügig behandelt werden. Der Lehrer ergänzt die bei den Schülern bereits vorhandenen
4.1 Am Beispiel erste Merkmale von Volkskirche erarbeiten	z.B. Erstellung eines Haushaltsplans für die Kirchengemeinde; Merkmale: große, schwer mobilisierbare Mitgliederzahl; Recht auf Steuern; größere Effektivität gesellschaftsbezogener Aktivitäten; Kooperation mit dem Staat im sozialen Bereich	Die Schüler erspielen typische volkskirchliche Entscheidungsprozesse, Entscheidungsspiel: Kirchengemeinderat, in: H. Frör, Spielend bei der Sache, S.28 Arbeitsauftrag: Den Haushaltsplan der eigenen Kirchengemeinde erkunden. Vgl. Kursbuch Religion 9/10,S.141 Evtl. Erörterung: Pro und contra Kirchensteuer, vgl. Kursbuch Religion 9/10, S.138 ff.	

Lernziele	Inhalte	Medien/ Verfahren	Didaktische Hinweise
4.2 Organisation und Entscheidungsgremien der evangelischen Kirchen in der BRD beschreiben	Grundordnung und Bekenntnis; Pfarrer und Ältestenkreis; Dekan und Bezirkssynode; Landessynode, Landesbischof, Oberkirchenrat Landeskirchen und EKD	Analyse des Schaubildes: Aufbau der Landeskirche Kursbuch Religion 9/10, S.142 vgl. Arbeitsbuch Religion 7/8, S.70 ff.	Kenntnisse. Vielleicht lassen sich einzelne Schüler motivieren, örtliche kirchliche Funktionsträger zu interviewen. Wichtig ist, daß die "demokratische" Struktur sich in den Entscheidungsprozessen niederschlägt. - Es gehört zu den Problemen der Volkskirche, daß durch Arbeitsteilung ihre vielfältigen gesellschaftlichen und diakonischen Aktivitäten dem einfachen Gemeindeglied entfremdet sind. - In LZ 4.3 kann die Informationslücke wenigstens teilweise gefüllt werden. Das Beispiel Kirchenfunk eignet sich 1. wegen seiner Aktualität, 2. weil es den Blick weitet. Schwierigkeiten der Schüler, die Nachrichten zu verstehen und einzuordnen, leiten unmittelbar zu LZ 4.4 über (Entfremdung). - Denkbar ist auch, daß man sich an dieser Stelle mehr auf das Zusammenstellen und Auflisten der Gesichtspunkte beschränkt und die abschließende Wertung und Diskussion ganz ans Ende der Unterrichtseinheit (LZ 5.3) verlegt.
4.3 Am Beispiel die Chancen der Volkskirche beschreiben, in die Öffentlichkeit und Gesellschaft hineinzuwirken	z.B. Kirchenfunk; andere Beispiele: Spezialpfarrämter bei Militär, Polizei, Gefängnis, Krankenhaus, Studenten, Industrie; Ev. Akademien, Ausbildungsstätten, Fakultäten; diakonische Einrichtungen, Brot für die Welt; christliche Literatur und Presse; Kirchentage	Arbeitsauftrag an interessierte Schüler: Mitschneiden einer aktuellen Kirchenfunksendung (Radio-Nachrichten) und Teile für den Unterricht auswählen! Kursbuch Religion 9/10, S.134-137	
4.4 Nachteile der Volkskirche bedenken	Schwer mobilisierbare Mitglieder (Namenchristen); Institutionalisierung der Diakonie und deren	Kirche im Sarg: Kursbuch Religion 9/10, S.144 vgl. Anlage 5 Zusammenfassendes Rundgespräch vgl. LZ 1.2, 3.2 und 3, 4.1	

Lernziele	Inhalte	Medien/ Verfahren	Didaktische Hinweise
	Entfremdung vom Gemeindeglied; Wohlverhalten gegenüber dem Staat		
5. Darüber nachdenken, mit welchen Strukturen die Kirchen dem Auftrag Jesu besser entsprechen			LZ 5.1 soll deutlich machen, daß es auf Erden keine vollkommene Kirche geben kann, daß auch Christen fehlbar sind. Trotzdem nehmen sie eine wichtige Aufgabe wahr: sie zeigen, was in Jesu Nachfolge gilt, und sei das noch so bruchstückhaft. Dies macht sie oft zur ungeliebten und unbequemen Minderheit. Welche Chancen sich in den unterschiedlichen Lebenssituationen der Kirchen ergeben und auf welche Weise bzw. in welcher Gestalt Christus am besten bezeugt wird, läßt sich nicht ein für allemal festlegen. Jede institutionelle Gestalt hat Vor- und Nachteile (vgl. LZ 3/4).
5.1 Die derzeitige Situation der Kirchen in unserer Zeit als Diasporasituation erkennen	Die Minderheit der Christen und ihre Bedeutung für die Welt: in der Urkirche, z.B. Mt 13, 24-30; Mt 5,13-16; Lk 12,32 und heute, z.B. angesichts von Säkularismus, von Ideologien, von Weltreligionen	Vgl. Brennpunkte, S.239 Nennt wichtige Impulse, die von Minderheiten ausgingen und nur zögernd akzeptiert wurden! Plakat: Trau dich, Christ zu sein! (Bezug: Ev. Missionswerk, Mittelweg 143, 2000 Hamburg 13)	
5.2 Beschreiben, wie Christen in einem weltanschaulich geprägten Staat versuchen, glaubwürdig Kirche zu sein	z.B. Baptisten in der UdSSR	vgl. Anlage 6 Fragestellung: 1) Wie unterscheidet sich die kirchenpolitische Situation in der UdSSR von der unsern? 2) Wie versucht die Kirche, mit dieser Lage fertig zu werden? 3) Was können wir daraus lernen?	Zu LZ 5.2: Die Hintergründe der kirchenpolitischen Lage in der UdSSR können hier nicht erarbeitet werden. Denk-

Lernziele	Inhalte	Medien/ Verfahren	Didaktische Hinweise
5.3 Darüber nachdenken, wie die Volkskirche dem Auftrag Jesu glaubwürdiger entsprechen könnte	Bedeutung der herkömmlichen kirchlichen Dienste wie Gottesdienst, Kasualien, Seelsorge, Unterricht und Diakonie; Ansätze zu neuen Formen, z.B. Basisgemeinden, Kommunitäten u.ä.	Einstieg ins abschließende Gespräch z.B. über 1. Anlage 7 Basisgemeinden, oder 2. Tondiareihe über Taizé, oder 3. Film: Kommunitäten (Anlage 8) Frage: Welche Konsequenzen hätte es für mich, wenn ich hier beitreten würde? s. auch Herausforderungen 2, S.164	bar sind ein kurzer Lehrervortrag und/ oder Schülerreferate über 1. Marxismus und Religion, 2. Die orthodoxe Kirche seit 1918. Zur Lage der Kirchen in der Sowjetunion gibt es den Film: Gott im Osten (1965) (EMZ 12: KF 391). Zu LZ 5.3 vgl.: EEK S.899 f. Hier sollen die Schüler selbst Stellung nehmen. Dabei werden sie auf Ergebnisse der Unterrichtseinheit zurückgreifen. Am Gespräch kann der Lehrer ablesen, wie weit der Prozeß des Nachdenkens über Kirche gediehen ist. Zum Schluß empfiehlt sich: Erkundung örtlicher Versuche zur Aktivierung kirchlichen Lebens, z.B. Bezirkskirchentage, Liturgische Nacht, kirchliche Jugendarbeit u.ä.

Wozu ist die Kirche da? Anlage 1

Aufgabe 1:

Der Begriff Kirche kann verschiedene Bedeutungen haben. Schreibe unter jede der folgenden zwölf Thesen, welche Bedeutung gemeint ist! Welche Bedeutung gefällt Dir am meisten? Hier die verschiedenen Bedeutungen:

- Kirchengebäude
- Gottesdienst
- Institution
- Gemeinschaft der Gläubigen
- Weltanschauungsgemeinschaft
- Hierarchie einflußreicher Kleriker
- Alle getauften Christen
- Konfession

Aufgabe 2:

Im folgenden findest Du zwölf verschiedene Meinungen über die Kirche. Kreuze bitte jeweils an, ob Du für oder gegen die Aussage bist! Vergleiche und diskutiere Dein Ergebnis mit der Gruppe und in der Klasse!

pro / contra

(1) Es gibt viel zuviele Kirchen. Sie stehen meistens leer und werden ja doch nur von Kindern und alten Leuten besucht. ( ) ( )

Kirche bedeutet hier: ....

(2) Ich gehe gerne und regelmäßig zur Kirche. Ich will dort das Evangelium hören. Es gibt meinem Leben Halt und Sinn. ( ) ( )

Kirche bedeutet hier: ....

(3) Die Kirche verbietet fast alles, was schön ist, und spielt mit dem schlechten Gewissen der Menschen. ( ) ( )

Kirche bedeutet hier: ....

(4) Kirche ist nur Kirche, wenn sie für die Unterdrückten, Leidenden und Verfolgten eintritt. ( ) ( )

Kirche bedeutet hier: ....

(5) Die Kirche will die Leute zwingen, Dinge zu glauben, die man heute nicht mehr glauben kann. ( ) ( )

Kirche bedeutet hier: ....

pro / contra

(6) Die Kirche soll politisches Unrecht beim Namen nennen, aber sonst soll sie sich nicht in die Politik einmischen. ( ) ( )

Kirche bedeutet hier: ....

(7) Die Kirche hat Jesus verraten: Er war arm, sie aber ist reich. Er verzichtete auf geregeltes Einkommen, sie aber kassiert Steuern. ( ) ( )

Kirche bedeutet hier: ....

(8) Am Tisch des Herrn kommen Menschen verschiedenster Überzeugungen zusammen und akzeptieren sich als Brüder. Dieses Erlebnis der Gemeinschaft ist schön. Das gibt es nur in der Kirche. ( ) ( )

Kirche bedeutet hier: ....

(9) Die Kirchen sind sich ja selbst nicht einig und haben sich oft gegenseitig bekämpft. Wie sollen sie da überzeugend für den Frieden eintreten können? ( ) ( )

Kirche bedeutet hier: ....

(10) In einer Welt, die nichts von Jesus, von der Liebe Gottes und von der Vergebung der Sünden wüßte, in einer Welt ohne Kirche wollte ich nicht leben. ( ) ( )

Kirche bedeutet hier: ....

(11) Die Kirche hat versagt. Christen sind auch nicht besser als andere. ( ) ( )

Kirche bedeutet hier: ....

(12) Die Kirche ist mir wie eine zweite Heimat. In ihr finde ich Menschen, die für mich beten, wenn mir die Worte fehlen. Sie trösten mich, sie nehmen mich an und ertragen mich. ( ) ( )

Kirche bedeutet hier: ....

Fr. Schwedes

Wie lebten die ersten Christen? Anlage 2

1. Etwa 25 Jahre nach Jesu Tod ermahnte Paulus die ersten Christen in der Reichshauptstadt Rom brieflich, im Glauben nicht müde zu werden. Seine Worte sind für uns sehr aufschlußreich, denn man kann an ihnen ablesen, wie die Christen damals versuchten, in Jesu Nachfolge ein christliches Leben zu führen.

   Paulus schreibt (Röm 12,9-15):

   "Liebt aufrichtig jeden, der Euch begegnet.
   Haßt das Böse und tut Gutes.
   Haltet wie Brüder zusammen.
   Wetteifert darum, wer als erster den andern achtet.
   Laßt Euer Denken vom göttlichen Geist geprägt sein.
   Dienet einander gern: so hat es der Herr auch getan.
   Seid fröhlich: Ihr habt eine Hoffnung.
   Verliert in schweren Stunden nicht die Geduld.
   Betet regelmäßig.
   Sorgt für Christen, wenn sie in Not geraten.
   Seid gastfrei gegen Fremde.
   Segnet jeden, der Euch bedroht, -
   Verflucht keinen, segnet!
   Tröstet die Traurigen,
   und freut Euch mit den Fröhlichen."

   Aufgabe:

   Eine Gemeinde der Antike wird vorgestellt

   a) Stelle Dir einen römischen Bürger vor. Er kennt die Christen, aber er lehnt sie ab. Nimm die Worte des Paulus zu Hilfe und beschreibe, wie er einem Bekannten seinen Ärger mit den Christen schildert.

   b) Ein anderer römischer Bürger ist von den Christen begeistert und spielt mit dem Gedanken, sich taufen zu lassen. Er trifft einen Bekannten. Beschreibe, was er ihm von den Christen erzählt.

   c) Vergleicht und diskutiert die beiden Berichte in Eurer Gruppe und in der Klasse.

2. Kann man ohne Kirche glauben? Ist es für Christen ein Nachteil, wenn sie keine Verbindung zur Gemeinde pflegen? Darf man als Christ über die Gemeinde lächeln? Ist das noch ein Christ, wenn einer über mangelnde Begabungen anderer spottet?

Im ersten Brief an die Christen in Korinth nimmt Paulus zu diesen Fragen Stellung. Lest bitte selbst! (1 Kor 12, 4-12)

"In der christlichen Gemeinde gibt es unterschiedliche Begabungen,
aber alle stammen aus ein und demselben Geist.
Es gibt unterschiedliche Arbeitsbereiche,
aber alle unterstehen ein und demselben Herrn.
Nicht jeder hat gleichviel Erfolg,
aber alle Erfolge kommen von ein und demselben Gott.
Er wirkt alles in allem.
Jeder erhält zum Nutzen aller vom Geist eine besondere Begabung:
Der eine ist vom Geist begabt,
für das Evangelium zu werben; der andere, es zu erklären,
und jeden befähigt der Geist zum Glauben.
Der eine kann zuhören, verstehen und heilen,
der andere hat die Gabe, Wunder zu wirken.
Einer rüttelt auf zu tun, was der Herr heute fordert.
Ein anderer spürt, wenn der Wille Gottes verfälscht wird.
Mancher gerät im Loben Gottes außer sich;
andere sind fähig, sein Lallen zu erklären.
Das alles sind Begabungen ein und desselben Geistes Jesu Christi.
Er teilt sie zu.
Keiner hat sie aus sich selber, keiner für sich selber.
In der Gemeinde der Christen ist es so:
Der Leib lebt aus vielen unterschiedlichen Teilen.
Allein sind die Teile nichts,
erst zusammen bilden sie das Ganze.
Ihr seid der Leib Christi,
aus jedem von Euch setzt er sich zusammen."

Aufgaben:

a) Vergleicht die Vorstellungen der Nichtchristen in Aufgabe 1 mit dem Bild des Paulus: "Die Kirche ist der Leib Christi!"

b) Im Johannesevangelium finden sich zwei Bilder für die Kirche:

   1) Christus spricht: Ich bin der gute Hirte und gebe mein Leben für die Schafe. (Joh 10)

   2) Christus spricht: Ich bin der Weinstock, ihr seid die Reben. (Joh 15)

Jedes der drei Bilder hat eine besondere Aussage. Welche haltet ihr persönlich für die wichtigste?

Fr. Schwedes

Die Baptisten Anlage 3

"Zwingli hat das Evangelium verraten und gehorcht dem Magistrat von Zürich mehr als Gott!" So lautete 1525 der Vorwurf entschlossener Zürcher Christen. Halbherzige Namenchristen waren ihnen zuwider. Sie wollten das wahre Urchristentum wiederherstellen und streng nach Bergpredigt und Bibel leben. Heiß diskutierten sie die Säuglingstaufe. War die Kindertaufe nicht schuld daran, daß viele sich Christ nannten, ohne es zu sein, ohne der Bergpredigt und der Bibel zu folgen. Das hatte es in der Urkirche nicht gegeben. Dort hatte man nur getauft, wenn Erwachsene es ausdrücklich wünschten und gläubig waren. "Wir fordern die Wiedereinführung der Glaubenstaufe!" warben sie mit Nachdruck. "Die Säuglingstaufe ist ungültig! Ein Kleinkind kann nicht glauben!"

Nur in Holland und Norddeutschland konnten sich wenige Gemeinden im Untergrund erhalten. Ihr Führer war Menno Simons. Die Mennoniten nennen sich nach ihm. Sie sind heute in allen Erdteilen vertreten und zählen über 600 000 Mitglieder. Sie gehören zu den frühesten Vertretern der Toleranzidee und der Kriegsdienstverweigerung. 1688 gaben amerikanischen Mennoniten den ersten Anstoß zur Abschaffung des Sklavenhandels.

Der Ursprung des modernen Baptismus liegt in England. Dort bildeten sich am Anfang des 17. Jahrhunderts, vielleicht angeregt durch niederländische Mennoniten, erste Baptistengemeinden. "Baptist! Baptist!" verspottete man ihre Mitglieder. Dieser Spottname kommt vom griechischen "baptizein" (taufen) und entwickelte sich zur Selbstbezeichnung der neuen, vom Staat unabhängigen Freikirche. Auch in England wurden die Baptisten zunächst unterdrückt, manche hingerichtet; viele wanderten aus.

Die Baptisten haben sich um die Menschenrechte verdient gemacht: 1636 gründete der Baptist Roger Williams den späteren US-Staat Rhode Island, die erste Kolonie, die ihren Bewohnern volle Religionsfreiheit gewährte. Ein weiteres Beispiel: Seit Ende des 18. Jahrhunderts bekämpften Baptisten entschlossen, zusammen mit Quäkern und Methodisten, die Sklaverei. "Sklavenhaltung ist Sünde!" war ihre Losung. Erste Erfolge erzielten sie 1807, als die englische Regierung das Ende des Sklavenhandels verkündete, und 1833, als England die Sklaverei verbot. Bis zur tatsächlichen Sklavenbefreiung war es jedoch noch ein weiter Weg.

Heute sind die Baptisten größte protestantische Konfession der USA. Die erste Gemeinde wurde 1639 durch Roger Williams gegründet. Drei große Erweckungsbewegungen im 18. und 19. Jahrhundert ließen den Baptismus überaus schnell wachsen. Jeder zweite Neger der USA und über 10 Millionen Weiße zählen heute dazu. Sie haben sich in voneinander unabhängigen Kirchen organisiert und finanzieren das Gemeindeleben ganz aus freiwilligen Beiträgen. Leider verweigern noch immer manche weiße Baptistengemeinden farbigen Christen die Mitgliedschaft. Bekannte Baptisten der USA heute sind der Evangelist

Billy Graham, der gegenwärtige Präsident der USA Jimmy Carter, Laienprediger seiner Heimatgemeinde, und auch der ermordete Negerführer und Nobelpreisträger Martin Luther King war Baptist.

Die Baptisten bilden auch die größte protestantische Konfession der Welt.

Den Baptismus in Deutschland gründete der Kaufmann Johann Gerhard Oncken. Er ließ sich 1834 zusammen mit sechs andern gläubig Gewordenen in der Elbe durch Untertauchen taufen. Sein Wahlspruch lautete: "Jeder Baptist ein Missionar!" Diese Einstellung trug nicht wenig zum schnellen Wachstum der deutschen Baptistengemeinden bei. Als Oncken 50 Jahre später starb, gab es in Deutschland bereits 31 000 Baptisten. Heute sind die Baptisten zweitgrößte Freikirche Deutschlands mit rund 68 000 getauften, erwachsenen Mitgliedern in der BRD und etwa 26 000 in der DDR.

Die einzelne baptistische Gemeinde ist völlig selbständig. Eine baptistische Großkirche, der sie verantwortlich wäre, gibt es nicht. Nur zu Aufgaben, die für Einzelgemeinden zu groß sind, bilden die Gemeinden untereinander sogenannte "Vereinigungen" und "Bünde". Die Einzelgemeinde beruft und bezahlt ihren Pastor selbst, setzt Gemeindeälteste ein, wählt Diakone, bestimmt die Gemeindeleitung und verteilt die anfallenden Aufgaben an dazu begabte Gemeindeglieder. Baptisten achten darauf, daß die Gemeinden überschaubar bleiben. Wächst die Mitgliederzahl einer Gemeinde über 400 hinaus, wird sie in der Regel geteilt, die Zweiggemeinde Schritt für Schritt in die Selbständigkeit entlassen und ein zweiter Pastor berufen. Die Gemeindeglieder sind bereit, ausreichende Beiträge dafür zu spenden. So kommt es, daß die Mitglieder baptistischer Gemeinden sich persönlich kennen und gegenseitig beistehen. Man sieht und trifft sich regelmäßig im Gottesdienst. Jeden Sonntag feiern ihn 70 - 75 Prozent aller Gemeindemitglieder mit. Wer in die Kirche aufgenommen werden will, muß persönlich vor der Gemeinde seinen Glauben bekennen. Dann wird er nach urchristlichem Vorbild durch Untertauchen getauft. Gott zwingt keinem das Heil auf, aber jeder ist eingeladen, es anzunehmen.

Fr. Schwedes

<u>Das Verhältnis von Staat und Kirche in den USA</u> — <u>Anlage 4</u>

Wer in Amerika der Frage nach dem Verhältnis von Staat und Kirche nachgeht, dem fallen eine Reihe von Besonderheiten auf, die sich zu widersprechen scheinen:

Einerseits spielt die Religion im öffentlichen Leben der Vereinigten Staaten eine wichtige Rolle. Alle Sitzungen des amerikanischen Kongresses beginnen mit einem Gebet. Im Capitol gibt es für die Abgeordneten eine Gebetskapelle. Der Präsident der Vereinigten Staaten wird durch Eid in sein Amt eingesetzt, wobei er seine Hand auf die Bibel legt. Während der Amtseinsetzung des Präsidenten spricht ein Geistlicher ein Gebet. Münzen der Vereinigten Staaten tragen das Motto "In God we trust." Der Eid auf die Fahne schließlich enthält die Formulierung "... eine Nation unter Gott".

Andererseits wird die Ausübung der Religion in bestimmten Bereichen des öffentlichen Lebens untersagt. So findet beispielsweise in öffentlichen Schulen kein Religionsunterricht statt. Gebete zu Beginn des Unterrichts wurden vom obersten Gerichtshof der Vereinigten Staaten als verfassungswidrig verurteilt. Die Finanzierung der Kirche geschieht ohne jegliche Hilfe des Staates.

Die scheinbare Widersprüchlichkeit löst sich auf, wenn wir auf die amerikanische Verfassung blicken. Dort heißt es: "Der Kongreß soll im Hinblick auf die Einrichtung einer Religion kein Gesetz erlassen noch die Ausübung einer Religion verbieten..." Dieser Artikel besagt zweierlei. Einmal soll es in den Vereinigten Staaten keine Staatsreligion geben. Zum anderen wird den unterschiedlichen Religionen zugesagt, daß sie vor dem Gesetz das gleiche Recht auf uneingeschränkte Ausübung besitzen. Während nun der Staat jegliche Art der Einflußnahme in religiöse Angelegenheiten verbietet, ist es keineswegs verboten oder untersagt, daß sich die unterschiedlichen religiösen Gruppierungen in den Vereinigten Staaten von Amerika mit den Angelegenheiten des Staates beschäftigen und Einfluß auf politische Entscheidungen zu nehmen versuchen. Dies geschieht sowohl national wie regional. Auf nationaler Ebene steht der "Nationale Rat der Kirchen" (National Council of Churches) in ständigem Kontakt mit der amerikanischen Regierung. Regional versuchen die meisten Kirchen auf politische Entscheidungen Einfluß zu nehmen, indem sie sich an der regionalen Verwaltung und Planung beteiligen.

Chancen und Gefahren einer Freiwilligkeitskirche

Vorteile der Freiwilligkeitskirche gegenüber der Volkskirche:

1. Die Freiwilligkeit der Kirchenzugehörigkeit garantiert ein engagiertes und lebhaftes kirchliches Leben. Der freiwillige Entschluß, Mitglied einer ganz bestimmten Kirche zu werden, setzt die Bereitwilligkeit voraus, Verantwortung für und in der Kirchengemeinde zu übernehmen.

2. Dadurch, daß die Kirche nicht durch Steuergelder finanziert wird, muß sie sich selbst finanzieren. Dies ist weniger eine Last als ein Segen. Denn einerseits haben Kirchenmitglieder ein größeres Interesse an kirchlichen Aktivitäten als Mitglieder einer Volkskirche. Andererseits führt die freiwillige Finanzierung einer Kirche zu einer

Fülle von Aufgaben und gemeinsamen Programmen, die ein engagiertes Gemeindeleben zur Folge haben. Die Mitglieder der Kirche erkennen, daß Geld sowohl eine materielle wie geistige Seite haben kann.

3. Die Freiwilligkeitskirche kann gegenüber dem Staat unbefangener auftreten, als das in der Volkskirche möglich ist. Da sie in keiner Weise vom Staat abhängig ist, kann sie gegenüber dem Staat Widerstand erheben, ohne Repressalien befürchten zu müssen. In jüngster Geschichte äußerte sich der Widerstand der Kirchen dem Staat gegenüber während des Vietnamkrieges und der Bürgerrechtsbewegung.

4. Weil es keine einheitliche Volkskirche gibt, ist es möglich, theologische Fragen auf breiter Basis zu diskutieren. Der Herrschaftsanspruch des Staates auf dem Gebiet der Moral und Ethik ist damit begrenzt, weil er die unterschiedlichen religiös fundierten Meinungen tolerieren muß.

<u>Gefahren gegenüber der Volkskirche:</u>

1. Die negativen Auswirkungen des Konkurrenzkampfes zwischen den Kirchengemeinden zeigen sich zum einen in der Vergeudung von Geldmitteln. Aus Prestigegründen werden Kirchen und Gemeindezentren gebaut, deren Größe in keinem Verhältnis zu der Zahl der Gemeindemitglieder steht. Zum anderen sind einzelne Kirchen in Gefahr, sich gegenseitig ihre Mitglieder auszuspannen.

2. Die religiöse Erziehung geschieht freiwillig und wird von der Kirchengemeinde verantwortet. Das Ergebnis ist, daß das religiöse Wissen der meisten Kinder und Jugendlichen äußerst lückenhaft ist oder ganz fehlt, weil sie nicht zum Besuch der Sonntagsschule oder der religiösen Unterweisung verpflichtet werden können.

3. Das breite Spektrum an religiösen Überzeugungen unter den unterschiedlichen Sekten, Kirchen und Kirchengemeinden verursacht gelegentlich ein hohes Maß an Verwirrung.

4. Die finanziellen Voraussetzungen einzelner Kirchen sind äußerst unterschiedlich. Einige Kirchen haben in erster Linie wohlhabende Mitglieder. Sie sind in der Lage, die Pfarrer angemessen zu bezahlen und kirchliche Programme und Aktivitäten zu verfolgen, die über ihre Gemeinde hinausweisen. Andere Kirchen haben begrenzte Einnahmen. Die Programme in diesen Kirchen und die Ausbildung der Pfarrer nimmt einen weniger hohen Standard ein.

5. Die unterschiedlichen Erscheinungsformen von Kirche schwächt den Gedanken der Kirche als einem Leib Christi. Weil es so viel Freiwilligkeit gibt und so viele unterschiedlichen Gedanken darüber, was die Kirche eigentlich sei, fällt es dem einzelnen Kirchenmitglied schwer, zu verstehen, was die Kirche als ein Leib Christi bedeutet.

H. Hanisch

Gottesdienstbesuch weiter rückläufig

Anlage 5

Weniger als ein Drittel der erwachsenen Bundesbürger geht sonntags gewöhnlich zur Kirche. Derzeit sind es noch 29 Prozent aller Erwachsenen, die regelmäßig am Gottesdienst teilnehmen. Seit Jahren schon nimmt die Zahl der ständigen Kirchenbesucher ab. Untersuchungen des Instituts für angewandte Sozialwissenschaft (infas), Bonn-Bad Godesberg, belegen diesen rückläufigen Trend: 1962 bezeichneten sich mit 45 Prozent fast die Hälfte der Bevölkerung als praktizierende Christen, 1966 nur noch 39 Prozent, 3 Jahre später sank der Anteil auf 37 Prozent ab. In der folgenden Zeitspanne bis 1971 beschleunigte sich der Rückgang (auf 32 %) und schwächte sich auch seitdem kaum ab.

Besonders häufig wenden sich - gerade in den letzten Jahren - Katholiken von der Kirche ab. Inzwischen übersteigt selbst bei ihnen die Zahl der lediglich formal an die Kirche Gebundenen die der praktizierenden Gläubigen. 1962 noch hatten 68 Prozent aller Katholiken regelmäßig die Messe besucht, jetzt sind nur noch 47 Prozent von ihnen dazu bereit.

Weit weniger drastisch verlief die Entwicklung in jüngerer Zeit für die protestantischen Kirchen. Sie verloren seit 1971 kaum Besucher. Allerdings nimmt an den protestantischen Gottesdiensten schon seit längerem bloß noch ein sehr kleiner Kreis der Gemeinde teil; nach den infas-Erhebungen im Sommer und Herbst dieses Jahres lediglich 15 Prozent aller Protestanten. Auch relativ schwache Besucherverluste treffen also die protestantischen Kirchen ganz empfindlich.

Erfreulich für die Kirchen dürfte sein, daß sich die konfessionellen Bindungen der jüngeren Generation in den vergangenen fünf Jahren nicht weiter gelockert haben. 22 Prozent der 18- bis 25jährigen bezeichnen sich als praktizierende Christen. Bei der nächstälteren Generation liegt der Anteil nur unwesentlich höher (23 %), erst die über 50jährigen und vor allem die Befragten im Rentenalter gehen sonntags wesentlich häufiger zum Gottesdienst (zu 34 % bzw. zu 46 %).

Während der Kirchgang für Großstädter immer mehr zur Ausnahme wird, bleibt er für Dorfbewohner oftmals fester Bestandteil ihres sonntäglichen Tagesablaufs. In Zahlen ausgedrückt: Bewohner kleiner Landgemeinden nehmen zu 50 Prozent regelmäßig am Gottesdienst teil, Großstadtbewohner nach der jüngsten infas-Untersuchung aber nur noch zu 16 Prozent. Eine Erklärung für diese unterschiedlichen Zahlenanteile ist sicherlich die zunehmende Säkularisierung im städtischen Bereich, eine andere, daß der sonntägliche Kirchgang auf dem flachen Land vielfach noch ein verpflichtendes gesellschaftliches Ereignis darstellt.

Infas-Report vom 11. November 1974

Die Kirche der Evangeliums-Baptisten in der UdSSR

Anlage 6

Offiziell gibt es in der UdSSR rund 500 000 Evangeliumschristen-Baptisten. In Wirklichkeit macht die Zahl freikirchlicher Christen in der UdSSR ein Vielfaches aus. Das hat bestimmte Gründe:

1. Natürlich ist der atheistische Staat nicht daran interessiert zuzugeben, daß die Evangelisch-Freikirchlichen Gemeinden in der UdSSR - trotz aller Probleme und Spannungen und trotz aller atheistischen Propaganda - auch heute noch ständig wachsen.

2. Mit der erwähnten Zahl von 500 000 Christen sind nur Mitglieder von Gemeinden erfaßt, die zum Allunionsrat der Evangeliumschristen-Baptisten gehören ... nicht aber diejenigen Baptisten, die sich zu den Initiativniki oder den Dissident-Baptisten halten.

3. Es gibt in der UdSSR eine große Anzahl von kleineren Gemeinden (oft Hausgemeinden, Gebetskreise und dergleichen), die nicht registriert sind und offiziell eben nicht vorkommen.

   Alle diese Gemeinden werden von Predigern betreut, das sind nebenamtlich tätige Pastoren, die ordiniert wurden. ... Diese Ordination spielt in der UdSSR eine außerordentliche Rolle. Hier macht sich der Einfluß der orthodoxen Kirche bemerkbar. Viele der kleineren Gemeinden und Hauskreise werden von Laien betreut, die sich durch persönliches Bibelstudium ein bestimmtes Wissen angeeignet haben und aufgrund ihrer persönlichen Begabung und geistlichen Haltung von der Gemeinde zu diesem Dienst berufen wurden. Sie leiten die Bibel- und Gebetsstunden, legen die Schrift aus, besuchen Kranke und Alte und vertreten die Kleingemeinden in der Öffentlichkeit. Zu Kasualien und zur Verwaltung der Sakramente werden sie nicht herangezogen, da sie ja nicht ordiniert sind. Diese Dienste sind den Pastoren vorbehalten.

   Nun sind aber auch Pastoren Werktätige, die einem säkularen Beruf nachgehen und ihre ganze Freizeit dem Gemeindedienst widmen. Sie haben große Opfer zu bringen, da sie ja nicht nur die Gemeinde am Ort zu betreuen haben, sondern von den oben genannten Hausgemeinden und Gemeindestationen oft zu besonderen Diensten wie Taufen, Trauungen und Feiern des Herrenmahls gerufen werden. Das erfordert viel Aufwand an Zeit und Kraft. An den meisten Wochenenden sind die Pastoren ununterbrochen unterwegs, um Gemeinden und Stationen zu betreuen. Am Montag müssen sie dann wieder an der Werkbank stehen.

Da sie als Werktätige Lohn beziehen, erhalten sie von den Gemeinden lediglich eine Aufwands- und Unkostenentschädigung.

Hauptamtliche Pastoren gibt es nur wenige. ... Das gottesdienstliche Leben ist auf die Kirchen und Gemeindehäuser beschränkt. Da Sonntagsgottesdienste und Wochenbibelstunden zu halten sind, ist der Pastor mit dem Verkündigungsdienst voll ausgelastet. Die Seelsorge wird darum auch mehr oder weniger von den Laien ausgeübt, bzw. sie geschieht von Gemeindeglied zu Gemeindeglied. Für die Verkündigung fehlt es manchmal an Bibeln und fast immer an theologischer Literatur. Kein Wunder, daß die Verkündigung sehr schriftgebunden und oft nahezu fundamentalistisch ist.

Besonderes Augenmerk legen die Gemeinden auf Wandel und Zeugnis ihres Pastors und seiner Familie. Es wird erwartet, daß der Pastor nicht nur das entscheidende Wort in der Lehrmeinung hat, sondern daß er seiner Umwelt ein Zeugnis echter Christusnachfolge gibt und sich öffentlich zu seinem Herrn bekennt. ...

aus: G. Claas, ...rein pragmatisch vorgehen... in: Deutsches Pfarrerblatt 13/1977

Ein Reihenhaus für die Basis — Anlage 7

Für die Basisgemeinde Kornwestheim beginnt die Erneuerung der Kirche beim Menschen, nicht bei den Reformen

Da war ein Pfarrer, wohlbestallter Beamter einer Gemeinde in der Evangelischen Landeskirche in Württemberg, der sich nicht mehr darüber täuschen konnte, daß seine Predigten in der viertelvollen Kirche am Sonntag nichts bewegten. Pfarrer Gerhard Weber wurde politisch aktiv. Seine Tätigkeit als gewählter Mandatsträger der bürgerlichen Gemeinde brachte einige Unruhe in die Christengemeinde. Doch den Verhältnissen, die er ändern wollte in Richtung des Gottesreiches der Gerechtigkeit und Liebe, kam Gerhard Weber mit seiner politischen Arbeit nicht viel näher.

Da war das Ehepaar Ellwanger, erst vor kurzem nach Kornwestheim gezogen. Der bald 50jährige Bauingenieur und seine Frau hatten fünfzehn Jahre auf das Reihenhaus gespart, in dem sie sich nun einen ruhigen, mietfreien Lebensabend erhoffen konnten. Aber die Ellwangers sind Christen, angesteckt von der verwirrenden Frage: Soll dieses "alles in Ordnung" unser Leben gewesen sein? Und sie haben zwei Söhne, die nun studierten, und die brachten marxistisch-sozialistische Ideen ins Haus, Herausforderungen.

Mutter Ellwanger entgegnete: Für uns ist das Christentum die Alternative. Die Söhne bohrten: Wo ist das Christentum zu erleben, auf das ihr setzt? Ellwangers hatten keine Antwort.

Da war die Kindergärtnerin Hilde Ott, die das Studium der Sozialpädagogik nach Kornwestheim bei Stuttgart verschlagen hatte. Sie war groß geworden in einer streng katholischen oberschwäbischen Familie, aber nicht satt geworden vom Glauben ihrer Kindheit, der formale Erfüllung forderte: zweimal Kirchgang am Sonntag - Messe und Andacht - Familiengebete, Rosenkranz. Hilde Ott erlebte das als Fessel und Heuchelei. Doch auch von dieser religiösen Erziehung blieb ihr die Sehnsucht nach einer kraftvollen Christengemeinschaft.

Da war das junge Ehepaar Rohm, Musiklehrer mit Träumen von einer harmonischen Kleinfamilie und mit fälligen Bausparverträgen für das Häuschen im Grünen. Sie wollten gute Christen sein, waren aktiv in der örtlichen Kirchengemeinde und deren Nachbarschaftshilfe. Doch in allem wohlgefälligen Tun blieben Brigitte Rohm und ihrem Mann Zweifel, ob das die richtige Reihenfolge in einem christlichen Leben sei, dieses erst Wir und dann alles andere. Diese Reihenfolge: Unsere Bedürfnisse und dann die der andern, unsere Pläne und dann die Kirche, unsere Musik, unser Häuslebauen, unsere Familie und dann die Gemeinde.

Christen wie Gerhard Weber, die Ellwangers, Hilde Ott, die Rohms - sie sind der Grundstock der Basisgemeinde Kornwestheim. Dazu kamen andere, einige junge Leute mit zumeist pädagogischen und sozialen Berufen und viel gutem Willen, sozialreformerisch tätig zu sein, einige nicht mehr so junge Ehepaare mit dem Willen, kirchenreformerisch tätig zu sein.

Sie fanden sich Anfang der 70er Jahre in einem ökumenischen Gesprächskreis zusammen. Dort wurde diskutiert über alles, was nicht in Ordnung ist in der Kirche und der Kirchenführung und den Gemeinden. Bis - niemand weiß genau zu sagen, wann das war und wie das kam - der ökumenische Gesprächskreis vom intellektuellen Auf- und Abrechnen genug hatte. Das wandelte von Grund auf die Fragestellung des bis dahin unverbindlichen Gesprächskreises. Aus: "Was wünschen wir?" wurde: "Was wünscht Gott von uns?" Aus: "Was wollen wir erreichen?" wurde: "Was sagt uns das Neue Testament über das Wesen einer christlichen Gemeinde?" Und aus dieser Neubesinnung auf die Grundlagen des Glaubens wuchs die Basisgemeinde Kornwestheim, die als ihr Geburtsdatum das Jahr 1973 angibt. ...

Leitwort ist der Basisgemeinde Kornwestheim seit dem Neuanfang vor fünf Jahren ein Satz aus der Bergpredigt: "Trachtet zuerst nach dem Reich Gottes und seiner Gerechtigkeit, dann wird euch das übrige alles zufallen."

Aus den Berichten,die die Bibel von dem Leben der ersten Christengemeinden überliefert, hat die Basisgemeinde Kornwestheim in ihr Leben übernommen "denn sie hatten alles gemeinsam". In der Basisgemeinde wird geteilt, Besitz, Vermögen, Einkommen. Das Webersche Pfarrhaus beherbergt jetzt nicht mehr nur die fünfköpfige Pfarrerfamilie. Dort wohnen drei weitere Miglieder der Basisgemeinde.Es ist eins der vier Integrationshäuser, wie die Basisgemeinde die Häuser nennt, in denen heute die Hälfte ihrer Mitglieder zusammenlebt und auf deren Bedeutung ich noch zurückkomme.

Ein anderes ist das mühsam ersparte Eigenheim der Familie Ellwanger. Siegfried und Renate Ellwanger haben es als ihren Besitz der Basisgemeinde zur Verfügung gestellt, wie schon zuvor ihr Auto.

Ihr Reihenhaus ist zwar formal ihr Eigentum geblieben, das ist der Basisgemeinde wichtig, daß alles freiwillig bleibt, für niemanden Zwänge daraus entstehen, daß er seine materiellen Lebensgrundlagen aus der Hand gibt. Wer ausscheiden will aus der Basisgemeinde, bekommt zurück, was er an materiellen Gütern in sie einbrachte. Doch die Ellwangers leben nicht mehr in ihrem Haus. Sie sind in ein anderes Integrationshaus gezogen, dorthin, wo die Gemeinde ihre Anwesenheit nötig fand.

Wer mit wem zusammenlebt in den Integrationshäusern, das entscheidet die Gemeinde in ihren Gemeindeversammlungen. Der Gesichtspunkt, was menschlich am besten zusammenpaßt, spielt dabei keine Rolle. ...

Zurecht kommt die Basisgemeinde nun in ihren Spannungen und Konflikten mit dem Willen, im anderen immer den zu sehen, der sich auf das gleiche Wagnis mit Gott eingelassen hat. Für Hilde Ott hieß dieses Wagnis: "Ich mußte meine Unabhängigkeit aufgeben und meine Freiheit - besser das, was ich bis dahin darunter verstand." Sie kann nicht mehr frei über ihre Zeit verfügen, sich nicht mehr zurückziehen vor den Ansprüchen ihrer Nächsten, nicht mehr ihren Interessen nachgehen. Der Verzicht auf ein selbstbestimmtes Leben ist aber reichlich aufgewogen durch die Wohltaten eines Gemeindelebens, in dem für Hilde Ott die wichtigsten Erfahrungen sind: "... daß hier der Leistungsdruck verschwunden ist, daß es keine Armen und keine Reichen gibt, daß man erleben kann, wie das Wirklichkeit wird: Kranke werden gesund."

Die Integrationshäuser der Basisgemeinde Kornwestheim haben immer Raum für einen Menschen, der das Leben draußen nicht bewältigt. In der medizinischen Diagnose sind das psychiatrische Fälle. Die Basisgemeinde macht sich ärztliche Urteile nicht zu eigen. In der Sozialordnung Gottes, von der sie spricht, gibt es keine Zweiteilungen in Gesunde und Kranke.

Leidende, Süchtige, Verzweifelte sind hier nicht die Hilfsbedürftigen, die auf den rechten Weg gebracht werden müssen. Sie werden vielmehr erlebt als Menschen, die in ihrer hochgradigen Empfindsamkeit - der Ursache ihrer Leiden - weiter vorangeschritten sind auf dem Weg des Volkes Gottes als die sogenannten Gesunden mit ihren uneingestandenen Ängsten. ...

Acht bis zehn Personen, Familien und Alleinstehende, leben dort zusammen, wirtschaften gemeinsam, beten miteinander, entdecken vereint und an Hand ihrer Erfahrungen immer neu die Herausforderungen der biblischen Geschichten, teilen die Erziehungsverantwortung für die Kinder.

von Hildegard Lüning

Film: Kommunitäten - Herausforderungen an die Gemeinde — Anlage 9

28 Min., s/w, Dokumentarfilm

Am Beispiel der protestantischen Brüder von Taizé wird die Frage nach der christlichen Gemeinschaftsform diskutiert. Als weitere Gemeinschaft wird die Iona Community in Schottland vorgestellt. Zuletzt wird anhand der Schalom-Gruppe in Holland (vom Ende der 60er Jahre) die aktuelle Aufgabe einer Dienstgruppe gezeigt.

Foto - Text - Plakat zu Thema "Umstrittene Kirche"

II 4

RASSISMUS

Religionspädagogische Überlegungen zum Thema

Die Motivation der Schüler, sich mit der Frage des Rassismus zu beschäftigen, hat unterschiedliche Gründe. In den letzten Jahren hat sich die Öffentlichkeit in der Bundesrepublik stark mit der Situation in Südafrika beschäftigt. Widersprüchliche Meinungen und Berichte von dort verwirren die Urteilsbildung. In den Lehrplänen der Evangelischen Religionslehre von der Grundschule bis zur 8. Klasse sind eine Reihe von Unterrichtseinheiten, die sich mit der Person Martin Luther Kings beschäftigen und insofern die Rassenfrage in den USA aufgreifen. Negro-Spirituals und Gospel-Songs singen die Jugendlichen nicht nur; zunehmend werden sie deren besonderer Aussage gewahr. Auch wenn eine unmittelbare Begegnung mit Nicht-Weißen noch immer die Ausnahme für Jugendliche dieses Alters sein dürfte, so spielen doch im Freizeit- und Unterhaltungsbereich nicht-weiße Sportler und Schlageridole eine wichtige Rolle. Das Medium Fernsehen zeigt Filme über Indianer, Chinesen, Japaner und über die Geschichte der amerikanischen Neger. Nicht zuletzt stehen Jugendliche vor der rassistischen Politik des Nationalsozialismus mit dem Holocaust an Juden und Zigeunern in Deutschland und werden so genötigt, ein Stück der eigenen Volksvergangenheit zu bedenken.

Die Unterrichtseinheit möchte mit den Schülern das Problem so angehen, wie es sich von der heutigen Weltlage her stellt und voraussichtlich noch ein bis zwei Jahrzehnte stellen wird. Deshalb wird mit Schwergewicht das Problem des südlichen Afrika angegangen. Dort wird besonders deutlich, in welchen Formen und mit welchen Methoden ein fanatischer Rassismus arbeitet, wie wir mit in diese politische Situation verwickelt sind, zugleich aber auch, welche geistigen Grundlagen noch heute den Rassismus bedingen: das nicht hinterfragbare Überlegenheitsgefühl der Weißen, die Überzeugung, daß die abendländisch-westliche Kultur für alle Völker der Welt zum Heil sei. Besonders gravierend ist dabei, daß man einen ideologischen Überbau erkennen kann, der eine Reihe christlicher oder doch scheinchristlicher Elemente enthält. Heute ist die christliche Kirche sich darin einig, daß Rassismus nicht aus den biblischen Grundlagen zu erheben ist, ja daß christlicher Glaube sich gegen jede Form von Rassismus zur Wehr zu setzen hat. Insbesondere die sog. "jungen Kirchen" in Afrika und Asien haben theologische Positionen entwickelt, die die Bedeutung des christlichen Glaubens im Kampf um die Freiheit der Unterdrückten herausstellen. Neben dem Trost, der sich aus den biblischen Aussagen um Leiden der Propheten und Passion Jesu speist, finden wir ein neues Ernstnehmen der Forderungen nach christlicher Freiheit.

Wie weit freilich dieser Kampf gehen kann, welche Maßnahmen christlich verantwortbar sind, darum wird noch heftig gestritten. Während der Ökumenische Rat nach wie vor auch kriegerische Aktionen als ultima ratio zu verstehen sucht, lehnen viele europäische Kirchen jede Form gewaltsamer Aktion zur Befreiung ab. Das Problem der angemessenen Mittel im Kampf um die Freiheit wird daher in der Unterrichtseinheit breit aufgegriffen und an konkreten Aktionen besprochen.

Für uns Deutsche ist es dabei relativ leicht, das Vorgehen in Südafrika zu verurteilen. Die Frage ist, ob wir - vor vergleichbare Probleme gestellt - viel anders handeln würden. Die Art und Weise, wie man in Deutschland mit den ausländischen Arbeitnehmern umgegangen ist und noch umgeht, wie man selbst in Universitätsstädten stets in der Begegnung mit Nicht-Weißen auf Distanz, wenn nicht Mißtrauen vonseiten der einheimischen Bevölkerung stößt, läßt ahnen, daß auch hierzulande rassistische Grundeinstellungen vorhanden sind. Ziel der Unterrichtseinheit ist es, dies bewußt zu machen, eigene Einstellungen ansatzweise zu verändern und zugleich Verständnis zu wecken für die Vielschichtigkeit der Probleme und die damit angezeigte Schwierigkeit, sie zu lösen. Außerdem muß deutlich werden, daß christlicher Glaube, wenn er sich nicht in seiner Substanz aufgeben will, jede Form von Rassismus nicht nur verurteilen wird, sondern sich zum Kampf aufgerufen weiß, Rassismus abzubauen.

Die Unterrichtseinheit verfolgt dieses Ziel in vier Schritten: ausgehend von den Erscheinungsformen des Rassismus und der - freilich beschränkten - Analyse ihrer Hintergründe (LZ 1) wird nach den theologischen Argumentationen gefragt, die im Zusammenhang mit Rassismus und Antirassismus eine Rolle spielen. Hierbei stehen die Stimmen vor Ort, d.h. von Christen in Südafrika bzw. in den USA im Vordergrund (LZ 2). Anstrengungen bei der Bekämpfung des Rassismus, vor allem an Personen und Institutionen aufgezeigt, folgen (LZ 3). Die Unterrichtseinheit schließt mit Konfrontationen von rassistischem Verhalten in Deutschland (LZ 4). Schüler werden angeregt, nach Wegen zur Überwindung des Rassismus auch vor Ort zu suchen.

<u>Literatur</u>

a) Zur Information des Lehrers:

G. Albrecht, Soweto, Reinbek 1977 (Rowohlt)

M. Beckmann, Rasse, Kirche und Humanum, Gütersloh 1969 (Gütersloher Verlagshaus Gerd Mohn)

R. Brückner, Südafrikas schwarze Zukunft, Frankfurt 1977 (Lembeck)

J. Cone, Ich bin der Blues, München 1973 (Chr. Kaiser)

F. Goedeking u.a., den Gefangenen Befreiung, Hamburg 1979 (Ev. Pressestelle für Weltmission)

F. Goedeking u.a., Rassismus in Südafrika, Stuttgart/München 1974 (Calwer Verlag/Kösel)

U. Kattmann, Rassen, Wuppertal 1973 (Jugenddienst)

J. Matthew, So ist das nun einmal, Baby, Wuppertal 1977 (Jugenddienst)

B. v.Wartenberg, Schwarz kann nicht ziehen, Stuttgart 1973 (Evangelisches Missionswerk in Südwestdeutschland)

b) Arbeitsmaterial für den Unterricht:

F. Goedeking u.a., Den Gefangenen Befreiung, Hamburg 1979 (Ev. Pressestelle für Weltmission)

F. Hetman, Sklaven - Nigger - Schwarze Panther, Ravensburg 1972 (Maier)

"Homeland"-Zeitung, Hamburg 1979 (Evang. Missionswerk)

AV-Medien

Filme:

Auf der Suche nach Sandra Laing, EMZ 1: F 567; EMZ 12: KF 491

Ein Touristenführer, LBS FT 2484

Ende des Dialogs, LBS FT 2351

Es gibt keine Krise, EMZ 12: KF 429

Katatura, LBS FT 1431, EMZ 1: F 256; EMZ 12: KF 125

Mama und Papa, LBS FT 2423, EMZ 12: KF 158

Noch nicht entschieden, EMZ 1: F 195; EMZ 12: KF 1

South Afrika Loves Jesus, LBS FT 2426, EMZ 1: F 473; EMZ 12: KF 197

Tondiareihen:

Nehmen wir an, du seist in Südafrika geboren als Schwarzer, EMZ 12: TB 225

Nur weil du schwarz bist, EMZ 1: TD 129; EMZ 12: TB 97

und nähme doch Schaden an seiner Seele, EMZ 1: TD 252; EMZ 12: TB 238

Zorn aus den Townships, EMZ 1: TD 253; EMZ 12: TB 237

Diaserien:

Südafrikanische Passion, EMZ 1: TD 324; EMZ 12: 20.52

Der Traum des M.L. King, EMZ 1: D 523; EMZ 12: 17.31

Tonband:

Aussagen nach der Verhaftung, EMZ 12: HF 204

Übersicht über die Unterrichtseinheit

Lernziele	Inhalte
1. An Beispielen die Situation rassisch unterdrückter Gruppen veranschaulichen und Merkmale des Rassismus nennen	Situation, z.B.: Bildung, Lebensstandard, Gesundheitswesen Ursachen, z.B.: Kolonialismus, wirtschaftliche Interessen, Sklavenhandel Merkmale, z.B.: Überlegenheitsgefühl, Überzeugung vom geringeren Wert anderer Menschen
2. Die Unvereinbarkeit von christlichem Glauben und Rassismus begründen	Rechtfertigungen der Rassentrennung (Erwählungsgedanke) Rassismus als Grund der Ablehnung des Christentums durch Farbige Liebe und Befreiung als Impulse des Glaubens für Farbige Christus, der Versöhner der Menschheit, überwindet die Rassenschranken
3. Verschiedene Versuche zur Abschaffung des Rassismus aus christlichen und anderen Motiven kennen und ihre Wirkung erörtern	Verschiedene Arten der Auseinandersetzung, z.B. bei: Desmond Tutu, M.L. King, Quäkern, Methodisten, Ökumenischer Rat und Kirchen unterdrückter Minderheiten, Amnesty International
4. Vorurteile gegen Minderheiten im Erlebnisbereich der Schüler aufdecken und nach Möglichkeiten ihrer Überwindung suchen	z.B.: Offene und versteckte Vorurteile und Ängste Kontakte und Kennenlernen als Wege der Überwindung

Lernziele	Inhalte	Medien/ Verfahren	Didaktische Hinweise
1. An Beispielen die Situation rassisch unterdrückter Gruppen veranschaulichen und Merkmale des Rassismus nennen			Der anfängliche Vergleich macht bewußt, daß Rassenunterschiede nicht von Natur aus trennen, sondern historisch
1.1 Über die Entstehung von Rassenkonflikten nachdenken und die wichtigsten Schauplätze kennen	Entstehung rassischen Bewußtseins durch Erziehung und Umwelt; Zentrale Schauplätze: USA und Südafrika	Vergleich zwischen Film: Noch nicht entschieden (Anlage 1) und den Gefangenen Befreiung, S.26; Partnerarbeit: Zuordnen von Hautfarben zu Erdteilen auf der Weltkarte; Einzeichnen der Gebiete mit Rassenkonflikten	und gesellschaftlich bedingt sind. Dies wird durch die Analyse der Weltlage unterstrichen. Markierungen auf der Weltkarte: Europa und weite Teile Rußlands: weiß; Afrika: schwarz, Japan und China: gelb; Südamerika: braun. Neben den bekannten Rassenkonflikten in
1.2 Die Benachteiligung von nicht-weißen Bevölkerungsgruppen in verschiedenen Lebensbereichen beschreiben	Einzelschicksale; Bildung, Lebensstandard, Gesundheitswesen, Sozialprestige von Nichtweißen in den USA oder in Südafrika	Zu den Einzelschicksalen: Film: Ein Touristenführer (Anlage 2) Tondiareihe: Nehmen wir an, du seist (Anlage 3) Tonband: Aussagen nach der Verhaftung (Anlage 4) Schicksale (Anlage 5) Brief einer Mitarbeiterin des Christlichen Instituts (Anlage 6) Zum Gesamtproblem: (1) USA: vgl. RP-Modell: Rassismus in den USA (z.T. veraltete Materialien) (2) Südafrika: vgl. MRU4 Rassismus in Südafrika Filme: Das Ende des Dialogs (Anlage 7), Es gibt keine Krise (Anlage 8), Auf der Suche nach Sandra	den Ländern USA, Südafrika und Rhodesien sollte der Lehrer auf die weniger bekannten Rassenkonflikte, z.B. in Brasilien (vgl. Kattmann, S.210-212), Paraguay (Ausrottung der Indianer), Neuguinea (Schicksal der Ureinwohner), Juden in der UdSSR usw. hinweisen. Damit die Brutalität des Rassismus nicht durch die Fülle des statistischen Materials verdeckt wird, sind die Auswirkungen des Rassismus an Einzelschicksalen der Ausgangspunkt. Damit andererseits diese biographischen Berichte nicht als Ausnahmeschicksal einiger weniger mißverstanden werden, sind die Angaben über Bildung, Lebens-

Lernziele	Inhalte	Medien/ Verfahren	Didaktische Hinweise
		Laing (Anlage 9) Tonbildreihen: Nur weil du schwarz bist (Anlage 10), Zorn aus den Townships (Anlage 11), Film: Katatura (Anlage 12) Zu Soweto Juni 1976: den Gefangenen Befreiung, S.15 f.	standard usw. der Schwarzen eine notwendige Ergänzung. Das LZ 1.3 soll helfen, die verschiedenen Interessen, die hinter dem Rassismus stehen, aufzudecken: - Schaffung eines Reservoirs von Arbeitskräften (Sklavenhandel, Südafrika)
1.3 Historische Ursachen für den Rassismus in den USA und Südafrika kennenlernen	USA: Sklavenhandel und Indianerkämpfe; Südafrika: Bureneinwanderung und -herrschaft	Lehrer- oder Schülervortrag; vgl. dazu Kattmann, S.172-179; Hetman, S.32-56; RP-Modell: Rassismus in den USA; H. May, Rassismus; Tonbildreihen: Und nähme doch Schaden...; Nur weil du schwarz bist	- Landeroberung (Nord- und Südamerika) - Abdrängen und Gettoisierung der Ureinwohner durch die Eroberer - Rechtfertigung bestehender Herrschaftsverhältnisse
2. Die Unvereinbarkeit von christlichem Glauben und Rassismus begründen			Die sogenannte "christliche" Rechtfertigung der Rassenpolitik basiert auf dem alttestamentlichen Erwählungsgedanken. Die angegebene Tonbildreihe weist diese Zusammenhänge auf. Sie macht auch darauf aufmerksam, daß dahinter durchaus altruistische Motive standen (Gedanken der Vormundschaft). Die drei Feinziele (2.2-2.4) zeigen drei verschiedene Wirkungsweisen des Christentums und des
2.1 Sich mit den Begründungen einer Rassenpolitik auseinandersetzen	Politische und gesellschaftliche Rechtfertigungen des Rassismus "Burentheologie"; Erwählung der "Pioniere"; Weiße Eroberer = Israeliten = Vertreter des wahren Glaubens; Schwarze	Politisch: Film: South Africa Loves Jesus (Anlage 13) Den Gefangenen Befreiung, S.27/29 Kirchlich-christlich: Tonbildserie: und nähme doch Schaden (Anlage 14) Den Gefangenen Befreiung, S.48 Zur Lehrerinformation: H. Stegemann, in: Rasse, Kirche und Humanum, S.233 ff.	

Lernziele	Inhalte	Medien/ Verfahren	Didaktische Hinweise
	Randvölker oder minderwertige Ureinwohner		Evangeliums bei den Schwarzen: 1. die Ablehnung des Christentums unter Hinweis auf die
2.2 Begreifen, daß weißer Rassismus zur Ablehnung des Christentums bei den Schwarzen beiträgt	Kritik der Schwarzen an den Kirchen	Den Gefangenen Befreiung, S.52	Europäisierung des Evangeliums und die enge Verbindung von Kolonialismus in der Vergangenheit 2. die Identifizierung der Schwarzen mit den Befreiungstaten Gottes in der Geschichte Israels
2.3 Erkennen, daß Schwarze in wichtigen Glaubensaussagen ihre eigene Situation entdecken	z.B. Gospels und Negro Spirituals: Auszug aus Ägypten, Daniel, Passion Jesu	Cone, Ich bin der Blues, S.68 ff.; ders. -, ebd., S.51 ff. (Anlage 15) Den Gefangenen Befreiung, S.9; ebd., S.47 und 49 Zephanja Kameeta, Ps 22 (Anlage 16) Diaserie: Südafrikanische Passion	und mit den Leiden Jesu 3. die direkte Kritik am Rassismus unter Berufung auf das Evangelium.
2.4 Einsehen, daß die Versöhnungsbotschaft des christlichen Glaubens Trennung und Unterdrückung von Rassen ausschließt	Jesus als Überwinder aller Grenzen; Die Verbundenheit von Schwarz und Weiß in Christus als Glieder seines Leibes	Film: South Africa Loves Jesus Den Gefangenen Befreiung, S.55 Brief des Desmond Tutu an Premier Vorster (Anlage 17)	

Lernziele	Inhalte	Medien/ Verfahren	Didaktische Hinweise
3. Verschiedene Versuche zur Abschaffung des Rassismus aus christlichen und anderen Motiven kennen und ihre Wirkung erörtern			Die südafrikanische schwarze Theologie kann durchaus an alte Traditionen, vor allem der Schwarzen aus den USA, anknüpfen. Gemeinsam ist allen diesen Bemühungen einmal die Notwendigkeit effektiven Widerstands, zum anderen weitestgehende Vermeidung kriegerischer Auseinandersetzung. Freilich ist das zulässige Maß umstritten, so vor allem bei den kritisierten Teilen des Antirassismusprogrammes. Es ist wichtig, deutlich zu machen, daß Befürworter wie Bestreiter sich gleichermaßen auf die biblische Grundlegung beziehen. Bei genauerer Untersuchung zeigt sich eine gewisse Konvergenz sämtlicher Initiativen. - Für das unterschiedliche Vorgehen legt sich arbeitsteilige Gruppenarbeit nahe.
3.1 Initiativen betroffener Christen gegen den Rassismus	M.L. King und sein gewaltloser Widerstand	Diareihe: Der Traum des M.L. King (Anlage 18) Schallplatte/Tonband: Der Busstreik von Montgomery (dazu s. U-Modell: Die Christen und der Krieg, S.15 f.) Anpassung oder Wagnis, S.112 Anstoß Nr.77 f. RP-Modell: Rassismus in den USA, S.30-33	
3.2 Initiativen von Kirchen und kirchlichen Gruppen	Quäker und Methodisten; Antirassismusprogramm des Ökumenischen Rates der Kirchen; Boykott der Wirtschaft Südafrikas	S. Schulz, Gott ist kein Sklavenhalter, S.228-233 MRU Rassismus in Südafrika, S.30-33 Den Gefangenen Befreiung, S.44 f.	
3.3 Initiativen anderer Organisationen kennen und beurteilen	UNO Amnesty International; Initiative der Schüler in Soweto	Kattmann, S.263 ff. und S.171; Den Gefangenen Befreiung, S.18	

Lernziele	Inhalte	Medien/ Verfahren	Didaktische Hinweise
4. Vorurteile gegen Minderheiten im Erlebnisbericht der Schüler aufdecken und nach Möglichkeiten ihrer Überwindung suchen			Die hier aufgeführten Beispiele für einen Rassismus in Deutschland beziehen sich alle auf die Gegenwart. Zur Vertiefung muß auf den Antisemitismus in Deutschland hingewiesen werden. Die UE "Nach Auschwitz: Juden und wir" macht deutlich, in welchem Ausmaß wir durch eine vielhundertjährige Geschichte des Antisemitismus mit Rassenvorurteilen und den schlimmsten Auswüchsen eines Rassismus belastet sind.
4.1 Sich mit der eigenen Disposition zu Vorurteilen gegenüber anderen Rassen auseinandersetzen	Eigene Vorurteile	Rollenspiel, Vorurteile gegenüber Afrikanern (Anlage 19) oder Rollenspiel: Meine Schwester hat einen schwarzen Freund. Vgl. dazu: Die Freundschaft mit Hamilton, in: RP-Modell Rassismus in den USA, S.5-7	
4.2 Beispiele für Rassenvorurteile in der BRD diskutieren	Vorurteile in der Bundesrepublik	Film: Mama und Papa (Anlage 20)	
4.3 Sich über die Ursachen eigener Rassenvorurteile klar werden		Kattmann, S.94 f.: Ein psychologisches Experiment (Anlage 21)	

Film: Noch nicht entschieden Anlage 1

1 Min., s/w, Dokumentarfilm

Ein farbiges Mädchen und ein gleichaltriges weißes Mädchen spielen miteinander, umarmen und küssen sich. - Ein bellender Hund kommt dazwischen und beißt einen Farbigen (Stehbild). - Ein Weißer rettet zwei farbige Kinder (Stehbild). - Das farbige Kind versteht die Vorgänge nicht. - Ein weißer Polizist würgt einen Farbigen (Stehbild). - Dann rasche Folge von Stehbildern: Demonstration, farbige Frauen werden überwältigt, Black power. - Das weiße Mädchen versucht wieder, mit dem farbigen zu spielen; dieses wehrt aber ab und hebt hilf- und ratlos seine Hände.

Film: Ein Touristenführer Anlage 2

10 Min., s/w, Dokumentarfilm

Der Film zeigt, wie ein weißer Touristenführer in der Transkei Ponto-Mädchen vorführt. Er holt sie aus einer Hütte, läßt sie meali-meal-porridge, eine Art Maisbrei, auf offenem Feuer kochen und "stellt sie vor". Er erklärt ihre Kleidung und ihren Schmuck, zieht die Metall- und Plastikreifen der Mädchen auseinander, um auf die Einschnitte in der Haut hinzuweisen und die Originalität der 'Tracht' zu betonen. Dabei hantiert er an den Mädchen herum, 'erläutert' ihren Lebensstil, fragt nach ihren Freunden. Dann läßt er eine größere Zahl von Mädchen tanzen und zeigt die Poker-Chips, mit denen er sie zu bezahlen pflegt. Im Text des Mannes mischen sich Aussagen über die Transkei und Maßnahmen der Regierung zum Wohl der Schwarzen mit der Beschreibung der Kleidung der Mädchen, wobei einfließt, daß die jungen Männer normalerweise fortgehen, um in den Minen zu arbeiten.

May/Strube, in: AV-Medien Religion II (FWU)

Tondiareihe: Nehmen wir an, Du seist in Südafrika geboren als Schwarzer Anlage 3

23 Dias, 7 Min., Farbe

Die Reihe schildert die Situation der Schwarzen in Südafrika, die Erniedrigungen, denen sie täglich durch Rassentrennung ausgesetzt sind, sei es im Zug, in der Schule, oder wo auch immer. Sie geht auch kurz auf die Ereignisse in Soweto ein und stellt die Frage, inwieweit Gewalt als Mittel der Veränderung möglich ist.

Tonband: Aussagen nach der Verhaftung

Anlage 4

11 Min.

Ausschnitt aus einem schweizerischen Hörspiel zum Thema Aussagen nach der Verhaftung auf Grund des Gesetzes gegen Unsittlichkeit in Südafrika. Eine weiße Frau und ein Farbiger werden von einer Nachbarin denunziert, verhaftet und vor Gericht gestellt.

Schicksale

Anlage 5

Ein Härtefall

Herr Speelman September ist ein verbitterter Mann. Er und seine Frau Rachel, welche beide von schwacher Gesundheit sind, erhielten 24 Stunden Zeit, um ihre Wohnung in Middelburg zu verlassen und wurden mit Gewalt in das Übergangslager Sada bei Whittlesea gebracht. Herr September ist 80 Jahre alt, und Middelburg war seine Heimat seit 1914.

Diese beiden alten Pensionäre, von welchen jeder DM 35,75 alle zwei Monate erhält - also DM 15,38 pro Monat - wohnten in Middelburg, Kapprovinz, bei ihrem Sohn, der Polizeiangestellter ist. Durch ihn hatten seine Eltern und seine beiden Schwestern mit ihren Kindern eine Wohnung. Die beiden Töchter von Herrn und Frau Speelman wurden auch nach Sada geschickt. Sie arbeiteten in Middelburg, um ihre Kinder zu unterhalten.

"Meiner Frau und mir wurde gesagt, daß wir in einem andern Haus wie meine Töchter zu wohnen haben werden. Wegen unserer schwachen Gesundheit wollen wir nicht allein wohnen. Ehe wir Middelburg verließen, hatten wir unsere Pension für den Monat Mai ausgegeben. Wir kamen ohne Geld nach Sada. Ich beantragte Essenszuteilungen, habe aber noch keine bekommen." Sie leben immer noch von den Vorräten, die sie mitgebracht hatten.

Aus der südafrikanischen Zeitung "Eastern Province Herald" vom 23. Juni 1970 (Auszug)

Offener Brief einer Witwe in Bedrängnis

Dies ist ein offener Brief an das Gewissen des weißen Südafrika. Er wurde von einer alten Frau geschrieben, einer Witwe von 75 Jahren. Ihr Gatte war ein prominenter Geschäftsmann. Ein Gebäude in einer südafrikanischen Stadt ist nach ihm benannt. Nun wurde sie als Mischling erklärt, und es wurde ihr befohlen, ihr Heim zu verlassen, wo sie mit ihrer Adoptivtochter und den Enkeln wohnt.

"... Wissen Sie, wie das ist, wenn einem vorgeschrieben wird, wo man zu leben hat, daß man nicht länger irgendein Recht hat, im gleichen Hause mit seiner eigenen Familie zu leben? Ein Haus, für das Sie und Ihr Gatte gespart und es vor über 20 Jahren gekauft haben? Haben Sie schon je daran gedacht, gezwungen zu werden, die lebenslangen Freunde zu verlassen, wegzugehen und unter Fremden zu leben, mit denen man nichts gemein hat? Wiederum frage ich, haben Sie die Wohngebiete für Farbige auf den Sanddünen der Kapebene gesehen? Haben Sie je in der Angst gelebt, daß das nächste Läuten an Ihrer Türe einen Regierungsbeamten ankündigt, der Ihnen eröffnet, daß Sie aus Ihrer Nachbarschaft wegzugehen haben, weil Sie angesteckt sind, als ob Sie plötzlich von einer heimtückischen Krankheit befallen wären, die gefährlich ist für Ihre Lieben? Hat man Ihnen je gesagt, daß die einzige Lösung Ihres Problems die sei, aus diesem Lande zu verschwinden und in einem fremden Land weiterzuleben? Die Person, welche mir das sagte, war ein höherer Beamter, der feststellte, daß seine eigenen weißen südafrikanischen Kollegen vor langer Zeit schon ihre Seele verloren hätten.

Ich stehe am Ende meines Lebens, und mein letzter Appell an die Regierung war, daß sie mir den Ausweis einer Weißen gäbe, damit ich wenigstens im gleichen Teil des Friedhofs bestattet werden könnte wie mein Gatte. Mein Gesuch wurde zurückgewiesen! Glauben Sie, daß es irgendeinen großartigen Plan umgeworfen hätte, wenn die Regierungsvertreter ein wenig Mitleid gezeigt hätten?

Bin ich tatsächlich eine Farbige? Ich weiß es wirklich nicht. Ich bin so, wie Gott mich erschaffen hat. Mein Leben lang habe ich im gleichen Volk wie jetzt gelebt und gearbeitet, und als ich klein war, habe ich nie daran gedacht, meinen Vater oder meine Mutter zu fragen, ob sie Weiße oder Farbige seien. Haben Sie Ihren Eltern je eine solche Frage gestellt? Glauben Sie, daß Gott mich danach fragen wird? ..."

<u>Aus dem Brief einer Mitarbeiterin des Christlichen Instituts Johannesburg</u> — <u>Anlage 6</u>

Während ich in einer vor Schmutz starrenden Gefängniszelle der Polizeistation in Orlando (Soweto) sitze - die Wanzen und Läuse, mit bloßem Auge erkennbar, laufen die Wellblechwände entlang, um sich blutdürstig auf mich zu stürzen.

Die ganzen drei Tage habe ich nach Wasser geschrien, aber niemand hat es gehört.

Wenn es schon kein Wasser gibt, wäre es zu viel gewesen, auf etwas zum Essen zu warten. Es wurde uns nichts gebracht. Dadurch wurde ich aber nicht entmutigt, weil ich dieses vielleicht schon erwartet habe, als Schwarze in Südafrika. Jedoch was ich nicht erwartete und was mich zutiefst aufwühlte, war dies, als drei Teenager, von hinten gestoßen, blutüberströmt hereinkamen und Gott dankten, daß sie eingesperrt worden sind. Wie kann man Gott dafür danken, ins Gefängnis eingesperrt worden zu sein!

- Ja, sie beglückwünschten sich, weil ihre Freunde, mit denen sie von der Polizei auf der Straße festgenommen worden waren, entweder erschossen oder verwundet waren ... Sie erzählten ihre traurigen Erlebnisse, als in dem Eingang der Polizeistation die Verwundeten angebracht wurden, eingepfercht mit Leichen im gleichen Lastwagen.

Die Leichen wurden dann auf einer Seite aufeinandergestapelt, während man sich die Verwundeten auf den Bauch legen ließ und sie sich unter keinen Umständen bewegen durften. Polizisten liefen dann mit ihren Stiefeln über sie hinweg, bis daß einige starben. Wer hätte da Gott nicht gedankt, eingesperrt zu werden, wenn man dadurch diesem Schicksal entgehen konnte. Auch ich habe Gott gedankt, daß ich eingesperrt wurde, selbst ohne einen Tropfen Wasser.

Wir hörten die Gewehrschüsse die ganze Nacht hindurch, nicht nur in den Straßen, sondern auch in den umliegenden Zellen... auch eine Stimme, die wiederholt rief: Wozami nimkhiphe, usefile nimbulele! Das heißt: Ihr habt ihn getötet, kommt und nehmt seine Leiche weg. - Ich höre diese Schreie heute noch.

Ich selbst mußte über Leichen vor meiner Zellentür hinwegsteigen, als ich am dritten Morgen um 3.00 Uhr früh aus meiner Zelle gestoßen wurde, um eine Anklage unter Sabotage vorzubereiten. Ich wundere mich, daß der Fall bisher noch nicht vor Gericht gebracht wurde. Ach all diese Qualen! ...

Wir wissen, daß es diese Dinge sind, um deretwillen wir zum Schweigen gebracht werden, damit man behaupten kann, es sei friedlich hier. Frieden? Wir müssen der Welt sagen: es ist nicht so!

Wer weiß schon, ob er seine Familie jemals wiedersehen wird, wenn er erst einmal unter diesen drakonischen Gesetzen verhaftet wurde. Wie glaubt man, daß man zurückkommt von Folterungen mit Elektroschock, und wenn man wie ein Stück Fleisch eingefroren wurde. Stundenlanges Stehen, ohne sich auszuruhen! Bis man schließlich Erklärungen unterschreibt, von denen man zutiefst weiß, daß sie unwahr sind!
Ich kann dies alles bezeugen!

Sie haben mich wegen der Dinge, die ich weiß, zum Schweigen bringen wollen, aber ich werde die Wahrheit erzählen, wie auch immer.

- Wir haben lange genug gelitten, wir müssen alle Anstrengungen unternehmen, um das Leiden zu verkürzen, und das geschieht nicht, wenn wir im Gefängnis sitzen und verrotten. Es gibt bereits genug Leute in unseren Gefängnissen...

Wenn Weggehen noch mehr Leiden bedeutet, dann ist es mein Trost, daß wir die letzte Meile gegangen sind wie Christus, und daß auf der anderen Seite die Auferstehung wartet.

Mit anderen Worten: ohne Kampf und Leiden gibt es keine Hoffnung. Das glaube ich fest.

aus: epd 25/1977, April 1977

<u>Film: Ende des Dialogs</u> <u>Anlage 7</u>

26 Min., Farbe, Dokumentarfilm

Dieser Film leistet eine standortgebundene Darstellung der Probleme der Apartheid aus der Sicht engagierter Schwarzer. Er schildert in schlaglichtartigen Einzelbildern die Situation der unterdrückten farbigen Mehrheit im kapitalistisch beherrschten Südafrika. Er entlarvt und kritisiert überkommene Vorstellungen von dem sog. 'reichen' Erdteil (Goldminen - Verdienstquellen für die farbige Bevölkerung; Gleichberechtigung bei Nebeneinander von Schwarz und Weiß; jedem seine Kultur durch klare Rassentrennung etc.) und konfrontiert mit einer Wirklichkeit, die die Menschen in hochwertige und minderwertige einteilt und solche Unterscheidungen auf Grund ideologischer Überzeugungen für gerechtfertigt hält. Absicht der Produzenten (es handelt sich um eine schwarze Befreiungsorganisation) ist es, die hieraus resultierenden Mißstände und Ungerechtigkeiten aufzudecken und die sog. 'freie Welt' zur Stellungnahme herauszufordern.

May/Strube in: AV-Medien Religion (FWU)

<u>Film: Es gibt keine Krise</u> <u>Anlage 8</u>

30 Min., Farbe, Dokumentarfilm

Dieser von BBC gedrehte Film schildert anhand von Interviews mit schwarzen Führern des Widerstandes in Soweto (Südafrika) die Ursachen der Ereignisse des 16. Juni 1976. Dabei wird deutlich, wie konträr die Standpunkte der Regierung und der Schwarzen sind. Die Idee der Apartheid läßt den größten Teil der Bevölkerung Südafrikas zu Menschen zweiter Klasse werden, dagegen regt sich insbesondere in der Jugend Widerstand.

Film: Auf der Suche nach Sandra Laing — Anlage 9

56 Min., Farbe, Dokumentarfilm

Als der Filmemacher Anthony Thomas Südafrika vor elf Jahren (1966) verließ, stand ein kleines Mädchen im Interesse der Öffentlichkeit. Obwohl sie von weißen burischen Eltern abstammte, hatte sie das Aussehen einer sog. 'Farbigen', eines Mischlings. Deshalb wurde sie aus der weißen Internatsschule ausgeschlossen. Nach elf Jahren kehrte Thomas nach Südafrika zurück und machte sich auf die Suche nach Sandra Laing. Thomas zeichnet die Stationen ihres Lebens nach, der kleine Laden in Panbult, die Internatsschule in Piet Retief, dort findet er sogar die Menschen, die für Sandras Ausschluß verantwortlich sind. Schließlich findet er sie in einem schwarzen 'Heimatland'. Sandra ist das Opfer der 'christlich nationalen Regierung' Südafrikas. Die christliche Erziehung der Burenkinder wird eindrücklich dokumentiert. Am Ende des Filmes steht die Frage: "Wie können Menschen, die sich Christen nennen, Dich, Sandra, so behandeln?"

Tondiaserie: Nur weil du schwarz bist — Anlage 10

86 Dias, 39 Min., Farbe

Erster Teil: Apartheid in Südafrika. Ihr Ziel ist die getrennte Entwicklung der verschiedenen Rassen. Nach einem geschichtlichen Rückblick folgt Südafrika heute aus der Sicht der weißen Südafrikaner.

Zweiter Teil: Südafrika aus der Sicht der Nicht-Weißen. Probleme der Heimatländer, Umsiedlungen und Lokationen, der Arbeitsverhältnisse und des Lebensstandards werden an Beispielen deutlich. Die kirchliche und missionarische Situation wird am Rande berührt.

Tonbildreihe: Zorn aus den Townships — Anlage 11

48 Dias, 25 Min., s/w und Farbe

16. Juni 1976: In Soweto, der schwarzen Wohnstadt bei Johannesburg, werden demonstrierende Schüler von der Polizei erschossen. Der Aufstand der Jugendlichen ergreift ganz Südafrika. Ein neues schwarzes Bewußtsein hat die Situation in Südafrika verändert. An die Stelle der Hoffnungslosigkeit und des Schweigens ist der Protest und der Kampf für eine menschenwürdige Zukunft getreten. Schwarze Theologie leistet hier einen wesentlichen Beitrag zu einer neuen Selbsteinschätzung.

Film: Katatura

Anlage 12

38 Min., Farbe, Dokumentarfilm

Der Dokumentarfilm über Südafrika aus der Schweiz behandelt Tatsachen, die von der Touristenwerbung verschwiegen werden. Er stößt auf Hoffnungslosigkeit im Land am Kap der Guten Hoffnung, weil er fragt, was Apartheid bedeutet. Die nüchterne Bestandsaufnahme über das Zusammenleben verschiedener Rassen deckt schonungslos in den Bereichen des Wohnens, der Arbeit und der Wirtschaft, der Bildung und der Politik die Mißachtung der einfachsten Menschenrechte auf.

Film: South Africa Loves Jesus

Anlage 13

22 Min., Farbe, Dokumentarfilm

Die weiße Kirche Südafrika ist in den letzten Jahren ins Kreuzfeuer scharfer Kritik geraten. Man beschuldigt sie, die Apartheidpolitik der Regierung zu unterstützen bzw. nicht einmal in der Kirche selbst die Gleichwertigkeit aller Menschen zu praktizieren. In Statements namhafter Theologen kommen harte Gegensätze zur Sprache. Kurze Szenen geben Hintergrundinformationen zur kirchlichen Situation. Der Film geht u.a. folgenden Fragen nach: Welche Funktion hat die Kirche in gesellschaftspolitischen Konfliktssituationen? Ist Gewalt mit christlicher Überzeugung vereinbar?

Tonbildreihe: und nähme doch Schaden an seiner Seele

Anlage 14

49 Dias, 25 Min., s/w und Farbe

Zum Verständnis der Lage in Südafrika ist es wichtig, etwas über die Mentalität und Selbsteinschätzung der Weißen und die Situation, in der sie leben, zu erfahren. Die Tonbildreihe erklärt etwas von der Denkweise der weißen Südafrikaner, besonders der Buren, ihrem Sendungsbewußtsein, ihrer Frömmigkeit, ihrem Herrschaftswillen, die den ehemaligen Premierminister Vorster sagen ließ: "Südafrika wird nie kapitulieren, es wird kämpfen!" Sie zeigt, wie die Trennung der Rassen als Mechanismus wirkt, der die Aufrechterhaltung von massiven Vorurteilen möglich macht. Seit den Ereignissen des 16. Juni 1976, den Aufständen in Soweto, reagiert die weiße Regierung immer härter gegen die Schwarzen. Die Kritiker der Apartheid, die es auch unter Weißen gibt, werden von derselben Härte getroffen.

Negro-Spirituals

Anlage 15

1. O Freiheit! O Freiheit!
O Freiheit, ich liebe dich!
Und ehe ich ein Sklave werde,
will ich in meinem Grab beerdigt sein
und zu meinem Herrn nach Hause gehen und frei sein.

2. Mein Herr befreite Daniel,
warum kann er mich denn nicht befreien?

3. Als Israel im Land Ägypten war,
laßt mein Volk doch ziehen;
da wurde es unerträglich hart unterdrückt,
laßt mein Volk doch ziehen.

Geh hin, Mose,
weit hin in das Land Ägypten,
und sag dem alten Pharao:
Laß mein Volk doch ziehen.

4. Im Sterben Jesu sahen die schwarzen Sklaven sich selbst, und sie ließen ihrer Einbildungskraft freien Lauf, um zu beschreiben, was sie fühlten und sahen.

O, sie prügelten ihn bergan, bergan, bergan,
o, sie prügelten ihn bergan, und er murmelte kein einziges Wort,
o, sie prügelten ihn bergan, und er murmelte kein einziges Wort,
er ließ nur sein Haupt hängen und weinte.

O, sie krönten ihn mit einer Dornenkrone, Dornenkrone, Dornenkrone,
o, sie krönten ihn mit einer Dornenkrone, und er murmelte kein einziges Wort,
o, sie krönten ihn mit einer Dornenkrone, und er murmelte kein einziges Wort,
er ließ nur sein Haupt hängen und weinte.

Ja, sie nagelten ihn ans Kreuz, ans Kreuz, ans Kreuz,
ja, sie nagelten ihn ans Kreuz, und er murmelte kein einziges Wort,
ja, sie nagelten ihn ans Kreuz, und er murmelte kein einziges Wort,
er ließ nur den Kopf hängen und weinte.

Ja, sie stachen ihn in die Seite, in die Seite, in die Seite,
ja, sie stachen ihn in die Seite, und er murmelte kein einziges Wort,
ja, sie stachen ihn in die Seite, und er murmelte kein einziges Wort,
dann ließ er sein Haupt hängen und weinte.

Ja, das Blut tropfte herab, tropfte herab, tropfte herab,
ja, das Blut tropfte herab, und er murmelte kein einziges Wort,
ja, das Blut tropfte herab, und er murmelte kein einziges Wort,
dann ließ er sein Haupt hängen und starb.

5. Der Tod Jesu bedeutete, daß er am Kreuz für die schwarzen Sklaven starb. Sein Tod war ein Symbol ihres Leidens, ihrer Prüfungen und ihres Elends in einer unfreundlichen Welt. Sie kannten den Schmerz, verworfen zu sein, und die Qual, an einem Baum aufgehängt zu sein.

Sie nagelten meinen Jesus an,
sie setzten ihm eine Dornenkrone auf,
sieh da oben meinen Jesus hängen!
Er sieht so blaß aus und blutet so stark.
O meinst du nicht auch, daß es eine Schande war,
daß er drei Stunden in fürchterlicher Qual hängen mußte?

6. Da die schwarzen Sklaven die Bedeutung der Qual und der Schmach von Jesu Kreuzestod kannten, sahen sie sich selbst an seiner Seite.

Warst du dabei, als sie meinen Herrn kreuzigten?
Warst du dabei, als sie meinen Herrn kreuzigten?
O! Manchmal läßt es mich zittern, zittern, zittern,
warst du dabei, als sie meinen Herrn kreuzigten?

Warst du dabei, als sie ihn an das Holz nagelten?
Warst du dabei, als sie ihn in die Seite stachen?
Warst du dabei, als er sein Haupt neigte und starb?

J. Cone, Ich bin der Blues, München 1973 (Chr. Kaiser), S.60 f.; 68 ff.

Psalm 22 — Anlage 16

Mein Gott, mein Gott, warum hast du mich verlassen?
Mit deinen eigenen Worten, Herr, rufe ich dich an,
denn du allein verstehst mich wirklich und fühlst mit mir.
Du allein weißt, was es heißt,
wenn man verachtet und unterdrückt ist.

Ich bin ein Spott der Leute,
die alle Vorrechte im Lande genießen, verachten mich.
Es ekelt sie an, mich auf ihren Nebenstraßen zu sehen.
In ihren Zeitungen wird absichtlich einseitig von mir berichtet.
In ihren Zeitungsartikeln kennt man mich nur
als Dieb, Mörder, Räuber und Faulenzer.

Mit ihren Paßgesetzen haben sie mich umgeben,
mit harten Vorschriften mich umringt.
In Ihren Augen bin ich nichts als ein "Ding",
das man von Ort zu Ort verschieben
und mit dem man etwas tun kann.
Auf meine Stimme, meine Sehnsüchte, meine Gefühle
gibt keiner acht.

Herr, mein Gott, ich rufe zu dir, nicht nur am Sonntag,
auch nicht zu bestimmten Stunden,
mein Gebet ist ein nicht endender Notschrei - Tag und Nacht.
Meine Zunge klebt mir am Gaumen.
Auf dich warte ich; eile, mich zu befreien.

In der glühenden Sonne, vor dem Paßamt,
stehe ich mit meinen Leidensgenossen den ganzen Tag.
Wir werden von einem Amt zum anderen geschickt,
und auf dem Weg zwischen den Ämtern
werde ich als Herumtreiber festgenommen.
Zu dir schreie ich um Hilfe, eile doch, mich zu befreien!

In den Heimatländern, in den Blechhütten, diesen Brutkästen,
die sie in ihrem Radio und ihren Zeitungen
"Freundliche Altenwohnungen" nennen,
sitze ich unversorgt, verwahrlost, und meine Heimat ist weit.
Auf dich warte ich, eile doch, mich zu erlösen!

Ich ersticke im Staub ihrer Kontore,
denn mein ganzes Leben muß ich nichts als fegen
und Staub putzen.
Meine Zeugnisse sind in ihren Augen nicht mehr wert
als naßgeregnetes Zeitungspapier.
Tief in mir quält mich die Frage: Was ist der Sinn meines Lebens?
Auf dich warte ich, eile doch, mich zu erlösen!

Mit meiner alten Decke und meinem zerschlissenen Koffer
stehe ich auf dem Bahnhof,
ausgesetzt dem Regen und der Kälte.
Vor dem kleinen Fenster am Fahrkartenschalter stehe ich
zitternd:
Werde ich je eine Fahrkarte bekommen?
Auf dich warte ich, eile doch, mich zu befreien!

Aber in dem allen werde ich nicht aufhören, von dir zu
sprechen!
Ich will dich in unsern Gemeinden rühmen,
denn du hast die Leidenden nicht verachtet.
Du wendest dich nicht stillschweigend ab.
Du offenbarst dich als Erlöser aller Menschen.
Der Tag wird anbrechen, da aller Welt Enden deine Gerech-
tigkeit sehen und schmecken werden!
Denn dein ist das Reich und die Kraft
und die Herrlichkeit in Ewigkeit.
Auch in diesem Land.
Amen

Zephanja Kameeta, aus: Ökumenische Werkstatt der Vereinigten Evangelischen Mission, Wuppertal

<u>Desmond Tutu an John Vorster</u> <u>Anlage 17</u>

Der Bischof von Lesotho hat im Mai dieses Jahres, damals noch anglikanischer Dekan von Johannesburg, einen Brief an den Premierminister von Südafrika geschrieben, den wir unseren Lesern zur Kenntnis bringen, da er ebenso menschlich bewegend wie politisch aufschlußreich ist.

8. Mai 1976

An
den Ehrenwerten Premierminister
Herrn John Vorster
Haus der gesetzgebenden Versammlung
Kapstadt
8000

Sehr geehrter Herr Premierminister!

Dies ist der zweite Brief, den ich Ihnen schreibe. Als mir 1972 ein Paß verweigert wurde, den ich brauchte, um meinen Posten als Beigeordneter Direktor des Theologischen Ausbildungsfonds zu übernehmen, appellierte ich an Sie, sich bei den zuständigen Amtsstellen für mich einzusetzen. Ihre Intervention war erfolgreich, denn kurz danach änderte der damalige Innenminister seine Meinung und bewilligte mir und meiner Familie unsere Pässe. Darum bin ich beim Schreiben dieses Briefes optimistisch und hoffe, daß er ähnlich gute Ergebnisse für uns alle bringen wird.

Ich schreibe an Sie, Sir, in aller Bescheidenheit und Höflichkeit in meiner Eigenschaft als anglikanischer Dekan von Johannesburg und damit als Führer von mehreren Tausend Christen aller Rassen in der Diözese Johannesburg. Ich schreibe Ihnen als einer, den eine Reihe von Schwarzen (d.h. Afrikaner, Inder und Farbige) als ihren Sprecher anerkannt haben, der ihre tiefsten Sehnsüchte artikuliert und unerschütterlich mit ihnen teilt. Ich schreibe Ihnen, Sir, weil ich weiß, daß Sie ein liebender und treusorgender Vater und Ehemann, ein zärtlicher Großvater sind, der die Freuden und Schmerzen des Familienlebens, sein Lachen und seine Fröhlichkeit, seine Sorgen und Nöte kennengelernt hat. Ich schreibe an Sie, Sir, als einer, der sich leidenschaftlich für ein glückliches und stabiles Familienleben als unerläßliche Grundlage einer intakten und gesunden Gesellschaft einsetzt. Sie haben ihre Arme ausgebreitet, um ihre Kinder und Enkelkinder zu umarmen und an sich zu drücken, sie mit Küssen zu überschütten, Sie haben geliebt, Sie haben geweint, Sie haben gewacht am Bett eines Kranken, den Sie liebten, Sie haben Wache gehalten am Totenbett eines geliebten Angehörigen, Sie waren ein stolzer Vater bei der Hochzeit Ihrer Kinder, Sie haben Tränen vergossen am Grabe eines Menschen, um den Ihnen fast das Herz brach. Kurz, ich schreibe an Sie als Mensch an einen anderen Menschen, der herrlich geschaffen wurde nach dem Bilde des einen Gottes, erlöst durch den einen Sohn Gottes, der für uns alle am Kreuz gestorben und triumphierend auferstanden ist von den Toten und nun in Herrlichkeit regiert zur Rechten des Vaters: geheiligt durch den einen Heiligen Geist, der in uns allen wirkt, um unsere Herzen aus Stein in Herzen aus Fleisch und Blut zu verwandeln. Ich schreibe deshalb an Sie, Sir, als Christ an einen anderen Christen, denn durch unsere Taufe sind wir beide Glieder am Leibe unseres lieben Herrn und Heilandes Jesus Christus geworden. Was wir auch getan haben mögen, dieser Jesus Christus hat alles unnötig Trennende wie Rasse, Geschlecht, Kultur, Status usw. niedergerissen. In diesem Jesus Christus sind wir - schwarz und weiß zusammen - als die erlöste Menschheit für immer miteinander verbunden. ...

Ich schreibe an Sie, Sir, weil unser Botschafter bei den Vereinten Nationen, Herr Botha, erklärt hat, daß Südafrika mehr und mehr von der Rassendiskriminierung abrücke. Diese Erklärung erregte Aufsehen, nicht nur bei uns, sondern in der ganzen Welt. Ich fürchte, daß von diesem Abrücken bisher sehr wenig sichtbar geworden ist. Es ist kein wesentliches Abrücken von Diskriminierung, wenn einige Schilder von Parkbänken entfernt werden. Es werden nur oberflächliche Veränderungen vorgenommen, die das Leben der Schwarzen nicht wesentlich berühren. Ehemänner und Väter sind nach wie vor von ihren Lieben getrennt als Folge des schädlichen Kontraktarbeitersystems, das eine Synode der Niederländisch-Reformierten Kirche einmal als Krebsgeschwür in der südafrikanischen Gesellschaft verurteilte, ein Krebsgeschwür, das zerstörerisch auf das Familienleben der Schwarzen wirkt und damit die Stabilität der Gesellschaft, die ich oben erwähnte, untergräbt. Wir bemerken nichts von dem ersehnten Abrücken, wenn wir die überfüllten Schulen in den schwarzen Wohnvierteln, die unzureichenden Wohnverhältnisse, das beklagenswert unzulängliche Verkehrssystem betrachten. ...

Ich schreibe Ihnen, Sir, weil ich mich ebenso wie Sie zutiefst einer echten Versöhnung mit Gerechtigkeit für alle und einem friedlichen Wandel in Richtung auf eine gerechtere und offene südafrikanische Gesellschaft verpflichtet fühle, in der die großartigen Güter und Reichtümer unseres Landes besser verteilt sein werden. Ich schreibe Ihnen, Sir, um Ihnen mit aller mir zu Gebote stehenden Beredsamkeit zu sagen, daß die Sicherheit unseres Landes letztlich nicht von militärischer Stärke und einer Sicherheitspolizei abhängt, die mit immer mehr drakonischer Macht ausgestattet wird, um praktisch nach Belieben zu handeln, ohne den Gerichten unseres Landes Rechenschaft schuldig zu sein. Den Gerichten, die in der ganzen Welt einen glänzenden Ruf wegen ihrer Fairneß und Gerechtigkeit haben. Dies ist der Grund, warum wir verlangt haben und weiter verlangen, daß alle Häftlinge freigelassen oder vor Gericht gestellt werden, um ihre Strafe zu erhalten, wenn man sie einer Straftat schuldig spricht. Es herrscht in unserem Land viel Unruhe darüber, daß Menschen über so lange Zeiträume hinweg in Haft gehalten und dann häufig freigelassen werden, ohne angeklagt worden zu sein, oder aber - wenn doch Anklage erhoben wird - gewöhnlich freigesprochen werden; dies bewahrt sie dann allerdings nicht vor weiterer Belästigung durch die Polizei. Obwohl die Gerichte häufig ihre Unschuld feststellen, werden sie oft bestraft, indem man sie mit dem Bann belegt, unter Hausarrest stellt oder sofort wieder festnimmt. Wie lange, glauben Sie, kann ein Volk so eklatante Ungerechtigkeit und solches Leiden ertragen? Ein großer Teil der weißen Bevölkerung wird trotz all seines Wohlstandes, seiner Privilegien, seiner schönen Häuser, seiner Diener, seiner Freizeit von Angst und einem Gefühl der Unsicherheit zermürbt. Und das wird so weitergehen, bis die Südafrikaner aller Rassen frei sind. Freiheit, Sir, ist unteilbar. Die Weißen in diesem Land werden nicht frei sein, bis alle Teile unseres Gemeinwesens wirklich frei sind. Dann wird eine Sicherheit herrschen, die nicht mit astronomischen Summen aufrechterhalten werden muß, enormen Geldmitteln, die kreativer und nützlicher für das Wohl unseres ganzen Gemeinwesens verwendet werden könnten, das dann mit Recht seine Führungsrolle in Afrika und anderswo einnehmen und beweisen würde, daß Menschen verschiedener Rassen friedlich zusammenleben können. Wir brauchen einander, und die Schwarzen haben versucht, den Weißen klarzumachen, daß sie nicht beabsichtigen, sie ins Meer zu werfen. Wie lange sollen sie noch solche Zusicherungen geben, die ihnen dann verächtlich vor die Füße geworfen werden? Es heißt, selbst der Wurm krümmt sich.

Ich schreibe an Sie, Sir, weil mich eine wachsende, alptraumartige Furcht verfolgt, daß es in Südafrika fast unausweichlich zu Blutvergießen und Gewalt kommen wird, wenn nicht sehr bald etwas Drastisches getan wird. Es gibt Grenzen für das, was ein Volk ertragen kann. ... Ein Volk, daß durch Hoffnungslosigkeit, Ungerechtigkeit und Unterdrückung zur Verzweiflung getrieben wird, wird verzweifelte Mittel anwenden. Ich habe Angst, schreckliche Angst, daß wir bald einen Punkt erreicht haben, an dem es kein Zurück mehr gibt, an dem die Ereignisse ihren eigenen Schwung entwickeln, an dem nichts eine blutige Katastrophe verhindern kann, die "sich vorzustellen entsetzlich" ist, um Ihre eigenen Worten zu gebrauchen, Sir. ...

Doch wir Schwarzen sind außerordentlich geduldige und friedliebende Menschen. Wir wissen, daß Politik die Kunst des Möglichen ist. Wir können nicht erwarten, daß Sie Ihren Wählern so weit vorauseilen, daß Sie deren Unterstützung verlieren. Wir sind bereit, einige Zeichen von Bedeutung zu akzeptieren, die uns beweisen würden, daß Sie, Ihre Regierung und alle Weißen es wirklich ernst meinen, wenn sie sagen, daß sie einen friedlichen Wandel wollen. Als erstes: Akzeptieren Sie den Schwarzen in den Städten als ständigen Einwohner dessen, was fälschlicherweise das Weiße Südafrikas genannt wird, und geben Sie ihm das Recht auf Besitz von Grund und Hauseigentum. Er wird dann ein Interesse am Land haben und sich nicht so leicht denen anschließen, die sein Land zerstören wollen. Er wäre sogar bereit, für die Verteidigung seines Vaterlandes und seines Heimatrechtes zu sterben. Zweitens, und dies ist besonders dringlich: Widerrufen Sie die Paßgesetze, die den Schwarzen deutlicher als alles andere zeigen, daß sie in ihrem geliebten Land Bürger dritter Klasse sind. Drittens ist es unerläßlich, Sir, daß Sie einen Nationalkonvent der wirklichen Führer aller Bevölkerungsgruppen (d.h. der von ihrer jeweiligen Gruppe als Führer anerkannten Personen) einberufen, die sich bemühen sollen, den Plan für eine geordnete Entwicklung Südafrikas zu einer nicht-rassistischen, offenen und gerechten Gesellschaft zu erarbeiten. Ich bin fest davon überzeugt, daß Ihre Führungsposition ziemlich unangreifbar ist, daß sie von der weißen Wählerschaft praktisch eine Blanko-Vollmacht erhalten haben und daß Sie ein Zurückschlagen des rechten Flügels wenig zu fürchten hätten. Denn wenn die Dinge, die ich vorschlage, nicht bald getan werden und der schnellen Verschlechterung der Situation nicht Einhalt geboten wird, dann wird es keine Furcht vor dem rechten Flügel mehr geben - dann wird es überhaupt nichts mehr geben.

Ich schreibe Ihnen diesen Brief, Sir, von einer dreitägigen Pfarrer-Rüstzeit in Johannesburg, wo wir uns in einer Atmosphäre tiefer Stille, des Gottesdienstes und der Anbetung sowie beim täglichen Feiern des Abendmahls bemühen, unserem Herrn näher zu kommen und herauszufinden, was Gott mit uns vor hat und welches die Eingebungen und Inspirationen des Heiligen Geistes sind. In dieser Zeit schien mir Gott den Anstoß zum Schreiben dieses Briefes zu geben. ...

Hochachtungsvoll!
Ihr (gez.) Desmond M.B. Tutu

Vorster weist Appell des Dekans von Johannesburg zurück

Der südafrikanische Ministerpräsident Balthazar Johannes Vorster hat einen Appell des anglikanischen Dekans von Johannesburg, Desmond Tutu, unverzüglich Schritte zur Lösung des Rassenproblems zu unternehmen, zurückgewiesen. In einem Schreiben an Tutu lehnte Vorster außerdem dessen Wunsch ab, die ablehnende Antwort auf den Appell zu veröffentlichen.

Tutu, erster Schwarzer im Amt des anglikanischen Dekans von Johannesburg, hatte den südafrikanischen Ministerpräsident in einem Brief darauf hingewiesen, daß die Geduld der schwarzen Bevölkerungsmehrheit zur Neige gehe und es zu einer blutigen Konfrontation kommen könnte, wenn keine durchgreifenden gesellschaftlichen Änderungen vorgenommen würden. Dazu gehöre beispielsweise die Anerkennung des Rechtes der Schwarzen, in den "weißen" Gebieten Südafrikas zu leben, und die Abschaffung der Paßgesetze.

Über die Antwort Vorsters war Tutu, wie er mitteilte, "erschüttert". Der Ministerpräsident habe ihm unterstellt, den Brief aus fragwürdigen Motiven geschrieben zu haben und angedeutet, daß er lediglich politische Propaganda verbreiten wolle. "Daß einem diese Bemühung als politischer Kraftakt ausgelegt wird, ist traurig", meinte Tutu, "selbst wenn es so wäre, würde es nichts an der Tatsache ändern, daß damit auf eine äußerst kritische Situation hingewiesen wird." Tutu, der nach seiner Amtsübernahme im September vorigen Jahres nicht in die Dienstwohnung des anglikanischen Dekans im weißen Wohnviertel Houghton zog, sondern im Farbigen-Stadtteil Soweto lebt, hat Johannesburg inzwischen verlassen, um Bischof von Lesotho zu werden.

aus: Deutsches Pfarrblatt 1976

<u>Diareihe: Der Traum des M.L. King</u> <u>Anlage 18</u>

54 Dias, s/w

Fast die Hälfte der Bilder beschäftigt sich mit der Geschichte der Neger in den USA und zeigt mit Zeichnungen und Dokumentarphotos den bitteren Weg vom Sklavenhandel des 17. und 18. Jahrhunderts bis zum Rassenkampf der Gegenwart. Die übrigen Bilder handeln von M.L. King und seiner Bewegung.

Vorurteile gegenüber Afrikanern bei uns — Anlage 19

(Rollenspiel)

Zum vorlaufenden Gespräch:

Lies bitte den folgenden Text zum Thema. Sind die Vorurteile Schwarzen gegenüber bei uns so stark? Nimm dazu Stellung.

In einer Gastwirtschaft im württembergischen Dorf R. verlangte vergangenes Jahr ein Stammgast vom Wirt, einem schwarzen Afrikaner das bestellte Bier nicht zu geben; sonst würde er seine Wirtschaft nie mehr betreten.

Spielaufgabe für die Gruppe:

1. Spielt diese Szene weiter, wie sie eurer Meinung nach hätte weitergehen können.

   Zeit: Samstagnachmittag 17 Uhr
   Personen: der Wirt
   der Stammgast
   der Afrikaner
   andere Stammgäste

2. Fügt eine 2. Szene hinzu.

   Zeit: Der darauffolgende Sonntagmittag, 12 Uhr
   Personen: wie oben, doch ohne den Afrikaner.
   Dafür betritt der Dorfpfarrer die Wirtschaft, der schon längere Zeit versucht, in R. die Vorurteile gegenüber Ausländern (Gastarbeitern und Schwarzen) abzubauen. Er hatte von dem Vorfall am Tag vorher erfahren.

Arbeitsblatt zum Rollenspiel

Der Vorfall hat sich in Wirklichkeit so abgespielt:

Zwei afrikanische Studenten gehen als Werber für Zeitschriften in R. von Haus zu Haus. Einer von ihnen kehrt im Wirtshaus "Zum Hecht" ein und bestellt ein Bier. Ein Stammgast erkennt den Afrikaner wieder, der vorher versucht hat, seiner Frau eine Zeitschrift zu verkaufen. Der Stammgast ist sowieso sauer, weil sein Auto kaputt ist und er vergeblich versucht hat, es zu reparieren.

Dann weiter wie oben: "In einer ... betreten."

Nachdem der Wirt dem Afrikaner kein Bier ausschenkt, verläßt dieser die Wirtschaft, um kurz darauf mit dem anderen Afrikaner zurückzukehren. Es kommt zu einer Schlägerei. Schließlich werden die Afrikaner aus dem Lokal gedrängt, und hinter ihnen wird abgeschlossen. Sie beschädigen von außen die Türe.

Am folgenden Sonntagvormittag um 12 Uhr betritt der Ortspfarrer mit geschwärztem Gesicht und Händen und einem umgehängten Plakat die Wirtschaft, auf dem steht:
"Ich bin ein Nigger und will ein Bier."
Er trinkt das Bier und verläßt dann wieder die Wirtschaft.
Im Dorf nachher erregte Diskussion über diesen Vorfall.

Film: Mama und Papa | Anlage 20

20 Min., s/w, Dokumentarfilm

Ein Artikel der Lüneburger Landeszeitung gegen Mietwucher mit Afrikanern gab den Anlaß zur Produktion dieses Dokumentarfilms über die Unterbringung afrikanischer Studenten und Arbeiter in einem Lüneburger Einfamilienhaus. Mama und Papa - so nennen die Afrikaner ihre Hauseltern - sind ein pensioniertes Ehepaar, das seine 'Schützlinge' mit Du anredet und aus ihnen 'ordentliche' Menschen machen will. In ihren Aussagen werden dem Betrachter die gegenüber Schwarzen immer noch vorhandenen Vorurteile deutlich.

Ein psychologisches Experiment | Anlage 21

Vor einigen Jahren unternahmen zwei Psychologen der Harvard University (Cambridge, USA) Versuche in bezug auf das Entstehen von Gerüchten. Dabei bedienten sie sich einer sehr einfachen Technik, die jedermann mit einigen Freunden selbst ausprobieren kann. Sie führten einem Studenten ein Bild vor, der danach einem Kameraden beschreiben sollte, was er gesehen hatte. Der zweite erzählte nun einem dritten, was ihm der erste gesagt hatte. Der dritte gab sein 'Wissen' einem vierten weiter usw. Nach acht bis zehn 'Stationen' wurde ein Vergleich zwischen Endresultat und Ausgangslage gezogen. Das Bild zeigte eine Szene in einer Untergrundbahn: Neben einer Anzahl sitzender Fahrgäste standen zwei Männer, und zwar ein Weißer und ein Schwarzer.

Der Weiße steckte in einem Arbeitsgewand und ein offenes Rasiermesser im Gürtel. Zu den stereotypen Vorstellungen vieler Amerikaner gehört, daß Neger offene Rasiermesser bei sich tragen, um bei einem Streit gleich danach greifen zu können. Bei dem erwähnten Experiment nun besaß schon nach der Hälfte der Studentenkette nicht mehr der Weiße, sondern der Neger das Rasiermesser. Schließlich kam es sogar dazu, daß der Neger mit demselben heftig vor dem Gesicht des Weißen herumfuchtelte. Das heißt allerdings nicht, daß die Hälfte der Versuchspersonen den Neger mit dem Rasiermesser sah. Nur einer in der Kette vollzog den Irrtum, worauf dieser an die folgenden Personen weitergegeben wurde. Interessant ist, daß dieser Irrtum nicht vorkam, als die Versuchspersonen Neger - die diese Stereotype ablehnen - oder Kinder waren, welche diese Vorstellung noch nicht 'gelernt' hatten.

Sind sich viele Menschen über einen bestimmten Wesenszug einer bestimmten Nation einig, muß man sich fragen, ob nicht tatsächlich etwas daran wahr ist, und zwar nach dem Sprichwort: Wo Rauch ist, ist auch Feuer. Zudem stellt sich die Frage, wo diese Stereotype herstammt und wie sie entstehen konnte...

Der amerikanische Soziologe La Piere befaßte sich mit der Einstellung der Kalifornier zur ersten und zweiten Generation der armenischen Einwanderer in Fresno County (Kalifornien). Allgemein herrschte die übereinstimmende Ansicht vor, daß die Armenier mit einem Übermaß an Fehlern behaftet seien, was die recht unfreundliche Einstellung zu ihnen erklärte. La Piere untersuchte auch die Gründe für diese Antipathie, und es gelang ihm, drei Stereotypen herauszufinden. Erstens galten die Armenier als Verräter, Lügner und Betrüger. In Tat und Wahrheit zeigte sich, daß die armenischen Kaufleute in bezug auf geschäftliche Integrität den andern ebenbürtig und oft sogar überlegen waren. Zweitens wurde ihnen vorgeworfen, daß sie Parasiten seien und wohltätige Organisationen über Gebühr in Anspruch nähmen. Auch hier ergab die Nachforschung, daß ihre Ansprüche nicht einmal die Hälfte von dem ausmachten, was proportional zu ihrer Bevölkerungszahl zu erwarten gewesen wäre. Drittens wurde behauptet, daß ihr Moralkodex minderwertig sei und daß sie ständig mit dem Gesetz in Konflikt kämen. Aus den Akten der Polizei ging eindeutig hervor, daß nur 1,5 Prozent der Gerichtsfälle Armenier betrafen, obgleich ihr Anteil an der Gesamtbevölkerung etwa 6 Prozent betrug. La Piere schließt mit der Feststellung, daß alle diese Stereotypen einen gemeinsamen Nenner haben, nämlich daß sie alle völlig falsch sind. Das will allerdings nicht besagen, daß Stereotypen nie etwas Wahrheit enthalten, sondern bedeutet lediglich, daß sie ohne irgendeinen Wahrheitsgehalt entstehen können...

Ein dreizehnjähriger (Schweizer) Junge wurde nach der Aufzählung von vielen Ländern, von denen er gehört hatte, gefragt: 'Gibt es Verschiedenheiten zwischen all diesen Ländern?' Ein Teil seiner Antwort lautete: 'Man findet überall alle Arten von Menschen.' Wir sind nicht alle so 'reif' wie dieser dreizehnjährige Junge, aber vielleicht können wir in dieser Richtung vorwärtsdringen. Oder ist es möglich, daß die Schweizer ... Ach nein! Keine Stereotypen!

Niemand verneint das Vorhandensein nationaler Eigenschaften. Das Wissen um sie kann unser Verständnis für die Völker vertiefen, und die Verschiedenheiten im Verhalten und in der Persönlichkeit der Menschen in allen Teilen der Welt können eine Quelle der Freude sein. Wichtig ist indessen, sich zu überzeugen, daß die 'Bilder in unserem Kopf' der Wirklichkeit so nahe als möglich kommen.

aus: U. Kattmann, Rassen, Wuppertal 1973 (Jugenddienst-Verlag), S. 94 f.

HERREN ODER DIENER? (Christen und die "Dritte Welt")

Religionspädagogische Überlegungen zum Thema

Die Zukunft der Schüler wird in starkem Maß von den Erdteilen abhängig, die bis weit in unser Jahrhundert hinein nur als Anhängsel der Politik, Kultur und Wirtschaft von Europa und Nordamerika gesehen wurden. Die Demographen weisen ein immer stärkeres Übergewicht der Menschen in Lateinamerika, Afrika und Asien auf. Weltpolitisch und -wirtschaftlich ist Anspruch jener Länder auf mehr Mitbestimmung und Einfluß nicht mehr zu übergehen. Es entwickeln sich neue Gesellschaftsstrukturen, die sich nicht einfach in die Alternativen von Kapitalismus und Kommunismus einpassen lassen wollen, sondern aufgrund der eigenen kulturellen Tradition und eines neu erwachenden Selbstbewußtseins Eigenständigkeit beanspruchen. Neben dem Ost-West-Konflikt wird daher der Nord-Süd-Konflikt zu einer unabweisbaren Aufgabe, der wir uns nicht entziehen können. Nicht nur weil die armen Länder noch längere Zeit wirtschaftlich und technologisch abhängig bleiben und so in ihrer Entwicklung einen Ausgleich ihrer Interessen mit unseren suchen müssen. Vielmehr steht die Konsum- und Überflußgesellschaft der Industrieländer selber vor Problemen (Energie- und Umweltfragen, Nutzung der Ressourcen unserer Erde), die nur im weltweiten Rahmen lösbar sind. Hierbei muß das christlich-abendländische Selbstbewußtsein, das in den vergangenen Jahrhunderten die Weltgeschichte weitgehend beherrscht und bestimmt hat, zeigen, was es an christlichen Elementen aus sich heraus entbinden kann: nicht zu herrschen, sondern zu dienen; nicht mit Gewalt, sondern mit dem Wort zu wirken - und so auch einen neuen Beitrag im spannungsgeladenen Nord-Süd-Konflikt zu leisten.

Die in der UE "Arm und reich" (7./8. Schuljahr) erarbeiteten Kenntnisse und Einstellungen werden jetzt vertieft und in größere Zusammenhänge einbezogen. Die beiden Hauptschauplätze des Mangels und der Armut treten vor Augen: die rasant größer werdenden Slum-Gürtel um die rasch anwachsenden Großstädte in den armen Ländern und die ländlichen Armutsgebiete, aus denen sich immer neue Scharen von Arbeits- und Hoffnungssuchenden in die Städte aufmachen. Kulturelle Entwurzelung und Einbindung in westliches Konsumdenken sind die "Begleitumstände" der Landflucht (LZ 1).

LZ 2 erschließt die historische Dimension. Wie die UE "Kirche im Dritten Reich" ein Stück unbewältigte Vergangenheit aufarbeitet, so geht es hier um die Epoche des Kolonialismus mit ihren selbstherrlichen und unchristlichen Ausprägungen. Nicht nur um der historischen Redlichkeit willen ist dieses Lernziel vorgesehen, sondern weil die damals grundgelegten Wirtschafts- und Sozialstrukturen auf die Gegenwart noch bestimmend einwirken.

Das besondere Interesse des Religionsunterrichts richtet sich freilich auf die geistige Kolonisation, die sich im Zeitalter des Kolonialismus vollzog. Welche Rolle spielten dabei die Missionare, die mit den Erobereren, Entdeckern und Kaufleuten ins Land kamen? Hier kann aufgezeigt werden, wie im Bereich der Mission ein lebendiger Glaubens- und Lebenszusammenhang zwischen Missionen und jungen Kirchen dazu führte, daß auf der Grundlage von biblischen Texten die eigene Geschichte kritisch gesehen werden konnte und darauf gründend sich das heutige partnerschaftliche Verhältnis entwikkelte (LZ 3).

Die armen Länder sind zur Zeit noch auf die Hilfen und die Unterstützung der reichen Länder angewiesen. Dieser Aufgabe kann und will sich die Kirche bei uns nicht entziehen. Im Gegenteil, die Aktion "Brot für die Welt" hat das Nord-Süd-Problem in weiten Teilen der Öffentlichkeit erst bekannt und dringend gemacht. Die Kirche tritt in der Öffentlichkeit oft als Anwalt der notleidenden Mehrheit der heutigen Weltbevölkerung auf. Diese Arbeit hat die kritische Reflexion über die Ziele und Begründungen kirchlicher Aktionen dringend gemacht. In zweierlei Richtung:

1. Da christliche Nächstenliebe nicht nur Leid und Not lindert, sondern auch auf die Beseitigung der Ursachen von Leid und Not drängt, stellt sich die Frage, in welche wirtschaftlichen, gesellschaftlichen und politischen Bereiche der christliche Beitrag reichen muß.

2. Wie ist das Verhältnis von Hilfe und Heil zu verstehen und darzustellen? Fragen sollen am Beispiel erörtert werden (LZ 4).

Diese Unterrichtseinheit soll in eine persönliche Fragestellung einmünden. Immer stärker werden wir darauf aufmerksam, daß unser tägliches Verhalten, unser "Lebensstil" weitgehend unserer Konsum- und Überflußgesellschaft angepaßt ist.

Der Ruf und die Suche nach einem "neuen Lebensstil" hat eine heilsame Verunsicherung geschaffen. Die Mahnung des Paulus sollte nicht ungehört bleiben: Macht euch nicht dieser Weltzeit gleich, sondern wandelt euch um; laßt eure Sinne neu werden, daß ihr beurteilen könnt, was Gottes Wille ist: das Gute, das Gott Wohlgefällige, das Vollkommene (Röm 12,2). Unter diesem Leitwort kann die Frage des Lebensstils im Religionsunterricht aufgenommen werden (LZ 5).

In den Lehrplanentwürfen von Geschichte und Gemeinschaftskunde der Realschule und des Gymnasiums ist das Thema Dritte Welt/Nord-Süd-Konflikt vorgesehen. Eine fächerübergreifende Planung und Durchführung bietet sich von daher an.

Literatur

a) Zur Information des Lehrers:

Die Denkschriften der Evang. Kirche in Deutschland. Frieden, Versöhnung und Menschenrechte Bd 1/1, Gütersloh 1978 (Gütersloher Verlagshaus Gerd Mohn)

Die eine Welt, Wuppertal 1975 (Jugenddienst Verlag)

F. Freire, Pädagogik der Solidarität, Wuppertal 1974 (Hammer)

E. Meueler, Unterentwicklung. Wem nützt die Armut der Dritten Welt?, 2 Bde, Reinbek 1974 (Rowohlt)

R. Preiswerk, Entwicklungshilfe als Kulturbegegnung, Gelnhausen/Berlin 1972 (Burckhardthaus-/Laetare Verlag)

R.H. Strahm, Überentwicklung - Unterentwicklung (mit Postern, getrennt beziehbar), Gelnhausen/Berlin 1975 (Burckhardthaus-/Laetare Verlag)

Zehn Jahre kirchliche Entwicklungsdienst, Frankfurt 1979 (Lembeck)

b) Arbeitsmaterial für den Unterricht:

E. Cardenal, Zerschneide den Stacheldraht, Wuppertal 1967 (Jugenddienst Verlag)

R. Friedrich, Das große Buch der Dritten Welt, Reutlingen 1978 (Ensslin & Laiblin)

G. Kraft u.a., Kursbuch Religion 9/10, Stuttgart/Frankfurt 1979 (Calwer Verlag/Diesterweg)

H.G. Schmidt, Lesebuch Dritte Welt, Wuppertal 1974 (Hammer)

AV-Medien

Filme:

Auf der Kippe, EMZ 1: F 573; EMZ 12: KF 427

Ein Brunnen für 4000, EMZ 1: F 424; EMZ 12: KF 350

Fünf Rappen für ein Kilo Bananen, EMZ 1: F 575; EMZ 12: KF 155

Gute Botschaft für Indien, EMZ 1: F 475; EMZ 12: KF 373

Kojedo, EMZ 1: F 433; EMZ 12: KF 316

Die Liebe zum Imperium, EMZ 1: F 552; EMZ 12: KF 494

Tierra Nueva, EMZ 1: F 546; EMZ 12: KF 495

Wagnis und Gewinn, EMZ 1: F 460; EMZ 12: KF 424

Tondiaserien:

Afrika - ohne Löwen und Folklore, EMZ 1: TD 140; EMZ 12: TB 106

Mache meine Augen hell, EMZ 12: TB 224

Peru - von der Sierra in die Elendsviertel, EMZ 12: TB 248
Die Slums von Kalkutta, EMZ 12: TB 233

Diaserie:
Information aus Bolivien, EMZ 12:20.11
Modell Kojedo, EMZ 12: 20.16

Übersicht über die Unterrichtseinheit

Lernziele	Inhalte
1. Soziale Gegensätze und kulturelle Entwurzelung in armen Ländern am Beispiel kennenlernen	Armut in ländlichen Gebieten der Dritten Welt Landflucht Slums um die Großstädte Kulturelle Entwurzelung
2. Am Beispiel feststellen, daß in der Kolonialzeit die eigene Kultur unabhängiger Länder zerstört und wirtschaftliche Abhängigkeit begründet wurde	Zerstörung der wirtschaftlichen und sozialen Strukturen (z.B. Indien) Monopole und Preisdiktat Durchsetzung kultureller Leitbilder aus Europa Abhängigkeit und Entmündigung
3. An Beispielen das Wirken der Mission im kolonialen Zeitalter sowie heute kennenlernen und an biblischen Weisungen messen	Das Verhältnis von Mission und Kolonialismus Einsatz der Missionare für die Kolonisierten Missionarischer Auftrag (Mt 28,18 ff.) Art und Weise der Mission (1 Kor 9,19-23) Mission - keine Einbahnstraße
4. Verschiedene Entwicklungsmodelle kritisch vergleichen und kirchliche Maßnahmen nach ihrer Begründung befragen	Linderung der Not Katastrophenhilfe - Hilfe zur Selbsthilfe - Strukturhilfe Verhältnis zur staatlichen Entwicklungshilfe
5. Den Zusammenhang zwischen neuen Lebens- und Gemeinschaftsformen und Entwicklungsaufgaben angesichts der sich verschärfenden Probleme in den Überfluß- und Mangelgesellschaften begreifen	Uneingeschränkte Konsumorientierung zu Lasten der Mangelgesellschaften Beispiele neuer Lebens- und Gemeinschaftsformen Ansätze im eigenen Lebensbereich

Lernziele	Inhalte	Medien/ Verfahren	Didaktische Hinweise
1. Soziale Gegensätze und kulturelle Entwurzelung in armen Ländern am Beispiel kennenlernen		Zum Gesamten: Kursbuch Religion 9/10, S.211-213 Film: Auf der Kippe (Anlage 1)	LZ 1 konzentriert sich bewußt auf die beiden wesentlichen sozialen Merkmale der Dritten Welt: Gegensatz zwischen arm und reich und Verlust der kulturellen Identität. Anhand von zwei Dias, die eine Slum-Zone am Rande einer Großstadt zeigt und ein Bild von der Armut im Hinterland vermittelt, könnten wichtige Aspekte zu LZ 1.1 und 1.2 von den Schülern selber erhoben werden. - LZ 1.3 macht einen ersten Schritt in die Strukturproblematik und bereitet damit die Einsicht vor, daß finanzielle Hilfe allein nicht genügt, ja soger zur Verschlechterung beitragen kann, wenn nicht strukturpolitische Maßnahmen getroffen werden. Diakonie zeigt sich auch in Strukturpolitik.
1.1 Armut und Hoffnungslosigkeit in ländlichen Gebieten der Dritten Welt kennenlernen	Geringe Erträge; Wenig Arbeitsmöglichkeiten; Abwanderung der Jugend	"Magnet Großstadt" aus Lesebuch Dritte Welt, S.75-83 Tondiaserie: Afrika - ohne Löwen und Folklore (Anlage 2)	
1.2 Elend und kulturelle Entwurzelung in den Slums der Metropolen beschreiben	Anziehungskraft der Städte; Wachstum; Landflucht; Slums	Film: Favela (Anlage 3) Tondiaserie: Die Slums von Kalkutta - ein koloniales Erbe (Anlage 4)	
1.3 Die Flucht vom ländlichen in den städtischen Armutsbereich als Auswirkung der Peripherie-Zentrum-Struktur begreifen	Entwicklung im Zentrum und Unterentwicklung in der Peripherie bedingen sich gegenseitig	Tondiaserie: Peru - von der Sierra in die Elendsviertel (Anlage 5)	

Lernziele	Inhalte	Medien/ Verfahren	Didaktische Hinweise
2. Am Beispiel feststellen, daß in der Kolonialzeit eigene Kultur unabhängiger Länder zerstört und wirtschaftliche Abhängigkeit begründet wurde		Zum Gesamten: Kursbuch Religion 9/10, S.214-216 Film: Liebe zum Imperium (Anlage 6)	Dieses Lernziel bereitet das folgende vor. Es soll deshalb nicht übergangen werden, noch ein zu starkes Eigengewicht erhalten. - Gelenkstelle für fächerübergreifenden Unterricht!
2.1 Den Zusammenstoß europäischer Interessen mit den gewachsenen Kulturen darstellen	Mißachtung der Wohngebiete; Zerstörung der sozialen und wirtschaftlichen Strukturen aus Profitinteresse; Sklavenhandel; Monokultur	Lumumba, Gedicht, in: Lesebuch Dritte Welt, S.14 f. Zitat von A. Schweitzer (Anlage 7) Kursbuch, S.217 f.	(Geschichts- und Erdkundeunterricht!) Zu LZ 2.1: Heute wird in den Dorfprogrammen in Indien versucht, das wieder aufzubauen, was von den Kolonialmächten zerstört wurde! Als Leitwort eignet sich gut das Zitat von A.Schweitzer (Anlage 7). -
2.2 Die fortdauernde wirtschaftliche Abhängigkeit am Beispiel feststellen	Abhängigkeit von Monopolen; Preis- und Lohndiktat; Zollschranken; Börsenspekulation; Folgen der Werbung	E. Cardenal, Zerschneide den Stacheldraht Stringfellow (Anlage 8) Spiel: Das Spiel der Großen im Kleinen (von Brot für die Welt) Filme: Fünf Rappen für ein Kilo Bananen Wagnis und Gewinn (Anlage 9)	LZ 2.2 - 2.4 kann man als Zusammenhang verstehen. Die eine Seite ist die wirtschaftliche Abhängigkeit, die andere der geistige Gegensatz, der nach europäischen Idealen nach dem Schema Überlegenheit/Unterlegenheit gewertet wird. Daraus ergibt sich die entsprechende individuelle Einstellung und das bekannte Verhalten des "Kolonisators".
2.3 Die Spannung zwischen dem in der eigenen Tradition und Kultur verwurzelten und dem europäisch geprägten Lebensstil erfassen	Europäisch-christliche Kultur als überlegene Kultur setzt neue Leitbilder und Zielvorstellungen; Geistige "Kolonisation" als Vollendung der politischen	Kayoya, in: Lesebuch Dritte Welt, S.16-19 oder: Kursbuch, S.216 (Auszug)	Zu LZ 2.4: Das hier ins Auge gefaßte Problem läßt sich am besten so formulieren: "Man wirft den 'Eingeborenen' vor, wozu man sie gemacht hat."

Lernziele	Inhalte	Medien/ Verfahren	Didaktische Hinweise
	und wirtschaftlichen Unterwerfung		
2.4 Das Überlegenheitsgefühl als Grundmuster des Verhältnisses zwischen Kolonisator und Kolonisiertem erkennen	Abhängigkeit, Unmündigkeit usw. als Ergebnis der Kolonisation zur Begründung von Führungsansprüchen	Schilderung der "Eingeborenen" in europäischen Publikationen (Anlage 10)	
3. An Beispielen das Wirken der Mission im kolonialen Zeitalter sowie heute kennenlernen und an biblischen Weisungen messen		Zum Gesamten: Kursbuch Religion 9/10, S.217 f.	Für LZ 3.1 und 3.4 bietet die UE "Mission" (Schuljahr 7/8) wertvolle Hinweise und Material, das hier eingebaut bzw. auf das wiederholend hingewiesen werden kann. - Nach biblischem Verständnis gibt es zwar einen missionarischen Auftrag (Mt 28,18 ff.), der den Taufbefehl und die Verkündigung von Jesus Christus umgreift; aber keinesfalls wird eine bestimmte kulturelle Prägung zur Vorbedingung von Glaube gemacht. Dies zeigt vor allem der Konflikt zwischen Juden- und Heidenmission (vgl. UE Paulus, 7./8. Sj.). Auch die spätere Deutung der Apg verdeutlicht, daß Chri-
3.1 Die Stellung der Mission zwischen Kolonialmacht und Kolonisierten kritisch beleuchten	Verquickung von Handels- und Missionsinteressen als Europäisierung?	Aussagen eines portugiesischen Königs (Kursbuch, S.217)	
3.2 Die Unterscheidungen zwischen christlichem Glauben und der Kultur und Tradition als grundlegend für die christliche Mission erkennen und	Apostelkonvent Apg 15: Heiden und Juden werden unterschiedlich behandelt	Erläuterung des historischen Hintergrunds: Jüdische Gesetze als Alltagsregeln, denen die Heiden nicht unterworfen werden sollen	

Lernziele	Inhalte	Medien/ Verfahren	Didaktische Hinweise
beispielhaft anwenden			stus die Spezifika kultureller Art und Herkunft nicht automatisch zugunsten der Prävenienz der Missionare aufhebt. Vielmehr sollen die Missionare sich auf Kultur und Art der Missionierten einlassen und im Rahmen der jeweils gegebenen Möglichkeiten Akzente setzen (vgl. 1 Kor 9). - Dabei kann es durchaus geschehen, daß die Missionierten den Missionaren die Augen öffnen und ihrerseits für Glaubensimpulse sorgen. Dies gilt wohl für die heutige Lage (LZ 3.4).
3.3 Am biblischen Beispiel Grundzüge missionarischer Existenz aufweisen	Selbstverständnis des Paulus (1 Kor 9, 19-23)		
3.4 Das Selbstverständnis der Mission heute im Verhältnis zu den jungen Kirchen darstellen	Mission - keine Einbahnstraße mehr; Missionsauftrag Mt 28,18-20	Missionary go home, in: Kursbuch, S.218 Leitfrage: Mission - keine Einbahnstraße, Mission - wo geschieht sie?	
4. Verschiedene Entwicklungsmodelle kritisch vergleichen und kirchliche Maßnahmen nach ihrer Begründung befragen		Zum Gesamten: Kursbuch Religion 9/10, S.219-222	Linderung aktueller Not und Veränderung solcher Voraussetzungen, die soziale oder kulturelle Not hervorbringen bzw. fördern, sind gleichwertige Aufgaben weltweiter Diakonie. Die Kirchen wirken hier mit anderen gesellschaftlichen Gruppen zusammen. Im Unterschied zu Aktivitäten anderer sollte der Zusammenhang zwischen Glaubensverkündigung und politisch-sozialer Hilfe nie verloren gehen. Allein so-
4.1 Linderung und Hilfe in aktuellen Notsituationen als Tat christlicher Nächstenliebe verstehen	Lk 10,25-35; Mt 25,31-46; Katastrophenhilfe; ärztliche Mission u.ä.	Beispiele zu LZ 4.1-4.3 in den Arbeitsmappen von "Brot für die Welt" und "Misereor" (am besten jährlich anfordern) Film: Kojedo (Anlage 11). - Tondiaserie dazu. Film: Ein Brunnen für 4000 - Film: Tierra Nueva (Anlage 12)	

Lernziele	Inhalte	Medien/ Verfahren	Didaktische Hinweise
4.2 Die Beseitigung der Ursachen von Leid und Not als Konsequenz christlicher Nächstenliebe verstehen	menschliche Entwicklung; soziale Gerechtigkeit; Eigenständigkeit; "participating"; Abschaffung absoluter Armut; Änderung politischer und wirtschaftlicher Verhältnisse, die dem entgegenstehen	Plakate von "Brot für die Welt": Den Frieden entwickeln; Schaubild "Welthungerkrise" Tondiaserie: Mache meine Augen hell Diaserie: Information aus Bolivien (Anlage 13) "Evangelische Hilfe" nach Apg 3 (Anlage 14)	zial-politische Maßnahmen überspielen notgedrungen das Problem der kulturellen Identität, können also die Entwurzelung noch fördern. Der christliche Glaube gibt die Freiheit, Gewohnheiten zu verlassen, ohne die innere Sicherheit zu verlieren. Andererseits: Nur Glaubensverkündigung allein ist unglaubwürdig, ja kann - wie die Geschichte lehrt - zur Konservierung ungerechter Zustände mißbraucht werden. U.U. wird der Lehrer eine schulische oder kirchliche Ausstellung organisieren. Entsprechende Vorbereitung im Unterricht (Wandzeitungen, Bild- und Tonbildvorträge) sind in Absprache mit angrenzenden Fächern durchzuführen.
4.3 Kirchliche Hilfe am Beispiel auf ihre Zielsetzung und Begründung hin befragen			
4.4 Den Zusammenhang von Glaubensverkündigung und sachgerechter Hilfe erkennen	"Heil und Hilfe" in ihrer gegenseitigen Bezogenheit	Film: Gute Botschaft für Indien (Anlage 15)	

Lernziele	Inhalte	Medien/ Verfahren	Didaktische Hinweise
5. Den Zusammenhang zwischen neuen Lebens- und Gemeinschaftsformen und Entwicklungsaufgaben angesichts der sich verschärfenden Probleme in den Überfluß- und Mangelgesellschaften begreifen		Zum Gesamten: Kursbuch Religion 9/10, S.223 f. vgl. auch UE Nach uns die Sintflut? bzw. UE Schöne neue Welt	Dieses Lernziel ergibt sich aus der Problematik eines verantwortlichen Umgangs mit der Natur und aus dem "Nord-Süd-Konflikt". Man kann daher hier oder dort den Schwerpunkt setzen. Entwicklungshilfe allein kann die Probleme der Dritten Welt nicht lösen. Die Zukunft verlangt ein "Miteinanderteilen" der geringen Ressourcen bei gleichzeitiger vorsichtiger Entwicklung der Produktivität. Die oft gehörte Forderung eines "einfachen Lebens" mit kleinen und mittleren Technologien löst allerdings nicht alle Probleme. Die Menschheit kann nicht überleben, wenn sie in Zelte und Hütten zurückkehrt, sondern nur wenn sie ausreichende Produktivität bei möglichst gerechter Verteilung sichert. Dies schließt Einschränkungen und Sparsamkeit in den Überflußgesellschaften ein, verlangt aber zugleich einen sinnvollen Verbrauch (Konsum) wirtschaftlicher Güter.
5.1 Einstellungen unserer konsumorientierten Leistungsgesellschaft hinterfragen	Konsum-"zwang"; Mißverhältnis zwischen Nord und Süd beim Konsumgüterverbrauch	Karikatur und Zehn-Personen-Modell in Band 2, S. 196	
5.2 Maßstäbe für die "Qualität des Lebens" entdecken	"Haben" oder "Sein"	vgl. UE Nach uns die Sintflut? und Anlage 16	
5.3 Sich mit Vorschlägen und Versuchen eines neuen Lebensstils auseinandersetzen	Das "Gleichnis des Miteinanderteilens" o.ä.	Kursbuch, S.223 2. Brief an das Volk Gottes (UE Nach uns die Sintflut?) Diskussion über Realisierbarkeit der Vorschläge und über den Nutzen für die Dritte Welt	
5.4 Die Notwendigkeit und Möglichkeiten der Neuorientierung im eigenen Lebensbereich entdecken	Röm 12,2	Bibeltext als Impuls zu eigenen Überlegungen oder als Leitspruch zu Foto-Text-Plakaten	

Film: Auf der Kippe | Anlage 1

10 Min., Farbe, Zeichentrickfilm

Es handelt sich um einen Zeichentrickfilm, in dem versucht wird, in der Gesellschaft vorhandene Grundhaltungen gegenüber dem Welternährungsproblem und der Entwicklungspolitik zu visualisieren. Zwei Figuren - ein Reicher und ein Armer - symbolisieren die Teilung der Menschheit in Besitzende und Besitzlose, Satte und Hungrige.

Der Film hat keine durchgehende Story und darf deshalb auch nicht unter dieser Erwartung gesehen werden. Er ist auch nicht alternativ auf gesellschaftspolitisches oder individualethisches Verhalten festzuschreiben, sondern läßt sich in beide Dimensionen ausdeuten.

Der Film gliedert sich in drei Komplexe. Jeder Komplex wird durch eine Überschrift eingeleitet.

1. "Hilf dir selbst, so hilft dir Gott":

Ein Mensch taucht auf. Er trägt ein Brot unter dem Arm: "So, Brot, wir beide ziehen jetzt gemeinsam durch die Welt. Du gehörst nämlich mir, mir ganz allein. Immer dran denken - immer mit der Ruhe - verstanden?"

Ein erbärmliches Männchen nähert sich:
"Hunger, Hunger!"
"Scher dich zum Teufel!" ruft der Satte, "mach, daß du wegkommst!"
"Hunger!"
Das Betteln hält an.
"He, was hast du denn jetzt vor?" fragt das Brot seinen Besitzer.
"Wir müssen hier verschwinden!"
"Was soll das Ganze", mahnt das Brot, "kannst du ihm nicht einen Bissen abgeben?"
"Du bist ruhig!" befiehlt der Satte. Das Brot gibt sich nicht zufrieden.
"Du hast doch mehr als genug."
"Ich habe dir gesagt, du bist ruhig!"
Mit diesem endgültigen Befehl des Satten schließt die Einleitungsszene.

Die nächste Szene zeigt ein wohlhabendes Ehepaar kurz vor dem Abendbrot. Draußen lärmt bettelnd eine Schar hungriger Menschen. "Ihr bekommt was!" ruft die Frau, durch den Lärm gestört und verärgert. Sie schießt eine Maschinengewehrsalve durch's offene Fenster.

Im letzten Bild beschimpft ein Weißer einen Schwarzen mit den primitivsten Diskriminierungsvorwürfen:
"Ihr seid faul, unwissend und stinkend. Ihr habt wohl vergessen, wo ihr hingehört? Ihr seid niedrigste Untermenschen!"

2. "Gut gemeint ist halb verloren"

Einleitend taucht wieder das Hungermännchen auf:
"Hunger, he, Hunger!"
Satter: "Oh, schnell weg von hier!"
Hungriger: "Hunger, Hunger!"
Brot: "Sei nicht so egoistisch, gib ihm was zu essen!"
Satter: "Hier, nimm, aber vergiß nicht, ich habe schwer dafür geschuftet. Nicht so hastig! Iß doch langsam! Du verlierst ja die Hälfte! Du bist ein Verschwender!"
Hungriger: "Hunger, bitte - Hunger, bitte!"
Satter: "Nein, Schluß jetzt! Du bekommst nichts mehr. Du vergeudest alles. Hau ab!"
Hungriger: "Ich mache auch alles, was du willst!"
Satter: "Tatsächlich?"
Hungriger: "Wirklich!"
Satter: "Wie wär's, wenn du meine Schuhe putzt?"
Hungriger: "O, ja!"
Satter: "Jetzt mal im Ernst: Du könntest mir dienen und mich dabei sorgfältig studieren."
Hungriger: "Ja!"
Satter: "Vielleicht kommst du hinter mein Erfolgsgeheimnis?"
Hungriger: "Jawohl!"
Satter: "Dann bekommst du auch eine Brotkrume. - Ja!"
Hungriger: "Ja, jaja - ich schau mir genau an wie..."

Drei weitere Bildfolgen konkretisieren die hierin angedeutete Grundhaltung.

(1) Ein Armer bettelt bei einem Reichen um Almosen. Der gibt ihm kein Geld, sondern bildet ihn als Geigenvirtuosen aus. Danach schickt er ihn hinaus - aber es ist niemand da, der das Geigenspiel hören könnte.

(b) In einem Negerkral landet ein Industrieller mit dem Flugzeug. Er entdeckt sofort: "Diese Menschen brauchen die Industrialisierung!" Eine moderne Fabrik wird neben die Negerhütten gestellt. Verängstigt flüchten die Schwarzen in ihre Hütten zurück.

(c) Ein Mensch fällt in ein Sumpfloch. Ein anderer kommt vorüber, spürt, daß er helfen müßte, aber anstatt einzugreifen, beginnt er zu reflektieren. Er will einen Weg finden, der es ermöglicht, den Ertrinkenden zu retten, ihn aber im Glauben zu lassen, er habe sich selbst gerettet. Wenn nicht inzwischen ein Dritter den Mann aus dem Sumpf gezogen hätte, wäre er ertrunken.

3. "Alles braucht seine Zeit"

Ein Mensch steht mitten auf der Fahrbahn und hört ein Motorengeräusch herannahen. Er kann sich nicht entschließen, nach links oder nach rechts auszuweichen und entscheidet sich, auf der Stelle zu bleiben in der Hoffnung, so könne er der Gefahr am ehesten entgehen. Ein Lastwagen braust heran. Es kracht und donnert. Die Erde zerbröckelt. Der Mensch ist unversehrt geblieben. "Na also, - ich habe doch recht. Er hat mich verfehlt. Es ist nichts passiert!" Erst als der Mensch einen Schritt zur Seite tut, merkt er, daß es um ihn herum längst keine Welt mehr gibt. Aufschreckend stürzt er in den Abgrund.

H.H. Strube, Auszug aus der Begleitkarte zum Film (FWU)

Tondiaserie: Afrika - ohne Löwen und Folklore — Anlage 2

64 Dias, 26 Min., Farbe

Bei aller Verschiedenartigkeit der jungen afrikanischen Staaten haben alle mit den gleichen Schwierigkeiten zu kämpfen: Kampf gegen Krankheit, Verbesserung der Landwirtschaft, Ausbau des Schulwesens und Aufbau einer eigenen Industrie. Dies zeigt die aus dem Jahr 1972 stammende Serie in aller Klarheit. Die Zustände haben sich seitdem nicht wesentlich verbessert.

Film: Favela - Das Leben in Armut — Anlage 3

18 Min., Farbe, Dokumentarfilm

Der Film schildert Armut und Abhängigkeit der Favela-(Slum)-bewohner in Sao Paolo. Er bleibt aber nicht bei den äußeren Erscheinungsformen stehen, sondern versucht die innere Not, die Hoffnungslosigkeit, psychische Abhängigkeit, Frustration und Ansätze zur Auflehnung in ihrer gegenseitigen Bedingung einsichtig zu machen. Dies gelingt dem Produzenten insofern, als er die vielschichtige Problematik an exemplarischen Szenen aus dem Leben der Carolina de Jesus aufzeigt. Die Frage nach dem Auftrag der christlichen Kirche und nach einer situationsbezogenen Interpretation christlicher Inhalte und Intentionen wird durch eine Gottesdienstszene konkret und unausweichlich gestellt.

H. May/H.H. Strube, Religion 1, Grünwald 1974 /FWU)
in: AV-Medienkatalog

Tondiaserie: Die Slums von Kalkutta - ein koloniales Erbe Anlage 4

63 Dias, 25 Min., Farbe

Die Tonbildreihe möchte die Lebensbedingungen in Kalkutta sowie in anderen Großstädten der Dritten Welt vorstellen. Sie versucht, das Zeitalter des Kolonialismus und dessen Folgen kritisch zu reflektieren.

Tondiaserie: Peru - von der Sierra in die Elendsviertel Anlage 5

50 Dias, 20 Min., Farbe

Die Tonbildreihe wurde aus didaktischen Gründen in sechs Abschnitte gegliedert:

1. Zahlen und Karten zum Wachstum der Stadt Lima
2. Gründe der Landflucht
3. Die Tragödie der Stadt (Zustand in den Elendsvierteln)
4. Gemeinsamer Einsatz von Mitarbeitern der Basler Mission und der katholischen Missionsgesellschaft Bethlehem, Immensee, in Elendsvierteln
5. Verlagerung der Arbeit ins Bergland (Mantaro-Tal), Förderung des Weberhandwerks
6. Situation der Kirchen in Peru

Film: Liebe zum Imperium Anlage 6

60 Min., s/w, Dokumentarfilm

Im letzten Drittel des vergangenen Jahrhunderts gingen abenteuerlustige Männer daran, in fremden Erdteilen Ländereien für Deutschland zu erwerben. Sie waren von der Notwendigkeit überzeugt, für das deutsche Volk Raum in der Welt schaffen zu müssen. Der wachsenden Industrie sollten Rohstoffe und Absatzmärkte nach britischem und französischem Vorbild beschafft werden. Der Film zeigt am Beispiel des deutschen Kolonialeroberers Dr. Carl Peters, der die Kolonie Deutsch-Ostafrika (heute: Tansania) gründete, welche Ungerechtigkeiten in dieser Zeit geschahen.

Statement zu den Folgen des Kolonialismus

Anlage 7

Was haben die Weißen aller Nationen, seitdem die fernen Länder entdeckt sind, mit den Farbigen getan? ... Wer beschreibt die Ungerechtigkeiten und Grausamkeiten, die sie im Laufe der Jahrhunderte von den Völkern Europas erduldet? ...

Eine große Schuld lastet auf uns und unserer Kultur. Wir sind gar nicht frei, ob wir an den Menschen draußen Gutes tun wollen oder nicht, sondern wir müssen es. Was wir ihnen Gutes erwiesen, ist nicht Wohltat, sondern Sühne. Für jeden, der Leid verbreitet, muß einer hinausgehen, der Hilfe bringt. Und wenn wir alles leisteten, was in unseren Kräften steht, so haben wir nicht ein Tausendstel der Schuld gesühnt. Dies ist das Fundament, auf dem sich die Erwägungen aller "Liebeswerke" draußen erbauen müssen.

A. Schweitzer

Komm, wir teilen das Essen

Anlage 8

Komm, wir teilen das Essen,
mein Bruder.
Komm, wir teilen, was wächst
auf der Welt.

Käse, Konserven und Schinken
und Fisch, Obst und Wein und
Milch auf den Tisch.
Für mich.

Komm, wir teilen den Schmerz,
mein Bruder.
Da kriegst du den größeren
Teil.

Beruhigungsmittel und Rönt-
genstrahlen, Penicillin -
alles ohne Bezahlen.
Für mich.

Komm, wir teilen die Welt,
mein Bruder.
Apartheid heißt, alle sind
gleich.

Fleisch für mich und Reis für
dich.
Mir Eier zum Tee und Reis für
dich.
Es ist gut für mich und der
Reis ist für dich.

Und eine Handvoll Reis, gera-
de eine Handvoll (wenn du
Glück hast). Für dich.

Die Schmerzen für dich, die
Pillen für mich. Bazillen
für dich und Spritzen für
mich.
Du stirbst zwar jung, aber
lang lebe ich. Und eine klei-
ne Klinik, so eine fahrbare
Klinik (für hunderttausend
Menschen eine). Für dich.

Euer Land für uns, und meines
für mich.
Sand für euch, und Acker für
mich.
Die Reste für dich, und das
Beste für mich.

Schulen und Brücken, Straßen,
Traktoren, Öl, Büchereien
und Flugzeugmotoren.
Für mich.

Und ein letztes Eckchen, wirklich ein nettes Eckchen (wenn
du invalid bist).
Für dich.

Komm, wir teilen den Krieg,
mein Bruder,
Komm, wir teilen all seinen
Schrecken.

Frieden für mich, Napalm für
dich.
Handel für mich, Gewalttat
für dich.
Weit vom Schuß ich, Dableiben
für dich.

Krüppel, Waisen, Flüchtlingsscharen, Dörfer, die einmal
Dörfer waren, für dich.

Und ein bißchen schlechtes
Gewissen, nur ein leichtes
Zwacken (gar nicht sehr oft)
für mich.

Komm, wir teilen den Wohlstand, mein Bruder.
Komm, wir teilen, was du
hast.

Gold für mich und Schund für
dich,
Christus für mich, der Teufel
hol dich.
Zwei Punkte für mich, und keinen für dich.

Glücksspiele, Bomben und
Drogen in Massen,
Geld zum Verbrennen, Verlieren, Verprassen für mich.

Und etwas Wohlfahrt, eben etwas Wohlfahrt (wenn es sich
machen läßt) für dich.

J.E. Stringfellow in: H. Stapperfenne, Alles in schönster Ordnung, Wuppertal 1970 (Jugenddienst-Verlag), S.34 f.

<u>Film: Fünf Rappen für ein Kilo Bananen</u> <u>Anlage 9</u>

11 Min., Farbe, Dokumentarfilm

Der Film schildert die Tätigkeit und wirtschaftliche Stellung der United Fruit Company in Guatemala, der mit rund 5000 ha Land kleinsten Niederlassung dieses nordamerikanischen Konzerns. Der Bananenanbau mit nur 300 Arbeitern bringt millionengroße Umsätze. Monokulturen wie diese sind aber mitbestimmend für die Schwierigkeiten in den Entwicklungsländern. Und diese Monokulturen, im Besitz weniger und zumeist auch ausländischer Kapitaleigner, belassen die Länder in ihrer Rückständigkeit und wirtschaftlichen Abhängigkeit. Fünf Rappen für 1 Kilo Bananen! Das fragwürdige Verhältnis zwischen uns und den Ländern der Dritten Welt wird sozusagen in den Supermarkt hineingetragen.

Film: Wagnis und Gewissen

28 Min., s/w, Dokumentarfilm

Auf der Insel Penang in Malaysia wird nach dem Willen des Wohnungsbauministers eine Siedlung für 20 000 Menschen der unteren sozialen Schichten, für Landflüchtige und Slumbewohner gebaut. Der Planungsstab des Ministers entscheidet sich nicht für einheimische Firmen, sondern für die deutsche Baufirma "Hochtief". Diese stellt aus Fertigteilen mehr als 20 Stock hohe Häuser her. Das ganze Verfahren benötigt kaum Arbeitskräfte aus dem Land. Nach zwei Jahren ist das Bauprojekt beendet. Doch die Häuser werden nicht von den Landflüchtigen bezogen, sondern von der Mittelschicht. Die Miete erhöht sich stark durch die wesentlich höheren Baukosten. Die Baufirma "Hochtief" glaubt nicht, daß es sich bei diesem Projekt um Entwicklungshilfe handelt. Es sei unternehmerisches Wagnis, das schließlich den Menschen dort auch helfe. Doch das Wagnis wird durch Hermes-Bürgschaften der Bundesrepublik Deutschland abgesichert.

Europäischer Hochmut - Buchauszüge

Anlage 10

Während der Kolonialkämpfe glauben die Afrikaner von den Europäern dieselben finstern Geschichten, d.h. man hielt sie für Kannibalen, die Menschen wegschleppten, um sie in ihren 'großen' auf dem Meer schwimmenden Häusern (Schiffen) zu kochen.

Viele Kolonialeuropäer wären überrascht, wüßten sie, wie die Afrikaner sie sähen - nämlich als 'fremdartige Leute mit einer Haut wie rote Hafergrütze, mit Haaren wie Kuhschwänze, mit barbarischen Sprachen und ohne die geringste Kenntnis von menschlicher Höflichkeit ..., die schreckliche Waffen der Zerstörung mit sich führen' (König Sobhuza I).

aus: R. Kunene, Die Großfamilie, Eine afrikanische Gesellschaftstheorie, Stein/Nürnberg 1971, (Laetare Verlag) S. 88 f. und 92 f.

Die Eingeborenen sind schwarz von Farbe, weiß von Zähnen und stark an Gliedmaßen, sehr geil und unkeusch, daher sie auch nicht lange leben. Sie sind insgemein diebisch, betrügerisch und lügenhaft. Sie sind auch überaus freßhaftig, so daß sie nicht essen, sondern fressen als das Vieh.

aus: O. Dapper, Umständliche und eigentliche Beschreibung von Afrika, 1668

Niemals wäre der Neger von sich aus imstande, eine Pflanzung anzulegen. Es gehört dazu die Planung auf weite Sicht und wissenschaftliche Arbeit des weißen Mannes ... Die körperliche Arbeit ... kann er in dem feuchtheißen tropischen Klima nicht leisten. Die muß er dem Neger überlassen. Der Weiße leistet die geistige Arbeit, er hat die Aufsicht und Leitung. Überall muß er nach dem Rechten sehen.

aus: W. Grotelüschen, Erdkundebuch für höhere Schulen, 1958, S.34 f.

Das Projekt Kojedo in Südkorea — Anlage 11

Film: Kojedo

20 Min., Farbe, Dokumentarfilm

Kojedo ist eine Insel im Süden der Republik Südkorea und bislang ein Gebiet mit ausschließlich ländlichen Strukturen, die typisch für das ganze Land sind, ebenso wie für andere Länder der Dritten Welt. Im dort vor einigen Jahren entstandenen Projekt wird versucht, unter Beteiligung der Betroffenen und der Kirchengemeinde, unter Einsatz von nicht-ärztlichem, sogenanntem paramedizinischen Personal, ein komplettes System der Gesundheitsvorsorge für diese Insel aufzubauen. Es verzichtet dabei auf die Kopie westlicher Muster der Gesundheitsvorsorge und paßt seine Methoden der gegebenen Situation an. Dazu gehört der Verzicht auf aufwendige Hospitäler. Nach Überzeugung der Verantwortlichen können rund 90 % aller vorhandenen Krankheiten mit Hilfe von Gesundheitserziehung und Vorbeugung durch den praktischen Arzt und in der Einfachklinik behandelt werden. Nur 10 % benötigen die aufwendige Hilfe der teuren hochspezialisierten Institution Krankenhaus.

Gezeigt wird nicht nur ein exotisches Modell, sondern auch dessen Bedeutung für einige gesundheitspolitischen Probleme in den industrialisierten Ländern. Gleichzeitig wird die Frage gestellt, ob die Tatsache, daß im Projekt Kojedo Christen arbeiten, für die Arbeit relevant ist. Die Praktiken und Strategien von Kojedo haben bei gesundheitspolitisch Interessierten weltweite Aufmerksamkeit gefunden, so z.B. bei der Weltgesundheitsorganisation der Vereinten Nationen.

Anstelle des Filmes kann auch die Diaserie "Modell Kojedo" eingesetzt werden.

Filme zu entwicklungspolitischen Projekten der Kirchen

Anlage 12

Film: Ein Brunnen für 4000

30 Min., Farbe, Dokumentarfilm

Der Film berichtet über einige durch "Brot für die Welt" nach langer Dürrezeit geförderte Projekte wie Brunnenbau, Dammbau und Aufforstung. Außerdem wird Einblick in die Organisation "Brot für die Welt" vermittelt, in die Kriterien für Projektbewilligung und die Herkunft der finanziellen Mittel.

Film: Tierra Nueva

30 Min., Farbe, Dokumentarfilm

Nach dem Erdbeben von 1976 waren in Guatemala City über eine Million Bewohner obdachlos. Besonders die steilen Abhänge, an denen die Armen wohnten, waren betroffen. Der Film schildert, wie sich 4000 Menschen das Siedlungsrecht an anderer Stelle erkämpften. Der Aufbau von 800 Häusern und Gemeindeeinrichtungen entspringt einer der von "Brot für die Welt" geförderten Selbsthilfe-Initiativen.

Tondia- und Diaserie zur Entwicklungshilfe

Anlage 13

Tondiaserie: Mache meine Augen hell

32 Dias, 22 Min., Farbe

Ch. Orzechowski war drei Jahre als Entwicklungshelferin in einem Indiodorf in Bolivien tätig. Sie kümmerte sich dort um Kinder und um Erwachsene und richtete u.a. Alphabetisierungskurse ein. Zurückgekommen bilanziert sie ihre Tätigkeit und stellt fest, daß unser Bild von der Dritten Welt nicht stimmt, daß unsere Arroganz ganz fehl am Platz ist. Die Bilder wurden dem gleichnamigen Bildband entnommen.

Diaserie: Information aus Bolivien

21 Dias, Farbe

Die Reihe schildert die Probleme Boliviens und zeigt u.a. Projekte von Terre des Hommes (Clinomobil und Kindertagesstätten in einem Elendsviertel am Stadtrand von La Paz). Die Reihe möchte den Betrachter zur konstruktiven Hilfe für die Kinder in Not motivieren.

Auslegung zu Apg 3,1-8 Anlage 14

Almosengeben gehört zur traditionellen biblischen Frömmigkeit wie die Bettelarmut zum orientalischen Straßenbild. Die Bibel selbst entwickelt aber eine - wenn man so will, utopische - Alternative zu solcher Wohltätigkeit, die im Grunde kein Wohl tut, weil sie das Übel nicht angreift. Auch am Tor des Tempels zu Jerusalem saßen die Krüppel und fristeten ihr Bettlerdasein mit Hilfe der Frommen. Von Petrus und Johannes wird erzählt, wie sie die bescheidene Erwartung eines lahmen Bettlers durchbrachen: "Petrus aber blickte ihn an mit Johannes und sprach: Sieh uns an... Silber und Gold besitze ich nicht: was ich aber habe, das gebe ich dir: Im Namen Jesus Christi des Nazoräers (steh auf und) wandle! Und er ergriff ihn bei der rechten Hand und richtete ihn auf. Sofort aber wurden seine Füße und seine Knöchel fest, und er sprang auf, stellte sich hin und wandelte: und er trat mit ihnen in den Tempel ein, indem er wandelte und sprang und Gott pries." (Apg 3,4-8)

Das ist messianische Wohltätigkeit: sie stellt auf die eigenen Füße, festigt die Knöchel und macht den Hilfsbedürftigen stark und unabhängig. Die untertänigen Segenswünsche für den frommen Geber verstummen. Statt dessen tritt ein Mensch, der neuen Sinn empfangen hat, im aufrechten Gang auf die Straße und lobt Gott im Tempel. Die Bibel vermeidet fast ganz die Bezeichnung "Wohltätigkeit", "Wohltäter" wahrscheinlich, weil die sich damit schmückenden Herrscher sie kompromittiert hatten (vgl. Lk 22,25). Aber wenn sie es einmal mit Bezug auf Jesus von Nazareth verwendet, wird klar, was wahres Wohltun ist: Heilen, die vom Teufel Überwältigten befreien (Apg 10, 38). Er hat die Leute nicht mit Almosen abgespeist, sondern Menschen zu ihrem Menschsein verholfen, sie auf den Bettelruf um Erbarmen (vgl. Mk 10,47 ff.) aus Abhängigkeit befreit, aus der Ohnmacht von Verkrüppelung und Blindheit, die einen der Gnade der Mitmenschen ausliefert, und aus der Absonderung der Aussätzigkeit und Besessenheit.

Das zum Aufstehen Verhelfen hat mit Auferweckung und Auferstehung zu tun, was nicht nur das griechische Vokabular zeigt, sondern auch direkt in den anschließenden Apostelpredigten betont wird (Apg 3,15 f.; 4,9 f.), die die Heilung in eine große Perspektive rücken. Die Apostel berufen sich auf den "Nazoräer", den "Knecht Jesu", den "Anführer des Lebens, welchen Gott von den Toten auferweckt hat". Der Nazoräer, das ist der Außenseiter aus Nazareth, der mit der Proklamation umfassender Befreiung Anstoß erregte und den Tod riskierte (Lk 4,18 ff.) ... in seinem Geiste und in der Kraft seiner Auferstehung handeln die Apostel, wenn sie das Almosen verweigern und den Verkrüppelten, das krumme Holz, zum aufrechten Gang aufrichten. Die gelehrten Kommentatoren machen sich Sorge, ob es wohl stimmte, daß die Apostel kein Gold und Silber hatten, da sie doch über die Verteilung der Spenden verfügten... Als ob die Geschichte nicht gerade illustrieren soll, wie das Zeugnis vom auferweckten Jesus, den Nazoräer, die üblichen Verhaltensweisen und Erwartungen sprengt. Petrus hätte doch nicht mit demselben - messianischen - Recht sagen können: Im Namen Jesu Christi, ich gebe dir statt einem zwei Dinare oder so ähnlich. In diesem Namen läßt man es mit den Almosen sein. Die zum ewigen Betteln ausgestreckte Hand wird ergriffen, um dem Bettelleben für immer ein Ende zu setzen... Nicht zufällig wird die Heilung des Bettlers zum Ausgangspunkt eines Konflikts mit den Hütern von Ordnung, Lehre und Tempel. Die Gemeinde rüstet sich dafür, indem sie eine materielle Basis schafft für die Gemeindeglieder, die nicht zuletzt durch die Jesus-Nachfolge in Existenzunsicherheit geraten sind (Apg 4,32-37)... Das ist es, wo das ... Gold und Silber bleibt. Es dient der Freiheit, Gleichheit und Brüderlichkeit der Gemeinde, die Voraussetzung ihres Zeugnisses sind.

aus: B. Wielanga, Vom aufrechten Gang des armen Lazarus, in: Junge Kirche, Heft 12/1973, S. 727 ff.

<u>Film: Gute Botschaft für Indien</u> <u>Anlage 15</u>

28 Min., Farbe, Dokumentarfilm

Bericht zur Frage, welchen Sinn Mission heute hat. Selbstzeugnisse von Hindus und Christen zeigen, daß die Weitergabe der christlichen Botschaft an Menschen anderer Religionen auch heute einen Sinn hat, daß die Mission als Austausch gegenseitige Bereicherung bringt, ohne auf das Besondere der christlichen Botschaft zu verzichten.

"Haben" oder "Sein"? Anlage 16

Die Falschheit des Reichtums besteht, daß wir das, was wir haben, mit dem verwechseln, was wir sind. Wir denken, wir wären mehr, wenn wir mehr haben. Wir kaufen einen schicken Wagen und denken, dieser Wagen wäre nun ein Teil unserer selbst, wie ein weiteres Glied unseres Körpers... Wenn die anderen unseren Wagen bewundern, fühlen wir uns, als ob sie uns selbst bewunderten. Wir betrachten die Dinge, die uns gehören, als ob sie ein Teil unserer selbst wären, wie eine Schnecke, die ein Haus mit sich herumschleppt, das nicht ihr eigenes ist.

Und darum ist Besitz eine Verfälschung unserer selbst...

aus: E. Cardenal, Die Stunde Null, Wuppertal 1980 (Hammer)

AUF GEWALT VERZICHTEN

Religionspädagogische Überlegungen zum Thema

Diese Unterrichtseinheit möchte das christliche Engagement für den Frieden begründen und Wege dazu aufzeigen. Sie nimmt damit Bezug auf andere Fächer, deren Lehrpläne für diese Altersstufe ebenfalls die Gewaltproblematik und den Fragenkreis "Krieg und Frieden" anschneiden. Der christliche Glaube hat dazu - ausgehend vom biblischen Zeugnis über Haltungen und Lebenszeugnisse aus der Kirchengeschichte bis hin zur Frage nach dem heutigen Beitrag von Kirche und Christen für den Frieden - einen besonderen Beitrag zu leisten.

Jesu Seligpreisung der Friedensstifter wird durch sein Wort und Verhalten sowie in anderen neutestamentlichen Zeugnissen ausgelegt als Kreuzesnachfolge: An die Stelle von Gewaltanwendung tritt die Zumutung, auf Gewalt zu verzichten, Unrecht zu leiden und so Jesus nachzufolgen (1 Petr 2,21). Christen haben daher früher und heute immer wieder versucht, inmitten von Gewalt und Unrecht den Weg der Gewaltfreiheit und des Leidens zu gehen (LZ 1).

Für die Kirchen in Deutschland, die sich von der Reformation Luthers herleiten, bleibt der Bauernkrieg von 1525 und Luthers Stellungnahme dazu ein Grunddatum, das im Kontext der Gewaltproblematik eine intensivere Beschäftigung verdient. Luthers Äußerungen werden daher in den weiteren Zusammenhang anderer theologischer Stellungnahmen gerückt. Entscheidend dabei bleibt, wie weit Luther sich mit Recht bei seinen Äußerungen auf den christlichen Glauben berufen kann oder nicht (LZ 2).

Die Grundsatzfrage nach Notwendigkeit und Grenzen staatlicher Gewalt steht im LZ 3 zur Diskussion. Der Altersstufe gemäß ist auf eine breitangelegte systematisch-theologische Ausarbeitung verzichtet. Der privaten Abrechnung, die leicht zur Rache ausarten kann, wird die Ordnungsmacht der staatlichen Gewalt gegenübergestellt, die der Abwehr des Bösen und der Förderung des Guten dient. Wenn aber der Staat, der das Schwert trägt, um dem Unrecht zu wehren, sich selber zum Handlanger des Unrechts macht, bricht die Frage nach den Grenzen der Gehorsamspflicht gegenüber dem Staat auf. Dies wird an konkreten Beispielen der jüngeren Geschichte und Kirchengeschichte dargestellt. Besondere Aufmerksamkeit verdienen Formen der gewaltfreien Aktion, die im Hinhören auf die Bergpredigt Jesu entstanden sind und deren Anwendungsmöglichkeit in den persönlichen und politischen Bereich hineinreichen. Dies führt zur Überlegung: was bedeutet die Übernahme der Verantwortung für das Leben unter dem Vorzeichen des Gewaltverzichts in unserem Alltag? (LZ 3)

Im Blick auf die zukünftige eigene Entscheidung der Schüler zwischen Wehrdienst und Kriegsdienstverweigerung wird das LZ 4 entfaltet: Während auf der einen Seite Christen die

Gewissensentscheidung für den Wehrdienst treffen, verweigern andere unter Berufung auf den christlichen Glauben den Kriegsdienst. Beide wollen damit dem Frieden dienen und wissen, daß ihr Verhalten zeichenhaft auf den Abbau jeder Gewalt gerichtet sein muß. Hierbei muß besonders beachtet werden, daß der Charakter der Gewissensentscheidung erlebbar wird, die nicht nur rational Argumente abwägt, sondern "Leib und Seele" miteinbezieht.

Als möglicher weiterer Schritt wird angeboten, über bedenklichen Umgang von Christen mit Macht zu handeln und dabei nicht nur Vergangenheitsbewältigung zu treiben, sondern zugleich den Blick für fragliche Verhaltensmuster zu schärfen. Denn die Gefahr des Mißbrauchs steht heute wie früher im Raum.

Literatur

a) Zur Information des Lehrers:

Die Denkschriften der Evangelischen Kirche in Deutschland. Frieden, Versöhnung und Menschenrechte, Bd 1/2, Gütersloh 1978 (Gütersloher Verlagshaus Gerd Mohn)

U. Duchrow/G. Scharffenorth, Konflikte zwischen Wehrdienst und Friedensdiensten, Stuttgart/München 1970 (Klett/Kösel)

Evangelischer Erwachsenenkatechismus, Gütersloh 1975 (Gütersloher Verlagshaus Gerd Mohn), S.291-306

G. Forde, Wo Gott den Menschen trifft, Stuttgart 1976 (Kreuz Verlag)

W. Huber/G. Liedke, Christentum und Militarismus, Stuttgart/München 1974 (Klett/Kösel)

H. Schmidt, Frieden, Stuttgart 1969 (Kreuz Verlag)

H. Vogt, Konfessionskrieg in Nordirland, Stuttgart/München 1973 (Calwer Verlag/Kösel)

Weltweite Hilfe, Information für die Gemeinden in Hessen und Nassau, Nr. 4/1979 (Evangelische Arbeitsgemeinschaft für Erwachsenenbildung, Schillerstraße 58, 7500 Karlsruhe)

b) Arbeitsmaterial für den Unterricht:

D. Brummack u.a., Anpassung oder Wagnis, Frankfurt 1973 (Diesterweg)

H. Gutschera/J. Thierfelder, Brennpunkte der Kirchengeschichte, Paderborn 1976 (Schöningh)

D. Haas u.a., Martin Luther - Vom Risiko der Freiheit, Lahr 1980 (Kaufmann)

H. und U. Halbfas, Das Menschenhaus, Zürich/Stuttgart/Düsseldorf 1972 (Benziger/Calwer Verlag/Patmos Verlag)

M. Hartenstein, Lesebuch für den Religionsunterricht R 9/10, Stuttgart 1969 (Calwer Verlag)

AV-Medien

Filme:

Christen im Ghetto, EMZ 1: F 438; EMZ 12: KF 351

Josef Schulz, EMZ 12: KF 183

Diaserie:

Die Macht der Machtlosen, EMZ 1: D 335; EMZ 12: 18.44

Übersicht über die Unterrichtseinheit

Lernziele	Inhalte
1. Sich mit Gewaltverzicht und Leiden als Zumutung des christlichen Glaubens auseinandersetzen	Mt 5,38 ff., Mt 5,21 ff. Ein Beispiel von Gewaltverzicht aus der Alten Kirche oder der Gegenwart
2. An Stellungnahmen zum Bauernkrieg die Spannung zwischen Rechtfertigung von Gewalt und Gewaltverzicht erörtern	Lage und Forderungen der Bauern Luthers Mahnungen an die Bauern und Fürsten Luthers politische Wirkung
3. Auf dem Hintergrund der Bergpredigt über Notwendigkeit und Grenzen staatlicher Gewalt nachdenken	Christen respektieren die staatliche Gewalt (Röm 13,1-7) Christen im Konflikt mit dem Staat: Gewaltsamer Widerstand als letzter Ausweg? Gewaltfreier Widerstand als christliche Alternative?
4. Sich auf die Gewissensentscheidung für oder gegen den Dienst mit der Waffe vorbereiten	Aus der Geschichte, z.B. Die Quäker in den USA Die Mennoniten in Preußen Christliche Stellungnahmen zum Wehrdienst in der Bundesrepublik
Möglicher Zusatz:	
5. An Beispielen zeigen, wie Christen der Versuchung der Macht erlegen sind	Irrwege der Verquickung von Religion und Macht, z.B. - Verfolgung von Heiden in spätrömischer Zeit - Kampf gegen Ketzer - Kreuzzüge - Judenverfolgungen - Glaubenskriege - Kriegspredigten im 1.Weltkrieg u.a.

Lernziele	Inhalte	Medien/ Verfahren	Didaktische Hinweise
1. Sich mit Gewaltverzicht und Leiden als Zumutung des christlichen Glaubens auseinandersetzen			LZ 1-3 bilden einen inneren Zusammenhang in dieser Ausarbeitung: das Verhältnis des Menschen zur Gewalt
1.1 Sich mit Jesu Forderung nach absolutem Gewaltverzicht auseinandersetzen	Provokation der Forderung Jesu: kein Widerstand gegenüber dem Bösen (Mt 5, 38 ff.)	Fragebogen zur Gewaltanwendung im Alltag (Bedeutung von Gewalt bei der Durchsetzung von Ansprüchen; Gewalt und Gewaltverzicht im Miteinander von Menschen und Völkern; Gewalt in den Massenmedien; Einschätzung/Bewertung von Gewalt und Gewaltverzicht) - W. Toman, Halt ihm die andere Wange hin, in: Anpassung oder Wagnis, Nr.30	wird bewußtgemacht, die christliche Position von der Bergpredigt her entwickelt und die Bedeutung für das Verhältnis des Christen zum Staat dargelegt. Kirchengeschichtlicher Hintergrund ist die Rolle, die dem christlichen Bekenntnis zum Gewaltverzicht in der Reformation angesichts des Bauernkrieges zuteil wird.
1.2 Die umfassende Verantwortung für Leben und Frieden als Horizont von Jesu Forderung verstehen	Gewaltverzicht als Aspekt der Reich-Gottesbotschaft: Seligpreisungen (Mt 5, 2-11); Jesu Auslegung des 5. Gebots (Mt 5, 21 ff.); Gestalt der Nachfolge (Mt 16,24 f.)	Song: Hört, wen Jesus glücklich preist; Berrigan: Der korrigierte Christus (Anlage 1) Tafelanschrift: "Leben und Tod" (Anlage 2) Film: Christen im Ghetto, 30 Min., Farbe, Dokumentarfilm über die Situation der christlichen Kirchen in Nordirland: Versuch der Überwindung des Hasses und Abbau des Mißtrauens (aus dem Jahr 1972)	- Die Forderung Jesu in der Bergpredigt, auf jede Art von Gewaltanwendung zu verzichten und eher Leiden auf sich zu nehmen, ist zunächst eine Provokation im Blick auf das alltägliche Verhalten und die in der Öffentlichkeit vorgenommenen Wertsetzungen (LZ 1.1). Die Forderung Jesu kann nur dem verständlich werden, der den Horizont mitsieht, in dem sie steht: Proklamation des Lebens über dieser Welt und Zurückdrängung des Todes als Zeichen für die im Anbruch befindliche Gottesherrschaft Jesu.
1.3 Das Verhalten Jesu als Auslegung seiner Forderung erkennen	Jesu Dasein für andere bis zu Leiden und Kreuz (Mk 10,45)	Hundertguldenblatt (Rembrandt) z.B. in Handzeichnungen und Radierungen zur Bibel (Kaufmann u.a.)	Glaubwürdig erscheint diese Botschaft vor allem auf dem Hintergrund

Lernziele	Inhalte	Medien/ Verfahren	Didaktische Hinweise
1.4 Am Beispiel zeigen, wie Christen versucht haben, sich diesem Anspruch Jesu zu stellen	Kreuzesnachfolge als Folge von Gewaltverzicht, z.B. Märtyrer der alten Kirche, Beispiele aus neuerer Zeit	Martin von Tours: Mutiger Gewaltverzicht (Anlage 3) Der Mut des Lammes (Anlage 4) Der Marsch der schwarzen Kinder von Selma (Anlage 5)	von Jesu eigenem Verhalten (LZ 1.3). Das Rembrandtbild ermöglicht eine zusammenfassende Schau: Jesus stellt sich vor das Denkmal des Todes und schafft ein neues Zentrum des Lichts. Er achtet nicht auf die Beratung derer, die seinen Tod planen; durch ihn werden Leben und Dasein für andere neu möglich: er hat dem Tod die Macht genommen. - Auch im Verhalten seiner Jünger und Bekenner findet diese Verhaltensweise sich wieder (LZ 1.4).
2. An Stellungnahmen zum Bauernkrieg die Spannung zwischen Rechtfertigung von Gewalt und Gewaltverzicht erörtern		Zum Gesamten: H. Gutschera/ J. Thierfelder, Brennpunkte der Kirchengeschichte, S.138-140 D. Haas u.a., Martin Luther, Im Risiko der Freiheit, S.8-16	Wo immer im evangelischen Bereich die Frage nach der Berechtigung von Gewaltanwendung, insbesondere was staatliche Gewalt betrifft, auftaucht, kommt die Zwei-Reiche-Lehre Luthers ins Spiel. Grundzüge davon sind in der Auseinandersetzung mit dem Bauernkrieg entwickelt worden, und Luthers Verhalten in dieser Frage zeigt Stärken und Probleme dieser theologischen Position in aller Deutlichkeit. - Die Nähe zum Geschichtsunterricht läßt Zusammenarbeit mit
2.1 In Grundzügen über die wirtschaftliche und soziale Lage der Bauern berichten	Leiden unter wirtschaftlicher Not; Willkür und Rechtsunsicherheit; Hoffnung auf Verbesserung der Lage (sozialethischer Impuls des Evangeliums)	Zu 2.1: Im Risiko der Freiheit, S.8f. oder Friedental, Luther, S.479 f. und Leiden aus der Zeit des Bauernkrieges (Anlage 6)	

Lernziele	Inhalte	Medien/ Verfahren	Didaktische Hinweise
2.2 Die Bedeutung der 12 Artikel der Bauernschaft erkennen und über ihre Berechtigung nachdenken	Inhalte der 12 Artikel der Bauern; Reform oder Revolution?	Gruppenarbeit (1): Forderungen der Bauern formulieren und mit den 12 Artikeln vergleichen; Im Risiko der Freiheit, S. 9-11. Diese Gruppe kann auch die Lieder (s.2.1) einüben und in der Klasse vorführen	dem Geschichtslehrer wünschen. Um den Schülern die Bedeutung der Argumentation in lebensgeschichtlichen Zusammenhängen nahezubringen, läßt sich folgendes Vorgehen denken: 1) Vortrag zur Lage der Bauern; 2) Gruppenarbeit zu Katalog der Bauernforderungen;
2.3 Luthers Aussagen zum Bauernkrieg kennenlernen und kritisch befragen	Luthers Schreiben an Bauern und Fürsten vor und nach dem Bauernkrieg (in Auszügen) im Vergleich zu Aussagen Müntzers	Gruppenarbeit (2): Vergleich von Luthers und Müntzers Verhalten im Bauernkrieg; Im Risiko der Freiheit, S.11-14; Vortrag der Gruppenergebnisse, Besprechung der jeweiligen Argumentation	3) Szenisches Spiel: Berichte von geschehenem Unrecht - Liedersingen; 4) Klassengespräch: 12. Artikel der Bauern; 5) Szenisches Spiel: Antworten von Müntzer und Luther zu den Artikeln mit 6) anschließendem Streitgespräch: Wer
2.4 Die Auswirkungen von Luthers Stellungnahmen erörtern	Verlauf und Ende des Bauernkrieges; Enttäuschung der Bauern - Parteinahme für die Fürsten?	Im Risiko der Freiheit, S.14-16; Anregungen zu einer kritischen Würdigung der Positionen, in: Brennpunkte der Kirchengeschichte, S.140	hat recht, Luther oder Müntzer? 7) Bericht vom Ende des Bauernkrieges und 8) Klassengespräch zu der Bedeutung des Ansatzes für uns heute. Damit sind wichtige Argumente zur Sprache gekommen, die im gegenwärtigen Denken über die Grenzen staatlicher Gewalt eine Rolle spielen. LZ 3 greift diese Frage auf.

Lernziele	Inhalte	Medien/ Verfahren	Didaktische Hinweise
3. Auf dem Hintergrund der Bergpredigt über Notwendigkeit und Grenzen staatlicher Gewalt nachdenken			Ausgehend von der Frage, wie der Einzelne vor gewalttätigen Übergriffen geschützt werden kann, wird der
3.1 Zu unterschiedlichen Verhaltensweisen gegenüber einem Angreifer Stellung nehmen	Reaktionen bei einem Angriff: Abwehr; Selbstjustiz; Rache und Vergeltung; Notwehr	Gespräch über Gewaltanwendung und Recht anhand aktueller Fälle mit dem Ziel, die Funktion staatlicher Gewalt zu verdeutlichen (Schutz der Grundrechte, Verhältnismäßigkeit der Mittel, richterliche Nachprüfbarkeit)	Rechtsschutz durch die soziale Gemeinschaft der privaten "Abrechnung" gegenübergestellt. Notwehr hat dennoch recht eingeschränkte Funktion. Entsprechend beschreibt Röm 13,3 f. die
3.2 Staatliche Gewalt als Mittel zur Begrenzung von Gewalt und Unrecht verstehen	Röm 13,3.4: Regierung als ordnende und Recht verschaffende Macht; Insoweit: Achtung und Gehorsam		Schutzfunktion staatlicher Gewalt als Mittel gegenüber verbrecherischer Gewalt. Bestimmungen über den "Einsatz" polizeilicher Gewalt in der BR Deutschland unterstreichen diesen Zweck als kontrollierte, klar begrenzte Gewaltanwendung.
3.3 Grenzen der Gehorsamspflicht gegenüber dem Staat beispielhaft aufzeigen	Widerstand gegenüber Unrecht schaffender und tyrannischer Regierung; die Situation von Christen im Dritten Reich, z.B. Paul Schneider, Kaj Munk, Dietrich Bonhoeffer	zu P. Schneider; Hartenstein, Lesebuch, S.212 f. und Anlage 7 zu K. Munk (Anlage 8) zu D. Bonhoeffer: Anpassung oder Wagnis, S.120-122	Die öffentliche Debatte problematisiert diese Grundentscheidung, wenn etwa der "gezielte" Todesschuß für Verbrecher oder die Wiedereinführung der Todesstrafe gefordert wird (LZ 3.1 - 3.2). An einem ausgewählten Beispiel ist das Problem des Widerstands gegen die
		zu 3.4 und 3.5: Diaserie "Die Macht der Machtlosen" (in Auswahl)	staatliche Gewalt zu verhandeln (LZ 3.3 und 3.4). Dabei wird deutlich, daß sich für die Christenheit diese Frage neu gestellt hat und jeweils neu stellt, wenn

Lernziele	Inhalte	Medien/ Verfahren	Didaktische Hinweise
3.4 Gewaltfreie Aktionen als Formen der Auseinandersetzung im Sinne der Bergpredigt bedenken	Gewaltfreie Aktionen, z.B. bei M. Gandhi, M.L. King, D.H. Camara; Versuche bei Bürgerinitiativen in der BR Deutschland	zu Gandhi vgl. die Geschichtsbücher zu M.L. King: Anpassung oder Wagnis, S.113 zu D.H. Camara: Anpassung oder Wagnis, S.115 zu Bürgerinitiativen: Anlagen 10-12 zum Problem als Diskussionsgrundlage die Thesenreihe (Anlage 13)	die Regierung der ihr von Gott zugesprochenen Verantwortung aktiv widerspricht. In der Vergangenheit war das im Dritten Reich der Fall (LZ 3.3). Der notwendige Widerstand des Christen muß sich zum Kriterium der Gewaltfreiheit stellen. Auch wo staatlicherseits die Grenzen der Gewalt
3.5 Möglichkeiten zur Einübung des Vermeidens von Haß und Gewalt im Lebensbereich der Schüler entdecken	Fürbitte für Feinde und Gegner; Sich-Verweigern bei unrechter Tat; Eintreten für Benachteiligte und Unterdrückte; Mitarbeit bei entsprechenden Organisationen (z.B. Amnesty International)	Erstellung eines Wandfrieses, der Fälle und Handlungsmöglichkeiten demonstriert und durch Anfragen und Zitate zu werten versucht; Material von Amnesty International bei AI, Limburgstraße 5, 7000 Stuttgart	überschritten werden, kann er nicht mit Gewalt vorgehen. In einem demokratischen Staat wird er aber alle nur möglichen legitimen Wege beschreiten: damit setzt er sich öffentlicher Kritik aus. In den Bürgerinitiativen ist dieses Problem evident geworden. - Will man die Unterrichtseinheit mit dem LZ 3 abschließen, so sollte man die Palette verantwortbaren christlichen Umgangs mit Gewalt und Gegengewalt in der ganzen Vielfalt der Möglichkeiten dokumentieren.

Lernziele	Inhalte	Medien/ Verfahren	Didaktische Hinweise
4. Sich auf die Gewissensentscheidung für oder gegen den Dienst der Waffe vorbereiten			LZ 4.1 und 4.2 sind so darzubieten, daß Vertreter beider Standpunkte die wesentlichen Gründe ihrer Auffassung dargeboten wissen. Zugleich dient die Information den Schülern als Anregung, Argumente zu sichten und zu prüfen, sowie eine eigene Meinung zu erarbeiten. Das Rollenspiel in LZ 4.3 nimmt diese Intention so auf, daß zwei Schülergruppen je einen Standpunkt darlegen, begründen und sich kritischen Fragen aussetzen. Die Befragung - in der äußeren Form dem staatlichen Verfahren entleihbar - nimmt neben den Argumenten von LZ 4 auch die Probleme von LZ 1-3 auf. Im abschließenden Klassengespräch sollte die Komplementaritätsthese aufgenommen werden. In ihr spiegeln sich die unterschiedlichen Standpunkte in Gesellschaft und Kirche. Insgesamt sollte deutlich werden, daß auch im Sinne der These von der Komplementarität doch die gewaltlose Aktion und der Verzicht auf jede Form von Krieg christliches Ethos eher bestimmen.
4.1 Darlegen, wie Christen die Beteiligung am Wehrdienst begründen	Friedensdienst mit Waffe; Dienst des Soldaten als Vollzug des weltlichen Regiments; Friedensdienst durch Abschreckung; Rolle der Militärseelsorge in der Bundesrepublik	Luther zum Kriegsstand (Anlage 14) Thesen über "Atomzeitalter - Krieg und Frieden" (Anlage 15) Interview mit einem Militärdekan in "Weltweite Hilfe. Information für die Gemeinden in Hessen und Nassau", Sonderheft 4/1979, S.73	
4.2 Darlegen, wie Christen die Kriegsdienstverweigerung begründen	Friedensdienst ohne Waffe als zeichenhafte Vorwegnahme des Gottesfriedens, z.B. bei Quäkern (s. UE II 7) oder Mennoniten; Betreuung von Kriegsdienstverweigerern durch die Kirchen	zu den Mennoniten: Anlage 16 Zu christlichen Vertretern der Kriegsdienstverweigerung: Weltweite Hilfe 4/79, S.62 f. Zur Frage der Gewissensprüfung: Weltweite Hilfe 4/79, S.72 f.	
4.3 Sich mit gegensätzlichen Gewissensentscheidungen zu Wehrdienst bzw. Kriegsdienstverweigerung auseinandersetzen	Die These von der Komplementarität; Von der Sachauseinandersetzung zur persönlichen Entscheidung	Vgl. die Denkschrift der EKD: Der Friedensdienst der Christen C.F. v.Weizsäcker zur Komplementarität: Anlage 17 evtl. Rollenspiel: Gewissen auf dem Prüfstand	

Lernziele	Inhalte	Medien/ Verfahren	Didaktische Hinweise
Möglicher Zusatz:			Dieser Zusatz ermöglicht es, sich kritischen Anfragen zu stellen, die auf dunkle Flecken in der Kirchengeschichte hinweisen. Moralische Überheblichkeit ist hier allerdings genausowenig am Platz wie ein "Alles-verstehen - Alles-verzeihen". Das Ziel ist vielmehr wachsende Selbstkritik und die Stärkung des Mutes, mehr als auf die Mehrheit oder die herrschende Meinung auf das Gewissen zu achten, das durch die Worte Jesu geschärft ist.
5. An Beispielen zeigen, wie Christen der Versuchung der Macht erlegen sind	Irrwege der Verquickung von Religion und Macht z.B. Kreuzzüge, Judenverfolgungen, Hexenverbrennungen, Kolonialismus	"Die streitbare Kirche", in: Brennpunkte, S.87-98 Judenverfolgung, in: Kursbuch Religion 9/10,S.50-52, Anpassung oder Wagnis, S.138 ff. Hexenverfolgung, in: Anpassung oder Wagnis,S.142 und Menschenhaus, S.159-162 Kolonialismus, in: Kursbuch Religion 9/10, S.211 (Bild) und S.217 f. und Menschenhaus, S.157 f.	

Der korrigierte Christus - mit dem Gewehr in der Hand

Anlage 1

Du sollst nicht töten. Liebet einander, wie ich euch geliebt habe. Wenn dein Feind dich auf die rechte Backe schlägt, halte ihm auch die linke hin. In Wirklichkeit ist es doch überall in der Welt so, daß Bürger und Gläubige in gleicher Weise solche Worte als gut und nützlich für die Dekoration von Kirchenwänden oder gestickte Sinnsprüche in der guten Stube ansehen.

Wir sitzen da fest. Christen sitzen mit diesem Christus fest, dem unmöglichen, unbelehrbaren, unverbesserlichen Verlierer. Revolutionäre müssen ihn korrigieren, in die richtige Form bringen. Diese absurde Gestalt, die unter den widrigen Winden der Mächtigen zittert, muß akzeptabel, relevant gemacht werden. Also malt man ihm ein Gewehr in die leere Hand. Jetzt ist er menschlich! Jetzt ist er wie wir.

Wir können nicht gleichzeitig das Evangelium und das Gewehr halten.

Christus verlangt das wortwörtlich Unmögliche. Und dann, wenn wir unsere radikale Hilflosigkeit bekennen, schenkt er, was unmöglich war.

"Der Tod eines einzigen Menschen ist ein zu hoher Preis für die Verteidigung eines Prinzips, und mag es noch so hoch und heilig sein."

Ich bin dankbar, daß ich diesen Satz geschrieben habe. Ich finde heute, acht Jahre später, keinen Grund, ihn abzuändern oder zu widerrufen. Es ist wahr, in diesem blutigen Jahrhundert hat unsere Religion wenig anzubieten, wenig, das nicht vergiftet oder zerbrochen oder mißbraucht ist. Aber eines haben wir: unsere Weigerung, Bomben oder Gewehre gegen die Leiber unserer Brüder und Schwestern zu richten, die wir beharrlich Brüder und Schwestern nennen, auch wenn uns ein kriegslüsterner Staat oder eine kriegsegnende Kirche in Feindschaft gegen sie treiben will.

D. Berrigan, Der Preis ist zu hoch, in: Junge Kirche 5/79 (Verlag Junge Gemeinde, Bremen), S.208 f.

Leben und Tod

Anlage 2

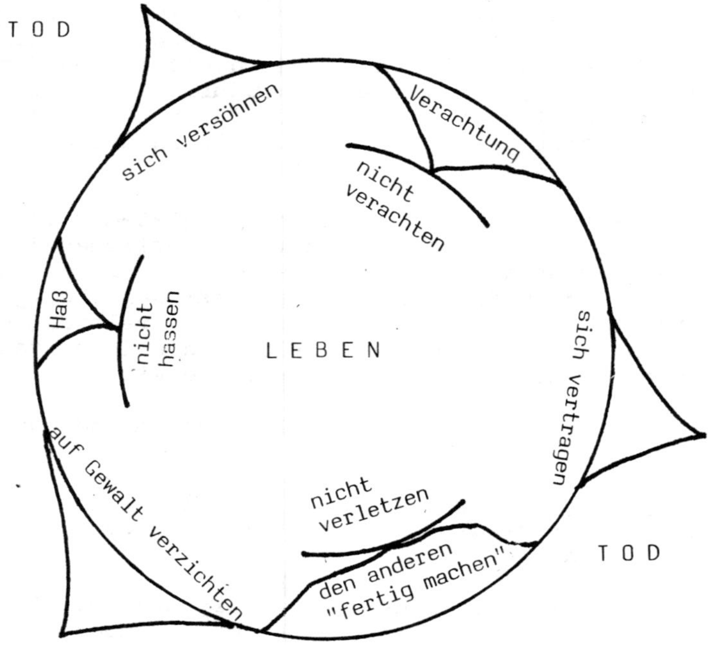

Mutiger Gewaltverzicht

Anlage 3

Unter den Kriegsdienstverweigerern der Alten Kirche ist die bekannte Gestalt des heiligen Martin. In der "Vita sancti Martini" erzählt Sulpicius Severus, Martin sei als Sohn eines kaiserlichen Veteranen zum Kriegsdienst herangezogen worden. Aber: "Unterdessen waren Barbaren in Gallien eingefallen. Kaiser Julian zog bei der Stadt der Vangionen ein Heer zusammen und begann damit, Geldgeschenke unter die Soldaten zu verteilen. Dabei wurde nach der Gewohnheit jeder Soldat einzeln vorgerufen. So kam die Reihe auch an Martinus. Jetzt hielt dieser den Zeitpunkt für günstig, seine Entlassung zu erbitten. Er war nämlich der Ansicht, er habe keine freie Hand mehr, falls er das Geschenk in Empfang nehme, ohne weiter dienen zu wollen. Deshalb sprach er zum Kaiser: 'Bis heute habe ich dir gedient, gestatte nun, daß ich jetzt Gott diene. Dein Geschenk mag in Empfang nehmen, wer in die Schlacht ziehen will. Ich bin ein Soldat Christi, es ist mir nicht erlaubt, zu kämpfen.' Wutschnaubend ob dieser Rede gab der Tyrann zur Antwort, er wolle sich nur aus Angst vor der Schlacht, die für den anderen Tag zu erwarten war, dem

Kriegsdienst entziehen. Doch Martinus blieb unerschrocken...
Er erklärte sich bereit, am nächsten Tag ohne Waffen sich vor der Schlachtreihe aufzustellen und mit dem Zeichen des Kreuzes, aber ohne Schild und Helm, auf die Gegner zuzugehen. Aber die Germanen kapitulierten zuvor, so daß eine Konfrontation ausblieb."

Abgesehen von den Zügen, wo die Figur Martins heiligmäßig stilisiert wird, ist dieser Bericht glaubwürdig.

Der Mut des Lammes — Anlage 4

Der Glaube, der das Zeichen des Kreuzes genommen hat, ist der Mut des Lammes - der Mut, der sich selbst, wenn kein anderer Weg bleibt, zum Lamm machen läßt.

Aber der Mut des Lammes, der Mut Christi ist darum nicht Gefügigkeit, nicht blinder Gehorsam, sondern der Mut, der dem Unrecht und der Unwahrheit, der Gewalt wehrlos in den Arm fällt und so die Gewalt und Bosheit offenbart.

Das Kreuz ist Zeichen eines eigentümlichen Widerstandes gegen Gewalt, gegen Mißbrauch der Gewalt, auch notfalls gegen obrigkeitliche, elterliche oder staatliche Gewalt. Es ist nach dem Gebot der Stunde Zeichen eines besonderen und eigentümlichen Gehorsams und Ungehorsams.

H. Buhr, Glaube - Was ist das?, Pfullingen 1963 (Neske), S.97

Der Marsch der schwarzen Kinder von Selma — Anlage 5

Hundert Kinder und Jugendliche im Alter von neun bis siebzehn Jahren unternahmen einen Schweigemarsch zum Stadthaus.

Sheriff Clark ließ sie von seinen Hilfspolizisten einkreisen. "Und nun hört genau zu!" rief er. "Ihr wolltet unbedingt marschieren. Anscheinend fehlt es euch an Bewegung. Jetzt sollt ihr euren Willen haben!" Die Autos der Polizei hatten einen dichten Kreis um die Kinder gebildet. Jetzt fuhren sie an. Ein paar Jungen versuchten, zwischen den Wagen hindurch auszubrechen, doch Polizisten mit elektrischen Schlagstöcken trieben sie zurück. "Schneller!" rief Jim Clark. Die Autos trieben die Kinder zum Laufschritt. Größere Jugendliche nahmen die Kleinsten in die Mitte. Einer begann zu singen: "Sagt, was ihr wollt - ich mag Jim Clark!" Andere fielen begeistert ein.

Der Sheriff wurde rot vor Zorn. "Schneller!" schrie er. Die Motoren brummten. Die Kinder liefen keuchend. Der Gesang verstummte.
Pfuirufe überschütteten die Polizisten von allen Bürgersteigen. Auch Weiße sahen kopfschüttelnd diesem seltsamen Unternehmen ihres Country-Sheriffs zu. Journalisten schlossen sich den Polizeiautos an und verfolgten den Zug über den Stadtrand hinaus.

Die ersten Kinder weinten erschöpft und verängstigt. Manche blieben zurück, bis die Nähe der Motoren sie zu neuer Anstrengung trieb. Atemlos und schwankend liefen sie weiter. "Etwas langsamer!" befahl Jim Clark. Für eine kurze Strecke konnten die Kinder vom Laufschritt in einen schnellen Schritt fallen, bis sie wieder zu größerer Eile angetrieben wurden. Zwei Meilen vor der Stadt war eine Brücke. Dort hielt der Sheriff die Journalisten an und verbot ihnen, dem Zug zu folgen. Die Kinder wurden jetzt über Weideland getrieben. Sie liefen mit vor Entsetzen geweiteten Augen.
"Sheriff, wird das nicht zuviel für die Kinder?" fragte einer der Polizisten besorgt. "Ach was! Sie wollten es doch nicht anders haben! Sechs Meilen vor der Stadt hielten die Wagen an. Die Polizisten stiegen aus und umringten die zitternden Kinder, schlossen den Kreis enger und hielten die Schlagstöcke in den Fäusten.
Ein zwölfjähriger Neger trat dem Sheriff entgegen. "Die Zeitungsschreiber haben Sie umkehren lassen", sagte er, "damit niemand Sie sehen soll. Aber Gott sieht Sie doch!" Ein heftiger Schlag ließ den Jungen verstummen.

"Polizei aufsitzen!" schrie Jim Clark, und gleich darauf fuhren die Autos zur Stadt zurück, während die Kinder sechs Meilen von Selma entfernt auf der Weide standen. Spät abends kamen sie wieder daheim an. Die Großen hatten die Kleinen während der letzten Meilen auf den Schultern getragen. Diesmal wurde die Empörung der Neger von vielen Weißen geteilt. Funk und Fernschreiber trugen die Nachricht durch die Staaten und um die Welt. Nur Jim Clark lächelte und sagte: "Ich weiß gar nicht, was die Leute eigentlich wollen! Die Jugendlichen waren festgenommen. Im Gefängnis von Selma war kein Platz mehr für sie, darum wollte ich sie in einem Polizeiheim unterbringen. Was kann ich dafür, daß es so weit vor der Stadt liegt? Und schließlich hatte ich Mitleid mit den armen, irregeleiteten Kindern und habe sie wieder laufen lassen. Deswegen will man mir jetzt Vorwürfe machen? Eigentlich sollte man mir doch dankbar sein!"

Eine Woche später lag der Sheriff mit einer leichten Lungenentzündung im Krankenhaus. Die hundert Kinder und Jugendlichen, die er aus der Stadt getrieben hatte, versammelten sich am Eingang. Zahllose weitere Kinder gesellten sich zu ihnen. Sie alle knieten an der Mauer nieder und beteten: "Lieber Gott, laß Jim Clark gesund werden. Mach seinen Körper gesund, aber auch seinen Geist! Lieber Gott, vergib Jim Clark!"

nach: Lesebuch für den Religionsunterricht für 14- bis 16jährige, hrsg. von Markus Hartenstein, Stuttgart (Calwer Verlag) 1969, S.203 f. Die Geschichte handelt in Selma (Alabama) und wurde erzählt von Hans-Georg Noack: Der gewaltlose Aufstand, Signal-Verlag, Baden-Baden 1965

Bauernkriegslieder

Anlage 6

1. Als Adam grub und Eva spann, Kyrieleis,
Wo war denn da der Edelmann? Kyrieleis.
Spieß voran! Drauf und dran!
Setzt aufs Klosterdach den roten Hahn!

2. Wir wollen's Gott im Himmel klagen, Kyrieleis,
Daß wir die Pfaffen nicht dürfen totschlagen, Kyrieleis!
Spieß voran! Drauf und dran!
Setzt aufs Klosterdach den roten Hahn!

1. Arg muß sich der Bauer quälen,
Nagt nur noch am Hungertuch,
Haust beim Vieh in finstern Ställen,
Bauer sein, das ist ein Fluch.
Seht eure Wunden! Da hilft kein Klagen;
Laßt sie uns schlagen, die uns geschunden
He, wer litt' noch nicht genug?

2. Meine beiden kranken Kinder
starben Hungers durch den Herrn.
Seine Söldner kamen plündern.
Ach, kein Unheil blieb mir fern.
Drücken uns Schulden, schimpft man uns träge,
Müssen wir Schläge auch noch erdulden.
Darum kämpf' ich hart und gern!

3. Lange schon vor Morgengrauen
Schuftest du als Bauersmann,
Kannst dir keine Hütte bauen,
Strengst du dich auch immer an!
Fegt von den Bergen Zwingburg und Ritter!
Solch ein Gewitter schlägt alle Schergen,
Land und Frucht sind unser dann!

P. Schneider: Gefängnisbrief

Anlage 7

Koblenz, 10. Oktober 1937

... Nun bin ich wieder eine Woche von Euch Lieben fort im heiligen Kriegsdienst der Kirche Jesu Christi ... Was mit mir wird, weiß ich noch nicht. Es ist leicht möglich, daß es Konzentrationslager gibt. Dann wollen wir uns beide auch getrost darein fügen! Jedenfalls bin ich noch nicht irre daran geworden, daß mein Entscheiden und Handeln recht gewesen ist. Vielleicht hast auch Du, Liebe, im Herzen die Getrostheit über das Recht unseres Weges gewonnen. Vielleicht wird es Dir auch schon durch Geschehnisse in der Kirche und den Widerhall bei den Brüdern bestätigt, daß es recht war, hier dem Gebot der Obrigkeit nicht zu weichen. Im übrigen wird ja ferner Gott fest zu seinen Verheißungen stehen und uns tragen helfen an Leib und Seele nach Seiner allmächtigen Kraft. Er wird uns den Trost geben in allem Leiden und den Segen von allem Leiden. Die aber das Leiden heute noch vermeiden wollen, die sollen wohl zusehen, daß sie nicht verwerflich und vor Gott verworfen werden. Ich kann es einfach nicht fassen oder verstehen, daß man von Gott Freiheit bekommen könnte, sich um die Fürbitte für die Brüder und andere gebotene Zeugnisse herumzudrücken. Darum sei getrost und still, auch wenn wir weiter die einzigen sind, die in die Tiefen der Verfolgung hineinmüssen. "Lasset euch die Hitze, die euch widerfährt, nicht befremden, als widerführe euch etwas Sonderliches. Vielmehr freuet euch, daß ihr mit Christus leidet!" Es kommt schon bald, und es kommt zuletzt die Erquickungszeit vom Angesicht unseres Gottes, "da wird all ihr Gram und Leid lauter Freud und Lachen."

aus: H. Gollwitzer u.a., Du hast mich heimgesucht bei Nacht, München 1962 (Kaiser), S.253

Kaj Munk: Eintreten für die Wahrheit

Anlage 8

In Dänemark schien es vorerst, als ob zwischen der Kirche und der Besatzungsmacht keine ernstliche Spannung bestünde. Man schien sich in das Unvermeidliche zu fügen. Doch die Maßnahmen gegen die Juden und die fortschreitende Unterdrückung des Rechts riefen auch hier die Mahner auf den Plan. Der einflußreichste und der unerschrockenste unter ihnen war der auch als Dichter bekannte Pfarrer Kaj Munk. Er fiel in den ersten Tagen des Jahres 1944 in seinem 46. Lebensjahr durch Mörderhand.

Aus seinen Predigten

Es gibt Leute, die sich einbilden, daß man die Wahrheit sozusagen einsalzen könne. Man könne sie im Salzeimer versteckt liegen lassen, meinen sie, um sie herauszunehmen und ein Stück davon zu verwenden, wenn sich gelegentlich die Situation dafür eignet.

Aber auch bei uns gibt es Leute, die den lebendigen Glauben haben, daß die Wahrheit da ist, um gesagt zu werden, und daß sie nur da ist, wenn sie gesagt wird. Diese guten Männer sind vom selben Fleisch und Blut wie der Täufer. Wie er kennen sie die Bangigkeit vor dem eigenen Schicksal und haben eine noch schmerzhaftere Angst vor den Schäden und Leiden, die die unverhehlte Wahrheit ihrem Volk bringen kann. Aber eines Tages sehen sie ein, daß die Feigheit ihre Zungen nicht mehr binden darf, daß die Leiden, die durch Heuchelei, Schweigen und Lüge über das Volk kommen, tausendmal gefährlicher sind. Auch in unserem Land haben wir einen Herodes, der mit den fremden Göttern Unzucht treibt. Ich meine jenen Geist der Kompromisse, der um des Wohlbefinden willen nicht vor unwürdigen Handlungen zurückschreckt.

<u>An diejenigen seiner Landsleute, die ins Gefängnis geraten sind, weil sie für die Wahrheit eintraten</u>

Ihr habt Euch der Sache der Wahrheit angenommen, während einige das Lügen und andere das Schweigen vorzogen, und Ihr habt dadurch eine Tat vollbracht, aus der eine wahre Zukunft sprossen kann.

Du grundgütiger Heiliger Geist! Trockne mir die Tränen von meinen Augen, damit ich den Erlöser erblicke, den Erlöser, klar genug, daß ich meinem Volke jetzt in seiner Schicksalsstunde von Ihm zu erzählen vermag.

So beten wir dänischen Pastoren im Jahre 1941. Die Kanzel ist uns eine Stätte solcher Verantwortung geworden, daß wir unter unserem Talar schlottern, wenn wir ihre Stufen betreten. Denn hier, in Gottes Haus, ist das Wort frei, aber nicht frei in dem Sinne, daß wir selbst darüber gebieten, sondern in dem Sinne, daß das Wort über uns gebietet. Hier drinnen gilt nur des Heiligen Geistes Zensur, und das ist die Zensur, die uns nicht zwingt, zu schweigen, sondern zu reden! Welche Angst erfüllt uns, daß wir nicht ihre gehorsamen Diener sein können! ... Die Kirche ist und bleibt der Ort, wo das Unrecht in den Bann getan, wo die Lüge entlarvt, die giftige Bosheit angeprangert werden muß - der Ort, wo Barmherzigkeit geübt werden soll als der Quell des Lebens, als der Herzschlag der Menschheit. Und wo man etwas anderes lehrt als diesen Glauben, da lehrt man Dschungel und Tod.

aus: H. Gollwitzer u.a., Du hast mich heimgesucht bei Nacht, München 1962 (Kaiser), S.54 f.

Film: Josef Schulz

Anlage 9

14 Min., Farbe, Kurzspielfilm

Der Film basiert auf einer wahren Begebenheit. Die damals entstandenen Fotos waren für den Regisseur Anlaß, den Film zu drehen. Josef Schulz, ein deutscher Soldat, kämpft während des Zweiten Weltkrieges in Jugoslawien. Wie alle seine Kameraden nimmt er aktiv am Kampfgeschehen teil. Als die Truppe den Befehl erhält, jugoslawische Partisanen zu erschießen, verweigert Josef Schulz den Gehorsam. Er stellt sich in die Reihe der Partisanen und wird ebenfalls hingerichtet.

Protest gegen den Bau des Atomkraftwerkes in Kalkar

Anlage 10

In der Bundesrepublik Deutschland gibt es eine breite Minderheit, die den Bau von Atomkraftwerken für so gefährlich hält, daß er zu der Vernichtung des Lebens im jeweiligen Gebiet über kurz oder lang führen werde. Entsprechend deutlich ist der Protest: Der Bau soll verhindert werden, solange dies irgend möglich ist. Christen, die aus dem Glaubensruf zum Leben (und eben nicht zum Tod) heraus sich diesem Protest anschlossen, wollten in gewaltfreier Aktion Zeichen setzen - wie einst Gandhi in Indien oder King in den USA. Die Meinungen darüber, wie berechtigt solcher Protest ist, sind in unserem Land weit geteilt, und bisher haben sämtliche Expertenbefragungen keine Eindeutigkeit und Klarheit bringen können. Nach wie vor bangen viele Menschen vor der möglichen Katastrophe.

Solche Protestbewegungen vereinigen freilich immer unterschiedliche Gruppierungen, und nicht alle vertreten die These von der Gewaltfreiheit. Staatliche Gewalt, d.h. Polizeiaufgebot, wird von den Regierungen beauftragt, Besetzungen des Baugeländes zu verhindern, Proteste, wenn nicht auszuschließen, so doch möglichst klein zu halten, um Zusammenstöße zu vermeiden. Daher versucht man, das gleichzeitige Eintreffen der Protestgruppen am Ort des Baus zu verhindern. Und so kann sich abspielen, was eine Pfarrfrau aus Kassel aus eigener Erfahrung zu berichten weiß:

Ich wollte zu den Demonstrationen am Samstag, dem 24. September 1977, nach Kalkar fahren. Bewaffnet mit heißem Kaffee, Brötchen, Wolldecke und Kissen (Nächte im Bus sind erfahrungsgemäß lang und kalt!) fand ich mich um 0.00 Uhr an der Kasseler Stadthalle ein. Von dort fuhren zwei Busse ab. Mit zweieinhalbstündiger Verspätung (wir hatten vergeblich auf Busse aus Göttingen gewartet) ging die Fahrt los. Langsam verstummten die Gespräche. Jeder richtete sich zum Schlafen ein.

Plötzlich ist alles hellwach. Die Straße ist gesperrt. Eine Großbaustelle? Was dann geschah, war wie ein Alptraum. Wir stehen auf dem taghell erleuchteten Parkplatz bei Breuna. Um die Busse herum - ich schätze - eine Hundertschaft Polizei mit Maschinenpistolen im Anschlag. Polizisten mit Kameras fotografieren von außen die Reisenden. Beamte in Zivil kommen in den Bus. Einer stellt sich als Einsatzleiter vor, kündigt eine Personen- und Gepäckkontrolle an und bittet uns, keine Schwierigkeiten zu machen. Die Ausweise werden zur Überprüfung eingesammlt.

Ich wundere mich. Außer einem gelegentlich unfreundlichen Wort herrscht erstaunliche Gelassenheit bei den überwiegend jungen Bus-Insassen. Draußen wird weitergeknipst. Zwei oder drei im Bus knipsen auch. "Sie werden aufgefordert, das zu lassen, da sonst die Kameras beschlagnahmt werden!" hören sie. Dann der Befehl "Alle aussteigen!" Wir steigen nicht aus ohne Ausweise! Verhandlungen. Draußen die Maschinenpistolen. Die Ausweise werden zurückgegeben. Leibesvisitation, alle Männer müssen einzeln aussteigen, die Frauen dürfen im Bus bleiben und werden von einer Beamtin visitiert. Gleichzeitig wird das Gepäck kontrolliert. Keine Beanstandung. Im Nachbarbus müssen alle die Schuhe ausziehen. Nach einer Stunde können wir weiterfahren. Ich denke laut: Kein schöner Land in dieser Zeit...

Langsam ebbt die Erregung ab. Wir versuchen zu schlafen, eintönig brummt der Bus vor sich hin. Es ist kalt und zugig. Am Haarstrang soll eine Pause gemacht werden. Auf einmal ist ein Polizeiauto neben uns. Wir werden auf den Rastplatz gewiesen.

Wieder Polizisten. Kontrolle. Zwei Busse stehen da, sind offenbar schon "abgefertigt". Wir wehren uns. Wir sind doch schon kontrolliert worden. "Was die Hessen machen, interessiert nicht. Jetzt sind wir in Nordrhein-Westfalen". Wenn wir nicht freiwillig aussteigen, heißt es, soll der Bus gewaltsam geräumt werden. Nur keine Gewalt! Wir steigen aus. Es ist 6.00 Uhr. Die Nacht ist lausig kalt. Wir haben nicht geschlafen. Unsicherheit. Was soll geschehen? Gepäckkontrolle! Aber bitte nur, wenn die Vertrauensleute dabei sind. Verhandlungen. Die beiden jungen Männer sollen in den Bus kommen. Plötzlich erregte Stimmen hinter mir. Ich drehe mich um und sehe, wie ein Polizeibeamter einen jungen Mann aus einer Gruppe zerrt, schlägt, ihn abzuführen versucht. Der Grund? Niemand weiß es. Demonstranten springen herzu, brüllen den Polizisten an, fragen, ob hier keine Rechte mehr gelten. Der Polizist zieht sich zurück. Die Atmosphäre ist nun gespannt. Ich wende mich wieder zum Bus. Die Vertrauensleute sind nicht mehr drin. Ich höre, sie seien aus dem Bus herausgedrängt worden. Die Bustüren sind geschlossen, drinnen der Fahrer und drei Polizeibeamte. Durchs offene Fenster höre ich eine Anweisung an den Fahrer: "In drei Minuten fährt der Bus ab. Wenn die Demonstranten nicht eingestiegen sind, fahren Sie leer ab. Ist das klar? Wenn Sie diese Anweisung nicht befolgen, sind Sie Ihre Lizenz los!" Die Bustür soll geöffnet werden - sie klemmt. Ratlosigkeit. Plötzlich reißt ein Beamter die Tür auf: "Bringt mal den Bully! Das ganze Gepäck wird beschlagnahmt!" - Das darf doch nicht wahr sein. Warum soll unser Gepäck beschlagnahmt werden? Wir stellen uns vor die Tür, blockieren den Zugang zum Bus.

Auf der Wiese erscheint eine Spezialeinheit der Polizei mit Schutzschilden und Helmen. Hundeführer mit ihren Hunden nähern sich. Die Polizei versucht, die Demonstranten von der Tür wegzudrängen. Die drängen zurück. Ich bitte: Gebt auf, es hat keinen Zweck! Aber in dem Tumult geht meine Stimme unter. Ein Aufschrei: Die Beamten im Bus schlagen mit Gummiknüppeln auf die Köpfe ein. Ein Demonstrant bricht schwer getroffen zusammen. Wir haben Mühe, ihn fortzubringen. Eine Frau schreit: "Aufhören, aufhören!" Den Hunden werden die Maulkörbe abgenommen. Ein Hubschrauber kreist über uns. Die Demonstranten geben auf. Die Gewaltlosigkeit weicht der Gewalt. Vernunft (oder Resignation?) hat gesiegt.

Dann wird das Gepäck ausgeräumt: Proviant, Verbandszeug, Taucherbrillen, Motorradhelme, Kameras, Zitronen, Regenkleidung, Halstücher. Inzwischen ist es 8.00 Uhr. Die Fahrt ist beendet. Die Busfahrer haben die höchstzulässige Zeit von acht Stunden Dienst erreicht. "Wenn Sie weiterfahren, verlieren Sie Ihre Lizenz!" Ersatzfahrer sind nicht da. Aus.

Ich stehe vorn am Graben. Hinter mir die Demonstranten, vor mir die Polizisten. Ich sehe in ihre Gesichter. Ich denke, ich muß hingehen, muß mit ihnen reden. Ich habe oft zwischen Fronten vermittelt. Menschen müssen miteinander reden. Aber ich gehe nicht. Ich habe Angst, nackte Angst. Da sind die Gummiknüppel zwischen uns.

Ein Demonstrant kommt zu mir und sagt traurig: Da stehen wir uns nun gegenüber wie Feinde.

<u>Interview mit Polizisten</u> <u>Anlage 11</u>

<u>Frage:</u> Sind Ihres Erachtens gute Christen solche Christen, die sich nicht an Protestaktionen beteiligen?

<u>Antwort:</u> Es gibt nicht auf der einen Seite Christen und auf der anderen Seite Polizisten. Wo es Probleme gibt, sind es gemeinsame Probleme, die auch gemeinsam bewältigt werden müssen, von allen demokratischen Kräften in unserem Lande (Ich bin selbst evangelisch und halte nichts vom blind gehorsamen Staatsbürger.) Auf die Mitarbeit der Christen an gesellschaftspolitischen, kritischen Fragen und Problemen kann nicht verzichtet werden. (Ich bin auch der Meinung, daß Bürgerinitiativen viel dazu beigetragen haben, daß an die Sicherheitseinrichtungen der Kernkraftwerke in der Bundesrepublik sehr hohe Anforderungen gestellt werden.) Ich halte es

für richtig und notwendig, daß Bürger ihre Sorgen und Bedenken deutlich artikulieren und dabei ihre im Grundgesetz verankerten Rechte in Anspruch nehmen, um ihrem Anliegen mehr Nachdruck bzw. Gehör zu verschaffen. Sie sollten sich dabei aber ebenso deutlich von militanten Gruppen distanzieren, um nicht für subversive Ziele mißbraucht zu werden. Ich glaube, daß gerade Christen, die jede Art der Gewalt ablehnen, zur Versachlichung beitragen können.

Aus einem Aktionskatalog des Bundesverbandes Bürgerinitiativen Umweltschutz e.V., der als Diskussionsgrundlage erstellt wurde — Anlage 12

Wir werden unglaubwürdig, wenn wir, um Leben zu schützen, Leben gefährden oder zerstören. Zwischen dem Ziel und dem Mittel, das zu seiner Erreichung angewandt wird, besteht ein enger Zusammenhang. Aus einer Kastanie kann kein Apfelbaum, und aus einem Apfelbaum kann keine Eiche wachsen. Ebenso kann aus einem bösen Mittel kein guter Zweck erwachsen. Der Zweck heiligt also die Mittel nicht. Man kann die Gewalt nicht durch Gewalt, den Krieg nicht durch Krieg und die Ungerechtigkeit nicht durch Ungerechtigkeit abschaffen. In der Aktionsmethode ist demnach das Ziel bereits enthalten und im Ziel die Aktionsmethode. Es bedarf nur der schöpferischen Phantasie, um sie herauszufinden.

Der Weg der Gewalt und der Weg der Gewaltfreiheit schließen einander aus. Der Weg der Gewaltfreiheit führt mit Sicherheit zum Ziel (der Gewaltfreiheit), wenn er konsequent gegangen wird. Es gibt eine unendliche Fülle gewaltfreier Aktionsmethoden.

Die beste Definition der Gewaltfreiheit stammt von einem Kaiserstühler Winzer: Gewaltfreiheit heißt, daß wir unsere Gegner nicht hassen dürfen. Wir sollten in ihnen stets potentielle Verbündete sehen. Eine radioaktive Wolke macht auch vor Hans Matthöfer und Helmut Schmidt nicht halt. Wir sollten versuchen, ihnen das klarzumachen. Gelingt es, aus einem Befürworter einen Gegner der Atomenergienützung zu machen, so haben wir das Kräfteverhältnis merklich zu unseren Gunsten verändert.

Diskussionsthesen zur gewaltfreien Aktion — Anlage 13

1. Die gewaltfreie Aktion verweigert einem Unrecht den Gehorsam, das durch Gesetze gedeckt oder durch Konventionen gestützt wird. Durch die Mittel von Demonstration, Provokation, passivem Widerstand, Streik, Boykott und staatsbürgerlichem Ungehorsam soll eine Spannung geschaffen werden, die alle Beteiligten aufhorchen läßt und einen Lernprozeß zur Umorientierung des Gegners in Gang setzt.

2. Gewaltfreies Handeln, das Gewalt auch als letzten Ausweg ausschließt, unterscheidet sich von gewaltlosem Handeln, das auf späteren Eskalationsstufen die Anwendung von Gewalt nicht ausschließt.

3. Jedem Gegner kann klargemacht werden, was er im humanen Kern seines Gewissens eigentlich auch will und als vernünftig ansieht, und zwar durch (a) moralischen Appell, verbunden mit (b) gewaltfreiem Druck und (c) durch das Angebot einer Lösung des Konflikts, die ein besseres Zusammenleben ermöglicht.

4. Nicht jedes beliebige Mittel des Druckes ist geeignet, sondern nur dasjenige, das dem Ziel nicht widerspricht, und dieses Ziel ist ja gerade eine Gesellschaft, die Zwang und Gewalt immer mehr abbaut.

Klaus Meyer zu Uptrup

Aus Martin Luther: Ob Kriegsleute auch in seligem Stand sein können. 1526 — Anlage 14

So ists auch mit dem Kriegerstand, -amt oder -werk, das an sich recht und göttlich ist. Aber darauf ist zu achten, daß es die Person auch sei, die dazu gehöre, und daß sie rechtschaffen sei, wie wir hören werden... Weil das Schwert von Gott eingesetzt ist, die Bösen zu strafen, die Frommen zu schützen und Frieden zu handhaben, Röm 13,1 ff., 1 Petr 2, 13 ff., so ists auch unwiderleglich genug bewiesen, daß Kriegführen und Würgen und was Kriegsläufte und -recht mitbringet, von Gott eingesetzt ist. Was ist Krieg anders, denn Unrecht und Böses strafen? Warum führt man Krieg, als weil man Frieden und Gehorsam haben will?

So ists auch, wenn ich dem Kriegsamt zusehe: wie es die Bösen straft, die Unrechtlichen würget und solchen Jammer anrichtet, scheinet es ein gar unchristlich Werk zu sein und ganz und gar wider die christliche Liebe. Sehe ich aber an, wie es die Frommen schützt, Weib und Kind, Haus und Hof, Gut und Ehr und Friede damit erhält und bewahret, so findet sichs, wie köstlich und göttlich das Werk ist, und ich merke, daß es auch ein Bein oder Hand abhauet, auf daß nicht der ganze Leib vergehe. Denn wo das Schwert nicht wehret und Frieden hielte, so müßte alles durch Unfrieden verderben, was in der Welt ist. Deshalb ist ein solcher Krieg nichts anders als ein kleiner kurzer Unfriede, der einem ewigen unermeßlichen Unfrieden wehret, ein kleines Unglück, das einem großen Unglück wehret.

Thesen: Der Dienst des Friedens im atomaren Zeitalter — Anlage 15

1. "Der Weltfriede wird zur Lebensbedingung des technischen Zeitalters."
2. "Der Christ muß von sich einen besonderen Beitrag zur Herstellung des Friedens verlangen."
3. "Der Krieg muß in einer andauernden und fortschreitenden Anstrengung abgeschafft werden."
4. "Die tätige Teilnahme an dieser Arbeit für den Frieden ist unsere einfachste und selbstverständlichste Pflicht."
5. "Der Weg zum Weltfrieden führt durch eine Zone der Gefährdung des Rechts und der Freiheit, denn die klassische Rechtfertigung des Krieges versagt."
6. "Wir müssen versuchen, die verschiedenen, im Dilemma der Atomwaffen getroffenen Gewissensentscheidungen als komplementäres Handeln zu verstehen."
7. "Die Kirche muß den Waffenverzicht als eine christliche Handlungsweise anerkennen."
8. "Die Kirche muß die Beteiligung an dem Versuch, durch das Dasein von Atomwaffen einen Frieden in Freiheit zu sichern, als eine heute noch mögliche christliche Handlungsweise anerkennen."
9. "Für den Soldaten einer atomar bewaffneten Armee gilt: Wer A gesagt hat, muß damit rechnen, B sagen zu müssen; aber wehe den Leichtfertigen!"
10. "Wenn die Kirche überhaupt zur großen Politik das Wort nimmt, sollte sie den atomar gerüsteten Staaten die Notwendigkeit einer Friedensordnung nahe bringen und den nicht atomar gerüsteten raten, diese Rüstung nicht anzustreben."

11. "Nicht jeder muß dasselbe tun, aber jeder muß wissen, was er tut."

Wehrdienstverweigerung im Deutschland des 19. Jahrhunderts — Anlage 16

Mennoniten lehnen jede Form des Kriegsdienstes ab, und dies geschah in Deutschland schon zu einer Zeit, als man in anderen christlichen Kreisen im Krieg eine legitime Form zwischenstaatlicher Auseinandersetzung sah. Im Rahmen der allgemeinen Wehrpflicht 1867 vor den Zwang zum Dienst mit der Waffe gestellt, reichten sie Petitionen an Generalität und Regierung ein und erhielten schließlich eine Audienz beim Kriegsminister. Darüber wird folgendes berichtet:

"Gegen zwölf Uhr mittags hatte uns Herr von Brauchitsch Audienz bei seiner Exzellenz, dem Kriegsminister Herrn von Roon verschafft. Der hohe Herr empfing uns ganz freundlich. Nachdem nun Bruder Tölfs unsere traurige Lage seiner Exzellenz geschildert hatte und wir die Bitte gemacht um Aushilfe, wieder aus dem Reichswehrgesetz zu kommen, so machte seine Exzellenz die Äußerung, aus dem Wehrgesetz zu helfen, stände nicht in seiner Macht, aber wir sollten uns doch nicht so sehr ängsten, es werde noch alles wieder gut werden. Machte uns den Vorschlag, wir sollten ein Entgegenkommen tun und uns im Militärdienst zu Krankenwärtern erklären. Er hoffe, daß das angenommen würde werden. Worauf ich seine Exzellenz frug, ob dieser besagte Dienst ohne Waffen sei. Worauf er Antwort gab: ohne Seitengewehr tragen freilich nicht. Wenn auch kein Gebrauch davon gemacht werden dürfte, so müsse die Tragung desselben doch zur Ehre des Königs sein. Hierauf erklärten wir, weil dem also sei, so müßten wir den Dienst bescheidentlich ablehnen, indem die Waffenführung gegen unser Glaubensbekenntnis sei. Darauf ließ sich der hohe Herr noch recht tief in die Besprechung von unserer Wehrlosigkeit ein. Endlich machte seine Exzellenz die ernste Frage an uns mit den Worten: was halten Sie denn von unsereiner, der die Waffen im Kriege führt, hinsichts zum seelig werden? Bei dieser Frage stand Seine Exzellenz dicht an mir und faßte dabei mit zwei Fingern an. Da war ich nötig, zu antworten, und sprach durch den Beistand Gottes also: Exzellenz, wir halten es damit ähnlich als wie der Apostel Paulus im Korintherbriefe spricht vom Götzenopfer, nämlich, wenn die Korinther auf dem Markte Fleisch kauften, so sollten sie alles kaufen, was feil sei. Wenn ihnen aber gesagt würde, es sei Götzenopfer, so sollten sie nicht kaufen, denn es gereichte ihnen solches zur Sünde. So ähnlich halten wir es mit dem Kriegführen, denn unsereiner hat es sozusagen gleich mit der Muttermilch eingenommen und ist von den Eltern, seinen geistlichen, darin aus Gottes Wort unterrichtet. Und haben die Anschauung aus dem Worte Gottes genommen, daß das Kriegführen Sünde ist, und folglich ist es uns zur Gewissenssache geworden. Und wenn wir das nun tun, gereicht es uns zur Sünde. So wie aber Exzellenz und Ihresgleichen haben wieder das Gegenteil gleich mit der Muttermilch eingenommen und sind dabei unterrichtet worden, daß das Kriegführen eine Vaterlandsverteidigung und eine heilige Pflicht sei, mithin es ihnen nicht Götzenopfer ist und folglich Exzellenz und Genossen nicht gleich wie uns zur Sünde gereichte. Da sagte der hohe Herr: nun denn, so lassen Sie unsereiner denn auch noch in den Himmel? Darauf sagten wir: Gewiß doch. Darauf sagte Seine Exzellenz: Nun bin ich zufrieden; und vertröstete uns damit, was in seinen Kräften stände, würde er tun, daß es mit uns gut werden möchte, und entließ uns mit Händedruck."

Carl Friedrich von Weizsäcker*: Anlage 17

Zur Komplementarität von Wehrdienst und Wehrdienstverweigerung

"Wir befinden uns in einer Übergangszeit, in der der große Krieg schon schlechthin verwerflich, aber doch noch möglich ist. So ist auch unser ethisches (= sittliches) Verhalten zur Möglichkeit des Krieges ein unsicheres Verhalten des Übergangs.

Einige versuchen heute schon streng nach derjenigen Ethik zu leben, die eines Tages wird die herrschende sein müssen, und sie verweigern jede Beteiligung an der Vorbereitung auf den möglichen Krieg. Andere, die die Forderung nach Abschaffung des Krieges nicht minder deutlich verstehen, versuchen inmitten der heute noch geltenden Normen, für die Festigung einer rechtlichen und freiheitlichen Friedensordnung zu wirken.

Beide tun etwas Notwendiges; etwas, das zu tun sich jemand bereitfinden muß."

Unterstreicht in dem vorstehenden Text den Satz, der sich auf die KDV bezieht und den Satz, der sich auf diejenigen bezieht, die Wehrdienst leisten!
Wie ordnet v. Weizsäcker Wehrdienst und Wehrdienstverweigerer einander zu?

---

*aus seiner Rede anläßlich der Verleihung des Friedenspreises des Deutschen Buchhandels in der Frankfurter Paulskirche 1963

Manche kritisieren heute diese "Komplementaritätsthese" von v. Weizsäcker. Sie sagen:
Die Hoffnung von v. Weizsäcker, daß sich die Auffassung immer mehr durchsetzt, jede Vorbereitung auf einen möglichen Krieg zu verweigern, hat sich nicht erfüllt. Im Gegenteil wachsen Rüstung, Militarismus, Rüstungskosten usw. immer weiter an. Dadurch wird die Möglichkeit eines Krieges immer stärker. Die Kriegsdienstverweigerer werden dabei immer mehr in eine Außenseiterrolle hineingedrängt.
Nimm dazu Stellung!

IHR SEID DAS SALZ DER ERDE (BERGPREDIGT)

Religionspädagogische Überlegungen zum Thema

Auch wenn der Kurs sicher nicht auf ungeteiltes Schülerinteresse stoßen wird, so ist die Bergpredigt doch ein so zentrales Kapitel christlicher Überlieferung, daß sie im Laufe des schulischen Religionsunterrichts an herausgehobener Stelle stehen sollte.

Die vorliegende Unterrichtseinheit nimmt folgende Gewichtungen vor. Sie konzentriert sich auf die Seligpreisungen, die Antithesen und das Sorgt-nicht-Wort. Damit werden die zentralen Anliegen des matthäischen Textes berücksichtigt. Im Blick auf die Schüler ergeben sich eine Reihe von Schwierigkeiten. Im allgemeinen ist davon auszugehen, daß nur wenige den Inhalt der Bergpredigt genauer kennen werden. Andererseits ist dies für eine Begegnung mit dem biblischen Text kein Hindernis: die in den genannten Stücken enthaltenen Provokationen und Zumutungen regen spontane Auseinandersetzung an. An Überzeugungskraft können die zentralen Weisungen der Bergpredigt gewinnen, wenn Ansätze zu ihrer lebenspraktischen Verwirklichung durch Personen und Gruppen ins Blickfeld der Jugendlichen rücken.

Der Kurs bezieht also die Wirkgeschichte der Bergpredigt mit ein. Von einem solchen Beispiel aus sollte dann aber rasch mit verschiedenen Situationen der Alltag der Schüler zur Sprache kommen, für die Anstöße der Bergpredigt fruchtbar gemacht werden können: die Frage nach der Ausstrahlung auf die Umgebung (Salz und Licht), aufkommende Fragen zu Wehrdienst (vom Töten), Gelöbnis und Vereidigung (vom Schwören) oder einfach die ständige Versuchung des "Wie du mir, so ich dir" (von der Vergeltung) können mit den Weisungen Jesu in Beziehung gesetzt werden.

Der Text der Seligpreisungen findet seine lebenspraktische Erläuterung in biographischen Beispielen (LZ 2). Das Wort Jesu über die Sorge verdient in einer Zeit gewiß starke Beachtung, für die Fragen der Zukunft, ihrer Planung und Sicherung, oft einen recht düsteren Charakter annehmen (LZ 3). Das Gebot der Nächstenliebe schließlich, in dem häufig das besondere Kennzeichen des Christentums gesehen wird, kann hier etwas differenzierter behandelt werden, einmal hinsichtlich seiner Herkunft aus dem Judentum, sodann hinsichtlich seiner Interpretation und Verwirklichung bei Jesus und als kritischer Maßstab nicht zuletzt für das Christentum selbst (LZ 4).

Ob im Zusammenhang der LZ 1 - 4 auch der Aufbau, die Gliederung und die Überlieferungsgeschichte der Bergpredigt zu erschließen ist oder dies einen eigenen Arbeitsgang verlangt, muß jeder Lehrer im Blick auf seine Klasse entscheiden. Wichtig wäre das LZ 5 besonders für diejenigen Schüler, die nach der Klasse 10 in die Sekundarstufe II eintreten und für den Unterricht in der Oberstufe einige biblische Kenntnisse mitbringen sollten. Der Kurs bietet jedenfalls Gelegenheit, sich mit einem wichtigen Text des Neuen Testaments zu beschäftigen und dabei der Autorität Jesu, in der Interpretation des Matthäus, die die neutestamentliche Forschung weitgehend bestätigt, zu begegnen. Beispiele aus der Auslegungs- und Wirkungsgeschichte dieser Texte zeigen, wie Christen in ihrer jeweiligen Zeit mit dem Anspruch gerungen haben, der von dieser Predigt und diesem Prediger ausging. Dabei können Lehrer und Schüler zusammen entdecken, inwiefern von diesen Texten Impulse für Glauben und Leben, für Friedenssicherung und Konfliktregelung in der Gegenwart ausgehen.

Der Kurs "Ihr seid das Salz der Erde" (Bergpredigt) ist im zweiten Lernschwerpunkt für Realschulen und Gymnasien als Minimalplanthema vorgesehen. Er wird ergänzt durch die Wahleinheit IV,6 "Glaube an Jesus Christus". Beide Kurse setzen fort, was im Kurs IV,5 "Jesus von Nazareth" im 7./8. Schuljahr begonnen wurde. Sie führen weiter zu den Kursen der gymnasialen Oberstufe. Steht in Klasse 9/10 die inhaltliche Arbeit und Auseinandersetzung an und mit den Texten der Bergpredigt eindeutig im Vordergrund, so bieten diese Texte darüber hinaus die Möglichkeit, im Blick auf den Unterricht der Oberstufe, an relativ einfachen Beispielen Einsichten und Kenntnisse in und über die Traditionsgeschichte dieser Texte zu gewinnen. Kenntnisse der Bergpredigt werden darüber hinaus in den UEn "Gesellschaftliche Normen" (Kl. 11), "Krieg und Frieden" (Kl. 11), "Jesus Christus" und "Kirche, Staat, Politik" (Kl. 12/13) erwartet und erwünscht.

Literatur

a) Zur Information des Lehrers:

G. Bornkamm, Jesus von Nazareth, Urban Taschenbücher 19, Stuttgart 1977 (Kohlhammer)

J. Jeremias, Jesus und seine Botschaft, Calwer Paperback, Stuttgart 1976 (Calwer Verlag)

U. Luck, Die Vollkommenheitsforderung der Bergpredigt, Theologische Existenz heute Nr. 150, München 1968 (Chr. Kaiser)

L. Ragaz, Die Bergpredigt Jesu, Gütersloh 1979 (Gütersloher Verlagshaus Gerd Mohn)

E. Schweizer, Das Evangelium nach Matthäus, NTD, Göttingen 1975 (Vandenhoeck & Ruprecht)

G. Theißen, Gewaltverzicht und Feindesliebe (Mt 5,38-48/ Lk 6,27-38) und deren sozialgeschichtlicher Hintergrund, in: Studien zur Soziologie des Urchristentums, Tübingen 1979 (Mohr)

b) Arbeitsmaterial für den Unterricht:

Gott kommt, Einführung in das Neue Testament, Oberstufe Teil 2, Neukirchen/Vluyn 1969 (Neukirchener Verlag)

G. Kraft u.a., Kursbuch Religion H 9, Stuttgart/Frankfurt 1980 (Calwer Verlag/Diesterweg)

K. Petzold, Bergpredigt, rp-modelle Nr. 16, Frankfurt/München 1976 (Diesterweg/Kösel)

AV-Medien

Filme:

Lasset euer Licht leuchten, EMZ 12: KF 605

Mutter Teresa, EMZ 12: KF 473

Pater Maximilian Kolbe, EMZ 12: KF 408

Raumschiff Terra, EMZ 1: F 585-588; EMZ 12: KF 548-551

Die Stille, EMZ 12: KF 184

Wie die Vögel unter dem Himmel, EMZ 12: KF 99

Tondiaserie:

Mutter Teresa, EMZ 1: TD 289; EMZ 12: TB 231

Diaserien:

Albert Schweitzer, EMZ 1: D 177; EMZ 12: 19.15

Mutter Teresa, EMZ 12: 19.89

Mutter Teresa - Mutter der Verlassenen, EMZ 12: 20.02

Minimalplan in RG II 7

Übersicht über die Unterrichtseinheit

Lernziele	Inhalte
1. Anstöße für den Alltag bedenken, die aus den Weisungen der Bergpredigt folgen	Ihr seid das Salz der Erde (Mt 5,13-16) Beispiele in Auswahl: Vom Töten (Mt 5,21-26) vom Schwören (Mt 5,33-37) von der Vergeltung (Mt 5,38-42) im Zusammenhang mit Alltagssituationen
2. Von Menschen erzählen, deren Verhalten sich mit den Seligpreisungen vergleichen läßt	Mt 5,13-16; Seligpreisungen (Mt 5,3 ff.) Hoffnung und Ermutigung z.B.: Martin Luther King, Albert Schweitzer, Quäker, heutige Gruppen
3. Das Angebot Jesu "Sorget nicht" als Ermutigung in den Zwängen der Gegenwart empfinden	"Sorget nicht" (Mt 6,25-34) als Ausdruck des Vertrauens auf Gott (vgl. Mt 7,7-11) "Sorget nicht" im Alltag (z.B. Schule, Beruf u.a.)
4. Den Zusammenhang zwischen Feindesliebe und Vertrauen auf die Herrschaft Gottes begreifen	Feindesliebe (Mt 5,44) als Radikalisierung der Bruderliebe (1 Joh 4,20 f.) Das Risiko der Feindesliebe
Möglicher Zusatz:	
5. Einen Überblick über Aufbau und Inhalt der Bergpredigt gewinnen	Rahmen, Aufbau und Gliederung der Bergpredigt (Vergleich mit der Feldrede bei Lukas) Seligpreisungen Antithesen Vaterunser Die Bergpredigt als "Magna Charta des Reiches Gottes", als "urchristlicher Katechismus"

Lernziele	Inhalte	Medien/ Verfahren	Didaktische Hinweise
1. Anstöße für den Alltag bedenken, die aus den Weisungen der Bergpredigt folgen			Die Antithesen fordern Schüler in der Regel auch heute noch zu Spontanäußerungen heraus. Das
1.1 Am Beispiel einer Antithese darlegen, was Jesus von den Menschen fordert	z.B.: Schon Rufmord ist Mord (Mt 5,21-26); stetes Ehrlichsein macht den Schwur überflüssig (Mt 5,33-37); Nachgeben ist besser als zuschlagen (Mt 5,38-42);	Im Plenum oder als arbeitsteilige Gruppenarbeit: Die in den Texten steckende Provokation spricht Schüler im allgemeinen unmittelbar an. Spontane Äußerungen dazu. Z.B. zu Mt 5,21-26: Erfindenlassen von Szenen, die den Sinn der Antithese erhellen oder sie widerlegen könn-	sollte pädagogisch genutzt werden. Diese zugespitzten Formulierungen sind auf ihren Gehalt zu befragen und die Tragweite ihrer Aussagen zu bestimmen. Sie machen Front: Mt 5,21-26 gegen eine äußere Ordnung, die nicht mehr die juristisch nicht griffigen lebenszersetzenden menschlichen Umtriebe im
1.2 Die Frage nach der Erfüllbarkeit der Forderungen Jesu erörtern	z.B.: Denuntiation, Verunglimpfung oder Klatsch; gerichtliche Vereidigung oder Treueschwur; Angriff und Recht zur Verteidigung	ten; evtl. auch als Plakat darstellbar. Zu Mt 5,33-37: Anlage 1 Zu Mt 5,38-42 vgl. das Gedicht "Halt ihm die andere Wange hin" von Toman (Kursbuch Religon 7/8, S.197 f.) Film: Das Spiel (Anlage 2)	Auge hat; Mt 5,33-37 gegen eine Haltung, die zwar vor der lebensvernichtenden Lüge zurückschreckt, aber Zwecklügen als sachdienlich zuläßt, und Mt 5,38-42 gegen eine Vergeltungsideologie, die sich ihrer Ohnmacht im Blick auf heilsame Veränderungen nicht mehr bewußt
1.3 An einem Beispiel Anstöße aufzeigen, die aus Jesu Forderung folgen	z.B.: Gnade vor Recht; Wahrhaftigkeit und Loyalität vor Mißtrauen und Absicherung gegen Lüge; Friedensstiftung vor Eskalation von Gewalt	Nicht unmittelbar auf eine Antithese beziehbar, aber nachträglich von der Haltung her vergleichbar ist die Handlungsweise des Navigators im Film Terra 12. Besonders brauchbar "Alarm an Bord" und "Die Entscheidung"; vgl. dazu Anlage 3. Von hier aus auch Anknüpfung an LZ 2 gut möglich.	wird. Szenen aus dem Alltag lassen sich im Pro und Contra unschwer zuordnen. Anzumerken ist, daß die These, die Jesu aufgreift, ihrerseits eine polemische Verkürzung enthält, nicht etwa den alttestamentlichen Standpunkt oder den pharisäischer Auslegung. Die Aussage liegt bezogen auf ihren geschichtlichen

Lernziele	Inhalte	Medien/ Verfahren	Didaktische Hinweise
1.4 Beschreiben, welche Rolle den Christen im Alltag zukommt	Christen als "Salz der Erde" und "Licht der Welt" (Mt 5,13-16)	Alternativ dazu und mit Akzent auf LZ 1.4 ist der Film "Lasset euer Licht leuchten" verwendbar. Er zeigt, wie drei in einem christlichen College ausgebildete Männer in nicht-christlicher Umgebung ihren Glauben überzeugend zu leben versuchen. - Die Bildworte reizen zur Meditation. - Unter Aufgreifen der besprochenen Szenen bildhaft (als Gemälde oder Skizze) darstellbar. - Lichtwort durch Kerze zu veranschaulichen, die im Dunkel entzündet wird (Demonstration).	Ursprungsort durchaus auf der Linie der jesuanischen Auslegung. - Die Konzentration auf eine Antithese bei Plenumsarbeit legt sich aus Zeit- und Sachgründen nahe; nur so ist eine tiefgehende Besprechung zu gewährleisten.
2. Von Menschen erzählen, deren Verhalten sich mit den Seligpreisungen vergleichen läßt			Die Antithesen und die Seligpreisungen sind inhaltlich aufeinander beziehbar. Menschen, die den Seligpreisungen gemäß leben und an denen sich vom Schüler aus dieses Bemühen identifizieren läßt, sind nicht sehr zahlreich. Um die Spannung zu erhalten, sollte nicht mehr als ein Beispiel, allenfalls zwei sich ergänzende gewählt werden.
2.1 Anhand der Seligpreisungen die Merkmale von Christen beschreiben	Grundmerkmale des Christseins: Eintreten für Gerechtigkeit; Friedensliebe und Friedensstiftung; Verfolgtwerden und Leiden;	Song: "Hört, wen Jesu glücklich preist"; Darstellung der einzelnen Seligpreisungen auf Plakaten: bildhaft (Szenen) oder durch kurze Umschreibungen oder Situationsberichte dazu; Erstellung von Fototext-	

Lernziele	Inhalte	Medien/ Verfahren	Didaktische Hinweise
	geistliche Armut und Vertrauen auf Gottes Verheißung	plakaten. - Kombination von Lied und bildhaftem Material in der Weise des Bänkelsong-Vortrags	Dabei muß gesehen werden, daß in den verschiedenen Biographien zwar gewisse Akzente auf Frieden, Gerechtigkeit, Gewaltlosigkeit gesetzt sind, die Seligpreisungen aber meist als Ganzheit gewirkt haben. Sie umkreisen von verschiedenen Problemen das eine: den neuen Menschen Gottes und sein Verhalten in der Welt. - Diese Personen haben Vorbildcharakter. Allerdings sollten die Schüler nicht bei der Identifikation stehen bleiben, sondern stets reflektieren lernen, wie weit ein solcher Weg überzeugt und in welcher Weise er für die Jugendlichen selbst Impulse geben kann.
2.2 Eintreten für den Frieden an dem Beispiel eines einzelnen Christen oder einer Gruppe aufzeigen	z.B. Quäker, Beyers-Naudé und Bischof Buthelezi; Albert Schweitzer; Martin Luther King; Mutter Teresa; Gandhi und die indische Befreiungsbewegung; nordirische Friedensbewegungen	Zu den Quäkern: Anlage 4 Zu Albert Schweitzer: Anlage 5 (Lebenslauf), Anlage 6 (Text), Anlage 7 (AV-Medien) Zu Mutter Teresa: Anlage 8 (Lebenslauf), Anlage 9 (Text), Anlage 10 (AV-Medien) Zu Christen in Südafrika: Anlage 11 (Beyers-Naudé), Anlage 12 (Bischof Buthelezi)	
2.3 Beispielhaft darlegen, wie Christen im Kampf um Gerechtigkeit Leiden auf sich nehmen	Beispiele wie unter 2.2; Pater Maximilian Kolbe	Zu Maximilian Kolbe: Anlage 13	

Lernziele	Inhalte	Medien/ Verfahren	Didaktische Hinweise
3. Das Angebot Jesu "Sorget nicht!" als Ermutigung in den Zwängen der Gegenwart empfinden			Die "Vorbilder" können Impulse geben, sie können auch hindern. Wer kommt an ihre Vollkommenheit heran? Wie konnten
3.1 Motive für ein Verhalten im Sinn der Seligpreisungen nennen	Z.B. Überzeugtsein von der Wahrheit der Aussagen; Glauben an die göttlichen Verheißungen	Gesprächsrunde über die Frage: Warum verhalten sich Menschen so wie die besprochenen christlichen "Vorbilder"?	sie so werden, wie sie sind? Darüber Vermutungen anzustellen und sie anschließend mit den Aussagen Jesu zu seinem Verständnis von Glaubenshaltung zu konfrontieren, ist hilfreich. -
3.2 Das Wort Jesu über die "Sorglosigkeit" kennen	Inhalt, Aufbau und Motive von Mt 6,25-34	Hinweis des Lehrers auf die von Jesus selbst genannten Hintergründe für die Haltung des Christen in Mt 6,25-34; dazu Textarbeit: Gliederung mit Überschriften, Gedankenführung und Formulierung einer These dazu; evtl. als gleichförmige Gruppenarbeit	Die Gelassenheit gegenüber den Dingen, die zu regeln sind, und das Vertrauen auf die Verheißung Gottes gehören zusammen und sind die Grundlage zu christlichem Engagement. Mt 6,25 ff. wirkt natürlich provozierend; entsprechende Äußerungen (Protest, Unmut, Verständnislosigkeit) der Schüler sind zu erwarten, zuzulassen und
3.3 Die Bedeutung des Jesuswortes von der "Sorglosigkeit" im Blick auf Gegenwartsfragen erörtern	Die "Sorglosigkeit Jesu" und die Notwendigkeit der Vorsorge aus Verantwortung für sich und die Mitmenschen	Tafelanschrift "Wagnis statt Absicherung", anschließend Brainstorming dazu; weitere Stichwörter: Vorsorge/Sicherheit/Verläßlichkeit. - Anschließend Gespräch mit dem Ziel, Berechtigung und Grenze des Vorsorgens aufzeigen. - Alternativ: Film "Die Vögel unter dem Himmel"; D. Sölle konfron-	zu verarbeiten. Es darf nicht auf die falsche Alternative "Gottvertrauen oder Versicherungsschutz" hinauslaufen. Versicherungsschutz ist in unserer Gesellschaft notwendig. Nur - eine Versicherung unserer Person, unserer Existenz und unseres Heils gibt es nicht. Daher ist wagendes Vertrauen lebensnotwendig. Entsprechend ist herauszuarbeiten, daß die

Lernziele	Inhalte	Medien/ Verfahren	Didaktische Hinweise
		tiert Aussagen der Bergpredigt mit unserem Sicherheitsbedürfnis: Versicherungen, Banken, Verdienstspannen, Tarife, Sicherheitsvorkehrungen	"Sorglosigkeit" Jesu in einem unbedingten Vertrauen auf Gott ihre Wurzel hat und uns im Glauben eine ähnliche Haltung offensteht, die nicht verwechselt werden darf mit Leichtsinn
3.4 Die Grundrichtung der Worte Jesu beschreiben	Gottes umfassende Fürsorge in der Schöpfung und die Relativierung menschlicher Sorgen angesichts der anbrechenden Gottesherrschaft	Gruppenarbeit mit der Herstellung von Plakaten (Texten, Skizzen, Bilder/Fotos u.ä.m.) zu den Themen "Die Schöpfung ist trotzdem gut" und "Was mir Gutes begegnet ist" (z.B. in verschiedenen Lebensaltern); anschließend Gespräch im Plenum: Heil überwiegt Not; wer auf die göttliche Verheißung vertraut, wird auch in Zukunft handeln. Tafelanschrift: Hoffnung im Dunkel - Wagnis und Verantwortung	oder Oberflächlichkeit. - Fragt man, wo dies im Leben der Schüler relevant werden könnte, so sind drei Dimensionen anzusprechen: im Blick auf die Schule die Ambivalenz der Leistung, die im negativen Fall das menschliche Selbstwertgefühl zerstört; im Blick auf den Beruf die Bedeutung der Karriere für das Ich und im Blick auf den Lebensplan das Auseinanderfallen jugendlicher Traumwelt und späterer Realität. Die Besprechung eines Beispiels ist dabei
3.5 Auswirkungen der von Jesus geforderten Haltung im Leben der Schüler erörtern	Unterscheidung von Letztgültigem und den Bedingungen Anzupassendem bei z.B. Situationen aus Schule und Beruf: Prüfung, Streß, Überforderung	Stichwort Beruf: Pro- und Contraspiel "Karriere - ja oder nein?"; Lektüre und Besprechung von E. Wickert, Der Klassenaufsatz (Anlage 14); Diskussion über die Bedeutung schulischer Leistungen für Schule und Schüler (Selbstwertfrage)	völlig ausreichend.

Lernziele	Inhalte	Medien/ Verfahren	Didaktische Hinweise
4. Den Zusammenhang zwischen Feindesliebe und Vertrauen auf die Herrschaft Gottes begreifen			Das "alte Gebot" der Nächstenliebe erweist die Notwendigkeit liebevollen Umgangs miteinander. Daß der Andere gehaßt werden soll (Mt 5,43), steht so nirgends im Alten Testament und der jüdischen Lehre. Während 1 Joh 4 die Bruderliebe betont, stellt Mt 5 die Feindesliebe heraus. Grund ist die unterschiedliche Situation der Angeredeten: im 1 Johannesbrief an eine Gemeindegruppe, deren innerer Zusammenhalt gestützt werden soll; bei Mt eine im Kampf nach außen stehende Gemeinde, die darin ihre Christlichkeit zu bewahren hat. - Jesus nimmt das alte Gebot der Nächstenliebe auf, befreit es aber von mißverständlicher Eingrenzung auf die Angehörigen der eigenen Gruppe. Weil Gott nicht nur "unser", sondern auch der der anderen ist, kann Liebe nicht mehr begrenzt bleiben auf diejenigen, die wir sowieso schon lieben. Das Gebot Jesu als Maßstab auch für die Christen zeigt wenige Beispiele einer Entsprechung - auf einem dunklen Hintergrund vielfachen Versagens.
4.1 Liebesgebote bei den frühen Christen kennen und ihre Begründungen vergleichen	Vergleich von Mt 5,43-48 mit 1 Joh 4,16. 19-21: hier Feindes-, dort Bruderliebe; in beiden Fällen: Menschenliebe als Folge der göttlichen Zuwendung	Arbeitsblatt "Bruder- und Feindesliebe" (Anlage 15)	
4.2 Die Zumutung der Weisung Jesu in der Bergpredigt erörtern	Beispiele aus Geschichte oder Gegenwart für das Risiko der Feindesliebe	Positive Beispiele, die zugleich die stete Gefahr des Überfordertseins anzeigen, sind: C.F. Meyer, Die Füße im Feuer Beyer-Naudé und Buthelezi (Anlagen 11 und 12) Film: "Die Stille" (Anlage 16)	
4.3 Am Vergleich zwischen Bruder- und Feindesliebe die besonderen Bedingungen bei der Liebestat gegenüber dem Feind darstellen	Motive von Bruder- und Feindesliebe; Begründung der Feindesliebe im Glauben an Gottes umfassende Gerechtigkeit und Gnade	siehe Arbeitsblatt; Rückgriff auf LZ 3.4 ist angezeigt	

Lernziele	Inhalte	Medien/ Verfahren	Didaktische Hinweise
Möglicher Zusatz: *5. Einen Überblick über Aufbau und Inhalt der Bergpredigt gewinnen*			Das Zusatzziel, besonders wichtig für Gymnasien zur Vorbereitung von biblischer Textarbeit auf der Oberstufe, ist in Einzelteilen auch im Vollzug der LZ 1 - 4 unterzubringen. Bei LZ 5.1 und 5.2 ist auch eine Vorausstellung sinnvoll. Der Inhalt der Bergpredigt kann natürlich nur durch Lektüre kennengelernt werden. Soweit Hausarbeit möglich ist, empfiehlt sich die Aufgabe der Lektüre von Mt 5 - 7 zu Hause. Sonst sollte man den Zeitaufwand für die Lektüre im Unterricht nicht scheuen. Sie kann bereits erste Fragen, Gesichtspunkte, Bedenken und Probleme für die weitere Behandlung liefern. - Das Anfertigen einer Schemaübersicht kann durch den optischen Eindruck, besonders bei Verwendung von Farben, das Einprägen des Inhalts verstärken und sollte als methodische Fertigkeit geübt werden.
5.1 Die Schlüsselstellen der Bergpredigt kennen	Seligpreisungen Mt 5,3-12; Antithesen, Mt 5,21-48; Vaterunser Mt 6,9-15; Sorget nicht Mt 6,25-34	Mt oder Evangelienynopse. Lektüre der Texte als Hausarbeit oder Stillarbeit im Unterricht, evtl. mit Arbeitsaufgabe: Notieren von Fragen, Einwänden, Bedenken für die nachfolgende Besprechung	
5.2 Den Aufbau der Bergpredigt beschreiben	Unterscheidung von Rahmen und einzelnen Überlieferungsblöken; Gliederung und Übersichtsschema	Umsetzen der Texte Mt 5-7 in ein Übersichtsschema (Anlage 17); evtl. als Folie mit Arbeitsblatt für die Schüler	
5.3 Die Bergpredigt und die Feldrede des Lukas vergleichen und die jeweilige Besonderheit herausfinden	Vergleich von Mt 5-7 mit Lk 6,20-49 in Auswahl; Betonung der Mitmenschlichkeit bei Lukas; Betonung der Gottesherrschaft im Tun der Christen bei Matthäus	Arbeitsteilige Gruppenarbeit an verschiedenen Texten, z.B. Mt 5,3-12; Mt 5, 21-48; Mt 6,9-15 mit der Arbeitsaufgabe: Was zeigt der Vergleich mit den Lukasparallelen?	
5.4 Die Wirkungsgeschichte der Bergpredigt beispiel haft erörtern	Deutungen der Bergpredigt - nur für besondere Menschen - Sündenerkenntnis - Gesinnungsbildung	Anlage 18: Deutungen der Bergpredigt (Thesenblatt)	

Minimalplan in RG II 7

Der Eid heute

Anlage 1

Eide spielen bei uns heute nicht mehr die gleiche Rolle wie früher. Damals hatten sie im Gericht die wichtige Aufgabe, das "falsche Zeugnis" auszuschließen. Die Zeugenaussage hatte oft allein über die Verurteilung oder den Freispruch zu entscheiden. Indizienprozesse gab es wenige: schon die technischen Möglichkeiten fehlten, um Indizien abzusichern und eine Indizienkette zu schließen. Um so wichtiger war die Glaubwürdigkeit der Zeugenaussage. So wurde sie mit dem Schwur vor Gott verbunden: der Aussagende stellte sich mit seiner Aussage dem irdischen wie dem himmlischen Gericht.

Heute aber, wo zahlreiche Menschen den Gottesglauben verloren haben, hat auch der Gesetzgeber den Stellenwert des gerichtlichen Eides zurückgenommen. Eidliche und nichteidliche Aussagen werden vom Richter ausschließlich danach bewertet, was sie inhaltlich zur Aufklärung eines Falles beitragen, und eidliche wie uneidliche Falschaussagen werden bestraft, wenngleich die erstere nach wie vor höher.

Nun kommt der Eid aber noch in einem anderen Zusammenhang vor. Immer da, wo ein Staatsbürger eine wichtige staatliche Aufgabe übernimmt, nimmt ihn der Staat mittels eines Eides in Pflicht: den Soldaten zu Beginn seines Wehrdienstes, den Lehrer zu Beginn seiner Lehrtätigkeit, den Staatsmann bei Übernahme seines Amtes. Mit dem Schwur bezeugt der Schwörende seine Loyalität und Gebundenheit an eine Ordnung, für die er ohne Abstriche einzutreten hat.

Als im Dritten Reich Adolf Hitler nicht mehr die Verfassung, sondern seine eigene Person zum Gegenstand des Eides machte und nahezu alle den Schwur sprachen, um in ihrem Ämtern bleiben zu können, ahnten sie nicht, in welche Gewissensqualen sie teilweise später verfallen sollten, als sie das Verbrecherische dieses Mannes durchschauten und sich von ihm abwenden mußten. Auch heute hat der Eid noch eine hohe innere Verbindlichkeit für alle, die ihn leisten, und sei es nur darum, weil sie dabei immer wieder behaftet werden können.

oder alternativ

Der Eid - was ist seine Bedeutung?

Fall 1:

Ein allseits als glücklich verheiratet geltender Mann wird angeblich an einem Abend bei einem Überfall gesehen. Man erhebt Anklage gegen ihn. In Wirklichkeit war er zu dieser Zeit bei seiner Geliebten.

Er gibt diese als Alibi an, ohne freilich die Beziehung zu ihr zu gestehen. Er habe dort nur eine geschäftliche Angelegenheit geregelt. Die Frau wird vorgeladen, und der Ankläger spricht die Art der Beziehung zwischen beiden an. Sie leugnet engere Verbindungen und wird darauf vereidigt. So will es der Ankläger.

Was soll sie nun tun? Welche Bedeutung hat die Verteidigung für den Prozeßverlauf?

Fall 2:

Im Dritten Reich gab es Spannungen zwischen den Nationalsozialisten und einem Teil der evangelischen Pfarrerschaft. Diese wollte die nationalsozialistische Ideologie nicht unterstützen. Trotzdem ließen sich die Kirchenleitungen weithin herbei, nachstehenden Eid als Amtseid des Pfarrers abzuverlangen:

Ich, N.N., schwöre einen Eid zu Gott, dem Allwissenden, daß ich als ein berufener Diener im Amt der Verkündigung ... dem Führer des deutschen Volkes und Staates Adolf Hitler treu und gehorsam sein und für das deutsche Volk mit jedem Opfer und jedem Dienst ... mich einsetzen werde ... So wahr mir Gott helfe.

Viele Pfarrer haben es abgelehnt, diesen Eid zu leisten. Warum?

Fall 3:

Jeder Beamte in Baden-Württemberg muß bei seiner Verbeamtung folgenden Diensteid leisten:

Ich schwöre, daß ich mein Amt nach bestem Wissen und Können führen, das Grundgesetz für die Bundesrepublik Deutschland, die Landesverfassung und das Recht achten und verteidigen und Gerechtigkeit gegen jedermann üben werde. So wahr mir Gott helfe.

Vor welche Probleme ist der Beamte gestellt, wenn er einer Partei beitreten möchte, die grundlegende Verfassungsänderungen in ihrem Programm vorsieht?

Weshalb läßt ein Staat seine Beamten solche Diensteide schwören?

In der BERGPREDIGT sagt Jesus:

Ihr habt gehört, daß zu den Alten gesagt ist:
Du sollst nicht falsch schwören, du sollst aber dem Herrn deine Eide halten.
Ich aber sage euch, daß ihr überhaupt nicht schwören sollt.
... Vielmehr sei eure Rede Ja, Ja, Nein, Nein. Was darüber ist, das ist vom Bösen.

Film: Das Spiel

Anlage 2

15 Min., Farbe, Trick-/Realfilm

Ein Junge und ein Mädchen malen auf großen Blättern. Die Gegenstände beginnen in der Phantasie der Kinder zu leben. Das Mädchen malt eine Blume, der Junge ein Auto. Das Auto zerstört die Blume. Das Mädchen malt ein Mädchen. Der Junge erschreckt das gemalte Mädchen mit einer Maus. Aus der Maus wird ein Hund, dann ein Löwe, vor dem das Mädchen sich in ein Haus flüchtet. Der Angriff in Bildern steigert sich vom Panzer über ein Gewehr bis zur Rakete. Dann fällt ein Tuscheglas um und übergießt das Gemälde der Kinder. Die Szene endet in Handgreiflichkeiten und Tränen.

Film: Raumschiff Terra 12

Anlage 3

4teilig, je 15 Min., Farbe

In galaktischer Ferne rast das Raumschiff "Terra 12" durch den Weltraum. Schon seit 100 Jahren ist es unterwegs auf der Suche nach einem neuen Stern. Ohne Verbindung zur Erde ist die Besatzung ganz auf sich gestellt. Starre Regeln bestimmen das Zusammenleben der Menschen an Bord. Es sind die Gesetze, die die an Bord Befindlichen einteilt in Alfas (die Führungskräfte) und Betas. Die Betas müssen die niedrigen Hilfsdienste leisten (Teil 1: Das Gesetz).

Bei einem Betriebsunfall wird im Raumschiff "Terra 12" ein Beta schwer verletzt. Weil der Pilot sich entgegen der strengen Vorschriften um die Rettung des Betas bemüht und ihn nicht einfach gegen einen anderen Beta austauscht, kommt es zum Konflikt unter den Alfas. Der Pilot versucht sogar, auch noch die Biologin zu überreden, Medikamente zur Heilung des Betas bereitzustellen. Er gerät immer mehr auf die Seite der Betas. (Teil 2: Alarm an Bord).

Die Biologin und der Pilot des Raumschiffs "Terra 12" bleiben bei den Betas. Diese entwickeln nun einen Plan, wie sie mit Hilfe der abtrünnigen Alfas das Raumschiff in ihre Gewalt bringen, den Commander absetzen und den Piloten zum neuen Commander machen können. Der aber hält nichts von diesem Plan, da er jede Anwendung von Gewalt ablehnt. (Teil 3: Ein geheimer Plan).

Die Biologin des Raumschiffs wendet sich enttäuscht vom Piloten ab, der nicht bereit ist, einen Umsturz mit Gewalt herbeizuführen. Mittlerweile hat der Commander das Bordgericht gegen den Piloten eröffnet, dem sich dieser schließlich auch stellt, nachdem ihm der Commander zugesichert hat, daß das Leben der Betas nicht angetastet werden soll. (Teil 4: Die Entscheidung).

Sie nahmen die Bergpredigt Jesu ernst: Anlage 4

Die Quäker

Die Bewegung der "Freunde" geht auf George Fox (1624 - 1691) zurück. Nach Enttäuschungen mit dem Glauben bei den Puritanern hat er ein Berufungserlebnis, das für die Bewegung im ganzen kennzeichnend wurde. Das Gefühl, von Christus ergriffen zu sein, das sich im Zittern des Körpers zeigt (daher die Bezeichnung Quäker - to quake - durch die Außenstehenden), gibt den Halt für das Leben und den Impuls zum Kampf um Aufrichtigkeit, Gerechtigkeit und Frieden.

Friede aus Glaubensüberzeugung

Fox' Schüler, William Penn, und seine Gruppe, die nach Verfolgungen in England nach Nordamerika ausgewandert waren, erhielten 1681 die Möglichkeit, christliches Leben in ihrem Sinn in einem eigenen Staatswesen zu praktizieren. Penn "wollte nicht nur den Freunden eine sichere Heimat schaffen, sondern ein 'heiliges Experiment' christlicher Regierung durchführen. Seine Unabhängigkeit wurde nur vom Veto des Königs beeinträchtigt, das ihn hinderte, die Todesstrafe oder das Heer oder den Sklavenhandel abzuschaffen; aber innerhalb gewisser Grenzen war seine Politik bemerkenswert fortschrittlich. - Die Indianer in seinem Gebiet behandelte er wie Personen mit Menschenrechten; er kaufte ihnen Land ab, statt es zu beschlagnahmen, er handelte ehrlich und schloß den berühmten Vertrag, von dem Voltaire später sagte, er sei 'der einzige Vertrag, der nie beschworen und nie gebrochen wurde'. Er legte seine Verfassung den Siedlern zur Annahme vor und erließ eine Reihe von Gesetzen, die die Bedürfnisse und Wünsche des Volkes berücksichtigten. Sie garantierten Glaubensfreiheit und schränkten die Todesstrafe auf Hochverrat und Mord ein, zu einer Zeit, als in England ein Mann noch für Diebstahl gehängt werden konnte." Harold Loukes, Die Quäker, Stuttgart 1965 (Klett), S.64

Für die Kolonie stellt sich später die Frage, ob sie Steuern an die englische Krone zahlen durfte, wenn diese zur Kriegsführung verwendet wurden. Die Quäker zahlten; aber sie stellten die Verantwortung für die Verwendung der Gelder allein dem englischen König anheim. "Zum Gebrauch des Königs", lautete die einschlägige Formel.

Zugespitzter war die Lage, als die Indianer Pennsylvanien bedrohten. Die Ursache lag nicht bei den Quäkern. Vielmehr hatte die Kriegsführung der Engländer gegen die Franzosen einen Bruch zwischen Weißen und Roten zur Folge, weil die Franzosen sich immer mehr in indianisches Territorium ausdehnten. Wie sollte sich die Quäkerregierung verhalten? Pazifismus um jeden Preis? Die "Freunde" verließen die Regierung, um ihre Friedensliebe nicht aufgeben zu müssen. Diese Grundhaltung, die strikte Wehrdienstverweigerung zur Folge hat, brachte zahllose Quäker im Kriegsfall in die Gefängnisse ihrer Nationen.

Ehrlichkeit im Geschäftsleben und Selbstbeschränkung

Redlichkeit im Geschäftsleben kennzeichnet die Quäker. Nicht Konkurrenz und schon gar nicht die Vernichtung des Konkurrenten wegen eigenen Gewinns bestimmen das Geschäftsleben, sondern das Füreinandereintreten. Wo sie trotzdem reich wurden, verwendeten sie ihre Gelder zur Verbesserung der Verhältnisse. "Ein typisches Beispiel dafür ist die Geschichte Joseph Pikes aus Cork, der im Alter von 18 Jahren mit einem Grundstock im Werte von drei Pfund sein Geschäft begann. Er verkaufte ihn und handelte in Wolle. Bei seinem ersten Abschluß erzielte er 20 Shilling Gewinn, 50 beim nächsten. Dann dehnte er seinen Handel langsam aus, niemals verschiffte er größere Mengen, als er sich leisten konnte, nie gab er für sich selbst Geld aus, das er vielleicht für seine Geschäftsverpflichtungen brauchen würde. Bald schon eröffnete er mit seinem Bruder zusammen das erste Leinengeschäft in Cork und verband damit den Garnexport nach England. Als seine Geschäfte gut gingen, schränkte er seine Tätigkeit ein, damit ihm Zeit blieb, zu Versammlungen zu reisen und seinen Dienst am Wort zu leisten. Sein ganzes Leben lang vermied er große Geschäfte. Er schrieb: 'Ich kann ehrlichen Herzens sagen, daß ich niemals reich sein wollte und auch nicht meine Kinder groß und hoch in der Welt machen wollte, sah ich doch die schlimme Wirkung davon bei anderen; was ich aber stets für sie wünschte, ist, sie möchten in Wahrheit und Gottesfurcht wachsen und zunehmen, denn sie haben genug, wenn sie Gottes Segen haben, ob ich viel oder wenig hinterlasse.'" ebd., S.69

Die Rolle der Quäker bei der Abschaffung der Sklaverei

Die Sklavenfrage begegnet den Quäkern nicht in der Theorie. Als etwa John Woolman (geboren 1720) in seiner Jugend als Kaufmann tätig war, mußte er eine Negersklavin seines Herrn verkaufen. Er tat dies zwar, aber "dabei war ich im Geist bedrückt und sagte vor meinem Meister und dem Freund, ich hielte den Sklavenbesitz für unvereinbar mit der christlichen Religion. Damit stillte ich meine innere Unruhe, doch so oft ich darüber nachdachte, meinte ich, ich wäre klarer gewesen, wenn ich ohne Rücksicht auf die Folgen darum gebeten hätte, mich von der Sache auszunehmen, da sie gegen mein Gewissen ging, wie es auch tatsächlich war." (Zitiert nach Loukes, ebd., S.81). Er zog die Konsequenzen und wechselte den Beruf. Aber zugleich eröffnete er einen Feldzug gegen Sklaverei bei seinen Glaubensgenossen und darüber hinaus. Er schreibt dazu: "Ich nahm die Gelegenheit wahr, auf den allgemeinen Unterschied hinzuweisen zwischen einem Volk, das an mäßiges Arbeiten zum Verdienen seines Lebensunterhalts gewöhnt ist und seine Kinder zu Einfachheit und Fleiß erzieht, und jenen, die von Sklavenarbeit leben; meiner Ansicht nach ist das erstere das glücklichste Leben. Er stimmte zu, erwähnte aber den Verdruß, der aus der widerspenstigen, trägen Natur der Neger erwachse; er fügte hinzu, einer unserer Arbeiter vollbringe an einem Tag soviel wie zwei Sklaven. Ich entgegnete, daß freie Menschen, die ihre Gedanken bei der Arbeit haben,

Befriedigung finden im Verbessern und Pflegen und in der Fürsorge für ihre Familien, daß aber die Neger, die für den Lebensunterhalt anderer arbeiten, von ihnen als Eigentum beansprucht werden und ihr ganzes Leben lang nichts als Sklaventum zu erwarten haben, nicht den gleichen Ansporn zum Fleiß hätten. - Nach einigen weiteren Überlegungen sagte ich, Menschen, die Macht besitzen, mißbrauchen diese zu oft, und ich glaube, die Freiheit sei das natürliche Recht aller Menschen gleicherweise, obwohl wir die Neger versklavt und die Türken die Christen versklavten. Das leugnete er nicht, sagte aber, das Leben der Neger in ihrem eigenen Land sei so elend, daß viele von ihnen hier besser lebten als dort." (Zitiert nach Loukes, ebd., S.84)

Später haben die Quäker im amerikanischen Bürgerkrieg den entlaufenen Sklaven unter Einsatz ihres Lebens zur Flucht in die Freiheit nach Kanada verholfen. Es gab weltbekannte Fluchtwege. Beecher-Stowe berichtet in ihrem bekannten Roman "Onkel Toms Hütte" davon.

Albert Schweitzer - Ein Leben für die Liebe zum Menschen

Anlage 5

In der Würdigung eines seiner Bücher heißt es über Albert Schweitzer: "Was diesen Mann über das trennende Wasser in Urwald und die Wüste treibt, ist viel zu kindlich, um dünkelhaft, viel zu lebensfroh, um müde zu sein. Es ist ein sieghafter Glaube an unsterbliche Tiefen, die wir kaum noch sehen, ein unerschütterlicher Glaube an das Herz, das wir im mechanischen Ablauf unserer Tage nicht mehr spürten, ein frommer Glaube an das Göttliche im Menschen, den wir alle verleugnet haben und den die dunklen Söhne heißer Länder nur kennenlernten als das weiße Tier."

Wer ist dieser außergewöhnliche Mann? Geboren in Kayersberg im Elsaß 1875 wuchs er dort auf, studierte in Straßburg und Paris. Theologie und Orgelspiel fesselten ihn gleichermaßen. In beidem brachte er es zu großer Könnerschaft. 1902 war er Pfarrer in Straßburg und Dozent an der Theologischen Fakultät dort. Beruflich standen ihm große Wege offen. Er aber entschied sich für eine soziale Tätigkeit: Waisenbetreuung. Als diese ihm von der Verwaltung verwehrt wurde, entschloß er sich, als Arzt nach Afrika zu gehen.

Noch einmal saß er als Student unter Studenten, studierte Medizin und ging 1905 als Missionsarzt nach Lambarene an den Ogowe. Zu seinem hundertsten Geburtstag urteilt ein Journalist über diese Zeit: "Was die Welt von Albert Schweitzer weiß, ist mit Lambarene verbunden, jenem Urwaldhospital am Ogowefluß im französischen Kolonialgebiet Gabun. Schweitzer lebte hier individuell vor, was Christsein in einer immer mehr technisierten und mechanisierten Welt noch bedeuten konnte. Der Alptraum aller gläubigen Menschen, nur noch Gefangene von Zwängen zu sein, schien gebannt. Die Nächstenliebe hatte ihr Forum wiedergefunden. Denken und Tun, Vernunft und Glaube durften als urewiger Traum der Menschen ihrer Gemeinsamkeit praktizieren. So wurde Albert Schweitzer zum Symbol hoffender Generationen. Die Primitivität, die medizinische Rückständigkeit in Lambarene war sekundär.

Daß man ihn bisweilen in den Status eines Denkmals versetzte, war nicht seine Schuld. Denn alle Heroisierung und Popularität hat er zeitlebens nie geschätzt. Dazu war sein Lebensweg zu mühselig, zu enttäuschend: auf Internierung folgten Krankheit, Geldmangel, Wiederaufbau von Lambarene, Hunger und Epidemiegefahren, Altersplagen. Dazu war der bärtige Urwalddoktor zu kauzig, zu autoritär, zu eigenwillig. Dazu war er aber auch zu gütig und dankbar, dazu litt er zu sehr mit jeder Kreatur, als daß er sich als ein besonders Auserwählter dünkte." (Heinrich Stuppe, in: Deutsche Zeitung Nr.4 vom 17.1.1975).

1952 erhielt er den Friedensnobelpreis. 1957 rief er zum Kampf gegen den Atomkrieg auf. Bis ins hohe Alter blieb er seinem Werk treu. Er starb 1965, über 90 Jahre alt.

Leben - Lieben - Leiden

Anlage 6

In seinem Buch "Aus meiner Kindheit und Jugendzeit" (München 1924, Becksche Verlagsbuchhandlung) schildert Schweitzer zwei Begebenheiten, die für seinen weiteren Lebensweg große Bedeutung erhalten sollten.

"Ein Jude aus einem Nachbardorf, Mausche genannt, der Vieh- und Länderhandel betrieb, kam mit seinem Eselskarren zuweilen durch Günsbach. Da bei uns damals keine Juden wohnten, war dies jedesmal ein Ereignis für die Dorfjungen. Sie liefen ihm nach und verspotteten ihn. Um zu bekunden, daß ich anfing, mich als erwachsen zu fühlen, konnte ich nicht anders, als eines Tages auch mitzumachen, obwohl ich eigentlich nicht verstand, was das sollte. So lief ich mit den anderen hinter ihm und seinem Esel her und schrie wie sie 'Mausche! Mausche!'. Die mutigsten falteten den Zipfel ihrer Schürze oder ihrer Jacke zu einem Schweinsohr zusammen und sprangen damit bis nahe an ihn heran. So verfolgten wir ihn vors Dorf hinaus bis an die Brücke. Mausche aber mit seinen Sommersprossen und dem grauen Bart, ging so gelassen fürbaß wie sein Esel. So manchmal drehte er sich um und lächelte verlegen und gütig zu uns zurück. Dieses Lächeln überwältigte mich. Von Mausche habe ich zum ersten Mal gelernt, was es heißt, in Verfolgung stille zu schweigen. Er ist ein großer Erzieher für mich geworden. Von da an grüßte ich ihn ehrerbietig."

ebd., S.6 f.

Und an anderer Stelle schreibt er: "Solange ich zurückblikken kann, habe ich unter dem vielen Elend, das ich in der Welt sah, gelitten. Unbefangene jugendliche Lebensfreude habe ich eigentlich nie gekannt und glaube, daß es vielen Kindern ebenso ergeht, wenn sie auch äußerlich ganz froh und ganz sorglos scheinen. - Insbesondere litt ich darunter, daß die armen Tiere soviel Schmerz und Not auszustehen haben. Der Anblick eines alten hinkenden Pferdes, das ein Mann hinter sich herzerrte, während ein anderer mit dem Stecken auf es einschlug - es wurde nach Colmar ins Schlachthaus getrieben - hat mich wochenlang verfolgt. - Ganz unfaßbar erschien mir - ... -, daß ich in meinem Abendgebete nur für Menschen beten sollte. Darum, wenn meine Mutter mit mir gebetet und mir den Gutenachtkuß gegeben hatte, betete ich heimlich noch ein von mir selbst verfaßtes Zusatzgebet für alle menschlichen Wesen. Es lautete: 'Lieber Gott. Schütz und segne alles, was Odem hat, bewahre es vor allem Übel und lasse es ruhig schlafen!' - Einen tiefen Eindruck machte mir ein Erlebnis aus meinem siebenten oder achten Jahr. Heinrich Bräsch und ich hatten uns Schleudern aus Gummischnüren gemacht, mit denen man kleine Steine schleuderte. Es war im Frühjahr, in der Passionszeit. An einem Sonntagmorgen sagte er zu mir: 'Komm, jetzt gehen wir auf den Rehberg und schießen auf Vögel.' Dieser Vorschlag war mir schrecklich, aber ich wagte nicht zu widersprechen, aus Angst, er könnte mich auslachen. So kamen wir in die Nähe eines kahlen Baumes, auf dem die Vögel, ohne sich vor uns zu fürchten, lieblich in den Morgen hinaus sangen. Sich wie ein jagender Indianer duckend, legte mein Begleiter einen Kiesel in das Leder seiner Schleuder und spannte dieselbe. Seinem gebieterischen Blick gehorchend, tat ich unter furchtbaren Gewissensbissen dasselbe, mir fest gelobend, danebenzuschießen. In demselben Augenblicke fingen die Kirchenglocken an, in den Sonnenschein und in den Gesang der Vögel hineinzuläuten. Es war das 'Zeichen-Läuten', das dem Hauptläuten eine halbe Stunde voranging. Für mich war es eine Stimme aus dem Himmel. Ich tat die Schleuder weg, scheuchte die Vögel auf, daß sie wegflogen und vor der Schleuder meines Begleiters sicher waren und floh nach Hause. Und immer wieder, wenn die Glocken der Passionszeit in Sonnenschein und kahle Bäume hinausklingen, denke ich ergriffen und dankbar daran, wie sie mir damals das Gebot: 'Du sollst nicht töten' ins Herz geläutet haben. - Von jenem Tage an habe ich gewagt, mich von der Menschenfurcht zu befreien. Wo meine innerste Überzeugung mit im Spiel war, gab ich jetzt auf die Meinung anderer weniger als vorher. Die Scheu vor dem Ausgelachtwerden durch die Kameraden suchte ich zu verlernen. - Die Art, wie das Gebot, daß wir nicht töten und quälen sollen, an mir arbeitete, ist das große Erlebnis meiner Kindheit und Jugend. Neben ihm verblassen alle anderen."

ebd., S.22-24

Audio-visuelle Medien zu Albert Schweitzer — Anlage 7

Die Lebensstationen Schweitzers zeichnet am besten die Diaserie von L. Ganzer nach. Eine Auswahl und Beschränkung ist aber angezeigt.

Will man den Stil der Arbeit Schweitzers in Lambarene verdeutlichen, auch die Grenzen seiner Arbeit - sie ist eben zeitbedingt - anschaulich machen, so empfiehlt sich der Film "Albert Schweitzer in seinem Urwaldhospital". Zunächst führt Albert Schweitzer den Betrachter in den fremden Landschaftsraum ein. Kommentiert von seiner Tochter wird dann das Hospitaldorf in Lambarene und das Leben von Patienten und Ärzten dargestellt. Die Verhältnisse im Lepradorf, die Versorgung des Hospitals mit Lebensmitteln, der Bau neuer Häuser sowie die Behandlung der Kranken und das Zusammenleben mit ihren Familien geben einen starken Eindruck vom Lebenswerk Albert Schweitzers, der persönlich während des Filmverlaufs bewußt selten in Erscheinung tritt.

Leben mit den Leidenden und Sterbenden - Mutter Teresa — Anlage 8

"Mutter Teresa ist ein Symbol. Sie hat es gewagt, gegen die Not zu kämpfen. Dort, wo sie am unermeßlichsten ist, in Kalkutta. Sie hat es mit der letzten Not des Menschen aufgenommen, mit der Not des Sterbens. ... Mutter Teresa hat sich des Sterbenden in den Straßen von Kalkutta angenommen, sie hat sie aufgenommen und hat ihnen beim Sterben, bei dieser wichtigen Tat im Leben des Menschen geholfen. ... Mutter Teresa und ihre Schwestern - ... - wissen, daß das Leben mit dem Sterben nicht aufhört, sondern weitergeht, ja erst beginnt. Der Erfolg? Ein dankbarer Blick aus brechenden Augen. Dieser 'Erfolg' hat Mutter Teresa Mut gegeben, gegen die Unermeßlichkeit der Not überhaupt anzugehen, in Kalkutta, in Bengalen und anderswo."

aus: Malcolm Muggeridge, Mutter Teresa, Freiburg 1977 (Herder), S.7

Mutter Teresa, 1910 in Jugoslawien geboren, faßte schon in der Jugend den Entschluß, für die Bengalen-Mission zu arbeiten. Nach ihrer Ausbildung und der Aufnahme unter die irischen Lorettoschwestern wurde sie Schwester und später Leiterin an einer Missionsschule in Kalkutta. 1946 faßte sie den Entschluß, mit Slumbewohnern zusammenzuleben. Zwei Jahre später gründete sie mit päpstlicher Genehmigung einen eigenen Orden. Die Ordenstracht besteht aus einem weißen Sari mit glauer Borte und einem Kreuz auf der Schulter.

Die Aufgaben wuchsen, je näher sie die Not kennenlernte. Begleitung der Sterbenden, Hilfe für die Notleidenden, Einrichtung von Schulen für die Kinder - zunächst nur in Kalkutta, später in ganz Asien, Afrika und Lateinamerika, sogar in den Slums von Rom. Über die ganze Welt verstreut finden sich Niederlassungen ihres Ordens. Die Welt erkannte ihre Tätigkeit. 1971 erhielt sie vom Vatikan den Friedenspreis des Papstes Johannes XXIII.; acht Jahre darauf den Friedensnobelpreis. Alles floß in ihre Arbeit und die ihrer Mitarbeiter. Sie selbst hat sich durch öffentliche Anerkennung nicht verändert. Die tägliche Begegnung mit dem Elend verhinderte und verhindert oberflächlichen Selbstruhm.

<u>Mutter Teresa - was sie bewegt</u> <u>Anlage 9</u>

Über den Anfang ihrer Tätigkeit in den Slums berichtet Mutter Teresa: "Die erste Frau, die ich sah, habe ich selbst von der Straße aufgelesen. Sie war bereits von Ratten und Ameisen angenagt. Ich brachte sie ins Hospital, aber man konnte nichts für sie tun. ... Von dort ging ich zur Stadtverwaltung und bat sie, mir einen Platz zu geben, wohin ich solche Leute bringen konnte, denn am selben Tag hatte ich andere Sterbende auf der Straße gefunden. Der Gesundheitsbeamte der Stadtverwaltung nahm mich mit zum Tempel, dem Khali-Tempel, und zeigte mir den Dormashallah, wo die Menschen zu ruhen pflegten, nachdem sie die Göttin Khali verehrt hatten. Es war ein leeres Gebäude; er fragte mich, ob ich es haben wollte. ... Innerhalb von 24 Stunden hatten wir unsere Patienten dort, und wir begannen die Arbeit des Heims für die Kranken und Sterbenden, die Ausgestoßene sind."

ebd., S.73

Was diese Begleitung der Sterbenden erreichen soll, umschreibt Mutter Teresa so: "Zuallererst möchten wir ihnen das Gefühl geben, daß sie erwünscht sind; wir möchten sie wissen lassen, daß es Menschen gibt, die sie wirklich lieben, die sie wirklich haben wollen, wenigstens für ein paar Stunden, die sie zu leben haben, damit sie menschliche und göttliche Liebe kennenlernen. Daß sie auch erfahren, daß sie Kinder Gottes sind und daß sie nicht vergessen sind und daß sie geliebt werden und daß man für sie sorgt und es junge Menschenleben gibt, die sich selbst im Dienst für sie hingeben.

ebd., S.74

Der britische Journalist Muggeridge begleitete Mutter Teresa in Kalkutta. In seinem Buch über diesen Besuch berichtet er vom Abschied:

"Als ich Kalkutta verließ, gab mir Mutter Teresa ein Exemplar des kleinen Gebetbuchs, das sie und die Schwestern gebrauchen... In mein Exemplar, den kostbaren Besitz, schrieb sie: Mach uns würdig, Herr, unseren Mitmenschen in der ganzen Welt, die in Armut und Hunger leben und sterben, zu dienen. - Gib ihnen durch unsere Hand ihr tägliches Brot heute, und durch unsere verstehende Liebe gib ihnen Friede und Freude. - Worte, die sehr einfach und schön ausdrücken, worum es ihr und den Schwestern geht. Die meisten ihrer Gebete sind, ..., in diesem Stil. 'Betet gern', ermahnt sie die Schwestern, da 'das Gebet das Herz weit macht, bis es fähig ist, Gott, der sich euch schenkt, aufzunehmen. Betet und sucht, und euer Herz wird groß genug werden, ihn als euer eigen zu empfangen.' Gleichzeitig geht sie in echt evangelischem Stil mit ihren Nöten und Schwierigkeiten zu Gott und wundert sich immer wieder über die vielfältige Antwort, die sie auf jede Bitte, ob groß oder klein, erhält. ... Wenn Gott für die Lilien des Feldes so wunderbar sorgt, dann hat Mutter Teresa sicher recht in ihrem Glauben, daß er auch für ihre und ihrer Schwestern und Brüder winzigste Bedürfnisse in ihrem ständigen Bemühen, ihn zu preisen und ihm zu dienen, sorgt."

ebd., S.33 f.

Audio-visuelle Medien zu Mutter Teresa — Anlage 10

Brauchbares Diamaterial findet sich sowohl in der Serie von Muggeridge wie - nur auswahlweise verwendbar - bei der Don-Bosco-Verlag-Serie; empfehlenswert die Steyl-Serie von Dr. Motekat und J. Rzitka, die die ganze Breite der Arbeit dieser Gruppe auf der Welt zeigt: "Hungernde werden versorgt, Todkranke gepflegt, Obdachlose untergebracht, Findelkinder aufgezogen. In Schulen, Heimen und Werkstätten nehmen sich Mutter Teresas Schwestern der Jugendlichen an, die keine Heimat und keine Ausbildung haben. Mutter Teresa gehört zu den großen Persönlichkeiten unserer Zeit. Ihre Menschlichkeit wirkt anziehend, ihr Einsatz steckt an."

Hervorragend geeignet ist auch der Film von Klaus Vetter; er beschränkt sich freilich auf Kalkutta, zeigt aber dort hinreichend ausführlich die Tätigkeit der Missionarinnen der Nächstenliebe.

Auf der Seite der Entrechteten - Beyers-Naudé — Anlage 11

Das Christliche Institut in Südafrika und insbesondere sein Leiter, Beyers-Naudé, treten seit langem für die Gleichberechtigung von Schwarzen und Weißen ein. Der Kampf gegen das Apartheidssystem in Südafrika führte im Oktober 1977 zur Schließung dieses Instituts durch staatliche Stellen.

In seinem letzten Jahresbericht weist Beyers-Naudé auf die Hoffnungslosigkeit für Weiße wie Schwarze angesichts der politischen Situation hin und führt dann aus:

"Als christliche Institution teilen wir die Hoffnung der Unterdrückten und Beraubten auf einen besseren Tag, der anbricht - einen Tag der Freude über die Befreiung, die Christus all denen verheißen hat, die unter dem Joch leiden. In gleicher Weise gilt unser Mitgefühl den Millionen von Weißen, die in wachsender Unsicherheit und Furcht leben. Wir glauben, daß Christus eine lebenswichtige und bedeutsame Botschaft für beide Seiten hat: Er möchte die Schwarzen zu einem Leben in größerer Freiheit und Erfüllung leiten, und in gleicher Weise möchte er die Weißen von ihren Ängsten und ihrem falschen Selbstinteresse freisetzen, das sie auf lange Sicht nur zerstören kann. ... Während Südafrika sich in eine zusehends unsichere Zukunft aufmacht, ruft Christus seine Nachfolger dazu auf, in dies unbekannte Land von morgen mit Glauben, Hoffnung und Freude einzutreten, weil es seine Welt, sein Volk und sein Reich ist. Der Tatsache voll bewußt, daß unser Land sich auf eine Periode großen Leidens, voll Schmerz und Konflikt zubewegt, gehen wir vorwärts in Hoffnung und Freude in dem sicheren Wissen, daß - wo Christus uns führt - in uns auch die Gewißheit der Erfüllung unseres Ringens um Gerechtigkeit, Befreiung und Anerkennung menschlicher Würde bringt."

aus: ... den Gefangenen Befreiung, Hamburg 1979[2] (Pressestelle für Weltmission), S.59

Auch im Alltag bewährte Beyers-Naudé seinen Glauben. Ein Besucher bei ihm schreibt:

"Als wir am Montag in die Büros des Diakoniehauses in Johannisburg kamen, erreichten uns schlimme Nachrichten aus Soweto. Eine schwarze Mitarbeiterin erzählte unter Tränen, wie die Polizei eine nächtliche Razzia bei Freunden in der Nachbarschaft vorgenommen hat. Die Leute wurden brutal aus den Betten gezerrt, zusammengeschlagen und der Vater und zwei Söhne mitgenommen. Die Frau blieb mit vier Kindern und zerbrochenen Möbeln zurück. - Angesichts der Willkür der Polizei und der Wehrlosigkeit ihrer Opfer stiegen auch mir die Tränen in die Augen und ich rief: 'Diese Schweine.' Beyers-Naudé blickte mich an und sagte: 'Ja, es ist schlimm.' Und nach einer Weile: 'Weißt du, für mich ist es wichtig zu wissen, daß Jesus Christus auch für Schweine gestorben ist. Sonst würden die Zorn- und Haßgefühle zuviel Macht über mich gewinnen.'"

ebd., S.58

Südafrikanische Passion

Anlage 12

Da nahm Pilatus Jesus und ließ ihn geißeln. Johannes 19,1

Entrechtete und unterdrückte schwarze Christen in Südafrika finden ihre eigene Situation in der Passionsgeschichte Jesu vorgezeichnet. In Bildern geben sie dem Ausdruck. Aus Jesus wird ein schwarzer Mann: "Jesus leidet. - Dieses Leiden ist auch zu finden in den Townships, auf den Paßämtern, in den Arbeitsbüros, in den Minen und auch in den Villen der Weißen, die die Zukunftsangst packt und die sie zu immer verzweifelteren Schrecklichkeiten treibt. - Jesus weint, er empfindet Schmerz. Er ist nicht stoisch gelassen. Die Schläge tun ihm weh. Er weint nicht über uns, er weint mit uns, denn Schmerz, Verlassenheit und Todesnähe tun weh. - Jesus ist schwarz. Er ist schwarz, weil es ihm geht, wie es Schwarzen in Südafrika ergeht. Er lebte nicht in den Villenvorstädten, er war arm. Er hat gelitten und wurde von fremden Eindringlingen, den Römern, getötet."

ebd., S.47

Einer ihrer geistigen Führer, der Bischof M. Buthelezi, meinte in einer Predigt:

"Die Bibel sagt uns, daß wir wirklich Gott dienen können, indem wir denjenigen dienen, die um uns herum sind, besonders den Unterdrückten und Unbedeutenden. ... - Wenn die Kirche den Benachteiligten in diesem Lande echten Dienst erweisen will, muß sie bereit sein, verleugnet, gequält, gefangengenommen, geschlagen und wenn nötig getötet zu werden. Es ist nicht in Ordnung, wenn die Kirche es sich leisten kann, im Wohlstand zu leben und sich sozialen und politischen Ansehens zu erfreuen, während zur gleichen Zeit ein großer Teil ihrer Glieder leidet und nichts von diesen Dingen genießt. ... - Wahrer Dienst schließt ein, daß die Kirche den Menschen von Soweto nicht bloß helfen muß, sie muß auch das Volk von Soweto werden, indem sie dessen Leiden und Entwürdigungen auf sich nimmt. - Man kann doch die Tränen von den Augen derer, die weinen, nicht abwischen, ohne selber nasse Hände zu bekommen. - ... Das Lebensmotto jedes Kirchengliedes sollte sein: Ich möchte lieber mit dem Volke leiden, als ohne die Leiden das Leben genießen; ich möchte lieber nichts sein mit dem Volk, wenn etwas sein und jemand sein bedeutet, daß ich von seiner Lebenserfahrung, die es nicht verschuldet hat, getrennt sein müßte; ich möchte lieber mit dem Volke leiden, als ohne es zu herrschen."

ebd., S.49

<u>Der Film über Pater Maximilian Kolbe</u> <u>Anlage 13</u>

Ein aus authentischem Material gestaltetes filmisches Dokument über das Leben und Sterben des polnischen Franziskanerpaters Maximilian Kolbe, der im August 1941 im Konzentrationslager Auschwitz für einen Mithäftling freiwillig in den Tod ging. Der frühere Mithäftling Frantiszek Gajowniczek berichtet: In den ersten Augusttagen war einem anderen Häftling die Flucht aus dem Lager gelungen. Zur Vergeltung sollten dafür zehn Häftlinge aus der Wohnbaracke des Flüchtlings hingerichtet werden. Auch ich - Frantiszek Gajowniczek - gehörte dazu. Als ich ausgewählt war, sagte ich, daß ich Frau und Kinder hätte. Da trat plötzlich ein anderer Häftling aus der Reihe, ging auf den Lagerführer zu und bat, daß er für einen der zehn Ausgewählten gehen dürfe. Er wandte sich um und zeigte auf mich. Der damals sein Leben für mich hingegeben hat, war Pater Kolbe, Häftling Nr. 16670.

Maximilian Kolbe wurde am 8. Januar 1894 in Polen geboren. Er besuchte die Klosterschule der Franziskaner in Lemberg, trat in den Orden ein, ging 1912 nach Rom und studierte dort Philosophie und Theologie. Mit zwei Dr.-Titeln schloß er seine Studien ab. 1919 kehrte Kolbe in sein Heimatland, das um seine Selbständigkeit rang, zurück. Er lehrte Geschichte und gründete bei Warschau ein geistig-religiöses Zentrum. Jahre danach wirkte er in Saigon und Nagasaki. 1936 kehrte er nach Polen zurück. Pater Maximilian wird Abt des Klosters in Niebolkalanow. Wie viele tausende polnischer Priester wird auch er 1939 zunächst verhaftet, vorübergehend entlassen, von der deutschen Geheimen Staatspolizei erneut festgenommen und schließlich nach Auschwitz gebracht. Sein Schicksal ist besiegelt, als er im August 1941 für einen Mithäftling freiwillig den Tod auf sich nimmt. Mit weiteren neun Gefangenen kommt er in den Hungerbunker, wird gepeinigt und schließlich durch eine Injektion getötet. Am 15. August 1941 verbrennen die Schergen von Auschwitz seinen Leichnam zusammen mit weiteren 700 Toten in den Öfen des Krematoriums.

Der Klassenaufsatz

Anlage 14

In diesem Hörspiel beschreibt E. Wickert, wie Geiger 28 Jahre nach seinem Abitur seine alte Schule besucht. Er erinnert sich an die Schlußfeier in der Aula, besonders aber an die Rückgabe eines Klassenaufsatzes über das Thema "Wie ich mir mein Leben vorstelle". Diesen Aufsatz pflegte Lehrer Siebusch in jeder Abschlußklasse schreiben zu lassen. Er gab dafür keine Note, vermerkte jedoch, daß jeder sich die Note später selber geben müsse, nach 20, 30 oder 40 Jahren. Geiger vergleicht jene Aufsätze mit dem, was er von seinen ehemaligen Mitschülern erfahren hat, so auch den Aufsatz von Müller-Detmold, einem ausgefeilten "Fünfzigjahresplan".

Müller:

Ich werde Jurisprudenz studieren, und zwar die ersten beiden Semester in Kiel, dann zwei Semester in Heidelberg und die letzten vier Semester in Berlin. Im 8. Semester werde ich das Referendarexamen bestehen. Dreieinhalb Jahre werde ich mich auf das Gerichtsassessorexamen vorbereiten, das ich mithin im Jahre 1932 bestehen werde. Ich beabsichtige, dann in die Verwaltungslaufbahn einzutreten. Die Ernennung zum Regierungsrat wird nach meiner Berechnung 1936 erfolgen. Ein Jahr danach heirate ich. Kinder erwarten wir 1939 und 1940. - ... ich wette gern mit Geiger, daß ich meine Ziele zu den festgesetzten Zeitpunkten erreiche. Die Entscheidung, ob Sohn oder Tochter, will mich mir noch vorbehalten. ... - Die Ernennung zum Oberregierungsrat folgt 1944. Mit dem Ministerialrat lasse ich mir Zeit bis 1955. Weiter beabsichtige ich nicht zu steigen. Mit 65 Jahren lasse ich mich pensionieren, ziehe in eine mitteldeutsche Stadt und werde in Muße malen.

Geiger:

Aber es kam merkwürdigerweise gar nicht anders. Nur ein einziges Mal wich Müller-Detmold von seinem Lebensplan ab. Er schickte mir jedesmal eine Postkarte, wenn er planmäßig eine Stufe erreicht hatte, und ich antwortete mit einer Flasche

Sekt. - Acht Semester Studium, Referendar, Gerichtsassessor, Regierungsrat, Heirat. Immer genau nach dem Terminkalender, den er in der Oberprima aufgestellt hatte. Es kam die Geburtsanzeige eines Jungen und zwei Jahre später die eines Mädchens. Aber dann gab er seinen Fünfzigjahresplan, dessen Soll er bis dahin regelmäßig erfüllt hatte, ganz unvermittelt und ohne jede entschuldigende Erklärung auf. Als seine Frau eines Tages von einem Wochenendausflug nach Hause kam und die Tür öffnete, fand sie ihn im Flur. Er hatte sich erhängt. Und niemand erfuhr, warum.

aus: E. Wickert, Der Klassenaufsatz, Reclam 8443, S.12-14 (Auszüge)

<u>Bruder- und Nächstenliebe</u> <u>Anlage 15</u>

Christen behaupten, ihr Glaube zeige sich in der Liebe. Wie sieht dies aber im Einzelfall aus? Im Neuen Testament begegnen uns zwei unterschiedliche Vorstellungen.

1. An eine Gemeindegruppe schreibt der Verfasser des 1 Johannesbriefes:

   Wir haben erkannt und geglaubt die Liebe, die Gott zu uns hat. Gott ist Liebe, und wer in der Liebe bleibt, der bleibt in Gott, und Gott in ihm. ... Laßt uns lieben, denn er hat uns zuerst geliebt. Wenn jemand sagt: ich liebe Gott, und auch seinen Bruder haßt, ist er ein Lügner. Denn wer seinen Bruder nicht liebt, den er von Angesicht kennt, kann Gott nicht lieben, den er von Angesicht nicht kennt. Und dieses Gebot haben wir von ihm, daß, wer Gott liebt, auch seinen Bruder lieben soll.

   Zwei Aussagen sind dabei besonders wichtig:

   (a) Christliche Liebe geschieht zwischen ______________________

   (b) Christliche Liebe hat ihren Ursprung in ______________________

2. In der Bergpredigt fordert Jesus seine Hörer auf:

   Ihr habt gehört, daß gesagt ist: 'Du sollst deinen Nächsten lieben' und deinen Feind hassen. Ich aber sage euch: Liebet eure Feinde und bittet für die, welche euch verfolgen, damit ihr Söhne eures Vaters in den Himmeln seid! Denn er läßt seine Sonne aufgehen über Böse und Gute und läßt regnen über Gerechte und Ungerechte. Denn wenn ihr nur die liebt, die euch lieben, was habt ihr für einen Lohn? Tun das nicht auch die Zöllner? Und wenn ihr nur eure Brüder grüßt, was tut ihr Besonderes? Tun das nicht auch die Heiden? Ihr sollt nun vollkommen sein, wie euer Vater im Himmel vollkommen ist.

Demnach stimmen beide Stellen überein:

____

____

Demnach unterscheiden sich beide Stellen in:

____

____

Gemeinsamkeit und Unterschied der beiden biblischen Stellen sind verständlich. Der Verfasser des 1 Johannesbriefes schreibt an eine in sich geschlossene Gemeindegruppe, die er zum Praktizieren der Liebe untereinander auffordert. Womit begründet er diese Liebe im einzelnen?

____

____

Anders steht es bei dem Jesus der Bergpredigt. Auch er redet von göttlicher Liebe. Aber die Adressatengruppe ist eine andere als bei Johannes. Wem gilt die göttliche Liebe bei Matthäus, und wie wird sie begründet?

____

____

____

<u>Film: Die Stille</u> <u>Anlage 16</u>

14 Min., Farbe

Mitten im Winter 1941 während des Zweiten Weltkrieges finden einige jugoslawische Bauern, die nur mit Äxten und Stöcken ausgerüstet sind, eine Anzahl deutscher Soldaten, die alle bei einem Gefecht mit Partisanen gefallen sind, und plündern sie völlig aus. Dabei entdecken zwei Bauern zufällig einen angeschossenen Deutschen. Der eine von ihnen versucht mit allen Mitteln, den schwerverletzten Feind zu bergen und in seinem Dorf in Sicherheit zu bringen. Als er sieht, daß die Deutschen auf einer Strafexpedition soeben das ganze Dorf mitsamt seiner Bevölkerung zerstört haben, erschlägt er aus Wut und Verzweiflung den wehrlosen Deutschen, den er eben noch retten wollte.

Die Bergpredigt - Rahmen, Aufbau, Gliederung, Komposition und Übersicht über den Inhalt

Anlage 17

<table>
<tr><td colspan="7">Mt 4,23 Rahmen (Summarium)</td></tr>
<tr><td rowspan="7">Matthäus 5 - 7</td><td colspan="3">5,1-2 Einleitung
5,3-12 Seligpreisungen</td><td colspan="3">5,13-16 Salz und Licht
5,17-20 Jesus und das Gesetz</td></tr>
<tr><td colspan="6">Die Antithesen</td></tr>
<tr><td>Vom Töten

5,21-26</td><td>Vom Ehebruch

5,27-30</td><td>Von der Scheidung

5,31-32</td><td>Vom Schwören

5,33-37</td><td>Von der Vergeltung

5,38-42</td><td>Von der Feindesliebe

5,43-48</td></tr>
<tr><td colspan="2">6,1-4 Almosengeben</td><td colspan="2">6,5-8 Beten
6,9-15 Vaterunser</td><td colspan="2">6,16-18 Fasten</td></tr>
<tr><td colspan="2">6,19-21:
Warnung vor Habsucht</td><td colspan="2">6,22-24:
Gleichnis vom Auge</td><td colspan="2">6,25-34:
Irdische Sorgen und die Gottesherrschaft</td></tr>
<tr><td colspan="2">7,1-6 Nicht richten!
7,12 Goldene Regel
7,21-23 Warnung vor Selbsttäuschung</td><td colspan="2">7,13-14 Zwei Wege</td><td colspan="2">7,7-11 Gebetserhörung
7,15-20 Rechte Frömmigkeit
7,24-27 Das Haus auf dem Felsen</td></tr>
<tr><td colspan="6">7,28-29 Die Wirkung der Predigt</td></tr>
<tr><td>Mt 8 - 9</td><td colspan="6">Wunderheilungen</td></tr>
<tr><td colspan="7">Mt 9,35 Rahmen (Summarium, "Ideale Szene")</td></tr>
</table>

Innerkirchliche Deutungen der Bergpredigt   Anlage 18

(Thesenblatt)

These 1:

Die Forderungen der Bergpredigt sind nicht für Alltagsmenschen und Alltagssituationen gedacht, sondern für besonders fromme Menschen mit einem besonderen Lebensstil, z.B. für Mönche.

Jedoch: Jesus redet alle seine Zuhörer an; es gibt bei ihm keine Unterschiede zwischen Forderungen an Fromme und an weniger Fromme.

These 2:

Die Forderungen der Bergpredigt sind im Leben nicht erfüllbar; sie überfordern den Menschen. Aber sie zeigen an, was Gott eigentlich von den Menschen erwartet. Die Menschen bleiben freilich weit dahinter zurück. So werden sie daran erinnert, daß sie "allzumal Sünder" sind.

Jedoch: Jesus geht es in der Bergpredigt nicht um das Erkennen des Gotteswillens, sondern um das Tun. Im Gleichnis vom Hausbau am Ende der Bergpredigt hebt er dies unmißverständlich hervor.

These 3:

Die Bergpredigt ist nicht darauf aus, uns zum Bau einer perfekten Welt anzuleiten, sondern eher geht es um Gewissensschärfung: die rechte Gesinnung sollen sich die Christen aneignen. Welche Konsequenzen für das Handeln gezogen werden, ist zweitrangig.

Jedoch: Die Gesinnung ist nur ein Anfang, wenn auch ein wichtiger Punkt. Das Ziel aber ist nicht die Gesinnungsänderung, sondern das Hereinbrechen des Gottesreiches in dem, was durch uns geschieht.

NACH AUSCHWITZ: JUDEN UND WIR

Religionspädagogische Überlegungen zum Thema

Die meisten Schüler haben keine Kontakte mit Juden. Lebten 1933 noch ungefähr eine halbe Million Juden in Deutschland, so gibt es heute in der Bundesrepublik nur noch knapp 30.000. Die Schüler beziehen ihr Wissen über die Juden vor allem aus Gesprächen mit Eltern und Verwandten, aus dem schulischen Unterricht sowie aus den Massenmedien. Dabei erhalten sie mehr oder weniger präzise Informationen über die Judenverfolgungen im Dritten Reich und über die Entstehung des Staates Israel und seine weitere Geschichte. Es muß damit gerechnet werden, daß dabei Vorurteile noch stehen bleiben (z.B. die Juden sind geschäftstüchtig, verschlagen usw.). Vorurteile werden auch in den heute wieder grassierenden Judenwitzen weiter getragen.

Die Beschäftigung mit den Juden und dem jüdischen Glauben im Religionsunterricht erscheint notwendig.

□ Das Judentum ist eine Weltreligion.

□ Vor allem aber ist das Judentum eine Wurzel des Christentums. Seine Kenntnis erlaubt ein tieferes Verstehen des christlichen Glaubens.

□ Schließlich muß auch im Religionsunterricht über die Vernichtung des europäischen Judentums durch den Nationalsozialismus gesprochen werden, weil ein offener bzw. latenter christlicher Antisemitismus das Vorgehen gegen die Juden mit ermöglicht hat.

Die Unterrichtseinheit beginnt mit der Suche nach Gründen für den modernen Antisemitismus in der Bundesrepublik. Dabei wird besonders auf den Minderheiten-Status eines Volkes in fremder Umgebung abgehoben, dessen Eigenarten Anlaß zu Vorurteilen geben (LZ 1). Zur Einsicht in die Wurzeln des Antisemitismus gehört die ausführliche Erörterung von Maßnahmen und Gründen des faschistischen Antisemitismus. Der Nationalsozialismus greift die antisemitischen Tendenzen des bürgerlichen 19. Jahrhunderts auf, die u.a. vom klassischen christlichen Antisemitismus genährt wurden.

Die Überzeugung, einer Herrenrasse anzugehören, braucht ein Gegenüber: die minderwertige Rasse (LZ 2/3). Für Lehrer und Schüler ist es immer wieder bestürzend, wie lange im Dritten Reich die Kirchen zur Judenverfolgung geschwiegen haben. Das Schweigen geschah wohl aus Angst und weil die Kirchen zunächst sich nur für ihre eigenen Glieder verantwortlich fühlten. Erst bei der "Endlösung" der Judenfrage im Zweiten Weltkrieg haben sich einzelne Kirchenleitungen zu Wort gemeldet. Im Gegensatz dazu steht das Handeln einzelner engagierter Christen, derer man heute noch in Israel gedenkt (LZ 4).

Holocaust und religiöse Traditionen prägen die Situation des Judentums heute. Mit dem Staat Israel hat es wieder einen legitimen Ort im Land Israel erhalten. Seine Bedeutung für jüdisches Selbstverständnis ist kaum zu überschätzen (LZ 5).

Literatur

a) Zur Information des Lehrers:

A. Ahrendt, Eichmann in Jerusalem, Reinbek 1978 (Rowohlt)

A. Eban, Dies ist mein Volk, München 1974 (Knaur)

A. Eban, Mein Land, München 1975 (Knaur)

H. Grüber, Erinnerungen aus sieben Jahrzehnten, Köln 1968 (Kiepenheuer & Witsch)

M. Horbach, So überlebten sie den Holocaust, München 1979 (Goldmann Taschenbuch)

L. Poliakov u.a., Über den Rassismus, Stuttgart 1979 (Klett-Cotta)

D. Steinwede/S. Ruprecht, Vorlesebuch Religion Bd 1-3, Lahr/Zürich/Göttingen 1974 (Kaufmann/Benziger/Vandenhoeck & Ruprecht)

M. Stöhr, Erinnern, nicht vergessen, München 1979 (Chr. Kaiser)

A. Ullmann, Israels Weg zum Staat, München 1964 (Deutscher Taschenbuch-Verlag)

b) Arbeitsmaterial für den Unterricht:

D. Brummack u.a., Anpassung oder Wagnis, Frankfurt 1973 (Diesterweg)

P. Freimark, Große fremde Religionen, Dortmund 1977 (Crüwell)

H. Gutschera/J. Thierfelder, Brennpunkte der Kirchengeschichte, Paderborn 1976 (Schöningh)

W. Hofer, Der Nationalsozialismus, Frankfurt 1976 (Fischer Taschenbuch)

J. Kerr, Als Hitler das rosa Kaninchen stahl, Ravensburg 1979 (Maier)

G. Kraft u.a., Kursbuch Religion 9/10, Stuttgart/Frankfurt 1979 (Calwer Verlag/Diesterweg)

H.J. Sell, Briefe einer Jüdin aus Cuzco, Wien 1978 (Herold Verlag)

L. Sievers, Juden in Deutschland, Hamburg 1977 (Gruner + Jahr)

Tagebuch der Anne Frank, Frankfurt 1976 (Fischer Taschenbuch)

AV-Medien

Filme:

Ausflug nach Auschwitz, EMZ 12: KF 432

Charlotte Salomon, EMZ 12: KF 413

33 Jahre danach, EMZ 12: KF 535

Glauben und Leiden, EMZ 12: KF 388

Der 9. November, EMZ 1: F 42; EMZ 12: KF 228

Tondiaserie:

Der gelbe Stern, EMZ 12: TB 258

Tonbänder:

Jüdische Kinder berichten, EMZ 12: HF 7

Der Junge mit dem gelben Stern, EMZ 12: HS 27

Minimalplan in RG II 8

Übersicht über die Unterrichtseinheit

Lernziele	Inhalte
1. Erscheinungsformen des Antisemitismus heute kennen und über Gründe nachdenken	Neo-nazistische Aktionen und Parolen Aus KZ-Prozessen: Antijüdische Vorurteile
2. An Beispielen aus der jüdischen Leidensgeschichte verschiedene Wurzeln des Antisemitismus erörtern	Jüdische Schicksale im Mittelalter Christlicher Judenhaß Eigenständige Kultur der religiösen Minderheit Ökonomische und politische Sonderstellung Der Begriff Antisemitismus
3. Die nationalsozialistische Verfolgung als Ergebnis rassistischer Ideologie begreifen, die den herkömmlichen Antisemitismus zur totalen Ausrottung des jüdischen Volkes steigerte	Maßnahmen des Nationalsozialismus Rassistische Ideologie: "Arische" Rasse als Ziel der Höherentwicklung des Menschen Politik der Massenvernichtung am Beispiel Auschwitz (Holocaust) Das Leidenstrauma des jüdischen Volkes
4. Versagen und Hilfeleistung von Christen gegenüber Juden im Dritten Reich kennen	Langes Schweigen der Kirchen - Späte Proteste Beispiele des Eintretens von Christen für Juden
5. Jüdisches Leben der Gegenwart auf dem Hintergrund der jüdischen Leidensgeschichte verstehen	Schicksale überlebender Juden Leben in Israel und der Diaspora: Sicherheitspolitik des Staates Israel Angst vor neuem Antisemitismus

Lernziele	Inhalte	Medien/ Verfahren	Didaktische Hinweise
1. Erscheinungsformen des Antisemitismus heute kennen und über Gründe nachdenken		Zum Gesamten: Kursbuch Religion 9/10, S.44-46	Antijudaistische Hetze ist kein Randphänomen in der Bundesrepublik. Die Prozesse gegen KZ-Verbrecher, die z.T. amtierende Mandatsträger sind, haben die breite Verankerung dieser Strömung zu Tage gefördert. Dabei spielt Hergang von Tatsachen und Herabwürdigung der Opfer eine beschämende Rolle. Dem kann nur durch Klärung der Tatsachen entgegengetreten werden. Die Gefährlichkeit der neonazistischen Tendenzen sollte ausführlich besprochen und zugleich die dafür anzuführenden Gründe und Hintergründe erhellt werden. Dabei darf man die Besonderheiten jüdischen Lebens in fremder Umgebung nicht nivellieren, auf die in Vergangenheit und Gegenwart oft mit Haß reagiert wird. Den Schülern sind jüdische Mitbürger in der Regel unbekannt. Sie sind unzureichend über Staat und Politik Israels aus den Nachrichten informiert. Zur Erweiterung der Kenntnisse sind Schülerreferate geeignet. Außer den angegebenen Materialien kann auf solche der Bundeszentrale für Politische Bildung und der israelitischen Botschaft zurückgegriffen werden.
1.1 Negative Äußerungen und Reaktionen gegenüber Juden heute beschreiben	z.B. Grabschändungen auf jüdischen Friedhöfen; neonazistische Parolen und Ausschreitungen heute	Neonazis (Anlage 1) Deutschland, wir kommen (Anlage 2) Film: 33 Jahre danach (Anlage 3) Außerdem: Auswertung einer Nummer der "Nationalzeitung"	
1.2 Von antijudaistischen Erscheinungen im Zusammenhang mit Prozessen gegen NS-Verbrecher berichten	KZ-Prozesse in Gegenwart und jüngster Vergangenheit; KZ-Prozesse im Urteil der Zeitgenossen	Evtl. provozierende Frage an Schüler, auch als Interviewfrage für Eltern und Bekannte: "Diese Prozesse nach so langer Zeit?" KZ-Prozesse (Anlage 4)	
1.3 Besonderheiten des jüdischen Volkes in fremder Umgebung nennen, die häufig mit Ablehnung oder Haß beantwortet werden	z.B. Religiöse Festlegung zahlreicher Lebensvollzüge, wie Sabbatgebot, koschere Küche u.ä.; Juden als tüchtiges und erfolgreiches Volk - Neid und Angst der Nachbarn; Staatsgründung Israels im Gegensatz zu Palästinensern	Evtl. Kurzreferate zu ausgewählten Abschnitten aus: A. Eban, Das ist mein Volk und/oder L. Sievers, Juden in Deutschland	

Lernziele	Inhalte	Medien/ Verfahren	Didaktische Hinweise
2. An Beispielen aus der jüdischen Leidensgeschichte verschiedene Wurzeln des Antisemitismus erörtern			LZ 2 versucht, die Verflechtung des Christentums in die jüdische Leidensgeschichte offenzulegen. Dabei werden die aus dem christlichen Glauben kommenden Wurzeln des Antijudaismus besonders besprochen (LZ 2.2). Es ist wichtig zu sehen, daß bis ins 20. Jh. hinein die alten unhaltbaren Bezichtigungen aufrechterhalten werden und zu grausamen Folgen für die Judenschaft und den einzelnen Juden führten, vgl. Malamuds Fixer. Nur auf diesem Hintergrund läßt sich das weitgehende Schweigen der Kirchen im Dritten Reich einigermaßen begreifen. Diese ursprünglich im christlichen Glauben verwurzelte Ablehnung des Judentums führte zu seiner Sonderstellung bis in die Neuzeit hinein, die nur bei den mitteleuropäischen Juden hier und da durch Assimilation aufgebrochen wurde. Die sich später so fatal auswirkende ökonomische und kulturell-politische Sonderstellung des Judentums ist nur auf dem Hintergrund der christlichen Geschichte einsichtig. Die Ghettoisierung wirkte durchaus ambivalent:
2.1 An Beispielen aus dem Mittelalter Formen und Verlauf der Unterdrückung und Verfolgung von Juden kennen	z.B. Judenverfolgungen bei den Kreuzzügen; Kleiderordnung; Hohe Abgabeverpflichtungen; Ghettoisierung; Pogrome	Anpassung oder Wagnis, Nr. 112; Kursbuch Religion 9/10, S.50 f. L. Sievers, Juden in Deutschland, S.25 ff. (auch für 2.2)	
2.2 Die wichtigsten Anschuldigungen darstellen, die für christlichen Antijudaismus bezeichnend sind	Vorwurf des Christusmordes, von Ritualmorden und Hostienschändung	Zum "Christusmord": Mt 27,24 f. und seine antijüdische Auslegung im Zusammenhang mit den Pogromen in Trier und Köln 1096; zu Ritualmord und Hostienschändung: Sievers, ebd., S.39-52 B. Malamud, Der Fixer (Anlage 5)	
2.3 Wirtschaftliche Gründe nennen, die bei der Diskriminierung der Juden eine wesentliche Rolle spielten	Zinsnehmen als Erwerbsgrundlage; Weltweite Bedeutung von jüdischen Wirtschaftsunternehmen und Banken	Kursbuch Religion 9/10, S.49 L. Sievers, ebd., S.63 ff.	
2.4 Die Hintergründe für die Ghettoisierung des europäischen Judentums kennen	Ort der Pflege jüdischer Kultur; Abschirmung gegen die christliche Bürgerschaft	L. Sievers, ebd., S.60 ff. Ghetto in Venedig und Prag (Anlage 6)	

Lernziele	Inhalte	Medien/ Verfahren	Didaktische Hinweise
			einerseits Diskriminierung und Ausschluß, andererseits Hilfe zur Bewahrung der eigenen Identität (LZ 2.4). Vgl. UE Juden und Christen, LZ 4.
3. Die nationalsozialistische Verfolgung als Ergebnis rassistischer Ideologie begreifen, die den herkömmlichen Antisemitismus zur totalen Ausrottung des jüdischen Volkes steigerte		Zum Gesamten: Kursbuch Religion 9/10, S.46-49 Film: Glauben und Leiden (Anlage 7)	LZ 3 ist die Mitte der Unterrichtseinheit. Auschwitz (LZ 3.2) steht für die planmäßige Vernichtungsaktion der Nazis. Dabei wird bewußt der Blickwinkel der Opfer als
3.1 Am Beispiel miterleben, wie Juden diskriminiert und verfolgt wurden	Das Schicksal eines jüdischen Jugendlichen, z.B. Anne Frank	Tagebuch der Anne Frank; Begegnung mit Anne Frank im KZ (Anlage 8) H.P. Richter, In der Synagoge, in: Vorlesebuch Religion 1 Film: Charlotte Salomon (Anlage 9)	Ausgangspunkt gewählt. Die Anschaffung des Tagebuchs der Anne Frank sollte man den Schülern empfehlen. Persönliches Betroffensein wollen auch die zahlreichen AV-Medien vermitteln. Erst auf diesem Hinter-
3.2 Über die Stationen der Judenverfolgung im Dritten Reich Bescheid wissen	Phasen der Verfolgungsmaßnahmen: 1. Boykott jüdischer Geschäfte 2. Nürnberger Gesetze/ Judenstern 3. Pogrome und Massendeportationen 4. "Endlösung" der Judenfrage	Quellen: Hofer, Der Nationalsozialismus, S.158-171 J. Klepper, Unter dem Schatten deiner Flügel AV-Medien: Film: Ausflug nach Auschwitz; Film: Der 9. November; TD-Serie: Der gelbe Stern; Tonband: Jüdische Kinder berichten; Tonband: Der Junge mit dem gelben Stern (Anlage 10)	grund läßt sich die rassistische Ideologie der Nazis in ihrer Gefährlichkeit richtig beurteilen. LZ 3.2 sollte sein Ziel nicht in Wissensvermittlung, sondern in Teilhabe am Schicksal der Betroffenen haben. Eine Rechtfertigung der Vernichtungsaktion ist unbedingt auszuschließen; auch das Argument, man habe davon nichts gewußt, ist zu relativieren.

Lernziele	Inhalte	Medien/ Verfahren	Didaktische Hinweise
3.3 Rassistische Ideologie als eine Quelle des Antisemitismus kennenlernen	Überzeugtsein von der Überlegenheit der eigenen Gruppe und Kultur; Parole: Rassenkampf statt Klassenkampf	Hofer, Der Nationalsozialismus, S.268 ff. Wahlaufruf der Christlich-Sozialen Partei Stöckers 1903 (Anlage 11) Hitlers Rassenwahn (Anlage 12)	Dabei ist hervorzuheben, daß nicht alle Deutschen die nationalsozialistische Sicht verinnerlichten: vgl. M. Horbach "So überlebten sie den Holocaust". Das darf aber nicht darüber hinwegtäuschen, daß Antijudaismus mit der deutschen Geschichte eng verknüpft ist.
4. Versagen und Hilfeleistung von Christen gegenüber Juden im Dritten Reich kennen		Zum Gesamten: Kursbuch Religion 9/10, S.51 ff.	Das auffällige Schweigen der Kirchen ist zunächst mit erhöhter Gefährlichkeit solcher
4.1 Feststellen, daß manche Kirchenleitungen gegen die Judenverfolgungen im Dritten Reich protestiert haben	z.B. Preußische Bekenntnissynode 1943, Kardinal Frings 1944	Brennpunkte der Kirchengeschichte, S.232	Äußerungen zu erklären. Wer gegen den Antisemitismus auftrat, traf den Kern der Ideologie. Außerdem gab es bei zahlreichen Kirchenführern eine latente antijudaistische Strömung, eine Nachwirkung des Hofpre-
4.2 Gründe für das lange Schweigen der Kirchen erörtern	Angst; traditioneller christlicher Antisemitismus; Theologische Strömungen zur Unterstützung des Nationalsozialismus	Brennpunkte der Kirchengeschichte, S.232, 222 f., 220 f.	digers Stöcker, und ein theologisch legitimiertes Ja zur sog. Erneuerung durch Hitler. - Deshalb beschränkte sich auch späterer kirchlicher Protest gegen nationalsozialistisches Unrecht weithin auf Rechtsverletzungen
4.3 Von Beispielen persönlicher Hilfeleistung enga-	z.B. Hermann und Helmut Hesse, Hermann Maas und Büro	Brennpunkte der Kirchengeschichte, S.229 H. Maas (Anlage 13); Als Jude auf	gegenüber Christen und in Kirchenangelegenheiten. Die Hilfe war damit auf Einzelaktionen ein-

Lernziele	Inhalte	Medien/ Verfahren	Didaktische Hinweise
gierter Christen berichten	Grüber, Einzelne Hilfen	der Flucht (Anlage 14) Schülerreferate zu M. Horbach, So überlebten sie den Holocaust	zelner Christen eingeschränkt, und es verdient hohe Anerkennung, daß der Staat Israel diese mutigen Frauen und Männer in Jad Waschem ehrt. Für das heutige Judentum ist Auschwitz nicht als Vergangenheit, sondern als zentrale Wegmarke und Ausgangspunkt einer neuen Identität anzusehen. Dies hebt aber nicht eine Kontinuität im jüdischen Selbstverständnis auf.
4.4 Erfahren, wie der heutige Staat Israel verfolgten Juden und deren Helfer gedenkt	Gedenkstätte Jad Waschem in Jerusalem mit der "Allee der Gerechten"	Jad Waschem - Ein Denkmal und ein Name (Anlage 15)	
5. Jüdisches Leben der Gegenwart auf dem Hintergrund der jüdischen Leidensgeschichte verstehen		Vgl. Kursbuch Religion 9/10, S.52-56	Wo dies nicht zu Beginn der Unterrichtseinheit geschehen ist, kann bei diesem Lernziel noch einmal auf die Lage der in Deutschland verbliebenen Juden eingegangen werden. Daß die neuen antijudaistischen Tendenzen Angst mobilisieren, ist verständlich. Freilich prägt nicht in erster Linie Angst, sondern Überlebenskraft das Bild (LZ 5.1 und 5.2). Ein außergewöhnliches Zeugnis in dieser Richtung ist S. Pisars Buch "Blut der Hoffnung". Un-
5.1 Die Bedeutung des Holocaust für das Selbstverständnis der Juden erörtern	Leiden und Widerstand Staat und Land Israel und die Beziehung zur Diaspora	Holocaust - Gedächtniswand in Jerusalem von N. Bezem (Anlage 16)	
5.2 Typische Schicksale von überlebenden Juden nach Auschwitz skizzieren	Verbleiben im Heimatland; Auswanderung nach den USA oder Palästina/Staat Israel	L. Sievers, Juden in Deutschland, S.269 ff. Evtl. Schülerberichte zu L.Uris Exodus-Roman	

Lernziele	Inhalte	Medien/ Verfahren	Didaktische Hinweise
5.3 Zielsetzungen des Staates Israel für die Gesamtheit der Juden bedenken	Verhältnis von Religion und Staat; Vermächtnis des Zionismus; Siedlungs- und Sicherheitspolitik	Leben im Staat Israel (Anlage 17) Zionismus und Staat Israel (Anlage 18)	ter dem Zeichen des Holocaust sind auch die dem Zionismus entnommenen Bestimmungen des Staates Israel zu sehen. Bei allen Differenzen über die Araberpolitik im einzelnen unter Sabres wie Diasporajuden und Eingewanderten sind diese Ziele unbestritten und ist entsprechende Solidarität vorhanden (LZ 5.3). Jüdisches Selbstverständnis gründet in zentralen religiösen Akten, und dabei hat heute das Pessachfest einen hohen Stellenwert (LZ 5.4). Vgl. dazu ergänzend UE Juden und Christen LZ 5.
5.4 Am Beispiel eines Seder-Abends verfolgen, wie Juden aus der Vergegenwärtigung ihrer Geschichte leben	Passahfest mit Sedermahl: Erinnerung an die Befreiung aus der ägyptischen Sklaverei	So feiern die Juden das Passahfest (Anlage 19)	

Ermittlungen gegen Neonazis

Jüdische Gemeinde Hannover stellte Strafanzeige

In Hannover laufen gegenwärtig zwanzig Ermittlungsverfahren gegen sieben Neonazis, die sich zur „NSDAP-Auslandsorganisation" des Amerikaners Gary Lauck bekennen. Ein Sprecher der politischen Polizei berichtete in der niedersächsischen Hauptstadt, dieser Kreis, der öffentlich in schwarzen Hosen und Jacken oder auch Tarnjacken auftrete und Verbindung zu Gleichgesinnten in Hamburg habe, sei für antisemitische und nazistische Umtriebe der jüngsten Zeit verantwortlich.

Die jüdische Gemeinde Hannover hat in einem Schreiben an die Staatsanwaltschaft beim Landgericht Lüneburg ihrer großen Sorge über die Umtriebe der Rechtsextremisten Ausdruck gegeben und Anzeige gegen Unbekannt erstattet. In dem Schreiben heißt es: „Jeden Sonnabend werden im Herzen der Stadt Hannover Informationsstände der Neo-Nazis aufgestellt. Durch Megaphone ertönen Soldatenlieder, und Hetzschriften antisemitischen Inhalts werden an die vorübergehende Bevölkerung verteilt." Die Gemeinde berichtet über weitere Vorfälle: „In Diskotheken, in denen jüdische Studenten und Schüler am Wochenende verkehren, werden diese provoziert und tätlich angegriffen. So wurde zum Beispiel ein jüdischer Student, der in einer Diskothek an einem Tisch saß, von einem schwarzgekleideten Mann, der an seinem Jackenaufschlag einen Totenkopf trug, belästigt und angegriffen. Dieser setzte sich unaufgefordert an den Tisch unseres jüdischen Studenten und sagte: ‚Du hast zu mir gesagt, daß ich ein Schwein bin!' und begann eine Schlägerei, an der sich noch andere schwarzgekleidete Männer mit Totenkopfabzeichen beteiligten. Die Mutter eines jüdischen Studenten wurde in ihrem Geschäft aufgesucht und von einem schwarzgekleideten Mann mit Totenkopfabzeichen bedroht. Mitglieder unserer Gemeinde erhalten laufend beunruhigende Telefonate."

Die Jüdische Jugend- und Studentenvereinigung Hannover drückte in einer Resolution ihre tiefe Besorgnis und ihr Befremden über die von neonazistischen Extremisten verursachten Geschehnisse sowie die „schwache Reaktion der zuständigen politischen Stellen" aus und forderte den niedersächsischen Ministerpräsidenten auf, „mit aller Konsequenz die nötigen Schritte zu unternehmen, damit diese Auswüchse unnachsichtig verfolgt werden und die Sicherheit der jüdischen Mitbürger nicht noch mehr beeinträchtigt wird".

In den vergangenen Monaten haben sich in Hannover Nazischmierereien und andere antijüdische und nazistische Vorkommnisse gehäuft. Ein 42jähriger erhielt eine Haftstrafe wegen der Schändung des jüdischen Friedhofes in Bothfeld. Ein 25jähriger wurde zu einer Geldstrafe verurteilt, weil bei ihm nazistisches und antisemitisches Propagandamaterial gefunden worden war.

Allgemeine Jüdische Wochenzeitung, Düsseldorf, 30. 12. 1977

Hakenkreuzaktionen: Bundesrepublik Deutschland 1976 aus: Verfassungsschutzbericht der Bundesregierung

Deutschland, wir kommen - Sendung des Deutschlandfunks vom 21. Nov. 1978 (Auszug)

Anlage 2

Der alte Geist wird auch bei den jungen Nazis gepflegt. Und von Treue und Ehre, von Rückbesinnung auf altgermanische Größe wird auch auf den Feiern der Jung-Nazis geschwärmt, die sie gemeinsam mit Veteranen aus der Nazizeit im NS-Stil begehen.

Ansprache bei einer Sonnenwendfeier: "Ja, wir sind eines Herzens, eines Blutes, wir sind ein Volk, und einig wollen wir handeln. Unser ist durch tausendjährigen Besitz dieser Boden, und der fremde Herrn Knecht soll kommen dürfen und uns Ketten schmieden und Schmach antun an unserer eigenen Erde? (Applaus) Wollen wir hoffen, daß dieses schaurige Bild niemals in Erfüllung gehen wird. Daß unser Volk und die germanische Rasse niemals untergehen wird. Dafür stehen wir und dafür kämpfen wir." Chor: "Nur der Freiheit gehört unser Leben, laß die Fahne im Wind ..."

Augenzeuge: "An dieser Stelle war das Lagerfeuer. Etwa nach 10 Uhr abends versammelten sich die älteren Jugendlichen zu gemeinsamen Gesängen, Parolen und gegenseitigen Treueschwüren. Unter anderem wurden Lieder gesungen, die sie selbst als Kampflieder bezeichneten. So war das Horst-Wessel-Lied zu hören, es wurde gesungen 'Schlagt alle Kommunisten und Sozis tot', 'Laßt die Fahrtenmesser blitzen', es wurden Lieder gesungen, die dazu aufforderten, Juden zu vergasen, 'Juda verrecke' und ähnliches mehr. Während dieser Lieder gaben sich die Teilnehmer gegenseitig die Hände, schworen sich Treue und erklärten selbst, daß sie sich als kleine Soldaten empfanden, die für die Verwirklichung der Ziele Adolf Hitlers kämpfen. Sie sagten dabei, daß ihr Führer im Himmel sei und ihnen zusehe, wie sie jetzt die Treue sich gelobten."

Ansprache: "Auf unser Volk und unser Vaterland und auf Europa ein dreifaches 'Front Heil', (alle:) 'Front Heil', 'Front Heil)."

Diese unheimliche Spektakel mit Lagerfeuerromantik allein erklären zu wollen, wäre eine unzulässige Verniedlichung. Der einst prominenteste Hüter altgermanischer Tradition, Heinrich Himmler, Reichsführer SS, Visionär eines großgermanischen Weltreiches, maß der Sonnwendfeier eine besondere Bedeutung zu. Vor genau 40 Jahren erklärte Himmler: "Die Sonnwendfeiern bedeuten mehr als die äußere Dankbarkeit der Menschen an das Wirken der Sonne. Bei der Sonnenwende geht etwas voraus ... der Sommersonnenwendkampf."

Hinter den Phrasen von "germanischer Rasse" und von Treue zum "Führer im Himmel" verbirgt sich nicht nur die ideologische Basis, sondern auch zunehmende Bereitschaft zur Gewaltanwendung. In aller Öffentlichkeit werden vormilitärische Übungen abgehalten, nicht selten in Uniform. Wer zum Beispiel der

Gruppe von Karl-Heinz Hoffmann begegnet, mit seinen Leuten in Kampfanzügen, der Kolonne von Lastwagen mit Tarnanstrich, der glaubt, eine Einheit der Bundeswehr zu beobachten. Die Namensschöpfungen sowohl der legalen als auch der zunehmend konspirativ - also im Untergrund agierender - rechter Kader offenbaren Auftrag und Absicht:

Stahlhelm - Kampfgruppe Groß-Deutschland - SA-Sturm 8. Mai - Aktionsfront Nationaler Sozialisten - Faschistische Front - Freundeskreis der NSDAP - Leibstandarte Adolf Hitler.

Während eines Sommerlagers der größten rechtsradikalen Jugendgruppe, der "Wiking-Jugend", erlebten Augenzeugen, wie schnell die verbale Aggression in gewalttätige Aktion umschlägt. Bericht eines Augenzeugen: "Auf der Rückreise von Trier sah ich bei Monschau in der Eifel auf den Straßen Hakenkreuze und Jugendgruppen, die da ein Lager abhielten. Da waren Runen auf den Fahnen, und da habe ich mich dafür interessiert, was das für ein Lager ist. Und ich bin raufgefahren auf den Berg in das Camp. Ich habe dann festgestellt, daß da die Wiking-Jugend ein Sommerlager abhielt."

Trommelwirbel. Ansprache Wiking-Jugend: "Wir, als Wiking-Jugend..." (Wärter der Wiking-Jugend: "Hauen Sie mit dem Mikrofon ab!") "bilden die neue Ordnung. Und ihr, Jungen und Mädel, seid der Garant für die Zukunft unseres Volkes."

Sprecher der Wiking-Jugend: "Seit über 30 Jahren betreibt die Wiking-Jugend volkstreue Jugendpflege, die sich richtungsweisend auf den gesamten nationalen Jugendsektor heute ausgewirkt hat. Wer volkstreu sein will, muß sich zwangsläufig in sein Volkstum hinein vertiefen. Bei der volkstreuen Jugendarbeit beginnt das bei Brauchtumspflege, der Gesunderhaltung des Körpers durch gesunde Lebenshaltung, Erziehung zur Hilfsgemeinschaft auf Gegenseitigkeit, steigert sich zu Willens- und Selbstzucht und endet bei der Gesittungspflege der weiblichen Jugend und der Erziehung zum Wehrwillen der männlichen Jugend im Gegensatz zu dem heutigen pazifistischen Gewimmle."

Michael Kühnen, der Führer der Hamburger NSDAP-Gruppe, die in einheitlicher schwarzer, der SS nachempfundenen Uniform vor dem Haus des aus Italien geflüchteten SS-Offiziers Kappler im August Wache bezogen hatte:

"Nach Jahrzehnten der Umerziehung, nach Jahrzehnten, in denen immer wieder neue Wellen der Berichterstattung über Hitler gewesen sind, und zwar erst der Teppichbeißer, dann der Versuch, ihn etwas mehr in die geschichtliche Wahrheit zu rücken, wie wir es jetzt im Zusammenhang mit der Hitler-Welle erlebt haben, erscheint uns jetzt die Gelegenheit günstig, mit unserem Bild Adolf Hitlers an die Öffentlichkeit zu treten. Unsere Quellen zu nennen und zu sagen, warum wir der Meinung sind, daß Adolf Hitler einer der größten Deutschen ist."

von G.B. Ginzel

Film: 33 Jahre danach | Anlage 3

15 Min., s/W, Dokumentarfilm

Der Film dokumentiert das Ausmaß des alltäglichen Handels mit NS-Emblemen in der Bundesrepublik Deutschland. Außerdem werden auch Buchhändler und Trödler nach Motiven für Kauf und Vertrieb dieser fragwürdigen Überbleibsel befragt. Auch wird der Frage nachgegangen, inwieweit es eine Handhabe gibt, diesem Treiben ein Ende zu setzen.

KZ-Prozesse | Anlage 4

15 Jahre für holländischen Millionär Pieter Menten der Erschießung von polnischen Juden schuldig gesprochen

AMSTERDAM (dpa/AP). Der 78 Jahre alte niederländische Kunsthändler und Millionär Pieter Menten ist gestern in Amsterdam wegen seiner Mitwirkung an der Erschießung von etwa 30 polnischen Juden im Sommer 1941 in Podhoroce bei Lemberg zu 15 Jahren Haft verurteilt worden. Vom Vorwurf der Beteiligung an einem zweiten Massaker in einem Nachbardorf wurde er freigesprochen.

Das Gericht kam zu dem Schluß, daß Menten im Juni 1941 in SS-Uniform "mit einer Gruppe von zehn bis zwölf Mann" in Dörfern bei Lemberg aufgetaucht sei, wo er früher gewohnt hatte. Die Gruppe habe den Auftrag gehabt, "vor allem jüdische Bewohner von Podhoroce zu ermorden".

Nach Zeugenaussagen hat Menten selbst geschossen und mit einem Stock auf die ihm zum Teil persönlich bekannten Opfer eingeschlagen, die noch lebend in ein Massengrab gestoßen wurden. In Galizien habe er sich vor allem an Menschen gerächt, die ihm im Wege standen, da er dort seine Besitzungen erweitern wollte.

Ein Teil der damals erworbenen Kunstschätze hatte zu dem Prozeß geführt. Als Menten im Sommer 1976 einen Teil seiner Gemälde versteigern lassen wollte, wurden Zweifel an der Rechtmäßigkeit seines Besitzes laut. Ermittlungen führten zu einem Haftbefehl, dem sich Menten im November 1976 durch Flucht entzog. Im Dezember wurde er in der Schweiz entdeckt und nach Holland ausgewiesen.

Der Verurteilte war vor dem Krieg erfolgreich als Geschäftsmann in Polen tätig gewesen. Er besitzt eine Kunstsammlung, deren Wert auf mehrere Millionen Mark geschätzt wird. Seine Kriegsaktivitäten hatten ihm bereits 1949 eine achtmonatige Freiheitsstrafe wegen Zusammenarbeit mit den Nationalsozialisten eingebracht. Von den Vorwürfen, in den deutschen Streitkräften gedient und einem polnischen Professor eine Kunstsammlung gestohlen zu haben, war er seinerzeit freigesprochen worden.

Erneute Untersuchungen über Mentens Vergangenheit wurden 1976 nach Enthüllungen in der Presse eingeleitet. Ende des Jahres wurde er in Zürich festgenommen, wohin er sich kurz vor einem Versuch der Festnahme durch die niederländische Polizei zusammen mit seiner Frau abgesetzt hatte. Die sowjetischen Behörden hatten es dem Gericht zur Durchführung der Ermittlungen gestattet, ein Massengrab an einem der Tatorte zu öffnen, die sich heute beide auf sowjetischem Gebiet befinden.

Ritualmordklage gegen einen Juden im 20. Jahrhundert — Anlage 5

In seinem Roman "Der Fixer" schildert B. Malamud einen jüdischen Gelegenheitsarbeiter in Rußland, dem man - zu Unrecht - vorwirft, ein Christenkind ermordet zu haben. Bei der Voruntersuchung wird ein christlicher Priester als Sachverständiger zugezogen.

"Meine lieben Kinder", sagte der Priester zu den Russen und rang die vertrockneten Hände, "wenn sich die Eingeweide der Erde öffneten und die Zahl der Toten seit Anbeginn der Welt preisgäben, Ihr wäret erstaunt zu sehen, wie viele unschuldige christliche Kinder unter ihnen von Christus hassenden Juden zu Tode gemartert worden sind. Seit Jahrhunderten befiehlt ihnen, wie es in ihren heiligen Büchern und verschiedenen Kommentaren geschrieben steht, die Stimme des semitischen Blutes, Entweihungen, unaussprechliche Greueltaten zu begehen - wie zum Beispiel im Talmud, in dem Blut mit Wasser und Milch gleichgesetzt wird -, und predigt ihnen, die Christen zu hassen, die als nicht menschlicher denn Tiere charakterisiert werden. 'Du sollst nicht töten' bezieht sich nicht auf uns, denn steht nicht auch in ihren Büchern geschrieben: 'Töte die Guten unter den Nichtjuden'? Auch diese Schandtat wird ihnen in ihrer Kabbala vorgeschrieben, jenem Buch jüdischer Magie und Alchimie, in dem der Name des Satans beschworen wird; deshalb hat es Massen von abgeschlachteten unschuldigen Kindern gegeben, deren Tränen ihre Mörder nicht zu Erbarmen rührten."

Seine Blicke huschten über die Gesichter der Beamten, aber keiner rührte sich.

"Der Ritualmord soll noch einmal die Kreuzigung unseres geliebten HERRN wiederholen. Der Mord an christlichen Kindern und die Austeilung ihres Blutes an Juden sind ein Pfand ihrer ewigen Feindschaft gegen das Christentum, denn indem sie unschuldige Christenkinder morden, wiederholen sie das Martyrium Christi. Durch den Verlust seines eigenen warmen Blutes wurde Schenja Golow für uns zum Symbol für unseren HERRN, der sein kostbares Lebensblut verlor, einen grausamen Tropfen nach dem anderen, wie es geschah, als er in Schmerzen an dem hölzernen Kreuze hing, an den der Antichrist ihn genagelt hatte. Es heißt, daß der Mord an einem Nichtjuden - egal welchem - die Wiederkehr Elias, ihres lang erwarteten Messias, beschleunige, für den sie jederzeit die Tür offen lassen, der sich jedoch mit seinem ersten Erscheinen auf Erden noch nie die Mühe gemacht hat, der Einladung zu folgen, einzutreten und auf dem leeren Stuhl Platz zu nehmen. Seit der Zerstörung ihres Tempels in Jerusalem durch die Legionen des Titus hat es in ihren Synagogen keine Altäre für Tieropfer gegeben, und so kam es, daß sie den Mord an Nichtjuden, besonders an unschuldigen Kindern, als passenden Ersatz anzusehen lernten. Sogar ihr Philosoph Maimonides, dessen Schriften 1844 in unserem Land verboten wurden, befahl den Juden, Christenkinder umzubringen. Habe ich euch nicht gesagt, daß sie uns für Tiere halten?

In der Vergangenheit hat der Jude, soweit es darüber Aufzeichnungen gibt", sagte Vater Anastasius in seiner nasalen musikalischen Stimme, "vielerlei Verwendung für Christenblut gefunden. Er hat es zu Zauberei und Hexenritual benutzt, zu Liebestränken und zur Brunnenvergiftung, er hat ein tödliches Gift daraus bereitet, das die Pest von einem Land ins andere trug, eine Mischung aus dem Christenblut eines ermordeten Opfers, ihrem eigenen jüdischen Urin, den Köpfen von Giftschlangen und sogar aus verstümmelter gestohlener Hostie - dem blutenden Leib unseres HERRN persönlich. Es steht geschrieben, daß alle Juden Christenblut benötigen, um ihr Leben zu verlängern, denn sonst müssen sie jung sterben. Und in jenen Tagen sahen sie unser Blut - auch das ist überliefert - als das beste Mittel an, um ihre Krankheiten zu heilen. Sie gebrauchen es, wie in ihren alten Medizinbüchern zu lesen steht, um ihre Frauen bei der Entbindung zu heilen, Blutungen zu stillen, die Blindheit von Kindern zu kurieren und die Wunden der Beschneidung zu lindern."

"... Wir wissen, daß sie gerade in dieser Zeit Christen für die Zwecke ihrer religiösen Zeremonien entführen. Hier, in unserer heiligen Stadt, wurde während der Polowetzer Überfälle des Jahres 1100 der Mönch Eustratios aus dem Petschera-Kloster entführt und an die Juden von Cherson verkauft, die ihn während des Passah-Festes kreuzigten. Da sie es nicht mehr wagen, solch offenkundige Verbrechen zu begehen, essen sie bei ihrem Seder-Gottesdienst Matzen und ungesäuerten Kuchen und feiern so die Gelegenheit. Aber sogar dahinter verbirgt sich ein Verbrechen, denn die Matzen und Kuchen enthalten das Blut unserer Märtyrer, wenn die Zaddikim das natürlich auch bestreiten. Auf diese Weise verzehren sie durch unser Blut in ihren Passah-Speisen wiederum den gepeinigten Leib unseres lebenden Christus. Ich gebe euch mein Wort darauf, meine lieben Kinder, daß dies der Grund ist, warum Schenja Golow, dieses unschuldige Kind, das einmal Priester werden wollte, vernichtet wurde!"

B. Malamud, Der Fixer, Köln 1968 (Kiepenheuer & Witsch), S.146 ff. (Auszug)

Das Ghetto Anlage 6

Im mittelalterlichen Europa standen die Juden außerhalb der Hauptströmungen des politischen, gesellschaftlichen und kulturellen Lebens. Sie bildeten eine Klasse für sich, der alle bürgerlichen Rechte versagt blieben. Mit diesen Maßnahmen verfolgte die mittelalterliche Gesellschaft das Ziel, den Juden vollständig von seiner Umgebung zu trennen. Er sollte politisch, sozial und geistig von jeglichem Austausch mit seiner nichtjüdischen Umwelt abgeschnitten werden. Diese Aussperrung fand im Ghetto sinnbildlich Ausdruck. Die Bezeichnung stammt aus dem Jahre 1516, in dem die Republik Venedig die Juden in ein gesondertes ... Stadtviertel einwies.

Mochte der einzelne Jude in dieser Abkapselung auch dahinkümmern, dem Leben der Gruppe erwies sie sich als förderlich. In den Ghettos aller europäischen Städte bildete sich eine weitgehend einheitliche Gemeindeorganisation heraus. Lange ehe die Kirche die Zwangsabsonderung verfügte, neigten die Juden aus Gründen des Selbstschutzes dazu, sich in eigenen Vierteln niederzulassen. Die zur Reinerhaltung des jüdischen Glaubens und zur freien Entfaltung einer einheitlich jüdischen Gesellschaft erforderliche innere Ordnung, aber auch das Bedürfnis, Lebensverhältnisse zu schaffen, in denen man sich gegenseitig vor der feindlichen Umwelt schützen konnte, machten das Ghetto, noch ehe es zum Zwang wurde, zur erwünschten, ja sogar notwendigen Einrichtung...

Da die ursprüngliche Grundfläche des Ghettos nur selten erweitert wurde, lebten die Juden schließlich in erschreckend beengten Wohnverhältnissen. Mehr Raum konnten sie nur dadurch gewinnen, daß sie in die Höhe bauten, weshalb ihre Häuser nicht selten die der übrigen Stadt überragten...

Die Ghettogesetze wurden zwar nicht überall mit gleicher Strenge durchgedrückt, aber im großen und ganzen ähnelten sich die Lebensverhältnisse der Judengemeinden in ganz Europa, ob das Judenviertel nun durch ein Tor abgeriegelt war oder nicht. Das Schema blieb immer dasselbe, gleich, ob es sich um Venedig, Prag oder Frankfurt handelte. Mögen die Ghettos in Italien, Deutschland, Österreich und Böhmen in ihrem äußeren Erscheinungsbild auch noch so große Unterschiede aufgewiesen haben, das Leben nahm in ihnen doch weitgehend den gleichen Gang...

Im großen und ganzen konnten die Juden hinter ihrem "Zaun" ein Leben nach eigenen Vorstellungen und Gesetzen führen. Und das zu einer Zeit, in der die Kirche Christen schon beim geringsten Anzeichen solchen Unglaubens, wie ihn die Juden unbehelligt in aller Öffentlichkeit in ihren Synagogen predigten, auf den Scheiterhaufen schickte. Und der nämliche Staat, der gegen Ungläubige im In- und Ausland mit Waffengewalt zu Felde zog, nahm seine Kammerknechte, obwohl sie Christus leugneten, in Schutz. Solange die Juden diese paradoxe Lage zu ihren Gunsten auszunutzen verstanden, indem sie im wahrsten Sinn des Wortes unsichtbar blieben, ließ man sie am Leben. Sowie aber ihre Aktivität der einen oder anderen der beiden Mächte, die ihr Dasein duldeten, als Bedrohung erschien, kam es zur Katastrophe. Das war der Preis, den die Juden jahrhundertelang zahlen mußten, um existieren zu können...

Das Prager Ghetto

Als im Jahre 1349 in Böhmen die Pest ausbrach und sich über ganz Mittel- und Osteuropa ausbreitete, stellte der spätere Kaiser des Heiligen Römischen Reiches, Karl IV., die Prager Juden als seine persönlichen Diener unter seinen besonderen Schutz und bewahrte sie so vor den Gewalttaten, die ihre Glaubensgenossen andernorts erlitten...

Im April 1389, am letzten Tage des Passahfestes, ereilte die Judenstadt der erste Pogrom. Ein Priester war auf der Straße mit Sand beworfen worden, und während der Vorfall so von Mund zu Mund weitergegeben und immer ein bißchen mehr verdreht wurde, nahm er schließlich geradezu erschreckende Formen an. Um die aufgestauten Emotionen abzureagieren, gab es keinen besseren Sündenbock als die Juden. Der Mob stürmte in die Judenstadt, erschlug unschuldige Männer, Frauen und Kinder und plünderte die Heimstätten. Über viertausend fielen dem Blutbad zum Opfer; die Überlebenden, eine verschreckte, gebrochene Gruppe, vegetierten auf Jahre hinaus in Armut und Elend dahin...

Abba Eban, Dies ist mein Volk, München/Zürich 1974, S.175-181 (Auszüge)

Film: Glauben und Leiden

Anlage 7

66 Min., s/w, Dokumentarfilm

Mit einer Fülle von Material aus der Kunst-, Religions- und Profangeschichte wird der Glaubens- und Leidensweg der deutschen Juden belegt. Deswegen sind Entstehung und Geschichte des Volkes Israel im Bereich altorientalischer Völker bis in die Zeit des römischen Imperiums zu Beginn nur vereinfachend angedeutet.

Begegnung mit Anne Frank im Konzentrationslager — Anlage 8

Im Oktober 1944 wurde eine Baracke unseres Lagers durch Stacheldraht abgetrennt und für Häftlinge verwendet, die bisher in Zelten gehaust hatten. Die Zelte waren vom Sturm umgelegt worden.

Unsere Nachbarn waren "schwere" Fälle, die Sträflingstracht trugen, und die, Männer wie Frauen, geschorene Köpfe hatten. Es waren Häftlinge, die aus dem von den Russen bedrohten Auschwitz nach Bergen-Belsen gebracht worden waren.

Während mehrerer Monate wußte ich nicht einmal, daß auch holländische Juden in der Nachbarbaracke untergebracht waren. Dann - im Februar 1945 - fragte mich eine Frau aus Amsterdam, ob ich wüßte, daß Anne Frank eine von den Häftlingen der Nachbarbaracke wäre. Ich war entsetzt und konnte es in meiner Aufregung fast nicht erwarten, meine beste Schulkameradin wiederzusehen. Abends schlich ich mich im Schneegestöber an den Stacheldrahtzaun, der die Baracke trennte, und versuchte, ins Nebenlager hinüberzurufen, ohne von den SS-Mannschaften auf ihren Wachttürmen bemerkt und angeschossen zu werden. Nach einigen vergeblichen Versuchen antwortete mir jemand, und durch einen seltsamen Zufall war es Frau van Daan, die mir antwortete - ich kannte sie noch aus Amsterdam, sie hatte mit den Franks im Versteck gelebt. Auf meine Frage antwortete sie, daß Anne tatsächlich mit ihr in der Baracke lebte. Ich bat sie, Anne zu rufen. Einige Minuten später schlich sich Anne in der Dunkelheit an den Zaun heran, so weit sie es wagen konnte. Wir beide fingen an, zu weinen. Anne klagte, daß ihre beiden Eltern, von denen sie in Auschwitz getrennt worden war, tot seien, und daß ihre ältere Schwester Margot - sie war damals 18 Jahre alt - mit Typhus im Sterben läge. Anne sagte, sie selber wolle nicht mehr leben, nachdem ihr Vater tot wäre. In der Dunkelheit konnte ich von Anne fast nichts sehen, außer, daß sie Sträflingskleider trug und einen kahlgeschorenen Kopf hatte. Sie war hungrig und fror.

aus: W. Jäger u.a., Unsere jüdischen Mitbürger. Ein Funkmanuskript, München 1958 (Juventa Verlag), S. 60

Film: Charlotte Salomon — Anlage 9

15 Min., Farbe, Dokumentarfilm

Der Film greift zurück auf Notizen und Zeichnungen des jüdischen Mädchens Charlotte Salomon zwischen 1933 und 1943, dem Jahr ihrer Deportation und ihres Todes in einem Konzentrationslager. Dazwischen liegt die zunächst fröhliche, dann bedrückender werdende Jugendzeit in Deutschland, die von Angst und Sorge begleitete Flucht nach Frankreich und schließlich das bittere Ende in einem Vernichtungslager. Notizen und Zeichnungen sind Zeugnisse jugendlicher Unbekümmertheit, ausgeprägter Beobachtungsgabe, großer Nachdenklichkeit, tiefer Bestürzung, unendlicher Trauer. Sie spiegeln auf eine höchst subtile Weise die wechselvolle Geschichte eines kurzen Lebens, lassen den Zeitgeist in Deutschland zwischen 1933 und 1945 lebendig werden und die Schrecken des Krieges und der Naziherrschaft nachempfinden.

AV-Medien — Anlage 10

Film: Ausflug nach Auschwitz

35 Min., s/w, Dokumentarfilm

"Ausflug nach Auschwitz" ist ein Film über Touristen aus der Bundesrepublik Deutschland im ehemaligen Konzentrationslager Auschwitz. Der Film wurde in Zusammenarbeit mit der Aktion Sühnezeichen/Friedensdienste produziert. "Ausflug nach Auschwitz" ist kein Film über Auschwitz, sondern ein Film über die erschreckende Geschichtslosigkeit nicht einzelner, sondern unseres ganzen Volkes. Ein Film, in dem Jugendliche und Erwachsene sich zu Auschwitz äußern; in dem auch überlebende Zigeuner und Juden in Auschwitz über ihre damaligen und gegenwärtigen Erfahrungen berichten.

Film: Der 9. November

16 Min., s/w, Dokumentarfilm

In wesentlichen Zügen werden die Verhältnisse geschildert, die in Deutschland zur Verfolgung und zum Tod nahezu aller Bürger jüdischen Glaubens geführt haben. Zentraler Punkt der Dokumentation ist der 9. November 1938 mit der Zerstörung der Synagogen und den antijüdischen Ausschreitungen. Ohne hinführende Erläuterungen der politischen Lage in Deutschland ist dieser Film über die "Reichskristallnacht" für junge Menschen wenig ergiebig. Sie müssen schon den Zeitgeist kennen und wissen, daß eine total gelenkte Propaganda die öffentliche Meinung gegen eine Minderheit im Volke mobilisieren kann.

Tondiaserie: Der gelbe Stern

93 Dias, 35 Min., s/w

Die Untertitel der Reihe geben über den Inhalt Aufschluß: Wie es dazu kam - Der Beginn des Terrors - Der Krieg beginnt - Die Gettos - Die Lager - Die Vernichtungsmaschinerie - Untermenschen?

Tonband: Jüdische Kinder berichten

30 Min

Briefe und Berichte jüdischer Kinder über Vernichtungslager in Polen.

Tonband: Der Junge mit dem gelben Stern

17 Min

Das Hörspiel schildert die Freundschaft zwischen einem Hitlerjungen und einem Sohn jüdischer Eltern und die daraus sich ergebenden Konflikte.

Wahlaufruf der Christlich-sozialen Partei zur Reichstagswahl 1903 — Anlage 11

(Diese Partei wurde 1896 von Adolf Stoecker gegründet. Sie hat mit der CSU nichts zu tun.)

Zu den Waffen! ... An den deutschen Reichstagswählern liegt es, mit dem Stimmzettel in der Faust eine Änderung der trostlosen und unhaltbaren Zustände in Deutschland anzubahnen und den energischen Willen kundzutun, daß unser Volk aus den Klauen des Kapitalismus, des internationalen Ausbeutertums gerettet und die Ketten gesprengt werden, mit welchen das Judentum und dessen Dienstmann, der "Judenliberalismus", in schmählicher Gemeinschaft mit allen Mitteln der Hinterlist und feigen Grausamkeit unser Volk fesselt.

Wer noch ein Freund des vaterländischen Bodens, deutscher, christlicher Kultur ist und wer nicht zugeben will, daß Deutschland zum Versuchskarnickel freihändlerischer, sozialdemokratischer und internationaler Phantasten und Theoretiker herhalten soll, wem es darum zu tun ist, die schaffenden

Stände vor dem nahestehenden Ruin zu retten, wer der reellen nationalen und produktiven Arbeit den gebührenden Lohn sichern will, der kann nur den Kandidaten der Christlich-sozialen Partei seine Stimme geben.

Katholiken und Protestanten! Vereinigt Euch in brüderlicher Liebe gegen den Todfeind des Deutschtums, den Judenkapitalismus und die asiatische Geldmoral! Zeigt den Mut des stolzen Germanen, indem Ihr alle, die Ihr unter der skrupellosen Konkurrenz des Judentums und der furchtbaren Geißel des Großkapitals leidet, ... für diejenige Partei eintretet, von welcher das fremde Parasitenvolk mit Entschlossenheit und nach Gebühr bekämpft wird.

Christlich-sozial muß jeder Arbeiter, Bürger und Bauer, Künstler, Literat und Lehrer, jeder Richter, Offizier, Arzt und Rechtsanwalt, jeder Staatsbedienstete, Kaufmann und Handwerker, Philosoph und Forscher sein, der arischen Blutes ist und der seine Muttersprache und seine Heimat liebt!

Nieder mit den Schwächlingen und Humanitätsduslern, die dem Freiheitskampf des deutschen Volkes hinter dem Ofen zusehen wollen!

Der nationalsozialistische Antisemitismus — Anlage 12

Die deutsche Niederlage im 1. Weltkrieg traf die Masse der Bevölkerung völlig unvorbereitet. Die dem Krieg folgende wirtschaftliche Zerrüttung, Inflation, Massenarbeitslosigkeit und Massenbankrotts, haben den Judenhaß wieder angeheizt. Die Menschen sahen sich schuldlos dem Elend preisgegeben, verstanden die Zusammenhänge nicht, brauchten Schuldige. Sie fanden sie in den Kommunisten, den Sozialdemokraten und - den Juden. Zwar ließ sich eine solche Schuld bei keiner dieser Gruppen nachweisen; aber das spielte keine Rolle. Die nationalsozialistische Partei, die Hitler gegründet hatte, machte den Judenhaß zur Grundlage ihres Programmes. Im Jahre 1925 erschien Hitlers Buch "Mein Kampf". Der folgende Text ist diesem Buch entnommen.

Der schwarzhaarige Judenjunge lauert stundenlang, satanische Freude in seinem Gesicht, auf das ahnungslose Mädchen, das er mit seinem Blut schändet und damit seinem, des Mädchens, Volke raubt. Mit allen Mitteln versucht er, die rassischen Grundlagen des zu unterjochenden Volkes zu verderben. So wie er selber planmäßig Frauen und Mädchen verdirbt, so schreckt er auch nicht davor zurück, selbst in größerem Umfange die Blutschranken für andere einzureißen. Juden waren und sind es, die den Neger an den Rhein bringen (Rheinlandbesetzung durch die französische Armee 1923), immer mit dem gleichen

Hintergedanken und klaren Ziele, durch die dadurch zwangsläufig eintretende Bastardisierung (Vermischung) die ihnen verhaßte weiße Rasse zu zerstören, von ihrer kulturellen und politischen Höhe zu stürzen und selber zu ihren Herren aufzusteigen.

Denn ein rassereines Volk, das sich seines Blutes bewußt ist, wird vom Juden niemals unterjocht werden können...

Die Sünde wider Blut und Rasse ist die Erbsünde dieser Welt und das Ende einer sich ihr ergebenden Menschheit...

Demgegenüber erkennt die völkische Weltanschauung die Bedeutung der Menschheit in deren rassischen Urelementen. Sie sieht im Staat prinzipiell nur ein Mittel zum Zweck und faßt als seinen Zweck die Erhaltung des rassischen Daseins der Menschen auf. Sie glaubt somit keineswegs an eine Gleichheit der Rassen, sondern erkennt mit ihrer Verschiedenheit auch ihren höheren und minderen Wert und fühlt sich durch diese Erkenntnis verpflichtet, gemäß dem ewigen Willen, der dieses Universum beherrscht, den Sieg des Besseren, Stärkeren zu fördern, die Unterordnung des Schlechteren und Schwächeren zu verlangen. Sie huldigt damit prinzipiell dem aristokratischen Grundgedanken der Natur.

aus: Adolf Hitler, Mein Kampf, Dünndruckausgabe, Zentralverlag der NSDAP, München 1940, S.357 ff.

Hermann Maas und das Büro Grüber — Anlage 13

Die offiziellen Organe der Evangelischen Kirche in Deutschland, die im wesentlichen unter dem Einfluß der Deutschen Christen standen, fanden nicht den Mut, sich für die "nichtarischen" Mitchristen einzusetzen, obwohl ja die Kirche ihnen gegenüber durch die Taufe eine besondere Verpflichtung übernommen hatte. Doch uns in der Bekennenden Kirche bewegte von Anfang an die Not dieser Menschen, und wir versuchten, den Verfolgten beizustehen.

Die evangelischen Christen jüdischer Abstammung hatten sich mit anderen "nichtarischen" Christen zu einer Organisation zusammengeschlossen, die den Namen Paulusbund trug. Diese Organisation konnte jedoch nicht viel ausrichten. Ihre Bemühungen, den Verfolgten bei der Auswanderung behilflich zu sein, blieben in den Anfängen stecken. Immer deutlicher war zu beobachten, daß die "nichtarischen" Christen von ihrer Kirche vergessen und von den Juden abgelehnt und teilweise verachtet wurden.

Da ich seit 1934 nebenamtlicher Geistlicher der holländischen Gemeinde war, baten mich oft Auswanderungswillige, ihnen zu helfen. Sie wußten, daß ich Kontakt zur Niederländischen Gesandtschaft und zu den Kirchen in Holland hatte. Mir wurde in dieser Situation klar, daß die Auswanderung der Verfolgten in einem größeren Rahmen organisiert werden müßte. Es fehlte eine Organisation, die auf dem Boden der evangelischen Kirche mit ganzer Kraft helfen konnte. Darüber sprach ich öfters mit einzelnen Männern der Bekennenden Kirche, ohne daß sich ein konkretes Vorhaben ergab. Im Spätsommer 1936, als die Nürnberger Gesetze sich stärker auszuwirken begannen, hielt ich es für dringend erforderlich, etwas zu unternehmen, und rief einige mir nahestehende Männer zusammen: Superintendent Albertz, Superintendent Diestel, Pfarrer Maas aus Heidelberg, Pastor Braune aus Lobetal und Assessor Dr. Perels vom Bruderrat der Bekennenden Kirche der Altpreußischen Union. Unsere erste Besprechung fand im Gemeindehaus der Martin-Luther-Kirche in Berlin-Lichterfelde, Hortensienstraße, statt. Mein Vorschlag, eine Hilfsstelle der Evangelischen Kirche zu gründen, fand in dieser Versammlung allgemeine Billigung. Zuerst hielten wir unseren Kreis bewußt klein und trafen uns nur zu streng vertraulichen Besprechungen, um unser Vorhaben nicht von vornherein zu gefährden.

Es ging zunächst darum, einen Mann zu gewinnen, der von der Kirche freigestellt wurde und hauptamtlich die Hilfsstelle leiten konnte. Ich schlug Pfarrer Maas aus Heidelberg vor, der auf diesem Gebiet Erfahrung besaß und den man nicht nur im Ausland, sondern auch in Deutschland als Freund der jüdischen Mitmenschen kannte. Pfarrer Maas wollte seine bisherige Arbeit in Heidelberg aber nicht aufgeben. Ich glaubte ebenfalls, auf meine Tätigkeit in Kaulsdorf nicht verzichten zu können, zumal ich ja noch Seelsorger an der niederländischen Gemeinde war und inzwischen auch der Leitung der Bekennenden Kirche angehörte. Die Versammlung bat mich aber, wenigstens vorläufig die geplante Stelle zu übernehmen. Da wir auch später, trotz eifrigen Suchens, keinen geeigneten Mann fanden, blieb die Leitung der evangelischen Hilfsstelle in meinen Händen.

Im September 1940 wurden die Juden aus Baden, Pfalz und dem Saargebiet verhaftet, darunter auch angesehene Hochschullehrer aus Heidelberg. Der Leiter der Aktion war der ehemalige Studentenführer und damalige SS-Führer Scheel. In den Waffenstillstandsbedingungen hatte Frankreich die Verpflichtung übernommen, die Juden aus Elsaß-Lothringen zu übernehmen und in den von den Deutschen nicht besetzten Teil Frankreichs zu bringen. Die Zahl der elsaß-lothringischen Juden war jedoch gering. Deshalb verhafteten die Nazis schnell die Juden aus den angrenzenden westdeutschen Gebieten und schoben sie zusammen mit den elsaß-lothringischen Juden den Franzosen zu. Mein Heidelberger Freund Hermann Maas teilte mir das sofort mit, und ich habe den französischen General bei der Waffenstillstandskommission durch einen Kurier über diesen Vorgang informiert. Als die Franzosen den Betrug dann auch selbst merkten, protestierten sie in Wiesbaden. Aber das nutzte nichts. Die "abgeschobenen" Menschen wurden von den Franzosen im Lager Gurs am Fuße der Pyrenäen interniert, das ursprünglich für geflüchtete Spanienkämpfer eingerichtet worden war. ...

Als (der südliche) Teil Frankreichs in deutsche Gewalt kam, wurden die Aussichten für die Insassen hoffnungslos, die Abtransporte nach Polen begannen. Es war eine Fahrt in die Hölle der Gaskammern, in der ungezählte Menschen zugrunde gingen.

Nach den Berichten von Pfarrer Maas sind allein aus Baden etwa siebentausend Menschen abtransportiert worden. Nur etwa vierzig von ihnen blieben am Leben. ... Vor dem Pessachfest, im Frühjahr, war unter den Berliner Juden eine Schreckensnachricht von Mund zu Mund gegangen. Es hieß, auf dem Friedhof in Berlin-Weißensee würden Baracken errichtet, und alle jüdischen Menschen sollten dort in ein Getto gebracht werden. Sie kamen weinend zu mir und fragten mich, was sie tun sollten. Ich antwortete: "Ich weiß nicht, was zu tun ist, aber eins verspreche ich euch: Wenn ihr nach Weißensee ins Getto müßt, werde ich mit euch gehen." Damals hatte ich bemerkt, wie diese Worte, die ja kaum ein Trost sein konnten, den Menschen doch geholfen hatten. Die Gewißheit, daß einer freiwillig mit ihnen gehen wollte, war für viele eine Beruhigung.

aus: Propst Heinrich Grüber: Erinnerungen aus sieben Jahrzehnten, Köln 1968 (Kiepenheuer und Witsch), S. 104/105 und 139-141.

<u>Als Jude auf der Flucht 1942/43</u> <u>Anlage 14</u>

Allmählich sickern Nachrichten aus den Konzentrationslagern Auschwitz, Birkenau, Riga, Theresienstadt durch. Man hört von Massenhinrichtungen, von Erschießungen, Soldaten erzählen von den Ermordungen in Minsk, und es wird klar, daß jeder "Evakuierte" seinem Tod entgegengeht.

Eines Morgens hören wir die Schreckensnachricht, daß die Abholungen jetzt ohne vorherige Mitteilung straßenweise oder vom Arbeitsplatz erfolgen sollen. Es gibt keinen Schutz mehr, auch wenn man bei der Reichsbahn oder im Rüstungsbetrieb zwangsverpflichtet ist. Der Bruder meines Mannes wird als letzter unserer Familie geholt, und für uns gibt es nun keine Gefahr mehr, die wir unseren Angehörigen durch unsere Flucht bereiten könnten. Wenn sich einer verborgen hält, nimmt die Gestapo ein Familienmitglied als Geisel. Gute Freunde, die in privilegierter Ehe, das heißt in einer Mischehe mit Kind leben, ermutigen uns in dem Gedanken, ein illegales Leben in Berlin zu versuchen. Sie versprechen uns, zunächst für meinen Mann Obdach zu gewähren. Ich versuche, bei anderen Bekannten um ein Unterkommen für mich zu bitten, aber alle fürchten die Nachbarn oder den Luftschutzwart. Es sieht so aus, als bliebe doch keine Rettung.

Am 11. Januar 1943, es ist ein Wintertag mit 20 Grad Kälte und schneidendem Ostwind, gehe ich zur Familie P., die ich persönlich überhaupt nicht kenne. Ich habe nur durch Freunde von ihrer großen Menschlichkeit und steten Hilfsbereitschaft gehört. Der jüdische Vater, Arzt, war vor kurzem gestorben. Die christliche Tochter und Mutter tun ihr möglichstes, um sich der verfolgten Juden anzunehmen und ihre Not zu lindern. Ich bin schon so verzweifelt, daß ich es wage, ihnen meine Bitte um Obdach vorzutragen. Sie sagen mir, daß sie schon in großer Gefahr schweben und nicht noch mehr Risiko auf sich nehmen können. Während ich weinend die Treppe hinuntergehe, werde ich von ihnen zurückgerufen. Sie haben es nicht verantworten können, mich der Gestapo zu überlassen und bieten mir an, vorläufig bei ihnen zu wohnen.

Von diesem Tag an tragen wir keinen Judenstern mehr, leben ohne polizeiliche Anmeldung und ohne Lebensmittelkarten. Unsere Wohnung mit allem Inventar, Möbel, Wäsche, Porzellan, haben wir im Stich gelassen. Ich möchte gern noch einmal in die Wohnung gehen, um einen Bettsack und andere warme Sachen zu holen. Meine neuen Freunde sehen darin aber eine zu große Gefahr. Die Schergen der Gestapo sollen oft tagelang warten, weil sie annehmen, daß die "Untergetauchten" irgend etwas ihrer Sachen dringend brauchen und zurückkehren werden. Mein Mann und ich gehen von diesem Tag an auch nicht mehr zur Arbeit, denn auch von dort aus werden die neuen Transporte in die Konzentrationslager zusammengestellt.

Wir haben nun zwar ein Unterkommen gefunden, brauchen nicht mehr vor jedem Klingeln zu zittern, aber wir können keineswegs erwarten, daß unsere Gastgeber auch für unsere Ernährung sorgen. Die Rationen sind für alle Verbraucher so eingerichtet, daß sie gerade mit Müh und Not von einer Kartenperiode zur anderen reichen. Wir sind außerdem überall auf der Straße, in einem Kaufhaus, in der Untergrundbahn gefährdet. Es könnte uns jemand als Juden erkennen und uns denunzieren, weil wir keinen Judenstern mehr tragen. Das neue Problem muß also gelöst werden, wir müssen Arbeit finden, um entweder als Entgelt dort zu essen oder uns auf dem schwarzen Markt etwas zu besorgen. Eine weitläufige christliche Verwandte bietet mir an, in ihrer Wäscherei zweimal wöchentlich mitzuarbeiten. Die Angestellten dürfen selbstverständlich nicht ahnen, wer ich bin; meinen Namen habe ich schon längst gewechselt und werde überall "Frau Röttgen" genannt. Ich sortiere schmutzige Wäsche, zeichne sie, stehe stundenlang an der Heißmangel und lege ganze Berge von gemangelter Wäsche. Mein Rücken schmerzt, meine Gedanken sind mit allen Problemen beschäftigt, und ich muß mich sehr anstrengen, um meine Arbeit durchzuhalten. Aber ich bekomme dort Verpflegung für den Tag und außerdem noch Lebensmittel wie Brot, Eier, Marmelade. Eines Tages öffnet sich die Geschäftstür und ein Mann vom Arbeitsamt kommt, um die Arbeitsbücher zu prüfen. Ich bin ja eine illegale Arbeiterin ohne Anmeldung bei den Behörden und der Krankenkasse und darf keineswegs auffallen. So gehe ich, scheinbar ruhig, auf die Toilette, in Wirklichkeit aber zitternd zur hinteren Arbeitstür hinaus, um mich vor den Fragen in Sicherheit zu bringen. Als er seine Kontrolle beendet hat, werde ich noch einen Weg geschickt, damit niemand vom Personal Verdacht schöpfen könnte. Es ist wieder einmal gut gegangen!

Wir leben sowieso nur von einem Tag zum anderen, die Sorgen um die reine Existenz hält uns in Atem. Mein Mann muß nach vierzehn Tagen seine Unterkunft aufgeben, weil eine neue Aktion gegen Mischehen in Gang ist. Er schläft jetzt jede Nacht woanders, in seiner Aktentasche befinden sich die nötigsten Sachen für die Nacht.

aus: Beiträge zum Thema Widerstand, hrsg. von der Landeszentrale für politische Bildungsarbeit in Berlin, Heft 4/6

Jad Waschem

Anlage 15

Jad Waschem – Ein Denkmal und ein Name

»Bleibendes Andenken«

»Ihnen will ich in meinem Hause und in meinen Mauern Denkmal und Namen geben ...« (Jes 56,5)

Jad Waschem (ein Denkmal und ein Name) ist Erinnerungs- und Forschungsstätte für die jüdischen Opfer der nationalsozialistischen Herrschaft in Europa und für deren Helfer, auf einem Hügel im Westen Jerusalems gelegen: Hier soll die Geschichte des Massenmords historisch erfaßt und der nachfolgenden Generation weitergegeben werden. Im Park steht die überlebensgroße Figur »Der stumme Schrei« von Frau Michaelson. In einer ständigen Ausstellung künden stumme Dokumente von unsagbaren Leiden.

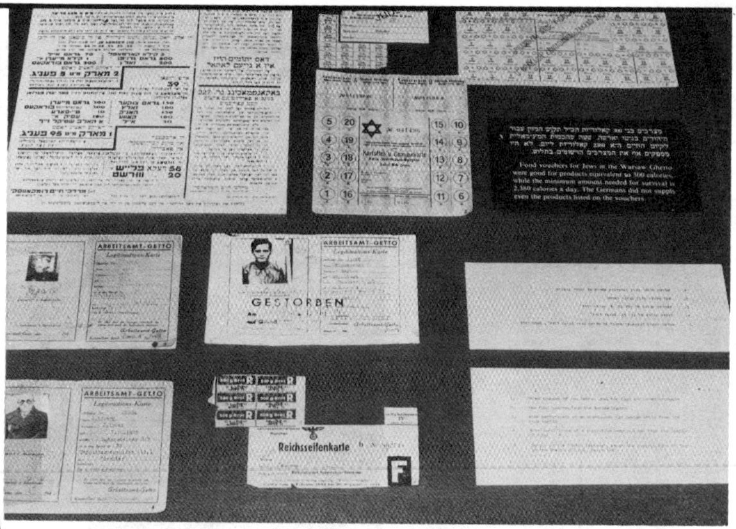

Auf dem Weg zur Gedächtnisstätte befindet sich die sog. »Allee der rechtschaffenen Nichtjuden«. Auf Tafeln stehen die Namen von Männern und Frauen, die unter Lebensgefahr Juden in der Zeit der Verfolgung geholfen haben, darunter auch H. Maas aus Heidelberg und das württembergische Pfarrerehepaar Möricke. Jedem von ihnen ist ein Johannesbrotbaum gepflanzt.
Fotos: Röhm

Holocaust Anlage 16

Gedächtniswand in Jerusalem von Naftali Bezem

In Jad Waschem, der Forschungs- und Gedenkstätte für die Märtyrer und Helden der Hitlerverfolgung in Jerusalem, befindet sich das 60 qm große Wandrelief aus Aluminiumguß von Naftali Bezem. Es stellt die Geschichte der Judenheit im 20. Jahrhundert dar.

Der israelische Künstler ist 1924 in Essen geboren und konnte der Ermordung durch seine deutschen Landsleute gerade noch durch seine Emigration nach Israel kurz vor Ausbruch des 2. Weltkrieges entkommen. In das Werk ist darum zugleich seine eigene persönliche Lebensgeschichte eingezeichnet.

Das Bild hat vier Teile von links nach rechts:

1. Holocaust

"Holocaust" ist ein in englischsprachigen Ländern gängiger Ausdruck für den Massenmord an den europäischen Juden im Dritten Reich. Das Wort setzt sich zusammen aus holos = ganz und caustes = verbrannt und steht in der Septuaginta für das Ganz(brand)opfer im Tempel (z.B. Lev 1,3 u.ä.). Das erste Bild zeigt einen Verbrennungsofen, absichtlich in der Form einer Industrieanlage gestaltet: Die nationalsozialistischen Massenmordlager waren bekanntlich wie große Industrieunternehmen geführt worden. Über dem gewölbten Eingang erhebt sich ein Kamin. Von der linken Seite ist eine lange Reihe Menschen auf dem Weg in den Tod. Unterhalb des Verbrennungsofens sind Kopf, Brüste und Arme einer Frau zu sehen, die zwei Leuchter in ihren Händen hält. Diese Leuchter sind jedoch nach unten gekehrt, so daß die Kerzenflammen die Brüste der Frau verbrennen. Diese Frau ist Symbol der jüdischen Mutter, die gewöhnlich ihren Kindern die Sabbatkerzen anzündet. Jetzt aber kann sie ihnen auch nicht mehr ihre Brüste geben, die Kinder zum Überleben brauchen.

Die nach unten gekehrten Leuchter sind zugleich ein Zeichen für die Entweihung des Heiligtums. Auf der rechten Seite des Verbrennungsofens ist ein Fisch mit abgetrenntem Kopf zu sehen: Wie ein stummer Fisch wurden die Menschen schweigend zur Schlachtbank geführt. Der Fisch hat Flügel, Engelsflügel, die ihn in den Himmel tragen. Naftali Bezem wählte bewußt - wie gelegentlich auch Chagall - als Symbol für das Sühneopfer den stummen Fisch und nicht den sonst dargestellten, ihm aber zu munteren, zu lauten, zu hoffnungsvollen Hahn.

2. Widerstand (Revolt)

Eine Synagoge und Häuser gehen in Flammen auf. Mitten im Flammenmeer sieht man Teile von menschlichen Körpern: Ein Bein, dessen Fuß in einem genagelten Stiefel steckt; eine

Hand, die eine Waffe in der Hand hält - halb Speer, halb Kanone. Es ist der kämpfende Jude. In der anderen Hand hält er eine Leiter, das Symbol für Erhebung, Hoffnung und Auferstehung. In Bezems Zeichnungen steht die Leiter auch für die Einwanderung ins Land Palästina. Man kann bei ihr auch an Jakobs Himmelsleiter und an die Stufen der Kabbala denken.

3. Einwanderung ins Land (Going up to the Land)

Der Rest, der dem Massenmord entging, wird in einem Mann, einem Vater, dargestellt, dem bewußten Gegenstück zu der Figur der in den Flammen der Sabbatkerze verbrannten Mutter. Er sitzt in einem Boot, das durch die Lüfte schwebt, getragen von Flügeln des Schutzengels, nicht des Todesengels. Dieser Mann kommt nicht mit leeren Händen. Er bringt Feuerflammen und Waffen mit. Kaum ist er dem Feuer entronnen, muß er bei der Einwanderung ins Land schon wieder bereit sein zum Kampf. Das Boot enthält alles, was ein Mensch zur Fortbewegung braucht: ein Rad, ein Ruder und ein Steuerruder in Form eines Schofars (= Widderhorn, das zur Ankündigung des Sabbats geblasen wird). Der Mann hat seine Beine schon über den Bootsrand gelegt und ist im Begriff, an Land zu gehen.

4. Wiedergeburt (Re-birth)

Der übrig gebliebene Rest erreicht das lang ersehnte "Gelobte Land". Er wird größer und stärker. Dafür steht die Gestalt des Löwen. Doch Tränen stehen in den Augen des Löwen. Auch wenn er groß und stark geworden ist, es bleibt die Erinnerung. Er beweint die, die nicht mehr sind. Im Weinen denkt er daran, was geschehen ist. Die Leuchter sind nun nicht mehr nach unten gekehrt. Sie symbolisieren nicht mehr die Schändung und Entweihung, sondern das jüdische Haus und die in der Tradition wurzelnde jüdische Familie. Aus dem Löwen wächst eine Kaktuspflanze hervor: Ein Zeichen für den Sabra, den in Israel geborenen Juden, die neue Generation, die von der Generation des Holocaust gezeugt wurde.

Formal kann man, auf das ganze Bild bezogen, von links nach rechts gehend, einen zunehmenden Reichtum der Formengebung bis in Einzelheiten hinein erkennen.

Frei übertragen nach einer von Jad Waschem herausgegebenen Beschreibung von Naomi Ben-Tzur von E. Röhm und J. Thierfelder

<u>Leben im Staat Israel</u> <u>Anlage 17</u>

Spannungsreich ist auch das Verhältnis von Staat und Religion gelieben. Weder ließ sich nach der Forderung der Orthodoxen ein modernes Staatswesen unter das mosaische Gesetz stellen, noch war es möglich, die völlige Trennung von bürgerlichem und religiösem Gesetz einzuführen. Der Staat Israel ist weder eine Theokratie noch ein total säkularisierter Staat mit einer liberalen Verfassung. Es gibt ein staatliches "Ministerium für religiöse Angelegenheiten", und das Oberrabbinat ist für die Regelung des gesamten Personenstandswesens zuständig. Daraus ergeben sich Einschränkungen der Grundrechte, die immer wieder Konflikte heraufbeschwören. Für eine totale Trennung von Religion und Staat, die das Problem nationaljüdischer Identität berühren würde, hat sich aber bisher keine Mehrheit gefunden. Auch der gefürchtete "Kulturkampf" ist ausgeblieben. Die vielfachen Konflikte innerhalb der israelischen Gesellschaft - das gespannte Verhältnis zwischen den Orientalen und den etablierten "Alteingesessenen", zwischen den Religiösen und den Verfechtern des säkularisierten Staates, zwischen der Koalitionsregierung und ihren linken und rechten Kritikern und der Generationenkonflikt zwischen den "Pragmatikern" und den "Ideologen" - sie alle überschneiden sich kreuz und quer, aber sie spalten die Nation nicht in zwei Lager. Vor allem hat die ständige Bedrohung von außen in den Fragen der nationalen Verteidigung Einmütigkeit hergestellt, sie hat sich in der Krisensituation von 1967 als absolut zuverlässig erwiesen.

aus: Informationen zur politischen Bildung, Heft 141: Das jüdische Volk in der Weltgeschichte (2) (Bundeszentrale für Politische Bildung)

<u>Zionismus und Staat Israel</u> <u>Anlage 18</u>

Der Staat Israel ist das Werk des Zionismus. So enthält die Gründungsurkunde auch die wesentlichen Elemente der staatstragenden zionistischen Ideologie, das heißt ihre aus Grundwerten abgeleiteten Maximen politischen Handelns:

- daß die Juden in aller Welt während der Jahrhunderte des Exils e i n Volk geblieben seien,
- daß die 'Sammlung der Zerstreuten' eine existentielle Aufgabe des Staates Israel sei, ein Ziel, aus dem er seine Daseinsberechtigung herleitet,
- daß Israel zum Brennpunkt der Erneuerung des jüdischen Volkes werden müsse,
- daß es ein Staat für die Juden der ganzen Welt sei, mitgetragen von den Juden der ganzen Welt.

Die politischen Konsequenzen, die sich daraus ergeben, heißen: Förderung der Immigration, auch um der Selbsterhaltung willen, und Integrierung der Einwanderer zu einem homogenen Staatsvolk.

ebd, S. 15

So feiern die Juden das Passahfest — Anlage 19

Die jüdische Gemeinde feiert das Passah-Fest heute in jedem Jahr um die Osterzeit. Es soll sie an ihre Befreiung aus Ägypten erinnern.

Das Fest dauert sieben Tage. Schon Wochen vorher haben besonders die Hausfrauen viel zu tun. Sie bringen das ganze Haus vom Boden bis zum Keller auf Hochglanz, reinigen Möbel und Kleidung. Sie putzen so eifrig, als dürfe nirgends mehr auch nur ein Brotkrümchen liegen. Und genau darum geht es: Während des Passah-Festes darf nur Mazzenbrot, das ist ungesäuertes Brot, gegessen werden. Alles gesäuerte Brot, wie wir es essen, muß aus dem Hause geschafft werden. Das ist Vorschrift. Am Abend vor dem Fest wird diese Vorschrift noch einmal in einem fröhlichen Spiel befolgt. Die Kinder verstekken gewöhnliches gesäuertes Brot im Haus, und der Vater muß es suchen und am nächsten Morgen verbrennen. Dann beginnt endlich das Fest. Der erste Abend, der sogenannte Sederabend, ist zugleich der Höhepunkt der gesamten Feierlichkeiten.

Zuerst wird der Tisch besonders festlich gedeckt. Das beste Geschirr, das nur für diesen Tag bestimmt ist, wird benutzt. Und ein Leuchter mit sieben Armen - der siebenarmige Leuchter - steht auf dem Tisch. Für den Vater wird der Stuhl am oberen Ende des Tisches besonders bequem hergerichtet, mit Kissen und Polstern ausgestattet wie ein Thron. Nach all diesen Vorbereitungen versammelt sich die Familie zum festlichen Sedermahl um den Tisch; manchmal sind auch Gäste dabei. Aber besonders wichtig sind an diesem Abend die Kinder. Eine große kostbare Schüssel wird herbeigeholt, es ist die Sederschüssel. Darauf legt der Vater das Passah-Brot. Daneben stehen Kräuter und Gefäße mit Salzwasser und mit einem Brei aus Zimt, geriebenen Äpfeln und Nüssen (das Charosset). Der Vater spricht ein Gebet:

Gesegnet seist du, unser Gott,
König der Welt,
Du gabst uns Feste der Freude,
diesen festlichen Abend -
zum Zeichen unserer Freiheit
und zum Gedenken an unseren Auszug
aus Ägypten.

Als Antwort auf dieses Dankgebet und aus Freude über das Fest trinken alle einen Schluck Wein. Viermal trinkt jeder an diesem Abend aus einem kleinen Becher Wein. In der Mitte des Tisches steht ein großer Becher, gefüllt mit Wein. Der ist für einen Propheten, für Elia, bestimmt. Die Juden glauben, daß er an einem Passah-Abend zu ihnen kommen wird. Der Vater nimmt nun ein Stück Petersilie und taucht es in das Salzwasser. Jeder am Tisch erhält ein Stückchen davon. Ein Stück Mazzenbrot wird durchgebrochen und wieder ein Schluck Wein getrunken.

Und jetzt sind die Kinder an der Reihe. Sie haben viele Fragen. Aber nur das jüngste Kind darf die Fragen an den Vater stellen: "Was ist an diesem Abend anders als an allen Abenden?

Wir sitzen an allen Tagen ohne bestimmte Ordnung am Tisch. Warum sitzen wir heute in besonderer Weise an einem prächtig gedeckten Tisch?

Wir essen an allen Tagen gewöhnliches Brot, wie man es beim Bäcker kaufen kann. Warum essen wir heute Mazzenbrot?

Wir essen an allen Tagen Gemüse und Salat. Warum essen wir heute bittere Kräuter?

Wir essen heute Petersilie, die in Salzwasser getaucht ist. Sonst tun wir das nie. Warum?

Unterbrechung der Lehrererzählung:
Schüler vermuten die Bedeutung der verschiedenen Gegenstände auf dem Passahtisch:

Gedeckter Tisch	- Zeichen der Festlichkeit
Mazzenbrot	- Erinnerung an die Eile des Aufbruchs
Bitterkräuter	- Erinnerung an die Leiden in Ägypten, Härte des Pharao
Salzwasser	- Erinnerung an die Tränen in Ägypten
Charosset	- Erinnerung an die Sklavenarbeit, Lehm
Petersilie	- Dankbarkeit für die Nahrung
Wein	- Zeichen der Freude

Der Vater in der feiernden Familie antwortet auf die Fragen des jüngsten Kindes. Er sagt:

"Ich will euch erzählen, was das alles heute abend bedeutet. Heute ist der Abend, an dem wir an all das denken, was Gott an unserem Volk getan hat, um uns aus großer Not und aus der Sklaverei zu befreien."

Und dann erzählt er die Geschichten, wie das Volk Israel von Gott aus der Knechtschaft Ägyptens befreit wurde. Das ist die Aufgabe des Vaters am Sederabend. So steht es auch in der Bibel: Das alles sollst du deinen Kindern weitersagen!

(Genauere Information über den Ablauf des Passa-Festes gibt die "Haggada", eine Schrift, die in jeder jüdischen Gemeinde erhältlich ist.)

Gritta Ulrich, Überlieferung von der Errettung des Israeliten in: ru, Zeitschrift für die Praxis des Religionsunterrichts, Stuttgart (Calwer Verlag), 1/1976, S. 20

DER PROPHET JESAJA - ZEICHEN DER HOFFNUNG

Religionspädagogische Überlegungen zum Thema

Wer sich die Mühe macht, in die Texte des Jesaja "hineinzuhorchen", wird die Erfahrung machen, daß sie ganz zentrale Aussagen über das Verhältnis von Gott und Mensch und Gemeinschaft enthalten. Ein Text, bei dem der aktuelle Bezug nicht vordergründig auf der Hand liegt, sollte auch um seiner selbst willen ein Recht auf pädagogische Behandlung haben. Die Unterrichtseinheit muß sich aus pädagogischen und zeitlichen Gründen auf eine Auswahl von Texten beschränken, die das Thema Glauben und Frieden zur Sprache bringen. Bereits in dieser Eingrenzung vermögen die Texte Antwort zu geben auf aktuelle Probleme wie Angst und Politik, ebenso auf die Frage eines befreiten Gewissens, eines verantwortlichen Lebens (mit all seinen Gaben und Aufgaben) vor Gott und natürlich auch auf die Frage der Hoffnung und des Friedens. Sie zeigen uns vor allem einen Menschen, der von der "Sache Gottes" so getroffen wird, daß für ihn alles andere sekundär wird und daß er es nun wagt, auf die Verheißung Gottes hin zu leben, sie für tragfähig zu halten. Das Zusammentreffen all dieser Aussagen dürfte wohl eine Behandlung des Jesajabuches hinreichend rechtfertigen.

Das Verlangen des Menschen nach Sicherheit im privaten und öffentlichen Bereich ist durchaus verständlich. Demgegenüber erscheint die Zusage Jesajas (7,9) zunächst wie eine unbegründete Zumutung. Hier muß man zeigen, daß der Fehler für diese Einstellung darin besteht, daß man Gott im politischen Leben nicht ernst nimmt. Die Folge davon ist Angst und überstürztes Handeln, das der Sicherheit dienen soll, im Grunde aber ins Verderben führt (Auslieferung des Tempelschatzes an die Assyrer, um deren Forderungen zu erfüllen). Der Prophet bietet hier zwei Möglichkeiten an: Die Regie in eigene Hand zu nehmen oder sie Gott zu überlassen. Die fortdauernde Aktualität der Botschaft kann den Schülern in LZ 1.5 an Jes 30, 8 ff. verdeutlicht werden; denn hier schreibt der Prophet seine Botschaft für einen künftigen Tag auf, löst sie damit von ihren ersten Empfängern und überträgt sie auf fernere Hörer und Leser (LZ 1).

Die Erfahrung der Begegnung mit Gott kommt in LZ 2 zur Sprache. Die Frage: wie erfahre ich Gott in dieser Welt? und: wo gibt es Menschen, die sich in ihrem Reden und Tun auf Gott berufen?, kann durchaus ein brennendes Anliegen der Schüler sein. Es ist wichtig, daß dem jungen Menschen etwas von Gottes Heiligkeit, von seinem völligen Anderssein aufgeht. Der Heiligkeit Gottes gegenüber werden "unsere frömmsten Vorstellungen als völlig belanglos hinfallen und unsere höchsten Ideale in einem Augenblick gesprengt werden" (Ralf Luther). Jes 6 ist von grundlegender Bedeutung, weil der kultische Weg, auf dem der Mensch sich selbst zu Gott erhebt, abgeschnitten wird und Gott sich selbst dem Menschen zuwendet und es ermöglicht, daß der Mensch vor Gott bestehen kann.

Das Weinberglied gehört zu den bekanntesten Stücken im Jesajabuch. Man muß sich bemühen, die Zielrichtung der Aussage des Liedes zu erarbeiten. In LZ 3.5 ist eine formgeschichtliche Aufgabe gestellt. Die Schüler sollen hier erkennen, wie der Prophet durch methodisch geschicktes Darbieten des Liedes seine Hörer existentiell zu treffen vermochte (LZ 3).

In grundlegender Weise spricht LZ 4 die Zukunft an, die Gott heraufführen wird. Dem Propheten liegt vor allem daran, den Blick seiner Hörer trotz der Gerichtspredigt auf die Zukunft Gottes zu lenken. Bei aller Gemeinsamkeit mit Amos hinsichtlich der Bedeutung und Aufrichtung des Gottesrechtes, an dessen Einhaltung man erkennt, ob das Verhältnis zu Gott und den Mitmenschen in Ordnung ist, muß das für Jesaja Spezifische herausgearbeitet werden. Mit dem Bild des neuen Jerusalem (Polisvorstellung) mit den untadeligen Richtern und der Vorstellung vom Messias als dem Garanten des Gottesrechtes, von dem eine starke Wirkung auf die gesamte übrige Welt ausgeht, will Jesaja zeigen, daß das Gottesrecht "seine eigentliche Bedeutung nicht in sich trägt, sondern erst in größeren und zwar politischen Zusammenhängen bekommt" (v. Rad, Theologie des AT, Band 2).

Aus vielen Aussagen spricht ein intensives Interesse an politischen Formen, die für die in Gott begründete Gemeinschaft notwendig sind. Auf dieser Erkenntnis aufbauend, könnte eine Weiterarbeit in der Sekundarstufe II etwa beim Thema "Staat und Kirche" erfolgen.

<u>Literatur</u>

a) Zur Information des Lehrers:

G. Fohrer, Die Propheten des Alten Testaments, Band 1, Gütersloh 1974 (Gütersloher Verlagshaus Gerd Mohn)

G. v.Rad, Die Botschaft der Propheten, Gütersloh 1977 (Gütersloher Verlagshaus Gerd Mohn)

C. Westermann/G. Gloege, Tausend Jahre und ein Tag. Einführung in die Bibel, Stuttgart 1977 (Kreuz Verlag)

b) Arbeitsmaterial für den Unterricht:

G. Kraft u.a., Kursbuch Religion 9/10, Stuttgart/Frankfurt 1979 (Calwer Verlag/Diesterweg)

<u>AV-Medien</u>

Diareihe:

Jesaja: Bildfenster im Münster zu Bern, EMZ 12: 19.75

Übersicht über die Unterrichtseinheit

Lernziele	Inhalte
1. Den Versuch Jesajas erörtern, einer Politik aus Angst ein Handeln entgegenzusetzen, das sich allein auf Gottes Zusagen verläßt	Der syrisch-ephraimitische Krieg und die politische Lage nach 2 Kön 16,5-9 Die Begegnung Ahas - Jesaja Jes 7,1-9
2. Einsehen, wie Gott dem Propheten in der Berufungsvision besonders nahekommt und mit einer schrecklichen Aufgabe betraut	Die Berufung des Propheten Jes 6 Tempel und Zion als Thron Gottes Auftrag und Bestärkung Die Gottesbegegnung zerbricht menschliche Maßstäbe
3. Erkennen, daß Jesaja im Auftrag Gottes das Unrecht beim Namen nennt und Gottes Gericht und Recht verkündigt	Die soziale Lage in Israel zur Zeit des wirtschaftlichen Umschwungs unter Usija Weinberglied Jes 5,1-7 Weherufe Jes 5,8-14 Vergleiche mit der Gegenwart
4. Die Bilder, mit denen Jesaja die Hoffnung auf Gottes Friedensreich weckt, auf Jesus Christus beziehen und für die Gegenwart deuten	Zion, Friedensfürst und Friedensreich, Jes 2,1-5; 9,1-6; 11,1-9 im Blick auf heutige Bemühungen um Frieden

Lernziele	Inhalte	Medien/ Verfahren	Didaktische Hinweise
1. Den Versuch Jesajas erörtern, einer Politik aus Angst ein Handeln entgegenzusetzen, das sich allein auf Gottes Zusagen verläßt			Ist Jes 7,9 der Brennpunkt der Geschichte, so muß des Lehrenden erstes Ziel sein, den anschaulichen Hintergrund des Propheten-
1.1 Die politische Notlage verstehen, in der sich Judäa und sein König 733 befanden	Politische Lage nach 2 Kön 16,5-9; Begegnung Ahas - Jesaja: Jes 7, 1-11	Kursbuch Religion 9/10, S.72 f. Evtl. als Rollenspiel die Szene nachspielen	wortes den Schülern zu vermitteln (LZ 1.1 und 1.2). - Hinzuweisen ist auf die Klimax in 7,6, deren Höhepunkt in dem Vorhaben besteht, einen Usurpator (Syrer) auf den
1.2 Angst als Motiv im politischen Handeln des Ahas erkennen	Die Bedeutung der Angst als politischer Faktor	Diskussion über die Rolle der Angst bei politischen Entscheidungen	Davidsthron zu setzen (antimessianische Spitze); das aber ist ein Anschlag auf Gottes Verheißung. Jes 7,8 will die Frage pro-
1.3 In Jesajas Wort vom Glauben oder Untergehen den Anspruch Gottes auf die Entscheidungen in der Politik begreifen	Glauben und Ausharren oder der Versuch, die Situation politisch - ohne Gott - in den Griff zu bekommen	Colignys schwere Entscheidung (Anlage 1)	vozieren: Wie steht es mit Judäa und Jerusalem? Jesajas Botschaft: Jerusalem ist und bleibt Gottes Domäne. Darauf sollte Ahas bauen, es geht um äußeres Verhalten (LZ 1.3). - Gottes Geborgenheit, Rätselspruch, Siloah, ein-
1.4 Erkennen, daß Ahas' Zweifel an Gottes Zusage als Grund falscher Sicherheitspolitik angeprangert wird	Fragwürdigkeit rationaler politischer Sicherung - ohne Gott Jes 8,5-8	Arbeit am biblischen Text und Kursbuch, ebd.	zige Wasserquelle Jerusalems, lächerlich klein gegenüber dem Euphrat (d.h. dem assyrischen Weltreich). Gott erscheint für die Judäer unscheinbar, deshalb Ruf nach Assur (LZ 1.4). Die Haltlosigkeit Judas wird im Bild
1.5 Begreifen, daß Gottes Zusage des Heils über das Gericht hinaus	Stark durch Stillesein und Hoffen; Aktualisierung der Mahnung für	Auswertung des biblischen Textes in Arbeitsgruppen	vom Mauerriß und seinen verheerenden Folgen angeprangert. Auch wenn Jesaja an kein Entkommen seiner jüdischen Zeit-

Lernziele	Inhalte	Medien/ Verfahren	Didaktische Hinweise
zum Ziele gekommen wird	spätere Generationen Jes 30,8-16		genossen aus dem Gericht glaubt, so bleibt doch das Angebot, bei Gott Geborgenheit zu finden, für einen künftigen Tag "Jahwes" (LZ 1.5).
2. Einsehen, wie Gott dem Propheten in der Berufungsvision besonders nahekommt und mit einer schrecklichen Aufgabe betraut			Die klare Gliederung des Textes Jes 6,1-3 legt es nahe, sich im methodischen Vorgehen daran zu halten: a) Gott ist heilig b) Jesaja wird rein c) Sendung. -
2.1 Den biblischen Bericht über Jesajas Berufung kennen	Berufung Jesajas: Jes 6,1-8	Textarbeit oder Erzählung Kursbuch Religion 9/10, S.76 f.	Da das zentrale Wort 'heilig' sehr vieldeutig und mißverständlich geworden ist, wird der
2.2 Am Berufungsbericht feststellen, daß Gott menschliche Sicherheit zerbricht und die Verzagten aufrichtet	Tempel und Zion als Thron Gottes; Aufheben der menschlichen Maßstäbe in der Begegnung mit Gott Jes 6,5	R.A. Schröder "Jesajalied Luthers" (Anlage 2) Vergleich des biblischen Textes Jes 6 mit Lutherlied-Text	Lehrer auf den Kurztext von Ralf Luther über "Heilig" hingewiesen (Anlage 3). - Jes 6,5: Der Prophet weiß sich stellvertretend für sein Volk in der Schuld Gottes; es geht ihm
2.3 Die Zuwendung Gottes im Akt der Entsühnung als grundlegend für die prophetische Wirksamkeit begreifen	Reinigungsakt an Jesaja: Gott selbst eröffnet neues Leben im Dienst Jes 6,4-8	Kursbuch Religion 9/10, S.76 f. Auswertung des Textes über Schröder. Falls 'Luther' im RU behandelt wurde, kann das Turmstubenerlebnis Luthers herangezogen werden	nicht um eine Entschuldigung (so sind alle!) (LZ 2.3). Der Akzent sollte beim Vergleich liegen: Hierbei ist die Fügsamkeit des Propheten hervorzuheben, die mit der Gottesbegegnung unmittelbar zusammenhängt. - Die Ver-
2.4 Sich mit Gottes Auftrag für den	Jesajas Bereitschaft zur Sendung	Vergleich der Berufung Jesajas mit der des Mose	stockungsfrage ist theologisch und pädagogisch nur an-

Lernziele	Inhalte	Medien/ Verfahren	Didaktische Hinweise
Propheten auseinandersetzen	Jes 6,8; Verstockung des Volkes und Gerichtsankündigung	(2 Mose 3) oder des Jeremia (Jer 1, 4-10) oder des Jona (Jon 1) - Diskussion über die Unausweichlichkeit göttlichen Gerichts	satzweise aufzunehmen. Wichtig ist aber die Vermittlung der Erkenntnis, daß es ein Zuspät gibt. Wo die Bosheit übermächtig geworden ist, führt kein Weg mehr zurück. Nur jenseits der Katastrophe können neue Lichter einen Weg zeigen.
3. Erkennen, daß Jesaja im Auftrag Gottes das Unrecht beim Namen nennt und Gottes Gericht und Recht verkündet		Zum Gesamten: Kursbuch Religion 9/10, S.74 f. und Diareihe: Bildfenster im Münster zu Bern	Obwohl die Lernziele hier in breiter Weise Bibelarbeit fordern, sollte sich der Lehrende doch nicht ausschließlich auf Textinterpretation festlegen, sondern sich um Abwechslung im methodischen Vorgehen bemühen. - LZ 3.4 will Schüler und Lehrer nötigen, darüber nachzudenken, was diese historischen Stoffe uns heute noch zu sagen haben. Dazu können die angegebenen Medien dienen. - Der Prophet beginnt seine Gerichtspredigt in einem leichten, beschwingten Volkslied, wie man es bei der Weinlese gesungen haben mag. Er redet von einem dritten, was ein weiteres Mittel der Distanzierung ist. Die Arbeit des Wein-
3.1 Soziale Mißstände in Judäa z.Z. Jesajas darlegen	Ungebrochenes Besitzdenken Jes 5,8-10; Zügellosigkeit Jes 5,11-12; Zynismus Jes 5,18-20	Erarbeitung der biblischen Texte, dazu Arbeitsblatt "Von Krebsschäden befallen" (H.Claß) (Anlage 4)	
3.2 Das Weinberglied als Ankündigung des Gottesgerichts über Judas Verhalten kennen	Weinberglied Jes 5,2-7	Erzählung oder Lektüre des Weinbergliedes; Skizze vom Weinbergturm	
3.3 Die Bilder des Weinbergslieds als Ausdruck für Gottes um-	Das Weinberglied als Gleichnis für Gottes Fürsorge Jes 5,1,2,4	Kursbuch Religion 9/10, insbesondere S.74	

Lernziele	Inhalte	Medien/ Verfahren	Didaktische Hinweise
fassende Fürsorge deuten			bergbesitzers wird ohne moralische Zwischenbemerkung und Wertung aufgezählt.
3.4 Aus dem Weinberglied die Klage über den enttäuschenden Abfall Israels heraushören	Stumpfheit, Versagen, Unterdrükkung als Ausdruck des Abfalls von Gott damals und heute Jes 5,2-7	Kursbuch Religion 9/10, insbesondere S.75 Nossack: Der nächtliche Ruf (Anlage 5) Sich selber überlassen (Anlage 6)	Der Prophet will die Hörer zum Urteil bringen: Dieser Mann hat sich lächerlich gemacht und sich völlig verausgabt. Der Mißerfolg wird viel knapper geschildert. In Vers 3 tritt ein Stilwandel ein.
3.5 Begreifen, wie literarische Gestaltung beim Hörer Aufmerksamkeit und Betroffenheit erreicht	Das Weinberglied als Volks- und Liebeslied Jes 5,1-7	Kursbuch Religion 9/10, S.74	Jetzt redet der Weinbergbesitzer selbst und fordert die Hörer auf, aus der Distanz herauszutreten und eine eigene Stellung vorzubringen. Die Entschlüsselung der Bildreihe (Rätselrede) erfolgt erst Vers 7 (LZ 3.5).
4. Die Bilder, mit denen Jesaja die Hoffnung auf Gottes Friedensreich weckt, auf Jesus Christus beziehen und für die Gegenwart deuten		Zum Gesamten: Diareihe: Bildfenster im Münster zu Bern	Jesajas Weg in der Öffentlichkeit ist ein erregendes Beispiel für einen Menschen, der in Gehorsam trotz aller Erfolglosigkeit und
4.1 Den Zion in Jerusalem als Heilszeichen und Bürgschaft der Gottesnähe deuten	Aus Zion kommt Heil Jes 2,1-5	Vergleich von Jes 2,1 bis 5 und Ps 68 o.ä.: Welche Bedeutung hat der Gottesberg für das Volk?	Enttäuschungen unbeirrbar an der von Gott garantierten und bereiteten Zukunft festhält. - Die drei großen Aussagen vom Zion, vom Messias und vom

Lernziele	Inhalte	Medien/ Verfahren	Didaktische Hinweise
4.2 Wissen, daß unter Messias der Bringer des zukünftigen Heils Gottes verstanden wird	Der Messias - Gottes Sohn, ein Herrscher, der Friede und Gerechtigkeit bringt Jes 9,1-6	Schüler-Kurzbericht: Messiaserwartung in Isreal und bei Christen → UE Juden und Christen	Friedensreich können entweder in erzählender Darbietung oder in gestraffter Textarbeit dem Schüler vermittelt werden. Zu LZ 4.4: Die politische Dimension des Gottesreiches
4.3 Das Friedensreich als Bild für die verheißene Gottesherrschaft begreifen	Friedensreich als neue Beziehung des Menschen zueinander, der Völker miteinander und des Menschen zur Natur Jes 11,1-9	Kursbuch Religion 9/10, S.78-80 Herder-Gedicht (Anlage 7) G.F. Keller-Gedicht (Anlage 7) Lied: Es wird sein in den letzten Tagen (Anhang 77 Nr. 609)	kommt einmal in seiner Verwirklichung in der Polis, zum andern in der Amtsausübung des Gesalbten zum Ausdruck; vgl. Wunderbar - Rat (Jes 9,5). Für den antiken Beamten war es höchste Aufgabe, darin erzogen zu werden, einen Rat nach "oben" geben
4.4 Die Aussage vom Neuen Jerusalem als die zentrale Aussage jesajanischer Weissagung verstehen	Verheißung Gottes: Recht und Gerechtigkeit im politischen Bereich (Jes 11,1-5)	"Blick in die Zukunft" (Anlage 8)	zu können. Dieses Ratgeben war eine eminent politische Tätigkeit und meinte das Beteiligtsein an der Regierung. Ebenso ist in Jes 11,2 mit "Geist der Weisheit" nicht eine abstrakte Erkenntnis, sondern ein Erfahrensein gemeint. Es ist die Erfahrenheit in der politischen Lenkung des Reichs ausgesprochen.

"Glaubet ihr nicht, so bleibet ihr nicht!" Anlage 1

Colignys unselige Entscheidung

Wir befinden uns im Monat März des Jahres 1560. Der große runde Turm des Schlosses von Amboise ist mit abgehackten Köpfen hingerichteter Menschen geschmückt. Von den Renaissance-Erkern an den Ecken des Baus hängen Leichen an Stricken und Ketten wie Marionetten an den Drähten ihres Theaters, wenn nun die Vorstellung aus ist. Die gesamte schauerliche Dekoration, "zur Unterhaltung der Damen von den Guisen angesetzt", wird von den erlauchten Persönlichkeiten auf einem Balkon mit Interesse gemustert. Eine verführerisch schöne Gestalt ist unter den Damen, fast noch ein Kind, Maria Stuart, die Gemahlin des knabenhaften Königs Franz II. von Frankreich. Der Aufstand von Amboise, an dem sich auch trotz aller Warnungen Calvins hugenottischer Adel beteiligt hatte, war mit diesem Schauspiel zu seinem Ende gekommen.

Der erste Anlaß der acht aufeinanderfolgenden Religionskriege, die Frankreich entvölkern und verwüsten, ist das Blutbad von Vassy, das der Herzog von Guise unter der dort versammelten Gemeinde anrichten läßt, sowie im Anschluß daran das Gemetzel unter den Evangelischen in Sens. Die Antwort der Protestanten ist der siegreiche Angriff auf Rouen und Lyon. Sie verlassen damit das christliche Terrain des Sieges. Sie verzichten auf die einzigen christlichen Kampfmittel des Bekenntnisses und der Leidensbereitschaft. Sie steigen herunter zu einem Terrain, auf dem ihre Gegner auf die Dauer sicherer sein werden als sie. Sie nehmen das Schwert, durch das sie umkommen werden. Calvin hatte kurz zuvor an Admiral Coligny das berühmte Wort geschrieben: "Der erste Tropfen Blut, den unsre Leute vergießen, wird Ströme Bluts hervorrufen, die ganz Europa überschwemmen." ...

Die Politisierung des Protestantismus war letztlich die Sache <u>eines</u> Mannes und <u>einer</u> Stunde. ... Dieser Mann ist Gaspard, Admiral von Coligny, und seine Zustimmung zum Bürgerkrieg in jener dreimal unseligen Nacht im Schlosse. Châtillon läßt für Geschlechter des Protestantismus den Würfel fallen. Niemals wird diese Entscheidung wieder gutgemacht werden können.

Den klassischen Bericht über die tragische Wendung im Leben des Admirals gibt Agrippa d'Aubigné in seiner "Histoire universelle", Band I, Buch 3 (Text nach Viénot).

"In Chastillon sur Loing waren beim Admiral seine beiden Brüder und andere versammelt, um einen Druck auf ihn auszuüben, daß er satteln ließe. Der alte Heerführer fand den Übergang über diesen Rubikon so gefährlich, daß, nachdem er ihnen zwei Tage lang widersprochen und mit gelehrten und scheinbaren Gründen ihr heftiges Drängen zurückgewiesen und sie durch seine Befürchtungen in Erstaunen gesetzt hatte, ihnen kein Hoffnungsstrahl mehr blieb, ihn umzustimmen. Da geschah das, was ich selbst von denen gehört habe, die dabei waren. Dieser hohe Herr - es war 2 Stunden, nachdem er seiner Gemahlin gute Nacht gesagt hatte, - wurde durch ihre schweren Seufzer und heftiges Schluchzen aufgeweckt. Er wandte sich ihr zu, und nach einigen Bemerkungen seinerseits ließ er sie sich folgendermaßen aussprechen: "Es tut mir so leid, mein Herr Gemahl, daß ich Ihren Schlaf durch meine Unruhe störe! Aber wenn nun einmal die Glieder Christi so zerrissen sind und wir zu Seinem Leib gehören, wie kann dann ein Teil des Ganzen gefühllos bleiben? Sie, mein Gemahl, haben nicht weniger Gefühl als ich, aber Sie vermögen es besser zu verbergen. Können Sie wirklich Ihrer Gattin verübeln, wenn sie mit mehr Freimut als Ehrerbietung ihre Tränen und ihre Gedanken in Ihr Herz ausschüttet? Wir liegen hier köstlich gebettet, und die Leichen unserer Brüder, Fleisch von unserem Fleisch und Bein von unserem Bein, liegen, die einen in den Kerker geworfen, die andern tot über die Felder verstreut, zur Beute der Hunde und der Raben. Dieses weiche Bett ist mir ein Grab, weil jene keine Gräber haben; diese Linnen halten mir vor, daß jene keine Grabtücher haben ... Ich dachte soeben an die klugen Reden, mit denen Sie Ihren Herren Brüdern den Mund gestopft haben ... ich zittere bei dem Gedanken, daß diese Klugheit eine Klugheit der Kinder dieser Welt sein könne. Sie haben mir zugegeben, daß Ihr Gewissen Sie schon manchesmal aufgeweckt hat, und dieses Gewissen ist das Sprachrohr Gottes. Fürchten Sie, daß Gott Sie schuldig werden lasse, wenn Sie dieser Stimme folgen? Tragen Sie den Degen des Edelmannes, um die Bekümmerten zu unterdrücken, oder um sie den Krallen der Tyrannen zu entreißen? ... Mein Gemahl, so viel vergossenes Blut der Unseren lastet auf meinem Herzen; all dieses Blut und Ihre Gemahlin schreien gen Himmel zu Gott empor, daß Sie der Mörder derer sein werden, die Sie nicht davor erretten, gemordet zu werden."

Der Admiral antwortet: "Da meine Gründe von heute Abend nichts zuwege gebracht haben, bitte ich Sie: legen Sie die Hand auf Ihr Herz, prüfen Sie klar bewußt Ihre Standhaftigkeit, ob Sie große Niederlagen ertragen kann, die Beschimpfungen Ihrer Feinde und Ihrer Anhänger, ob Sie die Verräterei Ihrer eigenen Leute ertragen kann, die Flucht, die Verbannung ins Ausland und dort die Schwierigkeiten, Ihre Schande, Ihre Blöße, Ihr Hunger, und was noch härter ist: den Hunger Ihrer Kinder. Prüfen Sie sich weiter, ob Sie imstande sind, Ihren Tod durch Henkershand zu erdulden, nachdem Sie gesehen haben, wie man Ihren Gemahl fortschleppte und der Gemeinheit des Pöbels aussetzte. Ich gebe Ihnen drei Wochen Bedenkzeit; und wenn Sie sich mit klarem Bewußtsein gegen diese Möglichkeiten stark gemacht haben, werde ich bereit sein, mit Ihnen und mit unseren Freunden ins Verderben zu gehen."

Die Admiralin entgegnete: "Die drei Wochen sind bereits vorüber! Sie werden niemals durch die Kraft Ihrer Feinde besiegt werden; gebrauchen Sie die Ihrige und häufen Sie nicht die Toten von drei Wochen auf Ihr Haupt. Ich fordere Sie im Namen Gottes auf, uns nicht länger zu enttäuschen, oder ich werde am Jüngsten Tag gegen Sie Zeugnis ablegen!"

Die Überredungen eines so geliebten Mundes und einer so bewährten Treue wirkten so stark, daß der Admiral satteln ließ, um den Fürsten von Condé und andere große Führer der protestantischen Partei in Meaux aufzusuchen.

In diesem erschütternden Dokument fällt auf, daß Coligny nicht - nicht mehr - die christlich-entscheidende Frage stellt, ob es erlaubt sei, für das Evangelium das Schwert zu ergreifen, sondern nur noch die Frage nach den Chancen und den Gefahren der Gewaltanwendung. Insofern kann man sagen, daß es sich hier bei dem Christen Coligny nicht um eine echte Krise handelt. Die Worte seiner Gemahlin von dem Leib Christi und ihr Ruf nach schirmender Gerechtigkeit für die Kinder Gottes gehen tiefer, aber sind verwandt mit dem allgemeinen Schrei der Protestanten nach rettender, ausgleichender, vergeltender Gerechtigkeit.

So ist der Schaden all dieses Abgleitens unsagbar groß. Wenn vordem der Katholik Raemond angesichts der grauenvollen Exekution des großen Hugenotten de Bourg gesagt hatte, die Jugend sei auf dem Heimweg von der Hinrichtung in Tränen ausgebrochen und dieser Anblick habe dem Katholizismus mehr geschadet als hundert protestantische Prediger - so galt dasselbe jetzt umgekehrt. Der Katholik Castellion fragt in seiner Botschaft an die Evangelischen: "Ihr habt einst geduldig Verfolgung für das Evangelium ertragen. Ihr habt eure Feinde geliebt und Schlechtes mit Gutem erwidert: woher kommt jetzt eine so große Veränderung in einem jeden unter euch? Ihr tötet und mordet und stellt eure Feinde vor die Spitze eures Degens."
J. Chambon, Der französische Protestantismus

<u>"Jesaja, dem Propheten..."</u> <u>Anlage 2</u>

In den Tagen, da der Kirchenkampf des Dritten Reiches wieder einmal einen Höhepunkt erreicht hatte, traf es sich, daß die Studenten der Theologischen Hochschule Bethel zu einer Vollversammlung im Festsaal zusammenströmten.

Der weit über Deutschland hinaus angesehene Dichter Rudolf Alexander Schröder wurde zu einem Vortrag erwartet. Der Schatten, die Not und Mühseligkeit der kirchlichen Lage drückte schwer auf uns junge Menschen. Es konnte gar nicht anders kommen, als daß in der Aussprache, die dem Vortrag folgte, plötzlich, wie eine Explosion, diese kirchliche Not sich Ausdruck verschaffte. Zweihundert junge Theologen, die nicht wußten, ob sie angesichts eines antichristlichen und militanten Regimes je eine Kanzel betreten würden!

Da griff R.A. Schröder ein, erinnerte an andere, verfahrene, aussichtslose Situationen, erinnerte uns an Luthers hoffnungsloses Verlorensein. Der Dichter dämpfte allen Kleinmut und verwies auf ein Lied, das nach seiner Meinung Luthers größtes und bedeutendstes sei. Diese so schlichten Zeilen könnten uns den Horizont weiten und die Perspektive von Zeit und Ewigkeit wieder ins Lot bringen. Dann las R.A. Schröder:

> "Jesaja dem Propheten das geschah,
> daß er im Geist den Herren sitzen sah
> auf einem hohen Thron in hellem Glanz;
> seines Kleides Saum den Chor füllet ganz.
> Es standen zween Seraph' bei ihm daran,
> sechs Flügel sah er einen jeden han.
> Mit zween verbargen sie ihr Antlitz klar,
> mit zween bedeckten sie die Füße gar,
> und mit den andern zween sie flogen frei,
> gen ander riefen sie mit großem G'schrei:
> Heilig ist Gott, der Herre Zebaoth,
> Heilig ist Gott, der Herre Zebaoth,
> sein 'Ehr' die ganze Welt erfüllt hat!
> Von dem Schrei zittert' Schwell und Balken gar,
> das Haus auch ganz voll Rauchs und Nebel war."

Darnach war es sehr still im Saal.

Die Spuren jener Dichterlesung haben sich mir fürs Leben eingeprägt.

Hans Reusch

<u>Heilig</u> <u>Anlage 3</u>

Heilig heißt in der Sprache der Propheten der Allmächtige nicht darum, weil er in seiner Art oder in seinem Tun den höchsten Vorstellungen, die man von ihm haben kann, entspricht. Eine solche Auffassung von "heilig" ist manchmal zu finden. Man denkt etwa so: der Mensch stellt hohe Ideale auf, ohne sie je erreichen zu können; in Gott sind alle menschlichen Ideale erfüllt. - In diesem Sinne spricht man dann von der Heiligkeit Gottes und von der mangelnden Heiligkeit des Menschen.

Die Propheten dagegen nennen Gott den Heiligen nicht, weil sich in ihm unsere Ideale verwirklichen oder unsere Vorstellungen erfüllen. Der Allmächtige heißt heilig, weil - wenn er nahe ist - unsere frömmsten Vorstellungen als völlig belanglos hinfallen und unsere höchsten Ideale in einem Augenblick gesprengt werden. -

Jesaja hat seine Gedanken über Gott an der Bibel gebildet wie nur einer. Aber, was über ihn kam, als er im Gesicht den dreimal Heiligen schaute (Jes 6), hat ein für allemal das Gefühl der Sicherheit in ihm erschüttert, als könnte er mit seinen bibelfesten Gedanken von fern heranreichen an das, was ist, wenn Gott nahe ist. Mit unermüdlicher Einseitigkeit hat er es dann seinen Zeitgenossen eingehämmert, sie sollten mit ihrem Denken und mit ihren Zukunftserwartungen nicht stecken bleiben im Rahmen dessen, was sich aus den vorhandenen Verhältnissen entwickeln möge. Wenn der Allmächtige einmal seinen heiligen Arm (seine Macht) offenbart, werden Dinge geschehen, daß den einen Hören und Sehen vergehen, die anderen aber hingerissen sein werden zum Jubel über die Ereignisse, deren Zeugen sie sind. Keiner aber wird es verkennen können, daß hier der Heilige gehandelt hat.

aus: Ralf Luther "NT-Wörterbuch", Gütersloh 1966 (Gütersloher Verlagshaus Gerd Mohn), S. 81 f.

Der erste Krebsschaden: Anlage 4

Eine kranke, eine todkranke Gesellschaft! Ihr erster Krebsschaden: Ein ungebrochenes Besitzdenken. Genauer gesagt: Man geht unverantwortlich mit dem Boden um. Wenn es im alten Israel um den Boden ging, ging es immer um Gott. Nicht, weil der Heilige Israels mit irgendeinem der Blut- und Bodengötter verwechselt werden möchte, sondern weil ihm der Boden gehört. Er leiht ihn aus an sein Volk. Das Land ist Gnadengabe, ein Rechtsanspruch besteht nicht. Darum muß mit dem Land verantwortlich umgegangen werden. Es soll der bewohnbare Lebensraum Israels bleiben. Die sozialen Unterschiede zwischen Landlosen und Landbesitzern sollen vermindert werden. Die Abhängigkeit des Armen vom Vermögenden soll abgebaut werden.

Statt dessen sieht Jesaja, wie die Bodenspekulation blüht, Haus um Haus entsteht, ein Bauer nach dem anderen aufgeben muß. Der Boden gerät immer mehr in die Hände weniger. Für Jesaja ist dies freilich nicht in erster Linie eine himmelschreiende soziale Ungerechtigkeit, sondern eine Verletzung der Ehre des Heiligen Israels, der ein für allemal festgestellt hat: "Mein ist das Land, ihr seid Fremdlinge und Beisassen bei mir" (3 Mose 25,23).

Von daher allein ist es für den Propheten folgerichtig, daß er keine Landreform, keine Neuverteilung des Grundbesitzes, keine Enteignung der Wucherer und Spekulanten, keinen Aufstand der Ausgebeuteten propagiert. Israel wird die Gnade entzogen. Ein Leben ohne Gnade aber ist kein Leben mehr, ist der Tod, bevor der Tod kommt.

Der zweite Krebsschaden:

Zügellosigkeit! Jesaja macht darauf aufmerksam, der Heilige Israels habe es sehr genau gesehen, was die Hauptsorge der führenden Schichten Israels damals war: Die Befriedigung der Lüste und Triebe - mit Hilfe des Alkohols. Der floß in Strömen - vom frühen Morgen bis in die späte Nacht. Der Wohlstand steigerte sich bis zum Exzeß.

Hier wird Gott dunkel, stellt Jesaja fest. Aber das Dunkel

liegt nicht auf dem Heiligen Israels, sondern in den Augen der führenden Leute der Gesellschaft. "Sie sehen das Tun seiner Hände nicht" (Vers 12). Und weil das Elend einer Gesellschaft sich meist von oben nach unten fortsetzt, erreicht es auch den kleinen Mann auf der Straße. Auch dort breitet sich die Gottesfinsternis aus. "Die Menge brennt vor Durst", vor Gier nach Leben, nach Genuß, nach Triebbefriedigung. Was als harmlose Kumpanei angefangen haben mag, endet in selbstzerstörerischer Komplizenschaft. Und die gemeinsam eingebrockte Suppe muß stets der kleine Mann auslöffeln. "Die da droben" arrangieren sich bei ihren Parties rasch und leicht. Man weiß es, wie man - durch Bestechung - dem Schuldigen recht geben und dem Unschuldigen sein Recht nehmen kann.

Der dritte Krebsschaden:

Der Zynismus. Anscheinend war es immer schon so: Zeiten wirtschaftlichen Wohlstands verführen den Menschen leicht dazu, sich zu überschätzen und mit Gott zu spielen oder gar Gott zu spielen. Der Mensch kann alles. Ihm gelingt alles. Er darf alles. Erlaubt ist, was gefällt. Das Leben - ein Freiraum des Beliebigen. Grenzen werden übersehen, übersprungen, überstiegen. Sein wollen wie Gott! Der Mensch wird zynisch.

Wer aber zynisch mit Gott umgeht, wird bald auch zynisch mit seinen Mitmenschen umgehen. Oder ist es etwa kein Zynismus, dem Menschen angeblich veraltete Maßstäbe zu nehmen, ohne ihm andere zu geben?

Helmut Claß in: Reich Gottes in dieser Welt, Stuttgart 1974 (Steinkopf)

"Gottes Ruf ..." Anlage 5

Zur Nacht, weil alle Menschen schliefen
Rief da ein Mann? O wie er rief!
Zweimal! Zwei Rufe, die mich riefen.
O Trägheit, daß ich weiterschlief.

Vom Flusse her ein wildes Klingen,
Zweimal, und dann war wieder Nacht.
Und ich verschlief das Hilfebringen
Zweimal und bin nicht aufgewacht.

Bin nicht vom Lager aufgesprungen
Zur Tür, und fragen, was es sei.
Ich schlief. Ich schlief, bis es verklungen.
O der du nach mir riefst, verzeih!

Heute morgen kommen sie und fragen:
Wer rief und hat die Nacht gestört?
Rief man nach Gott? Und ich muß sagen:
Ich schlief und habe nichts gehört.

Es war nicht Gott, dem es gegolten;
Ich war es, den ein andrer rief.
Zwei Rufe, die zum Bruder wollten,
Vom Bruder, und der Bruder schlief.

Es rief, damit es mich erwecke
Zur Nacht, zweimal, vom Flusse her:
O Mensch, wie liebst du deine Decke,
Dein Bett und deinen Schlaf so sehr!

Wie dumpf und stumpf ist dein Gewissen,
Wie satt und matt du im Erhören!
Ach, daß erst Schüsse fallen müssen,
Aus deinem Schlaf dich aufzustören.

Ja, ich bin träg und taub geschaffen
Und ließ dich letzte Nacht allein.
Heut nacht werd' ich gewiß nicht schlafen,
Denn heute muß ich selber schrein.

Hans Erich Nossack, in: H. Weigel (Hg), Wie sieht erfülltes Leben aus? Stuttgart 1976 (Kreuz Verlag), S. 12

Sich selber überlassen Anlage 6

Das Lied des Propheten endet mit der schrecklichen Drohung, daß der Besitzer an seinen Weinberg auch nicht einen Handschlag mehr verschwenden will. Mauer und Hecke sollen abgerissen und dann die Anpflanzung einfach sich selber überlassen werden, so daß nun Menschen und Vieh ihren Fuß über die eingerissene Mauer setzen und auf dem einst mit Mühe, und mit Liebe auch, bestellten Boden brutal herumtrampeln können. Und keine Hacke wird die Erde wieder lockern, keine Schere den Wildwuchs herunterschneiden. Dornen und Disteln, diese Feinde jeder Ackerkultur, werden gedeihen. Es soll sich zeigen, was herauskommt, wenn ein Weingärtner seinen Weinberg sich selber überläßt. Sich selber überlassen ist der Weinberg nichts mehr wert.

Sich selber überlassen - ist das nicht die Formel, in der wir uns wiedererkennen? Eine ganze Welt sich selber überlassen? Sind wir nicht sogar stolz darauf, uns selber überlassen zu sein? Ist das nicht unser, der modernen Welt, Heroentum? Doch was sich Gott gegenüber vielleicht noch heroisch ausnimmt, wiederholt sich dann innerhalb der Welt unter Menschen nur allzu kläglich. Sind es doch gerade die hilflosesten Gruppen, die wir in unserer sich selbst überlassenen Welt noch einmal sich selber überlassen: die Alten - vor unseren Augen immer mehr sich selber überlassen -; die Verurteilten hinter Schloß und Riegel - unseren Augen wohlweislich verborgen, nicht ohne eigene Schuld zwar, aber eben doch unbarmherzig sich selber überlassen! Und dann wiederum neben allen Gruppen und Kollektiven oder vielleicht sogar mitten in ihnen die vielen einzelnen Menschen, die aus diesem oder jenem Grunde nicht mit sich selber zurechtkommen und oft genug sehnsüchtig darauf warten, ab und zu einmal wenigstens angesprochen zu werden - nur dies! Doch man findet kein Wort für sie, und so bleiben sie hoffnungslos sich selber überlassen.

Indem wir das dulden, indem wir den Menschen, der doch nur unter Menschen ein Mensch ist, sich selber überlassen, begehen wir jenes Verbrechen an der Menschlichkeit, gegen das das Weinberglied Klage erhebt. Denn damit zerstören wir das Recht des Menschen auf den Mitmenschen. Ein Mensch wird nicht nur dadurch tödlich verletzt, daß man ihm sein eigenes Leben nimmt und sein Blut vergießt; sondern schon dadurch wird ein Mensch tödlich verletzt, daß man ihm die Lebensgemeinschaft mit anderen Menschen verweigert oder vorenthält. Und das geschieht täglich.

aus: Reich Gottes in dieser Welt, Stuttgart o.J. (Steinkopf), S.56-58 (Auszug)

"Künftige goldene Zeit" Anlage 7

Goldne Zeit! Erquickend schon im Bilde!
Wenn die Wüste blühet wie der Karmel,
Lilien entsprießen aus der Dürre,
stachellose Rose aus den Dornen -

kein Verführen, Höhnen und Verderben
ist da mehr auf Gottes heil'gem Berge.
Wolf und Lamm, sie weiden miteinander,
Löw' und Tiger gehn in zahmer Herde -

Kriegen lernen dann nicht mehr die Völker;
ihre Schwerter werden Sicheln wieder,
ihre Spieße Pflugschar: denn des Vaters
Ölbaum grünet für den Sohn und Enkel.

Euer Gott kommt! Schaut den Friedenskönig!
Euer Gott kommt! und er wird euch helfen!
Salem steigt hervor, die Stadt des Friedens,
Gottes und der Ruhe ewge Wohnung.

Johann Gottfried Herder

"Wer jene Hoffnung gab verloren..."

Das ist das Lied vom Völkerfrieden
und von der Menschheit letztem Glück,
von goldner Zeit, die einst hienieden,
der Traum als Wahrheit, kehrt zurück.

Wo einig alle Völker beten
zu einem König, Gott und Hirt:
Von jenem Tag, wo den Propheten
ihr leuchtend Recht gesprochen wird.

Dann wird's nur eine Schmach noch geben,
nur eine Sünde in der Welt:
Des Eigen-Neides Widerstreben,
der es für Traum und Wahnsinn hält.

Wer jene Hoffnung gab verloren
und böslich sie verloren gab,
der wäre besser ungeboren:
Denn lebend wohnt er schon im Grab.

Gottfried Keller

Ein Blick in die Zukunft Anlage 8

Der kleine Junge, der Löwe und Kalb zusammen zur fetten Weide führt, der Säugling, der mit einer Giftschlange spielt, sie signalisieren eine radikale, totale Veränderung. Demgegenüber erscheinen unsere Veränderungsversuche wie dilettantische Spielereien. Denn wenn der Wolf friedlich beim Lamm einkehrt, dann muß auch das bösartige Raubtier, das unersättlichste Reptil, der Mensch selbst sein wölfisches und giftiges Wesen ablegen, dann hört endlich auch der Mensch auf, seines Nächsten Wolf zu sein. Kann der Mensch aber sich selbst in einen Engel und die Erde in ein Paradies verwandeln? Geschieht hier nicht das Menschen-Unmögliche, das Wunderbare schlechthin? Zugleich stoßen wir auf den Punkt, der diese prophetische Traumvision von allen anderen vergleichbaren Träumen einschließlich unserer modernen Utopien grundsätzlich unterscheidet. Am Anfang steht Gottes Geist: Er ermächtigt den Erlöserkönig.

Doch wo berührt das alles unser Leben, das unter der Last der Konflikte fast zusammenbricht? Wo erkennen wir uns selbst? Ich meine, an einem Punkt geht es in diesem allzu schönen Traum relativ irdisch zu, hier schimmert - bei aller übermenschlichen Verklärung - die ausweglose Aporie menschlicher Rechtspraxis durch, die immer wieder neues Unrecht schafft. Es ist zugleich der Punkt, an dem sich alter und neuer Bund, das heißt Gesetz und Evangelium scheiden. Es sind zwei - freilich von mir verkürzte - Sätze, die auch in unsere, in jede Situation menschlicher Geschichte passen, weil sich hier nichts geändert hat:

"Er schlägt den Gewalttätigen ... und tötet den Gottlosen." Das heißt, der gottgemäße Herrscher ist Richter. Er handelt nach dem Ideal aller Herrschaften, die es recht meinen. Er richtet den Ungerechten und straft den Gewalttätigen. Er ist das gute Gesetz in dieser Welt, das Gesetz der Vergeltung, das nach Paulus den strafenden Zorn des Richters bewirkt. Nur die strafende Gewalt überwindet den Gewalttätigen, und ohne den Tod des Gottlosen gibt es scheinbar keine Gerechtigkeit. Das ist keine barbarische These vergangener Zeiten. Wer kennt sie nicht in Tübingen, jene gelben Plakate mit dem lachenden Gesicht und der Maschinenpistole in der Hand. Das Töten - für den "Frieden auf Erden" - erscheint darauf wie ein Fest. Man kann dabei natürlich variieren. Die Liquidation des Feindes ist nur die letzte Konsequenz. Es genügt vielleicht schon, den Gottes-, Volks-, Rassen- oder Klassenfeind mundtot zu machen, seine Ehre zu töten. Als Kronzeugen möchte ich hier die am meisten verherrlichte Erlösergestalt unseres Jahrhunderts - Lenin - zitieren.

"Mannigfaltigkeit ist hier ... eine Gewähr für den Erfolg bei der Erreichung des ... einheitlichen Ziels: Der Säuberung ... von allen schädlichen Insekten, von Flöhen - den Gaunern -, von Wanzen - den Reichen - und so weiter und so fort. An einem Ort wird man zehn Reiche, ein Dutzend Gauner, ein halbes Dutzend Arbeiter, die sich vor der Arbeit drükken ..., ins Gefängnis stecken ... An einem dritten Ort wird man ihnen nach Abbüßung ihrer Freiheitsstrafe gelbe Pässe aushändigen, damit das ganze Volk sie bis zu ihrer Besserung als schädliche Elemente überwache. An einem vierten Ort wird man einen von zehn, die sich des Müßiggangs schuldig machen, auf der Stelle erschießen..." (Lenin, in:"Wie soll man den Wettbewerb organisieren?", Januar 1918). Nur der am Ende Stärkere siegt. Wie weit rechtfertigt der gute Zweck heute eine unmenschliche Sprache und morgen unmenschliche Mittel? Wie nahe liegen lebensrettende Notwehr und zynischer Machthunger beieinander?

M. Hengel, Reich Gottes in dieser Welt? Stuttgart 1974 (Steinkopf), S. 112 f.

KIRCHE UND SOZIALE FRAGE

Religionspädagogische Überlegungen zum Thema

Das Interesse der Unterrichtseinheit liegt nicht allein auf einer Erweiterung der kirchengeschichtlichen Kenntnisse über wesentliche Entwicklungen im 19. Jahrhundert. Ihr eigentliches Ziel ist es, auf die ethischen Probleme aufmerksam zu machen, die sich bis heute aus den krassen sozialen Unterschieden in der Welt ergeben. Daher beschränkt sich der Entwurf auf zwei Gesichtspunkte:

a) Mit der Entstehung der Industrie im 19. Jahrhundert wuchs die soziale Not sprunghaft an. Die Unterrichtseinheit stellt diese Entwicklung exemplarisch dar und befaßt sich mit der Reaktion der Kirchen sowie einzelner Christen.

b) Am Umgang mit dem Eigentum zeigt sich das soziale Verhalten von Menschen besonders deutlich. Hier christliche Impulse in das Gespräch einzubringen, ist eine zentrale Aufgabe des Religionsunterrichts.

Die enge Verflechtung der evangelischen Landeskirchen mit den Landesregierungen (der Landesherr als summus episkopus, Oberhirt) ließ die Kirchen im Zeitalter der entstehenden Industrialisierung vielfach zu Stellungnahmen gelangen, die heute als falsch gelten müssen. Viele Kirchenmänner fühlten sich vor allem als berufene Hüter der Sittlichkeit und hielten Auswirkungen sozialer Nöte für schuldhafte Unsittlichkeit der Betroffenen. Die Befangenheit in überkommenen Ordnungen trübte den Blick für die neue Lage der besitzlosen Lohnabhängigen und für die Ungerechtigkeit, die diesen widerfuhr. Man ärgerte sich an moralischen Entgleisungen und übersah, daß deren häufigste Ursache in der Unmoral der Verhältnisse bestand.

Deshalb finden wir auf weiten Strecken des 19. Jahrhunderts die Kirche in vielen ihrer Amtsträger als Parteigänger in problematischer Gesellschaft. Der Satz des Papstes Pius IX: "Es war der große Skandal der Kirche im 19. Jahrhundert, daß sie die Arbeiterklasse verloren hat" gilt nicht nur für die römisch-katholische Kirche!

Und doch darf neben dieser Schuld der Kirche auf Grund ihrer Problemblindheit nicht verschwiegen werden, mit wieviel Hingabe und Liebe Männer und Frauen aus christlichem Glauben für die Linderung der Nöte ihrer Mitmenschen tätig wurden. Wir verdanken diesem Jahrhundert große Beispiele praktischer Nächstenliebe, deren Impulse bis heute weiterwirken - etwa in den Einrichtungen des Diakonischen Werkes, in Kindergärten und auch im Roten Kreuz. Unter diesem Gesichtspunkt führt die Unterrichtseinheit die Themen "Diakonie: Das Nötige tun" und "Arm und reich" aus dem 7./8. Schuljahr weiter. Enge Verbindungen bestehen auch zu den Inhalten des Geschichts- und Erdkundeunterrichtes derselben Altersstufe aller Schularten, die den Schülern die Thematik der industriellen Revolution und der sozialen Folgen nahezubringen suchen. Außerdem kann die UE "Herren oder Diener" die Einsichten in die modernen Zusammenhänge anhand des Kolonialismusproblems erweitern. Enger Kontakt der Religionslehrer untereinander wie auch mit den Lehrern der genannten Fächer ist daher für die Bearbeitung dieser Unterrichtseinheit zu empfehlen.

Die beiden letzten Lernziele handeln von Eigentum, seiner Bedeutung für den Einzelnen und in der Gesellschaft. Christlicher Glaube wehrt dabei der Vorstellung, Eigentum sei dem Menschen zur beliebigen Verfügung gegeben. Er sieht in ihm vielmehr Gottesgabe zum Gebrauch für sich und den Nächsten. Nie darf es dazu dienen, auf ihn den Selbstwert des Menschen zu gründen (Hast du was, so bist du was) (LZ 4). Wie sich christlicher Umgang mit Eigentum heute gestalten läßt, erörtert LZ 5 und weist damit auf Probleme zurück, die schon in LZ 3 angesprochen wurden.

Literatur

a) Zur Information des Lehrers:

K. Bätz, Der Mensch im Alter, Freiburg/Gelnhausen 1976 (Christophorus Verlag/Burckhardthaus Verlag)

G. Brakelmann, Die soziale Frage des 19. Jahrhunderts, Witten 1971 (Luther Verlag)

Die Denkschriften der Evang. Kirche in Deutschland. Soziale Ordnung Bd 2, Gütersloh 1978 (Gütersloher Verlagshaus Gerd Mohn)

H. Grebing, Geschichte der deutschen Arbeiterbewegung, München 1973 (Deutscher Taschenbuch Verlag)

G. Iber, Gesellschaft - Politik - Kirche, Arbeitsbuch zur christlichen Sozialethik, Gütersloh 1975 (Gütersloher Verlagshaus Gerd Mohn)

H.E. Richter, Die Gruppe, Reinbek 1972 (Rowohlt)

M. Schiebe, Bewahren und Bewegen. Gustav Werner, Reutlingen o.J. (Gustav Werner Stiftung zum Bruderhaus Reutlingen)

K.D. Schmidt, Grundriß der Kirchengeschichte, Göttingen 1967 (Vandenhoeck & Ruprecht)

U. Schulz (Hrsg.), Die Deutsche Arbeiterbewegung in Augenzeugenberichten, München 1976 (Deutscher Taschenbuch Verlag)

H. Vonhoff/H.J. Hofmann, Samariter der Menschheit, Christliche Barmherzigkeit in Geschichte und Gegenwart, München 1977 (Claudius Verlag)

A. Weller, Sozialgeschichte Südwestdeutschlands, Stuttgart 1979 (Theiss)

b) Arbeitsmaterial für den Unterricht:

H. Gutschera/J. Thierfelder, Brennpunkte der Kirchengeschichte, Paderborn 1976 (Schöningh)

M. Rang, Die Kirche in Geschichte und Gegenwart, Göttingen 1970 (Vandenhoeck & Ruprecht)

AV-Medien

Filme:

Fassade, EMZ 12: KF 540

Hoffnung aus St. Colombe, EMZ 12: KF 282

Reutlingen Postfach 68, EMZ 12: KF 198

Diaserien:

Bildbericht über die Gustav Wernerschen Anstalten, EMZ 12:17.88

J.H. Wichern, EMZ 12:17.89

Tonbänder:

Die Anfänge der Gewerkschaftsbewegung, LBS: Tb/CTb 105

Aus der Geschichte der Gewerkschaftsbewegung, LBS: Tb/CTb 111

Die Schlagbäume fallen (Sächsische Weber), LBS: B 129

Stundenlohn: 11 Pfennig, LBS: Tb/CTb 272

Kinder sind billig, LBS: Tb/CTb 321

Übersicht über die Unterrichtseinheit

Lernziele	Inhalte
1. Die sozialen Notstände im frühen 19. Jahrhundert skizzieren und mit den veränderten Produktionsverhältnissen in Beziehung setzen	Änderung der Produktionsweisen Niedrige Löhne Schlechte Arbeitsbedingungen und Wohnverhältnisse Mangelnde soziale Sicherung und Kinderarbeit
2. Bindungen aufzeigen, die in den Kirchen des 19. Jahrhunderts einem Eintreten für grundlegende soziale Änderungen entgegenstanden	Verbindung von Christentum und besitzendem Bürgertum Furcht vor Gottlosigkeit und Revolution
3. Vom Einsatz einzelner Christen gegen soziale Nöte berichten und wissen, daß aus diesen Aktivitäten diakonische Einrichtungen der Kirchen entstanden sind	Entstehung von Rettungshäusern, Diakonissenhäusern, Kindergärten und Innerer Mission Lebensbild, z.B. Werners Versuch einer "christlichen Fabrik"
4. Die Funktion des Privateigentums und seine soziale Verpflichtung kritisch bedenken	Freiheit für Besitzer und Unternehmer Mehrung des Gewinns und Förderung des allgemeinen Wohlstandes Eigentum als Hemmnis und Mittel der Versklavung - Vergleich mit: Jesus und der Reiche (Lk 18, 18 ff.) Eigentum als Leihgabe Gottes im Dienste der Gemeinschaft
5. Freiheiten und Gefährdungen bedenken, die sich aus einem christlichen Umgang mit dem Eigentum ergeben	Die Freiheit zum Verzicht zugunsten von Gemeinschaften (am Beispiel) Die Freiheit verantwortlicher Nutzung des Privatbesitzes für die Gemeinschaft (am Beispiel)

Lernziele	Inhalte	Medien/ Verfahren	Didaktische Hinweise
1. Die sozialen Notstände im frühen 19. Jahrhundert skizzieren und mit den veränderten Produktionsverhältnissen heute in Beziehung setzen		Zum Gesamten: G. Gutschera/ J. Thierfelder, Brennpunkte der Kirchengeschichte, S.194-198	I.a. dürfte das Problem aus dem Geschichtsunterricht bekannt sein. So ist die Aufarbeitung durch Schüler vorzuziehen. Deshalb wird hier arbeitsteilige Gruppenarbeit mit anschließendem Bericht vorgeschlagen. Wo das möglich ist, kann auch mit dem Tonband gearbeitet werden. Die Schüler können dann die Informationen aus den Tonbändern in eigenen Worten zusammenfassen und auf Band sprechen. - Ist im Deutschunterricht G. Hauptmanns Drama Die Weber besprochen worden, so können die Gruppen jeweils besondere Szenen suchen, die ihr Problem verdeutlichen. - Wichtig ist, daß erfaßt wird, daß damals grundlegende strukturelle Veränderungen in der Gesellschaft vor sich gingen, auf die die Betroffenen mit politischen Aktionen antworteten, die das bisherige gesellschaftliche Miteinander sprengten. Nur wo das gesehen wird, rücken die Aktionen von Kirche und einzelnen Christen ins richtige Licht und können angemessen beurteilt werden.
1.1 Den Verlauf der Industrialisierung im Deutschland des 19.Jahrhunderts beschreiben	Heimindustrie - Manufakturen - Fabriken; Bevölkerungswachstum; Verstädterung	Vergleich mit den jeweils genutzten Geschichtsbüchern, evtl. auch als Lehrervortrag mit arbeitsteiliger Gruppenarbeit zu 1.2/1.3/1.4 und anschließendem Bericht der Gruppen für die Klasse - Evtl. als Hausaufgabe vorweg: G. Hauptmann, Die Weber	
1.2 Über das Arbeitsleben eines Lohnarbeiters in dieser Zeit Bescheid wissen	Tätigkeiten; Entlohnung; Arbeitszeiten und -bedingungen; Akkord	Brennpunkte, S.194 f. Tonbänder: Der Stundenlohn: 11 Pfennig; Kinder sind billig	
1.3 Die Nöte der Familien kennen	Familiengröße und Wohnverhältnisse; Gefährdung der Gesundheit; Unsicherheit des Arbeitsplatzes; Krankheit - Alter - Kinderarbeit	Brennpunkte, S.197 f. Tonband: Die Schlagbäume fallen	
1.4 Über die Entstehung eines Klassenbewußtseins in der Arbeiterschaft Auskunft geben	Gründung von Arbeitervereinen und Gewerkschaften zur Verbesserung der sozialen und politischen Lage der Arbeiterschaft	Tonbänder: Die Anfänge der Gewerkschaftsbewegung; Aus der Geschichte der Gewerkschaftsbewegung (jeweils 30 Minuten) -(nur eines zur Grundlage einer Gruppenarbeit machen)	

Lernziele	Inhalte	Medien/ Verfahren	Didaktische Hinweise
2. Bedingungen aufzeigen, die in den Kirchen des 19. Jahrhunderts einem Eintreten für grundlegende soziale Änderungen entgegenstanden			Christen wie Sozialisten im 19. Jahrhundert identifizieren Glaube an Gott und Ehrfurcht vor der Obrigkeit und Erhaltung der
2.1 Über die enge Verbindung von Kirche und Staat seit der Reformation in Deutschland Bescheid wissen	Bündnis von Thron und Altar; Gottesgnadentum der Regierenden; Landesherr als Oberhirt der evangelischen Landeskirche	Die starke emotional begründete Verbindung von Glaube an Gott und an Preußen und dessen König kommt gut zum Ausdruck in F.W. Krummachers Predigt (Anlage 1)	bestehenden Ordnung. Das hatte seinen Inhalt in der Gemeindepraxis (2.1). So wurde christlicherseits jede Kritik an den unzulänglichen sozialen Maßnahmen in die Nähe von Gotteslästerung gerückt. Umgekehrt sahen die Sozialisten
2.2 Den Bewußtseinsstand zu der sozialen Frage beim Großteil der Christen in Deutschland charakterisieren	Gottgewollte Ungleichheit im Blick auf Besitzverhältnisse; Arbeitgeben als ausreichende Sozialpflicht des Unternehmers; Selbstverschuldensvorwurf an die verelendete Arbeiterschaft - Lob der Aufsteiger als Zeichen göttlicher Zuwendung	Drei authentische Zeugnisse zeigen, wie Christen sich mit fragwürdigen theologischen Rechtfertigungen um die sozialen Probleme drücken: Anlage 2	im Glauben an Gott eine Garantie für die Verlängerung des Elends und vertraten i.a. atheistische Standpunkte. Das Kirchenvolk wurde für die soziale Frage nicht sensibilisiert, sondern in eine Abwehrhaltung gegenüber den sozialistischen Strömungen gedrängt. Was im Gefolge dieses Ansatzes inhaltlich zur sozialen Frage von christlicher Seite gesagt wurde, gerät an den Rand blanken Zynismusses. Das gilt auch für offiziöse
2.3 Die offizielle Reaktion von kirchenleitenden Gremien zur sozialen Frage bedenken	Grundsätzliche Ablehnung der sozialistischen Bewegung ihres Atheismus wegen; Furcht vor Revolution;	Zur Abgrenzung gegenüber der Sozialdemokratie und der Anwendung von Kriterien der Zwei-Regimenter-Lehre: Ansprache an die Geistlichen... (Anlage 3)	Äußerungen: aus purer Angst vor den radikalen Plänen der Kommunisten und Sozialisten schlug man sich auf die Seite der Herrschenden. Wo soziale Probleme überhaupt anzugehen waren,

Lernziele	Inhalte	Medien/ Verfahren	Didaktische Hinweise
	Einseitige Anwendung der Lutherschen Zwei-Regimenter-Lehre		sollte dies immer im Rahmen der vorgegebenen Ordnungen geschenen. Für die soziale Wende, die mit der 2. Industriellen Revolution gekommen war, war die Kirche weithin blind.
3. Vom Einsatz einzelner Christen gegen soziale Nöte berichten und wissen, daß aus diesen Aktivitäten diakonische Einrichtungen der Kirche entstanden sind		Zu 3.1 - 3.3 vgl. Vonhoff/Hofmann, Samariter der Menschheit	Die meisten der Inhalte sind den Schülern schon im 7./8. Schuljahr begegnet: UE Diakonie - Das Nötige tun. Es wird also in der Regel nicht so sehr um
3.1 Beispiele nennen, wie Christen sich um die Linderung akuter Nöte bemühten	Entstehung von Rettungshäusern, Diakonissenhäusern; Innere Mission; Lebensbilder ihrer Gründer, z.B. Fliedner und Bodelschwingh	Vgl. UE Diakonie - Das Nötige tun (27 UEn für den RU). - Rang, Die Kirche in Vergangenheit und Gegenwart, S.219 f.	eine ausführliche Information gehen, sondern um die Charakterisierung der unterschiedlichen Aktionen. - Auf der einen Seite gilt, daß alle diese Bemühungen zeigen, daß einzelne Christen die soziale Not richtig einschätzten.
3.2 Bemühungen von Christen um größere soziale Gerechtigkeit im 19. Jahrhundert nennen	Werners Versuch einer "christlichen Fabrik"	Brennpunkte der Kirchengeschichte, S.209 f. AV-Medien zu Werner und seinen Anstalten Film: Reutlingen Postfach 68 Diaserie: Bildbericht über die Wernerschen Anstalten (Anlage 4)	Während aber die einen eher den Phänomenen beizukommen suchten in einer Art "Katastrophenhilfe" vor Ort (LZ 3.1), versuchten andere, auf breiter Front karitativ zu wirken (LZ 3.3), während G.Werner zugleich die sozialpolitischen
3.3 In der Inneren Mission den kirchlichen Versuch er-	Wicherns Leben und Wirken; Ziele und Grundgedan-	Diareihe: J.H. Wichern Brennpunkte der Kirchengeschichte, S.201 ff.;	Grundbedingungen in christlichem Sinn umzugestalten versuchte und damit Chancen und Grenzen

Lernziele	Inhalte	Medien/ Verfahren	Didaktische Hinweise
kennen, die soziale Gesundung durch Evangelisation zu erreichen	ken der Inneren Mission: "Hebung des sittlichen Massenverderbens"	Rang, Die Kirche in Vergangenheit und Gegenwart, S. 220 f.	struktureller Veränderungen erfuhr (LZ 3.2). Jeder dieser Versuche hat sein begrenztes Recht, und man wird heute alle drei Wege im Auge behalten müssen. LZ 3.4 wendet sich der Gegenwart zu und greift beispielhaft zwei zentrale sozialpolitische Probleme heraus. Der Film "Fassade" kann zugleich als Überleitung zu LZ 4 dienen, da er implizit die Frage nach der Grenze des privaten Verfügungsrechts über Eigentum verhandelt. - Es wäre reizvoll, Schüler über die notwendigen drei Schritte im Blick auf die Fälle von LZ 3.4 nachdenken zu lassen: Akute Hilfe vor Ort - karitative Organisation - Strukturelle Änderungen zur grundsätzlichen Verbesserung der Lage.
3.4 Über die Aufgaben von Christen angesichts der sozialen Probleme heute nachdenken	Fallbeispiele wie Probleme alter Menschen, Obdachlosenfrage	Zur Altenfrage: K. Bätz u.a., Der Mensch im Alter (dort AV-Medien); Film: Fassade (Anlage 5) Zur Obdachlosenfrage: Film: Hoffnung aus St.Colombe (Anlage 6) Vgl. auch H.E. Richter, Die Gruppe, dort ausführliche Schilderung der Zustände und Probleme in Obdachlosensiedlungen	
4. Die Funktion des Privateigentums und seine soziale Verpflichtung kritisch bedenken			Wozu das Eigentum dem einzelnen dienen kann und was das Eigentum aus dem einzelnen machen kann, ist das Motto des ersten Lernschritts. Die Auswahl der Aspekte bezeichnet die Ex-
4.1 Gründe für den Wert des Privateigentums nennen	Mittel zur Existenzsicherung; Freiheit für Besitzer und	Grundlage eines Gesprächs könnte die Arbeit an den beiden Arbeitsblättern zu LZ 4.1	

Lernziele	Inhalte	Medien/ Verfahren	Didaktische Hinweise
	Unternehmer; Mittel zur Förderung des allgemeinen Wohlstandes	und 4.2 sein (Anlagen 7/8)	treme im Verhältnis des Menschen zum Eigentum. Die Abhängigkeiten sind herauszuarbeiten, die Eigentum begründet (Eigentum ist Macht!)
4.2 Gründe für die Infragestellung von Privateigentum anführen	Funktionsverlust des Privateigentums im modernen Staat; Eigentum als Mittel der Entfremdung und Versklavung	Als Ergänzung dient das Gebet von Quoist (Anlage 9) Vgl. auch Film: Fassade (Anlage 5)	und in die es verstrickt (Sklave des Eigentums). Beispiele hierfür liefert das Leben der Heranwachsenden: Abhängigkeit vom Geld des anderen oder der Zwang, gleichviel oder mehr vorzeigen zu können als Gleichaltrige. -
4.3 Über die Stellung von Christen zum Privateigentum nachdenken	Christliche Kriterien zur Frage des privaten Eigentums: Eigentum als Leihgabe Gottes (1 Kön 21); Soziale Verpflichtung des Eigentums (Apg 2,42ff.); Forderung Jesu zum Verzicht auf Eigentum (Lk 18,18-27)	In arbeitsteiliger Gruppenarbeit können die Bibeltexte erarbeitet werden: Nach 1 Kön 21 (Nabots Weinberg, s. UE Elia Kl.5/6) ist das 7. Gebot zum Schutz gegen Diebstahl und Willkür der Mächtigen gedacht: Gott ist der eigentliche Herr des Eigentums; Apg 2,42 ff.- wenn auch idealtypische Darstellung - zeigt den auf die Gemeinschaft ausgerichteten Zweck des Eigentums, was sich in christlichen Gruppen (z.B. Orden) immer wieder zeigte; Lk 18,18 ff. weist auf die Notwendigkeit innerer Freiheit vom Besitz hin	Christlicher Glaube liefert weder Legitimation einer Form von Eigentum noch verlangt er, dem Armutsideal zu folgen. Er ändert das Verhältnis zum Eigentum. Ein Christ findet seine Sicherheit nicht im Eigentum, kann aber aus dem Eigentum Nutzen ziehen. Er verläßt sich auf Gottes Liebe und ist darum frei, etwas zu besitzen oder zu entbehren. Das Verzichtenkönnen ist aber notwendiges Zeichen innerer Freiheit (Lk 18,18). Eigentum steht im Dienst der Liebe und findet hier eine sinnvolle Verwendung. Die Beispiele sind hierfür Modelle, die nicht gesetzlich verstanden werden dürfen. Übrigens kann auch das

Lernziele	Inhalte	Medien/ Verfahren	Didaktische Hinweise
			Gemeinschaftseigentum Knechtschaft und Unterdrückung nach sich ziehen, wie die Geschichte lehrt.
5. Freiheiten und Gefährdungen bedenken, die sich aus einem christlichen Umgang mit dem Eigentum ergeben			LZ 5 dokumentiert notwendige Folgen aus dem Ansatz in LZ 4: Verzicht und Einsatz von Eigentum haben gleichermaßen Chancen.
5.1 Über die Berechtigung von christlichem Verzicht auf Eigentum nachdenken	Orden; Diakonissenverbände; andere christliche Gruppen wie die Kleinen Brüder und Schwestern Mutter Teresas	Mutter Teresa und ihr Orden: Brennpunkte der Kirchengeschichte, S. 67 ff. Benediktiner: Brennpunkte der Kirchengeschichte, S. 56 ff.	Sie sind auch von der Gesellschaftsstruktur abhängig. Während LZ 5.1 die eher außergewöhnlichen Formen vorstellt, ohne sie zur Norm stilisieren zu wollen, als eine Chance unter anderen,
5.2 Beispiele verantwortlicher Nutzung von Privateigentum für die Gemeinschaft kennenlernen	Spenden und Stiftungen; Zur Verfügungsstellung von Gelände; Mitfinanzierung von karitativen Aktionen; Beteiligung an Sozialprogrammen u.ä.m.	Die Beispiele sollten sich nach den lokalen Gegebenheiten ausrichten; Material dazu von Schülern sammeln lassen	zeigt LZ 5.2 die in der Bundesrepublik übliche und aufs ganze gesehen sich bewährende Gestalt: von gottesdienstlichem Opfer über Bazare u.ä. bis hin zu unternehmerischer Beteiligung an sozialen Großprojekten, z.B. dem Heidelberger Rehabilitationszentrum, können zahlreiche Aktivitäten angesprochen werden: Ortsnähe ist hier wichtig.
5.3 Vor- und Nachteile von Eigentumsverzicht oder -einsatz bedenken	Verzicht: Völlige Hingabe, aber auch völlige Abhängigkeit Einsatz: Mitreden und -bestimmen, aber Blindheit bei wichtigen Aufgaben		Es wird gut sein, die Kehrseiten des jeweiligen Verhaltens abschließend in Blick zu nehmen.

Thron und Altar — Anlage 1

Der spätere Hofprediger F.W. Krummacher (1796-1868) erlebte zwischen 1825 und 1847 als Pfarrer in Wuppertal die sprunghafte industrielle Entwicklung Wuppertals. 1833 besuchte der damalige Kronprinz von Preußen (Friedrich Wilhelm IV.) das Tal. In seiner Gegenwart predigte Krummacher der Gemeinde:

"Ja, Brüder, wenn ihr mich fragen wollet, welches unter den Völkern der Erde ich für dasjenige erachte, das vorzugsweise zum Israel des Neuen Testamentes von Gott erkoren sei, ich spräche mit freudigster Überzeugung: Du bist's, mein deutsches Volk ... Ja, Amen, jauchzen wir ... Schwinge dich aufwärts, Preußens Adler, auf Fittichen des Glaubens ... und unüberwindlich wirst du sein, und der Blitz deiner Krone wird die Völker bebend machen ... Schart euch denn frohlockend um den Stuhl des besten Landesvaters her; gebt den Gefühlen, die euch durchflammen, Sprache; grüßet ihn mit dem Jubelgruße: Lange lebe der König! ... Amen, so sei es! Es wird geschehen, Brüder, was wir begehrten! - Amen, es wird! - Ja, Hallelujah, Amen!"

An der Armut selber schuld? — Anlage 2

Eine Predigt

So haben sich in manchen Ländern mehrmals die Ärmeren gegen die Reicheren empört, und eine Gemeinschaft der Güter, oder doch gleiches Recht verlangt. Sie begehrten das Unmögliche, und brachten sich nebst tausend Unschuldigen in namenloses Elend. Denn gesetzt, daß man auch einmal versuchen wollte, den gesamten Reichtum eines Landes auf das Gewissenhafteste unter alle Einwohner zu verteilen, daß nur einer weniger Neigung hätte, dem Andern zu dienen, daß die Wohlhabenden ohne ihr Verschulden um das gerechte Eigentum gebracht, die Ärmeren ohne ihr Verdienst bereichert worden wären, würde diese Gleichheit des Besitzes sehr schnell wieder verloren gehen. Denn der Eine ist sparsamer, der Andere verschwenderischer; der Eine klüger, der Andere träger. Jeder würde nach seiner Art eifrigst beitragen, die Ungleichheit der Güter wieder zurückzuführen: und bald ständen wieder Reiche neben Armen, Herren neben Dienern.

aus: Johann Heinrich Daniel Zschokke (1771-1848), Stunden der Andacht, Heinrich Remigius Sauerländer, Aarau 1822, S.317 f. (37. Auflage noch 1903!)

Eigentum verpflichtet

Wir Fabrikanten tun für euch alles, was wir können, indem wir das Kapital vermehren, das euch Existenz bietet; ihr müßt das übrige tun, indem ihr eure Anzahl den Existenzmitteln anpaßt.

aus: Harriet Martineu (1802-1876), in: Erich Thier: Wegbereiter des deutschen Sozialismus, Alfred Kröner, Stuttgart 1943, S.300

Frommer Kapitalismus

Einen Proletarier nenne ich den, welchen seine Eltern in der Jugend verwahrlost ... haben. Er hat sein Handwerk nicht gelernt, heiratet ohne Brot, und setzt seinesgleichen in die Welt, welche stets bereit sind, über anderer Leute Gut herzufallen ... Ferner heiße ich Proletarier: Leute, die, von braven Eltern erzogen, durch die Verführung der Städte zugrundegegangen sind. Diese beiden Klassen bilden die Hilfstruppen der Aufwiegler, bestehend aus verdorbenen Schreibern ... Doktoren ohne Kranke ... Nicht aber rechne ich zu den Proletariern den braven Arbeiter, dem Gott durch die Kraft seiner Hände ein Kapital verlieh ... Der wird schon durchkommen, wenn jene bösen Buben die Ruhe und öffentliche Wohlfahrt nicht stören. Diesen ehrenwerten Leuten muß geholfen werden ... durch Sicherstellung gegen Krankheit und Invalidität.

aus: Friedrich Harkort, Bienenkorbbrief (1849), in: Wilhelm Schulte, Volk und Staat, Verlag Regensberg, Münster 1954, S.321 f.

Kirche und sozialistische Bewegung

Anlage 3

Aus der "Ansprache an die Geistlichen und Gemeindekirchenräte der evangelischen Landeskirche, betreffend ihre Aufgabe gegenüber den aus der sozialdemokratischen Bewegung entstandenen Gefahren", Berlin Februar 1879:

Den Geistlichen legt der Beruf, das Evangelium des Friedens allen ohne Unterschied nahezubringen, insbesondere die Pflicht auf, in der Teilnahme an dem gegenwärtig so leidenschaftlich bewegten politischen und sozialen Leben, sowie bei der Ausübung ihrer staatsbürgerlichen Rechte diejenige Vorsicht und Zurückhaltung zu beobachten, welche das Amt, dem Himmelreich in der Welt den Weg zu bahnen und das Wort von der Versöhnung zu predigen, mit sich bringt. Kaum etwas hat den Einfluß der amtlich organisierten Kirche nicht nur in den höher gebildeten Kreisen der Bevölkerung so geschädigt, als der Versuch, die Kirche, ihr Bekenntnis und ihre Organe als Mittel für bestimmte politische Parteizwecke zu gebrauchen.

Allerdings weder gleichgültig noch untätig darf die Kirche bleiben gegen die in der sozialistischen Bewegung hervorgetretene Verkehrung der einfachsten sittlichen Grundwahrheiten, wie sie ihre tiefsten Wurzeln in dem Abfall von dem lebendigen Gott, in der Verachtung der ewigen Lebensgüter, und in der Überschätzung sinnlichen Genusses und irdischen Besitzes hat. Allein ihre nächste und wichtigste Aufgabe bleibt, mit gleichem Maß nach oben und unten, die Betätigung der Gesinnung zu wecken, welche in wohlwollender und tätiger Liebe für die gemeinsamen Aufgaben die Menschen verbindet und den Begüterten wie den Darbenden vorzuhalten, daß die im Reiche Gottes geltende Lebensordnung im Geben und Nehmen des Guten allen der Weg zum Wohlstand und Frieden ist.

... Hingegen ist es nicht Sache der Diener der Kirche, im Namen des Christentums volkswirtschaftliche oder sozial-politische Theorien aufzustellen und zu unterstützen; sie halten sich nicht in den Grenzen ihres Berufes, wenn sie an die staatliche Gesetzgebung und Verwaltung auf Grund des Evangeliums Forderungen stellen für anderweitige Verteilung der öffentlichen Aufgaben und Lasten, für Verminderung der Militärdienstzeit, für Verpflichtung der Behörden, Arbeitslosen Erwerb aus öffentlichen Mitteln zu verschaffen und die altersschwachen und gebrechlichen Arbeiter zu versorgen, oder wenn sie gar eine neue Regelung der Eigentumsverhältnisse im Namen des Christentums als ein Heilmittel wider die sozialen Notstände empfehlen.

<u>AV-Medien zu Gustav Werners Anstalten in Reutlingen</u> <u>Anlage 4</u>

Film: Reutlingen Postfach 68

25 Min., Farbe, Dokumentarfilm

Der Film schildert die Entwicklung der Gustav-Wernerschen Anstalten in Reutlingen und bietet einen Einblick in die gegenwärtige vielseitige Arbeit dieser diakonischen Einrichtung.

Diareihe: Bildbericht über die Gustav-Wernerschen Anstalten

von E. Fuhr, 117 Dias, Farbe

Die Diareihe ist eine Alternative zum Film mit gleicher Ausrichtung. Allerdings wird der Lehrer aus der viel zu großen Zahl an Dias einige auswählen. Vor allem wer die Schüler in Gruppenarbeit diese Fragen aufarbeiten lassen möchte, sei an diese Serie verwiesen.

Film: Fassade Anlage 5

19 Min., Farbe, Dokumentarfilm

Der Rentnerin Anna Weidacher, seit 42 Jahren in der Comeniusstraße 6 wohnhaft, wird von dem neuen Hausbesitzer, Herrn Dr. R. Renner, wie allen anderen Mietern auch gekündigt. Renner, berüchtigt in München, Besitzer von sechs Altbauhäusern, wendet immer die gleiche Methode echten Psychoterrors an, um die Leute zu ängstigen, zu verunsichern, bis sie schließlich ausziehen. Dann vermietet er die freigewordenen Wohnungen nach Renovierung zum vierfachen Preis etwa an ausländische Arbeitnehmer. Von der Stadt München hat Renner zweimal den Preis für die schönste Renovierung der Altbaufassade bekommen. Was hinter der Fassade vorgeht, interessierte den Stadtrat wenig. Der Film erzählt es am Schicksal der Anna W., die nicht auszog, aber an den Aufregungen starb.

Film: Hoffnung aus St. Colombe Anlage 6

29 Min., Farbe, Dokumentarfilm

Père Christian ist trotz seiner siebzig Jahre noch immer "enfant terrible" der französischen Kirche: Revolutionär, bevor es in manchen kirchlichen Kreisen Mode wurde. Aus seiner Arbeit mit Obdachlosen und Gastarbeitern hat er seinen Standpunkt entwickelt. Dabei hat er mit dem Thema "Glaube und Politik" noch nie in Konferenzen und Vorträgen Zeit verloren, er hat beides in seiner Seelsorge verbunden.

Arbeitsblatt 1 Anlage 7

"EIGENTUM MACHT FREI!"

Aufgabe:

Was hältst Du von dieser Behauptung? Du findest unten einige Gesichtspunkte, die diese Behauptung stützen sollen. Lies sie durch und überlege Dir, ob Du dem zustimmen kannst. Schreibe Deine Überlegungen zu jedem der Punkte in den freien Raum darunter. Stichworte genügen.

1. "Wer Geld hat, ist frei. Er braucht keine Angst zu haben, er könnte seinen Arbeitsplatz verlieren. Wenn er krank wird, lebt er eben von seinem Sparkassenbuch."

2. "Wer Geld hat, kann etwas aus sich machen. Er kann sich teure Hobbies leisten. Er kann Reisen machen und sich bilden. Wenn es ihm Spaß macht, kann er sich weiter ausbilden lassen. Vor allem aber: Wer Geld hat, der hat immer Freunde."

3. "Wer etwas besitzt, hat es leicht, ein guter Mensch zu sein. Weil er sich sowieso alles kaufen kann, braucht er nicht zu klauen. Den Reichen fällt es leichter, für einen guten Zweck einmal etwas zu spenden."

4. "Wer reich ist, kann sich besser durchsetzen. Wenn er einmal einen Prozeß hat, kann er sich einen teuren Rechtsanwalt leisten. Er kann sich Aktien kaufen. Dann hat er auch in der Wirtschaft etwas zu sagen. Wer nichts hat, hat nichts zu sagen."

(S. Ley)

Arbeitsblatt 2

Anlage 8

"EIGENTUM MACHT NICHT FREI!"

Aufgabe:

Hältst Du diese Behauptung für richtig? Unten findest Du einige Gesichtspunkte, die diese Behauptung begründen sollen. Lies sie bitte durch und überlege, ob das, was da steht, richtig, halbrichtig oder falsch ist. Unter jedem Abschnitt ist Raum frei gelassen worden. Schreibe dort Deine Meinung kurz hin!

1. "Die Reichen haben viel mehr Sorgen als die Leute, die nicht soviel haben. Die müssen ständig Angst haben, daß ihnen einer ihr Geld wegnimmt. Gottseidank gibt es Krankenkassen und Unterstützung. So ist man nicht aufgeschmissen, wenn man krank oder arbeitslos wird."

2. "Ich glaube, wenn man sich alles genehmigen kann, was man sich gerade wünscht, macht es keinen Spaß. Die Reichen sind die aller unzufriedensten. Die können nie genug bekommen. Und dann müssen sie ständig aufpassen, daß sie nicht von ihren Freunden ausgenützt werden."

3. "Eigentum macht geizig. Niemand ist so selbstsüchtig wie der Reiche. Er beurteilt alles nach seinem Geldwert. Gut ist für ihn das, was ihm nützt. Freund ist er mit dem, der ihm Vorteile verschafft. Ständig versucht er, den Staat und die Gesellschaft vor den Karren der eigenen Interessen zu spannen."

4. "In einer demokratischen Gesellschaft hat der Reiche nicht mehr Macht und Einfluß als der andere, der nicht soviel hat. Mindestens müßte es so sein. Bei Wahlen zählen beide Stimmen gleichviel. Wenn die Mitbestimmung in der Wirtschaft verwirklicht ist, haben die Arbeitnehmer soviel zu sagen wie die Eigentümer."

(S. Ley)

Gebet vor einem Geldschein

Anlage 9

Herr, sieh diesen Geldschein, er macht mir Furcht.
Du kennst sein Geheimnis, Du kennst seine Geschichte.
Wie ist er schwer!

Er bedrückt mich, denn er redet nicht,
Er wird niemals erzählen, was er in seinen Falten birgt,
Er wird nie preisgeben, was er an Mühsal und Kämpfen bedeutet.
Er ist durchtränkt von menschlichem Schweiß,
Er ist befleckt von Blut, von Enttäuschung, von verspotteter Würde.
Er ist reich von der ganzen Last menschlicher Arbeiten, die er enthält und die ihm seinen Wert gibt.
Herr, er ist schwer, schwer,
Er bedrückt mich, er macht mir Furcht,
Denn er hat Tote auf dem Gewissen.
All die armen Kerle, die sich bei Akkord zu Tode geschunden haben um seinetwillen...
Um ihn zu haben, um ihn für einige Stunden zu besitzen,
um von ihm ein wenig Vergnügen, Freude, Leben zu erlangen...

aus: Michel Quoist, Herr da bin ich, Graz, Wien, Köln 1978[7]
(Styria Verlag), S.45

KIRCHE IM DRITTEN REICH

Religionspädagogische Überlegungen zum Thema

Das Thema gehört für die Schüler bereits zur Geschichte. Schon die Eltern der heutigen Schülergeneration kennen das Dritte Reich fast nur noch vom Hörensagen. Eine kürzlich vorgenommene Untersuchung (vgl. Spiegel 34/1977, inzwischen als TB erschienen) ergab, welche konfusen Vorstellungen Schüler von Adolf Hitler haben. Um so weniger werden die Schüler über die evangelische Kirche im Dritten Reich wissen. Das muß der Religionslehrer bedenken. Er wird - wenn es sich irgendwie ermöglichen läßt - die Kooperation mit dem Geschichtslehrer suchen.

Mit dem Kurs "Kirche im Dritten Reich" soll zusammen mit den Schülern exemplarisch das Verhältnis der evangelischen Kirchen zum Staat, speziell zum totalitären Staat, dieser Neuerung des 20. Jahrhunderts, erörtert werden. Beispiele aus der nächsten Nachbarschaft der Bundesrepublik zeigen, daß der totalitäre Staat mit dem Dritten Reich keinesfalls verschwunden ist, daß vielmehr mit ihm als ständiger Drohung der gegenwärtigen Geschichte gerechnet werden muß. Bedenkliche Anzeichen weisen darauf hin, daß neonazistische Umtriebe in der BRD zunehmen (vgl. z.B. Materialdienst des Ev. Arbeitskreises Kirche und Israel in Hessen und Nassau, Kollwitzstr. 5-7, 6000 Frankfurt/M. 90, besonders MzA 12-15).

So ist eine Beschäftigung mit dem vorliegenden Kurs von großer Wichtigkeit für die Gegenwart und Zukunft, auch wenn man sich über die Möglichkeiten, aus der Geschichte zu lernen, keine Illusionen machen darf. Die Schüler werden nach Behandlung dieses Kurses u.U. auch mehr Verständnis für die Haltung der Kirchen in totalitären oder autoritären Regimen haben.

Hinter dem Kurs steht die Einsicht, daß der entscheidende Einschnitt in der Geschichte des deutschen Protestantismus im 20. Jahrhundert der Zusammenbruch des Kaiserreichs 1918 und - ihm folgend - das jenes mit der Formel "Thron und Altar" beschriebenen besonderen Verhältnisses der evangelischen Landeskirchen zu ihrer Obrigkeit (= Landesherrliches Kirchenregiment) waren. Gab es in der Weimarer Republik nicht wenige Kirchenmänner, die in der neuen Situation eine einmalige Chance der Kirchen sahen, ihre Verhältnisse endlich einmal relativ unabhängig vom Staat zu ordnen, so war doch die Mehrheit der evangelischen Christen über die neue Lage bedrückt, und man sehnte sich darum nach den alten Verhältnissen zurück. Liberales und westlich-demokratisches Denken stieß auf tiefes Mißtrauen. Zur Weimarer Republik konnte sich darum kein wirklich bejahendes Verhältnis einstellen. Auch blieb die offene Tolerierung der Freidenkerverbände in der Weimarer Republik ein Dorn im Auge. Die Konsequenz war, daß der Nationalsozialismus, der vor allem taktisch immer wieder seine positive Einstellung zum Christentum hervorkehrte, bei vielen evangelischen Christen auf fruchtbaren Boden fiel. Einzelne Nationalsozialisten glaubten bis zum Ende an die Möglichkeit einer positiven Beziehung zwischen Christentum und Nationalsozialismus! Vollends nach der Machtergreifung, als Hitler und seine Regierung die legitime "Obrigkeit" geworden waren, fand der Nationalsozialismus im evangelischen Volksteil lebhafte Unterstützung. Der Kirchenkampf begann als Auseinandersetzung in der Kirche mit den Deutschen Christen, jener 5. Kolonne der NSDAP in der evang. Kirche - gegründet zum Zweck einer Gleichschaltung der evangelischen Kirchen durch den NS-Staat. Theologie und kirchenpolitisches Vorgehen dieser Bewegung öffneten vielen Christen die Augen. Als von den Deutschen Christen der Arierparagraph auch in den Kirchen eingeführt werden sollte, entstand der Pfarrernotbund unter Martin Niemöller und schließlich die Bekennende Kirche. Der Höhepunkt der theologischen Auseinandersetzung mit den Deutschen Christen war die Barmer Bekenntnissynode 1934. In der Barmer Theologischen Erklärung grenzte man sich gegen die Theologie der Deutschen Christen ab und verwarf eindeutig jeden totalitären Charakter des Staates.

Betrachtet man die Haltung der evangelischen Kirchen zu Staat und Partei im Dritten Reich, so fällt auf, daß die Kirchen vor allem Widerstand leisteten gegen die Verfälschung des Christentums durch die Deutschen Christen, gegen die Propagierung einer deutschen Religion durch maßgebliche NS-Propagandisten. Weiter sind aus späterer Zeit auch viele Eingaben bekannt, mit denen sich die leitenden Männer der Kirche gegen Maßnahmen, die Leben und Handeln der Kirchen einschränkten, zur Wehr setzten. Vereinzelt wurde gegen die elementaren Verletzungen der Menschenrechte durch Staat und Partei protestiert. 1935 konnte Karl Barth sagen: "Sie (nämlich die Bekennende Kirche) spricht - wenn sie redet - noch immer nur in ihrer eigenen Sache." So gibt es nur wenige und meist sehr späte Proteste gegen die Behandlung der Juden im Dritten Reich. Andererseits erhoben sich viele Stimmen aus dem Bereich der Kirche gegen das Euthanasieprogramm.

Zum einheitlichen politischen Widerstand gegen das Dritte Reich haben die Kirchen nicht aufgerufen. Einzelne Persönlichkeiten aus den Kirchen wie D. Bonhoeffer und A. Delp sind aktive Mitglieder des politischen Widerstands geworden. Freilich wird man an vielen Männern und Frauen des Widerstands zeigen können, daß der christliche Glaube als Motiv und Kriterium des Widerstands wirksam wurde.

Ein wichtiges Ergebnis des Kirchenkampfes war, daß die Kirche die "Welt" nicht ihrer "Eigengesetzlichkeit" überlassen darf. Vielmehr hat die Kirche in Wort und Tat zu bezeugen, daß es keine "Bereiche unseres Lebens gibt, in denen wir nicht Jesus Christus, sondern anderen Herren zu eigen wären, Bereiche, in denen wir nicht der Rechtfertigung und Heiligung durch ihn bedürften" (aus der 2. Barmer Theologischen These).

Aus Zeitgründen wird man sich auf das Thema "Evangelische Kirche im Dritten Reich" weitgehend beschränken müssen. Doch wäre es im Zeichen der Ökumene sehr zu begrüßen, wenn auch ein Blick auf die katholische Kirche geworfen würde.

Literatur

a) Zur Information des Lehrers:

J. Beckmann, Kirchliches Jahrbuch für die Evang. Kirche in Deutschland 1933-44, Gütersloh (Bertelsmann)

E. Bethge, Dietrich Bonhoeffer, Theologe. Christ. Zeitgenosse. Eine Biographie, München 1978 (Chr. Kaiser)

E. Bethge, Dietrich Bonhoeffer in Selbstzeugnissen und Bilddokumenten, Reinbek 1977 (Rowohlt)

W. Hofer, Der Nationalsozialismus, Dokumente 1935-1945, Frankfurt 1957 (Fischer Taschenbuch)

K. Kupisch (Hrsg.), Quellen zur Geschichte des deutschen Protestantismus von 1945 bis zur Gegenwart, 1. und 2. Teil, Hamburg 1975 (Gütersloher Verlagshaus Gerd Mohn)

G. Schäfer (Hrsg.), Landesbischof D. Wurm und der Nationalsozialistische Staat 1940-1945. Eine Dokumentation, Stuttgart 1968 (Calwer Verlag)

K. Scholder, Die Kirche und das Dritte Reich, Bd. 1, Berlin 1977 (Propyläen Verlag)

b) Arbeitsmaterial für den Unterricht:

H. Gutschera/J. Thierfelder, Brennpunkte der Kirchengeschichte, Paderborn 1976 (Schöningh); Lehrerkommentar 1978

M. Rang, Die Kirche in Vergangenheit und Gegenwart, Göttingen 1972 (Vandenhoeck & Ruprecht)

AV-Medien

Tondiaserie:

Martin Niemöller, EMZ 1: TD 310; EMZ 12: TB 16

Diareihen:

Dietrich Bonhoeffer, EMZ 1: D 171; EMZ 12: 13.24

Ludwig Steil, EMZ 1: D 173; EMZ 12: 15.62

Paul Schneider, EMZ 1: D 169; EMZ 12: 13.25

Tonbänder:

Bahnhof Baranowitschi, EMZ 12: HF 6

Dokumentation zur Geschichte des Dritten Reiches, EMZ 12: D 1

Das Schicksal der Verfolgten, EMZ 12: HF 8

Übersicht über die Unterrichtseinheit

Lernziele	Inhalte
1. Konflikte zwischen einem totalitären Staat und Christen am Beispiel aufweisen	Einschränkungen der Gewissensfreiheit, der Verkündigung und Zwang zur Unterstützung eines bestimmten politischen Verhaltens
2. Den totalitären Charakter des NS-Regimes aufzeigen	NS-Weltanschauung: Rassenideologie und Führerprinzip Politik der Gleichschaltung Intoleranz als politisches Prinzip
3. Gründe herausfinden, warum Vertreter der evangelischen Kirchen die Machtergreifung Hitlers begrüßten	Verunsicherung der Kirche in der Weimarer Republik NS-Programm: Positives Christentum, Zusicherungen an die Kirchen, Wunsch nach einer deutschen evangelischen Kirche Angst vor dem Kommunismus Hitler als "Obrigkeit"
4. Beispiele für Anpassung und Widerstand der evangelischen Kirchen im Dritten Reich geben	Programm der Deutschen Christen Pfarrernotbund, Bekennende Kirche (Barmen 1934) Widerstand einzelner Christen
5. Am Beispiel zeigen, wie die evangelische Kirche nach dem Zweiten Weltkrieg versuchte, in kritischer Distanz zu politischen Vorgängen ihre Verantwortung wahrzunehmen	z.B.: Stuttgarter Schuldbekenntnis Denkschrift: Die Lage der Vertriebenen und das Verhältnis des deutschen Volkes zu seinen östlichen Nachbarn

Lernziele	Inhalte	Medien/ Verfahren	Didaktische Hinweise
1. Konflikte zwischen einem totalitären Staat und Christen am Beispiel aufweisen			LZ 1.1 - 1.3 kann an je einem Beispiel aus der westlichen und der östlichen Hemisphäre verdeutlicht werden, z.B. Südkorea und Sowjetunion. Beachte, daß innerhalb jeder Staatsform totalitäre Entwicklungen möglich sind. Außerdem kann die heutige Sowjetunion nicht einfach mit der Ära Stalin gleichgesetzt werden. Im Unterricht e i n Beispiel auswählen. Es sollte deutlich werden, daß Christen nicht nur bei Eingriffen des Staates in unmittelbare kirchliche Belange mit dem Staat in Konflikt kommen, sondern auch z.B. bei Menschenrechtsverletzungen.
1.1 Ein Beispiel für die Einschränkung der persönlichen Freiheit kennen	Ein Beispiel aus der westlichen oder östlichen Hemisphäre z.B. Südkorea, Sowjetunion	Zur Sowjetunion: Leiden für den Glauben (Anlage 1) vgl. UE II 3 LZ 5	
1.2 Ein Beispiel für die Einschränkung der Verkündigungsfreiheit der Kirchen kennen	unter den Kriterien Gewissensfreiheit, Verkündigungsfreiheit	Zu Südkorea: Christen in Südkorea (Anlage 2)	
1.3 Ein Beispiel für den Zwang zu einem bestimmten politischen Verhalten geben	Zwang zur Unterstützung einer politischen Einstellung oder Aktivität		
2. Den totalitären Charakter des NS-Regimes aufzeigen können			Es ist sinnvoll, diese UE mit dem Geschichtsunterricht abzusprechen. LZ 2 kann dann im RU sehr kurz behandelt werden, da der Geschichtsunterricht darauf einzugehen hat. In den verschiedenen staatlichen und kirchlichen Filmverleihstellen können AV-Medien gerade für dieses Lernziel besorgt werden.
2.1 Rassenideologie und Führerprinzip als Grundbestandteile der NS-Weltanschauung skizzieren	Rassenideologie: Kampf zwischen einer hochwertigen Rasse, den Ariern, und einer minderwertigen Rasse, den Juden, als Grundprinzip der Weltge-	Zum Rassenkampf: Anlage 3 und W. Hofer, Der Nationalsozialismus, Dok. 16 und 17 Zum Führerprinzip: W. Hofer a.a.O., Dok. 18 und Brennpunkte der Kirchengeschichte, Lehrerhandbuch, S.186-188	

Lernziele	Inhalte	Medien/ Verfahren	Didaktische Hinweise
	schichte; Führerprinzip; Führerkult		
2.2 Ausschließlichkeitsanspruch des Nationalsozialismus auf allen Lebensgebieten aufzeigen	Gleichschaltung auf dem Gebiet der Politik, der Kultur usw.; Ausschaltung anderer Überzeugungen aus dem öffentlichen Leben	Zur Gleichschaltungspolitik vgl. die gängigen Geschichtsbücher, evtl. Film: Hitler an der Macht (über LBS und LFD zu entleihen)	
2.3 Aus einer Äußerung Hitlers die Intoleranz des Nationalsozialismus erheben und an einem Beispiel aufzeigen	Zitat aus A. Hitler "Mein Kampf"; Beispiele: Bücherverbrennung; Beseitigung mißliebiger Personen von akademischen Lehrstühlen, z.B. Günther Dehn	A. Hitler: Mein Kampf, S.384: "Die Zukunft einer Bewegung wird bedingt durch den Fanatismus, ja die Unduldsamkeit, mit der ihre Anhänger sie als die allein richtige vertreten und anderen Gebilden ähnlicher Art gegenüber durchsetzen." Zu Dehn: Anlage 4	
3. Gründe herausfinden, warum Vertreter der evangelischen Kirchen die Machtergreifung Hitlers begrüßten			Die Schüler dürften der Haltung der Mehrzahl der evangelischen Christen im Jahre 1933 verständnislos gegenüberstehen.
3.1 Wissen, daß die Mehrzahl der evangelischen Christen der Weimarer Republik kritisch gegenüberstanden	Trennung von Staat und Kirche in der Weimarer Reichsverfassung hebt Bindung an den Landesfürsten auf; Sehnsucht	Die Kirche in Vergangenheit und Gegenwart, S.242 f.; Brennpunkte der Kirchengeschichte, S.221	Um ihr Verständnis zu wecken, muß unbedingt die Situation der evangelischen Kirchen in der Weimarer Republik herangezogen werden. Für viele Christen bedeutet das Ende

Lernziele	Inhalte	Medien/ Verfahren	Didaktische Hinweise
	nach dem "landesherrlichen Kirchenregiment"; Verunsicherung der Kirchen durch die neue Situation; "Pastorennationalismus"		des "landesherrlichen Kirchenregiments", bei dem der Landesfürst der Bischof seiner Landeskirche war, ein ungeheurer Schock; darum war das Verhältnis zum Weimarer Staat ein korrekt-distanziertes Verhältnis. Scharf abgelehnt wurde die Ausbreitung des
3.2 Darstellen, mit welchen Mitteln der Nationalsozialismus vor 1933 versuchte, die Kirchen für sich zu gewinnen	Forderung des "positiven Christentums" (vgl. Punkt 24 des NSDAP-Parteiprogramms); Ziel der NSDAP, für kirchentreue Schichten wählbar zu werden	Die Kirche in Vergangenheit und Gegenwart, S.243 f.; Brennpunkte der Kirchengeschichte, S.220 f. Vgl. Anlage 4	Freidenkertums, das von offizieller Seite geduldet wurde. Dagegen stellte sich der Nationalsozialismus als eine Größe dar, die - subjektiv teilweise gewiß ehrlich - das Christentum als entscheidendes Fundament des gewollten neuen Staates herausstellte.
3.3 Zeigen, daß man in den evangelischen Kirchen den Nationalsozialismus teils begrüßte, teils ablehnte	Unterstützung durch die Deutschen Christen; Ablehnung z.B. durch Theologen aus dem Bereich der Dialektischen Theologie und dem Luthertum; Stimmen, die Vor- und Nachteile des Nationalsozialismus aufzeigten	Die Kirche in Vergangenheit und Gegenwart, S.245 f.; Brennpunkte der Kirchengeschichte, S.220 f.	Für viele Nationalsozialisten ging es freilich darum, mit einer Umarmungstaktik die kirchentreuen Wähler für sich zu gewinnen.
3.4 Den Stimmungsumschwung in den Kirchen	Breite Zustimmung zum 3. Reich; Gründe:	Zu 3.3 und 3.4: Brennpunkte der Kirchengeschichte, S.222 f.	

Lernziele	Inhalte	Medien/ Verfahren	Didaktische Hinweise
nach der "Machtergreifung" Hitlers darstellen und begreifen	Hitler als legitime Obrigkeit; "Lieber braun als rot"; Hitlers Garantien für die Kirchen		
4. Beispiele für Anpassung und Widerstand der evangelischen Kirchen im Dritten Reich geben			Es wäre recht wünschenswert, wenn im Zeichen der Ökumene auch die kath. Kirche mit berücksichtigt würde. Hier würde sich vor allem eine Besprechung des Reichskonkordats (vgl. Brennpunkte der Kirchengeschichte, S.224 f.) eignen.
4.1 Den Aufbruch der Bekennenden Kirche 1933/34 als Widerstand gegen Vorgehen und Programm der Deutschen Christen verstehen	Programm der Deutschen Christen; Pfarrernotbund; Bekennende Kirche; Barmer Bekenntnissynode 1934	Die Kirche in Vergangenheit und Gegenwart, S.246 ff.; Brennpunkte der Kirchengeschichte, S.227 Zu M. Niemöller Tondiareihe: M. Niemöller (Anlage 8)	Aus Zeitgründen wurde auf die Behandlung der schwereren Auseinandersetzungen in der Bekennenden Kirche nach 1936 verzichtet, obwohl gerade an diesen Auseinandersetzungen die Schwierigkeiten der Kirchen deutlich werden, in einem totalitären Staat - und nicht nur da - den rechten Weg zu finden (vgl. Die Kirche in Vergangenheit und Gegenwart, S.251). -
4.2 Beispiele für Widerstand und Versagen der evangelischen Kirchen gegenüber dem Nationalsozialismus geben können	Widerstand gegen eine "deutsche" Religion und gegen kirchliche Unterdrückung; Zurückhaltung bei Menschenrechtsverletzungen des Nationalsozialismus; Versagen gegenüber den Juden; Erfolgreiche Proteste gegen	Brennpunkte der Kirchengeschichte, S.228-233 Schreiben Wurms v. 16.7.1943 (Anlage 5)	Zu LZ 4.2 eignet sich ein Gespräch über ein Wort D. Bonhoeffers: "Kirche ist nur Kirche, wenn sie

Lernziele	Inhalte	Medien/ Verfahren	Didaktische Hinweise
	die Tötung "lebensunwerten" Lebens; Schreiben von Landesbischof Theophil Wurm vom 16.7.1943		für andere da ist." Neben dem Beispiel des Märtyrers Paul Schneider sind auch solche Beispiele von Menschen genannt, die bei ihrem Zeugnis "nur" vielfältige Repressionen zu spüren bekamen. U.U. finden Schüler zu solchen Beispielen einen besseren Zugang.
4.3 An einem Beispiel verstehen, welches Risiko das bewußte Eintreten für den christlichen Glauben in sich barg	z.B. Pfarrer Paul Schneider; Pfarrer Julius v. Jan; Notariatspraktikant Leikam	Zu P. Schneider, vgl. Diaserie Paul Schneider zu J. v. Jan vgl. UE II 8 zu A. Leikam (Anlage 6) ein weiteres Beispiel: Brennpunkte der Kirchengeschichte, S.229	Die angegebenen Materialien sollen dazu verhelfen, den Schülern ein differenziertes Urteil über die Rolle der evangelischen Kirchen im Dritten Reich zu ermöglichen.
4.4 Diskutieren, inwieweit es den evangelischen Kirchen gelungen ist, sich im Dritten Reich als eine kritische Instanz zu bewähren	Beteiligung einzelner Christen, nicht der Kirchen, am politischen Widerstand; Christentum als Motiv und Kriterium politischer Entscheidung bei Männern und Frauen des Widerstands; Bestreitung des Totalitätsanspruchs des Nationalsozialismus durch christliche Predigt	Die Kirche in Vergangenheit und Gegenwart, S.255 ff.	Hier kann sich u.U. dann auch eine Diskussion über die Situation der evangelischen Kirchen in der DDR anschließen.

Lernziele	Inhalte	Medien/ Verfahren	Didaktische Hinweise
5. Am Beispiel zeigen, wie die evangelische Kirche nach dem Zweiten Weltkrieg versuchte, in kritischer Distanz zu politischen Vorgängen ihre Verantwortung wahrzunehmen			Als im Oktober 1945 Vertreter des ökumenischen Rats der Kirchen nach Stuttgart kamen, begrüßte der Rat der EKD die Vertreter mit dem Stuttgarter Schuldbekenntnis. Es war
5.1 Das Stuttgarter Schuldbekenntnis von 1945 als Buße und Neuanfang in bezug auf die politische Verantwortung der Kirche verstehen	Stuttgarter Schuldbekenntnis von 1945	Brennpunkte der Kirchengeschichte, S.216; Die Kirche in Vergangenheit und Gegenwart, S.257 f.	von großer Bedeutung, daß gerade die Kirchen, die - mit anderen Institutionen verglichen - allein "so etwas wie eine Volksbewegung gegen den Nationalsozialismus zustande gebracht haben" (W. Hofer), ihr Versagen mutig zum Ausdruck gebracht haben.
5.2 Zeigen, wie die Kirche die Aufgabe der Gesellschaftsdiakonie erkannte und in welchen Grenzen sie sie angepackt hat	Die "Welt" wird nicht ihrer Eigengesetzlichkeit überlassen; Das den Kirchen anvertraute Evangelium gilt in seinem Zuspruch und Anspruch für alle Bereiche der Welt; 2. Barmer These	2. Barmer These in: Kupisch: Quellen zur Geschichte... 1. Teil, S.56; Darmstädter Wort des Bruderrats 1947 (Anlage 7)	Konkreter ist dieses Versagen noch im Darmstädter Wort des Bruderrats der Bekennenden Kirche von 1947 ausgesprochen worden. Die "Ost-Denkschrift", mit der die EKD ein Votum zur Vertriebenenfrage und zum Verhältnis zu unseren östlichen Nachbarn, vor allem zu Polen abgab, hat viel zur Entkrampfung der
5.3 Die "Ost-Denkschrift" der EKD von 1965 als ein Beispiel für die Gesellschaftsdiakonie der Kirche verstehen	Ausgangspunkt, Inhalt, Auseinandersetzung um die Bedeutung der Denkschrift für die deutsche Ostpolitik	Die Lage der Vertriebenen und das Verhältnis des deutschen Volkes zu seinen östlichen Nachbarn. Jetzt in: Die Denkschriften der EKD, Band 1/1, S. 77 ff. (GTB-Siebenstern 413)	Situation in Deutschland beigetragen und wurde vor allem in Polen als ein Wort zur Versöhnung dankbar aufgenommen. Zur Diskussion um die Denkschrift vgl. R. Henkys (Hrsg.): Deutschland und die östlichen Nachbarn.

Christen in der Sowjetunion — Anlage 1

In vielen Ländern werden Menschen ihres Glaubens wegen verfolgt - das trifft auch auf zahlreiche Christen zu, die in der Sowjetunion leben. Die Tatsache, daß der Staat noch weit mehr seiner Bürger aus politischen Gründen unterdrückt, kann nicht davon abhalten, gegen den fundamentalen Mißstand der Religionsfreiheit im Bereich der UdSSR Stellung zu beziehen. Ebensowenig darf uns davon die Möglichkeit abhalten, daß auch gefälschte Dokumente über Christenverfolgungen gelegentlich in Umlauf kommen. Seriöse Belege für Unmenschlichkeiten gibt es genug. Darüber die Wahrheit zu berichten und dagegen zu protestieren, muß nichts mit einem primitiven Antisowjetismus zu tun haben. Wer dieses unterstellt, muß sich den Vorwurf gefallen lassen, zumindest nicht allzuviel von objektiver Information zu halten. Das aber ist das wenigste, was wir für die bedrängten Christen tun können, die wir auch in unseren Gebeten nicht vergessen. Unabhängig davon wird es notwendig sein, auch mit den politischen Führern im Kreml und anderen verantwortlichen Persönlichkeiten und Gruppen in der Sowjetunion zu sprechen, den Dialog zu versuchen - um mehr Freiheit zu erreichen. - Die Zitate aus Dokumenten erheben keinen Anspruch auf Allgemeingültigkeit - sie können nicht mehr als ein Schlaglicht auf die Situation werfen.

Gottesdienst im Untergrund

Man kann natürlich verschiedener Ansicht darüber sein, was unter einer Katakombenkirche zu verstehen ist. Tatsache ist, daß Christen, evangelische und katholische, die in Rußland gereist sind oder dort längere Zeit zu tun gehabt haben, Christengemeinden begegnet sind, die kompromißlos aus dem Glauben leben und sich in ihren Entscheidungen unabhängig wissen von denen, die in Rußland als kirchliche Funktionäre anerkannt sind. Es gibt sie sowohl unter den Orthodoxen wie auch unter den in Rußland verhältnismäßig zahlreich vertretenen Baptisten, sicher auch unter den Katholiken. Sie sind es, bei denen sich der aus dem Westen kommende Christ, wenn er das Glück hat, mit ihnen in Berührung zu kommen, wirklich zu Hause fühlt. Daß es diese Gemeinden überhaupt gibt, daß es sie noch und wieder gibt, erscheint dem, der die russischen Verhältnisse zu kennen glaubt, allerdings als ein Wunder... Wir sollten heute mit unseren Äußerungen sehr vorsichtig sein und alles vermeiden, wodurch sich gläubige Christen, wenn sie es erfahren, auf ihrem schweren Weg im Stich gelassen fühlen müssen...

Religion vor Gericht

Frage des Richters: "Was lehrten Sie die Kinder?"
Sdebskis: "Das Begreifen der Heiligen Messe."

R.: "Welche Literatur benutzten Sie?"
S.: "Alte Katechismen, Gebetsbücher."
R.: "Hatte man Ihnen gesagt, daß dies zu lehren nicht gestattet ist?"
S.: "Gesagt ja, es gab aber kein schriftliches Verbot. Die Kirche ist vom Staat getrennt, aber ich denke, daß die Eltern das Recht haben auf religiöse Erziehung ihrer Kinder. In der Schule haben wir nicht unterrichtet, es wurde kein Zwang ausgeübt. Weswegen klagen Sie mich also an?"
R.: "Haben Sie den Kindern verkündet, daß man mit Andersgläubigen keine Ehe eingehen darf?"
S.: "Ein solches kirchliches Gesetz gibt es nicht. Es wäre ein Verbrechen, wenn ein Geistlicher gegen die Gesetze der Kirche gepredigt hätte."
R.: "Lehrten Sie die Kinder, sich gegen die Staatsgesetze aufzulehnen?"
S.: "Ich lehrte sie, gehorsam zu sein."
R.: "Standen Sie schon einmal wegen eines solchen Unterrichtens vor Gericht?"
S.: "Ja, aber als festgestellt wurde, daß der Unterricht auf freiwilliger Basis bestand, hat man mich rehabilitiert. Warum und weswegen klagen Sie mich heute an?"

Als Zeugen wurden ungefähr zehn Kinder im Alter von zehn bis elf Jahren befragt. Auf Fragen "Was hat er dich gelehrt?" antworteten die Kinder: "Nicht zu stehlen, keine Fensterscheiben einzuschlagen." "Fragte er Gebete ab?" - "Ich erinnere mich nicht." Viele schwiegen nur und weinten.

Die Rede des "öffentlichen Anklägers" war nichts als Demagogie und Beleidigung. Der Staatsanwalt verkündete: "Alles was notwendig ist, wird in der Schule beigebracht; es ist also überflüssig, auch noch in der Kirche das zu tun. Wir werden nicht zulassen, daß unsere Kinder anders als in der Schule unterrichtet werden." Er verlangte die Bestrafung: Ein Jahr ITL (Besserungsarbeitslager). Das Urteil entsprach dem Antrag des Staatsanwalts.

(Die Passagen entstammen dem Protokoll eines litauischen Gerichts, das den Priester Sdebskis verurteilte).

<u>Christen in Südkorea</u> <u>Anlage 2</u>

Der in ganz Korea bekannte junge katholische Dichter Kim Chi-Ha hatte Anfang 1972 in der katholischen Zeitschrift "Schöpfung" ein Gedicht veröffentlicht mit dem Titel "Anbetung eines Revolvers". Einige Wochen später stöberte ihn die Geheimpolizei bei Freunden, die ihn zu verstecken suchten, auf und nahm ihn wieder einmal in Haft. Inzwischen ist er mit dem Urteil "lebenslänglich" belegt worden und befindet sich in strengster Einzelhaft. Viele fürchten für sein gesundheitlich sowieso schon angeschlagenes Leben. Das Gedicht "Anbetung eines Revolvers" schildert einen König, der - merkwürdig genug - mit einem Schlangenei krank geworden war. Ein Schamanenpriester wurde geholt, um ihn zu heilen. Dieser verschrieb dem König, daß er für seine Heilung die Lebern von 30 Millionen Menschen essen müsse. Es wurde dem König gesagt, daß die besten Lebern bei den Kommunisten zu finden seien. Aber da diese kürzlich erst alle verschlungen worden wären, sei es schwer, an sie heranzukommen. Die zweitbesten Lebern seien die der Christen. Der König verfügte gleich darauf, daß die bekanntesten Christen sich in einer kleinen Kirche versammeln sollten. Er versuchte sie in einer Rede zu verpflichten, ihm zum Dank für seine große Gnade ihre Lebern zu geben. Als ihm hier und dort widersprochen wurde, holte er nervös seinen Revolver aus der Tasche und bedrohte damit die versammelten Christen. Aber er erntete nur Gelächter. Wütend versuchte er mit seinem Revolver weitere Einschüchterungsversuche, doch ohne Erfolg. Da entdeckte der König ein kleines Kruzifix in der Kirche und meinte herausgefunden zu haben, woher die Christen ihre Furchtlosigkeit nahmen. Er verfluchte Jesus als das in der Welt Verhaßteste und fuhr fort: "Die Menschen sollten nicht an Jesus, sondern an den Revolver glauben." Dann schoß er dem Christus in die Brust, und Blut floß in einem endlosen Strom in die Kirche. Wild herumschießend befahl der König, die Christen einzusperren, verbot in einem Gesetz jeglichen Bericht darüber und ließ Truppen und Waffen aller Art herbeischaffen, um das Kruzifix zu vernichten. Aber das Inferno der Geschosse konnte der Jesus-Statue nichts anhaben, sondern bereitete den Truppen ihren eigenen Untergang.

Kim Chi-Has Gedicht redet davon, daß Macht und Gewalt keine Zukunft haben, sondern die Selbstzerstörung bewirken. Es bezeugt, ja bekennt, daß sich die Christen der Herrschaft ihres gekreuzigten Herrn beugen wollen, nicht aber der Willkür und den maßlosen Ansprüchen eines machthungrigen Despoten...

Die Konfrontation von Staat und Kirche

Die offizielle Haltung der Regierung in ihrem Verhältnis zu den Religionsgemeinschaften findet ihren Ausdruck in Artikel 16 der Yushin-Verfassung, wo es heißt: "Alle Bürger sollen sich der Religionsfreiheit erfreuen." Im selben Artikel heißt es aber auch: "Religion und Politik sollen getrennt sein." Mit dieser Maßgabe ist der Konflikt bereits angelegt, weil sie verschiedene Interpretationen zuläßt. Dahinter steht ein ganz bestimmtes Verständnis von Religion, wie es dann auch im Laufe der Auseinandersetzung an den Tag kam. Gemeint ist nicht die Trennung von Kirche und Staat in gegenseitiger Anerkennung und um einer fruchtbaren Spannung willen, sondern die politische Enthaltsamkeit der Kirchen und Religionsgemeinschaften, ihre Nichteinmischung in staatliche Belange.

Bei einem Gebetsgottesdienst, den eine Gruppe christlicher Unternehmer am 9.11.1974 für den Ministerpräsidenten Kim Jong-Pil veranstaltete, ließ dieser in einer Rede verlauten, daß gegen die Regierung gerichtete Aktivitäten von Christen sich heute "jenseits des gebührenden Bereichs und der Rolle von Christen" bewegten. Die Vereinigung koreanischer Christen zum Schutze der Demokratie reagierte darauf deutlich in einer Erklärung vom 14.11.1974: "Trennung bedeutet eine verantwortliche Beziehung, die Kritik und Beratung auf der Grundlage der Gleichheit einschließt. Wenn Trennung bedeuten soll, daß es kein Betroffensein und keine Verantwortlichkeit im Verhältnis zwischen Staat und Kirche gibt, dann wird das die Beziehungen durcheinander bringen. Die heutige Christenheit weist völlige Jenseitigkeit und Flucht aus der Welt zurück. Sie hat ihren Auftrag in dieser Welt."

Einen Höhepunkt in der Auseinandersetzung mit dem Staat bildete die Frage der Auslegung von Römer 13. In der bereits genannten Rede des Ministerpräsidenten unternahm dieser den Versuch, das Yushin-System als von Gott kommend zu legitimieren. Er forderte ferner unter Zitierung der Bibel (Römer 13), daß man den Autoritäten blind zu gehorchen habe. Demgegenüber heißt es in der Theologischen Erklärung vom 18.11.1974, daß Römer 13 erst die Grenzen politischer Macht aufzeigt, um dann von Gehorsam ihr gegenüber zu reden. "Jene Macht, die das Leben und die Freiheit antastet, stellt sich gegen den Willen Gottes. Absolutes Recht gehört allein Gott zu." Dies wird ausgeführt unter Hinweis auf die 10 Gebote, auf das Kreuz als "Symbol des von der verabsolutierten Macht verursachten Leidens" und auf die als schreckliches Tier bezeichnete Macht in Offenbarung 13.

Dem Staat, so wird auch in einer Erwiderung des Nationalen Kirchenrats in Korea (KNCC) auf die Äußerungen des Ministerpräsidenten deutlich gemacht, kann im Rahmen der absoluten Autorität Gottes nur eine bedingte Autorität zugesprochen werden. Die Funktion der Christen "als Zeugen des Wortes Gottes" ist es, die eingesetzte Macht, wenn sie ihre Grenzen überschreitet, zu kritisieren und in ihre Schranken zu weisen...

Macht des Gebets, prophetische Zeichen und Kirche des Volkes

Eine nicht geringe Rolle in dem Einsatz der Christen für die Menschenrechte haben die jeden Donnerstag stattfindenden Gebetsgottesdienste gespielt. Viele Christen aus verschiedenen Denominationen kamen regelmäßig zusammen, um sich miteinander für den gemeinsam aufgetragenen Kampf zu stärken und auszurichten. Die Geheimpolizei wurde rasch darauf aufmerksam, schlich sich in die Versammlungen ein, schrieb Predigten mit und übte mehr und mehr Druck auf die Teilnehmer aus. Dann wurden die Gebetsgottesdienste behindert und schließlich im Frühjahr 1975 verboten. Doch auch heute noch wird das Donnerstagsgebet in einzelnen Familien und Gruppen fortgeführt...

Als die Notverordnungen jegliche offene Kritik gegenüber dem Regime zu einem schwer strafbaren Vergehen machten, bildeten sich zeichenhafte Handlungen, denen der Propheten vergleichbar, heraus. Im Herbst 1973 ließen sich die Professoren der Hankuk Theologischen Hochschule die Kopf- und Barthaare scheren, um ihrer Trauer und ihrem Protest Ausdruck zu verleihen. Die Studenten, aber auch der Dichter Kim Chi-Ha folgten ihrem Beispiel. Dieses Zeichen wurde zum Ärger der Regierung im ganzen Land verstanden. Ein andermal wuschen die Professoren die Hände ihrer Studenten. Anfang Mai 1974 feierte die Hochschule ein "Fest der Narren" mit Theater, Vorträgen und Spielen. Sofort waren die Agenten der Geheimpolizei auf dem Plan, um herauszufinden, wer denn mit den Narren gemeint sei.

Eine "Theologie des Volkes" kann nur aus einer Kirche des Volkes erwachsen... Ihre Kennzeichen sind die Bereitschaft, in der Nachfolge Jesu das Kreuz auf sich zu nehmen, der Wille zur Identifikation mit den Nöten der Umwelt, engagierte Gemeinschaft und in all dem das Bemühen, in Wort und Tat glaubwürdig Christus zu repräsentieren.

"Die Kirche als der Leib Christi muß die Mächtigen und Reichen ermahnen, daß ihre Macht und ihr Reichtum an die Armen und Schwachen verteilt wird. Sie ist dafür verantwortlich, an der Seite der Armen zu stehen und für ihre Befreiung zu kämpfen, so daß sie das wahre Bild Gottes wiedererlangen. Dies kann die Kirche nur, wenn sie unter den Armen lebt und arbeitet."

aus: Gerhard Fritz, in: Ev. Mission 1976, Verlag Deutsche Evang. Missionshilfe, S. 77 ff. (stark gekürzt)

Grundsätze der nationalsozialistischen Weltanschauung

Anlage 3

Wir fordern die Freiheit aller religiösen Bekenntnisse im Staat, soweit sie nicht dessen Bestand gefährden oder gegen das Sittlichkeits- und Moralgefühl der germanischen Rasse verstoßen.
Die Partei als solche vertritt den Standpunkt eines positiven Christentums, ohne sich konfessionell an ein bestimmtes Bekenntnis zu binden. Sie bekämpft den jüdisch-materialistischen Geist *in* und *außer* uns und ist überzeugt, daß eine dauernde Genesung unseres Volkes nur erfolgen kann von *innen* heraus auf der Grundlage: *Gemeinnutz vor Eigennutz.*

(Parteiprogramm der NSDAP: Punkt 24)

Weltanschauungen proklamieren ihre Unfehlbarkeit.

(Hitler)

Alle großen Fragen der Zeit sind Fragen des Augenblicks und stellen nur Folgeerscheinungen bestimmter Ursachen dar. Ursächliche Bedeutung besitzt aber unter ihnen allen nur eine, die Frage der rassischen Erhaltung des Volkstums. Im Blute allein liegt sowohl die Kraft als auch die Schwäche des Menschen begründet.
Völker, die auf die Erhaltung ihrer rassischen Reinheit verzichten, leisten damit auch Verzicht auf die Einheit ihrer Seele in all ihren Äußerungen. Die Zerrissenheit ihres Wesens ist die naturnotwendige Folge der Zerrissenheit ihres Blutes, und die Veränderung ihrer geistigen und schöpferischen Kraft ist nur die Wirkung der Änderung ihrer rassischen Grundlagen. Wer das deutsche Volk von seinen ihm ursprünglich wesensfremden Äußerungen und Untugenden von heute befreien will, wird es erst erlösen müssen vom fremden Erreger dieser Äußerungen und Untugenden.
Ohne klarste Erkenntnis des Rasseproblems, und damit der Judenfrage, wird ein Wiederaufstieg der deutschen Nation nicht mehr erfolgen. Die Rassefrage gibt nicht nur den Schlüssel zur Weltgeschichte, sondern auch zur menschlichen Kultur überhaupt.

(Hitler, Mein Kampf, S. 372)

... daß die Sünden der Väter sich rächen bis in das zehnte Glied – eine Wahrheit, die nur von Freveln am Blute und an der Rasse gilt.
Die Sünde wider Blut und Rasse ist die Erbsünde dieser Welt und das Ende einer sich ihr ergebenden Menschheit.

(Hitler, ebenda S. 272)

Was wir heute an *menschlicher Kultur, an Ergebnissen von Kunst, Wissenschaft und Technik* vor uns sehen, ist nahezu ausschließlich schöpferisches *Produkt des Ariers.*
Der Mensch, der die Rassengesetze verkennt und mißachtet, bringt sich wirklich um das Glück, das ihm bestimmt erscheint. Er verhindert den Siegeszug der besten Rasse und damit aber auch die Vorbedingung zu allem menschlichen Fortschritt. Er begibt sich in der Folge, belastet mit der Empfindlichkeit des Menschen, ins Bereich des hilflosen Tieres.

(Hitler, ebenda S. 317)

Nein, es gibt *nur ein heiligstes Menschenrecht,* und dieses Recht ist zugleich die heiligste Verpflichtung, nämlich: dafür zu sorgen, daß das Blut rein erhalten bleibt, um durch die Bewahrung des besten Menschentums die Möglichkeit einer edleren Entwicklung dieser Wesen zu geben.

(Hitler, ebenda S. 444)

Somit ist der höchste Zweck des völkischen Staates die Sorge um die Erhaltung derjenigen rassischen Urelemente, die, als kulturspendend, die Schönheit und Würde eines höheren Menschentums schaffen. Der völkische Staat *hat die Rasse in den Mittelpunkt des allgemeinen Lebens zu setzen.* Er hat für ihre Reinerhaltung zu sorgen. Er hat das Kind zum kostbarsten Gut eines Volkes zu erklären. Er muß dafür Sorge tragen, daß nur wer gesund ist, Kinder zeugt; daß es nur *eine* Schande gibt: bei eigener Krankheit und eigenen Mängeln dennoch Kinder in die Welt zu setzen, doch eine höchste Ehre: darauf zu verzichten. Umgekehrt aber muß es als verwerflich gelten: gesunde Kinder der Nation vorzuenthalten. Der Staat muß dabei als Wahrer einer tausendjährigen Zukunft auftreten, der gegenüber der Wunsch und die Eigensucht des einzelnen als nichts erscheinen und sich zu beugen haben.

(Hitler, Mein Kampf, S. 434)

Die Rassenideologie wird durch Vergötzung von Volk und Reich ergänzt: Als Hitler Reichskanzler geworden war, legte er am 10. 2. 1933 auf einer Großkundgebung der NSDAP im Sportpalast Berlin folgendes Glaubensbekenntnis ab:

„Denn ich kann mich nicht lossagen von dem Glauben an mein Volk, kann mich nicht lossagen von der Überzeugung, daß diese Nation wieder einst auferstehen wird, kann mich nicht entfernen von der Liebe zu diesem meinem Volk und hege felsenfest die Überzeugung, daß eben doch dann einmal die Stunde kommt, in der die Millionen, die uns heute verfluchen, hinter uns stehen und mit uns begrüßen werden dann das gemeinsam geschaffene, mühsam erkämpfte, bitter erworbene neue deutsche Reich der Größe und der Ehre und der Kraft und der Herrlichkeit und der Gerechtigkeit, Amen!"

Zusammengestellt von E.F. Mono, J. Reidt und O. Vogel, Weinheim

Der "Fall Dehn" Anlage 4

Günther Dehn war einer der Professoren, die schon bald ihr Amt verloren. Schon vor der Machtergreifung war Dehn im Mittelpunkt erbitterter Auseinandersetzungen gestanden, bekannt geworden als "Fall Dehn". In einem Vortrag zum Thema "Kirche und Völkerversöhnung" hatte Pfarrer Dehn am 6.11.1928 u.a. folgendes gesagt:

"Es ist allgemein üblich, daß von der Kirche der Tod fürs Vaterland unter den Gesichtspunkt des reinen Opfertodes gestellt wird, unter das Bibelwort: 'Niemand hat größere Liebe, denn die, daß er sein Leben läßt für seine Freunde' (Joh 15,13). Wir wollen ganz gewiß diesem Tod seine Würde und auch seine Größe lassen, aber ebenso gewiß wollen wir auch die Wahrheit sagen. Es wird bei dieser Darstellung außer acht gelassen, daß der, der getötet wurde, eben auch selber hat töten wollen. Damit wird die Parallelisierung mit dem christlichen Opfertod zu einer Unmöglichkeit." Weiter gab Dehn zu bedenken, ob es denn richtig sei, in den Kirchen den Gefallenen Denkmäler zu errichten und dies nicht vielmehr der bürgerlichen Gemeinde zu überlassen.

Ein Sturm der Entrüstung entstand daraufhin in der Öffentlichkeit. Als Dehn später Professor in Halle wurde, wurden die Auseinandersetzungen um seine Person so schlimm, daß er am Ende des Sommersemesters 1932 "gerne" einen ihm angebotenen zweisemestrigen Studienurlaub in England antrat. Mit dem Anbruch des Dritten Reichs verlor Dehn sofort sein Amt: "Daß ich sofort mein Amt verlor - ich las die Nachricht in einer Londoner Teestube - erschütterte mich nicht besonders. Damit hatte ich gerechnet." Bei einer der Anfang 1933 in vielen Städten vorgenommenen Bücherverbrennungen wurden in Halle auch Dehns Bücher verbrannt. "In Halle" - so schreibt G. Dehn - "ist also der 'Der Gottessohn' (so heißt meine Erklärung des Markus-Evangeliums) nicht gekreuzigt, sondern verbrannt worden."

Brief von Landesbischof D. Wurm an Hitler und die Reichsregierung am 16. Juli 1943 Anlage 5

In den letzten Jahren und noch bis in die jüngste Zeit hinein haben Männer der Kirche mehrfach versucht, mit der Führung des Reichs oder mit einzelnen maßgebenden Persönlichkeiten in hohen Staats- oder Parteiämtern Fühlung zu gewinnen, um wichtige Anliegen der christlichen Volkskreise zu Gehör zu bringen. Ihre schriftlichen Vorlagen haben keine Antwort gefunden, ihre Bemühungen um persönliche Aussprache keinen Erfolg gehabt. Es läge nahe, nun zu schweigen und jede Mitverantwortung für alles weitere Geschehen abzulehnen. Denn eine Mitverantwortung trägt auch bei der heutigen Staatsform jeder Christ, weil ihm aufgetragen ist, für das Gute einzutreten und gegen das Böse zu zeugen. Die Liebe zu meinem Volk, dessen Geschicke ich als 75jähriger seit vielen Jahrzehnten mit innerster Anteilnahme verfolge und für das ich im engsten Familienkreis schwere Opfer gebracht habe*, drängt mich aber dazu, es noch einmal mit einem offenen Wort zu versuchen.

Unter den vielen Männern und Frauen, die in diesem Krieg für Deutschland starben, sind ungezählte Christen. Unter denen, die weiter in schweigender Hingabe den Kampf für das Vaterland führen und die Opfer tragen, sind ebenfalls unzählige Christen. Für die lebenden wie für die gefallenen evangelischen Christen Deutschlands wende ich mich als ältester evangelischer Bischof, des Einverständnisses weiter Kreise in der evangelischen Kirche gewiß, an den Führer und die Regierung des Deutschen Reiches.

Im Namen Gottes und um des deutschen Volkes willen, sprechen wir die dringende Bitte aus, die verantwortliche Führung des Reiches wolle der Verfolgung und Vernichtung wehren, der viele Männer und Frauen im deutschen Machtbereich ohne gerichtliches Urteil unterworfen werden. Nachdem die dem deutschen Zugriff unterliegenden Nichtarier in größtem Umfang beseitigt worden sind, muß auf Grund von Einzelvorgängen befürchtet werden, daß nunmehr auch die bisher noch verschont gebliebenen sogenannten privilegierten Nichtarier erneut in Gefahr sind, in gleicher Weise behandelt zu werden. Insbesondere erheben wir eindringlich Widerspruch gegen solche Maßnahmen, die die eheliche Gemeinschaft in rechtlich unantastbaren Familien und die aus diesen Ehen hervorgegangenen Kinder bedrohen. Diese Absichten stehen, ebenso wie die gegen die anderen Nichtarier ergriffenen Vernichtungsmaßnahmen, im schärfsten Widerspruch zu dem Gebot Gottes und verletzen das Fundament alles abendländischen Denkens und Lebens: Das gottgegebene Urrecht menschlichen Daseins und menschlicher Würde überhaupt.

In der Berufung auf dieses göttliche Urrecht des Menschen schlechthin erheben wir feierlich die Stimme auch gegen zahlreiche Maßnahmen in den besetzten Gebieten. Vorgänge, die in der Heimat bekannt geworden sind und viel besprochen werden, belasten das Gewissen und die Kraft unzähliger Männer und Frauen im deutschen Volk auf das schwerste; sie leiden unter manchen Maßnahmen mehr als unter den Opfern, die sie jeden Tag bringen. Die deutsche evangelische Christenheit muß das dringende Verlangen stellen, daß den der Macht des Reiches unterworfenen Nationen und Konfessionen die volle Freiheit

*Ein Sohn und ein Schwiegersohn Wurms fielen bei den Kämpfen in Rußland im Herbst 1942

der Religionsausübung und eine den Grundsätzen des Rechts und der Gerechtigkeit entsprechende Behandlung ohne Ansehen der Nation oder der Konfession gewährleistet werde. Die evangelische Christenheit weiß sich dabei in christlicher Solidarität mit all denen, die durch unverständliche Anordnungen selbst im tiefsten Elend noch daran gehindert werden, in der Gemeinschaft ihres Glaubens Trost zu suchen. Wir verkennen nicht die harten Notwendigkeiten des Krieges. Wir sind aber der Überzeugung, daß Willkürmaßnahmen gegen Leben, Eigentum und Glaubensfreiheit, die von Parteiinstanzen und staatlichen Stellen unter Berufung auf solche Notwendigkeiten durchgeführt worden sind, unendlich mehr geschadet haben als etwaiger Mißbrauch von Gerechtigkeit und Milde.

Die deutsche Christenheit hat bis heute den Angriffen auf den christlichen Glauben und die Freiheit seiner Betätigung widerstanden. Sie beklagt aber auf das tiefste die vielfache Unterdrückung der Glaubens- und Gewissensfreiheit, die fortgehende Zurückdrängung des elterlichen und christlichen Einflusses in der Jugenderziehung, die Festhaltung von durchaus ehrenhaften Persönlichkeiten in Konzentrationslagern, die Erschütterung der Rechtspflege und die sich daraus entwickelnde allgemeine Rechtsunsicherheit überhaupt.

Indem wir dies im Namen unzähliger evangelischer Christen aussprechen, begehren wir nichts für uns selbst. Die deutsche evangelische Christenheit trägt alle Opfer mit. Sie will keine Sonderrechte und keine Bevorzugung. Sie strebt nicht nach Macht und begehrt keine Gewalt. Aber nichts und niemand in der Welt soll uns hindern, Christen zu sein und als Christen einzutreten für das, was recht ist vor Gott. Darum bitten wir in ganzem Ernst, daß die Führung des Reiches diesem Begehren Gehör schenken möge eingedenk ihrer hohen Verantwortung für Leben und Zukunft des deutschen Volkes.

gez. D. Wurm

aus: Gerhard Schäfer (Hrsg.): Landesbischof D. Wurm und der nationalsozialistische Staat 1940-1945. Stuttgart 1968, S.305-307 (Calwer Verlag)

<u>Mein Weg ins Konzentrationslager</u> <u>Anlage 6</u>

Ich bin nicht besonders fromm; ich versuche nur, dem Wort Gottes von Fall zu Fall gehorsam zu sein.

Mit etwa 18 Jahren gewann ich, nach vorheriger landesüblicher christlicher Erziehung in sehr einfachen Verhältnissen, ein gewisses positives Verhältnis und Verständnis zum christlichen Glauben und zu der christlichen Kirche. Dieses Verständnis wuchs in den Jahren des Kirchenkampfes, entscheidend beeinflußt durch das Studium von Karl Barth's Schriften wie

"Theologische Existenz heute" und besonders dem Schriftchen "Lutherfeier 1933", in dem ich die menschliche Existenz, und so auch meine, vor Gott erkannt sah, und von den Predigten des damaligen Pfarrverwesers in Korb, Helmut Goes. Es war natürlich, daß ich mich an den Kundgebungen der BK in der Öffentlichkeit beteiligte, am kirchlichen Leben wie Kindergottesdienst, Jugendverein, Männerabend usw. aktiv teilnahm und dadurch zwangsläufig das Mißfallen der damaligen "Herren dieser Welt" erregte, zumal ich 1935 aus der HJ, der ich kurze Zeit angehörte, wegen meiner christlichen Haltung ausgeschlossen wurde. Ich bewegte mich damals auf der Linie des äußersten Widerstandes gegen den Nationalsozialismus seitens der christlichen Kirche; ich erinnere mich noch, wie ich einigen Bekenntnispfarrern vorschlug, in öffentlicher Abkündigung gegen das HJ-Gesetz Stellung zu nehmen und den christlichen Eltern zu gebieten, diesem Gesetz keine Folge zu leisten. Leider wurde es zugunsten des falsch verstandenen Begriffs des Untertanseins nach Römer 13 versäumt, an dieser Sache den latenten Gegensatz Kirche - Staat sichtbar und erkennbar aufzuzeigen. Es mag eben die Angst vor den Folgen - wie über die ganzen Jahre - doch stärker gewesen sein, trotz des ausdrücklichen Gebotes Jesu Christi.

Den Anlaß zu meiner Verhaftung im Februar 1938 bot eine Auseinandersetzung mit dem damaligen Bürgermeister von Korb über die kirchliche Lage, in der ich mein Herz in aller Offenheit klarlegte und dabei die Partei in ihrem Kampf gegen die Kirche der Hinterlist und Feigheit bezichtigte, den Anspruch der Partei über den Anspruch des christlichen Glaubens kategorisch ablehnte und dabei zum Ausdruck brachte, daß ich den Nationalsozialismus "bis aufs Messer" bekämpfen werde. Es soll damit nicht gesagt sein, daß ich mit meinen 22 Jahren das Wesen des Nationalsozialismus genau erkannt hatte, ich lehnte ihn deshalb so bestimmt ab, weil er in allen seinen Reden und Handlungen mit dem Worte Gottes in krassem Widerspruch stand, dem ich gehorsam zu sein versuchte.

Bis Oktober 1938 war ich im Schutzhaftlager Welzheim, das sich bis dahin mit Schikanen und Demütigungen gegenüber den Häftlingen noch begnügte und noch nicht das Prädikat "Vernichtungslager" für sich in Anspruch nehmen konnte. Juli 1938 hatte ich zwecks evtl. Entlassung eine Erklärung über meine politische Einstellung abzugeben, die ich dahingehend interpretierte, daß ich in meinen Handlungen gegenüber dem Staat an den christlichen Glauben gebunden sei, wie dieser im Glaubensbekenntnis und in den zehn Geboten seinen Ausdruck finde. Die Gestapo, die natürlich darin meine gegensätzliche Stellung sofort erkannte, ließ mich hierauf Oktober/November 1938 mit einer entsprechenden Begleitverfügung in das Konzentrationslager Weimar/Buchenwald einweisen.

Hinsichtlich meines Weges im Lager Buchenwald möchte ich mich auf einige Sätze beschränken. Arbeitsmäßig hatte ich nur für das erste Halbjahr schwerere Bedingungen zu überstehen; in den letzten 3 1/2 Jahren war ich im Häftlingsrevier beim Lagerarzt, einem der besten Arbeitskommandos, beschäftigt.

Diese Beschäftigung hatte ich der Freundschaft mehrerer württembergischer Kommunisten, guter Kameraden, zu verdanken, weshalb ich nicht so rasch in eine Verurteilung der Kommunisten einstimmen kann, wie diese öfters bei Christen - entgegen dem 8. Gebot - erfolgt. Hätte auch nur ein kleiner Teil der christlichen Deutschen den Mut der Kommunisten besessen, die ihre 10- bis 12jährige Haft mit bewundernswerter Ruhe und Gelassenheit trugen, dann wäre uns nach menschlicher Voraussicht das Gericht, das über uns heute ergeht, erspart geblieben. Es war für mich immer demütigend, von den Kommunisten den Vorwurf zu hören, warum die Christen in Deutschland kein Herz für die Entrechteten und das Unrecht hätten. Die größte Anfechtung im Lager war für mich, dem alle Vorstellung übersteigenden Unrecht, das die dortigen Menschen getroffen hat, wort- und tatenlos gegenüber zu stehen bzw. zwangsläufig mitzumachen, um dadurch selbst an diesen Menschen schuldig zu werden. Es gibt meines Wissens in Deutschland nur einen Menschen, der dieser Schuld nicht teilhaftig wurde. Dies war Pfarrer Paul Schneider aus Dickenschied, der sich in Wort und Tat auch gegen das Unrecht im Lager wandte und deswegen zu Tode gemartert wurde. Ich kann mich deshalb keinesfalls meiner Lagerhaftzeit rühmen, sondern nur ihrer schämen.

Am 9. November 1943 wurde ich in Buchenwald entlassen; die Gründe hierfür sind mir nicht bekanntgeworden. Die relative Freiheit, die ich dann bis zum Zusammenbruch 1945 genoß, war keinesfalls ungetrübt, da ich einerseits einem durch das Kriegsgeschehen völlig in den Bann geschlagenen Volk gegenüberstand, andererseits mit einem Wissen von ungeheurem Unrecht belastet war, einer Last, von der ich dann mit dem Zusammenbruch befreit wurde.

Rückschauend und zusammenfassend darf ich sagen, daß ich bis heute einen von Gottes Güte und den Gebeten vieler guter Christen getragenen Weg, wunderbarlich vor meinen Augen, geführt wurde, dessen ich mich freue und nicht gereue. Möchte es uns auch fernerhin geschenkt werden, dem Worte Gottes gehorsam zu sein.

Alfred Leikam

aus: G. Harder und W. Niemöller (Hrsg.): Die Stunde der Versuchung. Gemeinden im Kirchenkampf 1933-1945. Selbstzeugnisse, München 1963 (Kaiser)

Das Darmstädter Wort von 1947 Anlage 7

Der Bruderrat der Bekennenden Kirche hat 1947 in Darmstadt erklärt:

1. Uns ist das Wort von der Versöhnung der Welt mit Gott in Christus gesagt. Dies Wort sollen wir hören, annehmen, tun und ausrichten. Dies Wort wird nicht gehört, nicht angenommen, nicht getan und nicht ausgerichtet, wenn wir uns nicht freisprechen lassen von unserer gesamten Schuld, von der Schuld der Väter wie von unserer eignen, und wenn wir uns nicht durch Jesus Christus, den guten Hirten, heimrufen lassen auch von allen falschen und bösen Wegen, auf welchen wir als Deutsche in unserem politischen Wollen und Handeln in die Irre gegangen sind.

2. Wir sind in die Irre gegangen, als wir begannen, den Traum einer besonderen deutschen Sendung zu träumen, als ob am deutschen Wesen die Welt genesen könne. Dadurch haben wir dem schrankenlosen Gebrauch der politischen Macht den Weg bereitet und unsere Nation auf den Thron Gottes gesetzt. - Es war verhängnisvoll, daß wir begannen, unseren Staat nach innen allein auf eine starke Regierung, nach außen allein auf militärische Machtentfaltung zu begründen. Damit haben wir unsere Berufung verleugnet, mit den uns Deutschen verliehenen Gaben mitzuarbeiten im Dienst an den gemeinsamen Aufgaben der Völker.

3. Wir sind in die Irre gegangen, als wir begannen, eine "christliche Front" aufzurichten gegenüber notwendig gewordenen Neuordnungen im gesellschaftlichen Leben der Menschen. Das Bündnis der Kirche mit den das Alte und Herkömmliche konservierenden Mächten hat sich schwer an uns gerächt. Wir haben die christliche Freiheit verraten, die uns erlaubt und gebietet, Lebensformen abzuändern, wo das Zusammenleben der Menschen solche Wandlung erfordert. Wir haben das Recht zur Revolution verneint, aber die Entwicklung zur absoluten Diktatur geduldet und gutgeheißen.

4. Wir sind in die Irre gegangen, als wir meinten, eine Front der Guten gegen die Bösen, des Lichts gegen die Finsternis, der Gerechten gegen die Ungerechten im politischen Leben und mit politischen Mitteln bilden zu müssen. Damit haben wir das freie Angebot der Gnade Gottes an alle durch eine politische, soziale und weltanschauliche Frontenbildung verfälscht und die Welt ihrer Selbstrechtfertigung überlassen.

5. Wir sind in die Irre gegangen, als wir übersahen, daß der ökonomische Materialismus der marxistischen Lehre der Kirche an den Auftrag und die Verheißung der Gemeinde für das Leben und Zusammenleben der Menschen im Diesseits hätte gemahnen müssen. Wir haben es unterlassen, die Sache der Armen und Entrechteten gemäß dem Evangelium von Gottes kommendem Reich zur Sache der Christenheit zu machen.

6. Indem wir das erkennen und bekennen, wissen wir uns als Gemeinde Jesu Christi freigesprochen zu einem neuen besseren Dienst zur Ehre Gottes und zum ewigen zeitlichen Heil der Menschen. Nicht die Parole: Christentum und abendländische Kultur, sondern Umkehr zu Gott und Hinkehr zum Nächsten in der Kraft des Todes und der Auferstehung Jesu Christi ist das, was unserem Volk und inmitten unseres Volkes vor allem uns Christen selbst nottut.

7. Wir haben es bezeugt und bezeugen es heute aufs neue: "Durch Jesus Christus widerfährt uns frohe Befreiung aus den gottlosen Bindungen dieser Welt zu freiem, dankbarem Dienst an seinen Geschöpfen. Darum bitten wir inständig: Laßt die Verzweiflung nicht über euch Herr werden, denn Christus ist der Herr. Gebt aller glaubenslosen Gleichgültigkeit den Abschied, laßt euch nicht verführen durch Träume von einer besseren Vergangenheit oder durch Spekulationen um einen kommenden Krieg, sondern werdet euch in dieser Freiheit und in großer Nüchternheit der Verantwortung bewußt, die alle und jeder einzelne von uns für den Aufbau eines besseren deutschen Staatswesens tragen, das dem Recht, der Wohlfahrt und dem inneren Frieden und der Versöhnung der Völker dient."

<u>AV-Medien</u> <u>Anlage 8</u>

Tondiaserie: Martin Niemöller

83 Dias, 35 Min., s/w

Aus dem Inhalt: Lebensweg - Kirchenkampf im Dritten Reich - Stuttgarter Schulderklärung - Wiederaufrüstung Deutschlands - Militärseelsorgevertrag - Atomrüstung. Dokumentarphotos und Kommentar mit Auszügen aus Reden und Predigten Niemöllers; zu dem Thema in Auswahl, vor allem die beiden ersten Teile, einsetzbar.

Diaserien:

Dietrich Bonhoeffer

39 Dias, s/w

Fotos aus dem Familienalbum, aus der Zeit- und Kirchengeschichte sind zu einem lebendigen Lebensbild des Bekennenden Christen und Widerstandskämpfers zusammengefügt.

Ludwig Steil, 31 Dias, s/w und

Paul Schneider, 31 Dias, s/w

Beides Lebensbilder von Mitgliedern der Bekennenden Kirche, die auf lebensgeschichtlichem Hintergrund die Besonderheit der Verfolgung von Christen im Dritten Reich deutlich werden lassen.

Tonbänder:

Bahnhof Boronowski, 15 Min

Ein 18jähriger Kriegsfreiwilliger sieht auf einem russischen Nachschubbahnhof, wie Frauen und Kinder an einem großen Graben arbeiten. Beim Verpflegungsempfang erfährt er, daß es sich um deportierte deutsche Judenfrauen handelt. Als er dann auf dem Rückweg versucht, einer der Frauen ein Brot zuzuschieben, wird er von dem Wachmann der Zugwache gemeldet. Das kurze Erlebnis ändert seine Einstellung zum Krieg und zum Deutschland Hitlers von Grund auf.

Das Schicksal der Verfolgten, 30 Min

Die Ereignisse der Reichskristallnacht (s. UE II 8) bedeuten den offiziellen Anfang einer umfassenden Judenverfolgung in Deutschland, deren Ziel die sog. "Endlösung" war. Die Hörfolge beginnt bei der Reichskristallnacht und erzählt die Geschichte einer jüdischen Arztfamilie.

Wer die politischen Aktionen des Dritten Reiches dokumentieren möchte, teilweise mit Originalausschnitten aus den Reden der NS-Prominenz, wird auf das Tonband: Hitler an der Macht (Dokumentation des Dritten Reiches b)), 33 Min, hingewiesen.

MIT BILDERN UND AUDIO-VISUELLEN MEDIEN ARBEITEN

1. Was Bilder wirken

Bild/Wirklichkeit

Der eine erklärt dem anderen eine Begebenheit; aber obwohl er sich große Mühe gibt, versteht der andere die Sachlage nicht. "Ich kann mir das nicht vorstellen", antwortet er ratlos. "Dann will ich dir ein Bild machen", entgegnet der erstere und holt sich Papier und Bleistift. Anschaulichkeit wird vom Lehrer verlangt, und wenn einer gut erzählt, kann er "mit Worten malen". Als König David, um seine Verbindung zu Bathseba und deren Folgen zu vertuschen, seinen Gegenspieler Urija umbringen läßt, überführt ihn der Prophet Nathan mit einem Gleichnis; und ähnliches tut Jesus mit seinen Zeitgenossen.

Bilder bringen Gestaltung in das Chaos. Sie lassen die Ordnung in der Welt erkennen. Sie zeigen, was Welt wirklich ist. Bilder können Wirklichkeit repräsentieren. Das macht sie unverzichtbar. Das macht sie bedeutsam. Ohne sie gibt es keinen Bezug zur Wirklichkeit.

Götterbilder und Weltvorstellungen

Die Alten und zahlreiche urtümliche Religionen schreiben Bildern und vor allem Plastiken göttliche Mächtigkeit zu. In den Tempeln standen und stehen Götterbilder als Repräsentanzen göttlicher Macht. Gegen diese Mächtigkeiten wendet sich die Bibel, wenn sie das Bilderverbot aufstellt. Denn Verehrung gebührt allein Gott, dem Schöpfer, nicht anderen Mächten.

Es gibt religiös motivierte Haltungen, nach denen jede bildhafte Darstellung verboten ist, so beispielsweise im Islam. Aber bedeutet ein Verzicht auf die Realisation von Bildern auch den Verzicht auf jede Vorstellbarkeit? Kann überhaupt ein Mensch ohne Bilderwelt - und sei es auch nur in nichtmaterieller Gestalt - auskommen? Treten dann nicht anstelle äußerer innere Bilder auf?

Nach christlichem Bekenntnis ist die Welt entgöttert, dem Menschen in verantwortliche Verfügung gegeben. Um seinen Auftrag zu erfüllen, braucht der Mensch die Kraft der Vorstellung, d.h. bildhafter Anschauung und Gestaltung.

Erlebnis und Bild

Schon das Kleinkind baut seine Welt in Bildern auf. Es reagiert auf Gesichter, und es kann sie relativ früh unterscheiden. Die Umwelt wird wie ein Mosaik aus Wahrnehmungselementen (Bildern) zusammengewoben und zu einem Ganzen gebracht. Dabei wählt das Kind aus: Bedeutsames prägt sich schneller ein, das, wovon Zuwendung ausgeht oder womit sich spielen läßt. Das Gesicht von Mutter und Vater wird erinnert, auch wenn die Eltern nicht da sind. An die Stelle der äußeren tritt die innere Repräsentation: das Bild ersetzt die (vergängliche) Wirklichkeit. Ohne diesen Vorgang könnte kein Mensch lernen, d.h. seine Wirklichkeit entdecken oder gar verändern.

Dabei sind diese Bilder keineswegs bloße, gleichsam "photographische" Kopien der Originale. Jeder, der sich als Porträtmaler versucht hat, kennt die Erfahrung, wie sich das Modell im eigenen Blick verändert, wie man den anderen jetzt anders, differenzierter und pointierter wahrnimmt. Unser Interesse am andern bestimmt voraus, was wir wahrnehmen wollen bzw. müssen und was im Hintergrund bleiben kann. Das Bild, das wir erhalten, ist mit bedingt durch unseren Zugriff, und es verändert sich mit unserer Zielsetzung. Dieser Vorgang ist schon in der Kindheit erworben: das Kind assimiliert die Wirklichkeit an seine Bedürfnisse und Interessen; wo diese fehlen, wird auch Vorhandenes nicht wahrgenommen, d.h. "über"sehen.

Aber auch Gegenstände faszinieren: Sie enthalten eine eigene Macht, die uns gefangennimmt, so daß wir ihr nachgehen, sie mit den Augen verfolgen und dabei unsere Zielsetzung verlieren können. Ein Unfall etwa auf der Autobahn lenkt bekanntlich so viele ab, daß auf der Gegenfahrbahn Verkehrsstockungen auftreten. Ein analoger Vorgang spielt sich ebenfalls schon beim Kleinkind ab. Gegenstände, die farbkräftig oder beweglich sind, zwingen zu gleichsam willenlosem Verfolgen mit den Augen, und die Lust am Spiel treibt zum Wunsch nach Wiederholung. Das Bild, das im Kind entsteht, hat sich an den beobachteten Gegenstand akkommodiert.

Assimilation und Akkommodation sind grundlegende Vorgänge kindlicher Weltbemächtigung, und der Griff nach den Dingen und der Griff der Dinge nach uns bestimmen menschliches Verhalten lebenslang.

Wirklichkeit - Bild und Deutung

Aus alledem wird deutlich: es gibt keine ungedeutete Wirklichkeit. Sobald wir Bilder verinnerlichen, enthalten diese ein Stück weit uns selbst, d.h. unsere Fragen und Sinnbesetzungen.

Das gilt auch für den, der Bilder macht, den Maler oder den Photographen zum Beispiel. Was immer er als Objekt seiner Darstellung aussucht, er sieht es unter seinem Blickwinkel. Auch wo ihm dies selber verschlossen bleiben mag, spielen Einstellungen und Prägungen eine Rolle, die er in seiner biographischen Geschichte erworben hat. Dies ist selbst da der Fall, wo die Aufnahme- und Wiedergabeverfahren Objektivität zu gewährleisten scheinen, etwa in der Porträtphotographie. Aber ob ich hell und dunkel scharf trenne oder ineinander übergehen lasse, ob ich das Gesicht von der Seite oder von vorne, ob ich es auf einem Hintergrund aus der Natur oder in einem mit Bücherregalen übersäten Raum oder nur mit dunklem oder hellem Hintergrund ablichte, ich gebe damit ein Stück meiner Sicht des betroffenen Menschen preis. Das trifft in noch höherem Maß für künstlerische Malerei und Plastik zu.

Freilich mag genau diese Vielschichtigkeit eingegangener bewußter und unbewußter Motivationen und gestalterischer Ausdrucksformen die Offenheit der Interpretation durch den Betrachter ermöglichen. Er hat nun die Chance, seine eigenen Zugangsmöglichkeiten ins Spiel zu bringen. Dabei ist durchaus nicht gewährleistet, daß das zentrale Motiv des Malers nun auch das des Betrachters wäre - im Gegenteil! Der Regelfall dürfte sein, daß der Betrachter anderes entdeckt und gerade dadurch einen Zugang gewinnt.

Vergleicht man Bildinterpretationen mit wissenschaftlicher Auslegung, so fällt die spielerische Breite ins Auge, die zugleich als Gewinn und Problem empfunden werden mag. Denn in der Tat gibt es wohl nur selten eine Deutung, die zurückgewiesen werden könnte - etwa dann, wenn ihr jede innere Schlüssigkeit fehlt. Ansonsten sind der Intuition keine Schranken zu setzen.

Bild und Erziehung

Das bedeutet allerdings nicht, daß jedermann zu jeder Art von Bildern Zugang hätte. Was sich uns erschließt, hängt weitgehend von unserer Lebens- und Lerngeschichte ab. Schon als Kinder werden wir für bestimmte gestalterische Formen sensibilisiert, und diese ermöglichen oder versperren uns den Zugang zu anderen Formen. Für viele unter uns ist sicher die Wirkung etwa von Bilderbibeln eindrücklich. Biblische Inhalte sind uns oft nur in den Brechungen vermittelt, die die Bilder selber geprägt haben. Gegenüber dem Bild scheint das biblische Original zu verblassen.

Unsere Kinder sind heute anderen Prägemustern ausgesetzt: waren frühere Kinderbibeln dem zeitgenössischen stark bürgerlich-bäuerlich orientierten Bilderbuch verpflichtet und hatten wohl nicht zuletzt auch deshalb so durchschlagenden Erfolg, so dominieren heute andere Formen. Die comics-stilartige Aufmachung biblischer Geschichten neuerdings mag ein Ansatz für eine zeitgemäße Darstellungsform sein. Ob es allerdings gut ist, wenn die Einlinigkeit von Paula-Jordan-Bildern einer vergleichbaren Einlinigkeit im Comics-Stil weicht, mag mit Fug und Recht bezweifelt werden.

Einer verantwortungsbewußten Erziehung wird heute daran liegen, ein möglichst vielfältiges Angebot an Zugängen zur Bilddeutung bereitzuhalten. Hier gilt es, biographisch und milieubedingte Engpässe zu überwinden, für historische Bilder zu sensibilisieren und zeitgenössisches Material als Interpretation der Gegenwart zu öffnen. Der Religionsunterricht hat dazu einen wichtigen Beitrag zu leisten.

2. Wie wir an und mit Bildern lernen

Bildmächtigkeit

Die unmittelbare Betroffenheit von Bildern, die sich logischer Darlegung meist entzieht, macht nicht zuletzt ihre pädagogische Chance aus. Freilich ist dieses Phänomen durchaus ambivalent zu beurteilen. Werden so tiefe seelische Schichten angesprochen, so kann es auch zu einer gefährlichen psychischen Abhängigkeit kommen. Man erinnere sich an die problematische Machthaltigkeit von Götterbildern. Zu allen Zeiten hat man die Angst etwa mit der Ausmalung quasiapokalyptischer Bilder auf Leinwand und noch öfter in Worten geschürt, so vor allem in Krisenzeiten und bei Kriegsgefahr - durchaus nicht frei von politischer Berechnung.

Wenn schon Erwachsene sich solchen Bildern kaum entziehen können, so Kinder noch viel weniger. Bilder setzen sich bei ihnen oft unmittelbar in Gefühle um: sie lösen Freude oder Angst, Heiterkeit oder Trauer aus. Sie nehmen sie gefangen, aber sie setzen auch ihre Phantasie frei zur Nachbildung, Umbildung oder Neubildung. Kinder wollen Bilder nacherzählen. Sie entdecken die Welt in den Bildern, und sie bringen ihre Welt in den Bildern zum Klingen. Jedes ihrer Bilder hat seine eigenen - verräterischen - Farben, wie die Psychagogen berichten.

Reflexion

Nicht zuletzt deshalb nötigen Bilder - vorgefundene und selbst gestaltete - zu Reflexion. Sie wollen in der Seele und im Geist "widergespiegelt" sein. Was da an Empfinden und Eindrücken ungeordnet, aber machtvoll sich im Bild entfaltet, soll dadurch geordnet und auf seinen Wirklichkeitsbezug überprüft, sozusagen im Abstand zur Kenntnis genommen und kritisch bedacht werden. Die Reflexion ist allerdings der zweite Akt des Deutevorgangs. Vorauf geht die spontane Unmittelbarkeit, das Sich-Ausliefern und Ausgeliefertsein. In der Reflexion komme ich wieder zu mir selbst, ermesse, daß ich dem Bild gegenüberstehe und methodisch geordnet mich ihm nähere.

Ich kann das - zunächst mehr formal - über Form und Farbanalyse tun, wenn ich nämlich achte

- auf die Formen und ihren gegenseitigen Bezug,
- auf die Linienführung,
- auf die unterschiedlichen Techniken bzw. die Gründe, die die Verwendung solcher Techniken nahelegen,
- auf die Aufteilung der Bildelemente in der und über die Fläche,
- auf die Helligkeit und die Kontraste,
- auf die Farbgebung und
- auf die Größe eines Gegenstandes im Verhältnis zu seinem Original.

Allein eine solche - mehr abständige - Bilddeutung kann durch Inhalts- bzw. Motivanalyse bereichert werden. Dazu gehört die Frage

- nach den dargestellten Inhalten,
- nach symbolischen Elementen,
- nach Motiven, die auf vergleichbare Zusammenhänge verweisen, z.B. "Bildzitate" u.a.m., sowie
- die gegenseitige Bezüglichkeit derartiger Elemente.

In den Reflexionsgang gehören nicht zuletzt Erkenntnisse aus der Biographie eines Malers und aus seiner Zeit, die Hintergrundwissen bereitstellen. Freilich muß der Lehrer darauf achten, daß Interpretamente, die er einbringt, nicht schülereigene Interpretamente blockieren oder gar den Mut zu eigenständiger Deutung nehmen. Die Gefahr einer solchen methodisch geordneten Reflexion besteht zum einen darin, daß spontane existentielle Zugänge zerschlagen werden und an ihre Stelle intellektualistische Richtigkeiten treten, zum anderen darin, daß Phantasiemomente nicht zum Tragen kommen können.

Phantasie

Bildinterpretation und noch mehr Bildgestaltung haben etwas Spielerisches. Im Betrachten möchten wir Gegenstände wegnehmen oder zufügen oder etwas an ihnen verändern. Gemälde aus vergangenen Zeiten reizen uns, unsere Schreckens- oder Hoffnungsvisionen zuzufügen. Farbgebungen erscheinen uns als freundlich und zu sehr auf heile Welt abgestellt, so daß wir sie nachdunkeln lassen möchten. Oder es drängt uns, sie zu kommentieren: wir möchten Aussprüche, Zitate oder interessante Texte beifügen, durch Photos und Werbeanzeigen Kontraste schaffen oder in einer Art Wandzeitung solche Bilder regelrecht für unsere Zwecke "ausbeuten". Unsere Phantasie kennt dabei wenig Grenzen.

Auch wo sie nicht handgreiflich zu Werke geht, schafft sie in unserer methodisch säuberlichen Analyse manche Verwirrung. Sie sorgt dafür, daß unsere Interpretation nicht in steriler Richtigkeit aufgeht. In ihr kommen unsere eigenen Quellen, unsere biographisch- und milieubedingte Prägung zum Zuge. Sie ist die Würze - nicht weniger, aber auch nicht mehr.

Ihre Gefährlichkeit zeigt sich, wenn sie verselbständigt ihren Realitätsbezug verliert und eine chaotische Bilderflut produziert. Deshalb bleibt die Reflexion mit ihren strengeren Regeln ihr steter Genosse.

Freisetzen und Zwingen

Gelungener Unterricht mit Bildern setzt die Energien frei und bändigt die Macht der Bilder. Der Lehrer hat dazu zahlreiche Möglichkeiten. Die nachfolgende, in Anlehnung an Markus Hartenstein entwickelte, Graphik zeigt die Schaltstellen:

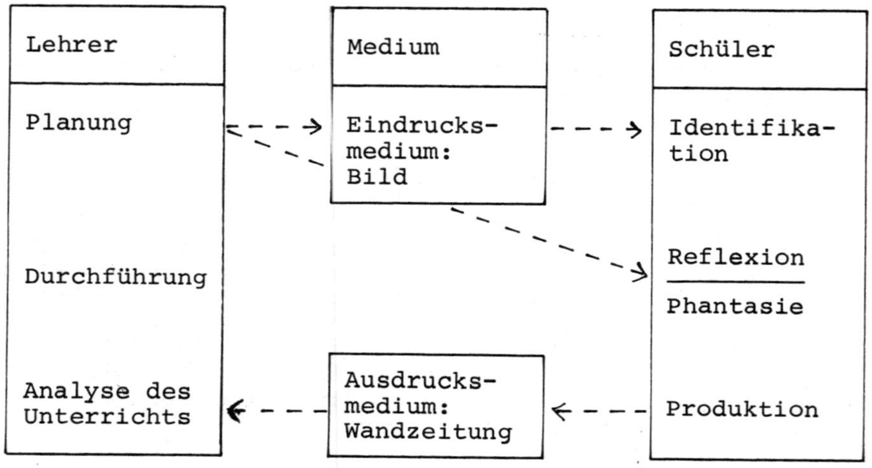

- Bei der Planung legt er das Eindrucksmedium fest und damit die Basis für Identifikationen sowie für nachfolgende Reflexion und für Anregung der Phantasie.
- Die Aufgabenstellungen der Reflexion ermöglichen das Abfangen von Ängsten und die Ablösung von der Übermacht bildhafter Elemente.
- Die Umarbeitung in ein Ausdrucksmedium erleichtert den Schülern die Umsetzung der Bildeindrücke in ihre eigene Welt.
- In der selbstkritischen Unterrichtsanalyse stellt sich der Lehrer u.a. der Frage, wie weit das von ihm gewählte Bild Schüler freisetzte oder verhaftete und wie sich beides zu dem gewünschten Unterrichtsziel verhält.

Die prinzipielle Offenheit des Religionsunterrichts verbietet zu straffe Lenkung; das Medium Bild unterstützt diese Absicht. Kein Lehrer kann den Ausgang sozusagen vorherbestimmen. Darin ist Chance und Problem der Arbeit mit Bildern genannt. Im übrigen gilt dies auch für alle anderen audio-visuellen Medien.

3. Wie audio-visuelle Medien wirken

Situation

Wir sitzen in einem verdunkelten Raum, die Stühle alle nach vorne gerichtet, neben- und hintereinander. Was uns bändigt, daß wir still sind, zuhören, die Augen aufreißen und uns konzentrieren, ist nicht etwa eine Autoritätsperson wie Lehrer, Pfarrer oder Staatsmann - es ist die Leinwand mit den Tonboxen rechts und links. Nur im Ausnahmefall bemerken wir den Nachbarn, in den emotionalen Höhepunkten oder Pausen, wenn die Körper sich spannen oder entspannen. Wie kommt es, daß wir uns durch einen Film so gefangenehmen lassen?

Offenbar hängt unser Verhalten mit unterschiedlichen Vorgängen zusammen, die sich gleichzeitig abspielen. Rein äußerlich vollzieht sich eine Art ritualisierter Handlung: Lichter gehen aus, und die einzig beleuchtete Stelle ist die Leinwand. Die Unterhaltung zwischen den Nachbarn erlischt, man merkt auf den Ton. Sicher spielt schon diese äußerliche Atmosphäre für die Möglichkeit eine wichtige Rolle, sich konzentrieren zu können.

Atmosphäre

Was geschieht nun bei und in den Betrachtern selber? Weshalb werden sie zu so willigen, ja willfährigen Abnehmern, wie es kaum bei einem Vortrag möglich ist? Offenkundig identifizieren sich die Betrachter - mindestens auf die Zeit der Vorführung - mit dem Film/Tondia, oder deutlicher gesagt: sie lassen sich in die Handlung mit hineinnehmen. Am ehesten läßt sich dieses Geschehen mit dem Erzählen bei früheren Generationen zum Beispiel am Lagerfeuer vergleichen. Schauplatz und Zeit verändern sich. Nicht mehr die Alltagssituation von 1980 beherrscht unseren Geist -, sondern die Begebenheit, die uns vorgeführt wird. Wir erleben - etwa im Dokumentarfilm - vergangene Zeiten oder Orte weit weg von Deutschland mit, als wären wir da und dort. Zeiten und Räume werden übersprungen - vergangene Gestalten, ihr Gehabe, ihr Interesse und ihr Denken, begegnen uns leibhaftig, und das in geraffter Zeit, sozusagen auf die Handlungskerne und Entscheidungssituationen konzentriert. Die Handlung greift nach uns, und wir schlüpfen auf Zeit in die Figuren, die solche Handlungen bestimmen. Wir tun dies in der Regel total - gewissermaßen unter Ausschaltung jedes überlegenden Nachdenkens; nur in Ausnahmefällen werden unsere innersten Überzeugungen mobilisiert oder wehrt sich unser Inneres gegen die mächtige Bewegung, die im Film nach uns greift. Und hier zeigt sich auch der Unterschied zum Erzählen oder gar zum Lesen. Schon dies zählt, daß wir kaum Zeit zum Nachdenken erhalten: die Bilder und Töne rennen uns davon. Wir können auch nicht einhalten, den "Erzähler" unterbrechen, Fragen stellen, Vorstellungen präzisieren oder aber das "Buch" zuschlagen und weglegen. Ja der ganze innere Vorgang bei uns hat einen anderen Charakter: wir müssen die Bilder nicht vor unserem geistigen Auge erstehen lassen; sie werden uns präsentiert, vollständig und nicht ergänzungsbedürftig. Wir werden "fixiert". In diesem Sinn mag neben dem Dokumentarfilm vor allem auch der Spielfilm wirken. Bei beiden erhalten wir den Eindruck der Fülle von Wirklichkeit von etwas, das zu anderer Zeit und an einem anderen Ort spielt. Das nimmt uns "gefangen": das "Fesselnde" an einem guten Film oder Tonbild ist eine innere Autorität, die das Medium gewährt, indem es anscheinend die Totalität von Wirklichkeit präsent macht.

Reflexion

Einem späteren Nachdenken oder gar dem analytischen Reflektieren fällt die "Machart" auf. Es wird deutlich, mit welchen Voraussetzungen und Mitteln eine bestimmte Optik in die (Film-)Handlung eingegangen ist: von der äußeren Gestaltung der Szenen und Sequenzen über die Filmabschnitte bis zur Kameraführung und Kameraeinstellung. Doch ist gerade diese analytische Aufbereitung nicht problemlos. In gewisser Weise wirkt sie für den Betrachter in seiner Naivität zerstörerisch. Denn das Autoritäre an der filmischen oder Tondiapräsentation ist zugleich Grundlage für seine unbestreitbaren Vorzüge: daß ein Film oder Tondia "betroffen" macht, Wirklichkeiten außerhalb des eigenen Lebens in bedrängende Nähe rückt und nachvollziehbar macht und gerade so einer beckmesserischen Besserwisserei entgegenwirkt. Es ist dann allerdings zu fragen, ob der reife Betrachter sich nicht wieder aus den angelegten Fesseln wird befreien müssen.

Diese Ambivalenz, Betroffenmachen und Entmündigen, ist möglicherweise beim Spielfilm am stärksten, beim Trickfilm am schwächsten. Aber auch da bleibt sie grundsätzlich bestehen. Allerdings unterscheiden sich die meisten Trickfilme von Spiel- und Dokumentarfilmen dadurch, daß sie Wirklichkeit nicht darstellen, sondern deuten wollen. In ihren Zeichen oder zeichenhaft ausgerichteten Handlungsabschnitten verweisen sie auf Grunderfahrungen, die in variabler Gestalt von allen Menschen erlebt werden und die nun eine überraschende Deutung erfahren. Der Verstand des Menschen wird angeregt, ja aufgeregt, und ironische und satirische Pointen bewirken befreiendes oder abstößiges Lachen, Ausrufe des Zorns oder Ausdrücke des Erschreckens. Auch in diesen Fällen wird der Betrachter gefangengenommen, freilich nur der, dem die Zeichen etwas besagen und der sie auszulegen versteht, und nur so, daß er genötigt wird, sich dieser jeweiligen Deutung zu stellen und sich mit ihr auseinanderzusetzen - eine Art Betroffenheit vorwiegend des Denkens, ohne daß die Gefühle aber ausgeschlossen wären.

Psychische Wirkung

Mit dem dargestellten inneren Vorgang im Zuschauer hängt zusammen, daß sich an Filmen die Geister schnell scheiden und überraschend gegensätzliche Urteile die Regel sind. Offenbar "spricht" das Medium andere Schichten an als der übliche sprachliche Austausch. Die meisten Textsorten, mit denen wir alltäglich zu tun haben, werden bei uns verstandesmäßig kanalisiert: sie dienen der Darstellung von Sachverhalten, gewähren Einsicht in Vorgänge und Deutungen, aber nur selten greifen sie in unsere persönliche Existenz ein. Demgegenüber erwachen bei der Filmbetrachtung bewußte, aber auch unbewußte und möglicherweise verdrängte Erinnerungen; schlummernde oder mühsam gebändigte seelische Gewalten brechen auf und machen uns im Extremfall zu ihren Opfern. Gefühle, deren Herkunft wir uns nicht erklären können, stellen sich ein und reden mit, auch wenn wir sie nicht zur "Sprache" kommen lassen wollen - in Gestik, Mimik und sprecherischem Ausdruck. So kommt es, daß kaum zuverlässige Urteile zu fällen sind, wie ein Film oder Tondia in einer Gruppe aufgenommen wird, und es ist schwer, vorauszusehen, vor welche emotionalen Probleme ein solches Medium stellt. Was den einen "umwirft", "kratzt" den andern nicht einmal.

So geschieht - sozusagen ganz ungewollt - dies, daß die Zuschauer sich besser kennenlernen. Ihre gefühlsmäßigen Reaktionen weisen sie zugleich auf ungeklärte und möglicherweise seelische Grundlagen hin, die ihr sonst verstandesmäßig getroffenes und sorgsam kaschiertes Urteil mehr mitbestimmen, als sie wahrhaben wollen. So zeigt sich, daß auch der vermeintlichen Superautorität dieser Medien enge Grenzen gesetzt sind. Sie haben ihren Ursprung in der Geschichte des Betrachters.

Authentizität

Nun vermag der Film oder das Tondia noch in einer anderen Hinsicht Autorität in einem guten Sinn zu vermitteln. Sie können nämlich - wenn auch nur mediatisiert - authentische Begegnungen schaffen, die auf andere Weise nur mit Abstrichen zu erreichen sind. Jeder weiß, wie wichtig etwa bei einer Entscheidungssituation die körperliche Anwesenheit der Personen ist, die unterschiedliche Standpunkte zu vertreten haben. So werden Meinungen von Abwesenden im allgemeinen weniger berücksichtigt, es sei denn, sie haben die Macht, nachträglich Beschlüsse zu revidieren. Man kann sogar eine Reihenfolge benennen, in der abgestuft Meinungen zum Zuge kommen: persönlicher Vortrag, Vortrag durch Gleichschaltung z.B. im Fernsehen, Vortrag durch Film, Vortrag durch Tondia, Vortrag durch Tonträger (Tonband, Tonkassette, Schallplatte), Vortrag in Textform. Das liegt auch daran, daß die sprecherische und mimische Gestaltung, überhaupt der Eindruck der jeweiligen Persönlichkeit, für das spätere Nachdenken über die Aussagen einen hohen Stellenwert haben. Auch der Vortrag durch einen "unparteiischen" Kommentator kann Authentizität nicht ersetzen. Hier aber hat der Fim immer die bessere Position.

Geschehen oder Personen authentisch vermitteln will der Dokumentarfilm, und sicher ist im Einzelfall zu fragen, wie weit er dieser Verantwortung gerecht wird. Ist auch grundsätzlich keine "neutrale Berichterstattung" möglich, so sollte doch durch die Art der Präsentation der Standpunkt der Filmemacher offengelegt werden. Dies geschieht am einfachsten im Kommentar. Authentizität beim Spielfilm, wenn man überhaupt diesen Ausdruck benutzen will, würde bedeuten, daß Filmhandlung und inneres Geschehen im Film einen deutlich ausweisbaren Bezug haben, so daß die "Filmaussage" zu ermitteln ist. Diffuse Betroffenheit ist sicher kein gutes Zeichen für einen Film.

Pause

Für die Betrachter ergibt sich nach Aufführung von Filmen und Tondias im allgemeinen die Situation einer (produktiven) Pause. Wer sofort Licht macht, trennt die Lage, von der der Betrachter herkommt, scharf von der, in die er sich nun versetzt sieht. Diese harte Distanz zwischen Nacherlebtem und dem Hier und Jetzt wird bewußt durchlebt.

Meist reagieren wir schweigend und verleugnen die reale Situation. Oft verlassen wir die Sitzplätze und denken zunächst vor uns hin, erinnern Szenen und Bilder. Ein Prozeß der Auseinandersetzung beginnt in uns: wir werden selber zu Partnern von Geschehenem und Gehörtem. Schien es so, als beherrsche uns die Leinwand während der Vorführung ganz, so schafft sich nun unser Ich Raum und greift nach dem Vorgegebenen, um es zu gliedern und zu bewegen. Häufig brauchen wir dann Zeit für uns selbst, um uns klar zu werden. Vielleicht wandern wir zusammen mit anderen durch einen Park im inneren Gespräch, bis einer ansetzt und sich äußert. Es kann auch sein, daß das Bedürfnis nach Äußerung und gesprächsweiser Klärung von Anfang an da ist. Es kann sein, daß wir so sehr "betroffen" sind, daß wir lieber etwas anderes reden und zuwarten, bis uns die äußere und innere Distanz die Aussprache erleichtert. Und manchmal bleibt es beim Schweigen - auch das ist gut so.

Dia und Wandbild

Neben diesen Medien, die nach uns greifen und bei denen Beeindrucktwerden und Aufnehmen einerseits und reflektierendes Aufarbeiten andererseits in zwei zeitlich getrennte Akte zerfällt, gibt es solche, bei denen wir von Anfang an beide Bewegungen parallel machen: vom Medium auf uns zu und von uns zum Medium hin. Hier spielen Äußerlichkeiten nicht die Rolle wie bei Film und Ton-Dia. Gemeint sind Einzeldias und Wandbilder.

Auch sie haben Autorität; auch sie nehmen uns für sich ein und stoßen uns ab. Und doch lassen sie uns Zeit und schreiben uns das Tempo nicht vor. Bevor wir genauer zusehen, sei an eine Beobachtung erinnert: Wieso macht es eigentlich einen Unterschied, ob ich ein postkartengroßes Handbild vor mir liegen habe oder ein Dia an einer großen Leinwand oder ein Wandbild betrachte? Mit der Bildgröße - so scheint es - wächst auch der Anspruch des Bildes auf mich. Der Eindruck wandelt sich mit der Größe. Offenkundig spielen dabei tiefe seelische Prozesse eine Rolle. Von einer bestimmten Größe an entfalten Bilder Macht, schützende oder bedrohliche, je nach Inhalt und Stimmung des Betrachters.

Im Gegensatz zum Film bestimmt nicht eine Handlung den Prozeß, der im Betrachter abläuft. An seine Stelle tritt das Motiv, die Form und die Farbe - und alles formt sich zu einem Gesamteindruck, mit dem wir uns beim Beschauen auseinanderzusetzen haben. Der zeitliche Ablauf, für Filme so ausschlaggebend, fällt weg; das räumliche Nebeneinander und die detaillierte Schilderung kann zeitliche Folge im Einzelfall ersetzen. Meist aber steht im Bild die Zeit still. An der Stelle des Nacheinanders finden wir den Gang in die Tiefe.

Auch Bilder können Betroffenheit auslösen, indem sie Erinnerungen auftauchen lassen. Da fallen einem Lebenssituationen ein, die man längst der Vergessenheit anheimgefallen glaubte. Die eigene Geschichte "kommt heraus", und wir verknüpfen sie mit dem, was das Bild darstellen möchte.

Assoziation / Meditation

Der Vorgang geschieht im allgemeinen rein assoziativ und gerade darin schöpferisch. Es ist, als lösten Farben, Formen und Motive in uns Bilder aus, die ihrerseits zum vorgegebenen Bild einen Beitrag leisten möchten. Wir verbinden Grundbefindlichkeiten mit bestimmten Wahrnehmungen. Wo Dunkelheit ist, greift die Angst nach uns: die Situation wird als bedrohlich, als kalt empfunden; wo graue Töne dominieren, fühlen wir das Einerlei; wo aber die leuchtende helle Farbe strahlt, lacht es in uns. Stimmungen und Lebenssituationen, in denen diese Stimmungen uns bestimmten, drängen sich uns auf und wirken produktiv auf unsere Bildbetrachtung ein. Auch die Formen haben ihre Sprache; meist eckig und kantig ist das Unangenehme, das, was wir mit Aggression und Gewalt, aber auch dann positiv mit Durchsetzungsvermögen und Sieg verbinden. Das Runde zeigt die Bewahrung und Vermittlung an, Beständigkeit und Schutz. Tief in unserem Unbewußten sind diese Interpretationsmuster eingeprägt.

Wir sind auf solche Bilder grundlegend angewiesen - wie anders lassen sich all die bestimmenden Gegebenheiten aussagen, die nicht im äußerlich Beschreibbaren aufgehen? Aller Glaube - der jüdische nicht anders als der christliche - zieht diese Bilder an, wohl wissend, daß es Bilder sind, die auf andere Wirklichkeit verweisen. Das Malen solcher Bilder und das Betrachten sind produktive Akte, die wir brauchen, wenn wir die Pole des Lebens, Angst und Hoffnung, in unser Leben einbringen wollen.

Bilder in der Bibel

Die Bibel ist voll von Bildern. Wo immer von Hoffnung geredet wird, geschieht dies in Bildworten, bei den Propheten, in der apokalyptischen Literatur und nicht zuletzt in Jesu eigenen Gleichnissen. Mit dem Bild greift eine Macht nach uns, die uns richtet und aufrichtet, und ein wenig davon erfährt der Bildbetrachter, der das große Bild (Dia/Wandbild) in einer Gruppe auf sich einwirken läßt. Hat das etwa darin seinen Grund, daß wir bei dem Anschauen von Bildern zunächst schweigend sehen?

Bilder in diesen symbolischen Funktionen sind wertvolle und lebenswichtige Hilfen, und sie bleiben das auch angesichts des alttestamentlichen Bilderverbots, solange wir nämlich um ihren Hinweischarakter wissen. Die größere Gefahr, das Bilderverbot zu verletzen, sehe ich heute von der Seite, die glaubt, auf Bilder verzichten zu können, weil der Verstand ohnehin alles "greift".

Freilich ist Bildbetrachtung - so gesehen - alles andere als ein naives Geschäft.Sie fordert höchste Lernbereitschaft und viel Übung. Kaum ein Bild gibt sich dem Betrachter sozusagen gratis. Es gibt viel, wenn wir ihm viel geben, und es ist legitim, die Vielfalt von Deutungen nebeneinanderstehend als Bereicherung aufzufassen. In gewisser Weise bildet die Bildersprache in ihrer Vieldeutigkeit das ab, was Bilder mit uns Betrachtern tun und wir mit ihnen. Beide können daraus Gewinn ziehen.

4. Wie wir an audio-visuellen Medien lernen

Am Schreibtisch

Der Lehrer sitzt an seinem Schreibtisch und plant den Religionsunterricht. Er denkt an seine Schüler. Die meisten kennt er, und sie kennen ihn. Aber mit einigen unter ihnen hat er Schwierigkeiten. Sie stören, und er weiß sie nicht zu fesseln. Es fällt ihm auf, wie unterschiedlich die Kinder sind: wo die einen hellwach waren und große Freude zeigten, etwa beim Erzählen oder Malen, haben sich andere schwer getan oder streikten. Jeder hat irgendwelche

Fähigkeiten; aber wie soll man das alles unter einen Hut bringen und zu einem sinnvollen Ganzen ordnen? Oft hat er gute Erfahrungen gemacht, wenn er einen Film einsetzte. Was ihm nur ab und zu gelang, nämlich möglichst viele anzusprechen, geschah dann - und doch, schon bei der Nacharbeit gab es Schwierigkeiten. Er fragt sich manchmal, ob es sich denn, auf die Lernziele und Inhalte des Lehrplans gesehen, der Aufwand gelohnt habe, hatte er doch des öfteren das Gefühl, dabei sei allzuwenig "herausgekommen".

Er stellte sich auch die Frage, ob er das Medium nicht falsch eingesetzt, möglicherweise das falsche Medium gewählt habe zu einem falschen Zweck und am falschen unterrichtlichen Ort. Dies alles hinterläßt bei ihm einen recht zwiespältigen Eindruck, ob er mit seiner Mediendidaktik auf einem ganz abwegigen Pfad gelandet sei.

AV-Medien - nötig?

In der Tat ist die Frage, ob der Einsatz eines audiovisuellen Mediums notwendig sei, für den Lehrer bei Planung und Durchführung des Unterrichts von vorrangiger Bedeutung, und sie ist ohne Zweifel an den Kriterien zu messen,

- inwieweit das Medium zur Verwirklichung des Lehrplans einen effektiven Beitrag leisten konnte,
- ob das Medium im Blick auf den Stand der Klasse angemessen und für diese förderlich war und schließlich,
- ob der unterrichtliche Einsatz des Mediums im Ablauf des Lernprozesses fortführend und notwendig oder aber eher hinderlich oder gleichgültig war.

Die Vorentscheidungen über Medieneinsatz fallen bekanntlich schon in der Planung. Oft verspricht man sich vom Einsatz etwa eines Filmes neue Motivation bei der Behandlung eines schwierigen Themas. Bei einem vermuteten Tief greift man dann nach einem Rettungsanker, dem audiovisuellen Medium.

Freilich, kann ein audiovisuelles Medium das leisten? Ja und nein; es kommt auf die Ursachen an. Sind diese etwa darin zu suchen, daß ein neuer Impuls am Platz ist, der aus der kreisförmigen Bewegung der Themenbehandlung herausführt, so mag ein Medium, das neue Gesichtspunkte und diese in unerwarteter Perspektive einbringt, durchaus weiterhelfen. Findet man die Ursache aber eher in der Beziehung zwischen Lehrer und Schüler oder in der der Schüler untereinander oder auch in einer tiefer gründenden Sperre dem Thema oder der Behandlungsweise gegenüber, so hilft der Medieneinsatz im Grunde nichts. Allenfalls vermag er das Problem für einige Zeit zu überdecken und den Lehrer sogar in falscher Sicherheit zu wiegen. Im Klartext heißt das: kein Medium kann das kompensieren, was die zentrale Aufgabe des Lehrers ist. Zugespitzt läßt sich sagen: wo das Medium den Lehrer nur doppeln würde, hat es keinen Ort im Unterrichtsprozeß.

Damit ist zugleich bedeutet, daß es im Unterrichtsprozeß da seinen Ort hat, wo es durch den Lehrer nicht ersetzt werden kann.

Vergegenwärtigung

Unter dem Stichwort "Vergegenwärtigung" kann man die didaktische Funktion der audiovisuellen Medien folgendermaßen beschreiben: Das Medium ändert die Struktur der Kommunikation. So wie sich eine Gruppe mit dem Fehlen eines ihrer Mitglieder verändert, auch wenn der Fehlende sich sonst immer in Schweigen gehüllt hat, so verwandelt ein Medium die Lage: Schüler, die selten einen Unterrichtsbeitrag zu leisten pflegen, sprechen mit. Über das Medium können sozusagen in verfremdeter Form eigene Probleme angesprochen werden, ohne daß man sich bloßstellen müßte. Die Überlegenheit des Lehrers spielt jetzt keine Rolle mehr. Man wagt, auch solche Positionen auszusprechen, die ansonsten leicht allgemeine Heiterkeit oder auch brutale Abweisung durch Mitschüler oder Lehrer hervorrufen könnten. Freilich gilt dies mit gewisser Einschränkung: die Wertung des Mediums durch den Lehrer und in gewisser Weise auch durch die "öffentliche Meinung" der Klasse kann diesen Prozeß fördern wie behindern. Nicht selten produziert innere Ablehnung beim Lehrer äußere Auflehnung bei den Schülern oder - bei gespanntem Verhältnis zwischen Klasse und Lehrer - auch das Gegenteil. So ist gerade in diesem Zusammenhang einleuchtend, daß der Lehrer seine Ansichten nie in ein Medium verpackt an den Schüler herantragen sollte. In diesem Fall ist die Authentizität, d.h. die persönliche Darlegung des Standpunkts, immer vorzuziehen. Freilich kann der Lehrer dann - sozusagen zu seiner Unterstützung - auch ein Medium als Demonstrationsobjekt heranziehen. Aber den Schülern muß dieser Vorgang transparent gemacht werden.

Neben dieser Vergegenwärtigung von Diskussionsgegenständen, die einen offenen kommunikativen Prozeß bewirken, spielt noch ein anderer Aspekt von Vergegenwärtigung eine Rolle, auf den wir oben hingewiesen haben: das Medium präsentiert Wirklichkeit von Vergangenheit und fremdem Ort und im Vorgriff von Zukunft sowie Wirklichkeit seelischer Tiefe. Damit wird auf die Gegenstände abgehoben, die im Medium Eingang finden: Handlungen und Bilder, die der Schüler allenfalls durch erzählerische Breite aufnehmen und verinnerlichen kann. Im audiovisuellen Medium dargeboten, hat der Schüler anschauliches Material, das er für seine denkerische Analyse benötigt und genügend Anregungen, um seine Phantasie produktiv werden zu lassen.

Funktionen

Für die Frage, was Medien im Unterricht leisten können, mag eine erste Klassifikation hilfreich sein, die sich an den Funktionen orientiert, welche das Medium erfüllen soll. Vergleichsweise präzise läßt sich die Verwendung dann greifen, wenn sie einem eindeutigen, im Detail beschreibbaren Zweck dient. Will der Lehrer also einen Sachverhalt demonstrieren, eine sozusagen sachkundliche Frage behandeln, kann er das anhand eines Mediums tun, in dem in anschaulicher Weise dokumentiert, demonstriert und gegebenenfalls auch analysiert wird. Solcher Medieneinsatz zielt auf Kenntnisnahme und gedankliche Klärung. Nur daran ist die Güte eines solchen Mediums zu messen, ob es einen zutreffenden Eindruck liefert und altersgemäß differenziert vorgeht. In dieser Sache werden die Urteile von Lehrern kaum variieren. Eindeutigkeit ist die vordringliche Forderung an solche Art von Medien, also etwa bei Dokumentarfilmen, Tondiaschauen, die ein Thema sachbezogen analysieren, oder auch bei Schaubildern und Graphiken.

Ganz anders verhält es sich bei Medien, die für Deutungen offen sein wollen. Sie mögen zwar eine Aussage machen, tendenziell in eine bestimmte Richtung weisen, aber sie stehen prinzipiell der Deutung offen. Ihr Zweck kann nicht sein, die verstandesmäßige Klärung einer Sachfrage voranzutreiben. An ihnen entzündet sich vielmehr der Geist. Sie werden zum Mittler des Gesprächs, bei dem nicht die verstandesmäßige Klärung, sondern die existentielle Standortgewinnung vordringlich ist. Hier geht es nicht in erster Linie um richtig oder falsch, sondern um Wahrheit oder Lüge. Es leuchtet ein, daß gerade dergleichen Medien im Religionsunterricht besonderes Gewicht erhalten. Die Inhalte orientieren sich an Lebensanschauungen, existentiellen und sozialen Situationen, die jede Generation jeweils neu zu bewältigen hat.

Entsprechend verschieden ist der Prozeß der inneren Aneignung. Es geht nicht um kritiklose Annahme einer Position, sondern um die produktive Auseinandersetzung mit ihr. Arbeitsformen, die dem entsprechen, sind Malen, Phototextplakate, Collagen u.ä.m., während solche, die Aneignung und Einübung betonen, etwa der fragend-entwickelnde Unterrichtsstil, in den Hintergrund treten können.

Medienwahl

Wenden wir uns zum planenden Lehrer zurück. Sein vordringliches Geschäft ist die Auswahl der Medien, und diese ist streng auf den Lernvorgang zu beziehen. Im Blick auf seine Schüler wird er sich fragen, was sie mit einem Medium anzufangen wissen. Je stärker es gelingt, Identifikationen oder doch Teilidentifikationen, zumal bei Deutemedien zwischen Schülern und Handlungen bzw. Personen im Medium zu schaffen, desto wahrscheinlicher wird die produktive

Aneignung im Unterricht. Das gilt unabhängig von dem didaktischen Ort, an dem das Medium eingesetzt wird.

Trotzdem ist die richtige Wahl des Ortes im Lernvorgang von hoher Wichtigkeit. Grob gesprochen kann man die fünf Funktionen von Medien auch unterschiedlichen Phasen des Unterrichtsverlaufs zuordnen (teils lassen sie sich schon vom Namen her identifizieren):

- Medien wollen motivieren; Motivationsphase
- Medien dienen dazu, Bedürfnisse und Voreinstellungen der Schüler zu erheben; Schwierigkeitsphase
- Medien wollen informieren; Schwierigkeits- bzw. Lösungsphase
- Medien wollen Probleme diskutieren; Schwierigkeitsphase
- Medien können Lösungen kontrollieren; Lösungsphase bzw. Ausführung.

(Die Phasenbezeichnungen orientieren sich am Raster Heinrich Roths.)

Es zeigt sich, daß informative Medien überall da von Bedeutung sind, wo im Lernprozeß sachliche und gedankliche Klärungen unumgänglich sind; Deutemedien spielen ihre Rolle da, wo der existentielle Klärungsprozeß anläuft. Ihr Ziel liegt in einer gelungenen existentiellen Integration als letzter Lernphase.

Nun läßt sich ein Medium nicht eindeutig bestimmten Verwendungssituationen zuordnen. So gibt ein Gemälde, auf dem die beiden biblischen Wege, der breite zur Hölle und die enge Pforte zum Himmel, einander gegenübergestellt werden. Verwendet der Lehrer das Medium im Rahmen einer Unterrichtseinheit über den Pietismus z.B. zur Demonstration bzw. als gelungene Veranschaulichung eines bestimmten Weltverhältnisses, nachdem über Ursprünge und geschichtliche Gestalten pietistischer Lebensweise gearbeitet wurde, so dient dieses Medium zur gedanklichen Klärung über die Wertwelt des Pietismus. - Würde derselbe Lehrer das gleiche Medium aber zur Motivation bei der gleichen Unterrichtseinheit einsetzen, so ergäbe sich, daß die gesamte Unterrichtseinheit von den Urteilen bzw. Vorurteilen bestimmt bliebe, die dieses Bild mit größter Wahrscheinlichkeit bei den Schülern auslösen würde. Ohne Zweifel brauchte der Lehrer viel Energie, zu einer sachgemäßen Behandlung des Pietismus durchzustoßen. - Sollte ein Lehrer allerdings über die Frage mit dem Schüler nachdenken wollen, wie eine christliche Lebensgestaltung aussieht und dabei den ganzen "Schutthaufen" von Vorurteilen ansprechen wollen, so gäbe das genannte Bild eine nahezu ideale Vorgabe ab. Eine andere Frage ist jedoch, ob er diesem starken Eindruck etwas Gleichwertiges im Fortgang seiner Unterrichtseinheit entgegensetzen kann.

Schon an diesem Beispiel wird deutlich, daß manche Medien, einmal eingesetzt, sich in gewisser Weise dem Einfluß des Lehrers entziehen und damit auch von den Unterrichtszielen entfernen können. Das gilt vor allem, wenn ein Medium als Deutemedium - in welcher Verwendungssituation auch immer - herangezogen wird. Gerade die Vielseitigkeit des Mediums, u.U. seine Anstößigkeit und oft sein Kunstwerkcharakter bewirken die Offenheit der Situation, die nur in Grenzen planbar ist. Bei kaum einer anderen Stelle im Lernvorgang hängt der Ablauf von so unwägbaren Faktoren ab, wie z.B. von biographischen, durch das Schülermilieu bedingten Erinnerungen oder auch situativen Faktoren. So kann es sein, daß das Medium nicht nur selektiv - und dies bei den Schülern jeweils unterschiedlich - aufgenommen wird, sondern seinerseits mehr als Aufhänger dient, um Dinge zum Zuge kommen zu lassen, die bisher nie recht ins Lernkonzept paßten. Andererseits ist es legitim, wenn der Lehrer freundlich, aber bestimmt in dem vom audiovisuellen Medium selbst angelegten Problemfeld bleibt und dies auch von seinen Schülern verlangt.

Medium und Lehrplan

An dieser Stelle muß nun vom Bezug der Medien auf den Lehrplan die Rede sein. Die genaue Abstimmung von Inhalten auf eine durch die Lernziele gegebene Perspektive stellt vor die Frage, ob denn überhaupt ein kommerzielles Medium diesen Anforderungen entsprechen kann. Denn zweifelsohne sind gerade die qualitätsvollen Medien nicht unter lehrplandidaktischen Vorgaben entstanden, und so ist wohl nur im Sonderfall ein Zusammentreffen von Lehrplanintention und medialer Aussage festzustellen. Wollte man die Dinge so sehen, müßte sich der Lehrplan den Vorwurf der Weltfremdheit gefallen lassen.

Aber wer genauer hinsieht, erkennt, daß die Lehrpläne nicht über das unterrichtliche Vorgehen, sondern über die unterrichtliche Zielsetzung Aussagen machen. Natürlich kann nicht die in einem Film gemachte Aussage, man solle z.B. aus Barmherzigkeit an Todkranken Euthanasie üben, als solche zum Ziel des christlichen Religionsunterrichts gemacht werden; wohl aber wird man mit den Schülern über eine solche, durchaus ernstzunehmende Meinung reden müssen. Das Medium wird ja im eigentlichen Sinn erst dadurch zum Medium, daß da ein Vermittlungsvorgang statthat, dessen Ausgang durchaus nicht ungebrochen die Annahme des Mediums wird. Trotzdem wird der Lehrer bei Planung und korrigierend in der Durchführung jeweils zu fragen haben, wieweit ein Medium dem Ziel dienlich ist oder nicht.

Dabei ist nicht so sehr daran zu denken, daß ein Medium vom Unterrichtsgegenstand im engeren Sinne abführen könnte; das wäre oft nicht schlimm, sondern eher eine Bereicherung: manches vermeintliche Abführen ist in Wirklichkeit ein Weiterbringen. Schließlich sind auch Lehrpläne von Menschen mit nur beschränktem Gesichtskreis gemacht. Hier reicht es, daß der Lehrer die Gefahr einer zügellosen Auswucherung erkennt. Viel problematischer ist eine emotionale Wirkung, die von einem Medium ausgehen kann, sich wie Lava über die ganze Unterrichtseinheit ergießt und alles Leben unter ihrer Decke erstickt. Greifen Medien einmal die Tiefenschichten unserer menschlichen Existenz an, so ist es schwer und manchmal unmöglich, den aufgebrochenen Trend umzukehren. Schon deshalb ist dem Lehrer dringend anzuraten, sich vor dem Einsatz von audiovisuellen Medien diese selbst anzusehen.

Leitmedien?

Solche länger anhaltenden Wirkungen haben freilich auch ihr Gutes. Sie haften in der Seele, und oft kann man noch nach Jahren feststellen, wie präsent sie in der Erinnerung geblieben sind. Findet sich für eine Unterrichtseinheit ein Medium von hoher, auch künstlerischer Qualität, an dem die meisten Ziele und Inhalte zur Sprache gebracht werden können, so hat dieses den unbestreitbaren Vorzug, als Leitmedium gliedernd und klärend ein u.U. schwieriges Problemfeld zu erschließen. Für den Lehrer kommt hinzu, daß sich der technische und organisatorische Aufwand ausgezahlt hat. Als Beispiel dafür sei auf den Film "Söhne der Erde" im Blick auf die UEn Nach uns die Sintflut? bzw. Schöne neue Welt? hingewiesen.

So ist auch einsichtig, daß im Rahmen einer Unterrichtseinheit die Medien aufeinander abgestimmt sein müssen. Im Einzelfall heißt das Beschränkung auf maximal drei Deutemedien pro Unterrichtseinheit. Die Eindrücke müssen ja verarbeitet werden, und selbst die Heranziehung unterschiedlich gemachter Medien und verschiedener Medienarten bedeutet in der Regel keinen Ausweg aus dem Dilemma der Überforderung mit zahlreichen Medien. Aufeinanderabgestimmtsein heißt freilich auch, daß die Akzente stimmen: das stärkste Medium soll dort zum Einsatz kommen, wo das Herz der Unterrichtseinheit schlägt.

Und die Technik...

Hat der Lehrer seine Planung beendet, so stellt ihn die Durchführung vor neue Probleme. Technische Medien haben ihre Tücken: man muß Räume und Apparate organisieren (Ersatzbirnen, Verlängerungskabel u.a.m.), und man sollte für den Fall, daß der Apparat defekt oder nicht zugänglich ist, eine Alternative parat haben, z.B. eine gute Erzählung. Wichtiger als dies aber ist die Frage, wie man Angestoßenes und Aufgerissenes weiterbearbeitet. Das Lernen mit Medien vollzieht sich in zwei Bewegungen: in Identifikation und in Reflexion. Oft laufen, wie etwa bei Bildbetrachtungen, beide ineinander, bei Filmen und Tondias u.ä. dagegen geschehen sie nacheinander.

Jeder kennt den Augenblick: das Licht geht an. Schüler

blinzeln oder reiben sich die Augen - was dann? Freie Aussprache? Festhalten des Ablaufs auf vorbereiteten Papieren? Erläuterung der symbolischen Darstellung des Filmablaufs (Ideogramme)? Anfertigung von Ideogrammen? Report über vorher gestellte Beobachtungsaufgaben? Der Lehrer verfügt über ein methodisches Repertoire dafür. Oft aber tritt eine verunsichernde Stille ein. Die Klasse ist "betroffen", wie gelähmt. Möglicherweise benötigen Schüler Zeit, Stille, Ausklingenlassen. Der Lehrer sollte den Mut haben, dies zu gewähren. Er sollte Zurückhaltung bewahren und nicht fordern. Vielleicht helfen zwei, drei Sätze, die eine persönliche Stellungnahme des Lehrers enthalten, zur Auflockerung der Atmosphäre. Aber auch das Schweigen hat hier im Unterricht sein Recht.

An späterer Stelle setzen die produktiven Akte ein. Ihr Ziel ist, die vielfachen Eindrücke zu gliedern, Abstand zu gewinnen und die tragenden Perspektiven zu integrieren. Wir haben das als Lehrer kaum in der Hand. Aber wir können den "Raum" bereitstellen, und die "Zeit" geben - indem wir kreative Verfahren anwenden. In diesem Sinne kann Medienarbeit ermutigen und vielleicht auch uns selber deutlich machen, daß wir als Erzieher und nicht nur als Macher gefragt sind.

DER FILM "SÖHNE DER ERDE" ALS MEDIUM FÜR DIE UE "NACH UNS DIE SINTFLUT?"

1. Ziele und Inhalte - ein Vergleich der Unterrichtseinheit mit dem Film

Schon eine oberflächliche Sichtung zeigt weitgehende Parallelen: in beidem geht es darum, die Kehrseite zivilisatorischer Weltbemächtigung des Menschen vor Augen zu stellen und die in ihr gegebene Einstellung zur Natur als mögliche Ursache für den Raubbau an den Ressourcen der Erde, für den Abbau des ökologischen Gleichgewichts und für den moralischen Niedergang der Menschheit zu bedenken und die Frage nach der Zukunft des Menschen zu stellen.

Trotzdem fallen wichtige Unterschiede ins Auge: der Film - Bild und Wort gleichermaßen - tragen einen tief resignativen Unterton. Im Grunde ist das Ende des Lebens erreicht, es geht nur noch um das Überleben. Ohnmächtiger Zorn oder resignierendes Hinnehmen scheinen die einzig adäquaten Konsequenzen sein zu können. Demgegenüber rückt die Unterrichtseinheit alternative Handlungsmöglichkeiten als Antwort auf die Herausforderung durch den technisch-zivilisatorischen Fortschritt ins Blickfeld. In der Analyse Seite an Seite mit der Rede des Häuptlings sieht sie die technische Revolution ambivalent: Chance und Gefahr zugleich, und es kommt auf den Menschen an, was er aus dem Gegebenen macht. Ein Weg zurück als Lösung der Gegenwartsprobleme verbietet sich.

So zeigt sich, daß Film und Unterrichtseinheit vergleichbare Probleme ansprechen, aber unterschiedliche Antworten haben. Der Film schafft das Problembewußtsein dadurch, daß er recht einseitig aus der Position des Indianerhäuptlings argumentiert und Bilder und Kameraführung ganz in den Dienst dieses Kommentars stellt. Die Kriterien, von denen der Häuptling ausgeht, werden freilich ihrerseits nicht mehr auf ihre Tauglichkeit befragt, sondern bedingungslos vorausgesetzt. Gerade dadurch vermag der Film sein Ziel zu erreichen: unser Verhalten nicht vordergründig in den Phänomenen begründet sehen zu wollen, sondern die geistige Einstellung, die wir zu Welt und Umwelt haben, selber zum Gegenstand des Nachdenkens zu machen. Dies aber muß - ganz abgesehen von der jeweiligen "Antwort" - für den Religionsunterricht ein zentrales Anliegen bleiben.

2. Merkmale des Filmes

"Söhne der Erde" hat eigentlich keine Handlung. Kurze szenische Folgen und Stimmungsbilder wechseln ab. Die Kamera verweilt liebevoll bei ihrem Gegenstand. Sie führt den Betrachter nahe an ihn heran und läßt ihn Schönes wie

Schlimmes im Kleinen und im Großen sehen. Verweilen und Verfolgen des Details geben dem Film einen meditativen Charakter.

Der Zuschauer fühlt sich in die Waldlandschaft versetzt und betrachtet gleichsam von einem Hochsitz aus Rehe durch sein Fernglas. Er durchlebt die Schönheit der Natur. Wenn er dann die gräßliche Autokolonne durch den Spiegel ihrer Abgase und mit dem schrillen Getöne und Gehupe auf der heißen Asphaltstraße mit dem Wirrwarr an Tankstellenreklame abbiegen oder aus einem vorbeifahrenden Auto überfahrene und verendete Tiere am Straßenrand liegen sieht, wird ihm die Trostlosigkeit dieser zivilisatorischen Folgeerscheinungen hautnah und unerträglich. Wird sein Auge sekundenlang von einem Schaumbad aus dem Abflußrohr einer chemischen Fabrik gefangengenommen und verfolgt er eindringlich den Weg des Abwassers in den Bach, so ärgert er sich, und es bäumt sich in ihm auf, ebenso wie wenn den Strand eine Unzahl von Abfällen verunstalten. Nichts wird hier nur peripher gestreift. Jede Einzelheit kann und muß in Muße betrachtet werden. Auch ohne den "Kommentar" bliebe der Film aussagekräftig und wäre eine Herausforderung an den Betrachter: was haben wir aus der Schönheit der Welt gemacht?

Die Ästhetik, mit der hier filmisch gearbeitet wird, verdient hervorgehoben zu werden. Schönes und Häßliches werden farbenprächtig und "malerisch" vorgestellt. Auge und Sinne sind voll mitbeteiligt: man meint, die gute Waldluft zu riechen und am erbarmungslosen Gestank der Autoabgase zu ersticken. Dies gelingt alles ohne spezielle Tricks. Die Beschränkung auf wenige griffige Stilmittel erweist sich hier als vorteilhaft.

Neben dieser ausgezeichneten bildhaften Gestaltung steht die sprecherische Begleitung. Sie ist völlig eigenständig und auch als Tondokument beeindruckend. Anstelle einer weitschweifigen Kommentierung steht die weithin authentische Rede des Häuptlings Seattle vom Stamme der Duwamish im Gebiet Washington aus dem Jahr 1855. Sie ist die Antwort auf eine Anfrage des Präsidenten der Vereinigten Staaten Pierce, der von den Duwamish Land kaufen wollte. "Der Indianer meditiert in einer ebenso einfachen wie bildhaften Sprache über das unterschiedliche Lebensverständnis der Roten und der Weißen. Dabei geht es um ihr Verhältnis zum Besitz, zur Natur, zu den Toten, zu Kreatur, zum Wasser, zum Land, zu den Städten, zur Luft, zu den Tieren, zur Erde als Kosmos, zu Gott. Er spricht über den Untergang der Roten und prophezeit den der Weißen; denn die Menschen sind Brüder und können 'der gemeinsamen Bestimmung nicht entgehen'. Er fragt, welche Vorstellung von der Zukunft der weiße Mann habe, der sich als Herr der Natur fühle und der doch nur eine Faser in ihrem Gewebe sei." (Hans May).

Die Rede des Häuptlings hat Bekenntnischarakter. Die Naturfrömmigkeit der Indianer ist darin auf die möglichen Neuerungen westlicher Zivilisation angewandt. Die Heiligkeit des Landes als der Ort, an dem die Götter wohnen, hat Folgen für die Frage, ob das Land verkauft werden kann oder nicht. Der Häuptling weicht dem äußeren Druck, nicht innerer Einsicht. Und er gibt nicht nach, ohne die verheerenden Folgen der Einstellung des Käufers aufzuzeigen. Auf weiten Strecken wirkt die Rede auf uns heute wie eine beinahe erfüllte Prophezeiung.

Ein Lob verdient der Sprecher, der durch seinen Vortrag und die tiefe Stimmlage den Charakter der Rede als quasi liturgische Aussage unterstreicht. Denn angelegt ist diese Vortragsweise schon in der textlichen Gestalt der Rede - ein sprechendes Beispiel dafür, wie Texte der Vergangenheit spontan zu wirken vermögen, wenn die in ihnen angesprochenen Probleme akut werden. Auch für die Rede gilt, was vom Bild gesagt wurde: der Sprecher läßt sich Zeit und dem Zuhörer genügend Muße - auch durch Pausen -, die Gedanken aufzunehmen und selbst weiterzudenken. Deshalb empfindet man die teilweisen Wiederholungen von Gedankengängen als wohltuend.

Entsprechend ist der Tonsektor gestaltet. Die Musik unterstreicht Stimmungen, auf die Text und Bild abheben; das gleiche gilt für die Geräuschkulisse. Trotzdem bleibt der Ton eher zurückhaltend. Wenige, aber aussagekräftige Elemente, variiert und wiederholt, reichen aus, um den Zuschauer in Bann zu schlagen.

Rede und Bildgestaltung sind durchweg gleichwertig. Wenn auch der Text ab und an die Stichwörter für die Bilder liefert, so gewinnen die Bildfolgen doch ihren Sinn aus sich. Bilder und Text können auch nur im aufgezeigten Problem korrespondieren, während sie inhaltlich differieren. So wird der folgende Text mit einer Bildfolge begleitet, in der ein Benzinwolken ausstoßender Lastwagen, eine übervolle Autostraße und ein Autofriedhof gezeigt werden: "Was ist der Mensch ohne die Tiere? Wären alle Tiere fort, so stürbe der Mensch an großer Einsamkeit des Geistes. Was immer den Tieren geschieht - geschieht auch bald den Menschen. Alle Dinge sind miteinander verbunden. Was die Erde befällt, befällt auch die Söhne der Erde."

3. Die Einstellung des Lehrers zum Film

Ob ein Lehrer einen Film einsetzt, hängt vor allem davon ab, welches Verhältnis er selbst zu ihm gewinnt. Dabei können recht unterschiedliche Momente ausschlaggebend sein. Vorführungen unseres Filmes zeigen immer wieder, wie die Meinungen differieren. Beeindruckt die einen die Schönheit und künstlerische Gestaltung des Streifens und sind sie von der Rede des Häuptlings überwältigt, so halten die anderen die Machart für überzogen, ja manieriert. Sie stoßen sich an den Kontrasten des Bildmaterials und an der Eindrücklichkeit der Rede, weil sie befürchten, daß die psychische Beeinflussung zu stark sein könnte. Sie bezweifeln den Realismus, während die anderen dem Film gerade solchen bescheinigen.

Das unterschiedliche Urteil gründet sicher in Einstellungen, die in komplexer Lerngeschichte erworben wurden und hier noch ungefiltert durch Reflexion zur Anwendung kommen. Dies gilt freilich nicht nur im Blick auf die Ästhetik des Streifens. Ähnliches beobachtet man beim Inhalt. Den einen dominiert die Umweltfrage und die Anklage der westlichen Zivilisation zu sehr; sie vermissen eine - wenn auch kritische - Würdigung der "Segnungen des Fortschritts". Sie hätten gerne die biblische Aussage der Weltbemächtigung als des göttlichen Schöpfungsauftrages an den Menschen festgehalten. Andere allerdings erblicken in der Parteilichkeit der Sicht des Indianers gegen unsere Kultur und ihre Geisteshaltung gerade den Vorzug des Filmes.

So wichtig es ist, daß dergleichen spontane Reaktionen nicht verdrängt, sondern zur Kenntnis genommen werden, so problematisch dürfte es ein, wenn sich das Urteil des Lehrers nahezu ausschließlich darauf gründet. Man trifft in unserem Beruf leider häufig auf eine Einstellung, die eigene ästhetische und inhaltliche Kriterien ausschließlich zum Maßstab für den unterrichtlichen Einsatz von Lernmitteln machen möchte. Ein Medium wird dann nur daraufhin befragt, wieweit es eigene Intentionen des Lehrers deckt. Wo nicht, ist man versucht, es abzuqualifizieren.

Damit wird man aber weder dem Medium noch dem unterrichtlichen Vorgang gerecht. Im Gegenteil frönt man allzusehr der falschen These, als könne ein Medium den Lehrer ersetzen. Nimmt man demgegenüber den Film als Aussage eines anderen, mit der sich Lehrer und Klasse gleichermaßen auseinanderzusetzen haben, so kann man in der Verschiedenheit der Standorte eher einen Vorteil erblicken. Durch den Film kommen Probleme zur Sprache, die andernfalls nur gestreift und vielfach unter den Teppich gekehrt worden wären. Der Lehrer behält bei alledem das Recht, zu gegebener Zeit seine kritischen und weiterführenden Aspekte einzubringen.

In der Regel hat der Lehrer vor dem Unterrichtseinsatz des Filmes kaum die Möglichkeit zu einem Gespräch unter Kollegen, in dem die eigenen Vorurteile aufgedeckt und gegebenenfalls korrigiert werden könnten. Umso wichtiger ist es für ihn, solche Voreinstellungen zu kennen und im eigenen Urteil zu relativieren. Der folgende Fragenkatalog ist dabei hilfreich:

- Was gefällt und was mißfällt mir am Stil?
- Woran erinnert mich die Machart?
- In welchen Zusammenhängen habe ich mich mit einer ähnlichen Stilart schon einmal auseinandergesetzt, und zu welchen Schlüssen bin ich damals gekommen?

- Welche Intentionen, die im Film zum Tragen kommen, entsprechen meiner eigenen Meinung, und wie sind diese präsentiert?
- Wie bewertet der Film Aussagen, gegen die ich mich wehre?

Bei der Beantwortung dieser Fragen stößt der Lehrer nicht nur auf unausgesprochene Ansprüche an einen "guten Film"; er markiert vielmehr auch die Inhalte und Leerstellen, die im Unterricht u.U. genauer zu verhandeln sein werden. Er entdeckt Schwierigkeiten, Aspekte an Schüler zu vermitteln, die sich nicht so leicht in Anschaulichkeit darstellen lassen. Damit erhält er die Chance, durch entsprechende methodische Aufbereitung die Aufmerksamkeit der Schüler gerade auf solche Aspekte zu lenken. So führt der Druck, der von gekonnter filmischer Präsentation auf den Zuschauer ausgeht, auch zum Nachdenken über gründlicheres Aufgreifen entgegengesetzter Meinungen.

Am Beispiel unseres Filmes aufgezeigt heißt das etwa: "Söhne der Erde" demonstriert unausweichlich die negativen Folgen der abendländisch-christlichen Einstellung zur Welt. Der "grenzenlos" interpretierte Schöpfungsauftrag führte zur Sicht der Welt als eines bloßen Objekts und daraus folgend zu schrankenloser Ausbeutung der Natur. Die Folgen sind Selbstzerstörung: die Haltung macht letztlich auch vor dem Menschen nicht halt.

Dieser wird Objekt unter Objekten und ist gegebenenfalls dem Zweckrationalismus zu opfern wie die Natur auch. Der Stand unserer Zivilisation unterstreicht dies ebenso, wie die Fortschrittsmöglichkeit unserer Kultur die Tendenz zur unbesehenen Annahme der Quasi-Heilslehre "Zurück zur Natur" vorantreibt. Dies trifft aber nur die halbe Wahrheit. Denn ein Zurück würde weltweit in einem Chaos enden. Die eine Verantwortungslosigkeit würde durch die nächste abgelöst. Eine Unschuld der Erkennenden und Erkannten gibt es nicht. Ein solcher Traum wäre ebenfalls selbstzerstörerisch. Während also der Film in seiner Parteilichkeit korrekte Problemanzeige bringt und Wege aufzeigt, die als Rezepte auch heute kursieren, hat der Lehrer die Aufgabe, mit den Schülern zusammen diese Rezepte ihrerseits kritisch unter die Lupe zu nehmen. Dabei wird sich herausstellen, daß manches bedenkens-, ja übernehmenswert erscheint, jedoch anderes als unzureichend, möglicherweise falsch, in jedem Fall ergänzungsbedürftig anzusehen ist. Nicht in der Übernahme einer Naturreligion kann die Lösung der Frage gefunden werden, sondern in der Wandlung unserer einseitigen Position, was Weltbeherrschung konkret bedeutet, wenn sie als göttlicher Schöpfungsauftrag zu verstehen ist. Hier gilt es, einen Eindruck, den der Film vermittelt, durch Reflexion und Phantasie auf einen neuen Ausdruck zu bringen, der vorwärts weist.

Die Folgerungen dieses hier demonstrierten Verständnisses für den unterrichtlichen Prozeß liegen auf der Hand. Der Lehrer sollte den Film ohne Einrede wirken lassen. Darstellung des Problems und Lösungen, wie sie sich hier ergeben, haben ihr eigenes Gewicht. Dies wird allerdings nicht heißen dürfen, daß die im Film vorgeführte Sicht nun ihrerseits zur Norm wird. Nur sollte der Lehrer die Kritik weniger gegen den Film als auf die Sache richten, um die es geht. Der Film hat letztlich Medium - nicht mehr, aber auch nicht weniger - zu bleiben.

4. Der Film im Schülerurteil

Prinzipiell verläuft der Begegnungsprozeß zwischen filmischem Medium und Schülern analog dem zwischen Film und Lehrer. Auch hier spielen Voreinstellungen zu Machart, Stil und inhaltlichen Tendenzen eine Rolle. Trotzdem lassen sich einige konkrete Gesichtspunkte darüber hinaus markieren.

Der Film hat wenig Handlung. Was zur Sprache gebracht wird, etwa die Bedrohung unserer Lebenswelt durch chemische Eingriffe oder die Verplanung unserer Landschaft oder die teilweise Vernichtung der Tierwelt, wird nicht durch Verfolgung eines Beispiels vor Augen gestellt: der Zuschauer ist genötigt, den Zerstörungsweg sozusagen in seinem geistigen Auge hinzuzufügen. Dies setzt erhebliche geistige Beweglichkeit voraus, aber auch Einübung in ein Sehvermögen, das heute kaum mehr trainiert wird. Fernsehfilme leben zunehmend mehr von rasch wechselnden Handlungen. Vorgangsschilderungen bestimmen auch Filme über Tierwelt und wissenschaftliche Themen. Meditativer Stil, wie ihn früher der "Kulturfilm" gepflegt hat, ist kaum mehr gefragt. Hier besteht bei Schülern die Gefahr, daß der Film in Einzelszenen ohne inneren Zusammenhang zerfällt, daß seine psychische Einfühlsamkeit in blinde Manipulation umschlägt.

Die filmischen Stilmittel, die eine ästhetisierende Note einbringen, können die Brisanz in eine Ferne rücken, die eine hautnahe Beschäftigung mit den angeschlagenen Themen nahezu verwehrt. Psychologisch gesehen knüpft der Film beim Erleben positiver Landschafts- und Naturerfahrungen an, wie wir sie bei zahlreichen in Städten aufgewachsenen und dort behafteten Kindern kaum mehr voraussetzen dürfen. Aber auch die in der Schule trainierte Wissenschaftlichkeit kann den Blick verstellt und jede Sensibilität zunichte gemacht haben. Wer Naturphänomene nur noch mit dem Mikroskop und durch tabellarische Erhebung zu beobachten gewohnt ist, wird kaum die Schönheit der Bilder begreifen, mit der Film arbeitet. Er wird auch in den Abwässern Schönheit zu entdecken geneigt sein und ansonsten wohl eher ein technisches Problem darin sehen. Nach einem Landschulheimaufenthalt mit Lagerfeuer u.ä. kann der Film völlig anders wirken.

Ähnliches gilt auch im Blick auf die Rede. Lehrer bemängeln oft am Anfang die Tonqualität, bis sie die Absicht erkennen. Für Schüler, denen gottesdienstliche Sprache und Festvortrag allenfalls merkwürdige Relikte der Vergangenheit geworden sind, dürfte eine spontane Einfühlung kaum möglich sein. Assoziationen wie alter Opa, Weihrauch oder Pfaffe kommen u.U. auf und mit ihnen Aggressionen, die sich aus persönlichen Erlebnissen speisen. Ohne Klärung - und zwar vor der Filmvorführung - ist ein Zuhören fast ausgeschlossen.

Das sollte allerdings nicht davon abhalten, den Film zu verwenden. Gerade weil oft kaum Zugänge zu derartigen künstlerischen Gestaltungsformen vorhanden sind, sollte man Schüler zu solchen Betrachtungen ermutigen. Werden nämlich erst einmal die Mauern des Vorurteils durchstoßen, dann geht es wie bei der Erforschung einer Burg. Hierzu kann der Lehrer diverse Hilfen anbieten.

5. Erschließungswege - spontaner Eindruck und methodisch geordnete Reflexion

Die Tatsache, daß es sich um einen künstlerisch wertvollen Film handelt, legt nahe, den Zuschauern Gelegenheit zu spontanen Äußerungen zu geben. Dabei fördert es das Gespräch, wenn ein Kreis gebildet wird. Wichtige Aussagen werden an der Tafel festgehalten. Kommt der Lehrer zeitlich ins Gedränge - die Vorführung dauert immerhin fast eine halbe Stunde - oder ist die Klasse in Filmbesprechungen ungeübt, kann der Lehrer zentrale Begriffe an die Tafel schreiben und dazu mündlich oder schriftlich votieren lassen (Kreis vor der Tafel). Solche Aussagen wären z.B.: Land kaufen - Himmel kaufen; heilige Natur; der Mensch - ein Teil der Erde; Wasser, Luft und Tiere - zum Gebrauch?; Flüsse - unsere Brüder?; keine Stille in den Städten der Weißen; qualmendes Eisenpferd - Büffel; am Abfall erstikken...; Ende des Lebens - Beginn des Überlebens u.a.m. Diese Vorgaben enthalten freilich zugleich ein Moment der Lenkung. Das ist aber im Blick auf die Zielsetzung der Unterrichtseinheit legitim. Die Unterrichtsstunde, in der der Film betrachtet wurde, muß mit einem optisch festgehaltenen Ergebnis enden, an das später angeknüpft werden kann.

Aus solchen Gesprächen ergeben sich in der Regel Schwerpunkte, die einer gesonderten Behandlung bedürfen. Thematisch angesprochen sind etwa der Umgang mit der Landschaft (Wälder und Besiedelung), mit dem Wasser, der Luft und den Tieren. Ob man sich eine Thematik davon herausgreift und sie genauer verfolgt oder in differenzierter Gruppenarbeit alle Themen behandelt, wird von der Klassensituation und den Fähigkeiten der Schüler abhängen. Auf jeden Fall ist darauf zu achten, daß die Gruppenergebnisse dem Plenum in einer Form zukommen, in der weitergearbeitet werden kann. Von mündlichen Gruppenberichten ohne weitere Aufbereitung ist daher abzuraten. U.U. empfiehlt sich eine Art Wandzeitung, die dann den Unterricht begleiten kann, solange das Thema behandelt wird.

Dem Film ist der Redetext beigefügt und zum Kopieren freigegeben, so daß der Lehrer auch über den Text mit seiner Klasse ins Gespräch kommen kann. Dies lohnt sich insbesondere, wenn die Schüler die religiöse Gedankenwelt des Indianerhäuptlings analysieren sollen. So kann etwa eine gleichförmige Gruppenarbeit zu nachstehenden Aufgaben weiterführen:

1. Nennen Sie den Grund der Rede des Häuptlings Seattle!

2. Der Häuptling hat sich mit existentiellen Fragen für sein Volk zu beschäftigen: wie beurteilt er die Zukunftschancen seines Volkes?

3. Die Erfolge des weißen Mannes stürzen den Indianer nicht nur in eine Existenzkrise, sie haben auch Rückwirkungen auf sein religiöses Bekenntnis. Vor welche inneren Konflikte sieht sich Seattle gestellt?

4. Wie umschreibt Seattle das Verhältnis des Indianers zur Welt? Unterstreichen Sie die wichtigsten Ausdrücke!

Ein anderer Weg der Texterschließung wäre der, die zentralen Vorstellungen der Rede erheben zu lassen und von daher nach der religiösen Weltsicht des Indianerhäuptlings zu fragen. Zentrale Aussagen wären etwa: kaufen/verkaufen/Besitz; Heiligkeit der Erde/Wasser als Blut der Ahnen/Gräber als geweihter Boden; Geruch/sanftes Geräusch des Windes u.a.m. Als Aufgabe formuliert, könnte man nach Begriffen und Bildern fragen, mit denen der Häuptling sein Verhältnis zur Welt umschreibt.

Aber auch von der Bilderwelt des Streifens kann ausgegangen werden. In einer tabellarischen Tafelanschrift sind dann etwa gegenüberzustellen: Bilder von der Schönheit der Welt - Bilder von der Zerstörung der Welt durch den Menschen. Ein solches Vorgehen spitzt den Unterricht freilich unwillkürlich auf die ökologische Frage zu. Die Einbeziehung des Redetextes in der folgenden Phase müßte dann die zugrundeliegenden Ursachen in der jeweiligen Geisteshaltung zutage fördern.

Legt man den Redegang zugrunde, so läßt sich folgende Zuordnung von Text- und Bildelementen vornehmen:

Bilder	Text
Unberührte Landschaft: Gebirge - Ebene	Einleitung: Land verkaufen
Grauer Himmel	Erde und Himmel kaufen?
Wald - hohler Baum - Insekten - Meer - Land - Farm - Rehe	Heilige Natur
Waldabholzung - holzverarbeitende Industrie	Rote und Weiße - Sieg der Weißen
Schaumverdorbener Fluß - Chemiefabrik - verseuchter See	Wasser - Bäche - Flüsse und die Ahnen
Schöner und zerstörter Wald - korrodierte Landschaft - Friedhof	Natur - Stadt
Flugbetrieb - Abgase - Stadt mit Schmutz und Lärm	Luft
Durch Autos getötete Tiere - Lastwagen mit Abgaswolke - Wohlstandsautowracks	Tiere - Tier und Mensch im Miteinander
Farm - Blumen - Wald - Bäche	Das Land kaufen können oder nicht?
Wohlstandsmüll - Elendsviertel - Stadtruinen	Zerstörte Indianer
Meer - Ufer - Strandgut - Müll - tote Tiere - tote Städte: County estate	Untergang des roten Mannes
In einer Großstadt: Trostlosigkeit städtischer Existenz	Ende des Lebens - Beginn des Überlebens
Schönheit der Natur - Sonnenuntergang	Traum der Weißen: Herrschaft über die Erde - Was will Gott?

Eine solche Aufstellung hilft übrigens den Schülern, sich den Film wieder zu vergegenwärtigen. Will der Lehrer weitergehende Vorgaben machen, um Zeit zu gewinnen, so kann er zu den schon erwähnten Themenkomplexen passende Redezitate auswählen und die Gruppen seiner Klasse an diesen Zusammenstellungen arbeiten lassen.

Vergleichen wir nun, welche Lernziele und Inhalte der UE "Nach uns die Sintflut?" im Zusammenhang der Besprechung dieses Filmes schon aufgegriffen wurden, so machen wir die überraschende Entdeckung, daß vermutlich die Lernziele 1 und 2 vollständig, die beiden andern in weiten Teilen behandelt wurden. Die Weiterarbeit hätte sich demnach darauf zu konzentrieren, eine angemessene Interpretation des Schöpfungsauftrags vorzunehmen, die den Weltbemächtigungswillen des Menschen in seine von Gott verordneten Schranken weist. Gegenüber dem weitgehend vom Fatalismus geprägten Denken des Häuptlings wäre auf die biblische Verheißung hinzuweisen, die auch denen gilt, die aus der Strafe Gottes gerettet wurden (Sintflutgeschichte). Wie allerdings sich diese veränderte Grundhaltung im Alltag auszuwirken hätte, dazu gibt es erst Ansätze. Sie sollten jedoch ernstgenommen werden.

6. Theologische Anmerkungen zu den angesprochenen Fragekreisen

Zweifellos hat das jüdisch-christliche Gottesverständnis und Weltverhältnis einen wichtigen Anteil an der Sicht der Welt als eines bloßen Objekts, das schließlich menschlicher Verwertung preisgegeben ist. Andererseits gibt es den unbeschränkten Zugriff auf Natur und Tier im zweckrationalen Sinn erst nach der Aufklärung. Ganz ohne Zweifel entspricht eine solche Haltung aber nicht der genuinen Beauftragung des Menschen zu verantwortlicher Weltgestaltung, wie sie vom biblischen Gott gefordert wird.

Da ist vielmehr von der Fürsorge für die Natur ebenso zu sprechen wie von ihrer Verwertbarkeit durch den Menschen. So hat sich auch jahrhundertelang christlich-jüdische Einstellung zur Natur allenfalls in Nuancen von der Behandlung der Natur bei sogenannten Naturvölkern unterschieden. Die neuzeitlich aggressive Interpretation von Welt als dem Verfügungsraum menschlichen Geistes und menschlicher Gewalt ohne jede prinzipielle Grenze ist eine Gefahr, vor die sich die biblischen Autoren in dieser Weise nicht gestellt sahen. Daß der Mensch gegenüber der Natur übermächtig ist, ist ein Problem der Neuzeit.

Jeder Aufbruch des Menschen mit dem Ziel der Gewinnung neuer Räume ist von traditionellen Einstellungen in Frage gestellt worden. Das gilt auch innerhalb der abendländisch-christlichen Tradition. Wenn nun heute für manche die Worte des Häuptlings Seattle wie Musik in den Ohren klingen, dann hat das seinen Grund nicht zuerst in der Gemeinsamkeit religiösen Empfindens mit diesem, sondern in der Gemeinsamkeit der Besorgnis schon eingetretener oder absehbarer Folgen. Was gefordert wird, zielt deshalb auch nicht auf eine Vergötterung innerweltlicher Gegebenheiten, d.h. auf die Angst vor der Machthaltigkeit der Natur, die zurückschlagen könnte, als vielmehr darauf, die Gebundenheit des Menschen an seine irdische Grundlage ernstzunehmen. Und hier treffen sich in der Tat die Intentionen eines Seattle mit den unsrigen.

Durch die Religiosität des Indianers und seine daraus gewonnene Weltsicht werden wir freilich auf etwas anderes aufmerksam gemacht, was in unserer quasi religionslos gewordenen abendländischen Kultur fast vergessen schien: zwischen unserer "Lebensphilosophie", unserer "geistigen Heimat", ja unserer Religiosität und unserem Verhalten in und zu der Welt besteht ein unauflöslicher Zusammenhang. Das in letzter Zuspitzung philosophisch im Existentialismus zum Tragen gekommene, im Alltag bei der Bevölkerung aber weithin geteilte Menschenbild, nach dem uns niemand und nichts letztlich Schranken setzen kann außer wir selbst - diese auch gefühlsmäßig verankerte Haltung gründet in Denkmustern, die allerwärts unhinterfragt tradiert werden, die wir heute aber zu kritisieren haben. Wo wir es nicht schaffen, unsere geistigen Grundlagen umzuorientieren oder neu zu gewinnen, wird uns auch keine nachhaltige Änderung im Verhalten gelingen. Der Film zeigt, wie eine bestimmte Religiosität heilsame Schranken errichtet, und es wäre zu fragen, ob nicht von unseren eigenen Traditionen her vergleichbar segensreiche Impulse ausgehen könnten.

Inhaltlich bedeutet das eine veränderte Rolle für den Menschen. Theologisch geht es um das Verhältnis seiner Gottesebenbildlichkeit zu seiner Geschöpflichkeit. Das einseitige Beharren auf der Rolle Gottes gegenüber der Welt ließ vergessen, daß wir, solange wir leben, Geschöpfe sind und damit Teil der Schöpfung und auf diese angewiesen. Das Feld, auf dem sich beide Rollen zu bewähren haben, ist nicht die Natur, sondern die Geschichte. Der Indianer kennt keine Geschichte: für ihn sind auch die Toten in der Natur präsent. Überall begegnet ihm die Mächtigkeit des Natürlichen. Das bedeutet auch, daß er sie verehrt. An die Stelle ehrfürchtiger Verehrung tritt beim Christen die des überraschten Staunens über die Werke des Schöpfers, an denen er mitwirken kann. Der Christ glaubt nicht an die Unveränderbarkeit von Natur. Die Welt ist offen für Neues - und gerade darin kommen Hoffnung und Furcht nahe zueinander.

Die Eingriffe des Menschen sind nicht von vornherein identisch mit dem Schöpferwillen Gottes. Menschliche Hybris und menschliches Versagen schlagen zurück: in der Moderne bekommen wir das tagtäglich stärker zu spüren. Heute ist Behutsamkeit im Umgang mit der Welt am Platze. Wir entdekken den Wert des göttlichen Schöpfungsgeschenkes. In unserer Fähigkeit, Welt zu gestalten, können wir den Fehler nicht mehr nur als eine läßliche Sünde, als Betriebsunfall, der in Kauf zu nehmen wäre, hinnehmen. Wir müssen ihn von vornherein in seinen möglichen verheerenden Folgen und Wirkungen beachten. Das Feld der Geschichte ist das Feld von Sieg und Niederlage, von Gewinn und Verlust. Unser Glaube aber hilft uns, Ziele zu erkennen, und Fehler und deren Folgen durchzutragen - weil Gott uns versprochen hat, uns nicht im Stich zu lassen. Diese geschichtliche Dimension der Wirklichkeit übergreift jeden Glauben an natürliche Mächte. Sie macht frei auch zum Wagnis, ohne das wir unserem göttlichen Auftrag nicht gerecht werden könnten.

So sehr also Film und Rede unserem Tun einen wertvollen und erschreckenden Spiegel vorhalten können, so wenig läßt sich eine christliche Position daraus ableiten. Es gibt wohl Überschneidungen: wir können daraus lernen. Was christlicher Glaube ist und wie er sich auswirkt, kann aber von daher nicht ins Blickfeld rücken. Aus diesem Grunde hat das LZ 4 auch eine andere Stoßrichtung: der an den gegenwärtigen geschichtlichen Ort gestellte Mensch hat die Pflicht, seiner Zeit und ihren Gegebenheiten neu gerecht zu werden, und seine Versuche sind im Rahmen der Verwirklichung des Gottesreiches zu sehen, nicht aber als Rückwendung zu naturgesetzlicher Ordnung.

7. Verschiedene Möglichkeiten der unterrichtlichen Verwendung des Filmes

Zum Schluß seien drei Verwendungssituationen dieses Streifens aufgezeigt. Die Breite der Fragen und die Klarheit der Positionen, die der Film vorführt, legen nahe, ihn als Leitmedium für die Unterrichtseinheit zu verwenden und allenfalls im Zusammenhang mit der Markierung der biblischen Tradition und bei der Demonstration alternativen Lebensstils mediale Ergänzungen vorzunehmen. Welche Möglichkeiten sich methodisch bieten, wurde schon unter 5. ausgeführt.

Reduzierter, aber nicht weniger eindrücklich kann der Film wirken, wenn man die Unterrichtseinheit mit ihm eröffnet. Ziel darf dann allerdings nicht eine nahezu perfekte Auswertung aller aufgenommenen Gesichtspunkte sein, sondern nur das, was von Schülerseite her angesprochen und eingebracht wird.

Wahrscheinlich kommt dabei die Rede des Häuptlings zu kurz, was aber nichts schadet. Dieses Vorgehen hat wohl dann Sinn, wenn man später - etwa im Oberstufenunterricht - noch einmal auf diesen Film, vor allem auf die Häuptlingsrede, zurückgreifen will. In manchen Klassen, die vergleichbares filmisches Material kennen, kann ein solcher

Einstieg angezeigt sein, weil er die heute reichlich breit traktierte Thematik so außerordentlich andersartig aufgreift.

Seinen eigentlichen Ort dürfte der Streifen aber haben, wenn es um die Problemanalyse geht. So macht der Film deutlich, was Glaube an einen Schöpfergott bedeutet im Gegensatz zum Glauben an naturhafte Götter. Er zeigt, wie Religiosität und Handeln zusammenhängen. An ihm läßt sich die Frage nach den Kriterien stellen, wie der selbstgemachten ökologischen Misere begegnet werden soll. In diesem Sinn hat er seinen legitimen Ort im Rahmen des dritten Lernzieles.

"Söhne der Erde" erweist sich somit als eine wesentliche Bereicherung des Medienangebotes. Richtig verwendet, macht es Freude, diesen Film im Unterricht zu besprechen.

Spielhölle
Theater
Willkommen!
Tod u. Verdammnis
Leben u. Seligkeit
Reich der Welt
Reich Gottes
Sonntagschule
Weltsinn
Heute, so ihr hören werdet Seine Stimme, so verstocket eure Herzen nicht. Hebr 3, 7. 8.
Sehet, jetzt ist die angenehme Zeit, jetzt ist der Tag des Heils!

EIN BILD FÜR GLAUBEN UND LEBEN - DER BREITE UND DER SCHMALE WEG Mt 7,13.14

Eine Vielzahl von pietistisch geprägten Christen haben in ihren Häusern ein Bild aufgehängt, auf dem sie anschaulich christlichen Lebenswandel dargestellt und weltlichem Verhalten gegenüber abgegrenzt finden. Das Bild, das noch heute als Poster bei der St.-Johannis-Druckerei C. Schweickhardt in Lahr zu beziehen ist, faßt einen Teil pietistischer Frömmigkeitsgeschichte und dürfte - aller zeitgenössischen Prägung zum Trotz - auch dem Menschen in der zweiten Hälfte des 20. Jh. noch manches zu sagen haben.

1. Auf Entdeckungsreise

Das Bild ist konkret und symbolisch zugleich. Von unten her tritt der Mensch in das Leben ein und findet sich vor Mauern gestellt. Im Vorraum der Mauern gibt es einen Wegweiser, der auf Pforten verweist, nach rechts unter dem Titel "Leben und Seligkeit", nach links "Tod und Verdammnis". Freilich dort eben ist die Mauer niedrig und der Weg breit, die Einladung ist evident. Rechts lassen die Mauern keinen Blick in das Dahinterliegende zu. Die Pforte ist eine enge Kirchentür, der Weg ein schmaler Pfad.

Vor der Entscheidung

Die wohlanständige bürgerliche Welt, gepflegt im guten Anzug und Kleid, die Damen mit Schirm, die Herren im Zylinder, sieht sich ebenso vor die Entscheidung gestellt wie die einfachen Leute: die Arbeiter, Handwerksburschen und Tagelöhner. Ihnen allen sind die 10 Gebote bekannt gegeben, und nun werden sie eingeladen - zur Verstockung oder zum Heil. Heute noch wird die Entscheidung fallen, wie die Bibelzitate hervorheben. Das Reich der Welt lockt mit "Willkommen", mit dem Wirtshaus, Spiel und Tanz, Wohlstand und Reichtum. Der Prediger vor dem Reich Gottes wirkt dagegen armselig und hat nur das Kreuz Christi anzubieten. Er macht den Vorbeikommenden ihre Lage klar. Der Schein trüge: sie seien die sündigen, mit Schuld Beladenen. Nur der Christusglaube könne sie retten. Alkohol und Sex (Bacchus und Venus) machen den Götzendienst (Mauer-Spruch!) und die Weltfreude aus, Schuldvergebung und Trost kennzeichnen das Gottesreich.

Die Wege nach oben

Beide Wege, der breite wie der schmale, führen zu Gott, dessen Auge über dieser Welt - ihrer Errettung und ihrem Untergang - wacht. Der breite Weg scheint weniger beschwerlich und bietet dem Eintretenden mehr Abwechslung.

Der schmale beginnt mit einer Treppe, wie man zur Kirche geht, führt über die Brücken an Zelt und Diakonissenhaus vorbei zu dem vom Himmel herabkommenden lichten Jerusalem. Auf diesem Weg ist viel von Schuld, Verzweiflung und Tod zu reden und zu spüren. Am Ende freilich steht hier die Herrlichkeit, dort das höllische Feuer, beides als zeichenhafter Ausdruck des endzeitlichen Gerichts.

Der Weltsinn

Das Reich der Welt hat verlockende Angebote: Die Herrenrunde lädt zum Trinken ein, und ein Mädchen lockt zum Theater. Was auf den ersten Blick sich als harmloses Vergnügen darstellen mag, deuten die Bibeltexte als Beginn der Selbstvernichtung: Trunkenheit und Suche nach Geld bis hin zum Diebstahl werden hervorgehoben. Das Leben über die Verhältnisse führt zu grausamer Abhängigkeit nach innen und nach außen. Nach innen, weil die Anpassung an den verlangten Standard den Eigenwert des Menschen vergessen läßt; der Mensch gilt nur noch nach dem Ansehen, das er bei anderen genießt (Joh 5,44); nach außen, weil die zu diesem Lebensstil notwendige Geldbeschaffung in "Schuldsklaverei", in die Klauen der Wucherer führt; denn "das Herz des Gottlosen ist grausam". Hier gibt es kein Vergeben und Vergessen. Der Brunnen ist und bleibt trocken.

Was als Verfehlung anzusehen ist

Mit den Stichwörtern Trinken, Maskenball, Theater, Spielhölle, Konversationshaus und Lotto schreibt das Bild seinen Lasterkatalog und interpretiert ihn mit biblischen Szenen und Sprüchen: prophetische Anklage eines losen Lebenswandels steht neben Verboten aus der Vermahnung in neutestamentlicher Briefliteratur, und selbst der Hinweis auf Sodom und Gomorrha fehlt nicht. Das Gefälle der Aussage ist deutlich: der Weg des irdischen Vergnügens führt mit Notwendigkeit zum Teufelskreis und endet in Elend und Gottesgericht. Die Unbeschwertheit einer Lebensführung, für die die Erkenntnis von Schuld und Sünde gleichsam ortlos ist, hat selbstvernichtende Folgen.

Wohin der Weg des Vergnügens führt

An der Stelle, wo dem Betroffenen die Ambivalenz seines Lebensstils schon hätte deutlich werden können, wo nämlich Verschuldung in äußere und Leerlauf in innere Not geführt haben, wird der Wanderer auf den breiten Weg - wie einst der verlorene Sohn im Gleichnis vom barmherzigen Vater - zum Gottesreich als alternativem Lebensstil aufgefordert: eine letzte Chance, die sich dem schon am Rande des Abgrunds Stehenden bietet. Ob er sie wahrnehmen möchte?

Wo nicht, ist sein Untergang bei Gott beschlossen. Wie

einst Israel, so wird er aus seiner Heimat in die Verbannung fortgeführt. Die feindlichen Heere zerstören die heimatlichen Städte, und die Bahn für die Vernichtung ist schon im Kommen. Was ein historisches Geschehen - die babylonische Gefangenschaft - meinte, wird zum Vorspiel des apokalyptischen Gottesgerichtes.

Was Gott mit den Übeltätern tut

In drastischen Bildern ist der Zorn Gottes ausgemalt: eine in Flammen des Infernos versinkende Stadt, herbeigeführt durch Blitz und Donner, mit dem das Weltende besiegelt ist. Daß dies und nichts anderes gemeint ist, dokumentieren die Bibelzitate aus alttestamentlichen und neutestamentlichen apokalyptischen Stellen. Bemerkenswert, daß das individuelle Gericht in Anlehnung an Bilder aus dem Danielbuch am Ende steht: der einzelne, nicht die Gemeinde, das Gottesvolk, bleibt die eigentliche Adresse.

Was Gottes Auge sieht

Freilich spielt sich das alles zur Linken, fast außerhalb der Sichtweite des göttlichen Auges ab. Ihm gilt offenbar Gottes Augenmerk nicht in erster Linie. Zwischen dem Berg des Gerichts und dem Berg, zu dem das himmlische Jerusalem herabkommt, findet man ein tiefes, in bedrohliche Wolken gehülltes Tal, während lichter Himmel Gottes Auge umkreist. So blickt der lichte Gott auf den Regenbogen über der Welt, der den Abgrund überwindet - jenes Zeichen, das Gott dem Noah nach der Sintflut als Zeichen seines guten Schöpferwillens und der felsenfesten Verheißung gesetzt hat. Hier scheint es freilich nur den Bewährten zu gelten, die bei allen Anfechtungen doch zum Gottesreich zu zählen sind.

Vom Leiden in die Herrlichkeit

Mit dieser paulinischen Sentenz ist der schmale Weg zutreffend charakterisiert. Denn was der Wanderer zum Gottesreich zunächst sieht, ist der die Mauern überragende Crucifixus. Und nach dem Eintreten fällt ihm die beschwerliche Treppe auf, die an der Kirche vorbeizieht, die eher ein Randdasein zu pflegen scheint. Aber schon zu Beginn ist das Leiden durchbrochen. Aus dem Golgatha-Felsen quillt Wasser des Lebens, mit dem der Wanderer im Gottesreich seinen Durst für den Aufstieg stillen kann, und auf dem Weg weiter oben erwartet ihn ebenfalls leibliche und geistliche Speise: vor der Sonntagsschule wird ihm ein Krug gereicht, und auch an Predigern des Gotteswortes ist kein Mangel. Wer sich ausruhen möchte, findet Platz in saftigen Wiesen, und wo Schluchten den Weg versperren würden, finden sich Brücken und Stege.

Was der Gläubige zu beachten hat

Die Predigt ermutigt: Gott will keinesfalls die Vernichtung der Menschen, aber gerade wenn der Fromme sich in seiner Frömmigkeit und Gläubigkeit bestärkt und bestätigt findet, droht ihm die Gefahr, in Selbstgefälligkeit und Lieblosigkeit zu fallen. Nahezu ein Drittel des Weges dient daher der Selbstprüfung: Demut gilt es einzuüben. Das beginnt damit, daß der aus Glauben Gerechtgesprochene und ins Missionszelt Eingeladene dem Elend begegnet, das ihn zur Tat herausfordert: Waisenkinder, die um Hilfe betteln. Und Bibeltexte schärfen das Tun, die Heiligung des Lebens, ein: das Diakonissenhaus wird zum Zeichen der notwendenden Liebestat. Aber gerade bei der guten Tat lauert der Löwe, um den Wanderer in seiner Selbstgerechtigkeit zu vernichten. Nur die Waffenrüstung von Glaube, Liebe und Hoffnung läßt die Gefahr überstehen.

Bei Gott geborgen

Wer freilich sich bei all dem bewährt hat, kann Gott in der Höhe preisen und zu den Toren des himmlischen Jerusalem eingehen. Die lobende Seele des Menschen, der seinen irdischen Lebensweg beendet hat, wird - zum Engel gewandelt - in den lichten Chor der himmlischen Heerscharen der Gottesstadt aufgenommen.

2. Des Pudels Kern

Das Bild trägt lehrhafte Züge: es will die zentralen Glaubens- und Lebensinhalte einer besonderen Frömmigkeitsform verbindlich und anschaulich darstellen. Ausgangspunkt dafür ist das pietistische Glaubensverständnis. Formal gesehen setzt der Maler den Ausspruch Jesu von den beiden Wegen ins Bild um: "Geht ein durch die enge Pforte! Denn die Pforte ist weit, und der Weg ist breit, der zum Verderben hinführt, und viele sind es, die auf ihm hingehen; denn die Pforte ist eng, und der Weg ist schmal, der zum Leben hinführt, und wenige sind es, die ihn finden."

Was das inhaltlich im Blick auf die Zeitgenossen bedeutete, vermittelt das Bild in einer Fülle von typischen Szenen, die durch Bibelsprüche kommentiert und das heißt ins rechte Licht gerückt werden. Die wichtigsten sind ausgedruckt, bekannte oder mehr illustrierende Texte lediglich mit Stellenangabe angeführt.

Der Ruf zur Entscheidung

Christlichem Leben geht der Ruf in die Glaubensentscheidung voraus: jeder Mensch ist vor diese bewußte Entscheidung (Hebr 3,7.8; 2 Kor 6,2) gestellt. Entsprechende Aufforderungen finden sich nicht nur im Vorraum (untere Bildhälfte) in Text und Bildelementen (z.B. der Wegweiser), sondern mehrfach in der Wegbegleitung des Gottesreiches, vor allem aber bei dem Übergang vom einen zum andern Weg in der Mitte des Bildes. Dabei zielt die Glaubensentscheidung weniger auf das Annehmen von Glaubenswahrheiten als vielmehr auf die konkrete Lebensführung und das in ihr zum Ausdruck kommende christliche Selbstverständnis.

Durch Jesus Christus von Sünde befreit

Das Sündenbewußtsein des Menschen, der vor der Entscheidung für oder gegen den Glauben steht, wird als Basis vorausgesetzt: die Mühseligen und Beladenen, die unter der Sündenlast Stöhnenden erkennen den Wert des Gottesreiches eher als die Selbstsicheren und Unbefangenen. Der Bußruf knüpft bei der Schulderkenntnis an.

Entsprechend wird das Christusgeschehen als Befreiung von der Sündigkeit und als Aufruf zu sündlosem Lebenswandel verstanden: der Gekreuzigte trägt die Sündenlast der Menschen und ermöglicht den Gläubigen so einen neuen Anfang. Jesu Auferstehung ist die Überwindung des Todes und Ausdruck des gelungenen Freikaufs von der eigentlich unabwendbaren göttlichen Strafe. Im neuen, von Gott gewählten Status haben Christen ein heiliges Leben zu führen.

Sünde und Unmoral

Sündigkeit des Menschen findet ihren Ausdruck in moralischen Verfehlungen; Heiligung wird entsprechend als sittlich hochstehende Lebensführung interpretiert. Beides gerät im Bild in einen harten Gegensatz. Äußerst eindrücklich, fast ein Stück zu gründlich werden die tatsächlichen oder vermeintlichen sittlichen Verfehlungen samt den entsprechenden Orten und Situationen als Sünden aufgeführt: das Trinken, Sex, Theater, Spiel um Geld, Diebstahl, Tanz u.ä.m. Ganz aus dem Blick geraten Themen wie Irrlehre; allenfalls angedeutet ist das Problem des Glaubenszweifels (Konversationshaus). So werden Sünde, Schuld und Unmoral zu nahezu synonymen Begriffen.

Gottes Auge wacht über allem

Diese moralisierende Grundtendenz prägt auch das Verständnis der Eschatologie, wie sie das Bild vorzeichnet. Was am Ende des Weges vom göttlichen Auge registriert auf die Waagschale fällt, sind die Lebensfrüchte. Freilich werden sie nicht etwa kleinlich gegeneinander aufgerechnet. Werkgerechtigkeit findet sich hier nicht. Betont wird vielmehr die Freude über jeden, der zum schmalen Weg findet. Andererseits weiß sich der Mensch vom richtenden Auge Gottes verfolgt, solange er auf dem Wege ist.

Gott selber ist der Autor dessen, was nach dem Tode kommen wird. Er teilt Himmel und Hölle zu. Seine eigentliche Absicht ist aber nicht die Vernichtung, sondern die Rettung des Menschen. Bemerkenswert, daß für Gericht und ewiges Leben auf biblische Aussagen zurückgegriffen wird und der Maler sich mit dem Ausmalen stark zurückhält. Lediglich die Umwandlung der Menschen in eine "Seele" und später in einen Engel gehen über biblische Vorlagen hinaus. Die Aussage des Bildes bleibt in der Sache aber klar: Am Ende des Lebens steht der Mensch vor seinem Richter, der dem Reuigen gegenüber Gnade walten läßt, den Unbußfertigen aber bestraft.

Heiligung - keine Selbstgerechtigkeit

Unbußfertigkeit ist nicht als Kennzeichen der Wanderer auf dem breiten Weg allein zu verstehen; gerade die Glaubenden sind dieser Anfechtung ausgesetzt. Ihr Leben muß sich an Gottes Geboten messen lassen, und sie haben sich stets vor Augen zu halten, daß sie sich nichts, Gott aber alles verdanken. Selbstkritik und Gotteslob sind zwei Seiten derselben Medaille.

Demnach ist der Mensch in seinem Leben vor die Glaubensentscheidung gestellt, die seinen Lebensweg grundlegend bestimmt. Gott wacht über Gute und Böse gleichermaßen. Solange wir leben, will uns Gott retten. Deshalb hat Christus am Kreuz die Sünden aller Menschen getragen, sind wir durch sein Blut erlöst und zum ewigen Leben befreit und in seine Nachfolge gerufen. Nachfolge bedeutet sittlich guten Lebenswandel, Vermeidung von Luxus und Vergnügungen und Streben nach`konkreter Liebestat. Der Herr im Himmel wird es am Ende lohnen. Bescheidenheit, Hilfsbereitschaft, Selbstkritik und Gotteslob kennzeichnen das Leben auf dem Weg in Gottes Reich, zu dem Christen unterwegs sind.

3. Weltsinn und Teufelswerk

Die Unmoral des Weltsinns faßt das Bild in fünf typischen Elementen: Wirtshaus und Trinken, Theater, Maskenball, Spielkasino und Konversationshaus. Im wesentlichen haben sich diese Vorbehalte seit dem Beginn des Pietismus bis heute bei seinen Anhängern durchgehalten. Allerdings zeichnet sich derzeit ein Kampf gegen diese Anschauungen bei zahlreichen Christen ab, die dem Pietismus entstammen und andere Akzente setzen möchten. Sie begründen ihre Forderung zu Recht damit, daß sich die Zeiten geändert haben.

Trunkenheit und soziales Elend

Eine Reihe von pietistischen Erweckungspredigern haben das große Verdienst, mit ihrer Erweckungsbewegung in ganzen Landstrichen Familien vor dem sozialen Ruin bewahrt zu haben. Die sich seit der ersten industriellen Revolution zunehmend verschlechternden Zustände der Arbeiterschaft führten dazu, daß Familienväter in den Alkohol flüchteten und oft genug Tages- und Wochenlohn alsbald in den Wirtshäusern ließen. Ehefrauen und Kinder hungerten derweil. Je schlimmer die sozialen Verhältnisse, desto größer der Alkoholismus und umgekehrt: ein Teufelskreis, den man mit herkömmlichen Mitteln nicht aufbrechen konnte. Die Erweckungspredigt gab hier neue Perspektiven: sie setzte lohnende Ziele, wußte Vergangenes zu vergessen und gab im Glauben Kraft und inneren Halt zur "Buße", was in diesem Fall - auch medizinisch gesehen - die totale Abkehr vom Alkohol bedeutete.

Maskenball und die Folgen

Asketische Grundhaltung, wie sie schon im Neuen Testament z.T. angelegt, schließt Sinnenfreude weitgehend aus. Auch der Pietismus greift auf diese neutestamentliche Strömung zurück und verstärkt sie. Allerdings geschieht dies nicht ohne aktuellen Grund. Gerade da, wo das Leben sinnlos zu werden droht, stürzen sich Menschen ins Vergnügen. Hemmungslosigkeit tritt an die Stelle der Bedachtsamkeit, und Verantwortungslosigkeit stellt sich ein. Tanzen und Bälle sind Gelegenheiten, Moral und Anstand, Bescheidenheit und gegenseitige Achtung vergessen zu lassen. Die Sexualfeindlichkeit der christlichen Tradition generell kommt hinzu. Bis in die Gegenwart hinein werden deshalb vor allem der Karneval u.ä. Festivitäten im pietistischen Raum abgelehnt. Man kann dabei darauf verweisen, daß manches Ehezerwürfnis dort seinen Ausgangspunkt hat und zahlreiche uneheliche Kinder gezeugt wurden. In einer Welt, in der dies mit sozialer Ächtung verknüpft war, bekam das Tanz- und Ballverbot einen anderen Stellenwert, als ihm heute zukommen mag.

Kasino und Schuldturm

Das Geldspiel war nicht ohne Grund verpönt. Spielschulden ruinierten zahllose Familien. Die Unbarmherzigkeit, mit der sie eingetrieben zu werden pflegten, zwangen zu immer abenteuerlicheren Finanzierungsmethoden. Wer nicht im Schuldturm landete, ließ sich oft genug in kriminelle Handlungen verwickeln. Die Schulden waren der Hebel der Unterwelt, mit dem sie die Spieler immer tiefer in Abhängigkeit brachte. Die hohe Sensibilität erwecklicher Predigt mit dem Tenor "Wehret den Anfängen!" wird auf diesem Hintergrund verständlich. Wie oft mag alles ganz harmlos angefangen haben. Der Weg nach unten vollzog sich gleitend. Gerade deshalb war er so gefährlich.

Konversationshaus und Glaubensbekenntnis

In den Universitäten nach der Reformationszeit wurde um die christliche Wahrheit in manchmal grotesken, ja unwürdigen Formen gerungen. Streitigkeiten über Glaubensfragen brachten manche Pfarrer auf die Kanzeln, so daß sich die Sonntagspredigten wie Rede und Gegenrede ausnahmen - von gemeindlicher Erbauung konnte keine Rede sein. Das Handeln solcher kirchlicher Vertreter stand in krassem Gegensatz zu ihren Worten.

Auch in der Wissenschaft sonst griff die spitzige Auseinandersetzung Platz. Menschlicher analysierender Verstand wurde - so empfand man es in pietistischen Kreisen - gegen die biblische Offenbarung ausgespielt. An die Stelle des Gehorsams trat die Kritik.

Demgegenüber weisen die Erweckungsprediger auf die Notwendigkeit hin, sich Gott schlicht anzuvertrauen und ihm zu dienen. Jede Form des kritischen Einspruchs, alle kluge Rederei fällt dabei unter das Verdikt des Paulus, es sei Weltweisheit, der gegenüber die Torheit des Kreuzes Jesu Christi aufrechterhalten werden müsse.

Theater und Spiel

Alle genannten Elemente mögen bei der Abwehr des Theaters eine Rolle gespielt haben. U.U. beeinflußte auch das Bilderverbot die Abneigung, Vorgänge des Lebens spielerisch darzustellen. Ansonsten dürfte der Ruf der Theaterleute, ihre bekanntermaßen weltoffene Art, aber auch ihnen untergeschobene Unmoral dazu beigetragen haben, daß der Pietismus Theater und Theaterleute ablehnt.

4. Auf dem Prüfstand

Generationen von Christen haben sich an diesem Bild orientiert. Sie konnten die Ideale ihrer Lebensführung wiederentdecken, wurden so in ihrer Haltung bestärkt und zugleich zur Selbstkritik herausgefordert. Die Frage ist, inwieweit ein derartiges Bild für uns Heutige verbindlich gemacht werden kann. Denn ohne Frage sind in ihm zahlreiche Elemente enthalten, die auch noch in der Öffentlichkeit als spezifisch christlich gelten.

Was gut ist und was böse

Die Kritik am Lebensstil der Welt, die Ablehnung von Diskussionen, Sinnenfreude und Großzügigkeit, spiegelt zeitgeschichtliche Probleme und ist nur auf diesem Hintergrund berechtigt. Die einseitige Moralisierung und Fixierung auf individuell als lasterhaft empfundene Lebensführung verstellt aber zugleich wichtigere Fehler, die heute das Zusammenleben der Menschen vergiften.

Die Ambivalenz moderner Lebensführung, die einerseits das Leben erträglich und sinnvermittelnd macht, andererseits aber Gefahren heraufbeschwört, die wir nicht in Griff bekommen, wird durch die scharfe Abgrenzung von Gut und Böse verdeckt.

Was uns vor allem von den Autoren dieses Bildes und ihren zeitgenössischen Anhängern unterscheidet, ist deren genaues Wissen darum, was als böse und was als gut zu gelten hat. Wir stehen schon bei diesen Urteilen in der Gefahr, fehl zu laufen, und sind uns dieser Sache durchaus auch bewußt. Deshalb mag uns das im Bild begegnende Urteil als überheblich erscheinen.

Trotzdem hat das Bild darin recht, daß auf Wegweisung nicht verzichtet werden kann, auch nicht auf die Markierung der Gefahrenstellen. Ob dies freilich durch biblische Zitate allein möglich ist oder ob wir nicht der grundlegenden Änderungen wegen nach anderen Möglichkeiten suchen sollten, gilt es zu überdenken.

Wer Jesus Christus sei

Der Sünder betet zu seinem Gott, der seinen Sohn in die Welt sandte, ihn als Opfer für die menschliche Sünde dahingab und so den Gläubigen an der Rettung Anteil gab - dies sind die Grundzüge einer persönlichen Jesusfrömmigkeit, die in dem Gekreuzigten das göttliche Opferlamm und den liebenden Heiland verehrt. Sünde und Befreiung sind die anthropologischen Grunddaten einer solchen Theologie. Die ganze kirchliche Tradition in Bibel und Kirchengeschichte kulminiert in dieser Aussage.

Zweifellos geht es dabei nicht um dogmatische Richtigkeit; wohl aber hat die persönliche Christusfrömmigkeit wie ein Filter gewirkt, durch den einige wenige theologische Aussagen in den Mittelpunkt rücken und zum alleinigen Maßstab gemacht werden. Jeder Versuch, diese Grundsubstanz zu reflektieren, statt sie zu bezeugen, gerät zu einem Totalangriff. Dabei wird leicht übersehen, daß hier eine quasidogmatische Einengung statthat.

Nach den Erkenntnissen der historisch-kritischen Exegese kann diese Zuspitzung zwar nicht als verfehlt bezeichnet werden; aber sie ist als eine mehrerer möglicher Aussagen zu bewerten. Die zeitgeschichtliche Verhaftung der neutestamentlichen Vorstellungswelt wird transparent, und die Frage nach der angemessenen Auslegung unabweisbar. Der Reichtum unterschiedlicher biblischer Vorstellungen zur Auslegung des Christusgeschehens fordert andere Akzente heraus: z.B. erhalten die Taten und Worte des irdischen Jesus eine eigenständige Gewichtung. Jesus Christus sorgt nicht nur für das individuelle Seelenheil, er hat allumfassende (kosmische) Dimensionen: es geht um einen neuen Himmel und eine neue Erde; es geht um das Gottesvolk, ja um die ganze Menschheit.

Gerufen in die Nachfolge

Die Entscheidung für Christus ist nicht nur ein punktuelles Ereignis. Das Bild legt dies durch die Mauern und Pforten nahe; freilich durchbricht es diese Sicht auch: immer wieder erfolgt der Ruf zum Gottesreich - an die Menschen auf dem breiten, aber auch auf dem schmalen Weg.

Die Einengung dieses Rufes auf eine Bekehrung droht die Dialektik zwischen dem Schon und dem Noch-nicht des Gerettetseins aufzuheben, die mit abnehmender Enderwartung in der Kirche mit Recht an Bedeutung gewonnen hat. Die Entscheidung für Christus ist primär nämlich nicht als ein Akt des Menschen zu verstehen, sondern als eine Wohltat Gottes am Menschen: Der Mensch läßt Gott allenfalls wirken und verschließt sich nicht. Unser Bild ist in dieser Sache offen - es läßt beide Interpretationen zu.

Wer freilich aus Gottes Gnade lebt, hat die Pflicht zur Nachfolge. In dieser Sache hat die Bildaussage ungeschmälert Bestand. Die Ernsthaftigkeit, mit der der Glaube sich in einem entsprechenden Lebenswandel niederschlägt, erweist sich als durchgehendes konstitutives Element von Christlichkeit. Traditionell geredet: Glaube und Heiligung gehören zusammen. Ansonsten besteht die von Bonhoeffer als billige Gnade apostrophierte Gefahr.

Der Regenbogen und das Endgericht

Der Maler hat die neutestamentlichen Vorstellungen vom Endgericht und alttestamentliche Aussagen vom Gericht Gottes in der Geschichte Israels herangezogen, um die Tragweite des christlichen Gerichtsgedankens herauszuarbeiten. Dies geschieht mit großer Behutsamkeit und unter Verzicht auf Herausstellung von Einzelelementen. Die Bilder sprechen für sich: man hat nicht das Gefühl, daß im Diesseits mit dem Jenseits gedroht wird. Gott ist nicht einseitig als Rächer gezeichnet.

Die Zusage an die Welt, die der Regenbogen signalisiert (1 Mose 9), bleibt in Kraft. Die Welt ist nicht allein gelassen: Gottes Auge wacht über jedem einzelnen Leben.

Das Vernichtungsurteil hat eher prophetisch-mahnenden Charakter. Der eigentliche Wille Gottes kommt im himmlischen Jerusalem zum Ausdruck. Ganz im reformatorischen Sinne steht das Endgericht in der Klammer der Rechtfertigung des Menschen. Die Grenzen der menschlichen Erkenntnis sind gewahrt: über diese Welt hinaus bleiben uns Hiesigen die Zusagen Gottes allein - in Bildern und Symbolen, nicht mehr, aber auch nicht weniger.

5. Zur Weiterarbeit

Arbeitsblatt 1: Eine Bildbeschreibung zum Bedenken

Da sind auf der einen Seite die Weltmenschen zu sehen, wie sie in hellen Scharen, Arm in Arm, durch das breite Tor hindurchmarschieren, um sich dann auf dem breiten Weg zu tummeln - in Wirtschaften, auf Tanzböden, im Theater, beim Kartenspiel, im Sog des sogenannten Vergnügens, auch bei unlauteren Geldgeschäften, in Schlemmen und Prassen und anderen Orgien. Auch eine Abteilung exerzierender Soldaten ist auf jener Seite des Bildes zu sehen, ja sogar ein dampfendes Eisenbahnzüglein, dessen Benützung offenbar für jene Zeit auch zum Wandel auf dem breiten Weg gehört. So treibt dort eine verdorbene Menge auf der Straße des Verderbens dem Abgrund der ewigen Verlorenheit entgegen. Als ob man das einfach so malen und zur Darstellung bringen könnte.

Und auf der anderen Seite, natürlich fein säuberlich geschieden von der sogenannten Welt, sind die Gotteskinder zu sehen. Sie haben die enge mit Bibelsprüchen verzierte Pforte hinter sich und wandern jetzt auf dem schmalen Pfad - über reißende Gewässer, durch gefährliche Schluchten, auch an Kirchen und Kapellen und allerlei Werken christlicher Barmherzigkeit vorbei. Steil und beschwerlich geht ihr Weg aufwärts, einsam, voll Entsagung und Entbehrung; aber dieser Weg führt zum Himmel, der ewigen Seligkeit entgegen.

W. Pfendsack, Ihr seid das Salz der Erde, Basel 1966

Arbeitsaufgaben:

1. Suchen Sie die von Pfendsack angesprochenen Bildelemente und prüfen Sie nach, ob die Deutung sachgemäß ist!
2. Zu welcher Gesamtaussage über das Bild gelangt Pfendsack?
3. Welche Einwände gegen die Interpretation Pfendsacks würden Sie erheben?
4. Wie beurteilen Sie die Bildaussage im Blick auf ihr persönliches Leben?

Arbeitsblatt 2: Zum Weltsinn und der Sünde

Mit welchen Worten bezeichnet das Bild menschliches Handeln, das zum Weltsinn gehört?

1. ____________________

2. ____________________

3. ____________________

4. ____________________

5. ____________________

Die folgenden Sätze erläutern zeitgenössische Probleme, auf die die pietistischen Erweckungsprediger mit ihren Predigten und Anweisungen eine Antwort zu geben versuchten. Ordnen Sie diese Thesen den fünf Stichworten von oben zu!

- Als die erste industrielle Revolution mit ihren Maschinen zahlreiche Menschen arbeitslos machte oder sie für geringsten Lohn sehr lange arbeiten ließ, verzweifelten viele. Manch einer fing zu trinken an. Die Gasthäuser machten gute Geschäfte; aber Frauen und Kinder litten Hunger.

- Bei Festen, vor allem wenn Menschen verkleidet sind, verlieren viele ihre Hemmungen. Es bleibt nicht beim Tanz. Man schläft miteinander. Ungeliebte Kinder kommen zur Welt. Keiner will für sie aufkommen. Ehen zerbrechen.

- Spielen macht Spaß. Wer verliert, hofft erneut zu gewinnen. Je größer der Verlust, desto größer die Hoffnung auf Gewinn. Am Ende steht oft der Schuldturm oder die Erpressung - auch zu kriminellen Handlungen.

- Fahrendes Volk und Schauspieler wandern von Ort zu Ort. So nehmen sie sich manchmal größere Freiheiten als die einheimische Bevölkerung. Gutaussehende Männer haben Freundinnen; manche Schauspielerin ist Maitresse auf Zeit.

- Wo viel geredet wird, wird auch viel zerredet. Alte Weisheiten und Ordnungen werden angezweifelt. Biblische Geschichten hält man für Sagen und Legenden. Es wird darüber diskutiert, ob diese oder jene Begebenheit, von der die Bibel berichtet, tatsächlich oder in der geschilderten Weise stattgehabt hat. Menschen drohen ihren Glauben zu verlieren.

Arbeitsblatt 3: Thesen zum Bild

Nehmen Sie zu folgenden Thesen Stellung!

These 1: Als Mensch bist du vor die Entscheidung gestellt, Christ zu werden oder verdammt zu sein.

___

___

___

___

___

These 2: Jeder Mensch hat Schuld auf sich geladen. Christus trägt unsere Schuld an unserer Stelle. Deshalb ist von Schuld frei, wer an Christus glaubt.

___

___

___

___

___

These 3: Auch der Christ ist gegen Sünde nicht gefeit. Vor allem die Selbstgerechtigkeit über seine Tugend kann ihm zum Fallstrick werden. Deshalb muß er selbstkritisch sein.

___

___

___

___

These 4: Gott wacht über dem irdischen Geschehen. Am Ende werden wir von Gott für unseren Weg zur Rechenschaft gezogen. Dabei dürfen wir damit rechnen, daß Gnade vor Recht ergeht.

___

___

___

___

___

___

LIEDER ZU DEN UNTERRICHTSEINHEITEN

Abkürzungen:

EKG	Evangelisches Kirchengesangbuch
NLW	Neue Lieder Württemberg
A	Anhang 77
SL	Sieben Leben möcht ich haben
KU praxis	Liederheft zu KU praxis
NLV	Neue Lieder Vogelstang, siehe Anhang
SGD	Schulgottesdienst

Lernschwerpunkt 1

Stichwort zur UE	Liedvorschlag	Fundort
I 1 s. I 3 und IV 1		
I 2 *Den Menschen verbessern*		
Meditation als Hilfe	Ich will	NLV
Leben	Zum Leben berufen	NLV
I 3 *Nach uns die Sintflut?*		
Alte/neue Stadt	Wir hoffen auf eine neue Welt	NLV
	Die neue Stadt	NLV
Umwelt	Du schufst, Herr, unsere Erde gut	A 815
Verantwortung	Die ganze Welt hast du uns überlassen	A 603; NLW 6
Wegwerfmenschen	Kennst du Wegwerfsachen?	SL 57
I 4 *Der Mensch - ein Ebenbild Gottes*		
Mensch und Tier	Ich bin ein Mensch	SL 25
Menschenbild	Dir gilt der Gesang, mein Herr	SL 8
	Gott liebt diese Welt, und wir sind sein eigen	SGD 33; A 613; NLW 21

Stichwort zur UE	Liedvorschlag	Fundort
I 5 *Sport und Spiel*		
Lob Gottes	Lobet Gott, ihr Menschen	SL 7
	Spiel mit	NLV
Lernschwerpunkt 2		
II 1 *Arbeiten und Leben*		
Ziel	Wege und Ziele	KU praxis 13; NLV
II 2 *Strafen, vergeben, vergelten*		
Befreiung	Befreie uns, Herr, befreie uns	NLV
Sündenbock	Mit Füßen getreten	NLV
II 3 *Umstrittene Kirche*		
Kirche	Ein Schiff, das sich Gemeinde nennt	SDG 30 f.; A 605; NLW 9
Kirche und Gottesreich	Sonne der Gerechtigkeit	EKG 218
Die Starken/ Die Schwachen	Laut, so laut	NLV
II 4 *Rassismus*		
Gemeinschaft aller Menschen	Leute, Menschen aller Arten	NLV
II 5 *Herren oder Diener?*		
Liebe	Die Liebe leben	NLV
II 6 *Auf Gewalt verzichten*		
Friede	Ein jeder braucht sein Brot	KU praxis 2
	Frieden	NLV

Stichwort zur UE	Liedvorschlag	Fundort
	Oh, Herr, mach mich zu einem Werkzeug	A 619; NLW 43
	Selig sind, die Frieden schaffen	NLV
II 7 *Ihr seid das Salz der Erde (Bergpredigt)*		
Dunkle Welt?	Wie könnt ihr nur leben?	NLV
Salz der Erde	Der Herr hat uns das Salz genannt	A 602
	Ihr seid das Salz	NLV
Seligpreisungen	Hört, wen Jesus glücklich preist	A 845; SGD 35; NLW 74
	Selig sind, die da geistlich arm sind	A 864
Sorge	Die Vögel unter dem Himmel	A 810
II 9 *Der Prophet Jesaja - Zeichen der Hoffnung*		
Frieden	Frieden ist alles, was Gott will	NLV
Friede und Endzeit	Es wird sein in den letzten Tagen	A 609
	Herr, unsern Frieden wirst du schaffen	A 615
II 10 *Kirche und soziale Frage*		
Hoffnung	Hoffnung brauchen wir zum Leben	NLV
Soziales Engagement	Einer trage des andern Last	A 659; A 822

Lernschwerpunkt 3

Stichwort zur UE	Liedvorschlag	Fundort
III 1 *Wofür es sich zu leben lohnt*		
Angst und Trost	Gott sei Dank, ich bin daheim	SL 29
Miteinander	Suchet einander, so werdet ihr leben	NLV
Not	Komm, laß diese Nacht nicht enden	KU praxis 7
Sinn	Hilf, Herr, meines Lebens, daß ich nicht vergebens	A 616; SGD 34; NLW 29
Ziel	Sieben Leben möcht ich haben	SL 26
	Such, wer da will ein ander Ziel	EKG 249
III 2 *Sterben, Tod und Auferstehung*		
Auferstehung	Auferstehung	NLV
Kommen Gottes	Wir wissen nicht, was kommt	A 624; NLW 63
Kreuz	Kreuze kreuzen unsern Weg	SL 69
	Kreuzigung	NLV
Trost	Befiehl du deine Wege	EKG 294
	Jesus, meine Zuversicht	EKG 330
Tod	Wo sind die Toten?	SL 34
	Kommt der Tod ins Nachbarhaus	A 853; SL 35
III 4 *Erziehung zu Freiheit und Gemeinschaft*		
Freiheit	Nur, wenn uns Christus frei macht	NLV
Verbote	Katharina, Katharina	SL 24
III 5 *Freundschaft - Liebe - Ehe*		
Freundschaft	Wir brauchen euch	NLV

Stichwort zur UE	Liedvorschlag	Fundort
III 6 *Glaube an Gott*		
Auferstehung	Auferstehung	NLV
Kreuzigung	Kreuzigung	NLV
	Passion	NLV
Gottesvorstellung	Gott ist anders, als wir denken	A 833; NLW 20
	Von guten Mächten treu und still umgeben	A 876; NLW 56
Zweifel	Manchmal kennen wir Gottes Willen	A 618; NLW 41
III 7 *In Zwängen - und doch frei; Freiheit - ein schönes Wort?*		
Befreiung	Durch die Welt	SGD 25
Freiheit	Liebe ist nicht nur ein Wort	A 856; SGD 44; KU praxis 8
Sorge	Dir sagen wir, Herr, unsre Sorgen	A 812
Lernschwerpunkt 4		
IV 1 *Heilserwartungen heute*		
Reich Gottes	Brich dem Hungrigen dein Brot	KU praxis 1
Traum	Weil es noch zu wenig sind	A 878
Utopie	Wir hoffen auf eine neue Welt	NLV
IV 4 *Feste feiern*		
Fest	Ein Fest sucht einen Namen	SL 71
	Unser Leben sei ein Fest	KU praxis 11

Stichwort zur UE		Liedvorschlag	Fundort
IV 6	*Glaube an Jesus Christus*		
	Vorbild Jesu	Lasset uns mit Jesus ziehen	EKG 252
	Gott im Leiden	Sie nahmen dem Menschen das Leben	KU praxis 6
		Weil Gott in tiefster Nacht erschienen	A 621; NLW 65
	Jesus als Veränderer	Ein junger Mann aus Nazareth	SGD 28 f.
	Jesus als Lebensbegleiter	Ich möcht, daß einer mit mir geht	KU praxis 10; NLW 31
IV 7	*Einheit in der Vielfalt - Ökumene*		
	Einheit	Eine Herde und ein Hirt	EKG 220
		Herr, du hast darum gebeten	A 837
	Mission	Komm, sag es allen weiter	A 852; SGD 38 f.; NLW 37

"I C H   W I L L"

(RESPENSORIUM 77)

Text: K. Middel
Musik: P.G. Walter
1977

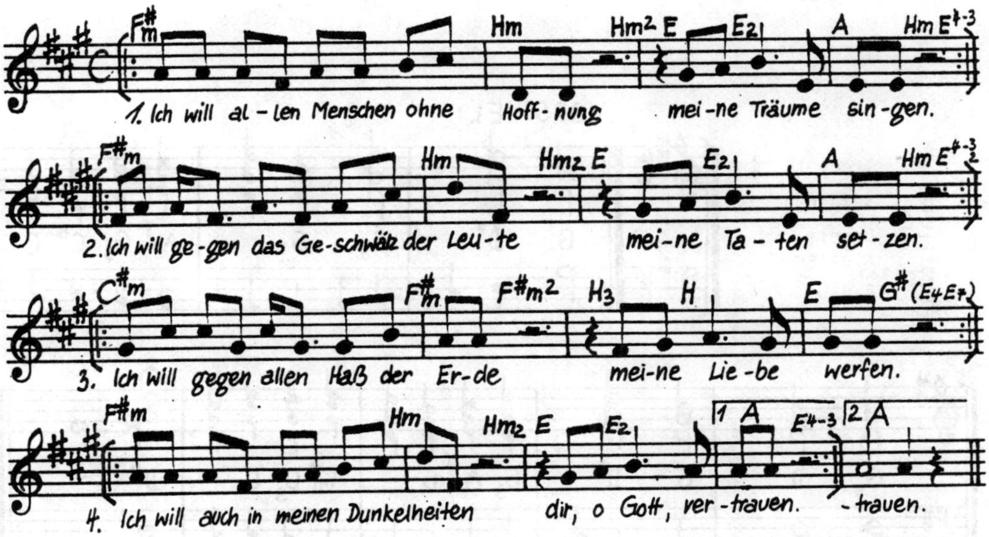

Vers 1 + 4   zuerst summen,
in der Wiederholung den Text singen.

Vers 2 + 3   jeweils zweimal hintereinander singen.

ZUM LEBEN BERUFEN

Text: K. Middel
Musik: P.G. Walter
20.4.1980

A

B

Kanon: 1. Text p 2. Text f 3. im Kanon p < f

Modellfolge: Vorspiel – A – A1 – B – A – A1 – B – B1 (Fine)

WIR HOFFEN AUF DIE NEUE WELT

Text: Jörg Müller
Musik: P.G. Walter
26.3.1979

Folge: A – |:B:| – C – A – |:B:| – C – A – |:B:|
(1+2) (3+4)

(zuerst nur Unterstimme singen, die Wiederholung zweistimmig)

DIE NEUE STADT

Text: P. Stein
Musik: P.G. Walter
14.1.1979

2.B Festgeschnallt in Blechgehäusen
Rasen wir auf Betonpisten,
Huschen rasch vorbei an Menschen,
Nur ein Blick zurück im Spiegel.

C Wir glauben an die neue Stadt,
Die so enge Straßen hat,
Daß jeder dir ins Auge sieht,
Wenn er an dir vorübergeht.

3.B Fest verschlossen sind die Türen,
Hinter die wir uns zurückzieh'n.
Keiner übertritt die Schwelle,
Die die Ablehnung errichtet.

C Wir schaffen für die neue Stadt,
Die so weite Räume hat,
Damit ein Fest alle vereint,
Die sich und andern wurden Feind.

4.B Haß und Neid und Vorurteil
Stoßen Menschen so ins Abseits,
Daß sie keinen Platz mehr finden
Und sich in sich selbst verkrümmen.

C Wir hoffen auf die neue Stadt,
Die Platz für alle Menschen hat,
Die bei uns immer draußen steh'n
Und nun durch off'ne Türen geh'n.

5.B Aufgebrochen ist die Tür,
Die wir sonst verschlossen halten.
Neues Leben aus dem Ende
Uns'rer alten Sicherheiten.

C Wir schauen schon die neue Stadt,
Die zwölf gold'ne Tore hat,
Wo Gott und Menschen sind vereint
Und keiner mehr aus Kummer weint.

SPIEL MIT ...

Text: Jörg Müller
Musik: P.G. Walter
6.2.1980

Vor- und Zwischenspiel (mit div. Rhythmusinstrumenten)

Folge: Vorspiel - A - B1 - Zw.spiel - A - B2 -
Vorspiel - A(-Fine) - ad lib.(klingt aus)

Weitere Text-Bausteine zu "Spiel mit":

Spiel mit, daß du im Spiel dich selbst entdeckst
und den Andern finden kannst,
Spiele, die uns näher bringen,
Spiele, die den Menschen zeigen,
daß wir einander brauchen.

Spiel mit, spiel mit, es gibt so viel Spaß beim Spiel,
Wir brauchen dich zum Spielen; das bringt noch mehr Spaß.

Spiel mit, daß du im Spiel erlernen kannst,
was du anderswo nicht lernst.
Spiele auch mit Eltern spielen,
Spiele auch mit denen spielen,
die zu oft alleine sind.

Spiel mit, daß du im Spiel dich selbst erkennst
und neue Freunde finden kannst.
Spiele, die die Mauern stürzen,
Spiele, die uns allen zeigen,
daß wir einander brauchen.

Sing mit, sing mit, es gibt so viel Spaß beim Lied,
Wir brauchen dich zum Singen; das bringt noch mehr Spaß.

Tanz mit...

BEFREI UNS HERR, BEFREIE UNS

Text: D. Frettlöh
Musik: P.G. Walter
21.3.1980

2. Erhör uns, Herr, erhöre uns,
gib uns deinen wahren Mut,
der keinem Menschen Böses tut.
Laß uns zum andern Brücken baun
aus Anerkennung und Vertraun.
Erhör uns, Herr, erhöre uns,
gib uns deinen wahren Mut.

3. Befrei uns, Herr, befreie uns,
gib uns deinen guten Geist,
der uns den Weg zum Frieden weist,
zum Frieden, der den Feind versöhnt,
und Recht und Freiheit nicht verhöhnt.
Befrei uns, Herr ...

4. Erhör uns, Herr, erhöre uns,
gib uns deinen wahren Mut,
der wagt, was sonst kein Mensch mehr tut,
der spricht, wenn Angst zum Schweigen rät
und Vorurteil das Wort verdreht.
Erhör uns, Herr ...

5. Befrei uns, Herr, befreie uns,
gib uns deinen guten Geist,
der uns den Weg zur Wahrheit weist,
zur Wahrheit, die von Haß befreit,
von Unterdrückung, Angst und Leid.
Befrei uns, Herr ...

MIT FÜSSEN GETRETEN...

Text: Jörg Müller
Musik: P.G. Walter
7.12.1979

In Vers 2-4 wird das Wort "Liebe" ersetzt durch "Rechte", "Hoffnung", "Leiden". Es können weitere Begriffe wie "Träume", etc. beliebig verwendet werden.

LAUT, SO LAUT

Text: Jörg Müller
Musik: P.G. Walter
26.2.1980

Versfolge: Vorspiel - A1 - Zw.spiel - A2 - Zw.spiel - A3 - Nachspiel

LEUTE, MENSCHEN ALLER ARTEN

Text: W. Herr
Musik: P.G. Walter
15.3.1980

1. Menschen, Menschen sind wir alle
   Du und ich und wir und Sie.

   - danach Refrain -

2. Gelbe, Schwarze oder Rote,
   Menschen, Gotteskinder sind wir.

DIE LIEBE LEBEN

Text: Heike Helfrich
Klaus Middel
Musik: P.G. Walter
8.12.1979

2. Wir zeigen so viel unsere Liebe und lieben den Nächsten doch nicht;
Wir sagen, wir leben Liebe, doch mancher spürt davon nichts.

Modellfolge: A (improv. Vorspiel: Sax. oder Flöte etc.)
A (voc.) - B1 (voc.)
A (improv. Zwischenspiel)
A (voc.) - B2 (voc.) - A (voc.)

voc.Ausführung: 1, 2 oder 3stimmig

Pflicht ohne Liebe macht verdrießlich...
Verantwortung ohne Liebe macht rücksichtslos.
Gerechtigkeit ohne Liebe macht hart...
Wahrheit ohne Liebe macht kritisch.
Erziehung ohne Liebe macht widerspruchsvoll...
Klugheit ohne Liebe macht raffiniert.
Höflichkeit ohne Liebe macht heuchlerisch.
Ordnung ohne Liebe macht kleinlich.
Autorität ohne Liebe macht Gegensätze.
Ehre ohne Liebe macht hochmütig.
Besitz ohne Liebe macht geizig.
Ein Leben ohne Liebe ist kein Leben.

FRIEDEN

Text: P. Stein
Musik: P.G. Walter
30.10.1977

Frieden sei nicht nur ein Wunsch.
Frieden, der braucht deinen Mut,
Daß du den Feinden vergibst
Und mit dem Frieden beginnst.
Frieden ist nicht nur ein Wunsch.

Frieden sei nicht nur ein Traum
Von einer besseren Zeit.
Frieden, das ist Wirklichkeit,
Die Gott dir selber gewährt.
Frieden ist nicht nur ein Traum.

SELIG SIND, DIE FRIEDEN SCHAFFEN

Text: P. Stein
Musik: P.G. Walter
31.10.1977

2. Selig sind, die Frieden bringen, denn sie bleiben Gottes Kinder.
Glücklich ist, wer Leben bringt, glücklich ist, wer Leben bringt.
Gegen Hunger und die Armut laßt den Frieden uns entwickeln.
Brot für alle, Brot für alle, Brot für alle in der Welt.

3. Selig sind, die Demut üben, denn sie lassen Gott den Herrn sein.
Glücklich ist, wer sich los läßt, glücklich ist, wer sich los läßt.
Gegen Herrschsucht und die Machtgier laßt die Liebe in uns wachsen.
Hoffnung bringe, Hoffnung bringe, Hoffnung bringe in die Welt.

4. Selig sind, die Sanftmut leben, denn die Welt ist ihre Ernte.
Glücklich, wer sich selbst riskiert, glücklich, wer sich selbst riskiert.
Gegen Rachsucht und Empörung laßt Versöhnlichkeit uns stellen.
Kraft zum Leben, Kraft zum Leben, Kraft zum Leben in der Welt.

WIE KÖNNT IHR NUR LEBEN? (Lied gegen die dunkle Welt)

Text: H. Helfrich
Musik: P.G. Walter
26.4.1980

<u>Modellfolge:</u> A - B - C - D_1 - B - E - C - D_2 - B - E -
A - D_3 - B - E - A - B - (B + C) (fade out)

A

Gitarre

Klavier (Orgel)

Baß

B

Blockflöte und Querflöte

Gitarre (wie A)

Klavier (Orgel)

Baß

C

Trompete
Gitarre (wie A)
Klavier (Orgel)
Baß

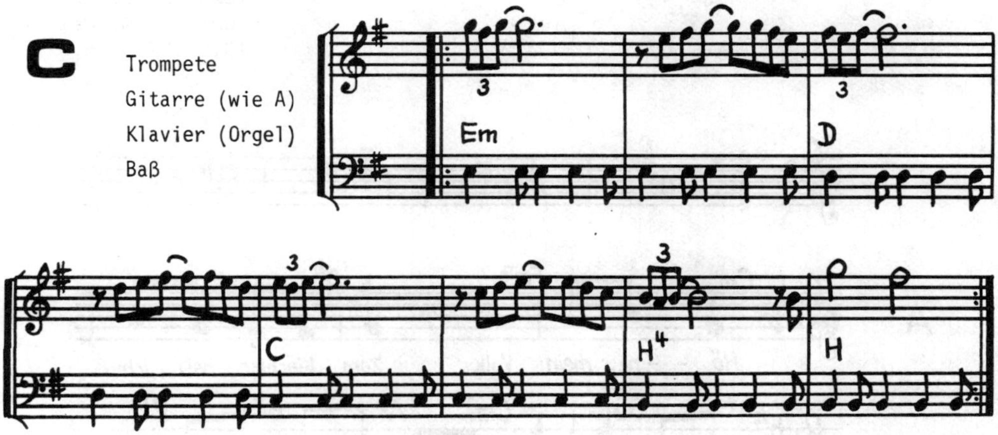

D

1 Gesang
2 Gitarre (wie A)
3 Klavier (Orgel)
Baß

Refrain (1. nur Unterstimme / 2. u. 3. zweistimmig)

E

Gesang
Klavier (Orgel)
Baß

I H R   S E I D   D A S   S A L Z

Text: P. Stein
Musik: P.G. Walter
12.6.1977

2. Ihr seid das Licht, sagt uns der Herr.
Wenn ihr nicht strahlt, so bleibt die Welt im Dunkel.
Daß sie den eig'nen Weg nicht sieht und selber sich
Vernichtet.

Folge: A - B1 - A - B2 - A

FRIEDEN IST ALLES, WAS GOTT WILL

Text: Jörg Müller
Musik: P.G. Walter
7.11.1977

A

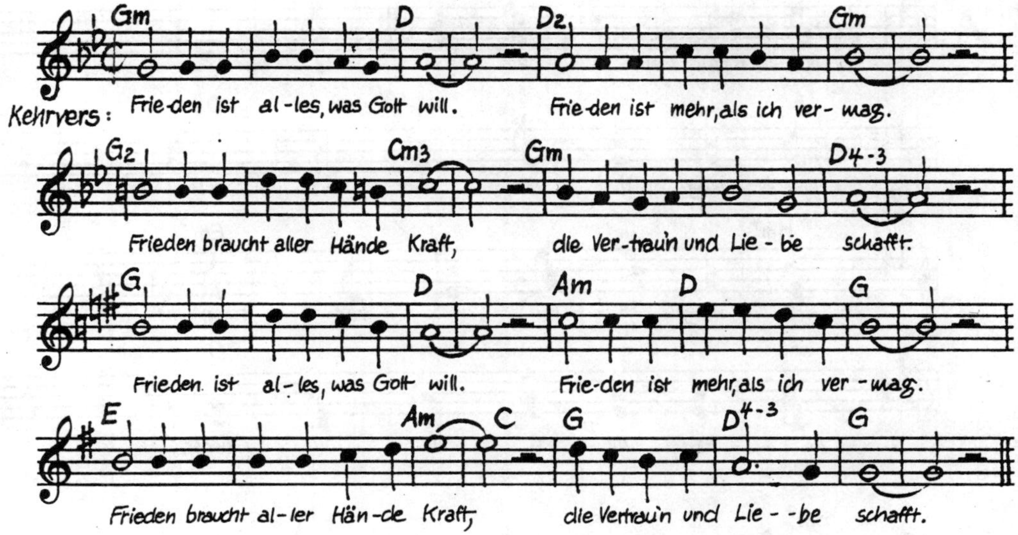

B

Folgt Kehrvers

2. Frieden heißt, daß du losläßt,
Den Reichtum und die Macht,
Ist dein Wunsch, zu teilen
Die Gaben, die du hast.

Folgt Kehrvers

3. Frieden ist Gottes Liebe,
Die keine Grenzen kennt,
Ist deine Kraft, zu binden,
Jene, die der Haß zertrennt.

Folgt Kehrvers

HOFFNUNG

Text: T. Alexander
Musik: P.G. Walter
7.2.1979

2. Hoffnung läßt uns neu vertrauen
   Deinem Wort und deiner Gnad.
   Hoffnung weist mir neue Wege
   Zu dem, der mich nötig hat.

3. Hoffnung läßt uns wieder lieben,
   Haß und Streit wird so vergehn.
   Hoffnung öffnet mir die Augen,
   Läßt den Nächsten neu mich sehn.

4. Hoffnung läßt uns weitergehen,
   Wenn das Ziel ist uns verbaut.
   Hoffnung läßt uns nicht mehr fallen,
   Weil sie deinem Wort vertraut.

5. Hoffnung läßt uns Neues wagen,
   Wo das Alte nicht mehr trägt.
   Hoffnung läßt uns Zukunft bauen,
   Weil sich Gott und Mensch versteht.

SUCHET EINANDER

Text: Jörg Müller
Musik: P.G. Walter
11.3.1978

2. Was du nicht weißt,
   Geht dich nichts an,
   So denkst du nur an dich.
   Was allen fehlt, das frag',
   Laß nichts, wie es ist.

3. Was dir nichts bringt,
   Das tust du nicht,
   So bleibst du nur für dich.
   Für Menschen nimm dir Zeit,
   Frag' nicht nach Erfolg.

4. Du bist doch frei,
   Und bindest dich
   An Dinge, die nur Trug.
   Gib auf die Angst und Furcht,
   Neuen Bund geh ein.

KREUZIGUNG

Text: T. Alexander
Musik: P.G. Walter
25.6.1979

2. Wenn ich den Nächsten immer leiden lasse
Und nicht nach seinem Elend seh',
Wenn ich ihn niemals liebe, sondern hasse,
Ihm immer auf den Füßen steh,
Dann ist dein Tod...

3. Wenn ich den Nachbarn in Verwirrung bringe,
Weil Wort und Tat bei mir nicht eins,
Wenn nie ein frohes Lied ich mit ihm singe,
Geh nicht auf seine Fragen ein,
Dann ist dein Tod...

4. Wenn ich den Andern mir abhängig mache,
Ihm niemals sage ein gut' Wort,
Wenn nie ich über sein Ergehen wache,
Ihn immer schiebe von mir fort,
Dann ist dein Tod...

5. Wenn mit dem Bruder nie das Brot ich teile
Und niemals gebe ihm sein Recht,
Wenn nie in seinem Haus ich verweile,
Ihn immer sehe als mein' Knecht,
Dann ist dein Tod...

A U F E R S T E H U N G

Text: T. Alexander
Musik: P.G. Walter
24.6.1979

Refrain: Durch Jesu Auferstehn wir neu das Leben sehn,
durch Jesu Auferstehn wir neu durchs Leben gehn.

1. Wir lernen wieder Freiheit kennen. Eigentum wird geteilt;
wir können uns beim Namen nennen, beim Traurigen man weilt.

2. Wir können wieder Brüder werden. Gemeinschaft neu entsteht;
die Stummen können wieder reden; beim Mutlosen man steht.

3. Wir können wieder hoffen lernen, Verzweiflung gibt es nicht mehr.
Die Lahmen können wieder gehen, der Bitterkeit man wehr'.

4. Wir können endlich wieder leben, Jesus besiegt den Tod;
wir atmen Jesu Auferstehen, wir danken dir, o Gott.

Vorspiel & Nachspiel m. Wdh. (Zwischenspiel ohne Wdh.)
tr. sax.
Fine.
p.
G Am3 G3 C4 D4-3 Am3 G3 C D#7 G
Fine.
b.
Melodie ad lib. evtl. 1.&4. Vers
tr. sax.
voc.
Durch Je - su Auf-er - ste - hen wir neu das Le-ben sehn, durch
p.
G H3 Em7 Am7 C D4-3
b.
tr. sax.
voc.
Je - su Aufer - ste - hen wir neu durch's Leben gehn.
Bläsermotiv mitspielen
p.
G H3 Em7 Am7 D G C C D
b.

Langsamer:
tr. sax.
voc. 1 2
p.
b.
Wir lernen wieder Freiheit kennen,
Ei - gen - tum wird ge-
leise Chorst. mitspielen
D G C D D#o
teilt;
wir können uns beim Namen nennen,
Em C G
beim Trauri-gen man weilt.
C Am7 D D D
da capo
da capo
da capo

NUR, WENN UNS CHRISTUS FREI MACHT

Text: P. Stein
Musik: P.G. Walter
30.8.1977

A

B

Folgt Kehrvers

2. Ihr lieft so gut zum großen Ziel;
Wer hat euch aufgehalten?
Was sucht ihr noch nach anderem viel?
Und traut nicht Gottes Walten?
So bleibt doch fest in Zuversicht
Im Blick auf unseren Herren!

Folgt Kehrvers

3. In euch lebt selbst der Widerstreit,
Der Wunsch, sich neu zu binden.
Doch davon seid ihr nun befreit,
Gott kann euch überwinden.
So bleibt doch fest in dem Vertrau'n,
Daß Gott euch kann erretten!

Folgt Kehrvers

W I R   B R A U C H E N   E U C H

Text: Jörg Müller
Musik: P.G. Walter

B2 Leb nicht nur für dich allein, bleib nicht, wo du bist,
Komm doch einfach her, laß uns nicht im Stich.

Folgt A

B1 Hör auf, zu bedauern den, der Hilfe braucht,
Geh einfach zu ihm hin, biet' deine Hand ihm an.

B2 Versuch', den Freund zu sehen, der deine Sorgen teilt,
Versuch', mit ihm zu gehen den Weg, der euch befreit.

Folgt A

B1 Du kannst die Not nicht lindern, wenn du sie nicht siehst,
Keine Freunde finden, wenn du dich verschließt.

B2 Du kannst andre nicht verstehen, wenn du nur dich hörst,
Kannst nicht lieben, wenn du von dir nichts gibst.

Folge: A - B1 - B2 - A - B1 - B2 usw.

WEGE UND ZIELE - SUCH', WER DA WILL

Text: P. Stein
Musik: P.G. Walter
Januar 1977

A

B

Text: Georg Weissel 1623
Melodie: Joh. Stobäus 1613

Oftmals rufen Menschen nach Gott, weil ihnen Hilfe fehlt.
Manchmal wünscht ein Mensch sich den Tod, weil ihn das Leben quält.
Fragen und Sorgen schrecken vorm Morgen.
Wo ist der Helfer, der die Rettung bringt?
Such, wer da will, Nothelfer viel, die uns doch nichts erworben.
Hier ist der Mann, der helfen kann, bei dem nie was verdorben.
Uns wird das Heil durch ihn zuteil;
Uns macht gerecht der treue Knecht, der für uns ist gestorben.

Manchmal suchst du durch Mühen Glück auf deinem Lebensweg.
Doch es zerbricht dir Stück um Stück, wenn der Erfolg nicht zählt.
Mühe und Plage töten die Tage.
Wo ist die Hoffnung , die das Leben lohnt?
Ach sucht doch den, laßt alles stehn, die ihr das Heil begehret.
Er ist der Herr, und keiner mehr, der euch das Heil gewähret.
Sucht ihn all Stund von Herzensgrund,
Sucht ihn allein, denn wohl wird sein dem, der ihn herzlich ehret.

Manche meinen, sie seien wer, wenn sie die Menge lobt.
Und dein Leben bleibt dennoch leer, wenn du doch einsam bist.
Einsam und freudlos stehst du vor Gott bloß.
Wo ist die Sonne, die mich wärmen kann?
Mein's Herzens Kron, mein Freud und Sonn' sollst du, Herr Jesu, bleiben.
Laß mich doch nicht von deinem Licht durch Eitelkeit vertreiben.
Bleib du mein Preis, dein Wort mich speis',
Bleib du mein Ehr, dein Wort mich lehr', an dich stets fest zu gläuben.

Wend von mir nicht dein Angesicht, laß mich im Kreuz nicht zagen.
Weich nicht von mir, mein' höchste Zier, hilf mir mein Leiden tragen.
Hilf mir zur Freud nach diesem Leid,
Hilf, daß ich mag nach dieser Klag dort ewig dir Lob sagen.

Schema: A - B - A - B - A - B - A - B - B